Hobbit Presse
PAPERBACK

Claydon Torcreek, ein ehemals kleiner Dieb, ist zur Schlüsselfigur im Kampf ums Überleben geworden. Aber nicht er allein trägt das Wissen in sich, mit dem der Weiße Drache besiegt werden kann. Auch Kriz, die geheimnisvolle Fremde aus dem ewigen Eis, Lizanne, die einstige Geheimagentin, Kapitän Corrick Hilemore, und Sirus, einst ein Mensch und jetzt ein höriger Verderbter, besitzen einen Teil davon, aber sie alle sind in verschiedene Erdgegenden versprengt. Und während die Welt vor ihren Augen in Flammen aufgeht, stellen sie sich der todbringenden Macht entgegen.

Anthony Ryan, geboren 1970 in Schottland, verbrachte die meiste Zeit seines Lebens in London. Seit seinem großen Erfolg mit »Das Lied des Blutes« gilt er als wichtigster britischer Fantasyautor der Gegenwart.

ANTHONY RYAN

DAS IMPERIUM AUS ASCHE

DRACONIS MEMORIA BUCH 3

AUS DEM ENGLISCHEN
VON BIRGIT MARIA PFAFFINGER &
SARA RIFFEL

KLETT-COTTA

MIX
Papier | Fördert gute Waldnutzung
FSC® C014496

Hobbit Presse
www.hobbitpresse.de
Die Originalausgabe erschien unter dem Titel
»The Empire of Ashes. Book Three of the Draconis Memoria« im Verlag
ACE Books, The Penguin Group (USA), New York 2017

Printed in Germany
Umschlag: © Birgit Gitschier
unter Verwendung einer Illustration von © Federico Musetti
Gesetzt aus der DTL Albertina von Dörlemann Satz, Lemförde
Gedruckt und gebunden von GGP Media GmbH, Pößneck
ISBN 978-3-608-98400-2

Dritte Auflage, 2024

Meinem Onkel Bill gewidmet – vormals Sgt. William McNamara bei der königlich-schottischen Dragonergarde – in Anerkennung des Preises, den er dafür gezahlt hat, auf der Seite des Guten zu kämpfen.

INHALT

Die
Kontinental-
massen der Wel
- Unternehmensjahr 208 (MZ 15
Angefertigt von:
Herrn Gardamore Dryweave
Chefzeichner
Kartographische Abteilung
des Eisenboot-Handelssyndikats
KATHYRA
CORVANTINISCHES
KAISERREICH
VARESTIA
ORETHISCHER

MANDINORIEN
N
W
O
S
DALZIA
RADSIA
MYRDINISCHER OZEAN

BARRIERE-INSELN
Die Meerenge
Morstal
ARRADSI
Die Roten
Rotwege-Station
Stockcombe

Edinsmund
Krystalinsee
Hadlock
KLINGENSEE
N
W
O
S
Der arradsianische Kontinent & die Barriere-Inseln
- Unternehmensjahr 208 (MZ 1597) -
Angefertigt von:
Herrn Gardamore Dryweave
Chefzeichner
Kartographische Abteilung
des Eisenboot-Handelssyndikats

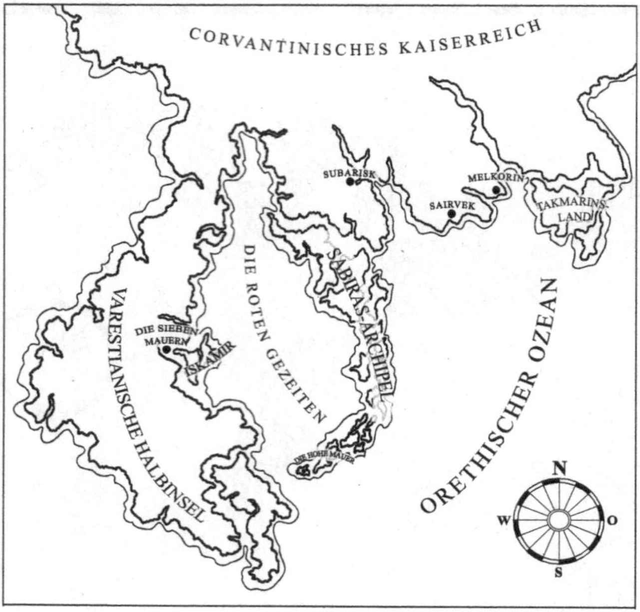
CORVANTINISCHES KAISERREICH
SUBARISK
MELKORIN
SAIRVEK
TAKMARINS-LAND
DIE ROTEN GEZEITEN
SABIRAS-ARCHIPEL
VARESTIANISCHE HALBINSEL
DIE SIEBEN MAUERN
ISKAMIR
DIE HOHE MAUER
ORETHISCHER OZEAN
N
W
O
S

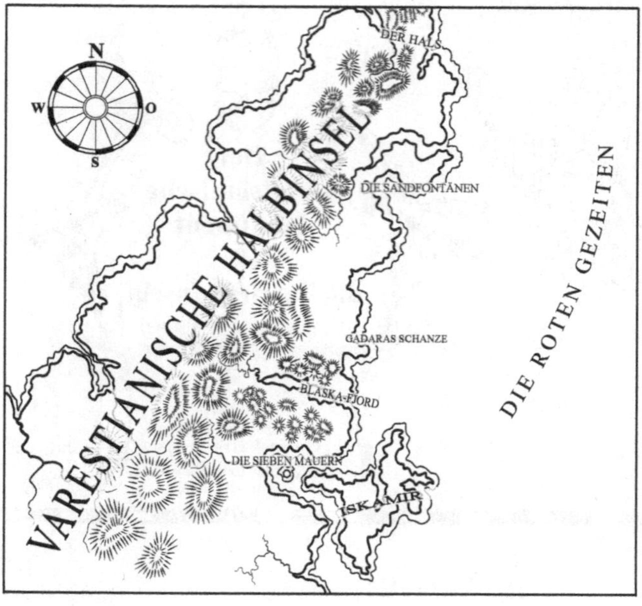
N
W
O
S
DER HALS
VARESTIANISCHE HALBINSEL
DIE SANDFONTÄNEN
GADARAS SCHANZE
BLASKA-FJORD
DIE SIEBEN MAUERN
ISKAMIR
DIE ROTEN GEZEITEN

I

DER SCHATTEN DES TÜFTLERS

◆ ◆ ◆

Aus dem Tagebuch von Miss Lewella Tythencroft – Sanorah, den 27. Termester 1600 (211 Unternehmenszeitrechnung)

Ich erwachte aus einem neuen Traum von Corrick, wie ich es in diesen unruhigen Zeiten fast jeden Tag tue. Wenn – wie die unregelmäßigen Antworten auf meine zahlreichen Briefe an die Protektoratsmarine nahelegen – Leutnant Hilemore tatsächlich tot und nicht nur verschollen ist, hat er einen ruhelosen Geist hinterlassen.

Ich weiß, dass mein Humor unangebracht ist. Grausam sogar. Mir selbst gegenüber und der Erinnerung an den Mann, den ich geliebt habe (den du noch immer liebst, Lewella, mach dir nichts vor). Aber Humor ist immer noch besser als das Jammern und Klagen, das man von uns Frauen erwartet.

Dieser Traum unterschied sich wieder von den anderen. Die nächtlichen Besuche meines früheren Verlobten sind ausgesprochen abwechslungsreich, wenngleich sehr vage. Selbstverständlich habe ich auch früher schon von ihm geträumt, vor allem in den langen, schrecklichen Monaten, die wir getrennt waren, weil er in sklavischer Ergebenheit unseren Herren aus der Führungsschicht diente. Und ganz besonders während des ungerechten Gemetzels an den Dalzianern, welches das Syndikat als Niederschlagung eines »Aufstands« rechtfertigt. Bei den damaligen Träumen handelte es sich jedoch eher um Erinnerungen, ich suchte im Schlaf seine Gesellschaft, die mir im Wachsein verwehrt war. Spaziergänge im Park, Schäferstündchen zu zweit, fernab des stets wachsamen Blickes meiner Eltern, unsere zahllosen, wundervollen Gespräche. Früher habe ich die Träume von ihm geliebt, heute fürchte ich sie, denn Corrick ist darin immer in Gefahr.

Diesmal befand er sich an einem kalten, sehr weit entfernten Ort. Die Bilder sind stets unscharf, aber sein Gesicht ist deutlich zu erkennen, und neuerdings ist ihm anzusehen, dass eine schwere Schuld auf ihm lastet. Corrick neigt im Allgemeinen nicht zu übermäßiger Selbstbeobachtung, aber trotz seines Berufes ist er gefühlvoller, als viele meinen.

Ich tue es schon wieder, ich schreibe in der Gegenwart. Wie meinen unangebrachten Humor kann ich auch das nicht sein lassen. In meinem Herzen, wenn auch nicht in meinem Verstand, weiß ich, dass er am Leben ist … und an einem sehr kalten Ort.

Ich habe ein weiteres Frühstück mit meinen Eltern überstanden, bei dem Vater sich wie üblich hinter einer Ausgabe des *Aufklärers* versteckte, während Mutter die Stille mit geistlosem Geschwätz füllte. In letzter Zeit, seit die Nachrichten aus dem In- und Ausland immer schlimmer werden, ist ihrem Gequassel eine gewisse Verzweiflung anzumerken. Ihre unzähligen Geschichten über Skandälchen und die Bekanntgabe von Verlobungen sowie ihre spitzen Kommentare wegen meiner nicht vorhandenen Aussichten auf diesem Gebiet trägt sie mit schriller Stimme und weit aufgerissenen Augen vor. Manchmal frage ich mich, ob sie versucht, eine Art Zauber zu wirken, als könnte dieser verbale Firlefanz die näher kommende Gefahr durch belanglose Nor-

malität bannen. Aber die Gefahr ist echt und macht keinerlei Anstalten abzuebben.
»Feros verstummt«, titelt der *Aufklärer* gewohnt unverblümt. Bislang gibt es noch keine Erklärung für das Schweigen der Stadt, dafür jedoch unzählige Spekulationen. Auf den Innenseiten finden sich schreckliche Einzelheiten zur letzten corvantinischen Revolution, die offensichtlich erfolgreich verlief. »Gesamte corvantinische Adelsschicht in einer einzigen Nacht niedergemetzelt«, »Hunderte Todesurteile nach Scheinprozess«, »Selbsternannter Regierungsrat unter Leitung einer berüchtigten kriminellen Diktatorin« und so weiter. Mehrere meiner Freunde von der Wählerrechtsallianz sind der Ansicht, dass es sich um Lügen handelt, die von der unternehmenskontrollierten Presse verbreitet werden, um Angst vor einer Rebellion zu schüren. Ich bin mir nicht so sicher, dass all diese Schreckensnachrichten tatsächlich nur erfunden sind. Das corvantinische Volk hat jahrhundertelang unter der grausamen Unterdrückung einer schrecklichen, blutgetränkten Regnarchie gelitten. Ist es so überraschend, dass es jetzt mit Rachedurst reagiert?
Andere Artikel berichten von Unruhen in zahlreichen nordmandinorianischen Städten, einer steigenden Desertionsrate unter den Soldaten des Protektorats sowie – und das ist womöglich die beunruhigendste Nachricht von allen – einem Zusammenbruch der unternehmenseigenen Aktien- und Anleihenmärkte. Mir entging nicht, dass Vaters Hände leicht zitterten, als er diese Nachricht las, und ich fragte mich, wie viel von unserem Familienvermögen er wohl in den letzten Jahren in Börsenspekulationen investiert hat. Aber natürlich würde er jede Frage nach finanziellen Dingen entweder mit kühler Gleichgültigkeit quittieren oder aber mit dem Vorschlag, ich solle meine radikale Freizeitbeschäftigung aufgeben und mir eine Anstellung bei einem Unternehmen suchen, wenn ich mich so für geschäftliche Angelegenheiten interessiere. Also schwieg ich,

spülte Toast und gekochtes Ei mit Tee hinunter, küsste Mutter auf die Wange und machte mich auf den Weg ins Büro der *Wählergazette.*

Wie es in letzter Zeit häufiger der Fall ist, artete die morgendliche Redaktionssitzung schon bald in eine politische Debatte und einen lautstarken Streit aus. Mr. Mantleprop, der Photostatist, hätte sich beinahe mit Mr. Mityard, dem Auslandskorrespondenten, geprügelt. Grund dafür war dessen »skandalöse Befürwortung brutaler Racheakte« in seiner Berichterstattung über die corvantinische Revolution. Als amtierende Chefredakteurin war ich stark versucht, sämtliche Korrespondenten zu entlassen. Da ich ohnehin mindestens zwei Drittel jeder Ausgabe selbst verfasse, während meine angeblichen Mitarbeiter ihre Zeit mit zwecklosen Diskussionen verbringen, würde es wohl kaum mehr Aufwand bedeuten, die Zeitung im Alleingang zu betreiben. Außerdem wäre die Arbeitsatmosphäre viel friedlicher. Aber da die *Gazette* als offizielles Organ der Wählerrechtsallianz als Genossenschaft gegründet wurde und nicht als Privatunternehmen, besitze ich nicht die Macht, jemanden zu entlassen, ohne die Mehrheit der Redaktion auf meiner Seite zu haben.

Normalerweise hätte ich mich bemüht, für Ordnung zu sorgen, doch heute war ich von der unruhigen Nacht zu ausgelaugt. Also überließ ich stattdessen meine Kollegen ihren Meinungsverschiedenheiten und begab mich mit Stift und Notizblock zum Hafen. Wie jeder erfahrene Berichterstatter weiß, eignen sich die Hafenanlagen stets zur Informationsbeschaffung, besonders aber in schwierigen Zeiten. In den umliegenden Tavernen wimmelt es nur so von Seeleuten aus allen Ecken der Welt, die ein ausgesprochen großes Mitteilungsbedürfnis haben – vor allem, wenn sie von einer jungen und nicht gerade unattraktiven Frau befragt werden, die bereit ist, die eine oder andere Runde Bier auszugeben.

Heute waren derlei Winkelzüge jedoch überflüssig, denn als ich

am Hafen eintraf, herrschte dort große Aufregung. Vor etlichen Wochen hatte die sogenannte Gesegnete Dämonin ihre Schreckensherrschaft in der Sumpfheide beendet, um die Hafenanlagen in Brand zu stecken und anschließend auf mysteriöse Weise zu verschwinden. Die Schäden sind bislang nur teilweise behoben, und zahlreiche Lagerhäuser liegen nach wie vor in Trümmern. Allerdings ist es der Syndikatsbehörde gelungen, neue Hafenkräne aufzustellen und die hölzernen Landungsstege zu reparieren, die bis zur Wasseroberfläche abgebrannt waren.
Der Kai war voller Soldaten und Gendarmen des Protektorats, darunter etliche hochrangige Offiziere. Am anderen Ende des breiten Hafenbeckens stieg Rauch von den großen Maschinen auf, welche die Wachmauer heben und senken. Normalerweise wird nach dem morgendlichen Gezeitenwechsel nur ein Tor geöffnet, doch heute wurden alle drei gleichzeitig hochgezogen.
Natürlich trugen meine Versuche, die Protektoratsoffiziere zu befragen, mir nur ein kurz angebundenes, aber höfliches »Kein Kommentar« oder den frostigen Hinweis ein, mir den Stoff für meine »Wählerpropaganda« gefälligst woanders zu suchen. Aus diesem Grund sah ich mich – wenn auch widerwillig – gezwungen, meine Informationen aus einer freigiebigeren Quelle zu beziehen.
Ich entdeckte Sigmend Talwicks schlaksige Gestalt in der Mitte des Kais. Er hockte auf einer Kiste und schrieb etwas in sein Notizbuch. »Miss Tythencroft«, begrüßte er mich. Sein breites Lächeln hätte freundlich und einladend gewirkt, wäre da nicht die schlecht verhohlene Begierde gewesen, mit der er meinen Körper betrachtete. »Wie läuft es bei der *Gazette*? Wie ich höre, steigen Ihre Verkaufszahlen und sind letzten Monat fast im vierstelligen Bereich gelandet.«
»Fünfstellig«, log ich, wie so oft in Mr. Talwicks Gegenwart, und stellte wieder einmal fest, wie wenig dies doch mein Gewissen belastet. »Ich muss Ihnen zur letzten Ausgabe des *Aufklärers* gratulieren«, fuhr ich fort. »Für ein Blatt, das sich der vulgären und

geschmacklosen Berichterstattung verschrieben hat, haben Sie sich wirklich selbst übertroffen. Will man Ihnen glauben, dann grillen und essen die corvantinischen Rebellen offenbar kleine Kinder.«

Er versteifte sich, und das Lächeln verschwand aus seinem Gesicht. »Ich bin lediglich ein Reporter, Miss. Nicht der Herausgeber.«

»Selbstverständlich, Sir.« Ich wandte mich um und zeigte mit dem Kinn auf die sich hebenden Hafentore. »Haben Ihre Freunde vom Protektorat Ihnen vielleicht verraten, was das zu bedeuten hat?«

»Nein«, erwiderte er, fast schon kokettierend. »Haben sie nicht, aber normalerweise öffnet man nicht alle drei Tore für ein einziges Schiff.«

»Eine Flotte also. Und keine feindliche.«

»Wohl kaum. Aber woher? Wollen Sie eine Wette abschließen, Miss Tythencroft? Ich tippe auf eine Flottille dalzianischer Söldner, die vom Protektorat angeheuert wurden, um die Nordflotte zu unterstützen.«

»Das Spekulieren mit Geld überlasse ich meinem Vater, Sir. Allerdings bezweifle ich, dass nach dem Aufstand viele Dalzianer bereit sind, sich in den Dienst des Protektorats zu stellen.«

»Dann eben Varestianer. In der präkolonialen Zeit haben sie für jeden gekämpft, wenn der Preis stimmte.«

Dann waren die Hafentore vollständig geöffnet, wie der Chor der Dampfpfeifen von der Mauer verkündete. Kurze Zeit später schob sich der dunkle Umriss eines Schiffes langsam durch den mittleren Eingang in den Hafen. Ich erkannte sogleich, dass es sich um eine kleine Dampffähre handelte, wie sie normalerweise in Küstengebieten für die Passagierschifffahrt eingesetzt wird. Dem Aussehen nach war diese jedoch viele Tage lang auf See gewesen. Die Außenwände waren rußgeschwärzt und den Schaufelrädern fehlten mehrere Blätter, sodass die Fähre sich nur mühsam einem der nahe gelegenen Landungsstege näherte.

Mr. Talwick und ich eilten zur fraglichen Brücke, wo bereits Taue von Bord an Land geworfen wurden. Auf dem Vorderdeck standen zahlreiche Menschen, vor allem Frauen und Kinder, allesamt von dem graugesichtigen Schweigen erfasst, das sich nach langen Entbehrungen einstellt. Im Näherkommen sahen wir, dass viele von ihnen weinten, ob aus Erleichterung oder Kummer vermochte ich nicht zu sagen.

»Es ist tatsächlich eine Flotte«, bemerkte Mr. Talwick und deutete auf die geöffneten Tore, durch die jetzt noch weitere, ähnlich mitgenommene Schiffe kamen. »Aber sie besteht aus Flüchtlingen, nicht aus Söldnern.« Inzwischen waren wir nahe genug, um den Schriftzug am Rumpf der Fähre zu erkennen: *ERS* Botschafter – Reg. Hafen von Feros, 03.06.177. »Sie haben den ganzen Weg von den Tyrell-Inseln in einem dreißig Jahre alten Küstendampfer zurückgelegt«, sagte Talwick anerkennend.

Eine Gangway war ausgelegt worden, und die Passagiere verließen das Schiff, die meisten gebückt und mit unstetem Schritt, der große Erschöpfung zum Ausdruck brachte. Manche der Älteren wurden von ihren jüngeren Kameraden gestützt, viele weinten immer noch. Als sie sich am Kai versammelten, fiel mir eine Gestalt auf, die aufrechter dastand als die anderen. Eine großgewachsene Frau von südmandinorianischem Aussehen, die – gemessen an dem Verhalten, mit dem ihr die anderen Flüchtlinge begegneten – eine gewisse Autorität besaß.

»Joya«, rief sie einem schlanken Mädchen zu, das gemeinsam mit einer bleichen Frau mit auffälliger Gesichtsbemalung einem Mann mit Augenbinde von Bord half. »Bringt ihn hierher. Die Patienten müssen zusammenbleiben. Molly, wenn du Mr. Adderman versorgt hast, geh zurück an Bord und hol alle Medikamente, die du findest. Ich weiß nicht, wie großzügig unsere Gastgeber sein werden.«

»Guten Tag, Madam.« Talwick, der schon immer einen untrüglichen Blick für die beste Quelle gehabt hatte, marschierte schnurstracks auf die große Frau zu und verneigte sich vor ihr.

»Sigmend Talwick. Chefkorrespondent des *Sanoraher Aufklärers.* Dürfte ich Ihren Namen erfahren?«

»Natürlich«, antwortete die Frau und kehrte ihm den Rücken zu. »Er lautet: Kümmern Sie sich um Ihren eigenen Kram.«

Talwick streckte den Rücken durch und schniefte gekränkt, ließ sich jedoch wie üblich nicht von der Jagd nach einer guten Geschichte abbringen und machte sich sogleich daran, die anderen Flüchtlinge zu befragen. Ich dagegen hatte das Gefühl, dass Frau Kümmern-Sie-sich-um-Ihren-eigenen-Kram noch einiges an Informationen zu bieten hatte, und folgte ihr mehrere Minuten durch die Menschenmenge, bis sie meine Anwesenheit zur Kenntnis nahm.

»Sind Sie auch von der Presse?«, fragte sie und sah von der Armwunde auf, die sie gerade untersuchte. Das Mädchen mit der Verletzung hatte wohl nicht mehr genug Kraft zum Weinen. Es saß einfach nur ruhig im Schoß seiner Mutter und starrte mit weit aufgerissenen, aber ausdruckslosen Augen auf die bläulich-rote, mit Nähten überzogene Stelle.

»Irgendwie schon«, erwiderte ich. »Ich repräsentiere die Wählerrechtsallianz.« Beim Anblick der wachsenden Zahl mitgenommen aussehender Menschen hatte ich plötzlich einen Frosch im Hals und musste mich räuspern. »Ich versichere Ihnen, dass ich nur helfen möchte.«

»Gut.« Die Frau machte sich daran, dem Mädchen einen frischen Verband anzulegen. Die Kleine kniff die Augen zusammen und schmiegte sich noch enger an ihre Mutter. »Diese Menschen brauchen medizinische Hilfe.« Die Frau richtete sich auf und wandte sich mir zu. »Und die Leute auf den anderen Schiffen benötigen Unterkunft und Verpflegung. Kann Ihre Allianz uns dabei behilflich sein?«

»Ja«, sagte ich mit plötzlicher Überzeugung. »Ich werde mich sofort in unser Büro begeben und eine Hilfsaktion in die Wege leiten.« Ich streckte ihr die Hand hin. »Lewella Tythencroft.«

»Fredabel Torcreek.« Als wir uns die Hände schüttelten, umspielte ein schwaches, bitteres Lächeln ihren Mund – vermutlich, weil meine Gefühle mir so deutlich anzusehen waren. »Das ist wohl ein ungewohnter Anblick für Sie, meine Liebe?«

»Ja.« Ich räusperte mich erneut und richtete mich auf. »Bitte, eine Frage noch. Sie waren doch in Feros, oder?«

»Ja. Und es ist verloren. Drachen und Verderbte griffen vom Meer und vom Himmel her an und brachten es unter ungeheurem Blutvergießen in ihre Gewalt. Wir Flüchtlinge aus Kerberhafen und ein paar weitere konnten gerade noch entkommen, aber unzählige andere hatten weniger Glück.«

»Ich … habe einen Freund«, setzte ich an und hasste mich dafür, wie zögerlich die Worte aus meinem Mund kamen. »Mein ehemaliger Verlobter, um genau zu sein. Leutnant Hilemore. Er wurde vermisst und für tot erklärt. Ich habe mich gefragt, ob …«

»Hilemore?« Mrs. Torcreek starrte mich einen Moment an, dann lachte sie auf. »Erstens lautet sein Titel neuerdings Kapitän. Und zweitens ist er nicht tot, meine Liebe. Meinem letzten Kenntnisstand nach ist er quicklebendig, auch wenn er sich vermutlich gerade mit meiner Familie den Allerwertesten abfriert.«

KAPITEL 1

Clay

Ihm war, als würde er flüssiges Feuer trinken. Sobald das Herzblut seine Zunge berührte, durchzuckte ihn ein Pfeil glühenden Schmerzes. Irgendwie gelang es ihm, die Phiole nicht fallen zu lassen, sondern sie weiter gegen die Lippen zu pressen, bis sich ihr gesamter Inhalt den Weg durch seinen Hals in den Magen gebrannt hatte. Er krümmte sich und hieb wild um sich, als die Qualen weiter zunahmen und jedes andere Gefühl auslöschten, alles um ihn erst grau, dann schwarz färbten. Ob er wohl an den Schmerzen sterben würde, noch bevor Jack Letzter Anblick ihm mit einem Flammenstoß den Garaus machte? Wie sein Ende auch aussehen mochte, Clay wusste mit absoluter Gewissheit, dass er nur noch wenige Sekunden zu leben hatte.

Dann war es vorbei. Von einer Sekunde auf die andere war die Pein verschwunden. Clay blinzelte, und die schwarze Leere lichtete sich. Er befand sich noch immer im Wasser und trieb schwerelos unter der flirrenden Oberfläche. Es war kalt, doch die Kälte fühlte sich irgendwie gedämpft an, war weit außerhalb seines Körpers, eines Körpers, der riesige Dimensionen angenommen hatte, wie er schnell feststellte. Vor sich sah er verschwommene Farben, kaltes Azurblau, durchsetzt von orangenen Flecken und kleinen dunkelroten Sprenkeln. *Sie sehen Wärme statt Licht*, hatte Ethelynne Drystone gesagt, als sie in der verfallenen Arena ihre Erinnerungen mit ihm geteilt hatte. Er betrachtete die Welt erneut durch die Augen eines Drachen.

Diesmal waren die Farben nicht so grell wie die, die der unglückselige Schwarze vor hunderten von Jahren eingefangen hatte. Allerdings vertrieb der Ton in Clays Ohren jeglichen Gedanken an die eingeschränkten Sichtverhältnisse. Es handelte sich um ein gleichmäßig vibrierendes Echo, dessen Höhe sich von Sekunde zu Sekunde änderte. Clay wusste zwar nicht, was es damit auf sich hatte, doch tief in seinem Geist schlummerte ein Begreifen, das instinktive Wissen des Besitzers dieser Erinnerung. Die Schlussfolgerung war ebenso unausweichlich wie beängstigend: *Ich habe eine Trance-Verbindung zu Jack Letzter Anblick.*

Da durchbrach ein lauter, gellender Schrei die Klanglandschaft, die Blickrichtung änderte sich, und Clay schnellte mit einer Geschwindigkeit durchs Wasser, die jeden von Menschenhand geschaffenen Apparat übertraf. Als der Schrei erneut ertönte, steigerte sich der Puls des Drachen von einem rhythmischen Pochen zu einem rasenden Trommeln. Es war eindeutig ein Hilferuf, aus dem panische Furcht sprach. Wie sie so durch das Wasser schossen, spürte Clay Jacks wachsende Sorge, und dank der Trance wusste er, dass es sich um elterliche Angst handelte. Irgendwo war Jacks Kind in Gefahr.

Dann wurde der Hilferuf von einem Schrei abgelöst, der so durchdringend war, dass Clay ihn als körperlichen Schmerz erlebte, und plötzlich erstarb. Ein weiterer Sinneseindruck flutete seinen Geist, diesmal war es kein Geräusch, sondern ein Geruch. Normalerweise hätte dieser Duft den Hunger des monströsen Jägers geweckt, aber jetzt rief er nur Verzweiflung hervor. Blut, jedoch nicht von einer möglichen Beute oder einem Wal-Kadaver. Es stammte von einem blauen Drachen.

Jetzt stieß Jack Letzter Anblick selbst einen Schrei aus, ein tiefes, kehliges, trauererfülltes Brüllen, das die See förmlich zum Erbeben brachte. Dennoch setzte er seinen Weg mit unverminderter Geschwindigkeit fort, von Zornesenergie getrieben. Der Blutgeruch wurde immer stärker, bis Clay schließlich einen dunkelrot wogenden Nebel vor sich erblickte, der sich zu rosa abkühlte, als das Wasser die Wärme absorbierte. Jack wurde erst langsamer, als er die Wolke erreichte, in deren Mitte Clay jetzt ein dunkles Muster erkennen konnte, ein Netz, das sich fest um etwas Großes, Schlaffes wickelte. Mehrere Harpunen ragten aus dem Kadaver des Blauen, bei dem es sich gemessen an seiner Größe um ein Jungtier handelte. Als das Netz zusammengezogen und der Leib angehoben wurde, strömte das Blut mit neuer Intensität. Jacks Blick folgte den Zugseilen nach oben zu zwei langen, dunklen Umrissen. Er kannte diese Form und wusste, dass sie Gefahr bedeutete. Normalerweise hätte ihr Anblick ihn dazu veranlasst, Zuflucht in der Tiefe zu suchen. Aber nicht heute.

Als Erstes zerriss er das Netz, zerfetzte es mit seinen dreieckigen, rasiermesserscharfen Zähnen und befreite das darin gefangene Junge. Dann hielt er inne und sah zu, wie der Kadaver langsam tiefer sank und in einem Schleier aus Blut in dem kalten, schwarzen Abgrund verschwand. Eine neue Erinnerung erschien vor Clays innerem Auge. Ein frischgeborener Blauer schlüpfte aus dem Leib seiner Mutter und drückte sich gegen die Flanke seines Vaters, der seinen großen Körper schützend vor seine Familie stellte und ein sanftes Lied anstimmte, um den Kleinen zu beruhigen.

Das Bild verblasste, und Clay stellte fest, dass Jack sich wieder den beiden dunklen Umrissen zugewandt hatte. Er brüllte erneut, doch jetzt mischte sich seine Verzweiflung mit Zorn. Dieses Gefühl fand sich bei Blauen nur selten und war eigentlich der Paarung oder den Revierstreitigkeiten mit jüngeren Männchen vorbehalten. Nun allerdings steigerte es sich ins Unermessliche und füllte jede Zelle von Jacks Körper. Clay spürte, wie etwas in Jacks Geist nachgab, ein plötzlicher Schnalzer, und der letzte Rest Vernunft war ausgelöscht. Sein Brüllen erstarb. Jack hatte keinen Grund mehr, seine Wut kundzutun. Er war Wut.

Die beiden dunklen Umrisse hatten sich in Bewegung gesetzt. Das sie umgebende Wasser schäumte weiß, und ein rhythmisches Stampfen erfüllte den Ozean. Clay sah zwei schwachgelbe Kugeln in der Mitte der Schiffe aufleuchten, als die Maschinisten die Motoren anheizten. Vom plötzlichen Verlust ihrer Beute irritiert, hatten die Seeleute offenbar beschlossen, das Weite zu suchen. Aber das würde sie nicht retten.

Jack hielt auf den linken Umriss zu, näherte sich ihm stetig, aber ohne Eile. Obwohl sein Geist immer noch von Zorn erfüllt war, ließ sein Jagdinstinkt ihn nicht im Stich und sagte ihm, dass er alle Kraft für den Angriff benötigen würde. Als er auf etwa fünfzig Meter an die sich drehenden Schaufelräder des Blauenjägers herangekommen war, schlug er zu. Ein einziger Schwanzhieb zertrümmerte die Schaufelblätter, das Schiff beschrieb einen Halbkreis und kippte. Ringsum stürzten kleine, dunkle Gestalten ins Wasser, Matrosen, die vom Deck des getroffenen Boots fielen. Jack ließ sich Zeit, um jeden einzelnen der zappelnden Männer zu zerbeißen. Ihre Reste spuckte er aus, denn der Geschmack dieser winzigen Monster missfiel ihm. Ihr Blut war bitter, und sie hatten zu viele Knochen. Außerdem war er nicht zum Fressen hier.

Er schlug erneut mit dem Schwanz, eine explosive Entladung seiner Kraft, die ihn in die Luft katapultierte. Er flog über das Schiff, die Männer starrten angsterfüllt zu ihm empor und schrien, als er das Maul aufriss und seinen Feuerstrahl auf sie richtete. Die Flammen hüllten das Boot von Bug bis Heck ein, erfassten die Matrosen ebenso wie die Armaturen, wogten in die Frachträume und entzündeten alles Brennbare.

Jack tauchte zurück in die wohltuende Kühle des Ozeans. Er umkreiste das lodernde Schiff und tötete die verkohlten, dem Tode nahen Männer, die vereinzelt im Wasser trieben. Plötzlich durchzuckte ein Beben die umliegende See, etwas im Inneren des Schiffes hatte nachgegeben – gemessen an der Stärke der Explosion vermutlich eine Ladung Schießpulver. Das Boot brach auseinander, versank langsam in der Tiefe und zog dabei eine dunkle Blutwolke aus den Laderäumen hinter sich her. Dass diese nach dem Blut von Seinesgleichen roch, schürte Jacks Zorn noch mehr, und Clay konnte fühlen, wie sein ohnehin schon angeschlagener Geist noch weiter verfiel.

Der riesige Blaue kehrte zurück an die Oberfläche und hob den Kopf aus den Wellen. Das zweite Schiff befand sich mehrere Kilometer nördlich, seine Schornsteine rauchten und die Schaufelräder drehten sich rasend schnell. Doch das würde es nicht retten.

Dann zerfiel die Trance in Bruchstücke. Ein plötzlicher Schmerz durchzuckte Clay, und die geteilten Erinnerungen flirrten in einem Kaleidoskop zerstörter Schiffe und ermordeter Matrosen durch seinen Kopf. Offensichtlich hatte Jacks Leben sich in ein nicht enden wollendes Rache-Epos verwandelt. Seine Tage und Nächte standen im Zeichen der Jagd und der endlosen Suche nach neuen Monstern zum

Töten. Walen und Riesenoktopussen stellte er nur dann nach, wenn sein Hunger an Schmerz grenzte. Ansonsten durchstreifte er die Meere auf der Suche nach Schiffen und zerstörte alle, die er fand. Aber es gab immer mehr.

Dann wandelte sich der Strudel aus Zorn und unermüdlicher Jagd plötzlich. Jahrelang hatte Jack seine Artgenossen gemieden und ihre Grußgesänge ignoriert, wann immer er in die Nähe einer Herde kam. Irgendwie wusste er, dass er keiner der ihren mehr war. Ihre Gesänge, die von Verbundenheit, Spiel und der Freude an der Jagd erzählten, waren Echos von etwas, das er für immer verloren hatte. Jack kannte nur noch ein Lied, das Lied des Zornes. Eines Tages hörte er jedoch etwas Neues, keinen durch die Tiefen hallenden Klageschrei, sondern einen Gesang in seinem Geist.

Clay wurde von einem weiteren Schmerzblitz durchzuckt, als das Lied ihn umhüllte, fremd, verwirrend und dabei doch schrecklich vertraut. *Der Weiße.* Das Ausmaß seiner Bosheit war unverkennbar, obschon es ihm unmöglich war, die Gedanken der Bestie vollends zu ergründen. Allerdings konnte er sie fühlen, konnte empfinden, wie Jack von einem neuen Gefühl der Bestimmung erfasst wurde, das mit seiner Wut verschmolz. Clay spürte, wie der Blaue sich gegen die Einmischung wehrte. Er hatte seine eigenen Absichten und wollte keine anderen, doch der Weiße duldete keinen Widerspruch. Schon bald stellte sich eine neue Bilderflut ein, ein anderes Schiff, durch die Augen eines anderen Blauen gesehen. Es unterschied sich von den vorherigen, die Kanonen legten nahe, dass es sich um eine Kriegsfregatte handelte. Außerdem besaß es keine Schaufelräder. *Die Überlegenheit,* dachte Clay und sah, wie an Deck eine junge Frau zwei Revolver zückte. *Loriabeth, an dem Tag, als wir von dem Blauen angegriffen wurden.* Loriabeths Kugeln trafen ihr Ziel, und das Bild veränderte sich: Ein roter Nebel verhüllte das meiste, was folgte, dennoch registrierte Clay ein plötzliches Erstarren und erinnerte sich, wie er und die varestianische Blutgesegnete den Blauen mithilfe von Schwarz festgehalten hatten, während Kapitän Hilemore und Leutnant Steelfine die Kanone schussbereit machten. Ein Blitz inmitten des roten Nebels, dann wurde alles schwarz.

Jacks Gefühl der Bestimmung wurde von einem unerbittlichen Befehl abgelöst, der mit einem Bild der *Überlegenheit* einherging. Diesmal konnte Clay den Gedanken des Weißen eine deutliche Botschaft entnehmen: *Geh nach Süden … Töte sie.*

Clay wurde von Panik erfasst, als Jacks Erinnerungen durch seinen Geist wirbelten. *Er hat ihn uns auf den Hals gehetzt. Er wusste, wohin wir unterwegs waren. Woher?* Die Antwort dämmerte ihm schnell, begleitet von Selbstvorwürfen, weil er nicht schon früher darauf gekommen war. *Silbernadel.* Die Überreste ihres Bewusstseins lebten in ihm fort, seit sie ihn im Berg verraten hatte und umgekommen war. *Er ist ihrem Geruch gefolgt und hat den armen, verrückten Jack dazu gebracht, uns zu jagen.*

Noch mehr Erinnerungen: Jack war wieder Teil einer Herde, wenngleich die Blauen, mit denen er jetzt schwamm, keine Lieder sangen. Die Zerstörung der Kraghurst-Station und sein unterdrücktes, aber unverkennbares Vergnügen, so viele kleine Monster brennen zu sehen. Jack, der die *Überlegenheit* durch den Kanal zwischen den Drosslern und dem Riff hetzte, und das Gewicht des riesigen Felsvorsprungs, der ihn in die Tiefe drückte, so tief, dass der Druck ihn fast zerquetscht hätte. Aber er war nicht gestorben, irgendwie war es ihm gelungen, sich zu befreien und sich mithilfe seiner malträtierten Muskeln an die Oberfläche zu kämpfen. Schon bald überwältigte ihn die Erschöpfung, und er trieb schlaff an der Wasseroberfläche. Hätte ihn nicht die Herde gefunden und mit vereinten Kräften an der lebensrettenden Luft gehalten, wäre er wieder in der Tiefe versunken. Aber er war verwundet und benötigte Zeit und Nahrung, um sich zu erholen. Die anderen Blauen brachten ihm Walross- und Walfleisch und hungerten selbst, damit er zu fressen hatte. Wäre er noch zu derlei Dingen in der Lage gewesen, hätte er einen Dankesgesang für sie angestimmt. Aber eigentlich waren sie nicht seine Herde, und solche Gesänge waren nur ein entferntes Rauschen dessen, was er einmal gewesen war.

Er fraß, erholte sich und wartete. Dann kam der große Hitzestoß, der das Eis spaltete und ihm die Suche nach den Monstern ermöglichte, die ihn verletzt hatten. Er rief seine schweigende Herde zusammen und schickte sie in das zersplitterte Eis, wo sie große Distanzen zurücklegten, bis einer seine Beute fand. Ein neues Schiff, eines ohne Hitzeblume im Rumpf, aber mit Monstern an Deck. Jack mochte zwar verrückt sein, aber er war alles andere als dumm. Da ihm diese Kreaturen erst vor Kurzem Schmerzen zugefügt hatten, entschloss er sich zu einem klügeren Ansatz und schickte seine Herde vor, um sich den brutalen, widernatürlichen Verteidigungsanlagen zu stellen und deren Hauptlast zu tragen. Er sah zu, wie die Blauen kämpften und einer nach dem anderen umkamen, unterdrückte seinen Zorn und zwang sich zur Geduld. Erst als das letzte Mitglied seiner Herde eine Wolke aus Blut hinter sich herziehend in der Tiefe versank, beschloss Jack zuzuschlagen.

Dann tauchte eine neue Ablenkung auf, eine neue Hitzeblume wuchs von unzähligen Luftblasen begleitet aus der Tiefe empor. Etwas stieg an die Oberfläche. Jack hatte keine Ahnung, worum es sich handelte, sein Blick vermochte den Rumpf nicht zu durchdringen, um mögliche Wärmequellen dahinter auszumachen. Aber als es oben angekommen war und vier Monster daraus hervorkletterten, wusste er, dass er zum ersten Mal seit Langem leichte Beute vor sich hatte. Ein kurzes Abtauchen und Hochschnellen, und schon zappelten die Monster im Wasser. Jack hielt auf das nächstgelegene zu und stieß einen kurzen Schmerzenslaut aus, als eines der Ungeheuer etwas vom Schiff aus nach ihm warf. Es war klein, traf ihn jedoch mit genug Wucht, um ein Loch in seine Schuppen zu reißen. Der Schmerz war ihm vertraut, er hatte bereits zahllose Narben ähnlichen Ursprungs. Und so zollte er der Wunde kaum Aufmerksamkeit, schließlich befand seine Beute sich in unmittelbarer Nähe.

Die Kreatur, die unter ihm im Wasser zappelte, schaute mit ihren winzigen, Perlen gleichenden Augen zu ihm auf und griff nach etwas an ihrem Hals. Womöglich nach einer Waffe. Als könnte etwas so Kleines ihm gefährlich werden …

Clay sah, wie das Bild von ihm selbst im Wasser erstarrte und zerbarst und nur einen gestaltlosen Nebel hinterließ. Um ihn herum stieg Dunst auf, verdichtete sich zu bunten Wolken und löste sich wieder auf. Hier und da erhaschte er einen Blick auf solidere Erinnerungen, die versinkenden Kadaver von Blauen, zerfetzte Matrosen, brennende Schiffe. Das also war die Gedankenlandschaft von Jack Letzter Anblick. Unter dem ganzen Grauen spürte Clay, wie eine große Verwirrung auf ihn eindrang, durchsetzt von wachsendem Ärger.

Du spürst, dass ich hier bin, nicht wahr?, fragte Clay in der Hoffnung, dass der Drache die Bedeutung seiner Worte verstand. Der Nebel ringsum flirrte, und rote Blitze zuckten als Beweis für Jacks zunehmenden Zorn. *Tja, du wirst mich nicht los, zumindest fürs Erste. Also lass uns reden.*

Es blitzte erneut, aus dem Nebel wickelten sich blutrote Ranken um Clay und zerrten mit unerbittlicher Ablehnung an ihm. Er wappnete sich gegen das Gefühl und kämpfte gegen die Übelkeit und Verwirrtheit an, die drohten, der Trance ein Ende zu machen. *Ich weiß, dass du guten Grund hast, mich und meine Artgenossen zu hassen*, sagte Clay, als die Übelkeit sich langsam in Schmerz verwandelte. *Aber der Weiße …* Er brach ab, denn plötzlich flammten tief in seinem Innern explosionsartig Qualen auf. Wieder begann die Gedankenlandschaft zu flirren, und Clay merkte, dass es nur eine Frage der Zeit war, bis die Verbindung ganz abbrach, denn Jack setzte jetzt alles daran, den verhassten Eindringling loszuwerden.

Verhandeln bringt nichts, dachte Clay und wandte seinen ganzen Willen auf, während Jacks Gedankenlandschaft um ihn herum loderte und ihm weitere Szenen voll Mord und Flammen offenbarte. *Er ist zu verrückt.* Er versuchte sich zu erinnern, was Ethelynne über die Auswirkungen von Herzblut gesagt hatte und darüber, wie es ihr mit seiner Hilfe gelungen war, die Kontrolle über Lutharon zu gewinnen. *Falsch*, dachte er. *Nicht die Kontrolle. Sie sprach von »Verständigung«.* Aber wie konnte er mit einem Geist, der von so vielen schlimmen Erinnerungen geschädigt war, in Verbindung treten? Er hielt kurz inne, denn jetzt kamen ihm noch mehr von Ethelynnes Worten in den Sinn: *Die Erinnerungen der Drachen sterben nicht mit dem einzelnen Individuum. Sie werden über mehrere Generationen vererbt.*

Er betrachtete das Chaos, das um ihn herum wütete und Jacks Toben und seinen anhaltenden Versuchen, Clay loszuwerden, geschuldet war. *Lutharon konnte sich an den Weißen erinnern. Obwohl er ihn nie gesehen hat.* Vielleicht war ihm ja auch einer von Jacks Vorfahren begegnet. Aber was sollte das bringen? Die Erlebnisse von Jacks Vorfahren würden kaum ausreichen, um dessen Verstand wiederherzustellen. Doch dann fiel Clay etwas ein, das Silbernadels Geist gesagt hatte, ein winziger Hinweis darauf, dass sie mehr gewesen war als nur eine Dienerin des Weißen: *Und sind Menschen nicht überhaupt nur Ansammlungen von Erinnerungen?*

Clay nahm seinen ganzen Willen zusammen und entfesselte ihn

auf einmal, sodass der umliegende Nebel verpuffte. Er spürte, wie Jack unter der Wucht seiner mentalen Kraft zusammenzuckte, die seinen Zorn vorübergehend unterdrückte. *Das muss am Herzblut liegen,* dachte Clay. *Es verleiht der Trance mehr Wirkung.*

Bei der Betrachtung der Erinnerungsfetzen, die jetzt in einer schwarzen Leere um ihn herumschwebten, erhielt er weitere Einblicke in blutige, flammende Racheakte. Eines dieser Fragmente zog er zu sich heran – einen kompakten Ball mit Bildern des Angriffs auf die Kraghurst-Station. Dann wandte er seinen Willen erneut auf, presste den Ball zu einer winzigen Kugel zusammen und zertrümmerte sie. Auf diese Weise arbeitete er sich weiter vor, durchstöberte Jacks Gedankenlandschaft und zerstörte alle traumatischen Erinnerungen, die er dort fand. Jack wehrte sich, feuerte weiter rote Blitze ab, doch mit seinen Erinnerungen schwand auch seine Kraft. Clay wurde nicht aller Fragmente habhaft, manche waren zu undefiniert und ließen sich nicht einfangen, andere waren bloße Bruchstücke von nicht weiter im Gedächtnis gebliebenen Gemetzeln. Hie und da fand er klare und sogar freudige Momente, meist in Bezug auf Jacks Leben vor seinem irren Rachefeldzug. Diese verschonte er, auch wenn es zu wenige waren und zu viel Abstand zwischen ihnen lag, um den Verstand der Bestie zu heilen.

Als Clay die letzte große Erinnerung zerschmettert hatte, herrschte Verwirrung in der Gedankenlandschaft. Sie zeigte den Todeskampf eines Blauenjägers, den Jack tagelang gequält hatte. Alle paar Stunden war er an die Oberfläche gekommen, um ein, zwei Seeleute mit einem Feuerstoß zu grillen, ehe er wieder abtauchte und die Überlebenden den Gedanken an ihr bevorstehendes Schicksal überließ. Offenbar hatten die Menschen ihn die Freuden des Sadismus gelehrt. Mit diesem Bild schwand Jacks ganzer Widerstand und hinterließ lediglich ein schwaches Bewusstsein dafür, wer oder was er war. *Ich könnte jetzt einfach das Weite suchen. Die Trance beenden und ihn mit unwiederbringlich zerstörtem Geist durchs Eis ziehen lassen.* Aber wem würde das nützen?

Mal sehen, was deine Vorfahren dir vererbt haben. Clay durchsuchte sein eigenes Gedächtnis nach dem deutlichsten Bild, das er vom Weißen besaß. Der letzte Blick, den er im Berg auf die Bestie erhascht hatte, als sie inmitten des Schwarms der von ihr ausgebrüteten Jungtiere wütete.

Weckt das irgendwelche Erinnerungen bei dir?, fragte er, doch Jack gab keine Antwort. Clay dehnte die Erinnerung aus und füllte die Leere damit. *Komm schon, da muss es doch etwas geben, irgendwo tief in dir vergraben.*

Und dann entdeckte er ein schwaches Schimmern in der Leere. Er bot seinen ganzen Willen auf, holte es näher heran und füllte es mit dem Bild des Weißen, sodass es wuchs und zu einem weiten Himmel über einer aufgewühlten grauen See erblühte. Überall zerfurchten Blaue das Wasser, durchschnitten mit ihren langen Leibern die Wogen, während über ihnen eine Schlacht tobte. Rote und schwarze Drachen kreisten unter gräulichen Wolken, bespuckten einander mit Feuer oder verstrickten sich mit schlagenden Schwänzen und schnappenden Kiefern in hässliche Kämpfe. Mit grausiger Regelmäßigkeit stürzten welche ins Meer und gingen entweder sofort unter oder zappelten an der Oberfläche, während ihr Blut ins Wasser strömte. Die Blauen ignorierten die verwundeten Roten, stürzten sich jedoch feuerspuckend und zähnefletschend auf jeden Schwarzen. Der Geist, von dem die Erinnerung stammte, fühlte sich leer an, er war weitgehend frei von Gedanken und kannte nur eine Absicht, die nicht seine eigene war. *Tötet sie,* erklang der Befehl, und das Bild veränderte sich, als der Besitzer dieser uralten Augen einen verwundeten Schwarzen ins Visier nahm, der vergeblich versuchte, sich mit nur noch einem Flügel in die Luft zu schwingen. *Tötet sie a–*

Und dann war Schluss. Die Absicht, der Befehl erstarb. Verschwand aus dem Geist des Blauen, sodass er mit Eindrücken überschwemmt werden konnte. Der Kampfdrang ließ nach, und der Blaue brach seinen Angriff ab. Stattdessen umkreiste er den verzweifelten Schwarzen und begrüßte ihn mit einem neugierigen Gesang, als dessen Kraft ihn verließ und er in den Wellen versank. Der Blaue hob den Blick zum Himmel, wo die sich bekriegenden Parteien voneinander abgelassen hatten. Die Roten flogen in loser Formation nach Nordosten, während die verbleibenden Schwarzen nach Westen aufbrachen. Auf dem Rücken von mindestens einem von ihnen konnte Clay den vagen, aber unverkennbaren Umriss eines Menschen ausmachen, ehe die Schar hinter einer Wolke verschwand.

Das war das Ende des Krieges, dachte er. *Des ersten. Der Weiße hat sich schon einmal erhoben, und sie haben ihn besiegt. Nur wie?*

Er schob die Frage zur Seite, denn es war offenkundig, dass die Antwort nicht im Geist dieses lange toten Blauen lag. Als er dessen Erinnerungen durchsuchte, stellte er fest, dass es sich um einen einfacheren Charakter als Jack handelte. Seine Gesänge waren fröhlich und enthielten nur eine winzige Spur von Zorn. *Eine einfache Seele,* dachte Clay und kämpfte seine Schuldgefühle nieder. *Ich weiß nicht, ob dir dein neues Zuhause gefallen wird.*

◆ ◆ ◆

Als die Trance abbrach, umschloss ihn die Kälte wie eine Stahlfaust. Er keuchte unwillkürlich, hätte er genug Luft gehabt, hätte er geschrien. Während er in der Strömung trieb, ließ der riesige Blaue sich zurücksinken und ging auf Abstand, er blieb jedoch in der Nähe und betrachtete Clay aus einem Auge, den Kopf hielt er knapp über der Oberfläche. Clay spürte, wie das Lied der Bestie, von Verzweiflung erfüllt, durchs Wasser vibrierte. Offenbar hatte die Trance ihn gelehrt, die Gesänge der Blauen zu verstehen.

Als er ein Platschen vernahm, blickte er nach links, wo Kriz und Loriabeth sich bemühten, Leutnant Sigorals Kopf über Wasser zu halten. Das Gesicht des Corvantiners war bleich und sein unversehrtes Auge trüb. Zu Clays Rechter spritzte Wasser auf, begleitet von krachenden Schüssen und dem Pfeifen mehrerer Kugeln. Der gequälte Gesang des Blauen, der einstmals Jack Letzter Anblick gewesen war, wurde höher, als das Untier vor dem Kugelhagel floh und tiefer ins Wasser sank.

»Halt–!« Clay wandte sich dem Schiff zu, doch der Rest seiner Worte erstarb unter dem Klappern seiner Zähne. An der Reling hatte eine Reihe bewaffneter Männer Aufstellung genommen, darunter auch sein Onkel Braddon. Im Krähennest stand Prediger, das Gewehr an der Schulter. Noch besorgniserregender war, dass Leutnant Steelfine und Kapitän Hilemore hektisch versuchten, eine Kanone in Stellung zu bringen. Offensichtlich war sie beschädigt, denn das Rohr war fest mit einem Seil umwickelt, sodass Clay sich fragte, ob sie nicht eine größere Gefahr für die Mannschaft als für Jack darstellte.

Er holte tief Luft und schrie so laut er konnte: »HÖRT AUF ZU SCHIESSEN!« Seine Worte drangen über das Wasser und brachten alle

Aktivitäten an Bord des Schiffs zum Erliegen. Verwirrt ließ Kapitän Hilemore von der Kanone ab und richtete sich auf.

»Clay!«, keuchte Loriabeth, und als Clay sich umdrehte, sah er, dass Sigoral ihr entglitt. Er schwamm zu ihr, tauchte unter und bekam den Corvantiner gerade noch rechtzeitig an der Jacke zu fassen. Er zerrte ihn an die Oberfläche, Kriz und Loriabeth packten mit an, und verzweifelt begannen sie, zu dritt Wasser zu treten, um Sigoral vor dem Untergehen zu bewahren. An Bord des Schiffs ertönten Schreie, Hilemore wies mehrere Männer an, ein Boot ins Wasser zu lassen. *So viel Zeit haben wir nicht,* dachte Clay beim Anblick von Sigorals blutleerem Gesicht grimmig. Außerdem gelangten Kriz und Loriabeth langsam an ihre Grenzen, da das kalte Wasser ihnen sämtliche Kraftreserven raubte.

Er drehte sich zu dem großen Blauen um, der zwanzig Meter von ihnen entfernt sein Klagelied sang. Dann nahm er seine ganze Konzentration zusammen, beschwor die Erinnerung an die neue Gedankenlandschaft, die er im Kopf der Bestie erschaffen hatte, und füllte sie mit seinem Hilferuf. Die Reaktion erfolgte überraschend schnell, der Blaue schoss auf sie zu, rollte sich herum und streckte ihnen seine Rückendornen entgegen.

»Haltet euch fest.« Clay streckte die Hand nach dem nächsten Dorn aus, packte sowohl diesen als auch Sigorals Jacke mit festem Griff und zog sich heran. Kriz musste Loriabeth helfen, da diese die Arme offenbar nicht mehr über die Wasseroberfläche heben konnte. Kriz legte ihr einen Arm um die Brust und zerrte sie auf die Flanke des riesigen Drachen zu. Als alle sich festhielten, rollte der Blaue erneut herum, befreite sie aus der tödlichen Kälte und hielt auf das Schiff zu.

Wie sie so durchs Wasser glitten, erspähte Clay etwas auf der Oberfläche – seinen Rucksack, der von dem bauchigen Gegenstand darin oben gehalten wurde. *Langsam,* sagte er, und der Drache verringerte gehorsam die Geschwindigkeit, sodass Clay den Rucksack greifen konnte. *Keine Sorge, Kleines,* beruhigte er das Ei in Gedanken. *Ich hab dich viel zu weit mitgeschleppt, um dich jetzt zurückzulassen.*

Neben dem Schiff angekommen, sah er zum Deck auf und blickte in eine Reihe blasser, erstaunter Gesichter. Die einzige Ausnahme bildete Onkel Braddon. Dessen Überraschung wurde von der Freude überlagert, seine Tochter wiederzusehen. »Wie ich sehe, hast du ein neues Haustier«, sagte Braddon und lächelte breit.

»Eher einen neuen Freund.«

»Das ist Jack Letzter Anblick«, stellte einer der Matrosen fest. Clay brauchte einen Moment, um den Mann mit dem ausgemergelten Gesicht und dem zottigen Bart als Scrimshine zu identifizieren. Der ehemalige Schmuggler hielt ein Gewehr in den knochigen Händen und starrte mit großen Augen auf den mächtigen Körper des Blauen herab. Dann wandte er sich Hilemore zu und forderte mit schriller Stimme: »Wir sollten ihn töten, Kapitän! Jetzt gleich auf der Stelle!«

Als die anderen Männer ihre Zustimmung kundtaten und Clay Hilemores zweifelnden Blick bemerkte, sagte er: »Dieser Name passt nicht mehr zu ihm. Das hier«, Clay neigte sich vor und tätschelte die schuppige Stelle zwischen den Augen des Blauen, »ist der alte Jack. Und er wird uns hier wegbringen.«

KAPITEL 2

Lizanne

Gar nichts?«

Sofiya Griffan schüttelte den Kopf, und ihre roten Locken fielen ihr in die blasse Stirn. Seit die *Gewinnträchtige Unternehmung* aus Corvus abgesegelt war, hatte Sofiya zumeist still und bedrückt gewirkt. Ihr unerfahrener Geist war zweifelsohne von den schrecklichen Dingen erfüllt, die sie beim Fall der Hauptstadt gesehen hatte. Jetzt schien sie kurz vor einem Nervenzusammenbruch zu stehen. Ihr Mann umfasste ihre Hände, die zitternd in ihrem Schoß lagen.

»Nichts«, sagte sie und sah Lizanne anklagend an, als wäre sie für diese Wende verantwortlich. »Feros schweigt. Das … das gab es noch nie.«

»Haben Sie nicht noch eine andere Kontaktperson?«, hakte Direktor Thriftmor nach, der wie immer ein Glas Whiskey in der Hand hielt. »In Sanorah?«

Sofiya nickte nervös. »Einen Notfallkontakt im Hauptquartier der Nordflotte. Ich hatte vor weniger als einer Stunde eine Trance-Sitzung mit ihm. Er hatte seit gestern keinen Kontakt mehr mit Feros und den anderen Flotteneinheiten im Hafen. Mit Blut …« Ihre Stimme versagte, und sie schloss die Augen, um die Tränen aufzuhalten, dann presste sie hervor: »Mit Blutbrennern ausgerüstete Patrouillenboote wurden ausgeschickt, aber es wird noch mehrere Tage dauern, ehe sie Bericht erstatten.«

Stille breitete sich in der Offiziersmesse aus, während die Anwesenden diese Nachricht verdauten, und der Direktor nutzte die Gelegenheit, um sich nachzuschenken. Schließlich brach Kapitän Verricks das Schweigen. Lediglich das Zucken seines beeindruckenden grauen Schnurrbarts verriet sein Unbehagen. »Mein Befehl ist klar«, sagte er in einem barschen Tonfall, der viel über sein Talent verriet, selbst in Zeiten großer Unsicherheit eine unerschütterliche Autorität zu bewahren. »Die *Gewinnträchtige Unternehmung* wird Direktor Thriftmor und Miss Lethridge nach Abschluss ihrer Mission im Corvantinischen Kaiserreich nach Feros bringen. Ich beabsichtige, diesen Befehl zu befolgen. Ganz egal, was diese Trance erbracht hat.«

»Feros ist gefallen«, erklärte Lizanne ihm, und die Bestimmtheit in ihrer Stimme konnte es mit seiner mehr als aufnehmen. Ihre Vorstellungskraft hatte ihren Geist mit schrecklichen Bildern geflutet, die zeigten, was wahrscheinlich aus denen geworden war, die sie zurückgelassen hatte, um ihren Abenteuern im Corvantinischen Reich nachzugehen. *Tante Pendilla, Jermayah, Vater ... Tekela.* In ihrer Brust regten sich Schuldgefühle und Selbstvorwürfe. *Ich hätte sie mit dem ersten Schiff nach Mandinorien schicken sollen.* Aber sie hatte nicht geahnt, dass der Weiße so schnell so weit im Norden zuschlagen würde, und Feros war einer der am besten verteidigten Häfen der Welt gewesen.

»Meine Befehle ...«, setzte Kapitän Verricks an, aber sie schnitt ihm das Wort ab.

»Ihre Befehle stammen von einem Vorstand, der inzwischen vermutlich tot oder versklavt ist.« Angesichts ihres harschen Tons schluchzte Sofiya erschrocken auf, doch Lizanne ignorierte sie und trat auf den Kapitän zu, um ihren Worten mehr Gewicht zu verleihen. »Hoffentlich Ersteres, denn die Vorstellung, dass unser Gegner ihre Geheimnisse erfährt, gefällt mir nicht – sollten sie ihm lebendig in die Hände gefallen sein, hat er das inzwischen aber bestimmt.«

Blinzelnd sah Verricks zwischen ihr und Thriftmor hin und her. »Wenn dem so ist«, sagte er, und Lizanne bemerkte, wie er unter dem Bart angewidert den Mund verzog, »ist also Direktor Thriftmor die einzige verbleibende Autorität?«

Thriftmors Whiskeyglas machte auf halbem Weg zu seinem Mund Halt, als alle sich erwartungsvoll zu ihm umwandten. Neben Lizanne, Verricks und den Griffans waren noch die ranghöheren Offiziere des Schiffes anwesend. Es war offensichtlich, dass Thriftmor die Aufmerksamkeit eines so großen Publikums nicht behagte.

»Ich … äh«, stammelte er, ließ das Glas sinken und nickte Verricks zu. »Ich denke, dass es in Krisenzeiten das Beste ist, dem Militär die Entscheidungen zu überlassen.« Er hustete, dann lächelte er den Kapitän gezwungen an. »Wie lautet Ihr Rat?«

Verricks verzog kurz höhnisch das Gesicht, ehe er sich von Thriftmor abwandte und seine Offiziere anblickte: »Höchstwahrscheinlich ist die *Unternehmung* näher an Feros als jedes Patrouillenboot des Protektorats. Unsere oberste Pflicht ist es, dem Syndikat zu dienen. Wir werden in Schlachtformation zu den Tyrell-Inseln fahren und sie umfassend auskundschaften. Sobald wir herausgefunden haben, was in Feros los ist, wird Mrs. Griffan unsere Erkenntnisse dem Hauptquartier der Nordflotte übermitteln und um weitere Befehle ansuchen.«

Hätte Lizanne noch an ihren Richtlinien als Agentin der Abteilung Außerordentliche Maßnahmen festgehalten, hätte sie protestiert, womöglich sogar auf ihren Status gepocht und den Kapitän gezwungen, auf der Stelle nordwärts zu segeln. Wochenlang hatte sie den Gestank und die Gefahren von Scorazin, der kaiserlichen Gefängnisstadt, ertragen, um den Bastler mit seinem wertvollen Wissen zu befreien. Dann hatten die Revolution und der Fall von Corvus alles ins Chaos gestürzt, und Lizanne hatte sich ständig gefragt, wann die Kurfürstin wohl ihre Rechnung begleichen würde. Und das alles nur, um den Bastler an Bord dieses Schiffes zu bringen. Jetzt nach Feros zu fahren, bedeutete, alle Vorteile aufs Spiel zu setzen, die seine Geheimnisse ihnen möglicherweise bringen würden. Aber sie konnte die Schuldgefühle nicht abschütteln, sie musste einfach herausfinden, was aus denen geworden war, die sie zurückgelassen hatte. Also stand sie nur schweigend da, während Kapitän Verricks seinen Offizieren eine Reihe von Befehlen erteilte.

»In der Zwischenzeit«, sagte der Kapitän zu Lizanne, als das Zimmer sich geleert hatte, »sollten Sie einen Bericht mit allen Informationen erstellen, die die Abteilung Außerordentliche Maßnahmen von

Ihnen benötigt. Mrs. Griffan kann ihn dann durchgeben, bevor wir die Inseln erreichen.«

»Leider«, seufzte Lizanne und ging an Thriftmor, der sich eilig nachschenkte, vorbei zur Tür, »ist das nicht ganz so einfach.«

◆ ◆ ◆

»Du hast mir Sicherheit versprochen«, sagte Bastler mit gewohnt ausdrucksloser Stimme. Er ließ den Blick durch die karge Kabine schweifen, die man ihm zugewiesen hatte, und Lizanne fragte sich, ob er sich wohl nach seinen Büchern und Skizzen sehnte. »Das hier ist was anderes.«

»Ich habe versprochen, dich aus Scorazin rauszubringen«, entgegnete Lizanne. »Und das habe ich auch getan. Ich habe meinen Teil der Abmachung erfüllt.« Sie streckte ihm eine mit Blau gefüllte Phiole hin. »Jetzt bist du an der Reihe.«

»Abmachungen lassen sich nachverhandeln«, sagte er und machte keinerlei Anstalten, das Fläschchen zu nehmen. »Besonders wenn der Wert des fraglichen Gegenstands gestiegen ist …«

Er verstummte, als Lizanne einen Revolver aus der Tasche ihres Rocks zog und auf seinen Kopf richtete. Sie spannte den Hahn, die Trommel knackte. »Mir ist nicht nach deinen Launen, junger Mann«, erklärte sie ihm langsam und unmissverständlich. »Habe ich dir je Grund gegeben, an meinen Worten zu zweifeln?«

Sein Gesicht blieb weiterhin regungslos, und er schüttelte nur leicht den Kopf.

»Gut. Dann vertrau mir, wenn ich dir sage, dass du mir jetzt entweder deine Geheimnisse anvertraust oder dein Gehirn schon bald diese Kajüte ziert.« Sie streckte ihm die Phiole erneut hin. »Wie gesagt, mir ist nicht nach deinen Launen.«

Mit seinen schlanken, flinken Fingern entzog er Lizanne das Fläschchen. »Eine Trance wird nicht reichen«, sagte er, zog den Stöpsel und trank die Hälfte der Flüssigkeit. »Die Informationen sind umfangreich und zu komplex.«

Lizanne verleibte sich den Rest ein. »Dann ist es umso wichtiger, dass wir anfangen.« Sie senkte die Waffe und sah Bastler in die Augen.

Mehrere Sekunden geschah nichts, die erwartete Trance wollte sich nicht einstellen. Möglicherweise war Bastler aufgrund seiner einzigartigen Persönlichkeit zu einer solchen Verbindung nicht imstande, immerhin erforderte sie ein emotionales Band, so schwach dieses auch sein mochte. Allerdings hatte er zumindest mit einer Person in Scorazin Freundschaft geschlossen, auch wenn sogar die leider nicht mehr unter den Lebenden weilende Melina einmal den Drang verspürt hatte, ihm eine Ohrfeige zu verpassen.

»Vielleicht mit einer stärkeren Dosis.« Sie wollte schon in ihren Beutel greifen, da blinzelte Bastler und die Kabine löste sich auf.

Die Vision, die Lizanne empfing, war erstaunlich detailreich und von einer Klarheit und Genauigkeit, wie sie es noch nie bei einer Blau-Trance erlebt hatte. Selbst die lebhafteste Erinnerung wurde sonst von dem Geist, dem sie gehörte, verändert, unwichtige Einzelheiten waren entweder unscharf oder wurden komplett ausgelassen. Für Bastler dagegen schien nichts unwichtig zu sein. Jeder Pflasterstein unter ihren Füßen leuchtete im schwachen Sonnenlicht, das durch die langsam am Himmel dahinziehenden grauen Wolken fiel. Jeder Ziegel, jeder Balken und jede Glasscheibe der umliegenden Häuser waren deutlich zu erkennen, dasselbe galt für den Geruch nach Pferdeäpfeln, der sich mit dem Duft von Holzfeuer und einer Spur Salz mischte.

Ein Hafen, dachte Lizanne, und sie musste sich zusammenreißen, um sich das Erstaunen nicht anmerken zu lassen, als sie ihre neue Umgebung studierte. Sie erspähte einen großen Turm, der sich im Süden über die Dächer erhob. Seine Spitze ähnelte dem Orakeltempel im Park von Morstal, wo sie sich mit Tekela und Major Arberus versteckt hatte. Der Gedanke an Tekela erstickte sofort jede Verblüffung. *Wir haben eine Aufgabe,* sagte sie sich und wandte sich zu Bastler um, der mit gewohnt ausdrucksloser Miene ein paar Meter entfernt stand.

Wo sind wir?, fragte sie ihn.

In Valazin. Hier wurde ich gezeugt.

Sie war zwar noch nie in Valazin gewesen, wusste jedoch, dass es die größte Hafenstadt an der Nordostküste des Corvantinischen Kaiserreiches war. Als einst unabhängiger Stadtstaat war es vor etwa sechshundert Jahren in das Reich eingegliedert worden. Im Rahmen ihrer unzähligen Lektionen in corvantinischer Geschichte hatte sie gelernt, dass sich dort einige der schrecklichsten Szenen der Revolutionskriege abgespielt hatten. Unklugerweise hatten die Einwohner das Chaos genutzt, um archaische Vorstellungen von der Wiedergewinnung ihrer Unabhängigkeit in die Tat umzusetzen. Eine Reihe kurzer Schlachten und ausgedehnter Massaker durch die drei mittlerweile ausgelöschten Legionen der Haushaltsdivision hatte derlei Illusionen jedoch ein Ende gemacht. Insofern, als es sich bei vielen der Häuser um Neubauten handelte und an den Wänden zahlreiche kaiserliche Propagandaplakate hingen, sah sie wohl Valazin wenige Jahre nach der Unterjochung vor sich.

Bastler überquerte die Straße und blieb vor einem Schaufenster stehen, auf dem die Worte »Eskovins Spielwaren und Schmuckgegenstände – Valazins bester Spielzeughersteller seit 1209« standen. Lizanne trat neben ihn und lugte durch die Scheibe nach drinnen, wo eine winzige Gestalt hinter einer Werkbank stand. Bei genauerem Hinsehen erkannte sie, dass es sich um eine Frau um die zwanzig handelte, die damit beschäftigt war, eine kleine Holzschachtel in braunes Papier einzuschlagen. Lizanne bemerkte den runden Bauch der Frau. *Deine Mutter.*

Ja. Das war unser Familienbetrieb. Großvater hat Mutter gezeigt, wie man Spielzeug baut, und nach seinem Tod hat Vater den Laden übernommen.

Wenn sie erwartet hatte, beim Anblick seiner Mutter einen Hauch von Zuneigung auf seinem Gesicht zu entdecken, wurde sie enttäuscht. Es war ausdruckslos wie immer, während er der Frau dabei zusah, wie sie die Schachtel einwickelte und anschließend mit einem Stück Garn verschnürte. Als sie fertig war, klemmte sie sich das Päckchen unter den Arm und verließ den Laden, wobei die Glocke über der Tür klingelte. Die Ähnlichkeit mit Bastler war verblüffend, ihr blasses Antlitz war das weibliche Gegenstück zu dem Mann neben Lizanne, und genauso leer. Die Reglosigkeit in ihrem Blick sprach von einer Unfähigkeit, die Welt zur Gänze wahrzunehmen, als stünde sie unter Drogen. Als die Tür zuschwang, bemerkte Lizanne einen Mann, der mit dem Gesicht nach unten neben der Werkbank auf dem Fliesenboden lag, inmitten einer großen Lache frischen Blutes. *Vater hat versucht, sie aufzuhalten,* erklärte Bastler. *Da hat sie ihm einen Schraubenzieher in die Brust gerammt.*

Lizanne und Bastler folgten der Frau in südlicher Richtung durch die verwinkelten Straßen und Gassen. Sie bewegte sich mit automatischer Präzision, bog ohne innezuhalten hier und dort ab, als würde sie einem voreingestellten Kurs folgen. Schließlich trat sie aus einer schmalen Gasse auf den breiten Hafenkai. Mit instinktiver Leichtigkeit wich sie den zahlreichen Wagen und Karren aus und hielt auf ein großes dreistöckiges Gebäude zu, das Lizanne als das Zollhaus erkannte. Bastlers Mutter näherte sich dem uniformierten Wachmann neben der Tür und überreichte ihm die Schachtel. Dabei sagte sie leise und deutlich: »Ich soll Ihnen das hier geben.«

Der Wachmann nahm das Paket mit einem breiten, überraschten Lächeln entgegen. Der Ausdruck auf seinem Gesicht verwandelte sich jedoch gleich darauf in Erschrecken, als die Frau kehrtmachte und raschen Schrittes davonging. Der Mann hatte gerade noch Zeit, ihr nachzurufen, sie solle stehen bleiben, dann explodierte das Päckchen. Lizanne war beeindruckt, mit welcher Mühelosigkeit es der Frau gelungen war, ein so mächtiges Gerät in ein so kleines Behältnis zu stecken. Als der Rauch sich verzog, war nicht mehr viel von der Wache übrig, nur ein paar rote Spritzer an der Tür des Zollhauses. Bastlers Mutter stand ein Stück abseits des Gemetzels, die Hände vor den runden Bauch gelegt. Ein merkwürdig zufriedenes Lächeln lag auf ihren Lippen. Als sich wenige Augenblicke später ein Trupp Wachtmeister auf sie stürzte, sagte sie mit der Überzeugung eines Kindes, das ein schlecht auswendig gelerntes Gedicht rezitiert: »Für ein freies Valazin, nieder mit dem Kaiserreich.«

Warum?, fragte Lizanne, als die Erinnerung in grauem Nebel verschwand. *Sie machte wirklich keinen radikalen Eindruck.*

Es wurde ihr aufgetragen, antwortete Bastler, als der Nebel einer vertrauteren Umgebung Platz machte.

Scorazin, dachte Lizanne grimmig. Diese Vision war genauso deutlich wie die erste und noch verstörender, weil sie eine unwillkommene Reminiszenz an Lizannes Zeit hinter diesen Mauern darstellte. Sie blickten durch ein teilweise zerbrochenes Fenster auf die Gefängnisstadt. Durch den vertrauten Rauch waren mehr Dächer zu erkennen als in Lizannes Erinnerung. Bastler hatte auch das unverwechselbare Aroma von Schwefel, Kohle und Tod, das Lizanne am liebsten nie wieder gerochen hätte, perfekt eingefangen.

Als sie hinter sich einen leisen Klageschrei hörte, drehte sie sich um und sah einen Mann, der ein Kind im Arm hielt. Daneben lag unter einer schmutzigen Decke eine bleiche Frau. Lizanne trat näher und ihr Verdacht bestätigte sich, dass es sich um Bastlers Mutter handelte, deren Gesicht im Tod noch ausdrucksloser wirkte.

Sie haben sie hierhergeschickt, sagte Bastler und trat neben den Mann mit dem Kind, *wie er es vorausgesehen hatte. Bei Verrat wird nicht einmal eine Schwangere der Gnade für würdig befunden.*

Lizanne betrachtete den Mann genauer. Er war ein stämmiger, glatzköpfiger Kerl in seinen Dreißigern, aus seinem gelblichen Gesicht sprach die Härte derer, die bereits Jahre hinter diesen Mauern verbracht hatten. Er starrte das Kind mit kalter Feindseligkeit an, und sein Blick verriet nicht die geringste Regung, als das Kleine die winzige Hand nach seiner unrasierten Wange ausstreckte. *Wer ist das?,* fragte Lizanne.

Du bist ihm schon mal begegnet. Aber da war er tot.

Lizanne fiel die Kammer unter Bastlers Quartier in der Zinnobermine ein, die vierzehn Leichen, unter denen sich auch der vor langer Zeit verstorbene Tüftler befunden hatte.

Er hat dich hierhergebracht. Sie tat sich ungewohnt schwer damit, die volle Bedeutung dieser Feststellung zu erfassen. *Wie?*

Die Trance, antwortete Bastler. Er trat einen Schritt zurück, als der Mann aufstand und mit dem Kind zum Fenster ging.

Lizanne runzelte verwirrt die Stirn, all das entzog sich ihrer Erfahrung. Wie konnte jemand eine Nicht-Blutgesegnete über die Trance zu solch extremen Taten verleiten? Sie musste daran denken, was Silbernadel Clay im Versteck des Weißen enthüllt hatte, dass die Trance mehr war als geteilte Erinnerungen. *Das Blau ist ein bemerkenswertes Produkt. Bisher habt ihr nur einen winzigen Teil seiner Kräfte erkannt.* Irgendwie hatte die Klingenmeisterin die anderen Langgewehre dazu gebracht, die Suche nach dem Weißen fortzusetzen, als eigentlich schon feststand, dass es am sinnvollsten wäre, nach Kerberhafen zurückzukehren. Darüber hinaus war es ihr gelungen, Clay an sich zu binden und ihn zu zwingen, dem schlafenden Weißen gegenüberzutreten. Aber sowohl sie als auch Clay waren blutgesegnet, was auf Bastlers Mutter wohl kaum zutraf.

Er hatte den Segen. Lizanne zeigte mit dem Kinn auf den Mann, der jetzt mit dem Kind im Arm auf die Gefängnisstadt blickte. *So wie du. Aber deine Mutter hatte ihn nicht. Der Segen ist nicht vererbbar.*

Was ist der Geist, wenn nicht ein Mittel, um den Körper zu kontrollieren?, sagte Bastler. *Den Geist zu teilen bedeutet, die Kontrolle zu teilen oder sich einem stärkeren Willen zu unterwerfen. Er hatte lange nach mir gesucht, oder nach jemandem wie mir. Hatte alles darangesetzt, ein blutgesegnetes Kind zu finden, das sich noch im Leib seiner Mutter befand. Der Geist eines Ungeborenen ist leer und leicht einzunehmen, und dadurch auch die Mutter. Später teilte er die Erinnerung an die Tat mit mir, wie er sie hierhergebracht hatte, das Verbrechen, zu dem er sie gezwungen hatte. Er hoffte wohl, es würde mich bestürzen. Stattdessen hat es mich fasziniert.*

Jetzt machte der Mann am Fenster den Mund auf, seine Stimme war leise und krächzend, die Heiserkeit einer Seele, die Schuld auf sich geladen hatte. »Du armer kleiner Scheißer«, sagte er zu dem zappelnden Kind in seinen Armen. »Wenn ich ein anderer Mensch wäre, würde ich dich auf der Stelle erdrosseln.«

Die Erinnerung wechselte ein weiteres Mal und führte sie an einen neuen, noch dunkleren Ort. *Sein Zuhause in der Mine,* dachte Lizanne, als sie die schroffen Felsen sah. Inzwischen war Bastler mindestens zehn Jahre alt, aber seine zarte Statur ließ ihn jünger erscheinen. Er saß neben einem Bett und hielt einem mehr oder weniger bewusstlosen Mädchen ein Wasserglas an die Lippen. Obwohl sie erst an die fünfzehn war, war sie bereits so groß, dass ihre schmutzigen Füße über den Bettrand ragten.

»Sie kann nicht hierbleiben«, sagte eine rauhe Stimme, und als Lizanne sich umdrehte, sah sie den Mann von vorher schwankend im Türrahmen stehen. Sein Gesicht war noch bleicher und fahler geworden, und seine Augen glichen zwei dunkelroten Löchern. In seiner Hand baumelte eine halbleere Flasche, und aus seinem Atem schlug Lizanne der beißende Geruch der Flüssigkeit entgegen, die sich darin befand. »Wir können sie nicht hierbehalten«, lallte der Mann und wedelte mit der Flasche. »Du hättest sie nicht herbringen sollen.«

Der junge Bastler würdigte ihn kaum eines Blickes, sondern hielt dem Mädchen weiter das Glas hin. Dabei sagte er mit der flachen Stimme, die ihn bis ins Erwachsenenalter begleiten sollte: »Ich bin davon ausgegangen, dass du am Morgen nicht mehr da bist. Deine Organe müssen doch langsam mal den Geist aufgeben.«

Der Mann reagierte mit einem Knurren, das in Lizannes Ohren etwas halbherzig klang, als hätte er schon vor langer Zeit alle Wut auf den Jungen, den er zu einem Leben an diesem Ort verdammt hatte, verbraucht. »Immer dasselbe«, brummte er. »Seit du reden kannst. Du hast keine Seele, Junge.« Er trank aus der Flasche, und seine gierigen, verzweifelten Schlucke verrieten einen Mann, der mit einem in die Länge gezogenen Selbstmordversuch beschäftigt war. »Wir schicken sie zu der Alten, die das *Bergmanns Rast* übernommen hat«, sagte er, als er ausgetrunken hatte. »Sobald es ihr besser geht.«

»Nein.« Bastler stellte das Glas ab. »Du wirst schon bald tot sein, und ich brauche jemanden, der mir assistiert.«

Das Mädchen stöhnte und drehte sich so, dass Lizanne ihr übel zugerichtetes Gesicht erkennen konnte, offenbar war sie vor Kurzem schwer verprügelt worden. Trotz der Blutergüsse und Schwellungen waren Melinas hohe Wangenknochen und ihre vorstehende Nase gut zu erkennen, allerdings war sie zu diesem Zeitpunkt noch im Besitz beider Augen. Lizanne hatte sie gemocht, sofern man das von einer Mitinsassin in Scorazin behaupten konnte. Zwar hatten die Jahre hinter den Mauern Melina verrohen lassen, doch hatte sie sich durch ihren Gerechtigkeitssinn und ihre mangelnde Doppelzüngigkeit von den anderen abgehoben. Lizanne verspürte eine gewisse Schuld am Schicksal der Frau, die bei dem ersten chaotischen Ansturm auf die Überreste der Zitadelle von einer Kugel in den Kopf getroffen worden war. Bei der ganzen Aktion hatte es sich lediglich um ein von Lizanne inszeniertes Ablenkungsmanöver gehandelt, das ihr die Flucht ermöglichen sollte.

Deine Reue ist fehl am Platz, erklärte der erwachsene Bastler. *Wäre sie am Leben geblieben, hätte sie dich getötet. Vergebung war ihr fremd.*

So interessant das alles auch sein mag, aber du hast mir noch nicht gezeigt, was aus dem Tüftler geworden ist.

Der ist aus ihm geworden. Bastler deutete mit dem Kinn auf den Säufer mit dem hageren Gesicht, der den Jungen jetzt voll ohnmächtiger Wut ansah. *Und dann ich.*

Wieder wandelte sich die Vision und die Umgebung wurde noch dunkler. Der junge Bastler war um etliche Zentimeter gewachsen. Er hockte neben dem Säufer und hielt seine geniale Laterne in die Höhe, sodass ihr Strahl das Gesicht des Mannes vollständig erleuchtete. Dieser war mittlerweile furchtbar ausgemergelt, seine Wangen waren eingefallen, und seine Haut sah im Lampenschein wie altes, vergilbtes Papier aus. Ganz offensichtlich hatte er nicht mehr lange zu leben. Seine Augen waren nur halb geöffnet, und er bewegte die Lippen in leisem Murmeln. Der junge Bastler beugte sich näher, um zu verstehen, was er krächzte. »Du bist der Letzte, weißt du das?«

Ein seltenes Stirnrunzeln trat auf das Gesicht des Jungen. »Der Letzte wovon?«

»Von ihnen …« Der Sterbende zeigte auf etwas, Bastler schwenkte die Laterne und leuchtete die Leichen an, dreizehn an der Zahl und schon bald eine mehr. »Sie alle … haben ein kümmerliches Leben an diesem vermaledeiten Ort geführt … nur, um dich herzuholen.« Mühevoll hob er die zitternde Hand und deutete auf die älteste Leiche, die angekettet an der Wand hing. »Der da … hat es begonnen. Scheißkerl!« Der Mann stieß die Beleidigung aus und wurde dann von wilden Zuckungen erfasst, die ihn nach Luft ringen ließen. »Er hat damit angefangen … Hat die erste herbeigerufen, hat sie im Mutterleib gefunden … so wie ich dich.«

Bastler richtete den Lampenstrahl zurück auf den Sterbenden und sah ihn fragend an. »Warum?«

Der Mann wühlte in den Taschen seiner schmutzigen Kleidung nach etwas und brachte schließlich eine kleine Glasphiole zum Vorschein. »Es ist an der Zeit«, krächzte er und hielt sie Bastler hin. »Sie kommt … bald. Du musst bereit sein.«

Bastler nahm das Fläschchen, und im Schein der Lampe konnte Lizanne die Farbe seines Inhalts erkennen. *Blau.*

»Bereit wofür?« Bastlers Stimme verriet nur ein leises Interesse, hinter dem Lizanne jedoch rasende Neugier vermutete.

Der Mann keuchte und bleckte seine halb verfaulten Zähne zum wohl ersten Lächeln seit Jahrzehnten. »Deine Flucht … du kleiner Kacker. Was sonst?« Er deutete auf das Fläschchen. »Trink.«

Lizanne beobachtete, wie Bastler das Gefäß an die Lippen führte und es dann dem Sterbenden zurückgab. »Wenn du eines Tages dem Geist des Tüftlers begegnest«, sagte er, während er das restliche Blau hinunterkippte, »richte ihm meinen unendlichen Hass aus.« Mit angestrengtem Keuchen beugte er sich vor und sah Bastler in die Augen. Die Trance erfuhr eine weitere Veränderung, und die Kammer wich schwarzer Leere, frei von Licht und jeglicher Empfindung. Lizanne hatte schon zuvor leere Geister erlebt – den meisten fehlte es an Verstand oder Vorstellungskraft –, aber ein so vollständiges Vakuum war ihr noch nie begegnet. Sie suchte Bastler, konnte ihn jedoch nicht finden. Offenbar hatte er keinen Zugriff auf die Erinnerung an die Trance. Dann tauchte in der Dunkelheit etwas auf, ein schwaches Schimmern. Als Lizanne sich ihm näherte, wurde es größer, und sie erkannte, dass es sich um ein Metallkästchen handelte, das sich in der Finsternis drehte. Ein Kästchen aus Zahnrädern und Getrieben, das im nicht vorhandenen Licht glänzte und sich immer weiter und weiter drehte. Ein Kästchen, das sie schon einmal gesehen hatte. Der von Musik betriebene Solargraph, der einst Tekelas Vater gehört hatte. Die Erfindung des Tüftlers höchstpersönlich, wegen der sie und Clay sich auf diese Reise gemacht hatten. Das Geheimnis, das sie in stundenlanger Arbeit in Jermayahs Werkstatt zu enträtseln versucht hatten.

Die Trance endete, und Lizanne fand sich wieder Bastlers ausdruckslosem Gesicht gegenüber. Lange Zeit sagte keiner von ihnen etwas.

»Und?«, fragte Lizanne in das anhaltende Schweigen hinein.

»Das ist alles, was ich weiß.«

»Ich hoffe für dich, dass das eine Lüge ist.«

»Ich habe dir alles gezeigt, wozu ich in der Lage bin.«

»Es muss noch mehr geben.«

»Gibt es auch. Allerdings befindet es sich hinter einem Schloss, das ich nicht öffnen kann. Aber du kennst jetzt den Schlüssel.«

Der Solargraph, dachte sie. *Der Solargraph ist der Schlüssel. Alles läuft immer wieder auf dieses verfluchte Kästchen hinaus.* »Weißt du, wie er funktioniert?«, presste sie hervor, nachdem sie ihre Enttäuschung hinuntergeschluckt hatte.

»Nein, aber wenn du an meine Erinnerungen heranwillst, musst du ihn finden und zum Laufen bringen.«

Lizanne verkniff sich ein bitteres Lachen. »All die Geschichten, die du mir erzählt hast«, sagte sie, »über seine Zeit in Arradsia und seine zahlreichen Entdeckungen. Über die Frauen, die er liebte, und die Männer, die er hasste. Nichts davon weißt du wirklich, oder?«

»Das sind auf Tatsachen beruhende Vermutungen.« Er legte den Kopf schief und runzelte irritiert die Stirn. »Ich dachte, bei deinem Metier würdest du verstehen, dass man sich im Notfall manchmal kreativer Unwahrheiten bedienen muss. Du warst meine einzige Fluchtmöglichkeit.«

Sie wandte sich ab und ballte die Fäuste, um nicht im Affekt die Pistole zu ziehen. Dann atmete sie mehrmals tief durch. »Du hast mich erwartet. Dieser Mann hat gesagt ›Sie kommt bald.‹ Damit hat er mich gemeint, oder?«

»Ich gehe davon aus. Vermutlich wusste er es aus einer Vision, die sein Vorgänger ihm anvertraut hat. Allerdings hat er sie nicht mit mir geteilt. Aus reiner Gehässigkeit.« Bastler verstummte und blickte zum Dach der Kabine, als ein lauter Ton durchs Schiff dröhnte. »Was ist das?«, fragte er.

»Die Schiffssirene.« Lizanne ließ sich nicht beirren. »Woher wusste er, dass ich komme?«

Bastler kniff die Augen zusammen, wie immer, wenn er sich über die Dummheit anderer amüsierte. »Diese Frage hat mir ebenfalls zu denken gegeben, bis ich alle anderen Möglichkeiten ausgeschlossen hatte und die Erklärung auf der Hand lag.«

Lizanne zuckte zusammen, denn die Sirene ertönte erneut. Drei lange Stöße. Sie versuchte, sich zu konzentrieren. *Er wusste es nicht. Der Tüftler hat es gewusst, vor Hunderten von Jahren …* »Die Zukunft«, sagte sie, als sie plötzlich begriff. »Er hat in die Zukunft gesehen.«

»Ja. Aber ich weiß nicht, wie. Das liegt wohl gemeinsam mit den anderen Erinnerungen im Verborgenen.«

Aber sie kannte die Antwort. *Das Blut eines Weißen.* Kurz triumphierte sie innerlich, weil sie etwas wusste, das ihm vorenthalten war. *Der Tüftler hat das Blut eines Weißen getrunken.*

»Das klingt, als wäre es dringend«, stellte Bastler fest, als die Sirene zum dritten Mal erschallte.

»Bleib hier.« Sie stand vom Bett auf und ging zur Tür.

»Was hat das zu bedeuten?«, fragte er.

Sie hielt inne, um ihn anzusehen, und fragte sich, ob es nicht besser wäre, ihn auf ein Rettungsboot zu schaffen, solange noch Zeit war. Allerdings war sie sich darüber im Klaren, dass das ein dummer Einfall war; auf hoher See treibend waren sie wohl kaum sicherer als an Bord eines Protektoratsschiffs.

»Feind in Sicht«, erwiderte sie. »Wenn du Kanonen hörst, leg dich flach aufs Deck. Und falls das Heer des Weißen das Schiff erobert, bringst du dich besser auf effektive Weise um.« Damit zog sie die Tür hinter sich zu und rannte zur Brücke.

KAPITEL 3

Sirus

Wir mögen Sklaven sein und Ungeheuer. Aber wenn wir Gnade zeigen können, vermögen wir dann nicht auch zu lieben?

Katryas Worte trieben durch seinen Kopf wie das Flüstern einer Morgenbrise, sorgsam gedämpft von der Furcht, hinter der er das Bild von ihrem Tod verbarg, wann immer es ihm erschien. Dennoch fiel es ihm nach wie vor schwer, nicht bei der Erinnerung an ihr schuppiges, entstelltes Gesicht zu verweilen, das kurz vor ihrem Ende noch so voller Leben gewesen war und triumphierend geleuchtet hatte, bis seine Kugel ihr den Schädel durchbohrte. *Wenn wir Gnade zeigen können …*

Die Worte erschienen ihm wie das ferne Echo eines schlechten Scherzes, während er die Stadt unter ihm betrachtete, deren Anblick immer noch besser war als das Schauspiel, das sich auf dem Dach hinter ihm entfaltete. Verderbte marschierten in ordentlichen Reihen zu ihren Quartieren in den Lagerhäusern am Hafen. Kleinere Gruppen durchkämmten gründlich jedes Haus, jede Werkstatt, jeden Schuppen und jedes Abwasserrohr nach überlebenden Stadtbewohnern, die sich bisher erfolgreich vor der Ergreifung gedrückt hatten. Viele Mitglieder dieser Suchtrupps waren bis vor wenigen Tagen noch normale Bürger gewesen, und Sirus fragte sich, wie viele Söhne und Töchter wohl aus ihren Verstecken gezerrt worden waren und sich den verunstalteten Gesichtern ihrer Eltern gegenübergesehen hatten.

Er stand auf dem imposanten, festungsähnlichen Turm, der bis vor Kurzem das Hauptquartier des Eisenboot-Handelssyndikats gewesen war. Der Weiße hatte sich gemeinsam mit seinen halbwüchsigen Jungen auf dem breiten Flachdach niedergelassen. Ebenfalls anwesend war die blutgesegnete Mandinorianerin, die einen Tag nach der Eroberung von Feros unerklärlicherweise an Bord eines Passagierdampfers eingetroffen war. Bislang war sie als Einzige ihrer Art von der mehr oder weniger unmittelbaren Auslöschung durch den Weißen verschont geblieben. Stattdessen war sie direkt an die Spitze dieser monströsen Armee befördert worden, ein Umstand, der Sirus' Stolz in nicht geringem Maß verletzte – sehr zu seinem Selbstekel. Morradins Spott hatte nicht lange auf sich warten lassen, es fiel ihm zermürbend leicht, Sirus' Verbitterung zu erfühlen. *Das war's also schon mit dem Generalsposten? Im Heer des weißen Drachen ziehen Schlachterfolge wohl keine Belohnung nach sich.* Trotz seiner Selbstzentriertheit hatte der ehemalige Großmarschall ein außerordentlich gutes Gespür für die Gefühle anderer.

In Sirus tobten zahlreiche Fragen über diese Frau. *Wer ist sie? Warum ist der Weiße so vernarrt in sie, als wäre sie eines seiner Kinder? Warum hat er sie nicht getötet wie die anderen?* Aber das größte Rätsel von allen war und blieb, weshalb ihr Geist nach wie vor ihr gehörte, ungeteilt und undurchdringbar. Was sie jedoch nicht davon abhielt, in die Gedanken der anderen Verderbten einzudringen.

Was gibt's da zu sehen?

Als er sich umdrehte, stellte er fest, dass sie neben ihn getreten war und ihn mit schiefgelegtem Kopf neugierig ansah. Das zerrissene, versengte Gewand, das sie bei ihrer Ankunft in Feros angehabt hatte, war formellerer Kleidung in einem dunklen Blau gewichen, wie sie normalerweise von Frauen der Führungsschicht getragen wurde. Vier silberne Aktionärsnadeln schmückten die ansonsten schlichte Jacke, jede von ihnen hatte einem toten Vorstandsmitglied gehört. *Und die nächste wird bald folgen,* dachte Sirus und widerstand dem Drang, sich umzuwenden, als ein weiterer Schrei erklang.

»Die Suche geht gut voran«, sagte er auf Mandinorianisch und behielt seine Gewohnheit bei, zu reden statt zu denken. Er wollte wissen, ob sie etwas gegen gesprochene Unterhaltungen einzuwenden hatte. Außerdem gab sie ihm keinerlei Hinweis darauf, ob sie einen seiner Gedanken gelesen hatte. Während sie seinem Blick folgte, unternahm er einen Versuch und schickte ihr eine Kostprobe, in der Hoffnung, zumindest eine winzige Gefühlsregung zu erhalten. Aber wie üblich war da nichts. Ihren Geist berühren zu wollen, war, wie auf eine Mauer aus kaltem, unnachgiebigem Eisen einzustechen. Er fragte sich, ob seine Unfähigkeit, eine gedankliche Verbindung zu ihr herzustellen, damit zusammenhing, dass sie nur teilweise verderbt war. Statt der Dornfortsätze und verfärbten Schuppen seiner Mitsklaven besaß sie nach dem kurzen Kontakt mit dem Licht des Kristalls noch immer ein größtenteils menschliches Aussehen. Lediglich um ihre Augen hatte sich ein Ring aus Schuppen gebildet, und eine Reihe kaum sichtbarer Höcker verunstaltete ihre ansonsten glatte Stirn. Die größte Veränderung jedoch war mit ihren Augen vor sich gegangen, und das bildete eine weitere einzigartige und geheimnisvolle Facette ihrer Geschichte. Statt der gelben Iris, die ihnen allen zu eigen war, glich ihre zwei roten Kohlen inmitten schwarzer Kreise.

»Ich durfte sie mir aussuchen«, sagte sie und überraschte Sirus, weil sie die Worte laut aussprach. »Die Kombination aus Rot und Schwarz mochte ich schon immer. Damit habe ich meine Schneiderin in den Wahnsinn getrieben.«

Er blinzelte, als ihr unnatürlicher Blick auf ihm zu liegen kam. Seine Überraschung wurde noch gesteigert von der Tatsache, dass sie Etherianisch redete. »Es ist eine so schöne Sprache«, fuhr sie fort. »Viel eleganter als Mandinorianisch, findest du nicht?«

Ihr Tonfall und ihr makelloser Akzent weckten in Sirus Erinnerungen an das gleichgültige, inhaltslose Geschwätz des corvantinischen Adels. Genau diese Art der Unterhaltung hatte ihm stets Schwierigkeiten bereitet, wenn sein Vater ihn zur Teilnahme an irgendeiner Veranstaltung gezwungen hatte. Etwas sagte ihm, dass diese Frau sich in jenen Kreisen pudelwohl gefühlt hätte.

»In mancher Hinsicht«, antwortete er, ebenfalls auf Etherianisch. »Allerdings ist es beizeiten zu archaisch, und die strikte Grammatik verwehrt sich einer Anpassung an die moderne Welt.«

»Du sprichst wie ein wahrer Technokrat.« Sie neigte den Kopf, und als sie lächelte, kamen längliche Eckzähne zum Vorschein. »Ich bin übrigens Catheline«, fügte sie mit einem Knicks hinzu. »Das hast du dich doch gefragt. Catheline Dewsmine von den Dewsmines aus Sanorah. Zu Ihren Diensten, Sir.«

»Sirus Akiv Kapazin, Miss«, erwiderte er mit einer Verneigung. »Ehemals Kurator für Eingeborenenartefakte am Kaiserlichen Antiquitätenmuseum von Morstal.«

»Vom Kurator zum General.« Sie schürzte anerkennend die Lippen. »Für jemanden deines Alters hast du es weit gebracht.«

»Ich dachte, du bist jetzt der General.«

Sie überraschte ihn erneut, indem sie lachte. Ein volles Lachen, das die Männerwelt sicher einmal in Entzücken versetzt hatte. »Oh, es fiele mir nicht im Traum ein, dich deiner ehrenvollen Errungenschaften zu berauben. Deine Strategien sind so viel ausgeklügelter und wirkungsvoller als die dieses ungeschlachten Corvantiners. Wo ist er überhaupt?«

»Aufräumarbeiten. In den Hügeln des Inlands gibt es noch Überlebende, hauptsächlich Flüchtlinge aus Kerberhafen.«

»Kerberhafen? Glaubst du, dass sich unsere schwer zu fassende Beute darunter befindet?« Ihr hämisches Grinsen verriet ihm, dass sie die Antwort bereits kannte.

»Ich bezweifle es, Miss.«

»Catheline, bitte.« Sie trat näher, hakte sich bei ihm unter und zog ihn vom Dachrand weg. »Und ich werde dich General nennen, wenn du schon so an dieser Bezeichnung hängst.«

»Sirus ist vollkommen ausreichend …«

»Unsinn.« Sie zwickte ihn in die Nase. »Ich finde, wir sollten ein paar Bräuche der alten Welt beibehalten.« Sie wandte ihre Aufmerksamkeit dem grausigen Spektakel vor ihnen zu. »Da so vieles schon bald für immer verschwunden sein wird.«

Gloryna Dolspeake, die Vorstandsvorsitzende des Eisenboot-Syndikats, schwebte mit ausgestreckten Armen und Beinen in der Luft, weil vier junge Weiße die Kiefer fest um ihre Gliedmaßen gelegt hatten. Ihr silbergraues Haupt baumelte herab, und sie stieß einen erschöpften Schrei aus, der eher einem schrillen Keuchen glich. Eine überraschend spärliche Menge Blut tropfte aus den Mäulern der Drachen, bislang hatten sie sich bemüht, keinen größeren Schaden anzurichten. Es wäre ein Leichtes gewesen, die Frau zu verwandeln und ihr anschließend die Geheimnisse aus dem Kopf zu ziehen, doch offenbar ging Catheline gerne den schwierigen Weg, zumindest was die Mitglieder des Eisenboot-Vorstands betraf.

»Entschuldigen Sie die Störung, Madame«, sagte Catheline und wechselte dabei mühelos ins Mandinorianische. »Bitte fahren Sie fort. Sie waren gerade dabei, uns alles über die faszinierende Miss Lethridge und ihre jüngste Mission im Corvantinischen Kaiserreich zu erzählen. Gewiss ein gefährliches Unterfangen, und all das nur, um die Funktionsweise einer alten Spieluhr in Erfahrung zu bringen.«

Madame Dolspeake erwiderte nichts, sondern sackte nur in sich zusammen, bis die Drachen alle zugleich an ihren Gliedmaßen rissen, sodass ihr zarter Körper sich verkrampfte und sie einen neuerlichen Schrei ausstieß. »Ja!«, stieß sie zwischen zusammengebissenen Zähnen hervor. »Das Kästchen … das Kästchen des Tüftlers.«

Über ihnen ertönte ein fragendes Grollen, und als Sirus den Blick hob, sah er, wie der Weiße den riesigen Kopf senkte. Bis jetzt hatte er die Befragung gleichgültig verfolgt, doch die Erwähnung des Tüftlers schien sein Interesse geweckt zu haben.

»Eben das«, sagte Catheline. »Und was genau befindet sich in diesem Kästchen, wenn ich fragen darf?«

»Antworten …«, wimmerte Madame Dolspeake qualvoll. »Ein Schlüssel für …« Plötzlich trat ein neuer Ausdruck auf ihr Gesicht, und sie funkelte den über ihr aufragenden Drachen an. »Für den Sieg über dieses … Monster!« Das letzte Wort schrie sie heraus. Ihre schmerzverzerrten Züge wurden zu einer trotzigen, hasserfüllten Maske. Sirus konnte sich einen Anflug von Bewunderung nicht verkneifen, erntete dafür jedoch einen scharfen Blick von Catheline.

»Du findest diese alte Schachtel nobel?«, fragte sie und versteifte sich. Wenngleich sie nicht zur Gänze verderbt war, konnte er ihre Kraft spüren, hinzu kam die besorgniserregende Tatsache, dass es sich bei ihr um eine Blutgesegnete handelte.

»Ich kann dir versichern, dass diese Frau nicht im Geringsten bewundernswert ist«, fuhr Catheline fort und fixierte die unglückselige Eisenboot-Größe. Aus ihren rot-schwarzen Augen sprach nackter Hass, und ihre Lippen glänzten feucht, als sie fortfuhr. »Diese Frau und ihresgleichen haben Leute wie mich über Generationen versklavt. Wäre meine Familie nicht so einflussreich gewesen, hätte ich im Dienst des Syndikats schuften müssen wie irgendeine dahergelaufene Gossengeborene. Früher war meine Familie mächtig und bedeutend und stand in der Gunst des mandinorianischen Kaiserhofes. Heute sind meine Angehörigen trotz ihres Reichtums nichts als Bettler, die darauf warten, dass die Führungsschicht ein paar Krümel für sie herabfallen lässt, nicht zu unterscheiden von allen anderen Sklaven in dieser Welt der Habgier, einer Welt, die die Mitglieder des Syndikats erschaffen haben. Sie sind die wahren Monster. In ihrer Gier haben sie einen ganzen Kontinent zuschanden gerichtet und hätten dasselbe über kurz oder lang mit der ganzen Welt getan.«

Sie hakte sich bei Sirus aus und trat zu Madame Dolspeake, um ihr ins Ohr zu flüstern: »Sagen Sie, Madame, was hätten Sie gemacht, wenn alles Produkt verbraucht ist? Wenn Sie dem letzten Drachen den letzten Tropfen Blut abgerungen haben? Was hätten Sie dann gemacht?«

Madame Dolspeake erwiderte Cathelines Blick mit demselben Maß an Feindseligkeit, das ihr daraus entgegenschlug. »Ich … kann mich an dich erinnern«, presste sie hervor. »Ein verzogenes Gör … aus einer Familie voller Taugenichtse. Du hast doch für jeden die Beine breitgemacht, wenn auch nur die geringste Chance bestand … damit in die Klatschspalten zu kommen.« Irgendwie gelang es ihr, ein Lachen auszustoßen, auch wenn es mehr wie ein ersticktes Keuchen klang. »Jetzt … passt dein Aussehen wenigstens zu deinem Charakter.«

Catheline fletschte die Zähne, und ihre Nägel wurden zu Krallen, als sie Madame Dolspeakes Hals packte. Da gab der Weiße ein Brummen von sich, und Catheline erstarrte, ihre Grimasse erstarb, und sie zog die Hand zurück, als hätte sie sich verbrannt. Sirus beobachtete, wie sie ein paar Schritte rückwärts machte und mehrmals tief durchatmete. Er fragte sich, wie es um die Niederträchtigkeit einer Frau bestellt sein musste, der nur noch eine Bestie wie der Weiße Einhalt gebieten konnte. Einen Augenblick später richtete Catheline sich auf und strich ihren Rock glatt, ehe sie die ältere Frau mit kalter Entschlossenheit ansah. »Das Kästchen des Tüftlers«, sagte sie. »Wo ist es?«

Zunächst schwieg Madame Dolspeake, begann jedoch sofort zu reden, als die jungen Weißen ihren Zug verstärkten. »Angeblich in Kerberhafen verschollen. Aber Bloskin war überzeugt, dass Lethridge es ihrem Vater anvertraut hat. Er beschloss, es dem Mann zu lassen, in der Hoffnung, dass dieser es knackt, und es sich dann zurückzuholen.«

»Ach ja, Taddeus Bloskin«, sagte Catheline. »Der hochverehrte Leiter der Abteilung Außerordentliche Maßnahmen, der genug gesunden Menschenverstand hatte, um sich eine Kugel in den Kopf zu jagen, als die Stadt fiel.« Sie hielt inne und runzelte nachdenklich die Stirn. »Lethridges Vater. Das muss der berühmte Professor Graysen Lethridge sein, der geniale Erfinder, der in dieser Stadt wohnt.« Sie sah Sirus fragend an.

»Er befindet sich weder unter den Gefangenen noch unter den neuen Rekruten«, antwortete er unverzüglich und hoffte, dass ein steter Strom Furcht die Erinnerungen zu verdecken vermochte, die der Name Lethridge in ihm weckte. Tekela, die die Grünen mit ihrer tödlichen Repetierwaffe abschlachtete. Der Ballon, mit dem sie davonflog. Wie immer löste der Gedanke an die Tochter des verstorbenen Burggrafen Artonin eine Lawine unangenehmer Erinnerungen aus. Wie peinlich er ihr in Morstal den Hof gemacht hatte. Ihr Anblick, als sie mit der alten Saphirkette fröhlich durch die Gewölbe des Museums wirbelte, wahrscheinlich das einzige Mal, dass er sie zum Lachen gebracht hatte. Und der Moment vor gerade mal drei Nächten, als er nackt vor ihr gestanden hatte. *Leergeschossen,* hatte sie schulterzuckend gesagt. »Ich lasse sein Haus durchsuchen«, fügte Sirus hinzu und flutete seinen Geist mit all den Schrecken, derer er habhaft werden konnte, ehe er sich an das kollektive Bewusstsein der Verderbten wandte.

Er war so geistesgegenwärtig, zunächst die Gedanken der Neuzugänge nach der Adresse zu durchforsten und dann erst eine Gruppe Verderbter loszuschicken. Catheline hätte sich nicht damit zufriedengegeben, ihn zu fragen, woher er den Ort kannte. Der Suchtrupp ließ sie an seinen Erkenntnissen teilhaben, während die Verderbten das Haus von Professor Lethridge durchkämmten, dabei jedoch weder auf eine Spur des Mannes noch der verschwundenen Spieldose stießen. Ebenso wenig fanden sie Katryas Leiche, die Sirus im größten Park der Stadt verscharrt hatte. Er hatte sie in der Nähe der Blumenbeete begraben, das hätte ihr bestimmt gefallen.

Nehmt sämtliche Aufzeichnungen und Gerätschaften mit, befahl Catheline. *Die Durchsicht übernimmst du, General. Das ist eine Aufgabe für unseren klügsten Geist.* Sie stutzte, als ein Mitglied des Suchtrupps den Blick zur kaum noch vorhandenen Decke hob. *Kein Feuerschaden,* stellte sie fest. *Ich frage mich, weshalb der Professor wohl die Decke seines eigenen Hauses abträgt.*

Sirus war sich bewusst, dass sie ihn genau beobachtete, während er die unzähligen verschiedenen Erinnerungen an die Nacht von Feros' Untergang durchsuchte, die im kollektiven Bewusstsein der Armee vorhanden waren. Er hatte gehofft, dass niemand die Flucht von Tekela und ihren Gefährten mitbekommen hatte. Doch leider hatten mehrere Augenpaare den Ballon gesehen, der über die Dächer hinweg nach Norden geschwebt war. Alle Zeugen waren bei den Kämpfen umgekommen, allerdings erst, nachdem sie ihre Eindrücke mit den anderen geteilt hatten. Obwohl die Vision verschwommen und unscharf war – wie die meisten Schlachterinnerungen –, so war sie dennoch deutlich genug, um die Dimensionen des neuen Gefährts und seine drei Insassen zu zeigen.

»Ein lenkbarer Ballon«, sagte Sirus, jetzt wieder laut. »Ich habe gelesen, dass in Nordmandinorien mit solchen Fahrzeugen experimentiert wird, aber angeblich befinden sie sich noch im Versuchsstadium.«

»Dann ist der Professor ein Mann von noch größerem Talent, als sein Ruf nahelegt«, erwiderte Catheline. Sie sah den Weißen an, der ein kehliges Brummen ausstieß, ehe er den riesigen Kopf in Richtung eines benachbarten Gebäudes drehte. Im nächsten Augenblick stiegen ein Dutzend Roter vom Dach des Hauses auf, darunter auch Katarias. Der riesige Drache übernahm die Führung, als die Schar mit schnellem Flügelschlag auf Norden zuhielt.

»So einfallsreich dieses Gefährt auch sein mag, so schien es doch nicht gerade schnell zu sein. Wir werden sie schon bald haben. Und jetzt«, fügte sie entschlossen hinzu und wandte sich mit verschränkten Händen zu Madame Dolspeake um, »unterhalten wir uns über die Stärke der Nordflotte des Protektorats.«

◆ ◆ ◆

Zwei Tage später kehrte Katarias zurück. Er erschien am nördlichen Horizont, als die Sonne langsam verblasste, seine Flügelschläge waren träge und vermochten die kühler werdende Abendluft kaum in Bewegung zu setzen. Er glitt über die Hafenmauer und landete am Kai, mit vor Erschöpfung schwerem Kopf und trüben Augen. Catheline befahl, ihm sofort etwas zu fressen zu bringen, woraufhin man ihm pflichteifrig drei Gefangene zum Fraß vorwarf. Alle drei waren zu jung, als dass sich die Verwandlung gelohnt hätte, und nur zu Zwecken der Unterhaltung und als Drachenfutter am Leben gelassen worden. Ein solches Schicksal war Madame Dolspeake wenigstens erspart geblieben, wenngleich Sirus bezweifelte, dass sie Cathelines Entscheidung, ihren zerschundenen, aber noch lebenden Körper vom Dach des Hauptquartiers zu werfen, als Gnade empfunden hatte.

»Ich hätte gerne gesehen, dass Sie sich uns anschließen, auch wenn Sie eine vertrocknete alte Schachtel sind«, hatte Catheline der Vorstandsvorsitzenden erklärt und die spindeldürre Frau mühelos in die Höhe gehoben. »Ihre Erfahrungen und Ihr Wissen hätten uns von Nutzen sein können. Aber ich ertrage den Gedanken nicht, dass Ihr Geist meinen berührt. Gibt es irgendetwas, das Sie uns noch mitteilen möchten?«

Madame Dolspeake hob den Kopf, und Blut lief ihr aus dem Mund, als sie zu sprechen versuchte. Ihre Worte waren zu leise, und Sirus bezweifelte, dass sie überhaupt noch in der Lage war, einen vernünftigen Gedanken zu fassen.

»Ach, ist auch egal.« Mit diesen Worten schleuderte Catheline die Frau in die Tiefe und verfolgte ihren Sturz mit verschränkten Armen und eher nachdenklichem als triumphierendem Blick. »Ich bezweifle ohnehin, dass es für die Geschichtsschreiber von Interesse gewesen wäre.«

»Die anderen Roten sind tot«, erklärte sie Sirus jetzt, offenbar taub für die Schreie und brechenden Knochen hinter ihr. »Sie sind geflogen, so weit sie konnten, und dann ins Meer gestürzt.« Ihre Stimme hatte einen merkwürdig traurigen Unterton, als spräche sie von geschätzten Kollegen, die im Kampf für das Gute gefallen waren. »Zum Glück ist es ihm gelungen, sich lange genug in der Luft zu halten, um das hier zu sehen.«

Sie schob Sirus eine Erinnerung zu, die einen kleinen, runden Fleck am Horizont zeigte. »Offenbar hat der Wind sie nach Westen getragen. Katarias ist ihnen über eine Stunde gefolgt, dann musste er umkehren, um nicht dasselbe Schicksal wie seine Brüder zu erleiden. Immerhin konnte er ausmachen, dass die Erfindung des Professors an Höhe verliert.«

»Dann werden sie im Meer landen«, sagte Sirus und konnte gerade noch ein Zusammenzucken vermeiden, als Katarias den letzten Gefangenen mit lautem Kieferknacken in der Mitte durchbiss. »Das sollte das Problem lösen.« Catheline schüttelte den Kopf. »Wir brauchen Gewissheit. Das Kästchen muss vernichtet werden. Und alle, die in der Lage sind, sein Geheimnis zu lüften, ebenfalls. Alles andere ist zweitrangig.«

Sie wandte sich um und musterte die Schiffe im Hafen. Der Anblick war nicht sonderlich beeindruckend, alle waren rußgeschwärzt oder trugen Explosionsspuren. Von den Kriegsschiffen des Protektorats, die zum Zeitpunkt der Eroberung in Feros vor Anker gelegen hatten, waren nur sechs voll einsatzfähig. Der Rest unterlag umfangreichen Reparaturen oder wurde, sofern es sonst nichts mehr zu retten gab, nach Ersatzteilen und Waffen durchsucht. Sirus' Schätzungen zufolge würde die Flotte des Weißen fünfundzwanzig Schiffe umfassen, sobald alle Arbeiten abgeschlossen waren. Hinzu kamen etwa zwei Dutzend Handelsfregatten und Blauenjäger, die als Truppentransporter eingesetzt werden konnten, wenn ihr nächstes Ziel feststand.

»Ich würde nur zu gerne nach Norden segeln, General«, sagte Catheline wehmütig. »Ich sehne mich danach, Mandinorien brennen zu sehen. Aber leider haben wir Wichtigeres zu tun. Es ist an der Zeit, dass du deiner Sammlung den Admiralstitel hinzufügst.«

KAPITEL 4

Hilemore

»Wer ist sie?«

Clay verzog den Mund zu dem für ihn typischen Grinsen, das in Hilemore jedes Mal den Wunsch weckte, ihn zu ohrfeigen. Er wusste nicht, ob er es tröstlich finden sollte, dass dieser junge Mann ihn trotz allem, was ihm in letzter Zeit widerfahren war, mühelos auf die Palme zu bringen vermochte.

»Ihr Name hilft mir nicht viel«, antwortete er, bemüht, den in ihm aufkeimenden Zorn zu kontrollieren. »Und in Anbetracht unserer Umstände habe ich nicht besonders viel Geduld. Ich frage Sie also noch einmal.« Er legte die geballten Fäuste auf den Tisch und beugte sich vor. »Wer ist sie?«

Sie befanden sich in der Kapitänskajüte der *Schreckfeuer*, und Clay schlürfte irgendein Heißgetränk, das Leutnant Steelfine ihm in der Kombüse gebraut hatte. Leutnant Sigoral befand sich in der Obhut der jungen Torcreek, obwohl diese aussah, als würde sie selbst jeden Augenblick vor Erschöpfung zusammenbrechen. Nichtsdestotrotz pflegte sie den corvantinischen Marineoffizier, auch wenn ihr Vater ihr bereits wiederholt befohlen hatte, sich auszuruhen.

Und dann war da noch diese Frau namens Kriz, die nicht Teil ihrer Gruppe gewesen war, als sie den Turm im Eis betreten hatten, die aber trotzdem irgendwie aus der Tiefe aufgetaucht war. Sie hatte Hilemore zur Begrüßung zugenickt, als Clay sie einander vorstellte, allerdings kaum ein Wort gesagt; sie sprach Mandinorianisch mit waschechtem Kerberhafener Akzent und klang so, als wäre sie im Blinden Viertel aufgewachsen, dem berüchtigten Armenquartier, in dem Clay seine Kindheit verbracht hatte. Hilemores Instinkt sagte ihm jedoch, dass dies nicht der Fall war.

Wann immer er sie ansah, verspürte er ein Gefühl der Fremdheit. Ihrer Hautfarbe nach stammte sie aus Südmandinorien, doch die kantigen Gesichtszüge ließen ihn das bezweifeln. Dazu kamen die Art und Weise, wie sie jede einzelne Schiffsarmatur betrachtete, skeptisch, aber gleichzeitig gierig nach jedem Detail. Außerdem hatte sie eine Stunde oder mehr an Deck verbracht, den Himmel und die umgebenden Eisschollen angestarrt und dabei gelegentlich voll ungetrübter Freude gelächelt. Dieses Lächeln verschwand jedoch, als Hilemore sie ansprach. Auf seinen Annäherungsversuch hin wickelte sie sich ihr Tuch fest um die Schultern und ging unter Deck. Hilemore wurde das Gefühl nicht los, dass die Geschichte dieser Frau noch viel unglaublicher war als Clays Zähmung von Jack Letzter Anblick.

»Ihr vollständiger Name lautet Krizelle«, sagte Clay und zögerte, ehe er einen Schluck von Steelfines Gebräu nahm und betont sachlich fortfuhr. »Sie ist die letzte Überlebende der Philos-Kaste. Sie ist ungefähr zehntausend Jahre alt und die erste Blutgesegnete, die auf diesem Planeten je zur Welt gekommen ist.« Er nippte erneut an seinem Becher und schmatzte genüsslich. »Das schmeckt wirklich gut. Was auch immer es ist.« Seine gute Laune schwand jedoch unter Hilemores finsterem Blick.

»Na gut.« Seufzend stellte Clay die Tasse auf den Tisch. »Aber Sie setzen sich besser, Kapitän. Es ist eine lange Geschichte.«

◆ ◆ ◆

»Es stimmt«, sagte Loriabeth. »Jedes einzelne Wort.« Sie zeigte mit dem Kopf auf Sigoral, der hinter ihr auf einem Feldbett schlummerte. »Sie können ihn fragen, wenn er aufwacht.«

Sie hatte einen Teil des Frachtraums mit Vorhängen abgetrennt, um ihn als Krankenlager zu nutzen, und war dem Leutnant seitdem nicht mehr von der Seite gewichen. Der Corvantiner hatte eine kleine Dosis ihrer verbliebenen Grün-Vorräte bekommen, und Loriabeth trug eine verdünnte Tinktur mittels einer Kompresse auf seine Wunde auf. In Anbetracht des Schadens, den sein Auge genommen hatte, bezweifelte Hilemore, dass der Leutnant je wieder damit sehen würde. Offenbar hatte der Schmerz deutliche Spuren hinterlassen, denn Sigoral wälzte sich im Schlaf, und seine Hand zuckte immer wieder, als wollte er nach seinem Karabiner greifen.

»Da unten liegt also eine völlig abgeschottete Welt.« Hilemore schüttelte halb ehrfürchtig, halb ungläubig den Kopf. »Diese Geschichte ist nicht so leicht zu schlucken, Miss. Und der Vorstand wird sie nicht ohne Weiteres glauben.«

»Soll er doch glauben, was er will.« Sie warf einen vielsagenden Blick zu Kriz, die sich am Esstisch mit Clay unterhielt. »Außerdem haben wir Beweise.«

Hilemore nickte ihr dankend zu und entfernte sich. Dann blieb er stehen, um die uralte Frau zu betrachten, die aussah, als wäre sie ein paar Jahre jünger als er. Sie und Clay redeten in einer Sprache, die ihm fremd war, ein Singsang aus langgezogenen Vokalen und weichen Konsonanten. *Die Sprache der Vergangenheit,* dachte Hilemore. *Torcreek muss sie während der Trance gelernt haben, gemeinsam mit unzähligen Geheimnissen, die er für sich behält.* So lang die Geschichte des jungen Blutgesegneten auch gewesen sein mochte, so hatte Hilemore doch mehrmals bemerkt, wie er gezögert und den Blick abgewandt hatte, wie jemand, der log oder etwas verschwieg. *Es reicht nicht,* sagte er sich und ging entschlossenen Schrittes weiter. *Wenn ich über unser weiteres Vorgehen entscheiden soll, muss ich alles wissen.*

Seine Entschlossenheit schwand jedoch abrupt, als das Deck der *Schreckfeuer* unter seinen Füßen schwankte und er fast eine Bauchlandung hinlegte. Er bekam gerade noch einen der Deckbalken zu fassen und hielt sich daran fest, während das Schiff weiter schlingerte. Besteck und Teller fielen vom Tisch auf den Boden, das Boot drehte sich um sich selbst und schaukelte wie bei starkem Seegang. *Aber das Wetter ist gut,* dachte Hilemore mit einem Blick durch das nächste Bullauge.

»Schon wieder Blaue, Kapitän?«, fragte Scrimshine mit weit aufgerissenen, leuchtenden Augen.

»Nicht solange Jack in der Nähe ist«, sagte Clay und bahnte sich stolpernd den Weg zu Hilemore, dicht gefolgt von Kriz. »Sieht aus, als hätten wir ein neues Problem, Kapitän.«

Als das Schiff sich stabilisierte, sprintete Hilemore zum Oberdeck, wo Steelfine und zwei Besatzungsmitglieder sich über die Reling beugten und aufs Wasser sahen. Hilemore stellte sich neben den Insulaner und folgte seinem Blick. Die See schäumte, überall stiegen große Blasen an die Oberfläche und platzten.

»Bei den Eiern des Sehers! Was ist denn das für ein Geruch?«, rief einer der Matrosen und wedelte mit der Hand vor der Nase. Der Gestank war wirklich nicht zu leugnen, er war schwefelig und so stark, dass er einem die Nase verstopfte.

Als noch mehr Blasen aufstiegen und die *Schreckfeuer* erneut ins Wanken brachten, begriff Hilemore. »Der Riss im Meeresboden«, sagte er. »Wahrscheinlich strömt dort immer noch Lava aus. Das ist zwar lästig, aber wohl kaum ein Hindernis. Mr. Scrimshine! Bitte übernehmen Sie das Ruder und bringen Sie uns nach Norden.«

»Jawohl, Kapitän!« Scrimshine salutierte gewohnt halbherzig, lief zur Pinne und schubste den Rudergast zur Seite.

»Halt!«

Jemand packte Hilemore am Ärmel. Als er sich umdrehte, sah er Kriz. »Wir müssen stehen bleiben«, sagte sie in ihrem abgehackten Gassenmandinorianisch.

»Sie haben es vielleicht noch nicht gemerkt, Miss, aber die Zeit läuft gegen uns.« Vorsichtig löste er sich aus ihrem Griff. »Unsere Vorräte sind …«

»Gas!«, fiel sie ihm ins Wort und deutete zum Bug. Hilemore schaute in die angezeigte Richtung und runzelte angesichts des Dunstschleiers, den er dort erblickte, die Stirn. Dieser war zwar nur dünn, aber nicht zu leugnen – grauer Dampf, der zwischen den Eisbergen trieb.

Jetzt sagte Kriz etwas in ihrer Sprache und zeigte mit dem Finger auf den feuerroten Mount Reygnar in der Ferne. Als Hilemore sie nur verständnislos ansah, schob sie eine – vermutlich stark vereinfachte – Übersetzung nach. »Giftgas. Der Riss geht bis zum Vulkan. Wenn wir in diese Richtung segeln, sind wir alle innerhalb einer Stunde tot.«

Hilemore trat an den Bug und begutachtete mit dem Fernrohr die Hänge des Mount Reygnar. Der Ausbruch dauerte jetzt schon mehrere Tage lang, in einem ergiebigen Strom ergoss sich geschmolzenes Gestein aus dem klaffenden Gipfel. Langsam, aber unerbittlich bahnte die Lava sich ihren Weg ins Meer, wo sich hinter den riesigen Rauchwolken vermutlich schnell eine neue Insel bildete. Auch wenn seine Geografiekenntnisse sich auf ein paar Stunden im Rahmen seiner Ausbildung an der Marineakademie des Protektorats beschränkten, wusste er, dass es einen weiteren Nebeneffekt hatte, wenn das Erdinnere in einem derartigen Ausmaß ins Meer floss: die Bildung verschiedener Gase, die einem langen Leben alles andere als zuträglich waren.

»Holt die Segel ein!«, befahl Hilemore, und die Matrosen rannten los. »Mr. Steelfine, sehen Sie nach, ob der Anker sich senken lässt. Vielleicht bringt es etwas, die Kette mit kochendem Öl zu übergießen.«

»Ich kümmere mich drum, Sir.«

Kriz trat näher an Hilemore heran. »Wir können nicht hierbleiben und warten, bis es vorbei ist«, sagte sie leise. »Der Ausbruch könnte noch Tage dauern. Und wie Sie bereits sagten, haben wir nicht genug zu essen.«

»Es gibt nur einen schiffbaren Weg durchs Eis«, erwiderte Hilemore und deutete auf den kurvigen Kanal vor ihnen. Er spürte, wie sein Ärger zurückkehrte. Ein Mangel an brauchbaren Optionen war für einen Kapitän alles andere als angenehm. *Ob wir nun weitersegeln oder hierbleiben, sterben werden wir auf jeden Fall,* dachte er und verkniff sich ein verbittertes Seufzen.

»Es gibt noch eine Möglichkeit«, sagte Kriz. »Aber dazu benötige ich so viel wie möglich von einer bestimmten Substanz.«

»Und die wäre?«

Kriz sah ihn unsicher an, als bezweifelte sie, ob sie das richtige Wort im Sinn hatte. »Pisse«, sagte sie mit leichtem Lächeln. »Ich brauche jede Menge Pisse.«

◆ ◆ ◆

Von allen Besatzungsmitgliedern erwies sich Scrimshine als am produktivsten. Im Gegensatz zu Hilemore, der es auf ein Gurkenfässchen gebracht hatte, füllte er zwei. »Ich glaube, ein paar Tropfen gehen noch, Kapitän«, bot er an, breitbeinig und mit offener Hose über dem dampfenden Gefäß stehend. Hilemore wusste nicht, was schlimmer stank – das Gas oder das Erzeugnis von Scrimshines Blase.

»Ich glaube, das reicht fürs Erste«, antwortete er und wandte den Blick ab, als der Steuermann sich die Hose wieder zuknöpfte. Manche Anblicke waren selbst für einen erfahrenen Seemann zu viel.

Außerdem hieß Kriz Steelfine, so viel Kohle zu verbrennen, wie im Ofen der Kombüse irgendwie Platz hatte, und sie anschließend zu einem feinen Pulver zu zerstoßen. »Zwei Schichten bieten mehr Schutz«, erklärte sie, während sie einen Streifen des dünnsten Stoffes, den sie an Bord gefunden hatten, auf dem Tisch ausbreitete. Neben den fadenscheinigen Segeln der *Schreckfeuer* waren sie im Lagerraum auf zahlreiche Flaggen gestoßen, die noch aus der Ära vor der Unternehmenszeitrechnung stammten. Möglicherweise handelte es sich um Souvenirs aus der kurzen Piratenkarriere des vor langer Zeit verstorbenen Kapitäns Bledthorne. Vermutlich hätte ein Antiquitätenhändler einiges dafür hingelegt, falls sie je wieder in die Zivilisation zurückkehrten, doch unter den gegebenen Umständen verzichtete Hilemore gerne auf den potentiellen Gewinn.

Unter Kriz' Anleitung schnitten sie die Fahnen in fünfzehn Zentimeter breite und dreißig Zentimeter lange Streifen. »Kohle absorbiert die meisten Gase«, sagte sie und löffelte etwa ein Viertelpfund Kohlepulver auf den Stoff. »Aber nicht alle. Hoffentlich filtert der Urin den Rest.« Sie legte einen Stoffstreifen, den sie zuvor in eines der dampfenden Fässchen getaucht hatte, über die Kohleschicht. »Jetzt muss man das nur noch zusammennähen, und schon hat man eine einfache Atemschutzmaske.«

»Hoffentlich?«, fragte Hilemore, bekam als Antwort jedoch nur ein hilfloses Schulterzucken. Er verkniff sich weitere Fragen. Sie hatten keine andere Wahl, sie mussten es damit versuchen. »Macht schon, Männer«, sagte er, und die Matrosen setzten sich in Bewegung. »Zwei Masken für jeden. Genauso wie sie es euch gerade gezeigt hat. Näht sie fest zusammen und macht schnell.«

Während die Matrosen an die Arbeit gingen, zog er Kriz beiseite. »Wie lange halten sie?«

»Kommt auf das Gas an. Wenn es sehr konzentriert ist, saugen sie sich schnell voll.«

»Bei unserer derzeitigen Geschwindigkeit brauchen wir mindestens einen Tag zum Berg und einen weiteren, um ihn hinter uns zu lassen.«

»Dann müssen wir schneller fahren.«

»Wir haben kaum genug Segel, um überhaupt von der Stelle zu kommen.«

»Verzeihung, Kapitän«, mischte Clay sich ein, der an Kriz' Seite erschienen war. »Aber wir sind nicht auf Wind angewiesen, um diesen alten Kahn vorwärtszubewegen. Dazu reicht uns ein starkes Tau.«

◆ ◆ ◆

Unter Zuhilfenahme des einzigen Beibootes der *Schreckfeuer* banden sie das Seil vorn am Bug fest. Hilemore, Steelfine, Clay und der ältere Torcreek übernahmen diese Aufgabe, da die restliche Besatzung kein gesteigertes Interesse daran hatte, sich in die Nähe des Monsters zu begeben, dessen Dornfortsätze immer wieder aus dem Wasser auftauchten. Zwar würden die Matrosen es kaum wagen, sich einem direkten Befehl zu widersetzen, doch wollte Hilemore ihre ohnehin schon blank liegenden Nerven nicht weiter strapazieren. Steelfine schien keine Nervosität zu kennen, und Braddon tat unerschrocken, allerdings hatte Hilemore die Skepsis in seinem Blick bemerkt, wann immer dieser Jacks Rücken streifte. Clay wiederum strahlte lediglich eine fröhliche Ruhe aus, als sie vom Bug fortruderten und das Tau hinter sich herzogen. Genaugenommen waren es drei Taue in einem, die stärksten Trossen, die sie hatten finden können, zu einem Kabel verflochten, das dicker war als ein Arm. Es war mit beiden Enden an den Ankerhalterungen beiderseits der verrotteten Gallionsfigur am Bug der *Schreckfeuer* festgemacht und bildete eine etwa dreißig Meter lange Schlaufe.

»Das sollte weit genug sein«, sagte Clay, woraufhin Steelfine die Ruder einzog, sodass das Boot langsam auf den Wellen zum Schaukeln kam.

»Und jetzt?«, fragte Hilemore Clay, der sich Jack zuwandte. Der

Blaue drückte sich nicht weit von ihnen herum und schielte aus einem Auge zu ihnen herüber. Ob Neugier oder Hunger aus seinem Blick sprachen, vermochte Hilemore nicht zu sagen.

Clays Antwort war leise und rätselhaft, mit konzentrierter Miene sah er zu Jack hin. »Jetzt wollen wir mal sehen, ob Miss Ethelynne Grund gehabt hätte, stolz auf mich zu sein.«

Eine Minute lang geschah gar nichts, und Hilemore und die anderen beobachteten in gespannter Erwartung, wie Clay mehrmals die Augenbrauen zusammenzog und in einem fort die Lippen bewegte. Hilemore begriff, dass er gerade der direkten Unterhaltung zwischen einem Menschen und einem Drachen beiwohnte. Schließlich blinzelte das Auge des Drachen und verschwand. Die hohen Dornfortsätze pflügten durchs Wasser, als die Bestie sich umdrehte und abtauchte.

»Lass los, Onkel«, wies Clay Braddon an, und sie gaben gleichzeitig das Seil frei. Mit leichtem Spritzen ging es unter, dicht gefolgt von einer weißen Explosion, als Jack den Kopf aus dem Wasser riss und das Tau zwischen seine massigen Kiefer nahm. Die damit verbundene Woge wirbelte ihr Boot einmal um die eigene Achse, und Hilemore wäre fast über Bord gegangen, hätte Steelfine es nicht mithilfe der Ruder stabilisiert.

Clay fing an zu lachen. Kopfschüttelnd stand er im Heck und betrachtete Jack, der geduldig mit dem Seil im Maul wartete. »Er hat mich verstanden«, sagte er und lachte erneut. »Er hat mich wirklich verstanden.«

◆ ◆ ◆

»Sechs Knoten. Was schätzen Sie, Mr. Steelfine?«

»Eher sieben, Sir.« Die Maske dämpfte die Stimme des Insulaners, und er musste schreien, um sich verständlich zu machen. »Wahrscheinlich bringt er es sogar auf acht, wenn der Kanal gerade wird.«

Hilemore betrachtete das breite, tiefe Heckwasser des Schiffes und dann wieder Jack Letzter Anblick, oder vielmehr den Alten Jack, wie sie ihn auf Clays Wunsch fortan nennen sollten. Scheinbar unermüdlich zog der Blaue das Schiff nach Norden, dabei hob und senkte sein riesiger Körper sich in einem gleichmäßigen Rhythmus. Dank Jack hatten sie in nur einer Stunde eine größere Strecke zurückgelegt als in den letzten zwei Tagen. Was auch immer das Gas einem Menschen ohne Schutzmaske angetan hätte, dem Untier schien es nichts anzuhaben.

»Er spuckt Feuer«, erklärte Clay, als Hilemore ihn darauf ansprach. »Wahrscheinlich sind seine Lungen ohnehin voller Gift.«

So erfreulich das auch sein mochte, so ließ der zunehmende Gestank, der selbst das ätzende Aroma von Hilemores provisorischer Maske durchdrang, sämtliche Hochgefühle im Keim ersticken. Bislang erfüllte der Atemschutz seinen Zweck, und keines der Besatzungsmitglieder war dem Pesthauch erlegen, wenngleich ein paar der Männer unter Verwirrung und Schwindel litten. Als zusätzliche Sicherheitsmaßnahme hatte Hilemore die gesamte Mannschaft unter Deck geschickt und befohlen, alle Luken und Bullaugen zu schließen. Er wusste allerdings, dass dies nur unzureichend Schutz bot; auch wenn die *Schreckfeuer* trotz ihres Alters ausgesprochen robust war, so hatte sie doch mehr Löcher als ein corvantinischer Deserteur nach seiner Erschießung. Aber Matrosen brauchten Beschäftigung – besonders in Krisenzeiten.

Noch beunruhigender als das Gas war jedoch der Anblick des vor ihnen aufragenden Vulkans. Sie waren nur noch drei Kilometer von ihm entfernt, und das feurige Schauspiel entwickelte sich schnell zu einer unheilverheißenden Bedrohung. Das umliegende Eis war vollständig geschmolzen und hatte eine große Warmwasserlagune gebildet, deren unruhige Gewässer selbst für den Alten Jack schwierig zu navigieren sein würden. Hinzu kamen die Eruptionen, bei denen der Berg in unregelmäßigen Abständen geschmolzenes Gestein ausspuckte. Rauchenden Feuerbällen gleich, die von einem uralten, riesigen Katapult in die Höhe geschleudert wurden, stieg es in hohem Bogen auf und stürzte in die Lagune.

Vorerst stellte jedoch die Strömung das größte Problem dar. Jack schwamm geradewegs in einen Strudel hinein, der die *Schreckfeuer* nach Steuerbord kippen ließ und beinahe das Tau vom Bug gerissen hätte. »Ein bisschen dalli am Ruder!«, fuhr Hilemore Scrimshine an, der das Steuerrad bearbeitete, um die Strömung auszugleichen und weiter den richtigen Winkel zum Drachen zu halten.

»Das Biest muss langsamer werden, Kapitän!«, gab Scrimshine vor

Anstrengung keuchend zurück, während er sich damit abmühte, das Ruder mittschiffs zu drehen.

»Mr. Torcreek«, sagte Hilemore und ging zu Clay an die Bugspitze. »Bitte etwas langsamer.«

Ohne den Blick von dem Blauen zu lösen, nickte Clay geistesabwesend. Einen Moment später nahm die Geschwindigkeit etwa um ein Drittel ab. Hilemore richtete das Fernrohr auf die Gewässer vor ihnen, fand jedoch nur eine Mauer aus Rauch und Dampf, zweifellos reich geschwängert mit tödlichen Gasen. »Fünf Grad backbord, Mr. Torcreek«, befahl er, erntete aber nur einen verwirrten Blick von diesem.

»Da lang«, bellte er hinter seiner Maske und deutete nach links. »Ich sage Ihnen Bescheid, wenn Sie den Kurs wieder begradigen können. Wir müssen diese Wand nach Möglichkeit umsegeln.«

Clay nickte erneut, und kurze Zeit später passte Jack die Richtung an, um dem schnell näher kommenden Nebel auszuweichen. Jetzt wandte Hilemore sich dem Berg zu, der sich als dunkle Masse im Rauch abzeichnete. Glühende Lava säumte die Hänge wie Adern aus Feuer. Noch verstörender als sein Anblick war jedoch die Stimme des Vulkans – ein stetes, donnerndes Dröhnen, gelegentlich begleitet von einem Krachen, wenn hinter den schwarzen Wolken, die den Gipfel krönten, ein Blitz aufflammte.

»Sir!«, schrie Steelfine an der Steuerbordreling und deutete gen Himmel. Der glühende Lavaball, der gerade seinen Scheitelpunkt erreichte, war nicht zu übersehen. Hilemore hatte nur einen Sekundenbruchteil Zeit, um seinen weiteren Verlauf zu bestimmen. Glücklicherweise hatte er sein Leben an Bord von Kriegsschiffen verbracht und besaß einen untrüglichen Sinn für die Flugbahn gefährlicher Objekte.

»Hart Steuerbord!« Er packte mit einer Hand Clays Schulter und wies gleichzeitig mit der anderen nach rechts. »So schnell er kann!« Mit diesen Worten wirbelte er herum und rannte zu Scrimshine, um gemeinsam mit ihm das Ruder nach Steuerbord zu bringen, damit nicht beim plötzlichen Richtungswechsel das Tau riss.

Im nächsten Augenblick kam der Feuerball auch schon herabgesaust und ließ einen Geysir aus Dampf und Spritzwasser aufsteigen, als er in Pistolenschussweite an der Backbordseite der *Schreckfeuer* einschlug. Das alte Schiff war für solch brutale Manöver nicht gemacht, und seine Balken stöhnten protestierend unter Hilemores Füßen. *Halt durch, altes Mädchen,* beschwor Hilemore die Fregatte und strich über das eichene Steuerrad. *Nur noch ein bisschen. Dann kannst du dich ausruhen.*

Wie zur Antwort beruhigte das Schiff sich. Hilemore beobachtete, wie Clay Jack auf einen friedlicheren Kurs zurück an den Rand der Lagune dirigierte. Dann erst merkte er, dass er alleine am Ruder stand. Er wollte Scrimshine gerade zusammenstauchen, da sah er, dass der ehemalige Schmuggler bäuchlings und mit roten, hervorquellenden Augen auf dem Deck lag und sich krümmte.

»Mr. Steelfine, übernehmen Sie das Steuer!«, rief Hilemore und eilte zu Scrimshine. Dieser griff mit behandschuhten Fingern nach Hilemores Armen, und an den Rändern seiner Maske trat weißer Schaum aus, während seine Zuckungen schlimmer wurden. Hilemore packte ihn um die Brust und schleifte ihn zur Laderaumluke, wo er so lange auf den Boden stampfte, bis Skaggerhill öffnete. Gemeinsam zogen sie Scrimshine zum Kombüsentisch und legten ihn darauf. Die Krämpfe ließen langsam nach, doch die Augen des Mannes glänzten nach wie vor fiebrig, während er flehentlich zu Hilemore aufsah. *Lassen Sie mich nicht sterben, Kapitän.*

»Wahrscheinlich ist sein Filter voll«, sagte Kriz und brachte eine frische Maske. Sie nahm Scrimshines Gesicht zwischen die Hände und drehte es in ihre Richtung. »Halten Sie die Luft an und bewegen Sie sich nicht«, befahl sie ihm. Sie wartete, bis er sich unter Kontrolle hatte, dann öffnete sie mit flinken Fingern die Maske, warf sie zur Seite und legte ihm die neue an. »Nicht zu tief atmen«, warnte sie, während Scrimshine, sich krümmend, nach Luft rang und mit vor Schmerz zusammengekniffenen Augen eine Reihe dalzianischer Gotteslästerungen ausstieß.

»Scheint grade ziemlich heftig zu sein da draußen, was?«, fragte Skaggerhill und warf einen beunruhigten Blick zu der offenen Luke.

»Nicht mehr lange.« Hilemore hoffte, dass seine Stimme laut und klar genug war, um die Anwesenden zu überzeugen. »Ich bräuchte Hilfe am Ruder, wenn Sie so gut wären«, fügte er hinzu und kletterte zurück ans Oberdeck.

◆ ◆ ◆

Im Laufe der nächsten Stunde mussten sie zwei weiteren Feuerbällen ausweichen, von denen ihnen der zweite so nahe kam, dass er einen guten Teil der oberen Aufbauten in Brand steckte. Hilemore hatte den Männern unter Deck gerade erste Befehle zugebrüllt, um einen Löschtrupp zu organisieren, da blieb der Alte Jack stehen und begann, mit dem Schwanz zu schlagen. Der darauffolgende Wasserschauer reichte, um das Feuer zu löschen und alle Mann ordentlich zu durchnässen.

»Der Schaden hätte schlimmer sein können, Sir«, berichtete Steelfine, nachdem er in die Takelage geklettert war und die Masten inspiziert hatte. »Aber wir können von Glück sagen, wenn es uns gelingt, künftig mehr als ein paar Meter Segel zu takeln.« Der Insulaner schielte zum Bug, wo Clay seine Wache über den Alten Jack weiter aufrechterhielt. »Wollen wir hoffen, dass sein treues Monster nicht müde wird.«

Ein weiteres Besatzungsmitglied wäre fast dem Gas erlegen, doch Braddon konnte dem Mann gerade noch einen frischen Atemschutz anlegen, ehe er dauerhaft Schaden nahm. Danach befahl Hilemore allen, die Masken zu wechseln. Die zunehmend schlechte Luft, die durch seine eigene Maske drang, verriet ihm, dass der Filter so gut wie voll war. Erst als es Abend wurde, ließ der Gestank nach. Hinter ihnen verblich Mount Reygnar zu einem trüben, donnernden Hügel, während Jack die *Schreckfeuer* aus dem tödlichen Dunstkreis des Vulkans zog. Als die letzten Rauchschwaden sich aufgelöst hatten und sie wieder von Eisbergen umgeben waren, nahm Hilemore die Maske endlich ab und machte einen kurzen, vorsichtigen Atemzug. So gut hatte Luft wahrscheinlich noch nie geschmeckt. »Ihr könnt sie ablegen«, erklärte er der Mannschaft, die erleichtert aufstöhnte.

»Dem Seher sei Dank.« Skaggerhill atmete ein paarmal tief durch, ehe er die Maske beiseite warf. »Hätte ich den Pissegeruch noch länger ertragen müssen, hätte ich wahrscheinlich dem Gift den Vorzug gegeben. Nichts für ungut, Miss«, setzte er nach und nickte Kriz zu, die soeben an Deck trat. Sie neigte ebenfalls den Kopf, dann wandte sie sich an Hilemore. Ihre zögerliche Art zu sprechen erinnerte ihn daran, dass sie erst seit Kurzem Teil der Mannschaft war. »Ihr Matrose«, sagte sie. »Der Steuermann.«

»Scrimshine«, entgegnete Hilemore. »Was ist mit ihm?«

Sie seufzte entschuldigend. »Er liegt im Sterben.«

◆ ◆ ◆

»Das ist alles.« Mit diesen Worten stellte Steelfine das Fläschchen auf den Tisch. »Jeder Tropfen Grün an Bord. Ein paar der Männer hatten geheime Privatvorräte.«

»Die mussten Sie ihnen wahrscheinlich aus den Rippen leiern«, sagte Hilemore.

»Gar nicht mal.« Steelfine deutete mit dem Kinn auf Scrimshine, der in seiner Koje lag. Sein ohnehin schon blasses Gesicht war bleich wie Kerzenwachs, als er von einem weiteren Hustenanfall geschüttelt wurde. »Er mag zwar ein Halunke sein, aber alle wissen, dass wir ohne seine Steuerkünste längst tot wären.«

»Wird es reichen?«, fragte Hilemore an Kriz gewandt.

»Keine Ahnung. Ich glaube, mein Volk wusste weniger über die medizinische Wirkung von Drachenblut als Ihres.«

»Ich schätze, er bräuchte mindestens drei Phiolen«, warf Skaggerhill ein. Als Erntemeister und Ad-hoc-Heiler der Langgewehre war er derjenige an Bord, der einem Arzt am nächsten kam. »Wir haben höchstens zwei«, sagte er und drehte das Fläschchen zwischen seinen Stummelfingern.

»Und nicht die geringste Vorstellung, was noch auf uns zukommt«, fügte Braddon hinzu und sah Hilemore in die Augen. »Es ist ein weiter Weg zurück in die Zivilisation, Kapitän. Die Wahrscheinlichkeit, dass uns unterwegs etliche Gefahren erwarten, ist hoch.«

Hilemore musste sich beherrschen, um nicht zusammenzuzucken, als Scrimshine erneut hustete – ein tiefes, feuchtes Würgen voller Schmerzen. *Der Mann ist ein Krimineller,* sagte er sich. *Ein Schmuggler und Pirat, der garantiert jede Menge Blut vergossen hat. Und nicht zu vergessen ein Kannibale.* Die Entscheidung lag auf der Hand. »Geben Sie es ihm«, befahl er Skaggerhill. »Alles. Mr. Torcreek. Miss«, fuhr er fort und nickte Clay und Kriz zu, »bitte begleiten Sie mich in meine Kabine. Ich denke, es ist an der Zeit für ein ernstes und ehrliches Gespräch.«

KAPITEL 5

Lizanne

»Der Ausguck meldet bisher zwanzig Schiffe, Sir«, erklärte ein Fähnrich vom Sprechrohr. »Kurs Südsüdwest. In der Mitte ein Kriegsschiff, sonst alles Frachter. Die Wimpel sind gehisst, aber wir sind noch zu weit weg, um irgendwelche Signale auszumachen.«

»Wie schnell?«, fragte Kapitän Verricks, der mit hinter dem Rücken verschränkten Händen dastand. Sein Backenbart zuckte kaum merklich.

»Geschätzt acht Knoten, Sir«, erklärte der Fähnrich ein paar Sekunden später.

»Etwas langsam für eine angreifende Flotte«, stellte Verricks fest und wandte sich mit fragendem Blick an Lizanne. Sie war ohne Erlaubnis auf die Brücke gekommen, und dass er sie nicht fortgeschickt hatte, bedeutete wohl, dass der Kapitän ihre Meinung schätzte.

»Der Weiße dürfte in Feros etliche Schiffe in seinen Besitz gebracht haben«, gab sie zu bedenken. »Es könnte sich um eine Falle handeln. Vielleicht nähert er sich langsam, um uns in Sicherheit zu wiegen, und schlägt dann zu.« Sie zeigte mit dem Kinn auf das Fernrohr, das auf dem Kartentisch lag. »Darf ich mal?«

»Selbstverständlich, Miss.«

Sie begab sich ans vordere Ende der Brücke, zog ein Fläschchen

Grün aus der Tasche und nahm einen kleinen Schluck. Auf den ersten Blick erschienen die Schiffe lediglich als verschwommene graue Flecken am Horizont, doch als das Grün seine sichtverbessernde Wirkung entfaltete, wurden sie deutlicher erkennbar. Zunächst erspähte sie einen Blauenjäger, der an seinem Tiefgang gemessen schwer beladen sein musste. Die Schaufelräder drehten sich, und aus dem Schornstein drang Rauch. Lizanne wanderte die Reihe der Schiffe mit dem Fernrohr entlang, bis ein vertrauter Anblick in Sicht kam. Zwar hatte sie dieses Schiff nur durch Clays Augen gesehen, doch seine Form war ebenso unverkennbar wie die Flagge des Eisenboot-Protektorats und die weiße Fahne an seinem Mast.

»Die EPS *Gute Gelegenheit*«, erklärte sie Verricks. »Das ist keine feindliche Flotte, Kapitän. Aber Sie stellen sich besser auf eine anstrengende Unterredung ein.«

◆ ◆ ◆

»Trumane.«

»Verricks.«

Die beiden Kapitäne nickten einander zu. Außer ihnen waren nur Lizanne, Direktor Thriftmor, der die Schränke einer gründlichen Inspektion unterzog – vermutlich in der Hoffnung, auf Brandy zu stoßen –, und eine Frau von dalzianischem Aussehen anwesend. Der Kapitän sah fast genauso aus wie in Clays Erinnerung, seine Uniform bildete einen makellos zugeknöpften Kontrast zu Verricks offener Jacke und schiefer Krawatte. Allerdings stand ihm eine neue Härte ins blasse Gesicht geschrieben. Mit Ausnahme von gelegentlichen Momenten unbeschwerter Heiterkeit, wenn er einen persönlichen Triumph verbuchen konnte, war Trumane schon immer ein strenger Mann gewesen. Jetzt schien er allerdings auch noch den letzten Rest Frohsinn und Humor verloren zu haben. Lizanne bezweifelte, dass seine Mannschaft seit Leutnant Hilemores Desertion in Lossermark viel zu lachen gehabt hatte.

Die Frau machte, trotz der zerschlissenen Matrosenjacke und der losen Strähnen, die aus ihrem ansonsten strengen Haarknoten heraushingen, einen eleganten Eindruck. »Darf ich Ihnen Madame Hakugen vorstellen?«, sagte Trumane und wies auf die Frau. »Eine hochrangige Vertreterin des Ostinsel-Konglomerats und vormalige Auditorin von Lossermark.«

»Willkommen an Bord, Madame.« Verricks begrüßte die Frau mit einer formellen Verneigung, die in gleicher Weise erwidert wurde.

»Ich freue mich sehr, Ihre Bekanntschaft zu machen«, antwortete Madame Hakugen und schien aufrichtig erleichtert.

»Ihr Ruf eilt Ihnen voraus, Kapitän Verricks«, fuhr Trumane fort. »Ich will unsere Zeit also nicht damit vergeuden, Sie nach Ihrem Dienstalter zu fragen.«

Verricks neigte den Kopf. »Vielen Dank, Kapitän. Als dem Dienstälteren ist es an mir, Sie um Ihren Bericht zu bitten.«

Trumane zögerte und schielte zu Lizanne und Direktor Thriftmor.

»Verzeihung«, sagte Verricks. »Mr. Benric Thriftmor, Vorstandsmitglied des Eisenboot-Syndikats und Leiter der Abteilung Unternehmensexterne Angelegenheiten.«

»Natürlich sehr erfreut«, erwiderte Thriftmor und wandte sich mit leicht verzweifeltem Blick von einer leeren Kommode ab. »Kapitän Verricks, ich frage mich, wo wohl …«

»Ich habe ihn ins Meer gießen lassen, Sir«, erklärte Verricks. »Aller noch an Bord befindliche Branntwein bleibt so lange unter Verschluss, bis unsere gegenwärtigen Schwierigkeiten überwunden sind.«

Thriftmor starrte ihn an und leckte sich in einer unbewussten Zurschaustellung seines ohnmächtigen Durstes die Lippen. »Oh«, sagte er. »Nun, ich weiß zwar, dass dieses Treffen von ausgesprochener Wichtigkeit ist, aber ich fühle mich plötzlich gar nicht gut und ziehe mich besser in meine Kabine …«

»Die habe ich durchsuchen und alle Flaschen daraus entfernen lassen«, teilte Verricks ihm mit und deutete auf einen Stuhl. »Setzten Sie sich, Mr. Thriftmor. Der Steward bringt Ihnen gleich einen Kaffee.«

Ein Wechselbad der Gefühle – von Trotz bis Wut – spiegelte sich auf Thriftmors Gesicht, ehe er sich widerwillig in sein Schicksal fügte und mit gesenktem Kopf Platz nahm.

Trumane warf dem Direktor einen angewiderten Blick zu, dann zeigte er mit dem Kinn auf Lizanne. »Und diese Dame?«

»Miss Lizanne Lethridge«, erklärte Verricks. »Von der Abteilung Außerordentliche Maßnahmen.«

Trumane versteifte sich, Madame Hakugen ebenso, trotzdem begrüßten sie Lizanne mit höflichem Nicken. Trumane räuspert sich. »Sind Sie zufällig verwandt mit …«

»Professor Graysen Lethridge.« Lizanne versuchte nicht einmal, sich den entnervten Unterton zu verkneifen. Gerade jetzt schlug ihr die Erwähnung ihrer Familie auf die Stimmung. »Er ist mein Vater.«

»Und ein geschätzter Kollege von mir«, erwiderte Trumane. »Seine Hilfe hat mir beim Umbau der *Günstige Gelegenheit* große Dienste geleistet.«

»Hoffentlich haben Sie ihn auch dafür bezahlt. Das wäre eine erfreuliche Ausnahme. Aber sollten Sie nicht einen Bericht abliefern?«

»Der ist ziemlich lang«, antwortete Trumane nach einem Augenblick der Verwirrung. »Ich hatte noch keine Zeit, ihn zu verschriftlichen.«

»Ein mündlicher Bericht reicht völlig aus«, erwiderte Verricks und rückte Madame Hakugen einen Stuhl zurecht. »Setzen wir uns. Eine Stärkung ist bereits unterwegs.«

Trumane erzählte seine Geschichte bei Kaffee und belegten Broten. Dabei entging Lizanne nicht, dass die ehemalige Auditorin das Essen sichtlich genoss, während der Kapitän eine gewisse Zurückhaltung an den Tag legte. Vieles von dem, was er erzählte, wusste sie bereits, besonders den Teil über die Desertion Leutnant Hilemores und der Hälfte der Besatzung. »Ein niederträchtiger und unverschämter Vertragsbruch«, sagte Trumane, und sein Gesicht bekam wieder etwas Farbe. »Ich werde die Sache vors Militärgericht bringen und die Höchststrafe fordern, falls dieses Schwein je wieder von seinem wahnwitzigen Abenteuer zurückkehrt.«

»Es wird keinen Prozess geben, Kapitän«, entgegnete Lizanne und erntete dafür einen finsteren Blick von Trumane.

»Was soll das heißen?«

»Leutnant Hilemore muss sich für nichts verantworten«, antwortete sie schlicht. »Dass er das corvantinische Schiff erobert hat und nach Süden gesegelt ist, geschah auf Anweisung eines Agenten meiner Abteilung, die eigentlich Ihnen gegolten hätte.«

»Was für ein Agent?«

»Claydon Torcreek und die Freie Dienstleistergesellschaft der Langgewehre stehen bei der Abteilung Außerordentliche Maßnahmen unter Vertrag.«

»Unter Vertrag für eine abersinnige Expedition ins Inland, von der sie mit einem Haufen Märchen zurückgekehrt sind.«

»Ihre Expedition hat Früchte getragen, so bitter diese auch sein mögen. Und wie es aussieht, befindet sich die Lösung für unsere derzeitigen Probleme im Südeis. Sie zu suchen, wäre eigentlich Ihre Aufgabe gewesen, und Leutnant Hilemore hat sie an Ihrer statt übernommen. Es besteht also kein Grund, weshalb er sich vor Gericht verantworten sollte.«

Trumanes Gesicht wurde noch röter, und er funkelte Lizanne wütend an. »Das werde ich nicht hinnehmen«, knurrte er. »Wenn die Marinebehörde meinen vollständigen Bericht liest …«

»Wenn Mr. Torcreek und Mr. Hilemore nicht erfolgreich sind«, unterbrach Lizanne ihn mit eindringlichem Blick, »wird es in ein paar Monaten keine Marinebehörde mehr geben.«

Trumane wollte erneut den Mund aufmachen, überlegte es sich jedoch anders, als Kapitän Verricks hustete. »Ich glaube, wir sparen uns dieses Thema lieber für ein andermal auf, Kapitän. Wenn diese … komplizierte Situation bereinigt ist, wird es zweifellos eine vollständige Untersuchung geben. Dann werden auch sämtliche Anschuldigungen, die Sie gegen Ihren Untergebenen vorzubringen haben, umfassend geprüft. Fürs Erste wüsste ich allerdings gerne, wie es dazu kommt, dass Sie eine derart ungewöhnliche Flotte kommandieren.«

Trumane rang kurz um Fassung, dann drehte er Lizanne den Rücken zu und sprach ausschließlich zu Verricks. »Die *Gelegenheit* war das einzige Kriegsschiff in Lossermark. Da keine Lieferungen mehr eintrafen und das Inland für die Nahrungssuche nicht in Frage kam, beschlossen Madame Hakugen und ich, einen Evakuierungsversuch zu unternehmen.«

»Dann haben Sie also die gesamte Bevölkerung Lossermarks an Bord Ihrer Flotte?«, fragte Verricks.

Trumane blieb gelassen, doch Madame Hakugen, die gerade die Kaffeetasse zum Mund führen wollte, hielt in der Bewegung inne und setzte sie zitternd ab. »Lossermark ist ein großer Hafen«, sagte sie und starrte ins Leere. »Es gab nicht genug Platz für alle. Mütter und Kinder bekamen automatisch einen, die Einberufenen des Konglomerats ebenfalls. Alle anderen – mich selbst eingeschlossen – wurden durch das Los bestimmt. Am Tag …« Sie verstummte und blinzelte mehrmals schnell hintereinander. »Am Tag der Abreise nahm die Situation eine dramatische Wendung.«

»Eine Gruppe Kopfgeldjäger und anderer Abschaum versuchten, die Flotte zu stürmen«, erklärte Trumane. »Ein paar Salven der *Gelegenheit* machten ihren Plan jedoch zunichte.« Er nippte an seinem Kaffee, ohne auch nur im Geringsten zu zittern. »Zur Mühsal mit ihnen. Nutzloses Pack.«

Als Lizanne sah, wie Madame Hakugen sich mit einem Taschentuch die Augen abtupfte, musste sie an ihre eigene schwierige Zeit als Widerstandsführerin in Kerberhafen denken. So schlimm sich die Lage am Ende auch zugespitzt hatte, so war ihr doch wenigstens die Bürde einer solchen Entscheidung erspart geblieben. »Ich bin überzeugt, dass Sie Ihr Bestes getan haben, Madame«, tröstete Lizanne die vormalige Auditorin. »Momentan scheinen schwere Entscheidungen an der Tagesordnung.«

»Gab es auf der Fahrt nach Norden irgendwelche nennenswerten Vorfälle?«, wollte Verricks wissen.

»Drei Tage nach der Abfahrt haben wir während eines Sturms ein Schiff verloren«, antwortete Trumane. »Einen alten Kohletransporter, der kaum noch seetüchtig war. Einen Tag später schlugen zwei weitere ihren eigenen Kurs ein. Ich wollte keine Zeit damit verlieren, Jagd auf sie zu machen.«

»Drachen haben Sie keine angegriffen?«, fragte Lizanne.

Trumane warf ihr einen kalten Seitenblick zu und schüttelte den Kopf. »Ich habe auf der ganzen Reise keinen einzigen gesehen. Da stellt sich mir doch die Frage, ob diese ganzen Märchen von wild gewordenen Drachen und Verderbten wirklich wahr sind.«

»Leider schon«, versicherte Verricks ihm mit grimmigem Lächeln. »Feros ist verstummt. Wir konnten seit zwei Tagen keine Trance-Verbindung mehr mit ihnen herstellen.«

»Das kann zahlreiche Gründe haben«, sagte Trumane. »Zum Beispiel könnte eine Grippewelle ihr Trance-Personal ausgeschaltet haben.«

»So ist es. Deshalb beabsichtige ich, umgehend dorthin zu fahren. Und hiermit befehle ich Ihnen und Ihrem Kommando, uns zu begleiten.«

»Auf diesen Schiffen befinden sich Tausende von Zivilisten«, gab Lizanne zu bedenken. »Sie verlangen von ihnen, dass sie genau dem in die Arme segeln, vor dem sie auf der Flucht sind.«

»Zweiunddreißigtausend Zivilisten, um genau zu sein«, sagte Madame Hakugen. »Die bereits zu lange auf See sind. Unsere Vorräte sind überschaubar, und Feros ist der nächste Hafen.« Sie nickte Kapitän Verricks zu. »Wir segeln mit Vergnügen unter Ihrem Schutz weiter, Sir.«

Verricks gab ein unbehagliches Schnaufen von sich, das Lizanne alles über seine Absichten sagte, was sie wissen musste. »Kapitän Verricks bietet nicht an, Sie unter seinen Schutz zu nehmen, Madame. Er will sich mit der *Günstige Gelegenheit* zusammentun und schnellstmöglich nach Feros segeln. Die *Gelegenheit* ist ein Blutbrenner, und wir haben drei Blutgesegnete an Bord. Die Motoren beider Schiffe könnten also auf voller Kapazität laufen. Oder habe ich etwas falsch verstanden, Kapitän?«

»Eine militärische Notwendigkeit, Miss«, schnaubte Verricks. »Wie Sie sagten. Nichts als schwere Entscheidungen.«

»Wenn Sie diese Menschen ihrem Schicksal überlassen«, sagte Lizanne, jedes Wort betonend, »wird sich Leutnant Trumanes Bericht über Leutnant Hilemore im Vergleich zu dem, was ich dem Vorstand über Ihr Vorgehen schreiben werde, wie ein Liebesbrief lesen.« Sie blickte ihm fest in die Augen, aus denen die Entschlossenheit eines langgedienten Protektoratsoffiziers sprach.

»So sehr ich den Rat einer Agentin der Abteilung Außerordentliche Maßnahmen auch zu schätzen weiß«, entgegnete er, »aber das Kommando über dieses Schiff liegt nach wie vor bei mir ...«

»Sie hat recht.«

Sie drehten sich um. Direktor Thriftmor saß mit aufgestützten Ellbogen am Tisch und rieb sich die Schläfen, die Tasse Kaffee neben ihm war unberührt. »Es ist gewissenlos, Tausende Flüchtlinge mitten auf dem Ozean sich selbst zu überlassen.« Thriftmor senkte die Hände und betrachtete Verricks mit müdem Blick. »Dergleichen kann ich nicht unterstützen und noch viel weniger vor einer Öffentlichkeit rechtfertigen, die zweifelsohne von der feindlich gesinnten Presse aufgehetzt wurde. Sie mögen dieses Schiff zwar befehligen, Sir, aber ich bin Mitglied des Vorstands und führender Aktionär des Eisenboot-Syndikats. Im Grunde genommen gehört das Schiff also mir, und das gilt auch für …«, er zeigte auf Trumane, dessen Name ihm offensichtlich entfallen war, »… seines.«

Trumanes vernichtenden Blick ignorierend lächelte er Madame Hakugen an. »Ihre Schiffe kommen mit uns, Madame. Wir segeln gemeinsam nach Feros, wo wir, wenn das Schicksal uns freundlich gesinnt ist, einen sicheren Hafen vorfinden werden.« Er stand auf und ging mit hängenden Schultern zur Tür. »Ich bin in meiner Kajüte und wünsche, nur im äußersten Notfall gestört zu werden.«

◆ ◆ ◆

Sie fand Makario im hinteren Teil des Oberdecks. Der Klang seiner Flöte, die er irgendwo auf dem Schiff aufgetan hatte, führte sie zu ihm. Ihre Treffen hatten sich zu einem nächtlichen Ritual entwickelt. Bereits bei ihrer ersten Begegnung in dem Drecksloch Scorazin war ihr aufgefallen, dass er keine ernsthaften Unterhaltungen mochte, was ihr jetzt, angesichts all der Sorgen, die sie beschäftigten, ausgesprochen willkommen war – genau wie seine Musik. Wie sich herausstellte, beherrschte Makario die Flöte ebenso gut wie das Pianola, und Lizanne erkannte das Stück auf Anhieb.

»Schon wieder Illemont?«, fragte sie und stützte die Arme neben ihm auf die Reling. Der lange verstorbene corvantinische Komponist hatte sich schon unter Makarios Favoriten befunden, als er noch für das größtenteils undankbare Publikum im *Bergmanns Rast* gespielt hatte. »Man könnte meinen, du pflegst eine Obsession.«

»Man hätte nicht unrecht«, erwiderte er und ließ die Flöte sinken. »Aber was ist Liebe, wenn nicht eine Obsession?«

Er zeigte mit dem Instrument auf die Frachter und Blauenjäger, die zwei mindestens drei Kilometer lange Reihen hinter der *Unternehmung* bildeten. »Ich wusste nicht, dass wir Gesellschaft erwarten.«

»Haben wir auch nicht.« Lizanne ließ den Blick über die dunklen Umrisse schweifen. So ungern Kapitän Verricks auch das Kommando über diese bunt zusammengewürfelte Flotte übernahm, so hatte ihn dies nicht davon abgehalten, strenge und wohlüberlegte Befehle hinsichtlich ihrer Organisation zu erteilen. Auf seine Veranlassung hin wurden alle Lichter gelöscht und jedem Schiff ein Platz in einer zuvor festgelegten Formation zugewiesen. Außerdem war Anhalten streng verboten – aus welchem Grund auch immer. »Und wenn die Großmutter des Kapitäns über Bord geht«, hatte Verricks gesagt. »Ich lasse jeden sofort erschießen, der die Maschinen stoppt.«

»Spiel weiter«, bat Lizanne Makario. Sie brauchte dringend Ablenkung. »Bitte.«

Mit einer formvollendeten Verbeugung setzte er die Flöte an. Kurz darauf zog die trällernde Melodie von Illemonts angeblich verschollener »Ode an die Verzweiflung« über das weiße Heckwasser des Kriegsschiffes.

»Bist du fertig?«, fragte Lizanne, als die Musik verklang. »Mit deiner Rekonstruktion des großen verschollenen Werks?«

»Ich bezweifle, dass ich es je sein werde. Ich kann nur Vermutungen anstellen. Aber vielleicht werden talentiertere Musiker meine Arbeit eines Tages fortführen.« Er verstummte und sah mit ungewohnt düsterem Blick auf die Schiffe.

»Wärst du lieber dortgeblieben?«

Makario lachte kurz auf und schüttelte den Kopf. »Wir wissen beide, dass ich keine Wahl hatte. Über kurz oder lang hätte die Kurfürstin mit mir abgerechnet. Einen Verrat zu verzeihen liegt nicht in ihrer Natur. Außerdem hatte ich stets das Verlangen, den Rest der Welt zu sehen, selbst wenn sie bald in Flammen aufgeht.«

»Du hast mir nie erzählt, weshalb du in Scorazin gelandet bist. Du schienst dort so fehl am Platz.«

»Ich war ein Dieb.« Er zuckte mit den Schultern. »Diebe kommen ins Gefängnis.«

»Nicht nach Scorazin. Es sei denn, sie haben den Kaiser vor den Kopf gestoßen.«

Makario blickte auf die Flöte in seiner Hand, seine dünnen Finger strichen über die Löcher. »Meine Obsession, wie du sie nennst, war eher so etwas wie eine Sucht. Und wenn man süchtig nach etwas ist, macht man extreme Dinge, um es zu bekommen. Dieser Schüler Illemonts, von dem ich dir erzählt habe, hat ein Feuer in mir entzündet, eines, das ich nur löschen konnte, indem ich alles an mich brachte, was der Mann zu Lebzeiten geschrieben oder in Händen gehalten hat. Leider ist eine Menge Geld vonnöten, um eine solche Sammlung anzulegen, und meine Eltern hatten sich selbstsüchtig gegen mich verschworen und dafür gesorgt, dass ich in Armut zur Welt kam. Zwar bescherte mein Talent mir Geld und in bestimmten Kreisen auch einen gewissen Ruhm, aber nie genug, um das Feuer zu löschen.

Zunächst waren es nur kleine Dinge – ein Schmuckstück aus einem Kästchen, das offen herumstand, als ich im Auftrag der Hausherrin zur Unterhaltung ihrer Gäste spielte. Oder die Taschenuhr aus der Kommode eines Grafen, der wahrscheinlich schon gar nicht mehr wusste, wie viele er überhaupt besaß. Bei den meisten der wertvolleren Objekte hatte ich freilich nicht so leichtes Spiel, aber da ich in den Häusern der Adeligen ein und aus ging, konnte ich ausführliche Erkundungen anstellen, ehe ich nachts heimlich in sie eindrang.Wie sich herausstellte, war ich ein guter Kletterer. Musiker haben für gewöhnlich starke Hände, und wendig war ich schon immer. In einem der zwielichtigeren Viertel von Corvus tat ich einen herrlich widerwärtigen alten Gauner auf, der mich mit größtem Vergnügen in der Kunst des Schlösserknackens unterwies – im Austausch gegen eine großzügige Menge Bier und Opium.

Dank meiner neuen Fähigkeiten besaß ich schon bald ausreichende Mittel für eine erlesene und wachsende Sammlung von Illemont-Memorabilien und darüber hinaus ein stattliches Vermögen. Mein diebisches Alter Ego hatte sogar einen Namen, man nannte mich den Mondscheiner. Nach außen hin war Corvus' Gesellschaft von seinen Taten alarmiert, im Geheimen davon beeindruckt. Frauen hatten völlig unangebrachte Ängste, in ihrem eigenen Bett missbraucht zu werden. Den Bediensteten wurde der wenige Schlaf gestrichen, den sie hatten, um bewaffnet Wache über die Villen ihrer Herren zu halten, für den Fall, dass der Mondscheiner sie heimsuchte. Natürlich gab es jede Menge Theater. Die Hälfte der Wertsachen, die in jener Zeit verschwanden, habe nicht ich gestohlen, sofern sie überhaupt gestohlen wurden. Und die Familien, die Besuch vom Mondscheiner erhielten, konnten eine plötzliche Zunahme ihres Prestiges verzeichnen, verbunden mit Einladungen zu wichtigen Anlässen und exklusiven Diners. Jeder wollte mehr über den Mondscheiner erfahren. Es gab sogar eine Reihe vulgärer Heftchen über ihn, die der Kader inzwischen hoffentlich sichergestellt und verbrannt hat. Die Texte waren furchtbar und die Illustrationen grässlich, aber selbst der Adel kaufte sie.

Die Reichen sind ein merkwürdiges Volk, Krista. In vielerlei Hinsicht sind sie wie kleine Kinder, besonders was ihren beschränkten Horizont und ihre Empfänglichkeit für Schmeicheleien angeht. Nicht viele Lebewesen auf dieser Welt sind leichter zu beeinflussen als ein einst gutaussehender privilegierter Mann. Burggraf Erbukan war kein schlechter Mensch. Nur verbittert, weil er langsam alt und fett wurde, und viel zu vertrauensselig all den jungen Künstlern gegenüber, die er in sein Haus einlud. Ein Haus, in dem sich eine der weltgrößten Sammlungen originaler Notenblätter befand. Diese zeigte er mir mit dem größten Vergnügen, ermutigt durch meine Begeisterung, die ich ausnahmsweise nicht vorspielen musste. Sie waren ein Erbstück seiner verstorbenen Gattin, einer Frau, mit der er so wenig Zeit wie möglich verbracht hatte. Ganz offensichtlich hatte der alte Dummkopf nicht die geringste Ahnung, was er da besaß. Handgeschriebene Originale von einigen der größten Komponisten aller Zeiten, darunter, nicht einmal ordentlich katalogisiert, ganze vier bislang unentdeckte Seiten von Illemonts »Ode an die Verzweiflung«. Ich musste sie einfach haben, und nachdem der Mondscheiner dem Anwesen des Burggrafen in der folgenden Nacht einen Besuch abstattete, hatte ich sie auch. Eine kostbare Woche lang.«

»Du hättest warten sollen.« Als erfahrene Diebin wusste Lizanne, wovon sie sprach. »Dein Besuch war ihm noch zu frisch im Gedächtnis. Er musste dich zwangsläufig mit dem Diebstahl in Verbindung bringen.«

Makario stieß ein leises Lachen aus. »Die Verlockung war einfach zu groß. Wie eine volle Flasche Brandy, die vor einem Säufer baumelt. Aber diese eine Woche, in der ich die Noten für mich alleine hatte, war wunderbar. Es war fast so, als leiste Illemonts Geist mir Gesellschaft. Ich habe das Pianola kaum verlassen, so sehr hatte ich mich in der Musik verloren. Ich sage nicht, dass es die Jahre in Scorazin wert war, aber schon eine ganze Menge.«

»Der Burggraf muss gute Verbindungen besessen haben.«

»Nein, aber seine Frau hatte ein Quäntchen kaiserliches Blut. Und ein paar der anderen Noten, die ich gestohlen hatte, waren ein Geschenk des Kaisers an sie. Der Mondscheiner hatte Seine Göttlichkeit beleidigt und konnte nicht länger geduldet werden – so unterhaltsam seine Gaunereien auch sein mochten. Der Burggraf erhielt Besuch vom Kader, der nicht lange brauchte, um eins und eins zusammenzuzählen. Wahrscheinlich sollte ich dankbar sein, dass sie mir nicht die Finger abhackten, bevor sie mich in das große, verrauchte Loch warfen. Aber dann wäre ich dir nie begegnet, meine liebe Krista, und mein Leben wäre um einiges ärmer.«

»Lizanne«, verbesserte sie ihn. »Das habe ich dir doch schon ein paar Mal gesagt. Mein richtiger Name ist Lizanne.«

»Oh«, erwiderte er mit einem wehmütigen Lächeln, ehe er die Flöte erneut an die Lippen setzte. »Für mich wirst du immer Krista sein. Denn sie war diejenige, die mich befreit hat.«

◆ ◆ ◆

Zur Morgendämmerung weckte das Schiffshorn sie. Dieses Signal – zwei kurze Stöße, gefolgt von zwei langen – hatte Lizanne noch nicht oft gehört, darum brauchte sie einen Augenblick, um es zu dechiffrieren: »Schiff in Seenot gesichtet«. Rasch schlüpfte sie in ihre Kleider und überprüfte, ob alle Phiolen in der Spinne vollständig gefüllt waren, ehe sie sich diese ums Handgelenk schnallte. Sie begab sich auf die Brücke, wo der diensthabende Offizier das Fernrohr auf etwas richtete, das sich etwa dreißig Grad backbords befand. Durchs Fenster konnte Lizanne sehen, wie ein Fähnrich einer Gruppe Matrosen auf dem Unterdeck einen Vortrag hielt, während sie eine Barkasse zu Wasser ließen.

»Was ist es?«, fragte sie den Offizier, der ihr bereitwillig das Fernrohr reichte. Sie brauchte kein Grün, um das Objekt zu erkennen– ein bauchiges Gefährt, das sich gegen den roten Morgenhimmel abhob. Es bewegte sich auf und nieder, sank dabei jedoch langsam, aber unaufhaltsam immer tiefer auf die Wellen zu. Lizanne begriff sofort. Das konnte nur eine Sache sein, von der sie vor wenigen Monaten die Entwürfe gesehen hatte. Und es gab nicht viele Menschen, die ein solches Gefährt in so kurzer Zeit zu bauen vermochten.

»Der Abstand ist wie groß?«, fragte sie den diensthabenden Offizier.

»Knapp zwei Meilen«, erwiderte dieser.

Lizanne besah sich die Situation noch einen Moment und versuchte abzuschätzen, wie lange es wohl dauern würde, bis der Ballon die Wellen erreichte. *Es ist zu weit.* Das stand fest. Die Barkasse würde nicht rechtzeitig dort eintreffen.

Sie gab dem Offizier das Fernrohr zurück. »Kleine Fahrt«, befahl sie ihm und ging zur Tür. »Halten Sie das Schiff auf dreißig Grad backbord. Auf meine Anordnung hin, falls der Kapitän fragt.«

Sie begab sich zur Gangway vor der Brücke und injizierte sich eine Phiole Grün. Als das Produkt ihren Körper flutete, hielt sie einen Moment inne, um ihr Gleichgewicht zu finden, dann setzte sie über die Reling hinweg und gelangte mithilfe einer Reihe spektakulärer Sprünge über die Aufbauten nach unten, bis sie neben dem Barkassentrupp landete. Dieser hatte das Boot erfolgreich hinabgelassen, und es schaukelte auf den Wellen. Es war ein windiger Morgen, und die See war unruhig, was Lizannes Aufgabe zusätzlich erschwerte.

»Sie«, sie deutete auf den kommandierenden Fähnrich, »übernehmen das Ruder. Und Sie«, damit richtete sie den Finger auf die beiden kräftigsten Matrosen, »steigen ein. Der Rest bleibt hier.«

Sie schwang sich über den Rand und landete in der Mitte des Bootes, wo sie sofort Platz nahm und ein Paar Ruder in die Dollen schob. »Beeilung!«, rief sie, als sie sah, dass ihre auserwählte Mannschaft sie nur anstarrte. Der Fähnrich reagierte als Erster und bellte den beiden Matrosen einen Befehl zu, der dafür sorgte, dass sie ihm über das Netz am Rumpf der *Unternehmung* nach unten folgten.

»Das können Sie sich sparen«, erklärte Lizanne den beiden, als sie die Ruder einspannen wollten. »Sie bringen mich nur aus dem Takt. Sind Sie bereit?«, fragte sie den Fähnrich, der folgsam das Steuer übernommen hatte. Er nickte steif, und Lizanne hob die Riemen. »Gut festhalten«, sagte sie und begann zu paddeln.

KAPITEL 6

Clay

»Haben Sie Karten?«, fragte Kriz vorsichtig und wich dem harten, forschenden Blick aus, mit dem Hilemore sie betrachtete, ehe er zu seinem Rucksack in der Ecke der Kapitänskabine ging.

Er zog eine gewachste Papierrolle daraus hervor und breitete sie auf dem Schreibtisch aus. »Das südliche Eisriff und die Drossler. Ich dachte, das sei die einzige, die wir brauchen würden, als wir die *Überlegenheit* verließen«, sagte er.

Nachdem Kriz die Karte kurz studiert hatte, schüttelte sie den Kopf. »Nein. Ich benötige eine Karte von …« Sie brach ab, und Clay wusste, dass sie einen Namen aus ihrer Ära hatte sagen wollen. »Arradsia«, fuhr sie schließlich mit einem leichten Augenrollen fort, das verriet, was sie vom modernen Namen des Kontinents hielt.

Hilemores Kiefer zuckte ungeduldig, aber er schwieg und öffnete die Schreibtischschublade. »Kapitän Bledthorne mag zwar ein schlechter Pirat gewesen sein«, sagte er und zog ein Papierbündel hervor, »aber als Seemann wusste er immerhin um den Wert von Seekarten. Vermutlich hat er die meisten gestohlen. Ihr Zustand ist überraschend gut, wahrscheinlich hat das sterile Klima sie konserviert.«

»Temperaturen unter dem Gefrierpunkt töten die meisten schädlichen Keime in der Luft ab«, antwortete Kriz, während sie die Zeichnungen durchsah. »Hier.« Sie deutete auf eine kleine Karte, die Südostarradsia abbildete. Clay hatte zwar nicht die geringste Ahnung, worauf sie hinauswollte, aber er war wenig überrascht, als sie mit dem Finger auf einen vertrauten Punkt tippte.

»Der Krystalinsee«, sagte er.

»Mein Volk nannte ihn den ›Göttlichen Spiegel‹.« Bei der Erinnerung lächelte Kriz traurig. »Seine Oberfläche reflektierte in ruhigen Nächten beinahe perfekt den Sternenhimmel. In den Sommermonaten pilgerten die Deven dorthin, um den Wohltätern zu danken.«

Hilemore schnaubte leise, offensichtlich irritiert von Kriz' Worten, die für ihn wie Kauderwelsch klingen mussten. »Und was für einen Belang hat dieser Ort heute?«, wollte er wissen.

»Es gibt dort etwas.« Kriz griff nach dem kleinen Kristall, den sie an einer Kette am Hals trug. Der Kristall, mit dem Zembi versucht hatte, sie zu töten. Bisher hatte sie Clay nur ein Wort zu seiner Bedeutung gesagt: *Erinnerungen*. »Etwas Wichtiges.«

»Miss.« Unterdrückter Zorn klang aus Hilemores Stimme. »Wie ich bereits sagte, habe ich für merkwürdige Einfälle und schwammige Aussagen keine Geduld mehr. Drücken Sie sich klarer aus und verraten Sie mir, was sich am Krystalinsee befindet und weshalb es so wichtig ist.«

Hilfesuchend sah Kriz Clay an, doch sein Wunsch nach Antworten war mindestens ebenso groß wie der des Kapitäns. Deshalb sagte er: »Ich sehe auch keinen Anlass mehr für Geheimnisse.«

»Mein Wissen ist gefährlich.« Sie blickte von Clay zu Hilemore. »Für Sie und Ihre ganze Zivilisation …«

Hilemore schnitt ihr das Wort ab. »Wir haben es mit einer viel unmittelbareren Gefahr zu tun. Wie Mr. Torcreek Ihnen bereits erklärt hat.«

»Der Weiße.« Sie nickte und schloss die Augen, das Gesicht nach unten gerichtet. »Ich weiß, und Sie fürchten ihn zu Recht. Wir hätten nicht gedacht, dass er zu solchem … Hass fähig sein würde.«

»Dann hättet ihr ihn nie züchten sollen«, entgegnete Clay. »Aber wie du bereits sagtest, ist es deine Aufgabe, die Angelegenheit in Ordnung zu bringen.« Er tippte auf die Karte. »Fangen wir hier an. Es gibt eine Legende über ein fliegendes, mit Schätzen beladenes Wunderschiff, das auf dem Grund des Krystalinsees liegt. Ich nehme an, dass es etwas mit dieser wichtigen Sache zu tun hat?«

»Ich gehe davon aus. Allerdings handelt es sich nicht um ein Schiff.« Sie schlug die Augen auf, und Clay bemerkte, dass die Knöchel der Hand, mit der sie den Kristall umklammerte, weiß hervortraten. »Es war ein Fluggerät, ähnlich dem, mit dem wir aus der Enklave entkommen sind. Mein Bruder hat es vor tausend Jahren bei seiner Flucht gestohlen.«

»Dein Bruder?«, fragte Clay. »Du meinst, eines der anderen blutgesegneten Kinder?«

Sie nickte. »Hezkhi. Er war der beste Pilot von uns allen. Und wahrscheinlich auch der wildeste. Leider kenne ich nicht die ganze Geschichte. Noch nicht.«

In einer unbewussten Nachahmung von Kriz fuhr Clay mit den Fingern über seine eigene Halskette mit den Phiolen. Eine enthielt Herzblut, das er einem toten Schwarzen unter dem Eis abgenommen hatte. In der anderen befand sich eine kleine Menge geronnenen Blutes von dem kranken Weißen, den Kriz mit ihrem Bombenwerfer in Asche verwandelt hatte. *Es könnte uns einen Haufen Ärger ersparen,* dachte er. *Ein Schluck könnte uns den Weg zeigen.* Er schob den Gedanken augenblicklich beiseite, denn er erinnerte sich noch gut an die Orientierungslosigkeit, die ihn bei seinem ersten Experiment befallen hatte. Der menschliche Geist schien nicht dafür gemacht, in die Zukunft zu sehen, und er fürchtete, den Verstand zu verlieren, wenn er einen weiteren Versuch unternahm. Außerdem war da noch die enorme Unsicherheit, die er nach dieser Erfahrung verspürt hatte. Früher hätte er gedacht, eine derartige Gabe wäre in der Lage, sämtliche Zweifel zu vertreiben, und biete eine Lösung für alle Probleme. Doch stattdessen warf sie unendlich viele Fragen auf.

Er ließ von den Fläschchen ab und deutete mit dem Kinn zu dem Kristall in Kriz' Hand. »Und die Geschichte befindet sich wahrscheinlich da drin, habe ich recht?«

»Zembis Erinnerungen«, sagte sie und öffnete die Hand, um ihnen den dolchförmigen Splitter zu zeigen. »Aber um auf sie zugreifen zu können, brauche ich etwas, das sich an Bord dieses Fluggeräts befindet. Hezkhi konnte der Enklave entfliehen und dem, was die anderen getötet und Zembi in dieses … Ding verwandelt hat. Das hat er mir erzählt, als er im Sterben lag. Hezkhi ist fortgeflogen und hat etwas mitgenommen.« Sie fuhr mit dem Finger den unregelmäßigen, einer langen Pfeilspitze gleichenden Verlauf des Krystalinsees nach. »Es gibt dort einen anderen Kristall … einen schwarzen. Und wenn etwas den Weißen besiegen kann, dann er.«

◆ ◆ ◆

Am nächsten Tag brachte Jack sie zwischen den letzten Eisbergen hindurch ins Freie. Clay spürte die zunehmende Erschöpfung des Drachen, als er die *Schreckfeuer* in die Strudel zog, den breiten Gewässerstreifen, der zwischen den Drosslern und der einstmals soliden Eismauer des Riffs ein kleines Meer bildete.

Lass los. Wie so oft in den letzten Tagen stand Clay am Bug und beschwor in seinem Geist das Bild eines schlaffen Kabels, das er Jack gemeinsam mit der Aufforderung schickte, woraufhin der Blaue augenblicklich die Kiefer öffnete. Das Tau glitt hinaus, und er rollte sich auf den Rücken, froh über seine wiedererlangte Freiheit. Clay konnte auch Jacks Hunger spüren, der während ihrer Reise durch das Eis beunruhigende Ausmaße angenommen hatte.

Na los, sagte er zu dem Blauen und schickte ihm Bilder der Wale und Walrösser, die er in dessen Erinnerungen gefunden hatte. *Geh jagen. Und komm zurück, wenn du wieder Kraft geschöpft hast.*

Jack verharrte kurz an der Oberfläche. Etwas in ihm sträubte sich dagegen, die Verbindung mit Clay zu verlieren. *Die Entfernung spielt keine Rolle,* versicherte ihm Clay, nicht ganz sicher, ob die Bestie das Konzept verstehen würde. *Ich höre dich, egal wie weit du weg bist.*

Zwei Rauchfahnen stiegen aus Jacks Nüstern, als er zustimmend schnaubte und dann abtauchte. Eine Zeitlang begleitete Clay den Blauen auf seinem Weg in die Tiefe, wo er mit seinen unglaublich scharfen Ohren nach verräterischen Geräuschen horchte, die ihn zu seiner Beute führen würden. Innerhalb weniger Sekunden fand er, was er suchte. Leises Plätschern und gedämpftes Bellen kündeten von einem Rudel Seehunde ein paar Kilometer östlich. Als Jack die Verfolgung aufnahm, ließ Clay ihn allein.

»Wir haben wohl unseren Antrieb verloren, Mr. Torcreek.«

Als Clay sich umdrehte, sah er den Kapitän und seinen ungeschlachten Stellvertreter. Im Lauf der Reise hatte Hilemores argwöhnische Ablehnung gegen Clay abgenommen, aber der Insulaner begegnete ihm nach wie vor mit offenem Misstrauen. Dementsprechend hätte Clay den Mann eigentlich fürchten müssen, immerhin war er sogar noch größer und stärker als Cralmoor – ein weiterer Insulaner, dessen Bekanntschaft er gemacht hatte. Doch tröstete er sich mit dem Wissen, dass Steelfine ihm nichts tun konnte, solange sein Kapitän es ihm nicht befahl.

»Er hatte Hunger«, erwiderte Clay. »Er kommt bald wieder.«

»Und wir treiben in der Zwischenzeit mit der Strömung«, murrte Steelfine.

»Wofür haben wir denn einen Anker?«

Mit diesen Worten ging Clay davon und in den Laderaum, den unheilvollen Blick des Insulaners ignorierend. Er fand Loriabeth bei Sigoral, dem sie kaum von der Seite gewichen war, seit sie zurück an Bord waren. Erleichtert stellte er fest, dass der Corvantiner wach war, obwohl er beunruhigend abgemagert aussah, wie er die dünne Brühe schlürfte, die Loriabeth ihm aus den rasch schwindenden Vorräten des Schiffs zubereitet hatte.

»Schön, dass du wieder unter uns weilst, Leutnant«, erklärte Clay dem Mann und war selbst überrascht, dass er es ehrlich meinte. Als Offizier des Corvantinischen Kaiserreichs, der noch dazu ein Doppelspiel trieb, war er eigentlich ein Feind. Allerdings wusste Clay, dass er und seine Kusine höchstwahrscheinlich unter dem Eis gestorben wären, wenn Sigoral nicht so gut mit dem Karabiner umgehen könnte. Außerdem war er blutgesegnet und damit ein zu wertvoller Verbündeter, um Missgunst gegen ihn zu hegen.

»Ich habe geträumt, dass ich in Pisse ertrinke«, erklärte Sigoral und verzog das Gesicht, als er einen weiteren Löffel Suppe zu sich nahm. »Hat besser geschmeckt als das hier.« Er wich vor Loriabeth zurück, die drohte, ihn zu ohrfeigen.

»Das war die Maske«, erklärte Clay und nahm auf einem Fass in der Nähe Platz. Dann erzählte er von den Gasen und wie Jack ihnen geholfen hatte, Mount Reygnar zu umschiffen. »Bislang war es eine ereignisreiche Reise. Und sie ist noch nicht vorbei.«

»Habt ihr dem Kapitän erzählt, dass ...?« Sigoral brach ab und sah Clay und Loriabeth fragend an.

»Dass du ein verlogener, doppelzüngiger corvantinischer Mistkerl bist?«, erwiderte Loriabeth. »Natürlich.«

»Er muss wissen, dass wir noch einen weiteren Blutgesegneten an Bord haben«, fügte Clay hinzu. »Das hier ist schließlich sein Schiff.«

Aus der angrenzenden Koje drang ein leiser, unzusammenhängender Wortschwall. Scrimshine befand sich in einem halb bewusstlosen Zustand, seit Skaggerhill ihm das verbliebene Grün verabreicht hatte. Seine Gesichtsfarbe war gesünder und die Hustenanfälle hatten abgenommen, aber wenn er nicht gerade in einem fremden dalzianischen Dialekt vor sich hin brabbelte, machte es nicht den Anschein, als würde er je wieder aufwachen.

»Ich habe zwanzig Interimsscheine mit Skaggs gewettet, dass er es nicht schafft«, sagte Loriabeth, doch die Herzlosigkeit ihrer Aussage stand in Kontrast zu der Sanftheit, mit der sie sie vorbrachte.

»Die wirst du verlieren«, erwiderte Clay. »Ich kenne solche Kerle, die sterben erst, wenn sie alt sind. Als wäre das Leben nicht fies genug, um sie totzukriegen.«

◆ ◆ ◆

Bei Einbruch der Dunkelheit war Jack noch nicht zurückgekehrt, wenngleich Bilder von blutigem Wasser und zergliederten Seehunden Clay verrieten, dass er seinen Hunger zumindest teilweise gestillt hatte. Die Besatzung teilte sich eine kärgliche Suppe, erstmals wieder in Gesellschaft von Sigoral. Über seinem noch nicht verheilten Auge trug er eine Klappe und verzog jedes Mal das Gesicht, wenn er von einem Schmerzkrampf überfallen wurde. Die Gespräche waren gedämpft und wurden immer wieder von Scrimshines deliriösen Ausbrüchen unterbrochen.

»Immerhin fluchen kann er noch«, bemerkte Loriabeth, als er eine weitere dalzianische Tirade losließ.

»Er flucht nicht, Miss«, erklärte Hilemore. »Er betet.«

»Sie sprechen Dalzianisch, Kapitän?«, fragte sie.

»Ein wenig. Vor dem Aufstand habe ich ein Jahr in dalzianischen Gewässern verbracht. Es ist eine schwierige Sprache. Zwischen den

Inseln gibt es viele Unterschiede. Aber Gebete zu den Ahnen werden immer in derselben heiligen Sprache vorgebracht, die auch als allgemeine Handelssprache dient.«

»Ich habe gehört, Sir«, sagte Steelfine, »dass es bei diesem Aufstand viele gute Schlachten gab. Ich bereue ehrlich, nicht dabei gewesen zu sein.«

»Es gab Schlachten, Leutnant.« Ein Schatten legte sich auf Hilemores Gesicht. »Und zwar zur Genüge. Aber als gut würde ich sie nicht bezeichnen.«

»Ein Bündnis mehrerer Piratenklans hat versucht, Unternehmensniederlassungen zu erobern«, sagte Sigoral. »Und wurde zerschlagen. Das hat man uns jedenfalls gesagt.«

»Interessanterweise gibt es auf Dalzianisch kein Wort für Pirat«, erwiderte Hilemore. »Ob ein Schiff erobert oder versenkt wird oder ob es unbehelligt weiterfahren darf, wird von einer komplizierten Mischung aus Klanstreue und offenen Fehden bestimmt. Die Dalzianer nennen es ›Mehlaya‹, was sich grob als ›Netz mit vielen Spinnen‹ übersetzen lässt. Es dient ihnen als Ersatz für geschriebene Gesetze und hat über Jahrhunderte hinweg bemerkenswert erfolgreich für die Aufrechterhaltung einer Art Ordnung gesorgt. Bis die Unternehmenswelt kam, versteht sich.«

»Das Alte fällt stets dem Neuen zum Opfer«, sagte eine selten vernommene Stimme. Alle Blicke wandten sich Prediger zu, der die letzten Reste seiner wässrigen Suppe aß und dann ohne ein weiteres Wort nach oben ging.

»Ein Seher-Zitat«, erklärte Braddon, als Prediger weg war. »Das ist das Einzige, was heutzutage noch aus seinem Mund kommt. Wenn er überhaupt etwas sagt.«

»Ob er nun schweigt oder redet wie ein Wasserfall«, sagte Hilemore. »Ich bin froh um seine Augen.«

Scrimshines Gemurmel war zu einem Flüstern verklungen, da drang ein neues Geräusch an ihre Ohren, ein schwaches Zischen und Krachen, gefolgt von den Rufen der Wachposten an Deck.

Alle sprangen auf. »Die Kanone?«, fragte Braddon.

»Die Signalrakete«, erklärte Hilemore. »Offenbar haben wir Gesellschaft, und womöglich ist sie uns freundlich gesinnt.«

Clay folgte den anderen ans Oberdeck und zur Steuerbordreling, wo einer der Wachmänner in die Dunkelheit zeigte. »Etwa dreißig Strich voraus, Sir«, berichtete er Hilemore, der bereits mit dem Fernrohr in die Finsternis spähte. Nach einer kurzen Pause ertönte ein weiteres Zischen, ein breiter Funkenstrahl stieg in den nächtlichen Himmel auf und erblühte zu einer hellgelben Blume, einen Herzschlag später gefolgt vom dumpfen Krachen der Pulverexplosion.

»Zündet die Fackeln an!« Mit einem leichten Lächeln ließ Hilemore das Fernrohr sinken. »Jeder eine. Beeilt euch.«

Schon bald hatte jedes Besatzungsmitglied eine Fackel in der Hand. Hilemore wies die Männer an, sich an der Reling aufzustellen, die Fackeln zu schwenken und möglichst laut zu rufen. Wenige Augenblicke später tauchten in zweihundert Meter Entfernung zwei Umrisse aus der Dunkelheit auf, ein schlankes, wendiges Kriegsschiff, das wie ein Geist durch das ruhige Wasser glitt, und ein weitaus weniger eleganter Blauenjäger, dessen Schaufelräder im Näherkommen die See aufwühlten.

Clay hörte, wie Hilemore leise seufzte und murmelte: »Ich habe ihr doch gesagt, sie soll nicht warten.«

◆ ◆ ◆

»Du siehst aus, als wärst du von einem Drachen gefressen und wieder ausgeschissen worden«, begrüßte Zenida Okanas den Kapitän. Zwischen der *Überlegenheit* und der *Schreckfeuer* war eine Gangway ausgelegt worden, und offenbar einem Brauch folgend hatte der Kapitän das alte Segelboot als Letzter verlassen.

»Dann sehe ich anscheinend besser aus, als ich mich fühle«, entgegnete Hilemore, ehe er sich förmlich verneigte und etwas auf Varestianisch hinzufügte. Clay beherrschte nur wenige Worte dieser Sprache, doch entging ihm nicht, dass dem Wortwechsel eine gewisse Feierlichkeit anhaftete, wie bei einem Ritual. Zenida äußerte ein paar kurze Sätze und trat mit einer Verbeugung beiseite. Den letzten Satz, den sie sagte, als Hilemore von der Planke an Bord der Fregatte trat, verstand Clay. »Willkommen zu Hause, Seebruder.«

Hilemore musterte das Deck und die oberen Aufbauten der *Über-*

legenheit und nickte zufrieden. »Wie ich sehe, hast du sie gut in Schuss gehalten.«

»Sonst gab es auch nicht viel zu tun«, erwiderte die Kapitänin und deutete mit dem Kinn auf die *Fernlicht,* die unweit von ihnen ankerte. »Von einer kleinen Meuterei mal abgesehen.«

»Meuterei?«

»Die Hälfte der Besatzung der *Fernlicht* war wohl nicht allzu erpicht darauf, unsere Vereinbarung einzuhalten, nachdem sie einen Kanal in die Drossler gesprengt hatten. Ihr Mr. Talmant hat dem alten Kapitän die Haut gerettet, auch wenn er dafür die Waffe gegen den Bootsmann erheben musste. Als wir sie auf unserem Weg nach draußen passierten, habe ich Tidelow überredet, uns zu begleiten. Nicht dass viel Überzeugungskraft nötig gewesen wäre. Die Vorstellung, mit einem Großteil seiner Männer im Laderaum eingesperrt nach Norden zu segeln, dürfte ihm kaum behagt haben. Ich habe ihm angeboten, sie über Bord zu werfen, aber das wollte er nicht.«

»Wenn ich mich recht erinnere, habe ich dich angewiesen, nicht zu warten.«

Clay merkte, dass die Frau Hilemores Blick auswich, als sie auf das entfernte Leuchten am südlichen Horizont deutete. »Ich habe es als Zeichen gewertet, noch ein bisschen hierzubleiben. Außerdem hat es Akina so gut gefallen.«

Die Tochter der Piratin stand nicht weit weg, doch sie betrachtete nicht den Vulkan, sondern Kriz. Diese war neben Clay getreten und bewunderte die *Überlegenheit* mit einer Mischung aus Unsicherheit und Faszination.

»Wer ist das?«, fragte Akina misstrauisch und zeigte mit dem Finger auf Kriz. »Sie ist neu und sie sieht komisch aus.«

Das Mädchen war mit ihrem Interesse nicht allein, etliche Matrosen der *Überlegenheit* starrten Kriz ebenfalls an.

»Ich nehme nicht an, dass ihr sie an der Kraghurst-Station gefunden habt«, sagte Zenida an Hilemore gewandt.

»Sie heißt Kriz«, erklärte Clay und trotzte den Blicken der Matrosen. »Sie gehört zu mir.« *Etwas ist anders,* dachte er angesichts der allgemeinen Verunsicherung. Aus den meisten Gesichtern sprach Angst vor dem Unbekannten, verbunden mit dem Wunsch, diese lange, mühsame Reise endlich zu beenden. Früher war das nicht so gewesen, früher waren sie ihm ohne Fragen oder Zögern kilometerweit über den Ozean und durch viele Gefahren gefolgt. Jetzt fragten sie sich offensichtlich, warum.

Schon auf der *Schreckfeuer* war ihm aufgefallen, dass das Vertrauen von Hilemore und den anderen abgenommen hatte. Er hatte es auf die extremen Bedingungen zurückgeführt, jetzt sah er jedoch, dass die Ursache tiefliegender war. *Hast du dich denn nie gefragt, warum sie dir alle so bereitwillig gefolgt sind?*, hatte Silbernadels Geist ihn gefragt und ihm bewusstgemacht, dass er diese Männer mit einem Bann belegt hatte, so wie Silbernadel es auf der Suche nach dem Weißen mit den Langgewehren getan hatte. Doch jetzt war dieser Bann aufgehoben. Jetzt war er nur noch ein unregistrierter Blutgesegneter aus dem Blinden Viertel, der mit etwas Unmöglichem zu ihnen zurückgekehrt war.

Die Antwort kam ihm, als Hilemore vortrat und der Besatzung eine Reihe von Befehlen erteilte, woraufhin die Männer augenblicklich loseilten und Kriz dabei den einen oder anderen misstrauischen oder verwunderten Blick zuwarfen. *Silbernadel. Ein Teil von ihr hat in mir gelebt, der Teil, der die Nicht-Blutgesegneten dazu bringen konnte, mir allein auf Grundlage eines Wachtraums zu folgen. Und diesen Teil habe ich getötet, als ich den letzten Rest von ihr getötet habe.*

»Ist alles in Ordnung?«, fragte Kriz, und ihm wurde klar, dass ihm seine Gedanken ins Gesicht geschrieben waren.

»Ja«, log er und zwang sich zu lächeln. »Aber ich glaube, wir haben eine lange, beschwerliche Reise vor uns.«

◆ ◆ ◆

»Der Krystalinsee?« Zenidas Blick war halb belustigt, halb bang. »Das ist unser Ziel?«

Hilemore hatte eine Versammlung in der Offiziersmesse der *Überlegenheit* einberufen. Glattrasiert und in einer frischen Uniform stand er am Kartentisch. Obwohl er die Entbehrungen des Eises besser verkraftet zu haben schien als alle anderen, hing auch ihm die Kleidung lose am Körper, dennoch war seine Haltung aufrecht wie eh und je. Neben Clay und Zenida waren nur Braddon und Kriz anwesend.

»Du kennst ihn?«, fragte der Kapitän die Varestianerin.

»Ich habe wohl oder übel davon gehört. Mein Vater ist dort gestorben.« Zenida verzog das Gesicht und studierte die Karte, welche die südarradsianische Küste detaillierter wiedergab als die uralten Pläne des lange verstorbenen Kapitän Bledthorne. »Das war der letzte seiner dummen und kostspieligen Streifzüge auf der Jagd nach sagenumwobenen Reichtümern. Ich habe nie herausgefunden, was wirklich aus ihm geworden ist. Er ist einfach nicht mehr zurückgekommen. Ich hatte vor, mich eines Tages auf die Suche nach ihm zu machen, aber meine kommerziellen Verpflichtungen haben mich stets davon abgehalten. Außerdem musste ich an meine Tochter denken.«

Eine Erinnerung regte sich in Clay, und er schlug Scribersons Notizbuch auf. Dank des Ledereinbands waren die Seiten unversehrt geblieben, als sein Rucksack im Meer trieb. »Mr. O«, sagte er, als er die Einträge fand, die sich der Reise über den See widmeten. »Die *Flussjungfer* wurde von einem gewissen Mr. O gechartert.«

»Okanas.« Zenida betrachtete das Notizbuch nachdenklich. »Was ist das?«

»Die Aufzeichnungen eines Toten«, erklärte Braddon und berichtete ihr von ihren Erlebnissen am Krystalinsee. »Dr. Firpike hat sich am meisten dafür interessiert. Zu dumm, dass wir alle seine Unterlagen mit ihm in den Kupfersohlbergen begraben haben.«

»Sieht aus, als hätte Scribes sich jede Menge Notizen gemacht«, stellte Clay beim Weiterblättern fest. »Wahrscheinlich hat er sich nicht darauf verlassen, dass Firpike seine Erkenntnisse mit ihm teilen würde.« Er hielt inne, als er auf eine Zeile stieß, die mit den Worten »Übersetzung aus dem Dalzianischen – Frühes Satura Magisterium« unterschrieben war. »›Ein wundersames Gefährt‹, las Clay vor. »›Nicht an Erde oder Meer gefesselt, das nebst seiner wertvollen Fracht unter dem silbernen Wasser ruht.‹« Er blickte Zenida an. »Weißt du, was das heißen könnte?«

»In den drei Jahren vor seinem Verschwinden hatten mein Vater und ich … nicht gerade das beste Verhältnis. Ich weiß, dass er zwei Jahre lang einen großen Teil seiner Reichtümer in einen Handwerker investiert hat. Einen abtrünnigen Corvantiner, der einen Entwurf für ein Gerät hatte, mit dem man unter Wasser atmen kann. Die Sache, auf die mein Vater es abgesehen hatte, dürfte also nicht so einfach zu erreichen sein. Ihr Standort müsste auf einer seiner zahlreichen Karten verzeichnet sein, aber die befinden sich alle im Archiv unserer Familie in der Hohen Mauer.«

»Firpike zufolge beruht die Geschichte auf einer dalzianischen Legende«, sagte Braddon und versuchte mit gerunzelter Stirn, sich an die Details zu erinnern. »Er meinte, sie müsse an die dreitausend Jahre alt sein.«

Clay wandte sich an Kriz. »Dann kann es nicht Hezkhi sein. Das ist zu kurz.«

»Selbst wenn die Legende dreitausend Jahre alt ist, so kann die ihr zugrunde liegende Geschichte noch viel älter sein«, sagte sie. »Und wir wissen auch nicht, wann er erwacht ist. Womöglich hat er mehrere Jahrhunderte lang geschlafen.«

Clay seufzte, als Zenida und Braddon Kriz verwirrt anstarrten.

»Das ist … eine lange Geschichte«, setzte er an.

◆ ◆ ◆

Kriz sprang kreischend zurück, als die Flammen die Kerze in einem plötzlichen Hitzestoß verzehrten und einen tropfenden Wachsfleck auf der hinteren Reling zurückließen. »Ich verstehe nicht, dass du das nicht besser kannst«, sagte Clay und beobachtete, wie sie sich schnell wieder aufrichtete und sich das Haar glattstrich, um die Peinlichkeit zu überspielen. »Du kannst einen Kristall in eine Rose verwandeln, aber du schaffst es nicht, mithilfe von Rot eine Kerze zu entfachen.«

»Rotes Plasma war nie meine Stärke«, antwortete sie brüsk. »In meiner Zeit war der Segen, wie ihr ihn nennt, noch nicht besonders gut erforscht. Dein Volk dagegen besitzt jahrhundertelange Übung. Außerdem waren die Kristalle viel leichter zu beeinflussen als andere Stoffe. Fast so, als wollten sie verändert werden.«

»Versuchen wir es noch einmal.« Clay zog eine Schachtel hervor und nahm ein Streichholz heraus. »Vielleicht geht es mit etwas Kleinerem besser.« Mit diesen Worten legte er das Hölzchen auf die Reling und trat einen Schritt zurück. »Konzentrier dich auf den Zündkopf.

Das Feuer folgt deinen Augen. Spürst du es? Das Rot in deinen Venen? Du darfst nur ganz wenig auf einmal freisetzen.«

Kriz richtete den Blick auf das Streichholz und runzelte angestrengt die Stirn. Kurze Zeit später erschien ein schwaches Leuchten zwischen ihr und der Reling, und der Kopf des Streichholzes entzündete sich. Das Feuer war jedoch immer noch zu stark und verschlang das Holz im Bruchteil einer Sekunde, sodass nur noch ein Aschehäufchen übrigblieb. Dennoch war es ihr bislang bester Versuch gewesen.

»Ich möchte es noch mal probieren«, sagte Kriz. »Mit etwas Größerem.«

»Der Kapitän hat unsere Produktmenge streng rationiert. Immer nur ein paar Tropfen, und nur zum Üben.«

»Wird dieses Schiff wirklich mit rotem Plasma betrieben?«, fragte Kriz und studierte die oberen Aufbauten.

»Du hast doch nicht gedacht, dass wir nur Segelschiffe haben?«

Ihrem verdrossenen Blick nach schon. Obwohl sie bei der Trance vieles geteilt hatten, wussten sie noch immer relativ wenig über einander und ihre jeweilige Ära. *Verachtung, Mr. Torcreek,* hatte Sigoral während ihres Aufenthalts in dieser seltsamen Welt dort unten zu ihm gesagt. *Das ist es, was sie uns entgegenbringt. Wir sind für sie nur nützliche Primitive.*

»Wir nennen es den thermoplasmischen Motor«, erklärte er und beobachtete aufmerksam, wie sie reagierte. »Ein, zwei Phiolen Rot sind genug, um dieses Schiff auf einen Affenzahn zu bringen, und das ist nichts im Vergleich zu manchen anderen.«

»Bemerkenswert«, murmelte Kriz, doch ihr Blick verfinsterte sich, als er auf die hintere Kanonenbatterie fiel. »So viele Errungenschaften und trotzdem führt ihr noch Kriege.«

»Die Welt ist groß. Es gibt wohl viel, worum es sich zu kämpfen lohnt.«

Sie wirbelten gleichzeitig herum, als vom Deck der etwa fünfzig Meter backbords ankernden *Fernlicht* plötzlich Schreie ertönten. Es war noch früh, denn Hilemore hatte warten wollen, bis die Sonne ganz am Himmel stand, ehe sie ihre Reise nach Norden fortsetzten. Allerdings war es hell genug, um die hohen Dornfortsätze zu erkennen, die durch die Strudel auf die drei Schiffe zukamen. Zwar war die Besatzung des Blauenjägers davon in Kenntnis gesetzt worden, dass Jack keine Gefahr mehr darstellte und irgendwann auftauchen könnte, doch offenbar ließen sich ihre Instinkte nicht so einfach abstellen. Clay sah, wie eine Gruppe von Matrosen fieberhaft die vordere Harpune des Schiffes lud, während ein paar andere sich mit Gewehren in der Hand an der Seite aufstellten.

»Lektion zwei«, sagte Clay und zog eine Phiole Schwarz aus seinem Beutel. »Wie man ein fliegendes Geschoss stoppt.«

Die Harpune feuerte im selben Augenblick, als Jack den Kopf aus dem Wasser hob und offensichtlich belustigt den mit Widerhaken versehenen Eisenstab betrachtete, der wenige Meter von ihm entfernt in der Luft schwebte. Clay war sich bewusst, dass er eine Schau abzog und mehr Produkt als nötig verbrannte, aber diese Lektion galt nicht nur Kriz. Die Harpune gab ein lautes Quietschen von sich, als Clay die Pfeilspitze nach hinten verbog. Die Mannschaft der *Fernlicht* konnte ihm nur schockiert dabei zusehen, wie er das Geschoss zurück in ihre Richtung schleuderte, und ausweichen. Es knallte mit so viel Wucht gegen den Schornstein, dass es eine ordentliche Delle hinterließ.

Clay legte die Hände zu einem Trichter an den Mund und brüllte: »Und wenn ihr Scheißkerle ihm in Zukunft auch nur einen schiefen Blick zuwerft, mache ich es vorher nicht stumpf!« Auf ein leises Zischen hin drehte Clay sich um, Jack stieß einen zufriedenen Feuerstrahl aus und tauchte ab.

KAPITEL 7

Lizanne

Der Weg zum Fluggerät kostete sie fast ihren gesamten Grünvorrat, die Ruder wirbelten so schnell wie Schaufelräder und trieben das Boot durch die böige See. Als sie den Ballon erreichten, hatte dieser bereits auf der Wasseroberfläche aufgesetzt, die bootsähnliche Gondel hob und senkte sich mit den Wellen, sank jedoch immer tiefer ein, je mehr Wasser über den niedrigen Rand schwappte. Darüber schaukelte der längliche Gasballon im Wind und lief Gefahr, dass die Seile sich verhedderten und ihn zum Absturz brachten, wobei er gewiss das gesamte Gefährt mit unter Wasser ziehen würde. Offenbar bestand er aus übereinandergenähten Seidenbahnen, die immer stärker flatterten, je mehr das Gas in seinem Inneren abnahm. Lizanne zählte drei Insassen, und die Erleichterung, die sie bei ihrem Anblick durchflutete, war so groß, dass sie kurz innehalten musste. Dann traf sie jedoch eine schreckliche Erkenntnis. *Vater, Jermayah, Tekela … Tante Pendilla fehlt.*

»Werfen Sie ihnen ein Seil zu«, wies sie die beiden stämmigen Matrosen im Bug der Barkasse an. Diese kamen dem Befehl gehorsam nach, während der Fähnrich weiter auf das Gefährt zusteuerte. Als sie die Lücke geschlossen hatten, schwand auch der letzte Rest Grün. Lizanne sackte in sich zusammen, und ihre Brust hob und senkte sich schwer. In kurzer Zeit so viel Produkt zu verbrauchen, hatte seinen Preis, und so nahm sie den dumpfen Aufprall und das Trampeln von Füßen auf den Planken kaum wahr, sondern saß vornüberbeugt mit schmerzendem Kopf und trommelndem Herzen da.

»Lizanne.«

Sie hob den Blick, als zwei weiche Hände ihre Wangen berührten. Ein vertrautes, puppenhaftes Antlitz tauchte vor ihr auf, das seit ihrer letzten Begegnung einen viel weiblicheren Ausdruck angenommen hatte. »Es ist schön, dich wiederzusehen«, sagte Lizanne mit müdem Lächeln.

Tekela lächelte ebenfalls, und Tränen traten ihr in die Augen, als sie Lizanne auf die Stirn küsste und sie an sich drückte. Lizanne schluckte schwer. »Meine Tante?«

Das Mädchen löste die Umarmung und schüttelte den Kopf, Tränen liefen ihr über die Wangen. »Es tut mir leid. Es war furchtbar …« Sie verstummte, augenscheinlich verwirrt und von unliebsamen Erinnerungen übermannt. »Sirus … Sirus war da.«

»Was?«

»Er war da. Verändert, verderbt. Aber er war es. Er hat mich gerettet.«

Die Wiederauferstehung des jungen Mannes, den Lizanne zuletzt in einer corvantinischen Folterkammer an einen Stuhl gefesselt und scheinbar tot gesehen hatte, war ein großes Rätsel, aber es würde warten müssen. Und ihre Trauer ebenso.

»Das Kästchen«, sagte sie. »Hast du das Kästchen noch?«

Tekela hatte zwei unförmige Gegenstände auf das Deck der Barkasse gelegt. Eines war zum Schutz vor Feuchtigkeit in gewachstes Segeltuch eingeschlagen, doch Lizanne erkannte den vertrauten, wenn auch deutlich verkleinerten Umriss. *Jermayah scheint fleißig gewesen zu sein.* Sie wandte sich dem anderen Gegenstand zu, der ebenfalls in Segeltuch gewickelt war. Tekela ging in die Hocke und entfernte die schützende Hülle, woraufhin ein glänzendes, rechteckiges Gerät mit zahlreichen Zahnrädern und Getrieben zum Vorschein kam.

»Sehr schön«, sagte Lizanne. »Gib gut darauf acht.«

Das Mädchen riss die Augen auf. »Du willst es in meiner Obhut lassen?«

»Offenbar hast du bisher gute Arbeit geleistet.« Sie tippte den anderen Gegenstand mit der Zehe an. »Ich nehme an, das funktioniert?«

»Sechshundert Schuss pro Minute, bei der langsamsten Einstellung«, antwortete Tekela. Ihr Gesicht hatte sich plötzlich verfinstert, zweifelsohne steckten unangenehme Erinnerungen dahinter. »Es funktioniert ausgesprochen gut.«

»Nein, junger Mann, ich werde dieses Gefährt nicht verlassen.« Als sie die Stimme ihres Vaters hörte, wandte Lizanne sich von Tekela ab. Jermayah war bereits an Bord der Barkasse geklettert, nur der ehrenwerte Professor Graysen Lethridge verharrte resolut auf seiner rapide sinkenden neuen Erfindung. »Haben Sie auch nur die geringste Ahnung von der Bedeutsamkeit dieses Geräts?«, fragte er den Fähnrich. »Ich bestehe darauf, dass Sie es bergen.«

Lizanne rappelte sich auf und stakste an den Rand des Bootes, wo sie wieder zusammensank und ihren Vater so lange ansah, bis dieser ihren Blick, nicht ohne zu zögern, erwiderte. Sie merkte, dass seine Standhaftigkeit ins Wanken geriet, wenn auch nicht vollständig. »Es ist bedeutend«, sagte er mit leicht bittendem Unterton. »Das musst du doch sehen.«

Lizanne verdrehte die Augen, sich wohl bewusst, dass sie wie eine schmollende Halbwüchsige aussah, aber sie war so müde, dass es sie nicht weiter kümmerte. »Er hat recht«, erklärte sie dem Fähnrich. »Vertäuen Sie es an der Barkasse und signalisieren Sie der *Unternehmung*, dass sie noch mehr Boote schicken soll.« Der Mann wollte protestieren, doch sie brachte ihn mit einer Handbewegung zum Schweigen. »Außerordentliche Maßnahmen. Tun Sie, was ich Ihnen sage, es sei denn, Sie möchten an eine Forschungsstation in der nördlichen Polarregion versetzt werden.«

◆ ◆ ◆

Offenbar bewertete Verricks ihre Autorität höher, als sie es verdiente, oder Direktor Thriftmor hatte sich wieder einmal eingeschaltet. Auf jeden Fall kam die *Gewinnträchtige Unternehmung* schon bald zu einem fast vollständigen Halt, hisste die Signalfahnen und betätigte das Schiffshorn, um den Rest des Konvois dazu zu bewegen, ihnen zu folgen. Innerhalb weniger Minuten wurde die sieben Meter lange, dampfgetriebene Pinasse des Kreuzers ins Wasser gelassen und näherte sich stetig dem auf den Wogen treibenden Fluggerät.

Über ein Ventil an der Unterseite ließen Lizannes Vater und Jermayah das verbleibende Gas ab. »Ist das nicht leicht brennbar?«, fragte Lizanne besorgt.

»Helium«, erklärte Jermayah. »Das braucht mehr als nur einen Funken, um sich zu entzünden. Wir haben auch mit Wasserstoff experimentiert, aber dabei hätten wir uns fast die Werkstatt abgefackelt.«

»Helium gibt es jedenfalls in Hülle und Fülle«, fügte ihr Vater hinzu. »Und es ist billiger.«

Schon bald war der Ballon nur noch ein nasser, schlaffer Seidenschleier auf dem Wasser. Professor Lethridge befahl, ihn an Bord zu holen, während Jermayah die Bergung der Gondel beaufsichtigte. »Es geht weniger um den Korb«, sagte er und tätschelte einen sperrigen, zylinderförmigen Apparat an der Rückseite der Gondel, »sondern um den Motor.«

»Ist er thermoplasmisch?«, fragte Lizanne, die durch eine Öffnung in der Ummantelung die verräterischen Rohre ausmachen konnte.

»Er ist ein Hybrid«, erwiderte Jermayah mit vor Stolz glänzenden Augen. »Er funktioniert mit Kerosin und Blut. Beides wird in derselben Kammer verbrannt. Natürlich fliegt der Ballon mit Rot schneller, aber bei normalem Tempo ist Kerosin völlig ausreichend.«

»Wie schnell ist er denn?«, fragte Lizanne und bekam die Antwort von überraschender Stelle.

»Heute Vormittag habe ich ihn auf fünfzig Kilometer pro Stunde gebracht«, sagte Tekela. »Mit Blut konnten wir ihn noch nicht testen.«

Lizanne sah Jermayah böse an. »Ihr lasst sie dieses Ding fliegen?«

»Sie ist unsere Testpilotin«, erwiderte er mit einem Grinsen, das für Lizannes Geschmack zu wenig Reue enthielt. »Wir waren uns erst nicht sicher, wie es um seine Tragfähigkeit bestellt ist, also brauchten wir jemanden, der ihn nicht zu stark beschwert. Tekela hat sich freiwillig gemeldet. Außerdem hat sie ein gutes Gefühl für die Steuerung.«

Jetzt sah Lizanne ihren Vater böse an. »Ich habe gesagt, du sollst eine anständige Schule für sie finden. Nicht, sie für deine Experimente missbrauchen.«

»Das haben wir auch«, entgegnete Professor Lethridge. »Miss Hisselwycks Mädchenpensionat. Sie wollte nicht hin. Deine Tante hat versucht, sie zu zwingen, aber sie hat sich geweigert und gedroht, abzuhauen und ins Flüchtlingslager zu ziehen.«

Lizanne wandte sich an Tekela, die ihren wütenden Blick mit einem Schulterzucken und einem Schmollen quittierte. »Ich bin ohnehin zu alt für die Schule.«

»Und zu jung, um in einer der verrückten Erfindungen meines Vaters durch die Luft zu fliegen.«

»Du hast ihm die Pläne doch selbst gegeben.« Da war wieder eine Spur der alten Tekela, missmutig und trotzig, und das obwohl Lizannes Sorge durchaus berechtigt war. Kurz fragte sie sich, ob sie diese Tekela nicht der anderen vorzog. *Die Göre war wenigstens zu einem gewissen Grad berechenbar.*

Sie atmete tief durch und drehte sich wieder zu ihrem Vater um, der gerade half, den letzten Rest des schlaffen Ballons an Bord der Pinasse zu ziehen. »Wenn ihr fertig seid, sollten wir zurückfahren«, sagte sie. »Außerdem wirst du Kapitän Verricks und Direktor Thriftmor einen vollständigen Bericht über den Fall von Feros abliefern müssen. Sieht aus, als stünden uns noch ein paar schwierige Entscheidungen bevor.«

Schon bald waren sie bis auf hundert Meter an die *Unternehmung* herangekommen. Der Rudergast steuerte sie hart backbord, um das Boot parallel zur Fregatte auszurichten, während sich am Unterdeck eine Gruppe Matrosen bereitmachte, ihnen Sicherungsleinen zuzuwerfen. In diesem Augenblick packte eine kleine Hand Lizanne am Arm. Sie drehte sich um und sah Tekela mit bleichem Gesicht und weit aufgerissenen Augen auf etwas am Himmel deuten.

Der Drache war so hoch oben, dass er sich außerhalb der Reichweite der Kanonen befand, doch als er nach Osten abdrehte und das Sonnenlicht auf seine Schuppen traf, war ein schwaches rotes Glänzen zu erkennen. Lizanne ging zu dem Oberleutnant, der das Kommando über die Pinasse hatte, und ließ sich sein Fernrohr geben, um den östlichen Horizont abzusuchen. Als sie die verräterischen Schemen ausmachte, die sich aus dem Morgennebel lösten, tönten die Sirenen der *Unternehmung* bereits »Feind in Sicht«. *Kriegsschiffe.* Insgesamt waren es fünf an der Zahl, Fregatten oder Schaluppen. Von jedem schien eine dicke Rauchwolke aufzusteigen, die sich jedoch schon bald als Drachenschwarm entpuppte.

»Planänderung«, sagte Lizanne und gab dem Leutnant sein Fernrohr zurück. »Fahren Sie zur *Günstige Gelegenheit.* Sagen Sie Kapitän Trumane, er soll so schnell wie möglich nach Osten segeln und der restlichen Flotte signalisieren, ihm zu folgen. Und er soll unter keinen Umständen anhalten.«

Sie starrte den bleichen, fast panischen Mann so lange an, bis dieser nickte. »Was haben Sie vor?«, fragte er, als sie sich zum Bug der Pinasse begab.

»Ich habe etwas vergessen.«

Sie kletterte auf den Bootsrand, zog ihren Beutel hervor und holte eine neue Phiole Grün heraus. Nachdem sie das leere Fläschchen in der Spinne dadurch ersetzt hatte, injizierte sie sich den gesamten Inhalt und dazu noch eine Viertelphiole Rot. Das würde sie gegen die Kälte brauchen. Als sie einen Blick zurückwarf, sah sie, dass Tekela versuchte, sich aus Jermayahs Griff zu winden, um ihr zu folgen. »Pass gut auf sie auf«, sagte Lizanne und tauchte ins Meer.

◆ ◆ ◆

Die Hauptbatterien der *Unternehmung* feuerten, als Lizanne über die Heckankerhalterung noch oben kletterte und aufs Unterdeck sprang. Die Schüsse erfolgten nacheinander und in einer vorher festgelegten Reihenfolge, damit das Schiff nicht durch die gleichzeitige Entladung von so viel Energie Schaden nahm. Die Folge war ein anhaltendes, ohrenbetäubendes Dröhnen, das die Kakophonie an Befehlsrufen übertönte, zu der die Mannschaftsmitglieder ihre Kampfstationen einnahmen. Als sie das Mitteldeck erreichte, sprangen die Blutbrenner der *Unternehmung* an, Mr. und Mrs. Griffan entzündeten das Produkt in beiden Motoren und das Schiff beschleunigte. Abgesehen von ihrer kurzen und anstrengenden Reise durch die revolutionsgeplagten Straßen von Corvus hatte keiner der Griffans je eine Schlacht erlebt, und bei dem Gedanken, was ihnen bevorstand, verspürte Lizanne einen Anflug von Mitleid, das sie jedoch sofort unterdrückte. *Ich bin nicht für sie verantwortlich.*

Um zum Offiziersquartier zu gelangen, musste sie sich an einer Gruppe entgegenkommender Matrosen vorbeidrängen. Bastler lag wie befohlen flach auf dem Boden seiner Kajüte und sah mit leuchtenden Augen zu ihr hoch, als sie eintrat. Sein Gesicht war wie gewohnt regungslos. In den Händen hielt er eine Flasche. »Das habe ich aus der Krankenstation«, erklärte er, als er Lizannes Blick bemerkte. »Kaliumchlorid. Du hast gesagt, ich soll mir die effektivste Methode suchen.«

»Behalte es vorerst noch«, erwiderte sie. »Steh auf. Wir gehen.«

Sie begaben sich zu Makarios Kabine, wo der Musiker gerade ein erstaunlich schwungvolles Stück auf der Flöte spielte. »Ich dachte, wenn ich schon sterbe, soll mein Tod wenigstens von etwas Fröhlichem begleitet sein«, erklärte er.

»Das muss noch warten. Komm mit und mach schnell.«

Sie führte die beiden zur Schiffsmitte, wo sie über eine Leiter aufs Unterdeck kletterten. Als sie auf halber Höhe angelangt waren, erbebte das Schiff plötzlich heftig und von allen Seiten ertönte das Kreischen protestierenden Metalls.

»Das klingt nicht gut«, bemerkte Makario und klammerte sich an einer der Sprossen fest, sodass seine Fingerknöchel weiß hervortraten.

»Sie wurde getroffen«, sagte Lizanne im Weiterklettern. »Und bestimmt nicht zum letzten Mal. Also weiter.«

Unten angekommen hielten sie auf das Heck zu, vorbei an mit Ausrüstung und Munition beladenen Matrosen. Das Schiff stampfte ein paarmal, vermutlich ließ Kapitän Verricks eine Reihe von Ausweichmanövern durchführen. Trotz der dicken Eisenschotts und des fortwährenden Dröhnens der Hauptbatterien konnte Lizanne ein vertrautes Donnern und Krachen hören. *Die Sekundärbewaffnung*, dachte sie. *Die Drachen müssen nah sein.*

Über ihnen tauchte das helle Rechteck einer offenen Luke auf, sie rannte los, blieb jedoch unvermittelt stehen, als die Decke nachgab und den Korridor mit Rauch und Flammen flutete. Dank des Grüns in ihren Adern erholte Lizanne sich schnell, das Klingeln in ihren Ohren und das verschwommene Sehen ließen schon nach wenigen Sekunden nach. Makario und Bastler hatten nicht so viel Glück. Mehrere feste Ohrfeigen waren nötig, um den Musiker so weit zu sich zu bringen, dass er aufstehen konnte. Bastler blieb bewusstlos, war aber glücklicherweise unverletzt.

»Musstest du ihn mitnehmen?«, fragte Makario, als Lizanne sich den schmächtigen Werkmeister über die Schulter legte.

»Sei lieber froh, dass ich dich mitgenommen habe.«

Sie mussten über die verstümmelten Leichen mehrerer Matrosen steigen, um durch die Luke nach draußen zu gelangen, wo sie das Heck der *Gewinnträchtige Unternehmung* in Trümmern vorfanden. Offenbar hatten mindestens vier von fünf Granaten den Kreuzer getroffen. Eine der hinteren Batterien war völlig zerstört, das verstärkte Gehäuse war ein Wrack, und von der Artilleriemannschaft waren nur noch verkohlte Fleischklumpen übrig. Aus zwei riesigen Löchern im Deck stieg dicker Rauch auf, und das umliegende Schmiedeeisen glühte tiefrot, während darunter ungezügelt das Inferno tobte. Damit erübrigte sich Lizannes ursprünglicher Plan, nach achtern zu den Rettungsbooten zu gehen.

»Bei den Seelen aller Kaiser«, hauchte Makario, als sich durch den Rauch eine große geflügelte Gestalt näherte. Der Rote stieß einen heiseren Schrei aus, öffnete die Klauen und ließ etwas fallen. Ein menschengroßes, menschenförmiges Etwas.

Der Verderbte landete direkt vor Lizanne, höchstens einen Meter von ihr entfernt. Dann schien sich die Zeit zu verlangsamen – eine Nebenwirkung des Grüns, das bei großem Stress zu erhöhter Wahrnehmung führte. Dadurch konnte Lizanne während der nächsten Sekunden jede Menge Details ausmachen. Bei dem Verderbten handelte es sich um einen knapp eins neunzig großen Mann, der eine stark abgewandelte Version der Uniform trug, die normalerweise Protektoratsinfanteristen vorbehalten war. Den Rock zierten diverse daran festgenähte Dinge, darunter die Mützenabzeichen von Protektorats- und corvantinischen Regimentern sowie, unverkennbar, Menschenzähne und andere noch fleischigere Souvenirs. Außerdem hatte der Verderbte eine .35 Dessinger mit langem Lauf in einer und die Kriegskeule eines Stammeskriegers in der anderen Hand. Die Zeit reichte sogar, um ihm in die Augen zu sehen und danach mit absoluter Sicherheit zu wissen, dass er alles daransetzen würde, sie zu töten.

»Fang«, sagte Lizanne und warf Bastlers leblosen Körper in seine

Richtung. Völlig unerwartet zu reagieren, hatte sich schon früher als nützlich erwiesen, und die Taktik ließ sie auch diesmal nicht im Stich. Der Mann fing Bastler geschickt auf und vergeudete anschließend wertvolle Sekunden damit, Lizanne anzustarren und verwirrt die von Dornfortsätzen gesäumte Stirn zu runzeln. Während er so dastand, zog sie den Revolver aus der Rocktasche und schoss ihm ins Auge.

Wenigstens sterben sie wie Menschen, dachte sie, als sie sich hinunterbeugte, um Bastler aufzuheben. »Nimm die«, befahl sie Makario und deutete mit dem Kinn auf die Waffe des Gefallenen.

»Ich …« Makario war weiß vor Schreck und blinzelte mehrmals schnell hintereinander. Offenbar hatten ihn nicht einmal die Plünderungen in Scorazin auf das hier vorbereitet. »Ich mag keine Pistolen.«

»Mach einfach.«

Sie drehte sich um und trug Bastler über die Gangway am Rand des unteren Steuerborddecks nach mittschiffs. Die Mannschaften der Knallfrosch- und Beißerbatterien, die sie dabei passierten, feuerten einen flammenden Sturzbach aus Leuchtspurgeschossen auf die Roten, die jetzt überall auftauchten. Lizanne hatte das Vergnügen mitanzusehen, wie ein Drache von einer konzentrierten Knallfroschsalve in Stücke gerissen wurde, ehe er die beiden Verderbten in seinen Klauen auf dem Deck absetzen konnte. Leider war der Jubel der Männer von kurzer Dauer, denn im nächsten Augenblick durchstieß ein noch viel größerer Roter die Blutwolke, die sein toter Bruder hinterlassen hatte, und hüllte die freudigen Matrosen in einen breiten Feuerstrahl. Lizanne ignorierte ihre Schreie und rannte weiter.

Vor der Leiter, die zu den Rettungsbooten auf der Steuerbordseite führte, herrschte ein brutales Handgemenge zwischen Matrosen und Verderbten. Mindestens zwanzig Mann waren darin verwickelt, Gewehrkolben und Bajonette trafen auf Knüppel und Beile. Die unnatürlich gut koordinierten Bewegungen der Verderbten irritierten Lizanne, sie sah, wie einer von ihnen sich unter einem Gewehrkolben wegduckte, woraufhin einer seiner Kameraden vortrat und den Angreifer ausschaltete. Anschließend traten sie gleichzeitig zur Seite, um einer Bajonettattacke auszuweichen. Das Ganze hatte etwas von einem grausigen, tödlichen Tanz und erwies sich als erschreckend effektiv. Innerhalb weniger Sekunden lagen alle Seemänner tot oder sterbend am Boden, während die Verderbten nur drei aus ihren Reihen verloren hatten.

Lizanne hörte, wie Makario ein erschrecktes Keuchen ausstieß, als die Verderbten sich zeitgleich zu ihnen umdrehten. Sie waren zu zwölft und glichen sich in ihrem Schweigen, wenn auch nicht in ihrem Aussehen, wenngleich leichte Kopfbewegungen auf innere Gedanken schließen ließen. *Keine Gedanken,* dachte Lizanne, denn jetzt nahmen die Verderbten plötzlich eine entschlossenere Haltung ein, als hätten sie eine stumme Entscheidung getroffen. *Sie kommunizieren miteinander.*

»Was machen wir jetzt?«, fragte Makario, als die Verderbten auf sie zukamen.

»Kämpfen. Was sonst?« Lizanne setzte Bastler ab und drückte ihn Makario in die Arme. »Pass auf ihn auf.«

Sie konnte sich gerade noch je eine halbe Phiole Rot und Schwarz spritzen, ehe die Verderbten sie mit gezückten Pistolen einkreisten. Lizanne verwendete den Großteil ihres Schwarzes darauf, die Angreifer von den Füßen zu fegen. Dann stürmte sie auf sie zu und schoss fünf von ihnen schnell hintereinander in den Kopf, ehe sie aufstehen konnten. Die übrigen hatten sich jedoch rasch aufgerappelt und begannen sofort wieder mit ihrem tödlichen Tanz. Lizanne war frustrierend schnell umringt und konnte den Schüssen ihrer Gegner nur ausweichen, indem sie in die Luft sprang. Als sie über einen der Männer hinwegsetzte, entfesselte sie das Rot. Die bunt zusammengewürfelte Kleidung des Mannes, bestehend aus einer corvantinischen Uniform und der Tracht eines Insulaners, fing sofort Feuer, doch seine schuppige Haut erwies sich als flammenbeständiger. Als Lizanne am Boden aufsetzte, hieb er mit dem Knüppel nach ihr, sodass sie nach hinten ausweichen und alles verbleibende Schwarz aufwenden musste, um seinen brennenden Körper über die Reling ins Meer zu werfen.

Ein weiterer Verderbter löste sich aus dem Rauch, den sein Kollege hinterlassen hatte. Er hatte die Pistole auf Lizannes Kopf gerichtet und war ihr zu nah, als dass sie ihm hätte ausweichen können. Da krachte etwas hinter ihr, und zwischen den Augen ihres Angreifers tat sich ein Loch auf, während aus seinem Hinterkopf eine purpurrote Fontäne explodierte. Lizanne stürmte vor, um sich seine Waffe zu schnappen, ehe sie sich zu Makario umwandte, der gegen den Schott gelehnt dahockte, den rauchenden Revolver in der Hand. Bastlers reglosen Körper hielt er sich wie einen menschlichen Schild vor die Brust und lächelte Lizanne zaghaft an.

»Ich habe gesagt, dass ich sie nicht mag. Nicht, dass ich nicht damit umgehen kann.«

Lizanne machte eine Pirouette und fühlte das Vorbeizischen einer Kriegskeule. Mit einem Feuerstoß ins Gesicht ihres Angreifers brachte sie diesen ins Taumeln, ehe sie ihn mit einem schnellen Schuss ausschaltete und erneut zum Sprung ansetzte. Kugeln pfiffen an ihr vorbei, als sie durch die Luft wirbelte und mithilfe ihrer vom Grün verbesserten Reflexe die restlichen Verderbten aufs Korn nahm. Nacheinander fällte sie sie mit Kopfschüssen, um dann wieder auf dem Deck zu landen. Zitternd kauerte sie sich hin, während das letzte Grün aus ihren Adern schwand. Als sie hörte, wie mehrere große Körper auf der Gangway aufsetzten, hob sie den Blick. Der Anblick, der sich ihr bot, entlockte ihr nur ein müdes Stöhnen. Offenbar hatten die Roten nicht bloß Verderbte im Gepäck. Die drei Grünen hielten kurz inne, um die rauchgeschwängerte Luft einzuatmen, dann erspähten sie Lizanne und gingen augenblicklich zum Angriff über. Mit weit aufgerissenen Mäulern beschworen sie ihr Feuer. Wäre noch etwas von dem Grün übrig gewesen, hätte sie im letzten Moment über sie hinwegspringen können. Aber das Grün war alle, und so blieb ihr nichts anderes übrig, als sich das verbleibende Rot und Schwarz zu injizieren, in der Hoffnung, dass sie den Flammen der Drachen ihre eigenen entgegensetzen konnte, aber wohl wissend, dass das nicht reichen würde.

Als der erste Grüne bis auf vier Meter herangekommen war und Flammen aus seinem Maul drangen, wurde er von den Beinen gehoben und mit solcher Wucht gegen einen eisernen Stützbalken geschleudert, dass ihm das Rückgrat brach. Von Feuerzungen umgeben wirbelten die beiden anderen Drachen herum, um sich der neuen Bedrohung zu stellen. Lizanne drehte sich ebenfalls um und sah eine schlanke, verrußte Gestalt aus einer der Luken treten.

Sofiya Griffan hatte plötzlich etwas Dämonisches an sich. Als sie mit wehendem Haar auf die Grünen losging, glich ihr Gesicht einer schwarz-weißen Maske und die Luft um sie flirrte vor Hitze. Lizanne fragte sich, wie viel Rot sie sich wohl einverleibt hatte. Bestimmt viel mehr, als gewöhnlich für sicher erachtet wurde, mit solcher Heftigkeit ging sie auf die Grünen los. Die Flammen, die sie ihnen entgegenschickte, waren so heiß, dass sie sogar die feuerfeste Haut der Drachen schwärzten und die Bestien dazu brachten, mit fast schon erbärmlichem Kreischen zurückzuweichen. Allerdings schien Mrs. Griffan jegliches Mitleid verloren zu haben.

Als sie die Grünen an den Rand der Gangway gedrängt hatte, entfesselte sie das Schwarz und riss ihnen die Gliedmaßen aus. Ihr unvermindertes Feuer traf auf nacktes Fleisch, worauf die Ungeheuer noch lauter schrien. Doch selbst dann war sie nicht mit ihnen fertig, sondern stellte sich neben sie und zog ihnen noch mehr Fleisch von den Knochen, bis die Schreie schließlich erstarben und nur noch schwarze, zuckende Leiber übrig blieben.

Sofiya brach zusammen, und Lizanne eilte zu ihr. Sie flüsterte etwas Unverständliches und sang eine Melodie, die Lizanne als alten mandinorianischen Kinderreim erkannte. »Iss, iss, iss brav alles auf, sonst bekommst du heute keinen Pudding …«

»Mrs. Griffan«, sagte Lizanne und schüttelte die Frau an der Schulter.

Doch sie reagierte nicht, sondern wiederholte lediglich immer wieder dieselben Worte. »Iss, iss, iss brav alles auf, sonst–«

»Sofiya!« Lizanne schüttelte sie erneut, diesmal fest genug, dass sie sich zu ihr umdrehte. Sofiya Griffan starrte sie mehrere Sekunden ausdruckslos an, ehe sie sie erkannte.

»Miss Lethridge«, sagte sie mit einer Ruhe in der Stimme, die den gegenwärtigen Umständen völlig entgegenstand. »Sie haben meinen Mann gefressen. Haben ihn brav aufgegessen.«

Lizanne warf einen Blick zu der Luke, aus der Sofiya gekommen war. Sie führte in den Maschinenraum, doch in Anbetracht des dichten Rauchs, der von unten aufstieg, bezweifelte Lizanne stark, dass dort noch jemand am Leben war. Sie erhob sich und spähte durch den beißenden Dunst auf die See. Eines der feindlichen Schiffe stand in Flammen, eine Fregatte, die sich langsam um sich selbst drehte, während das Feuer ihre Aufbauten verzehrte. Die Geschwindigkeit, mit der die

Unternehmung an dem Wrack vorüberzog, ließ darauf schließen, dass die Blutbrenner trotz der Feuersbrunst, die im Inneren des Kreuzers tobte, nach wie vor auf vollen Touren liefen.

Lizanne trat an die Reling und beugte sich vor, um aufs Meer hinauszublicken. Durch den Rauch konnte sie zwei weitere Kriegsschiffe ausmachen. Helle Blitze auf den Vorderdecks und das Zischen näher kommender Geschosse deuteten darauf hin, dass die Schlacht keineswegs vorüber war. Dass die *Unternehmung* geradewegs auf die Schiffe zuhielt, verriet Lizanne, dass das Steuer des Kreuzers nach wie vor besetzt und Kapitän Verricks entschlossen war, die Sache zu Ende zu bringen.

Er schindet Zeit, dachte sie und schirmte die Augen ab, um den östlichen Horizont abzusuchen. Die Schiffe der Flüchtlingsflotte waren nur noch als schwache Umrisse erkennbar und verblassten immer mehr, je weiter sie sich entfernten. *Nicht für uns, aber für sie.*

»Folgen Sie mir.« Sie packte Sofiya am Arm und zog sie hinter sich her. Makario hatte Bastler mit dem Rücken gegen das Schott gelehnt. »Ich glaube, er kommt zu sich«, sagte er, als er Lizanne erblickte.

»Lass mal sehen.« Sie versetzte Bastler eine herzhafte Ohrfeige, woraufhin dieser stöhnte und kurz blinzelte. Weitere Schläge waren notwendig, um ihn zu Bewusstsein zu bringen.

»Bitte hör auf«, sagte er, als Lizanne zu einem weiteren Backenstreich ausholte.

»Wir können dich nicht mehr tragen«, erklärte sie. »Komm mit und bleib dicht bei uns.«

Glücklicherweise war Sofiya in einen Zustand stupider Fügsamkeit verfallen und ließ sich bereitwillig über die Leiter nach unten zu den Rettungsbooten führen. »Verdammt nochmal!«, rief Lizanne beim Anblick der verkohlten Überreste der Boote, die sie zu finden gehofft hatte.

»Da!« Makario deutete ans Ende der Reihe zu einer einzelnen Barke, die kleiner als die anderen und offenbar unversehrt, wenn auch etwas verkohlt war. Sie rannten hin und kletterten hinein. Nachdem Lizanne sich vergewissert hatte, dass das Boot über Ruder verfügte, wandte sie ihre Aufmerksamkeit dem Senkmechanismus zu.

»Muss nicht einer von uns aussteigen und kurbeln?«, fragte Makario, und ihm war deutlich anzuhören, dass er nicht vorhatte, sich freiwillig zu melden.

Über ihnen ertönte das hohe Pfeifen eines näher kommenden Geschosses, gefolgt von einer ohrenbetäubenden Explosion. »Ich bezweifle, dass wir die Zeit dafür haben«, sagte Lizanne und drückte Sofiya nach unten, um sie vor herabstürzenden Trümmern zu schützen. Als der Hagel nachließ, beäugte sie die Seile, an denen das Rettungsboot festgemacht war. »Festhalten!«, befahl sie und verwendete den letzten Rest Rot darauf, das Tau durchzubrennen. Das Boot stürzte drei Meter in die Tiefe und knallte mit solcher Wucht aufs Wasser, dass Bastler über Bord ging. Doch Makario bekam ihn schnell an den wild schlagenden Armen zu fassen.

»Haben Sie Grün?«, fragte Lizanne Sofiya, nachdem sie Makario dabei geholfen hatte, den wasserspuckenden Werkmeister ins Boot zu ziehen. Mrs. Griffan starrte sie ausdruckslos an und zuckte dann mit den Schultern. »Sei's drum.« Lizanne wandte sich an Makario und Bastler. »An die Riemen. Ich übernehme das Steuer.«

Ihre männlichen Begleiter erwiesen sich als unerfahrene, aber enthusiastische Ruderer. Ihre Tatkraft wurde zusätzlich angeheizt von einer Reihe Explosionen, welche die *Unternehmung* ordentlich mitnahmen. Lizanne setzte Kurs nach Osten und drehte sich dann nach der *Unternehmung* um.

Die vorderen Kanonen des mächtigen Schiffes gaben Dauerfeuer ab, während es mit einer Geschwindigkeit von nahezu vierzig Knoten auf die beiden feindlichen Fregatten zuhielt. Eine Granate nach der anderen schlug in die oberen Aufbauten ein und verwandelte sie in eine traurige Masse aus verbogenem, rauchendem Metall. Den im Meer treibenden Kadavern nach zu urteilen, hatten die Knallfrösche und Beißer einen hohen Tribut an Roten gefordert. Jetzt waren nur noch sechs übrig, die herabstießen und ihre Flammen auf die Matrosen richteten, die sie – mit geringem Effekt – mit Gewehrfeuer bekämpften. Dennoch kam die *Unternehmung* den feindlichen Schiffen immer näher, und je geringer der Abstand wurde, desto präziser feuerte sie. Eine komplette Salve traf eine der Fregatten mittschiffs und löste eine Explosion aus, die das Schiff in der Mitte auseinanderbrechen ließ. Das Heck sank binnen weniger Augenblicke, der Bug kippte und trieb noch eine Weile lang an der Oberfläche. Lizanne sah, wie sich Ameisen gleich Menschen am Rumpf festkrallten.

Keine Menschen, erinnerte sie sich, während das Wrack im schaumigen Wasser versank, und hoffte, dass jedes einzelne Mitglied der unmenschlichen Besatzung mit ihm unterging.

Die *Unternehmung* änderte ihren Kurs und richtete das Heck in Richtung des verbleibenden feindlichen Schiffes aus. Ihre Sirenen tönten einen Salut, ehe sie ihre letzte Amtshandlung in Angriff nahm.

KAPITEL 8

Sirus

Er konnte fühlen, wie sie ertranken. An Bord der *Verlustgeschäft* befanden sich über zweihundert Verderbte und die meisten von ihnen überlebten die Explosion, die das Magazin in Brand steckte und das Schiff zweiteilte. Dementsprechend bekam Sirus ausführlich mit, wie es war, krampfhaft nach Luft zu schnappen, während sich Hals und Lungen mit Salzwasser füllten. Selbst die Verderbten erlagen zu guter Letzt der Panik, und im Angesicht des Todes wurden ihre unterdrückten menschlichen Instinkte wiedererweckt. Die daraus resultierende Mischung aus Angst und Verzweiflung hätte Sirus eigentlich abschrecken und dazu bringen müssen, seinen Geist abzuschirmen. Doch stattdessen saugte er alles in sich auf. Denn Angst, das wusste er jetzt, war ein wertvolles Gut. Das hier konnte ihm noch von Nutzen sein. Durch die ständige Konfrontation mit dem Grauen wurde die Hornhaut um seine Seele immer dicker und seine Fähigkeit, etwas zu fühlen, nahm ab. Wenn seine eigenen Angstreserven aufgebraucht waren, konnte er auf die Erinnerungen der Toten zurückgreifen, um seinen Geist zu schützen. Das tat er jetzt und schickte den ersterbenden Geistern der Verderbten seinen Dank, während sie in die Tiefe hinabglitten.

Die *Verlustgeschäft* war das schnellste und intakteste Schiff ihrer kleinen Flotte gewesen, der ursprüngliche Name *Verhandlungsführer* war vom Rumpf geschabt und durch eine Bezeichnung ersetzt worden, die Cathelines Geschmack besser entsprach. Wie sich herausstellte, hatte die Blutgesegnete einen Sinn für Ironie. Sirus' Kommandoschiff, eine schwere Fregatte, die zuvor *Starke Position* geheißen hatte, war jetzt die *Bevorstehender Untergang*, und dieser Name erschien ihm beim Anblick des Protektoratsschiffs, das im Herankommen immer größer wurde, zunehmend angebrachter.

»Hart steuerbord!«, befahl er dem Verderbten am Ruder und schickte gleichzeitig ein Gedankenkommando in den Maschinenraum. *Steuerbord-Schaufelrad umkehren.*

Kurz bevor der gegnerische Kreuzer die *Bevorstehender Untergang* erreichte, wechselte diese die Fahrtrichtung, sodass ihre Schaufelräder zu beiden Seiten des Rumpfs Schaum aufwirbelten. Obwohl ein Großteil der Aufbauten zerstört war, feuerten die vorderen Batterien des Kriegsschiffs ohne Unterlass. Sirus hatte den Verderbten, die von den Roten an Bord der gegnerischen Fregatte abgesetzt worden waren, befohlen, die Kanonen zu erobern, doch die Protektoratsmatrosen hatten sich mit aller Kraft zur Wehr gesetzt. Entsprechend waren von seinem fünfzig Mann starken Angriffstrupp bis auf eine Handvoll alle umgekommen. Zwar hatten sie bei den heftigen Kämpfen mehr als doppelt so viele Feinde erledigen können, doch ein Schiff von dieser Größe verfügte über genügend Reservisten. Einer seiner Einheiten, bestehend aus Veteranen des Feldzugs auf den Barriere-Inseln, wäre es sicher gelungen, die Kanonen auszuschalten, wäre sie nicht ausgerechnet auf diese Lethridge gestoßen.

Zwar war Sirus vollauf damit beschäftigt gewesen, seine Flotte im Kampf gegen das Schlachtschiff und seine schrecklich genauen Kanonen zu befehligen, doch hatte sich bei ihm das schlagartige Wiedererkennen des verderbten Enterkommandos gegen das konkurrierende Chaos aus Eindrücken und Gefühlen Bahn gebrochen. Lizanne Lethridges Bild entstammte der Erinnerung eines der wenigen gefangenen Agenten der Abteilung Außerordentliche Maßnahmen, und Catheline persönlich hatte es in den Geist jedes Verderbten eingebrannt, verbunden mit einem unerbittlichen Befehl: *Tötet diese Frau, wenn ihr sie seht.*

Das hatten sie auch versucht. Sirus hatte das Kommando über die

Einheit übernommen und einen Angriff orchestriert, der Miss Lethridge in eine von Kugeln durchbohrte Leiche hätte verwandeln sollen. Kurz hatte er überlegt, seine Gedanken hinter einer Angstattacke zu verbergen und der Frau zur Flucht zu verhelfen, doch dann hatte er der Versuchung widerstanden. Das Bild der Frau hatte sich auf die gesamte Flotte übertragen und auch den weiten Weg nach Feros zurückgelegt; Catheline würde Bescheid wissen.

Wie sich herausstellte, war jedoch keinerlei Trick nötig. Sirus hatte bereits mehrfach mit herausragenden Kämpfern zu tun gehabt – mit schrecklich erfahrenen Inselkriegern, dem Schamanenkönig und mit grauhaarigen Protektoratsveteranen. Aber als er sah, wie diese Frau in die Luft schnellte und ihre Waffe abfeuerte, ihre Kräfte mit furchterregender Sparsamkeit und Vehemenz gebrauchte, wusste er, dass sie der gefährlichste Mensch war, dem er je begegnen würde.

Trotzdem hätte er es fast geschafft. Sein letzter Verderbter hätte ihr wahrscheinlich den Garaus gemacht, wenn Lethridges Begleiter nicht gewesen wäre. Das Gesicht der Frau löste sich in Schwärze auf, als die Kugel dem Verderbten den Kopf zerriss. Im selben Augenblick durchfuhr Sirus' Geist ein wütender Aufschrei. Die Verbindung zu den anderen Verderbten brach ab, aber der Schrei hielt an, begleitet von Cathelines flammendem Zorn, als sie ihren Gefühlen freien Lauf ließ.

Versenk dieses verdammte Schiff, Admiral, donnerte sie. *Koste es, was es wolle! Ich will diese Schlampe tot sehen!*

Er hatte seine Schiffe zu einem weiten Halbkreis angeordnet, die zwei leichter bewaffneten Schaluppen an den Enden und die schwer bewaffneten Fregatten in der Mitte. Die ganze Angelegenheit wäre schnell vorüber gewesen, wenn sie eine ausreichende Anzahl Blauer dabeigehabt hätten, aber wie sich herausstellte, waren diese nicht in der Lage, über mehrere Stunden das Tempo dampfgetriebener Schiffe zu halten. Aus diesem Grund waren die zwei Dutzend Blauen, die sie begleitet hatten, nicht in der Nähe, als die Protektoratsflotte in Sicht kam, und Sirus musste die Schlacht mit den vorhandenen Mitteln schlagen.

Also befahl er den flinkeren Schaluppen, nah an das Kriegsschiff heranzufahren, eine schnelle Salve abzugeben und sich dann schnell zurückzuziehen, um das gegnerische Feuer auf mehrere Ziele zu verteilen, während die schweren Geschütze der Fregatten die Hauptarbeit übernahmen. Gleichzeitig griffen aus der Luft die Roten an und hüllten das Deck des Kreuzers in Flammen. Diese Taktik hatte sich als effektiv, aber verlustreich erwiesen – die meisten Drachen waren den tödlichen Repetierkanonen des Kreuzers zum Opfer gefallen, und eine Schaluppe sowie eine Fregatte hatten der schieren Masse an Geschützen einfach nicht standgehalten. Dennoch wirkte die Strategie. Das große Schiff befand sich am Limit, da halfen auch die beeindruckenden Manöver des Kapitäns und der verzweifelte Mut der Besatzung nichts. Sie mussten sich nur ein paar Kilometer zurückziehen und abwarten, bis die Produktreserven ihrer Feinde erschöpft waren, und dann zum Todesstoß ansetzen. Doch Cathelines Befehl bereitete Sirus' taktischen Finessen ein Ende.

Er befahl den verbleibenden drei Schiffen, eine dichte Formation zu bilden und zum Frontalangriff gegen das Schlachtschiff überzugehen. Die Schaluppe sank als Erste. Sie hatte die Führung übernommen und wurde, als sie noch etwa hundert Meter vom Gegner entfernt war, von einer Mischung aus schweren und leichten Geschützen getroffen. Beide Schaufelräder waren binnen weniger Minuten zertrümmert, dann explodierte der Heizkessel. Als Nächstes machte ein Glückstreffer ins Magazin kurzen Prozess mit der *Verlustgeschäft*, sodass nur noch die *Bevorstehender Untergang* übrig war, um dem sterbenden Monster zu trotzen.

»Mittschiffs«, kommandierte Sirus, als der Bug der Fregatte nach Norden schwang. Er schickte einen geistigen Befehl in den Maschinenraum, beide Schaufelräder auf Vorwärtsantrieb zu stellen, doch ein Blick aus dem Seitenfenster verriet ihm, dass es nicht reichen würde.

Je mehr sie sich einander näherten, desto drohender ragte das Kriegsschiff über ihnen auf und durchlöcherte die *Bevorstehender Untergang* mit seinen Repetierkanonen von Bug bis Heck. Als Granaten und Kugeln die Brücke zerfetzten, sodass es Glasscherben und Holztrümmer regnete, warf Sirus sich flach aufs Deck. Die Vorderseite des Schiffes hob sich, und Sirus sah, dass der Steuermann ganz in seiner Nähe lag. Er war offenbar von einer Kugel durchbohrt worden, betrachtete den Rauch, der aus dem Loch in seiner Brust aufstieg, jedoch eher neugierig als ängstlich.

Sirus riss sich von dem Anblick los, rappelte sich auf und taumelte zum Steuer, in der vergeblichen Hoffnung, den Kurs korrigieren und gleichzeitig Land gewinnen zu können. Allerdings wurde er, noch ehe er dort ankam, von den Füßen gerissen, weil ein heftiges Zittern das Schiff durchlief, als der Schlachtkreuzer es mit voller Wucht auf der Backbordseite rammte. Begleitet vom protestierenden Stöhnen der Eisenplatten, bohrte sein Bug sich ins Innere der *Bevorstehender Untergang*. Der Heizkessel explodierte, und Rauch schoss durch das kaputte Deck. Einen Augenblick wirkte es so, als würde das Kampfschiff die Fregatte einfach in der Mitte durchschneiden, doch dann ließ plötzlich seine Geschwindigkeit nach, vermutlich hatten die Blutbrenner endlich keinen Treibstoff mehr.

Sirus war von der zertrümmerten Brücke geschleudert worden und klammerte sich jetzt an der Steuerbordreling fest. Um ihn herum schien sich das Meer zu heben, und ihm wurde klar, dass die beiden Schiffe in einen wahnwitzigen Tanz verstrickt waren. Das Schaufelrad auf der Steuerbordseite der Fregatte drehte sich immer weiter, und der Kreuzer hatte die Hilfsmotoren angeworfen, sodass die Schiffe in einer eiernden Pirouette festhingen, aus der keines sich zu befreien vermochte. Ein kurzer Blick in die Gedanken der noch lebenden Besatzungsmitglieder verriet Sirus, dass die *Bevorstehender Untergang* ihrem Namen schon bald alle Ehre machen würde. Der Aufprall hatte ein klaffendes Loch in die linke Rumpfseite gerissen, durch das bereits mehrere Tonnen Wasser in den Laderaum und die Ballasttanks geströmt waren. Es war nur eine Frage von Minuten, bis sie untergingen.

Versenk sie!, schrillte Cathelines Stimme durch seinen Kopf. *Töte sie!*

Er fand zwei Verderbte, die damit beschäftigt waren, den Rumpf zu verstärken, und schickte sie ins Magazin. Außerdem entdeckte er einen unter einem Eisenbalken eingeklemmten Mann, der kurz vorm Ertrinken stand. Dieser war früher Waffenmeister auf einem Protektoratsschiff gewesen, und es war ein Leichtes, seinen Erinnerungen das nötige Wissen zu entziehen, ehe das steigende Wasser ihm den Garaus machte. Sirus leitete seine Erkenntnisse sofort an die beiden Verderbten im Magazin weiter, die ihre Aufgabe mit der ihnen eigenen Effizienz erfüllten. Innerhalb weniger Minuten hatten sie die Zünder in die Treibladungsbeutel gesteckt und die Schnüre daran befestigt.

Sirus kletterte wieder an Deck und studierte den Bug des Schlachtschiffes, das über ihm aufragte. *Gewinnträchtige Unternehmung* stand auf der mit Eisenlettern versehenen Plakette hinter der Ankerhalterung. *Aber nicht heute.* Unweit von ihm prallte eine Kugel am Schott ab, als ein Protektoratsschütze sein Glück versuchte. Sirus ignorierte das und konzentrierte sich stattdessen auf den größten der an der Reling aufgereihten Männer. Er wusste zwar nicht, ob es sich dabei um den Kapitän oder nur um einen ranghöheren Offizier handelte, trotzdem nahm er Haltung an und salutierte. Das erschien ihm nur höflich.

Er erfuhr nie, ob der Mann seinen Gruß erwiderte, denn im selben Augenblick durchdrangen Cathelines Gedanken die seinen. *Sehr ehrenwert von dir, Admiral. Aber wir brauchen dich noch. Zeit, ein Bad zu nehmen.*

Dieser Befehl war ebenso unwiderstehlich wie alle anderen, und so wirbelte Sirus herum und rannte ohne zu zögern auf die Steuerbordreling zu, dicht gefolgt vom Kugelhagel der Protektoratsschützen. Er sprang über das Geländer ins Meer, tauchte ab und schwamm davon, wobei er sich wohlweislich unter Wasser hielt. Als er etwa zwanzig Meter zurückgelegt hatte, explodierte das Magazin. Ein Nicht-Verderbter hätte die Detonation vermutlich nicht überlebt, denn sie presste die verbleibende Luft aus seinem Körper und drückte ihn mit völlig verkrümmtem Rücken an die Oberfläche.

Luft strömte in seine Lungen, und er schlug kurz um sich, ehe seine instinktive Panik nachließ. Doch er hielt an der Angst fest, während er auf den Wellen trieb und die letzten Momente der beiden Kriegsschiffe mit ansah. Die Explosion hatte die *Bevorstehender Untergang* aus der hässlichen Umarmung mit dem Kreuzer befreit, und sie sank schnell, was dazu führte, dass Sirus wieder die Todesqualen der ertrinkenden Mannschaft mit anfühlen musste.

Das Ende der *Gewinnträchtige Unternehmung* zog sich länger hin. Sie hatte den größten Teil ihres Bugs verloren, sodass ihre Korridore und Kabinen sichtbar waren. Aus ihrem Innern drangen Rauch und Flammen, erstarben jedoch, als das Deck geflutet wurde. Das Heck bäumte sich auf, die Vorderseite sank, und das riesige Ruder drehte sich hierhin und dorthin wie der Schwanz eines großen, verletzten Fisches. Im Untergehen gab das Schlachtschiff ein letztes, verzweifeltes Ächzen von sich, während auf beiden Seiten Männer ins Meer sprangen, wie Flöhe, die einen sinkenden Leichnam verließen. Dann verschwand das Ruder in der schäumenden See, und das Schiff war weg.

♦ ♦ ♦

Auch wenn ihn mit zunehmendem Delirium das Zeitgefühl verließ, schien es ihm, als würde die Nacht schnell hereinbrechen. So diszipliniert sein Geist auch war, gegen Kälte, Hunger und Durst war Sirus dennoch nicht immun. Als er sich umsah, entdeckte er ein Stück eines zertrümmerten Rettungsboots. Daran klammerte er sich fest und schaffte es so, wenigstens seinen Oberkörper aus dem Wasser zu hieven, um sich vor der todbringenden Kälte zu schützen. Den schwächer werdenden Schreien der Protektoratsmatrosen nach zu schließen hatten die meisten von ihnen weniger Glück.

Die Versuchung, seine Angst loszulassen, war groß, und seine Entschlossenheit nahm von Stunde zu Stunde ab. *Was spielt es jetzt noch für eine Rolle?*, fragte er sich, taub gegen die allumfassende Kälte. *Soll sie doch alles sehen. Das letzte Zeugnis eines Sterbenden.*

Aus irgendeinem Grund kam ihm Katryas Gesicht in den Sinn, als seine geistigen Barrikaden langsam zu bröckeln begannen und sein Plan, sein verzweifelter Wunsch nach Befreiung von seinen Fesseln offenbar zu werden drohte. Katrya hielt ihn zurück. Ihr Gesicht war nicht das bei ihrem Tod. Es war ihr menschliches Gesicht, das bleiche, ängstliche Antlitz der jungen Frau, mit der er sich in der Kanalisation von Morstal versteckt hatte. *Warum tun sie das?*, hatte sie geflüstert, während sie unter einem Kanaldeckel kauerten und dem Grauen lauschten, das sich in den Straßen über ihnen abspielte. *Was wollen sie?*

Damals hatte er keine Antwort auf ihre Fragen gewusst. Heute schon. *Sie tun das, weil sie uns hassen. Und sie wollen alles.*

Er stieß einen Schrei aus, als er wieder zu Bewusstsein kam. Er zappelte im Wasser und wäre fast abgerutscht. *Halt an der Angst fest!*, befahl er sich und beschwor die Gefühle, die er den ertrinkenden Verderbten gestohlen hatte. Möglicherweise hatten auch andere gelernt, ihre Gedanken zu verhüllen, und er wollte um jeden Preis verhindern, dass Catheline dieses Geheimnis erfuhr. *Gib ihr nichts. Und wenn du hier umkommst.*

Also klammerte er sich vor Angst und Kälte zitternd an sein Floß, während die Nacht fortschritt und schließlich im Osten das erste Schimmern der Sonne durch die Wolken drang. Irgendwann verließ ihn auch noch die letzte Kraft, und seine Hände rutschten ab. Er legte sich auf den Rücken und ließ sich treiben, den Blick in den schwach erleuchteten Himmel gerichtet. Er wartete darauf, dass das Meer ihn sich holte ... Da kam mit einem Mal ein großer, schwarzer Umriss in Sicht, legte die Flügel an und stieß mit ausgestreckten Klauen zu ihm herab.

Katarias. Der Rote zog ihn aus dem Wasser und schlug einen westlichen Kurs ein. Bevor Sirus das Bewusstsein verlor, überlegte er noch, ob der Drache ihn vielleicht schon vor Stunden gefunden und aus purer Neugier mit seiner Rettung gewartet hatte, nur um zu sehen, wie lange er durchhielt.

◆ ◆ ◆

Sein neues Flaggschiff war ein winziges Postboot, das erst kürzlich in *Aktiensturz* umbenannt worden war. Es besaß ein Heckschaufelrad und wurde von einem modernen Dampfmotor angetrieben. Sirus fiel wieder ein, dass Nebelschleier, die junge Insulanerin mit dem mathematischen Talent, es bei der Bestandsaufnahme als ihr schnellstes Zivilschiff bezeichnet hatte. Offenbar hatte Catheline es als zusätzliche Sicherheitsmaßnahme hinter der dem Untergang geweihten Schlachtflotte hergeschickt.

Nachdem Katarias Sirus' reglosen Körper aufs Vorderdeck geworfen hatte, war er auf dem kleinen Ruderhaus gelandet. Unter seinem schieren Gewicht wölbte sich das Dach, und das Schiff sank ein ganzes Stück tiefer. Sirus verbrachte einen Tag im Fieberwahn und bekam von seinen verderbten Besatzungsmitgliedern Suppe eingeflößt, bis er wieder zu Bewusstsein kam. Einmal mehr staunte er, wozu sein neuer Körper in der Lage war. Eine Tortur, die ihn in seiner menschlichen Form mit Sicherheit das Leben gekostet hätte, zog jetzt lediglich eintägige Unpässlichkeit nach sich.

Willkommen zurück, Admiral, begrüßten ihn Cathelines Gedanken, als er am folgenden Morgen die Brücke betrat. *Ich kann dir gar nicht sagen, wie froh ich bin, dass du noch am Leben bist. Ohne dich wäre dieses Unterfangen viel weniger unterhaltsam. Du lässt mir zu viel Ehre angedeihen,* erwiderte er. *Wie lautet mein Befehl?*

Leider haben sich deine enormen Anstrengungen als vergeblich erwiesen. Sie teilte einige Bilder mit ihm. Diese zeigten die See aus Augenhöhe, die Wellen waren von dicken Rauchschwaden verhüllt. Das Bild verschwamm und färbte sich grau, ehe es erneut an Schärfe gewann. Vermutlich stammte es von einem verletzten Verderbten, der kurz vor der völligen Erschöpfung stand. *Da.* Catheline fror das Bild ein und befreite es von allen unnötigen Details, um einen undeutlichen Umriss hervorzuheben. Weil Verderbte eine viel stärker ausgeprägte Wahrnehmung hatten als Menschen, war trotz des Nebels ein Rettungsboot zu erkennen. Catheline vergrößerte das Bild, sodass die schlanke Gestalt einer im Heck sitzenden Frau zum Vorschein kam.

Lizanne Lethridge, sagte Sirus und schürte seine Angst, um die Bewunderung für die Findigkeit dieser Frau zu kaschieren.

Findest du sie nicht auch unglaublich lästig?, erwiderte Catheline. *Der arme Kerl, von dem diese Erinnerung stammt, hat leider nicht viel länger durchgehalten. Aber offenbar war das Boot nach Westen unterwegs. Gut möglich, dass sie der See zum Opfer fällt, bevor jemand sie rettet. Allerdings bezweifle ich, dass wir so viel Glück haben. Folge ihr, mein treuer Admiral. Finde heraus, wohin sie unterwegs ist, und warte dort auf uns. Wir kommen. Wir alle.*

KAPITEL 9

Lizanne

»Was ist das?«, fragte Makario nach Westen gewandt. Lizanne folgte seinem Blick und ärgerte sich, dass sie kein Grün mehr hatte, um ihre Sehkraft zu steigern. Nach mehr als zwei Tagen in diesem Rettungsboot, ohne Essen und Produkt, waren sie alle durchgefroren und lethargisch – mit Ausnahme von Sofiya Griffan, die noch immer genauso unbeweglich und schweigend dasaß wie am Anfang. Lizannes Augen begannen zu tränen, als sie sich auf den kleinen Flecken in der Ferne konzentrierte, in der Hoffnung, dass er sich nicht als ein Geschöpf mit Flügeln entpuppte. Bastler löste das Rätsel schließlich.

»Ein Fluggerät«, sagte er mit gerunzelter Stirn, als versuchte er, sich an etwas zu erinnern. »Ich weiß nicht, woher ich das weiß.«

»Der Tüftler hat es gewusst«, antwortete Lizanne. »Offenbar ist doch nicht alles unter Verschluss.«

Es dauerte eine Stunde, bis das Fluggerät nahe genug war, um die Insassen auszumachen. Eine kleine Gestalt saß im vorderen Teil, der wohl das Steuerzentrum des Apparats darstellte, während eine deutlich korpulentere Person eine Art brennende Feuerschale in der Mitte der Gondel beaufsichtigte. »Ein kalorischer Ölbrenner«, stellte Bastler fest. »Heiße Luft ist eine gute Alternative zu chemischen Hebemitteln. Lediglich die Umsetzung ist etwas primitiv.«

»Ich rate dir tunlichst davon ab, ihm das zu sagen«, erwiderte Lizanne.

Sie wedelte mit den Armen, als das Gefährt langsamer wurde und etwa dreißig Meter über ihnen anhielt. Der Propeller, der von einem Motor am Heck betrieben wurde, drehte sich zwar so schnell, dass die Rotorblätter nicht zu erkennen waren, schien aber dennoch nur mit Mühe gegen den anhaltenden Westwind anzukommen. Jermayah beugte sich über die Gondel und warf etwas hinunter. Es landete unweit vom Bug des Rettungsboots entfernt im Wasser und trieb auf den Wellen, bis Makario es mit einem der Ruder herausfischte. Der Gegenstand entpuppte sich als wasserdichter, mit Schwimmkörpern versehener Beutel und enthielt eine große Flasche Wasser, ein paar Scheiben Brot, geräucherten Speck sowie, zu Lizannes großer Erleichterung, eine kleine Phiole Grün.

Sie blickte auf, weil Jermayah etwas herunterrief, das allerdings größtenteils vom Wind und dem Lärm des Motors übertönt wurde. Sie meinte jedoch, das Wort »zurück« verstanden zu haben. Sie sah, wie Tekela kurz winkte und sich dann wieder der Steuerung zuwandte, woraufhin das Fluggerät umdrehte und nach Westen davonflog. Lizanne schien es, als würde es sich schneller entfernen, als es gekommen war.

»Hätten Sie uns nicht mitnehmen können?«, fragte Makario mit vollem Mund. Lizanne war schon bei anderer Gelegenheit aufgefallen, dass seine guten Manieren und sein kultivierter Akzent während ihrer Zeit auf dem Boot nachgelassen hatten.

»Ich bezweifle, dass das Gefährt mehr als zwei Personen gleichzeitig befördern kann«, entgegnete Bastler und sah dem Apparat nach. Wahrscheinlich hatte er den Kopf bereits voller Verbesserungsideen. Lizanne fragte sich, ob ihr Vater seine Vorschläge wohl zu schätzen wüsste, bezweifelte dies jedoch. Allerdings sah sie ihrem Aufeinandertreffen mit gespannter Erwartung entgegen.

Nachdem sie die Phiole aus dem Beutel geholt hatte, setzte sie sich neben Sofiya, zog den Stöpsel und hielt der Frau das Fläschchen unter die Nase, in der Hoffnung, dass der Geruch sie zu irgendeiner Reaktion veranlasste. Allerdings beschränkte diese sich auf ein kurzes Nasenrümpfen.

»Trinken Sie«, sagte Lizanne. »Das wird Sie wiederbeleben.«

Das wirkte. Sofiya wandte ihr den Kopf zu und sah sie mit leerem Blick an. »Können Sie meinen Mann wiederbeleben, Miss Lethridge?«, fragte sie in leichtem Plauderton. »Den Vater des Kindes, das ich unter dem Herzen trage? Können Sie ihn wiederbeleben?«

Da fiel Lizanne auf, dass die Blutgesegnete die Hände wie einen Schutzschild vor den Bauch gelegt hatte. »Bei den Eiern des Kaisers«, murmelte Makario. »Das hat uns gerade noch gefehlt.« Er verstummte, als er Lizannes warnenden Blick bemerkte.

»Nein«, sagte sie zu Sofiya. »Das kann ich nicht.« Sie zog Sofiyas Hände auseinander und legte die Phiole hinein. »Aber ich kann dafür sorgen, dass Sie beide am Leben bleiben. Glauben Sie nicht, dass er das gewollt hätte?«

Sofiya starrte das Fläschchen an, ehe sie es an die Lippen setzte und einen kleinen Schluck trank. Mit leichter Genugtuung sah Lizanne, wie ihre Wangen daraufhin einen schwachen Rotton annahmen.

»Und jetzt?«, fragte Makario.

»Jetzt essen wir«, antwortete Lizanne und griff erneut in den Beutel. »Und warten auf Rettung.«

◆ ◆ ◆

»Es mag Ihnen vielleicht entgangen sein, Miss«, sagte Kapitän Trumane. »Aber nun, da Kapitän Verricks und Direktor Thriftmor das Zeitliche gesegnet haben, liegt das Kommando über diese Flotte bei mir. Deshalb wäre ich Ihnen dankbar, wenn Sie Entscheidungen hinsichtlich unseres Kurses mir überlassen.«

Sie waren alleine in seiner Kabine, und Lizanne hatte große Beharrlichkeit an den Tag legen müssen, damit er sie überhaupt empfing. Offenbar besaß Trumane keinen Deut von Kapitän Verricks' Pragmatismus, wenn es darum ging, Rat von einer Agentin der Abteilung Außerordentliche Maßnahmen anzunehmen.

Er hatte Lizanne nicht einmal einen Sitzplatz angeboten, aber sie hatte sich trotzdem auf den Stuhl gegenüber von seinem Schreibtisch fallen lassen und sich müde über die Stirn gestrichen. Sie hatten weitere drei Stunden ausharren müssen, ehe die *Günstige Gelegenheit* aufgetaucht war, um sie zu retten. Den Großteil dieser Zeit hatten sie damit verbracht, Sofiya zum Essen zu überreden. Jetzt befand sich diese in der Fürsorge des Schiffsarztes, eines ausgesprochen fähigen und sympathischen Mannes namens Weygrand, den Lizanne aus Clays Erinnerungen kannte. Während Trumane sie gebieterisch taxierte, konnte Lizanne nicht umhin, sich zu wünschen, er wäre nie aus dem Koma erwacht, denn dann hätte der gute Doktor jetzt das Kommando.

»Wären Sie vielleicht aus professioneller Zuvorkommenheit heraus so freundlich, mir unser gegenwärtiges Ziel zu nennen?«, fragte sie mit aller Höflichkeit, die sie aufbringen konnte.

Ein kurzes, unwillkürliches Zucken in Trumanes Gesicht verriet Unbehagen. Wahrscheinlich war es eine Folge seines langen Komas, auf jeden Fall ließ es eine Menge Rückschlüsse zu. *Wohin wir auch fahren, er ist nicht glücklich darüber,* dachte Lizanne.

»In Anbetracht unserer Treibstoffvorräte, von der Vorratssituation ganz zu schweigen, gibt es nur einen sinnvollen Kurs«, erwiderte Trumane. Sein Gesicht zuckte erneut, und er räusperte sich, ehe er fortfuhr. »Varestia. Genauer gesagt, die Roten Gezeiten.«

Lizanne starrte ihn an und musste ein ungläubiges Lachen unterdrücken. »Ich bin mit Ihrer Laufbahn nicht besonders gut vertraut, Kapitän. Also korrigieren Sie mich, wenn ich mich irre. Aber waren Sie nicht für den Großteil Ihrer Karriere damit betraut, Piraten zu jagen?«

Trumane räusperte sich erneut. »So ist es.«

»Es wäre also gerechtfertigt anzunehmen, dass Ihr Name und Ruf unter Seeräubern wohlbekannt sind?«

»Absolut.«

»Dann erklären Sie mir doch bitte, weshalb Sie es für eine gute Idee halten, an der Spitze einer unbewaffneten Flotte aus Zivilbooten in die piratenverseuchteste Region der Welt zu segeln.«

»Es gibt keine andere Möglichkeit!« Trumane hieb auf den Tisch, und seine Zuckungen wurden wieder stärker. Er funkelte Lizanne wütend an, ehe er die Fassung wiedergewann, sich zurücklehnte und seine Uniform glattstrich. »Es sei denn, Sie wollen Ihr Glück lieber in einem südcorvantinischen Hafen versuchen.«

In diesem Punkt musste Lizanne ihm recht geben. An der südcorvantinischen Küste würden sie wohl kaum einen sicheren Hafen finden. In dieser Gegend wimmelte es nur so von loyalen Anhängern des Kaisers, und da die Revolution nach wie vor im Gange war, würden die hiesigen Behörden sie garantiert nicht mit offenen Armen aufnehmen. Dennoch erwartete sie in varestianischen Gewässern ein womöglich noch unfreundlicherer Empfang.

»Die *Gelegenheit* ist unser einziges Kriegsschiff«, sagte Lizanne. »Auch wenn wir zwei Blutgesegnete an Bord haben, um den Motor zu befeuern und bei der Verteidigung zu helfen, wird sie den Rest der Flotte nicht vor den Piraten beschützen können.«

»Nicht alle Varestianer sind Piraten«, entgegnete Trumane. »Aber sie sind alle habgierig. Nachdem das Kaiserreich die Kontrolle über die Gegend verloren hatte, bildeten sie eine Art Regierung, die ihren Sitz bei den Sieben Mauern hat. Dorthin segeln wir und bitten um Asyl im Austausch gegen eine angemessene Entschädigung durch das Eisenboot-Syndikat.«

»Die Sieben Mauern befinden sich genau im Herzen der Roten Gezeiten«, gab Lizanne zu bedenken. »Das ist ein ziemlich weiter Weg. Es wird schwer werden, keine ungewollte Aufmerksamkeit zu wecken, ganz egal, was für eine Vereinbarung wir treffen wollen.«

Trumane schwieg und runzelte nachdenklich die Stirn, dann hellte sich sein Blick etwas auf. »In diesem Fall müssen wir Ihrem Vater dafür danken, dass wir die Möglichkeit besitzen, eine Vorhut zu schicken«, sagte er und lächelte zum ersten Mal, seit Lizanne ihn kannte. »Und machen Sie sich keine Sorgen, Miss Lethridge, ich werde Ihnen unter keinen Umständen ausreden, sich freiwillig für diese Mission zu melden. Sie auf dieses Schiff zu pferchen, wäre eine Vergeudung Ihrer Talente.«

◆ ◆ ◆

»Er braucht ein Gerüst.«

Lizanne musste sich das Lachen verkneifen, als Bastler ihrem Vater kurzerhand den Bleistift aus der Hand nahm und anfing, Linien auf dessen Entwurf zu zeichnen. Der Blick des Professors verriet ihr, dass er zu geschockt war, um zu protestieren.

»Eine starre Ummantelung verleiht ihm mehr Kapazität und Stabilität.« Bastler bewegte den Stift schnell und präzise über das Papier. »Und einen festeren Stoff. Seide ist viel zu empfindlich.« Er legte den Stift beiseite, trat einen Schritt zurück und drehte sich zu Lizannes Vater um, dessen Gesicht immer finsterer wurde.

»Und warum«, Professor Lethridges Stimme zitterte leicht, »sollte ich etwas auf den Rat von Ihresgleichen …«

»Drei konzentrische Ringe, die durch diagonale Traversen miteinander verbunden werden«, unterbrach ihn Jermayah, der nachdenklich den abgewandelten Entwurf studierte. »Das könnte tatsächlich funktionieren, Professor.« Er blickte mit hochgezogenen Augenbrauen zu Bastler. »Welches Material?«

»In Ermangelung eines speziell angefertigten Verbundstoffs wären wohl Kupferrohre die beste Lösung.«

Professor Lethridge schnaubte kurz, erhob jedoch keinen weiteren Einspruch, als Bastler der Skizze des Fluggeräts weitere Änderungen hinzufügte. »Die Steuerflächen sind zu klein … Wenn man die Tragkraft erhöht, könnte man noch einen zweiten Motor anbringen …«

Lizanne ließ die drei Männer alleine und ging nachsehen, ob Makario schon Fortschritte mit dem Solargraphen gemacht hatte. Kapitän Trumane hatte einen Großteil des Laderaums räumen lassen und dort eine provisorische Werkstatt eingerichtet. Diese beinhaltete einen durch Vorhänge abgetrennten Bereich, wo der Musiker ein gewisses Maß an Ungestörtheit genoss, um dem musikalischen Rätsel des Geräts auf den Grund zu gehen. Es stand mit im Lampenlicht glänzenden Zahnrädern und Getrieben auf einer Werkbank. Während der Belagerung von Kerberhafen waren sie einigen seiner Geheimnisse auf die Spur gekommen, zum Beispiel der Tatsache, dass es von Musik oder vielmehr »kinetischer Resonanz«, wie Jermayah es genannt hatte, betrieben wurde. Für Lizanne war es jedoch nach wie vor ein unergründliches und zermürbendes Rätsel, genau wie damals, als sie es im Arbeitszimmer des unglückseligen Diran Akiv Kapazin zum ersten Mal gesehen hatte. Makarios Anstrengungen zum Trotz hatte es bislang nicht den geringsten Hinweis darauf gegeben, wie sich mit Hilfe der Apparatur die Geheimnisse in Bastlers Kopf lüften ließen. Lizanne hatte Tekela um Hilfe gebeten, weil sie hoffte, deren musikalisches Talent könnte weitere Erkenntnisse bringen, so wie damals in Jermayahs Werkstatt.

»Nein«, sagte Tekela, nachdem Makario ihr eine weitere Melodie auf dem Glockenspiel vorgespielt hatte. »Ich kann mir nicht vorstellen, dass der Tüftler etwas so Hässliches gewählt hätte. Dafür hatte er einen zu guten Geschmack. Versuch's mal mit dem.« Mit ihrer schönen, sonoren Stimme sang sie ihm eine kurze Melodie vor. Makarios vernichtender Blick konnte es mindestens mit dem aufnehmen, den Lizannes Vater vorhin Bastler zugeworfen hatte, doch Tekela schien es gar nicht zu bemerken. Die Melodie hatte keinen Text, sie war wohlklingend und eindringlich zugleich. Weniger vom Klang als von der Stimmung her fühlte Lizanne sich an »Die Blätter des Herbstes« erinnert, das Stück, das den Solargraphen in Jermayahs Werkstatt erstmals in Bewegung gesetzt hatte.

»Das habe ich noch nie gehört«, knurrte Makario, als Tekela verstummte.

»Kannst du auch nicht. Das habe ich mir selber ausgedacht.«

»Wenn dieses vermaledeite Ding wirklich mit Musik betrieben wird, dann mit einer Komposition aus der Ära des Tüftlers. Darf ich Sie darauf hinweisen, Miss, dass nur einer von uns beiden Experte auf dem Gebiet der Musikgeschichte ist?«

Tekela verzog das Gesicht und sah Lizanne mit hochgezogener Augenbraue an. »Er ist nur neidisch, weil ich ein absolutes Gehör habe.«

Makarios Blick wurde noch finsterer, und er fuhr auf: »Das absolute Gehör ist bloß ein Trick. Im Zirkus habe ich mal einen Affen mit absolutem Gehör gesehen.«

»Probier es aus«, sagte Lizanne, ehe Tekela zu einer zweifellos boshaften Erwiderung ansetzen konnte. »Wir haben jedes Stück probiert, das der Tüftler zu Lebzeiten gehört haben könnte, und konnten damit die Hebel in Bewegung setzen, die die Umlaufbahnen der drei Monde beschreiben. Wertvolle Erkenntnisse hat es uns jedoch nicht gebracht. Hinter diesem Gerät steckt mehr als Astronomie. Es enthält noch ein weiteres Geheimnis, und wie wir wissen, hat der Tüftler seine Geheimnisse sorgfältig gehütet. Er könnte tatsächlich eine einmalige Komposition gewählt haben, die nur er selbst kannte.«

Makario schnaubte wütend, hob jedoch pflichtschuldig den Silberlöffel, den er aus der Offiziersmesse entwendet hatte, und klopfte Tekelas Lied auf das Glockenspiel. »Seht ihr?«, sagte er, als der letzte Ton verklang. »Ein nutzloses …«

Er zuckte zusammen, als aus dem Solargraphen ein leises Klicken ertönte. Es war ein schwacher, aber eindeutiger Beweis dafür, dass irgendwo in der komplexen Anordnung von Bauteilen, die das Innenleben des Geräts bildeten, etwas auf die Melodie reagiert hatte. Augenblicklich wiederholte Makario die Sequenz, alle Feindseligkeit war jetzt angespannter Konzentration gewichen. Diesmal zeigte der Solargraph jedoch keine Reaktion.

»Das Hauptthema von ›Die Blätter des Herbstes‹.« Er griff nach Papier und Stift und begann, eine Serie von Noten aufzuschreiben. »Was noch?«

»›Tanz der Himmel‹«, antwortete Tekela. »Der zweite Satz. Und der Refrain von ›Der Jungfer Fall‹.«

Makario zeichnete die Noten der einzelnen Stücke untereinander. »Und jetzt noch deine kleine Melodie«, sagte er und schrieb die Noten ans Ende der Seite. Nachdem er eine Weile daraufgeschaut hatte, lachte er leise. »Siehst du?«, sagte er und hielt Lizanne das Blatt hin. Musik war noch nie ihre Stärke gewesen, und ihr Verständnis von Notenschrift entsprach etwa dem eines gelangweilten Kindes, also gab sie das Blatt Papier weiter an Tekela.

»Ich weiß nicht …«, sagte diese, nachdem sie es überflogen hatte, doch dann dämmerte es ihr. »Eine absteigende Tonleiter. Diese Melodien haben dieselbe absteigende Tonleiter, aber ein unterschiedliches Tempo.«

Makario nickte und klopfte eine Folge von Tönen auf dem Glockenspiel. Die Reaktion, die diesmal erfolgte, war länger und beeindruckender. Alle drei Hebel bewegten sich gleichzeitig und mit mehr Energie als Lizanne es je gesehen hatte, außerdem drehten sich an den Seiten rasend schnell mehrere Zahnräder. Das Ganze dauerte höchstens drei Sekunden, dann gab der Solargraph eine Klangfolge von sich. Es handelte sich um dieselbe Melodie, die Makario gespielt hatte, aber viel langsamer und gefolgt von weiteren Tönen. Für Lizanne klang das Stück ebenso melancholisch wie »Die Blätter des Herbstes« und die anderen jahrhundertealten Melodien, auf die das Gerät bisher reagiert hatte. Außerdem war es unvollständig und brach nach der letzten Note abrupt ab, als wäre der Solargraph mittendrin zum Schweigen gebracht worden.

»Ich glaube, wir sind ein Stück weitergekommen«, sagte Makario. »Vielleicht kann unser ehemaliger Mithäftling ja etwas Licht in die Sache bringen.«

»Noch nicht«, entgegnete Lizanne. »Er soll sich auf das neue Fluggerät konzentrieren. Zumindest vorerst.« Sie deutete mit dem Kinn auf den Solargraphen. »Glaubst du, du kannst es dazu bringen, die ganze Melodie zu spielen?«

»Mit Zeit und« – er warf einen zögerlichen Blick in Tekelas Richtung – »etwas Hilfe. Musik ist schließlich auch nur ein Code.« Er zeigte auf die Noten, die er aufgeschrieben hatte. »Immerhin haben wir jetzt den Anfang eines Schlüssels, und dank der zusätzlichen Takte, die das Gerät gespielt hat, einen Anhaltspunkt, wo wir weitersuchen müssen.«

◆ ◆ ◆

»Und wie heißt es?«, fragte Lizanne, als Jermayah auf dem Deck hockend einen in Segeltuch eingewickelten Gegenstand auspackte. »Hast du einen neuen Flüsterer für mich? Der alte fehlt mir.«

Er brummte leise und schüttelte sein zottiges Haupt, dann trat er einen Schritt zurück, um seine neueste Erfindung zu präsentieren. »Der da flüstert nicht. Du kannst ihn also ruhig den Brüller nennen.«

Auf den ersten Blick schien es sich um einen standardmäßigen Silworth .31 Unterhebelrepetierer zu handeln, wenn auch mit etwas längerem Lauf sowie aufwendigerer Kimme und Korn. Der hölzerne Schaft war mit einer Schulterplatte aus Messing verstärkt und abgefedert. Die merkwürdigste Anpassung bestand jedoch darin, dass die obere Hälfte des Geschützverschlusses aus Glas war anstatt wie üblich aus Eisen.

»Während dieser Geschichte in Kerberhafen ist mir etwas klargeworden«, begann Jermayah. »Um einen ausgewachsenen Drachen mit einem Gewehr zu erlegen, braucht es ein gutes Auge und eine geübte Hand. Für einen Freien auf der Jagd im Inland ist es eine Sache, während einer Schlacht eine ganz andere. Die Knallfrösche und Beißer sind schön und gut, aber um sie zu bedienen, bedarf es eines ganzen Trupps. Der Mini-Beißer, den ich in Feros gebaut habe, würde sich eignen, aber er verbraucht jede Menge Munition, und seine Fertigung dauert viel zu lange. Wenn wir eine massenproduzierbare kleine Waffe hätten, die der Aufgabe mit nur wenigen Schuss gewachsen ist, stünden unsere Chancen besser.«

Lizanne beäugte den Karabiner skeptisch. »Damit lässt sich ein Drache töten?«

»Ganz gewiss sogar, sofern man die richtige Munition verwendet.« Er zog eine Patrone hervor und warf sie ihr zu. Sie war etwa ein Drittel länger als ein Standardgeschoss, zudem war sie spitzer und wies an der Unterseite eine leichte Einkerbung auf.

»Die ist nicht aus Stahl«, sagte Lizanne, als sie die Kuppe befühlte. Militärprojektile bestanden üblicherweise aus Blei und waren von einer Stahlhülse umgeben. Hierbei handelte es sich offensichtlich um eine neue Erfindung Jermayahs.

»Titan«, erwiderte dieser. »Es ist hart genug, um die Haut eines Drachen zu durchdringen. Dein Vater hatte eine kleine Menge eingelagert und wusste nicht mehr, wofür. Außerdem hatte er noch etwas Magnesium und Quecksilber. Was uns wiederum ein titanbestücktes Geschoss liefert, das beim Aufprall eine explosive Kompositladung freisetzt. Ich musste eine ganze Weile herumexperimentieren, aber das Ergebnis dürfte dich beeindrucken.«

Er nahm ein leeres, nicht länger benötigtes Brandyfässchen, und machte sich bereit, es über Bord zu werfen. Lizanne griff sich den Karabiner. Er war etwas schwerer als das Standardmodell, aber immer noch handlich. Sie steckte die Patrone in das röhrenförmige Magazin, lud durch und drückte den Schaft gegen die Schulter.

»Gut«, sagte sie. »Auf welche Entfernung soll ich schießen?«

»Fünfzig Meter«, erklärte Jermayah, ehe er das Fass ins Meer warf. »Ich habe es mit Tünche gefüllt, um den Effekt zu verdeutlichen.«

Lizanne trat an die Reling und sah zu, wie das Fässchen heckwärts trieb. Die *Günstige Gelegenheit* fuhr langsam, um den Rest der Flotte nicht abzuhängen, deshalb dauerte es eine Weile, bis die Distanz erreicht war. Als es so weit war, hob Lizanne den Lauf des Karabiners und nahm das auf und ab schaukelnde Fässchen ins Visier. Da kaum Wind ging, musste sie diesen nicht einberechnen, als sie ausatmete und den Abzug betätigte. Das Geräusch, mit dem die Kugel den Lauf verließ, klang tatsächlich wie ein Schuss, doch fiel der Rückstoß weniger heftig aus als erwartet. Der Schaft drückte lediglich sanft gegen ihre Schulter, und das Visier wich nur wenige Grad vom Ziel ab. So konnte Lizanne zusehen, wie das Brandyfass sich in eine weiße Wolke verwandelte und nicht einmal Trümmer auf dem Wasser hinterließ.

»Ein oder zwei davon sollten einen ausgewachsenen Grünen aufhalten«, erklärte Jermayah. »Drei einen Roten. Mit Blauen verhält es sich natürlich etwas anders, aber sogar sie sollten ordentlich in Mitleidenschaft gezogen werden. Und wenn du einen Verderbten erschießen musst, kannst du auch normale Kugeln nehmen.«

Lizanne ließ die Waffe sinken, warf mit einer schnellen Bewegung die leere Hülse aus und fing sie auf, ehe sie aufs Deck fallen konnte. Die Patrone war heiß, aber nicht so sehr, dass sie ihr die Haut verbrannt hätte. Außerdem stieg eine nach Schießpulver stinkende Wolke davon auf.

»Ich musste verschiedene Stoffe mischen, um die nötige Feuerkraft zu erzielen«, erklärte Jermayah entschuldigend. »Ohne Rauch war das nicht zu machen.«

Grinsend pustete Lizanne den Rauch weg und warf die Kugel anschließend über Bord. »Dann nenne ich sie den ›Raucher‹.« Sie tippte gegen das Glas, das den oberen Teil des Verschlusses bildete. »Und das da?«

»Das ist für einen alten Bekannten.« Er zog eine weitere Patrone aus der Tasche und hielt sie in die Luft. Sie war länger als jene, die Lizanne beim Flüsterer verwendet hatte, aber an der zähflüssigen Substanz in ihrem Innern deutlich erkennbar.

»Eine Rotkugel«, sagte Lizanne und musste an die Blutbäder denken, die sie mit diesen produktgefüllten Geschossen angerichtet hatte.

»Ihre Reichweite ist dreimal so groß wie die ihres Vorgängers«, sagte Jermayah. »Allerdings habe ich nur genug Rot für ein Dutzend bekommen. Den Probeschuss sparen wir uns also besser.«

Sie nickte und nahm ihm die Patrone aus der Hand. »Und die Sprengkugeln?«

»Nur dreißig. Ich hatte gerade genug Magnesium und Quecksilber für hundert gekauft, aber dann …« Er brach ab, und sein Blick verfinsterte sich.

»Hast du es gesehen?«, fragte Lizanne. »Meine Tante?«

Er schüttelte den Kopf. »Es ging alles so schnell. Tekela weckte uns, sie sagte, wir müssten in das Fluggerät steigen und fliehen. Deine Tante hat ihr nicht geglaubt. Oder wollte ihr nicht glauben. Sie ging nach draußen, um sich selbst zu überzeugen. Es ist wohl nicht einfach, den Ort zu verlassen, an dem man sein ganzes Leben verbracht hat. Ich glaube, als sie gesehen hat, was los war, hat sie die Werkstatttür verriegelt, um die Drachen auszusperren. Aber das hat nicht gereicht.« Er hielt inne und zuckte traurig und hilflos mit den Schultern. »Wenn dein Schützling nicht den Mini-Beißer in die Finger bekommen hätte, wäre es uns sicher genauso ergangen wie deiner Tante.«

»Wir brauchen mehr davon. Und hiervon.« Sie deutete auf den Karabiner.

»Auf diesem Kutter sind unsere Möglichkeiten beschränkt. Es gibt nicht viel, mit dem wir arbeiten können.«

»Ich werde zusehen, dass sich das ändert. Aber jetzt« – sie schulterte die Waffe und ging zur Leiter, die zu den Mannschaftsquartieren führte – »muss ich ein lange überfälliges Gespräch führen.«

◆ ◆ ◆

Glauben Sie mir?, fragte Clay, als die letzten Bilder von seiner Reise durch die Welt unter dem Eis wieder in Nelphias grauer Oberfläche versanken.

Lizanne ließ sich lange Zeit, ehe sie antwortete. All diese unglaublichen Informationen hatten ihre Gedankenlandschaft in ungewohnte Unordnung gebracht. Die Wirbelwinde drehten und wanden sich mit einer Energie, wie sie lediglich aus Verwirrung und Unentschlossenheit resultierte. Beides Gefühle, die sie nicht mochte.

Ich möchte Sie nicht beleidigen, Mr. Torcreek, sagte sie, nachdem es ihr gelungen war, ein paar der widerspenstigeren Windhosen zu zähmen. *Aber ich bezweifle, dass Sie in der Lage sind, Erinnerungen von solch … bemerkenswerter Vielfalt und Präzision zu erschaffen.*

Ihre Geschichten sind aber auch nicht schlecht, erwiderte er, und sie teilten einen kurzen Moment gemeinsamer Erheiterung. *Das Corvantinische Kaiserreich zu stürzen, ist durchaus eine Leistung. Sogar für Sie.*

Ein Haus aus verrottetem Holz, das auf wackeligem Untergrund steht, war von Anfang an dem Einsturz geweiht. Mir macht vielmehr Sorge, was sie an seiner Stelle errichten werden.

Ich glaube, wir haben drängendere Probleme.

Sie nahm sich einen Augenblick Zeit, um ihre Gedanken zu beruhigen, und zwang die Wirbelstürme in eine gewisse Form von Ordnung, ehe sie Clay einen zustimmenden Impuls sendete. *Sind Sie sich sicher, was die Motive dieser Frau angeht? Glauben Sie wirklich, dass sie nur helfen will?*

Ich glaube, dass sie die Fehler ihres Volks wiedergutmachen will. Aber ich bin überzeugt, dass es vieles gibt, was sie noch nicht mit mir geteilt hat. Ich hoffe, am Krystalinsee ein paar Antworten zu bekommen.

Zum jetzigen Zeitpunkt nach Arradsia zurückzukehren, erscheint mir überaus riskant. Es ist gut möglich, dass sich mittlerweile der gesamte Kontinent unter der Herrschaft des Weißen befindet.

Das ist nicht gesagt. Und vergessen Sie nicht, dass er sich zurzeit nicht dort aufhält. Außerdem sind auch ihm Grenzen gesetzt. Das hat Silbernadel uns gezeigt. Darüber hinaus fehlt es mir an Alternativen, es sei denn, Sie haben eine Idee.

Sagen Sie Kapitän Hilemore, dass er nach Varestia segeln soll. Dann schließen wir uns zusammen. Laut ausgesprochen hätte dieser Vorschlag mehr Gewicht gehabt, aber durch die Trance konnte er ihr Zögern spüren. Sie wussten beide, dass er sich nach Arradsia und dann zum Krystalinsee begeben würde, egal um welchen Preis.

Dann ist es wohl beschlossene Sache, stellte er fest.

Das ist es wohl. Allerdings wäre es besser, wenn Kapitän Hilemore diesmal bei seinem Kommando bliebe. Nach dem Schicksal, das die corvantinische Schlachtflotte erlitten hat, dürfte seines jetzt das beste Kriegsschiff der Welt sein. Wir werden es noch brauchen.

Es wird nicht leicht, ihn davon zu überzeugen. Er sitzt nicht gerne untätig herum.

Behaupten Sie einfach, es sei ein Befehl von mir, wenn das hilft.

Ich weiß nicht, ob er nach dem Fall von Feros noch gerne Befehle annimmt. Und mein Einfluss ist nicht mehr, was er einmal war. Aber ich werde es versuchen. Wann können Sie wieder in Trance-Verbindung treten?

Ich weiß es nicht. Wie man uns in den Roten Gezeiten empfangen wird, ist … ungewiss, um es vorsichtig auszudrücken.

Ich hatte früher oft mit Varestianern zu tun. Sie sind vor allem ein praktisch veranlagtes Volk, und sie haben überall ihre Spione. Sie werden wissen, was geschehen ist, jedenfalls das meiste. Womöglich sind sie leichter zu überzeugen, als Sie denken. Außerdem könnten Sie mir einen Gefallen tun, wenn Sie in Varestia sind.

Er berichtete ihr von dem Zusammenhang, der zwischen Zenida Okanas, ihrem Vater und dem Gegenstand auf dem Grund des Krystalinsees bestand. *Es gibt dort einen Ort namens die Hohe Mauer,* erklärte Clay, *wo er anscheinend einen Stapel Landkarten aufbewahrt hat. Die wären uns bei unserer Suche nach diesem Ding ausgesprochen nützlich.*

Ich werde sehen, was ich tun kann, antwortete Lizanne. Sie hielt inne, und ihre gemeinsame Gedankenlandschaft färbte sich dunkler, als das Wissen um Feros' Schicksal sie erneut einholte. *Was werden Sie Ihrem Onkel sagen?*

Die Wahrheit. Das haben er und Lori verdient. Tiefrote Linien begannen, sich winzigen Lavaströmen gleich durch den Mondstaub zu schlängeln. In der Trance konnte Trauer viele Formen annehmen, in diesem Fall schien sie zu brennen. *Sieht aus, als hätten wir beide eine Tante verloren. Und Joya. Ich hatte gehofft, sie eines Tages wiederzusehen.*

Wir wissen noch nicht genau, was vorgefallen ist, erwiderte Lizanne. *Es ist gut möglich, dass manche Leute fliehen konnten. Die Flüchtlinge haben sich schon immer zu helfen gewusst.* Es war ein schwacher Trost, das wussten sie beide, aber es war alles, was sie zu bieten hatte.

Wo sind Sie jetzt?, fragte sie, froh, das Thema wechseln zu können.

Seit zwei Tagen haben wir keinen Eisberg mehr gesehen, wir sind also schon ein gutes Stück weiter nördlich. Kapitän Hilemore geht davon aus, dass es noch zwei Wochen dauern wird, ehe Arradsia in Sicht kommt. Wenn wir diesen alten Blauenjäger nicht im Schlepptau hätten, wären wir schneller. Die Männer haben eine Heidenangst vor Jack. Das gefällt mir nicht.

Die Verbindung begann zu flirren, als Lizannes Blau nachließ. *Es ist wohl an der Zeit, fürs Erste Abschied zu nehmen,* stellte Clay fest.

Warten Sie noch. Lizanne zog eine ihrer Windhosen näher heran und gestaltete sie zu einer der Erinnerungen, die er mit ihr geteilt hatte. Das wundersame Fluggerät, mit dem er aus der Welt unter dem Eis geflohen war. *Ich brauche mehr Bilder davon. Alles, woran Sie sich erinnern können. Und alles, was Ihnen diese Frau darüber erzählt hat.*

Sie wollen es nachbauen?, fragte er und kam ihrer Aufforderung sogleich nach. Aus Nelphias Oberfläche sprossen neue Erinnerungen, und ein breites Spektrum an Bildern und Eindrücken erblühte im Staub.

Die Drachen haben uns eines voraus. Lizanne öffnete ihren Geist, um alle Informationen in sich aufzunehmen, ehe das Blau verbraucht war. *Wenn wir ihnen den Himmel streitig machen können, haben wir vielleicht eine Chance.*

KAPITEL 10

Hilemore

Sie mussten die *Schreckfeuer* zurücklassen. Kurz hatte Hilemore erwogen, sie ins Schlepptau zu nehmen, dann hätte jedoch eine provisorische Besatzung an Bord verbleiben müssen, und sie hatten ohnehin kaum genug Männer, um die *Überlegenheit* zu segeln. Kapitän Bledthornes Seekarten und Logbuch nahm er mit – bei Historikern würde er damit sicher auf großes Interesse stoßen, besonders bei solchen mit dicker Geldbörse. Nachdem er sich bei einem kurzen Rundgang davon überzeugt hatte, dass alles irgendwie Brauchbare aus dem Frachtraum entfernt war, schritt er ein letztes Mal übers Deck.

»Tut mir leid, altes Mädchen«, flüsterte er und strich über die Balken, ehe er die Gangway betrat. »Aber die moderne Welt hätte dir wahrscheinlich ohnehin nicht gefallen. Dort ist es viel zu laut.«

»Sir?«, sagte Steelfine von der anderen Seite der Gangway.

»Alles in Ordnung, Nummer eins.« Hilemore begab sich an Bord der *Überlegenheit* und bedeutete seinen Leuten, die Gangway einzuholen. »Kappen wir die Seile und schicken sie ihrer Wege.«

»Ich könnte auch ein Feuer im Laderaum legen, Sir«, schlug Steelfine vor. »Und ihr eine ordentliche Bestattung geben. Der König der Tiefe erwartet sie schließlich schon.«

»Dann wird er noch ein bisschen länger warten müssen.«

Hilemore blieb noch eine Weile stehen und sah zu, wie das alte Schiff auf der Backbordseite davonglitt. Die Strömung zog es südwärts in die Strudel, wo es schon bald in dem Kanal verschwand, durch den es sie in Sicherheit gebracht hatte. Trotz der fehlenden Masten und zahlreichen Wunden hatte das Schiff etwas Kühnes an sich, als hätten all die Jahre im Eis und das jüngste Schlachtengetümmel seiner Würde nichts anhaben können. »Vielleicht«, sagte Hilemore zu Steelfine, »dient sie in ein oder zwei Jahrhunderten anderen Verzweifelten als Zuflucht.«

Er wartete, bis die *Schreckfeuer* vollständig in dem Labyrinth aus Eis verschwunden war, ehe er sich umdrehte und auf die Brücke zuschritt. »Holen Sie den Anker ein und signalisieren Sie der *Fernlicht*, dass sie losfahren und die Führung übernehmen soll. Ihre Besatzung weiß schließlich am besten, wie wir hier rauskommen.«

◆ ◆ ◆

Es zeigte sich, dass Leutnant Talmant beim Freisprengen eines Kanals durch die Drossler aufs offene Meer ganze Arbeit geleistet hatte. Unter klugem Einsatz des ihm zur Verfügung stehenden Dynamits hatte er eine Route durch das Eis geschaffen, die zwar eng war, sich aber ohne aufwendige Manöver befahren ließ. Hilemore hatte den jungen Offizier und seinen kleinen Trupp zurück auf die *Überlegenheit* beordert, denn jetzt, da der Fluchtweg gesichert war, gab es keinen Grund mehr, die *Fernlicht* zu überwachen. Im Stillen hoffte er sogar, dass der Blauenjäger einen eigenen Kurs einschlagen würde, wenn sie die Drossler hinter sich gelassen hatten. Kapitän Tidelow und seine Mannschaft waren eher eine ärgerliche Last denn brauchbare Verbündete. Allerdings fiel das andere Schiff folgsam hinter die *Überlegenheit* zurück, als sie die offene See erreichten, und setzte ebenfalls Kurs nach Norden. Bislang machte es nicht den Anschein, als wolle der Kapitän den Schutz der Kriegsfregatte aufgeben.

Trotz aller Wetten auf sein baldiges Ableben erholte Scrimshine sich sieben Tage, nachdem sie die Drossler verlassen hatten, von seiner Gasvergiftung. Von Skaggerhill aus der Krankenstation entlassen, stand er leicht schwankend am Eingang zur Brücke und salutierte unbeholfen vor Hilemore. »Melde mich zum Dienst, Kap–«, setzte er an und korrigierte sich dann: »Sir.«

Sein ohnehin schon ausgemergeltes Gesicht war noch hagerer geworden, und er war leichenblass. Am meisten erstaunte Hilemore aber die Tatsache, dass Scrimshine zum ersten Mal, seit er zu ihnen gestoßen war, eine Protektoratsuniform trug, die zudem gewaschen und gebügelt aussah.

»Kapitän ist völlig ausreichend, Mr. Scrimshine«, erklärte er dem Mann. »Ich habe mich inzwischen daran gewöhnt.« Er deutete auf das Ruder, das Talmant während der letzten Woche übernommen hatte. »Lösen Sie doch bitte den Leutnant am Steuer ab. Unser Kurs lautet Nordnordost.«

»Jawohl, Sir.«

»Mr. Talmant«, sagte Hilemore an den Jungen gewandt. »Eintrag fürs Logbuch. Matrose Scrimshine wird zum Obermatrosen befördert. Außerdem erhält er eine Auszeichnung für herausragende Dienste.«

»Sehr wohl, Sir.«

Er sah, wie Scrimshine sich aufrichtete, als er das Ruder übernahm, aber ansonsten ließ der ehemalige Schmuggler sich nicht anmerken, dass er den Wortwechsel mitgehört hatte. Stattdessen sagte er: »Wolkenfront voraus, Kapitän. Direkt über dem Horizont. Sieht aus, als könnten wir uns auf was gefasst machen.«

»Wann können wir das nicht, Mr. Scrimshine?«

Das entlockte den anderen Anwesenden ein unterdrücktes Lachen, und Hilemore verspürte einen Funken Zuversicht. *Nach allem, was sie wegen mir durchgemacht haben, können sie noch lachen.* Seine gute Laune verpuffte jedoch, als kurze Zeit später Claydon Torcreek erschien, mit noch grimmigerem Blick als sonst. Hinter ihm hielt Braddon Torcreek seine Tochter in den Armen, während ihr Tränen der Verzweiflung über das ausnahmsweise unattraktive Gesicht liefen.

»Ich hatte heute Morgen eine Trance-Sitzung mit Miss Lethridge«, erklärte Clay. »Es gibt Neuigkeiten.«

♦ ♦ ♦

Er befahl, der Mannschaft die Nachricht mitzuteilen. Vielleicht wäre es der allgemeinen Moral zuträglicher gewesen, ihnen die Wahrheit vorzuenthalten, aber Hilemore hielt es für das Beste, wenn die Männer über die Situation Bescheid wussten, so düster sie auch sein mochte. Viele von ihnen hatten Familie in Feros, schließlich war die Stadt die größte Marinebasis des Protektorats. Die Meldung von ihrem Fall hüllte das Schiff in einen Schleier der Verzweiflung. Hilemore versuchte, seine Leute mit regelmäßigem Exerzieren und der Durchführung überfälliger Reparaturen abzulenken. Die lange Zeit in der Kälte hatte vielen Armaturen und Waffen zugesetzt und dazu geführt, dass an zahlreichen Stellen die Tünche abblätterte. Im Frachtraum gab es einen großen Vorrat verschiedener Anstrichmittel, und Hilemore beschloss, ein neues Farbkonzept umzusetzen, eine Kombination aus Protektoratsblau und Corvantinergrün. Obwohl sich unter der Besatzung nur noch wenige Corvantiner befanden, lag ihm daran zu unterstreichen, dass alle an Bord ein gemeinsames Ziel verfolgten, auch wenn sie unterschiedlichen Gruppen angehörten.

Sie lebten in ständiger Angst vor einem Blauenangriff, wenn auch etwas abgemildert von Clay, der einen Großteil seiner Zeit in stummem Gespräch mit Jack verbrachte. Der riesige Blaue schwamm vorneweg und war dank seines bemerkenswerten Gehörs in der Lage, seine Brüder auch über enorme Entfernungen auszumachen. Sie konnten der Gefahr also ausweichen, indem sie eine Reihe von Kursänderungen vornahmen, die Clay vorgab. Dieser äußerte jedoch auch eine Warnung.

»Er sagt, sie machen Jagd auf uns«, erklärte er Hilemore während der Nachtwache. Clay hatte sich angewöhnt, bis Mitternacht auf seinem Posten zu bleiben und dann für ein paar Stunden schlafen zu gehen. Er trank den Kaffee, den Hilemore ihm gebracht hatte, mit müdem, aber dankbarem Lächeln. »Der Weiße hat ihnen befohlen, die südlichen Gewässer nach uns abzusuchen. Keine Ahnung, woher er weiß, was wir vorhaben, aber er weiß es und es gefällt ihm nicht.«

»Kann er nicht ...« Hilemore suchte nach den richtigen Worten. »Irgendwie mit den anderen Blauen reden und ihnen sagen, dass sie uns in Ruhe lassen sollen?«

»Das kann er schon, aber sie hören nicht auf ihn. Sie hören nur auf den Weißen. So war es schon, als er sich vor Hunderten von Jahren erhoben hat. Und so ist es auch jetzt. Für sie ist Jack bloß ein weiterer Feind, den es zu töten gilt.«

Hilemore zeigte mit dem Kinn zu den Mannschaftsquartieren. »War sie schon mitteilsamer?«

»Kriz? Nein. Die Schiffsbibliothek, die Seekarten und all das scheinen es ihr angetan zu haben. Man kriegt sie kaum noch dazu, aus den Büchern aufzusehen. Aber vielleicht ist es auch nur ein Trick, um meinen Fragen auszuweichen. Wie dem auch sei, bevor wir unser Ziel erreichen, werden wir sicher nichts Neues mehr von ihr erfahren.«

✦ ✦ ✦

»Land in Sicht, Kapitän«, gab Talmant die Nachricht weiter, die der Ausguck soeben durchs Sprechrohr durchgegeben hatte. »Himmel und See sind frei von Feinden.«

»Alles anhalten«, befahl Hilemore, und Talmant telegraphierte die Anweisung unverzüglich an den Maschinenraum. »Lassen Sie Anker werfen und der *Fernlicht* signalisieren, dass sie neben uns zum Liegen kommen soll. Teilen Sie ihnen außerdem mit, dass Kapitän Tidelow sich zu einer Besprechung einfinden soll.«

»Wir sind hier«, erklärte Hilemore etwas später und tippte mit einer Kompassnadel auf eine Stelle der Landkarte, die er auf dem Tisch in der Messe ausgebreitet hatte. Neben Tidelow hatte er noch Zenida, Clay, Braddon und Kriz zu sich bestellt. Braddon war der Einzige, der saß, er hatte am entgegengesetzten Tischende Platz genommen und zeigte kaum Aufmerksamkeit, stattdessen strich er sich den Bart und blickte nachdenklich in die Ferne. Seit der Nachricht von Feros' Fall hatte Hilemore ihn nur wenige Worte sagen hören, und Braddons Haltung ermutigte ihn auch nicht gerade dazu, ihn anzusprechen. Loriabeth brachte ihre Trauer dagegen sehr lautstark zum Ausdruck.

Am Abend nachdem Clay ihr mitgeteilt hatte, dass ihre Mutter aller Wahrscheinlichkeit nach tot war, hatte sie aus der sich leerenden Vorratskammer des Schiffes ein Fass Rum entwendet und sich betrunken. Mindestens eine Stunde lang hatte sie am Heck gestanden, Obszönitäten in die Meeresluft hinausgeschrien und mit ihren Revolvern imaginäre Feinde umgelegt. Hilemore hatte seinen Männern befohlen, sie in Ruhe zu lassen, bis sie so unzurechnungsfähig war, dass sie eines der Rettungsboote für einen Drachen hielt. Leutnant Sigoral beruhigte sie schließlich, indem er ihr die Arme um den Oberkörper schlang, als sie gerade nachladen und eine weitere Salve auf den Rumpf des Bootes abfeuern wollte. Obwohl sie ihn anspuckte und sich in seinem Griff wand, hielt der Corvantiner sie fest und redete sanft auf sie ein, bis der Rum sein Übriges tat und sie erschöpft zusammensank. Anschließend trug Sigoral sie zu ihrem Feldbett, wo er bis zum nächsten Morgen an ihrer Seite wachte.

»Genau vierzig Meilen südlich der Barnahy Förde«, sagte Tidelow und ließ den Blick westwärts über die Karte gleiten. »Was bedeutet, dass die nächste Hafenstadt Stockcombe ist.«

»Wir fahren aber nicht nach Stockcombe.« Hilemore nahm einen Bleistift und skizzierte eine Route, die von ihrer derzeitigen Position in die Förde führte.

»Obertorquil.« Mit gerunzelter Stirn tippte Tidelow auf das kleine Binnenmeer. »Das ist schwieriges Terrain. Obwohl es so klein ist, steckt es voller Tücken.«

»Das habe ich gehört«, gab Hilemore zu. »Und Untertorquil soll noch schlimmer sein.«

Tidelow lehnte sich kopfschüttelnd zurück. »In Untertorquil gibt es angeblich mehr Seegrüne als irgendwo sonst in Arradsia. Unter den gegenwärtigen Umständen dürfte das kaum der sicherste Kurs sein, Sir.«

»Und trotzdem ist es unser Kurs.« Als er Tidelows Zweifel bemerkte, fügte er hinzu: »Niemand zwingt Sie, uns zu begleiten, Sir.«

»Was für grandiose Möglichkeiten Sie mir doch zur Auswahl stellen.« Tidelow lachte bitter. »Entweder wir folgen Ihnen in drachenverseuchte Gewässer, oder wir segeln alleine nach Stockcombe, in der Hoffnung, dass dort noch jemand am Leben ist und uns mit Vorräten versorgt.«

Hilemore wandte sich Braddons schweigender Gestalt zu. »Ihr Rat wäre uns sehr willkommen, Mr. Torcreek. Wahrscheinlich kennt kaum jemand das arradsianische Inland besser als Sie.«

Lange sagte Braddon gar nichts, er starrte nur weiter ins Leere, bis Clay ihn sanft bat: »Wir brauchen deine Hilfe, Onkel.«

Der ältere Torcreek sah seinen Neffen ausdruckslos an, ehe er aufstand, neben die Karte trat und sie kurz studierte. »Das nördliche Obertorquilmeer besteht größtenteils aus Marschland«, sagte er mit tonloser Stimme und zeigte auf die zahlreichen Wasserläufe, die das Gebiet charakterisierten. »Zu Land und zu Wasser unpassierbar, außer hier.« Sein Finger verharrte auf einem Fluss am nördlichsten Punkt des Binnenmeers. »Der Quilam. Benannt nach einem der Entdecker von Torquil. Seine Strömung ist heftig, aber er stellt die einzige Möglichkeit dar, die Ebenen westlich des Krystalinsees zu erreichen, ohne die Kupfersohlberge zu überqueren.«

»Darauf kann ich auch wirklich verzichten«, erklärte Clay.

»Wie tief ist er?«, wollte Hilemore wissen.

»Für die Hälfte der Strecke sollte er tief genug für die *Überlegenheit* sein, danach brauchen wir irgendeine Art Dampfboot. Für Ruder ist die Strömung zu stark.«

»Ich werde Mr. Bozware darauf ansetzen«, sagte Hilemore. »Er kann bestimmt etwas zusammenbasteln. Es ist zwar schon eine Weile her, dass ich zuletzt ein kleines Dampfboot befehligt habe, aber ich weiß bestimmt noch, wie es geht.«

»Ähm.« Clay räusperte sich unbehaglich. »Miss Lethridge hat da etwas andere Vorstellungen, Kapitän. Sie hält es für das Beste, wenn Sie diesmal an Bord des Schiffes bleiben.«

Hilemore starrte ihn an, und eisiger Zorn stieg in ihm auf. »Tut sie das?«, fragte er leise. »Das ist ja hochinteressant.«

»Sie sagte, die *Überlegenheit* sei derzeit das beste Kriegsschiff der Welt«, fuhr Clay mit einer entschuldigenden Geste fort. »Davon ist jedenfalls auszugehen, weil alle corvantinischen Schiffe versenkt wurden. Sie und dieses Schiff sind zu wertvoll, um ein Risiko einzugehen. Wenn wir nicht vom Krystalinsee zurückkehren, sollen Sie nach Varestia segeln und die anderen bei der Verteidigung unterstützen. Miss Lethridge sagte, Sie sollen es als Befehl der Abteilung Außerordentliche Maßnahmen verstehen, wenn das etwas hilft.«

Von einer Sekunde auf die nächste wechselte Hilemores Zorn von kalt zu heiß, er beugte sich vor, um Clays zögernden Blick zu erwidern. »Nur dass Sie Bescheid wissen, Mr. Torcreek, ich lasse mir nichts befehlen …«

»Er hat recht«, schnitt Zenida ihm das Wort ab.

Jetzt wandte Hilemore sich ihr zu, seine Wut wurde noch größer, doch dann ließ ihr harter, aber aufrichtiger Blick ihn innehalten. »Diese Mannschaft ist nicht mir gefolgt«, sagte sie. »Sie sind dir gefolgt, in die Schlacht, durch Meuterei, Drachenfeuer, Eis und tödliches Gas. Du glaubst vielleicht, ich hätte beschlossen, auf dich zu warten, aber du täuschst dich. Ich wusste, dass sie mich vom Hauptmast gehängt und auf dich gewartet hätten, bis sie erfrieren, wenn ich versuche wegzusegeln. Ich kann dieses Schiff nicht ohne dich befehligen. Das ist die einfache Wahrheit, Seebruder. Du gehörst hierher.«

Hilemore stützte die geballten Fäuste auf die Karte und versuchte, das Pochen in seinen Schläfen zu beruhigen. *Das Schlimmste am Kapitänsein,* hatte Großvater Racksmith einmal gesagt, *ist zu begreifen, dass man der wichtigste Mann an Bord ist. Diese Verantwortung ist eine Bürde, mit der die wenigsten zurechtkommen, denn sie bedeutet, dass man sich den Luxus des Stolzes nicht länger leisten kann.* »Wie sollen wir erfahren, ob Ihre Mission erfolgreich war?«, fragte er, und seine harte, rauhe Stimme durchbrach das Schweigen, das offenbar eine ganze Weile angedauert hatte.

»Ich kann mit Kapitänin Okanas in Trance-Kontakt treten«, antwortete Clay. »Ich denke, wir haben genug Zeit miteinander verbracht, um eine stabile Verbindung herzustellen. Wenn mir etwas zustößt, kann Kapitän Sigoral für mich übernehmen. Und falls ihm ebenfalls etwas zustößt, sind wir wahrscheinlich alle tot, und Sie sollten nach Varestia segeln.«

Hilemore schluckte, sein Zorn verklang zu Erbitterung. »Na gut«, sagte er. »Und angenommen, Sie erreichen den Krystalinsee. Was dann?«

Kriz trat vor und legte einen Stapel Papiere auf den Tisch. Bei genauerem Hinsehen erkannte Hilemore, dass es sich um technische Zeichnungen handelte. Der dargestellte Apparat war ihm jedoch fremd. Offensichtlich bestand er aus einem großen geschlossenen Rohr, das an einem Rahmen befestigt war, und etwas, das wie ein auf den Kopf gestelltes Fischglas aus Metall aussah. »Was soll das sein?«

»Ein Unterwasseratemgerät. Wir müssen den Grund des Sees absuchen, um das Fluggerät zu finden und zu bergen, was wir brauchen.«

»Können Sie es bauen?«

Sie nickte. »An Bord gibt es alles, was ich brauche. Es muss mir nur jemand den Umgang mit Ihren Schweißapparaturen zeigen.«

»Da hat Mr. Bozware wohl einiges zu tun.« Hilemore richtete sich auf und atmete tief durch, um sich zu beruhigen. Ein kleiner Rest Wut blieb jedoch weiterhin bestehen. Er wusste, dass es egoistisch war. Geboren aus dem Wunsch, das Inland mit eigenen Augen zu sehen. Trotz aller Gefahren hatten die Zeit im Eis und all die Wunder, die er dort erlebt hatte, in ihm den Hunger nach mehr geweckt. *Vielleicht liegt es mir im Blut,* dachte er. *Schließlich war Großvater Entdecker.* Allerdings befand er sich an Bord eines Kriegsschiffes im aktiven Dienst, und sein Erkundungsdrang würde warten müssen, bis friedlichere Zeiten anbrachen.

»Morgen Vormittag sollten wir die Förde hinter uns bringen und Untertorquil erreichen«, sagte er. »Von dort sind es noch drei Tage bis zum Quilam, vorausgesetzt das Wetter und die Drachen machen uns keinen Strich durch die Rechnung. Bis dahin müssen alle Gerätschaften fertig sein. An die Arbeit.«

✦ ✦ ✦

Bozware verwendete die größte Barkasse als Grundlage für sein dampfbetriebenes Flussboot. Dabei ließ er sich von der *Überlegenheit* selbst inspirieren und entschied sich anstelle von Schaufelrädern für einen Propellerantrieb. »Alles andere wäre in der kurzen Zeit, die uns zur Verfügung steht, zu komplex«, erklärte der Maschinist Hilemore, als dieser ihn in seiner improvisierten Werkstatt auf dem Vorderdeck besuchte. Unter der üblichen Mischung aus Ruß und Schmieröl, die seine Haut bedeckte, war Bozware die Müdigkeit anzusehen, nichtsdestotrotz war er voller Begeisterung für seine Aufgabe. Für die Welle hatte er einen Eisenmast zweckentfremdet, der zuvor als Deckenbalken im Mannschaftsquartier gedient hatte. Den Propeller bildeten Kupferrohre vom Warmwassersystem des Schiffes, die er flach gepresst und zu drei gleich großen Flügeln verschweißt hatte. »Auf diese Weise haben wir zwei Einzelkomponenten statt zehn.«

»Und der Motor?«, fragte Hilemore.

Bozware zog die Plane zurück, die einen unförmigen Gegenstand in der Mitte der Barkasse bedeckte. Für Hilemore sah er aus wie ein übergroßer Eisenzylinder, der aus einem dichten Geflecht von Kupfer- und Eisenrohren hervorragte. »Zum Glück hatten die Corvantiner ein gut gefülltes Ersatzteillager für den Hilfsmotor«, sagte er. »Das Getriebe und die Rohre waren also kein Problem. Heizkessel und Kühler waren schwieriger. Ich musste dem Koch mehrere Töpfe und Pfannen stehlen und ein paar Deckplatten aus dem Frachtraum.«

Er klopfte auf den Motor, in seinem Blick lag ein Hauch Stolz. »In ruhigen Gewässern sollte sie es auf gut zehn Knoten bringen, wenn sie ordentlich befeuert wird.«

Hilemore wandte sich zu Braddon Torcreek um, der hinter ihm stand und das Boot mit dem ihm neuerdings eigenen Schweigen betrachtete. »Was meinen Sie? Werden zehn Knoten reichen, Mr. Torcreek?«

Mit einem Schulterzucken murmelte Braddon: »Müssen sie wohl oder übel.« Damit stapfte er in Richtung der Mannschaftsquartiere davon. Hilemore hatte schon früher erlebt, dass Männer in Kummer versanken. Matrosen, die bei ihrer Rückkehr an Land vom Tod eines geliebten Menschen erfuhren. Manche fielen dem Alkohol anheim, andere der Hurerei oder dem Glücksspiel, und ein paar wenige stürzten sich während einer einsamen Mitternachtsschicht von Bord. Braddon trank weder noch spielte er, und er wirkte auch nicht wie ein Selbstmordkandidat. Stattdessen zog er sich, wann immer er nicht gebraucht wurde, in seine Kajüte zurück und putzte seine Waffen.

Bei ihm ist es kein Selbstmitleid, dachte Hilemore, als er Braddon nachsah. *Sondern Rachedurst. Und das ist vielleicht noch schlimmer.*

◆ ◆ ◆

Das Untertorquilmeer machte seinem Ruf als schlecht befahrbares Gewässer schnell alle Ehre. Nach einer Abstimmung unter den Mitgliedern seiner Mannschaft, die nicht im Schiffsgefängnis saßen, hatte Kapitän Tidelow beschlossen, bei der *Überlegenheit* zu bleiben. Beide Schiffe gelangten unbehelligt durch die Barnahy Förde ins Untertorquil, wo das größtenteils ruhige blaue Wasser den klaren Himmel reflektierte. Allerdings nahm im Laufe des Tages der Wind zu, und der Seegang wurde unstet. Am späten Nachmittag setzten zudem schwere

Regengüsse ein, und der Wind peitschte das Binnenmeer auf. Sie mussten die Geschwindigkeit verringern, und Obermatrose Scrimshine hatte alle Hände voll zu tun, um sie auf Kurs zu halten.

»Angeblich liegt es an den geographischen Bedingungen«, erklärte Leutnant Talmant Hilemore, während sie sich bemühten, auf dem stampfenden Schiff nicht das Gleichgewicht zu verlieren. »Der auf diesem Breitengrad vorherrschende Wind kommt aus Westen. Über den Torquilmeeren nimmt er stark an Geschwindigkeit zu, und wenn er schließlich auf die natürliche Barriere der Kupfersohlberge trifft, entstehen Hochdruckwirbel.«

»Scheißspannend«, murmelte Scrimshine, während er mit dem Steuer rang, so leise, dass nur Hilemore es hörte.

»Vorsicht, Mr. Scrimshine«, rügte er den Steuermann, sodass dessen Grinsen erstarb. Eine Beförderung und eine Auszeichnung waren keine Entschuldigung für mangelnden Respekt gegenüber Vorgesetzten.

Hilemore wandte sich wieder dem Bug zu, wo Clay dem Wetter trotzte. Durch die Sturmböen sah er im schwächer werdenden Licht immer wieder Jacks Schuppen aufblitzen, wenn sie die Oberfläche durchbrachen. Wie der junge Torcreek berichtete, gefiel dem Drachen seine neue Umgebung nicht, das relativ seichte Wasser und die Enge der Torquilmeere standen in starkem Kontrast zu seiner Heimat. Dennoch waren seine Sinne scharf wie eh und eh, und er hatte noch keinen Hinweis auf andere Drachen gefunden.

Bei Einbruch der Nacht befahl Hilemore, die Geschwindigkeit auf ein Drittel zu drosseln. Das Wetter hatte die Sterne vom Himmel gestohlen, und er wollte sich in solch seichten Gewässern nicht auf Koppelnavigation verlassen. In Friedenszeiten konnte es der Karriere eines Kapitäns schaden, ein Schiff auflaufen zu lassen, in diesem Fall würde es jedoch ihre gesamte Mission zunichte machen.

Zum Morgen hin beruhigte sich die See, und sie erreichten ungehindert den schmalen Kanal, der das Untertorquilmeer mit seinem nördlichen Zwilling verband. Diese wegen ihrer Gefährlichkeit berüchtigte Enge hieß offiziell Torminestraße, in Erinnerung an einen weiteren Entdecker, der diese Region kartographiert hatte. Unter Matrosen wurde sie jedoch schon lange Schreckensstraße genannt, weil ihre Unberechenbarkeit so viele Schiffe gefordert hatte. Angeblich konnte der Wasserstand während einer Dreimondflut die Höhe einer Flutwelle erreichen, doch zum Glück befanden sie sich in einer recht harmlosen Mondphase, weshalb mit ruhigen Gezeiten zu rechnen war. Nichtsdestotrotz ordnete Hilemore Kleine Fahrt an. Einerseits, um die Bedingungen auszutesten, andererseits, damit die *Fernlicht* wieder zu ihnen aufschließen konnte, nachdem sie nachts zurückgefallen war.

»Die Strömung zieht nach Norden, Kapitän«, berichtete Talmant, der das Fernrohr auf die Meeresstraße gerichtet hatte. Hilemore tat es ihm gleich und begutachtete die Steilküste zu beiden Seiten des Kanals. Bis auf ein paar Sträucher war das Ufer karg und sandig, wie es typisch war für Gebiete, die bei Dreimondfluten regelmäßig überschwemmt wurden. Die See machte einen ruhigen Eindruck, wenngleich sich die starke Strömung nicht leugnen ließ.

Nachdem er sich vergewissert hatte, dass die *Fernlicht* bis auf ein paar hundert Meter aufgeschlossen hatte, befahl er Talmant, eine Nachricht in den Maschinenraum zu schicken. »Weiter mit einem Drittel Geschwindigkeit. Kapitänin Okanas soll sich bereithalten, um wenn nötig den Blutbrenner zu befeuern.«

»Jawohl, Sir.«

Hilemore ließ den Blick zum Bug wandern, wo Jacks Dornfortsätze durch die schwache Dünung auf die Straße zuglitten. Einen Augenblick später tauchte der Drache ab und schwamm voraus, um ihre Route auszukundschaften. »Mr. Steelfine«, sagte Hilemore.

Der Insulaner nahm Haltung an. »Sir?«

»Lassen Sie die Besatzung auf der Steuerbordseite antreten und behalten Sie die Wassertiefe im Auge. Es ist schon eine Weile her, dass diese Gewässer ordentlich vermessen wurden.«

»Ist gut, Sir.« Steelfine salutierte und verließ die Brücke, seine Stimme schallte über das ganze Schiff, als er ein paar Matrosen zu sich beorderte.

Am Anfang der Straße betrug die Wassertiefe fünfzehn Meter, als die *Überlegenheit* die Mitte erreichte, nur noch zehn. Die Strömung war schnell, stellte jedoch kein Problem dar, denn Scrimshine konnte es jedes Mal ausgleichen, wenn sie gegen den Bug drückte.

»Hierher hat es Sie als Schmuggler wohl nie verschlagen, was, Mr. Scrimshine?«, fragte Hilemore.

»Nein, Kapitän«, antwortete dieser und bewegte das Steuer drei Grad nach Backbord, um den Bug wieder auf eine Linie mit der Kompassnadel zu bringen. »Hier gibt's auch keinen, dem man was verkaufen könnte. Dafür war ich oft in der Gegend um Stockcombe. Dort finden sich jede Menge lauschige Buchten ...«

»Sir!«, unterbrach Talmant, und als Hilemore zum Bug blickte, sah er, wie Clay sich plötzlich versteifte. Im nächsten Moment drehte der Blutgesegnete sich um und rannte winkend und schreiend auf die Brücke zu. Durch das Fenster vernahm Hilemore das Wort »Anhalten«.

»Ist schon wieder eine Sturmbö im Anzug?«, fragte Talmant, das Fernrohr auf etwas jenseits des Bugs gerichtet. Hilemore folgte seinem Blick. Zweihundert Meter vor ihnen brodelte das Wasser, als wäre es von einem jähen Windstoß aufgewühlt worden.

»Er hat sie nicht gehört!«, sagte Clay, als er atemlos und mit warnendem Blick in der Tür erschien. »Sie haben sich im Schlamm versteckt.«

Hilemore wandte sich zu der brodelnden See um. Er brauchte kein Fernrohr, um die Ursache zu erkennen, denn jetzt brachen sie durch die Oberfläche – grüne Schuppen, die in der Morgensonne glitzerten. *Grüne.* Riesige Seegrüne, so viele, dass sie die Schreckensstraße der Breite nach ausfüllten.

KAPITEL 11

Lizanne

»Fünfhundert Meter geschätzte Maximalhöhe«, sagte Professor Lethridge. Er umrundete das überarbeitete Fluggerät mit hinter dem Rücken verschränkten Armen und zählte Lizanne die Vorteile mit einem Stolz auf, den er ihr nie hatte zuteilwerden lassen. »Eine Maximalgeschwindigkeit von fünfundsechzig Kilometern pro Stunde mit Kerosin und hundertvierunddreißig mit thermoplasmischem Antrieb. Eine enorme Leistungssteigerung, die wir den Informationen zu verdanken haben, die du uns zur Verfügung gestellt hast.« Er schenkte Lizanne ein seltenes Lächeln. »Die aerodynamischen Verbesserungen an der Hülle haben ihn dreißig Kilometer die Stunde schneller gemacht und die geschlossene Gondel weitere fünfzehn.«

Das neue Fluggerät sah in der Tat beeindruckender aus als sein Vorgänger. Der Ballon war länger und stabiler und erinnerte durch die sanften Rundungen, die Bastlers inneres Kupfergerüst ihm verlieh, an einen Hai. Als Gondel diente nicht mehr nur ein kleines, mit Seilen am Ballon festgemachtes Boot, sondern eine schmale, kanuförmige Kapsel mit Glasfenstern vorne und hinten sowie schwenkbaren Luken an den Seiten, die groß genug waren, um einem Karabiner oder Mini-Beißer Platz zu bieten. Der Motor war mithilfe eines robusten Stahlrahmens an der Gondelunterseite befestigt und ließ sich für bessere Navigierbarkeit drehen. Jermayah hatte einen zweiten Motor hinzufügen wollen, doch hatten ihm dafür die Materialien gefehlt. Beim Anblick des hässlichen, klobigen Wärmebrenners runzelte Lizanne die Stirn. Er ragte aus dem Dach der Gondel und verdarb das andernfalls elegante Aussehen des Fahrzeugs.

»Eine vorübergehende Anpassung, die jedoch nötig war«, erklärte ihr Vater. »In Ermangelung von Helium oder Wasserstoff ist es die einzige Möglichkeit abzuheben.«

»Ich bin mir sicher, dass alles perfekt funktioniert, Vater«, erwiderte sie. Sie wandte sich Tekela zu, die neben sie getreten war. Das Mädchen steckte in einer schweren Matrosenjacke, deren Ärmel gekürzt worden waren, um ihren nicht den Normen entsprechenden Proportionen gerecht zu werden. Sie trug eine zweite Jacke in den Händen und eine dicke Wollmütze auf dem Kopf. Man hätte sie für ein Kind halten können, das Verkleiden spielte, wäre da nicht der kluge Blick gewesen, mit dem sie das Fluggerät taxierte.

»Für einen Testflug haben wir wahrscheinlich keine Zeit, oder?«, fragte sie Jermayah.

»Wir haben nicht genug Treibstoff,« sagte er entschuldigend und reichte ihr eine Kartentasche aus Leder. »Der Kurs ist eingezeichnet, und der Kompass zeigt bereits in die richtige Richtung. Der Kapitän sagt, dass der Wind über den Roten Gezeiten dazu neigt, nach Norden umzuschlagen. Vergiss nicht, das einzukalkulieren.«

Tekela nickte angespannt, dann drückte sie Lizanne die zweite Jacke in die Hände. »Es ist kalt da oben.« Sie setzte sich in Bewegung. »Sollen wir?«

Lizanne blieb noch kurz stehen, um ein paar Worte mit Makario zu wechseln, der sich mit Kapitän Trumane als Abschiedskomitee eingefunden hatte. Bastler fand dergleichen Höflichkeiten offensichtlich überflüssig und tüftelte lieber in der Werkstatt an Verbesserungen für den Mini-Beißer. »Widme dich weiter dem Solargraphen«, bat Lizanne den Musiker. »Solltest du die letzte Melodie finden, warte bis zu meiner Rückkehr, bevor du sie Bastler vorspielst.«

Er nickte und zwang sich zu einem Lächeln, ehe er mit dem Kinn zum Fluggerät deutete. Tekela war bereits an Bord geklettert und startete den Wärmebrenner, woraufhin ein lautes Zischen ertönte und das

Gefährt ein paar Zentimeter vom Boden abhob. »Habt ihr noch Platz für einen Dritten?«, fragte Makario, und Lizanne stellte überrascht fest, dass er es ernst meinte. »Wer soll dir das Leben retten, wenn du wieder in Gefangenschaft gerätst?«

»Ich muss wohl alleine zurechtkommen«, sagte sie und umarmte ihn kurz, ehe sie sich Kapitän Trumane zuwandte.

»Das ist unser offizielles Angebot«, erklärte er und hielt ihr ein versiegeltes Kuvert hin. »Bestimmt finden sie die Konditionen großzügig genug, um ihnen zuzustimmen.«

»Hoffentlich finden sie sie auch glaubwürdig«, entgegnete Lizanne und griff nach dem Umschlag.

Trumane räusperte sich und nahm eine förmliche Haltung ein. »Wir fahren zu einem Ort etwa dreißig Kilometer westlich von hier«, sagte er. »Zur Viemeninsel. Ein unbewohnter Fels, der von keinerlei Interesse, aber leicht zu finden ist. Die Piraten meiden ihn normalerweise, weil sie glauben, der König der Tiefe habe den Ort verflucht.«

»Wenn meine Mission erfolgreich verläuft, werde ich zur vereinbarten Stunde in Trance-Verbindung mit Mrs. Griffan treten«, erklärte Lizanne. »Bitte passen Sie auf, dass Dr. Weygrand ihr nicht zu viele Beruhigungsmittel verabreicht.«

»Und wenn Sie nicht erfolgreich sind?«

»Dann kann ich vermutlich keine Trance herstellen. Ich schlage vor, dass Sie nicht mehr als zwei Wochen bei der Viemeninsel auf uns warten.« Sie hielt inne, unangenehm berührt, weil sie ihm kein alternatives Ziel vorschlagen konnte.

»Nach zwei Wochen wird uns nichts anderes übrigbleiben, als uns in corvantinische Gewässer zu wagen.«

Sie nickte und wünschte, sie wüsste noch etwas zu sagen und könnte diesem Mann mehr Vertrauen entgegenbringen. Aber wieder einmal hatte sich das Schicksal gegen sie verschworen und ihr nur unbefriedigende Lösungen präsentiert. »Alles Gute, Kapitän«, war das Einzige, was ihr noch einfiel.

Er salutierte, und das gewohnte Zucken verzerrte sein Gesicht, allerdings weniger stark als sonst. »Ihnen ebenfalls, Miss.«

Lizanne ging zu Jermayah, der ihr die Raucher und Munition reichte, und umarmte ihn kurz und wortlos. Dann begab sie sich zu ihrem Vater, der neben der Gondel hockte und den Motor einer letzten Untersuchung unterzog.

»Stimmt etwas nicht?«, fragte sie.

Er schaute nicht auf, sondern hielt den Blick weiter auf irgendein Bauteil im Innern des Motors gerichtet. »Im Plasmazündventil ist immer nur Platz für eine Ladung. Die freigesetzte Energie reicht maximal drei Stunden. Die Zündung erfolgt über ein Rohr in der Gondel …«

»Das weiß ich, Vater. Es ist ganz einfach.« Sie schlüpfte in die Jacke, die Tekela ihr gegeben hatte, und fand in einer der Taschen eine Wollmütze. Professor Lethridge verharrte in der Hocke, um eine Abdeckung festzuschrauben.

»Das Rohr, das zum Kondensator führt, friert ein, wenn der Motor in der Höhe zu lange untätig ist …«

»Auch das weiß ich, Vater.«

Als er die letzte Schraube festgezogen hatte, blickte er endlich zu ihr auf. Erschrocken stellte sie fest, dass sie das bleiche Gesicht eines sehr ängstlichen, den Tränen nahen Mannes vor sich hatte. »Deine Tante …«, presste er hervor, ehe er verstummte und den Blick abwandte.

Lizanne kauerte sich neben ihn. »Tante Pendilla hat uns geliebt und wir sie«, sagte sie. »Wir waren eine Familie.« Sie lehnte sich vor und küsste ihn auf die Schläfe. »Das sind wir immer noch. Du trittst jetzt besser zurück, Vater. Ich muss aufbrechen.«

◆ ◆ ◆

Tekelas kleine, flinke Hände flogen über die Steuerelemente, während der Ballon abhob. Das Mädchen saß im vorderen Teil der Gondel, Lizanne im Rückteil, direkt hinter der Mittelstrebe, die den Motor mit dem Hauptkorpus verband. Tekela bediente einen großen, mit einer Drosselklappe versehenen Hebel, um Flugrichtung und Geschwindigkeit zu kontrollieren. Ein kleinerer Hebel zu ihrer Linken war mit den »Querrudern« verbunden, wie Lizannes Vater sie genannt hatte – zwei kurzen, breiten Flügeln auf beiden Seiten der Gondel, die für die Rollsteuerung verantwortlich waren. Zwei Fußhebel betätigten das große Hinterruder, mit dem sich der Steuer- und Backbordwinkel justieren ließ. Als Lizanne Tekelas komplizierte Choreographie mit den Hebeln und Pedalen beobachtete, fragte sie sich laut, ob sie es ihrer musikalischen Ausbildung zu verdanken hatte, dass sie so schnell eine so gute Pilotin geworden war.

»Kann schon sein«, antwortete Tekela, als sie abgehoben hatten. In der Gondel war es erstaunlich leise. Da der Motor sich außen befand, war von ihm nur ein leises Summen zu hören und sie konnten sich gut unterhalten. »Als ich klein war, stand meine Mutter immer mit dem Lineal neben dem Pianola, wenn ich Tonleitern übte. Wenn ich mich verspielte, zog sie mir eins über. Das hat mir flinke Finger beschert.«

Hätte ich deine Mutter je getroffen, hätte ich dieser miesen Schlampe den Hals umgedreht, dachte Lizanne, behielt den Gedanken jedoch für sich.

Sie warf einen Blick über die Schulter, wo die *Überlegenheit* immer kleiner wurde. Als sie weiter stiegen, kam auch der Rest der Flotte in Sicht, Dutzende Schiffe, die innerhalb weniger Augenblicke auf Spielzeuggröße schrumpften. Obwohl sie Höhen gewöhnt war, bescherte Lizanne der rapide Aufstieg ein Rumoren im Bauch und führte dazu, dass sie die Orientierung verlor. Um sich abzulenken, drehte sie sich um und überprüfte die Waffen. Außer dem Raucher hatten sie noch den Mini-Beißer, den Jermayah in Feros gebaut hatte, zwei Pistolen und ein Silworth Standardgewehr mit Zielfernrohr. Lizannes Erfahrung nach war es immer gut, eine Waffe mit großer Reichweite griffbereit zu haben, und ihre Erlebnisse in Scorazin hatten dies bestätigt.

»Er hat eine Tendenz, nach oben zu ziehen«, erklärte Tekela. Lizanne schaute von dem Mini-Beißer auf und sah, dass Tekela sie durch den Spiegel über dem Frontfenster beobachtete. »Du belässt es also besser bei kurzen Salven.« Ein Schatten trat auf ihr Gesicht, und sie senkte den Blick schnell wieder auf die Steuerung. »Unser Kurs ist eingestellt. Jermayah hat ein Riemenscheibensystem zurechtgebastelt, das dafür sorgt, dass die Hebel den richtigen Winkel beibehalten. Ich muss zwar noch die Abdrift korrigieren, aber es ist trotzdem viel weniger anstrengend.«

»Wir haben uns noch immer nicht darüber unterhalten, was du in Feros gesehen hast«, sagte Lizanne. »Und über Sirus.«Tekela versteifte sich unter der dicken Jacke. »Ich habe es mir nicht ausgedacht.«

»Das weiß ich. Es wirft bloß ein paar unangenehme Fragen auf.«

Lizanne beugte sich vor und fügte sanft hinzu: »Er hat dich gerettet. Wie?«

»Die Grünen …« Tekela schluckte, dann fuhr sie fort. »Die Grünen haben sich feuerspuckend den Weg nach drinnen gebahnt, und Sirus war bei ihnen. Er stand in der verbrannten Werkstatttür. Er war verderbt, aber ich habe ihn gleich erkannt. Ich … ich habe versucht, ihn zu töten. Ich hatte Jermayahs neue Waffe und habe versucht, sie alle zu töten. Bei den Grünen ist es mir auch gelungen, aber als ich bei Sirus ankam, hatte ich keine Kugeln mehr. Er stand einfach nur da und schaute mich an. Dann kam eine Verderbte. Ich kannte sie nicht, aber sie mich offenbar schon und sie war mir nicht freundlich gesinnt. Sie hatte eine Pistole … Sirus hat sie erschossen. Ich konnte sehen, dass es ihm nicht leichtfiel, aber er hat es trotzdem getan. Er hat es getan, um mich zu retten.«

Sie verstummte und wandte sich wieder der Steuerung zu, wischte sich nur hin und wieder einmal über die Augen. »Ich wollte, dass er mitkommt. Ich habe ihn gefragt, aber er sagte, er könne nicht. Dann hat er uns weggeschickt.«

Lizanne legte ihr eine Hand auf die Schulter. Sie spürte, wie Tekela zitterte und sich ein Schluchzen verkniff. »Er hat dich immer geliebt«, sagte sie.

»Wahrscheinlich.« Tekela schniefte und wischte sich mit dem Ärmel die Nase ab. »Der Kaiser weiß, warum. Ich war nie besonders nett zu ihm. Diese ganzen grässlichen Gedichte.« Sie holte tief Luft und atmete langsam aus. »Jetzt schreibt er bestimmt nicht mehr.«

»Nein, wohl kaum. Tekela« – Lizanne verfestigte ihren Griff – »wenn Sirus verderbt ist, gehorcht er dem Weißen. Das bedeutet, dass der Weiße im Besitz all seiner Erinnerungen ist, alle Erinnerungen an dich, mich, den Solargraphen, einfach alles. Und selbst wenn er sie jetzt noch nicht kennt, ist es nur eine Frage der Zeit.«

»Er hat mich gerettet«, wiederholte Tekela. »Er würde uns nicht verraten.«

»Nicht freiwillig. Ich bezweifle, dass irgendeiner der Verderbten freiwillig handelt. Aber auch wenn er dich gerettet hat, so stellt er trotzdem eine Gefahr für uns dar. Und das weiß er vermutlich. Deshalb wollte er euch nicht begleiten. Wenn wir ihm wiederbegegnen …«

Tekela schüttelte ihre Hand ab. »Das werde ich nicht tun«, verkündete sie und drückte den Rücken durch. »Und ich will nicht mehr darüber sprechen«, fügte sie in einem vertrauten, aber nur noch selten verwendeten Tonfall hinzu, aus dem die Bockigkeit sprach, die Lizanne noch aus ihren Anfängen in Morstal kannte.

»Du kannst gerne schlafen«, fuhr das Mädchen fort und bewegte den Haupthebel, als die Kompassnadel den Kurs verließ. »In den nächsten Stunden werden wir nichts anderes sehen als das Meer.«

◆ ◆ ◆

Das Wetter meinte es gut mit ihnen, und sie kamen auf ihrer Reise nach Westen schnell vorwärts. Auch der Wind war ihnen wohlgesonnen, bis nach eineinhalb Tagen die ersten varestianischen Inseln in Sicht kamen. Tekela hatte gerade mal zwei Stunden geschlafen, zusammengesunken auf ihrem Sitz, eine Hand am Steuerhebel, den Motor auf die niedrigste Stufe gedrosselt. Trotzdem schien sie nicht allzu müde, was wohl ein Vorteil ihrer Jugend war.

»Der Kapitän hatte recht, was den Wind angeht«, sagte sie und zerrte ächzend an der Steuerung, um das Fluggerät auf Kurs zu halten.

Lizanne spähte auf die winzigen Fleckchen Land hinab, die unter ihnen vorbeizogen. Es handelte sich um die größtenteils unbewohnten Außeninseln des Sabiras-Archipels, eine natürliche Barriere am östlichen Rand von Varestia, die als inoffizielle Grenze zwischen dem Orethischen Ozean und den Roten Gezeiten galt. Ab hier waren nur varestianische Schiffe erlaubt – das galt für Händler wie Piraten gleichermaßen. Schon bevor das Corvantinische Kaiserreich die Herrschaft über diese Region verlor, hatten kaiserliche und Unternehmensschiffe die Roten Gezeiten größtenteils gemieden. Obwohl die Varestianer im Ruf standen, die besten und am weitesten gereisten Seeleute der Welt zu sein, begegneten sie Eindringlingen in ihren Gewässern stets feindselig.

Zum wiederholten Mal las Lizanne Kapitän Trumanes Brief. Sie hatte das Siegel ohne die geringsten Schuldgefühle aufgebrochen und hätte das Schreiben entsorgt, wenn sein Inhalt ihrer Mission zuwidergelaufen wäre. Allerdings stellte sich heraus, dass es diplomatisch elegant und wirkungsvoll formuliert war und nichts enthielt, was ihre potentiellen Gastgeber beleidigen konnte. Außerdem hatte Trumane die perfekte Balance zwischen Drängen und Besänftigen gefunden. Am interessantesten für die Varestianer waren wohl die zehn Millionen Eisenboot-Interimsscheine oder die entsprechende Menge an Aktien, die der Kapitän ihnen im Austausch für einen sicheren Hafen versprach – ein Angebot, das zu machen seine Befugnisse bei Weitem überstieg. *Und meine ebenfalls,* dachte Lizanne und faltete den Brief wieder zusammen. Wenn sie die Varestianer zu einer Zusammenarbeit bewegen wollte, musste sie ihnen ein paar spektakuläre Lügen auftischen. So viel stand fest.

Als sie die größeren Inseln etwa zwanzig Kilometer weiter im Westen erreichten, sahen sie das erste varestianische Schiff. Es handelte sich um einen Frachter mit drei Schaufelrädern, wie an der breiten Heckwelle unschwer zu erkennen war. Lizanne verwendete das Zielfernrohr des Gewehrs, um ihn einer näheren Betrachtung zu unterziehen. Die ihr unbekannte Fahne am Mast wies ihn als Freien aus, wie die meisten Varestianer. *Und Piraten,* fügte sie im Geiste hinzu. Allerdings bezweifelte sie, dass es sich in diesem Fall um ein Piratenschiff handelte, denn es war viel zu groß für die schnellen Manöver, die dieses Gewerbe erforderte. Wie sich jedoch herausstellte, war es bewaffnet.

Am Vorderdeck blitzte es, ein, zwei Sekunden später folgte das schwache Donnern eines Kanonenschusses. Mit fliegenden Zielen hatten die Kanoniere offensichtlich keine Erfahrung, denn das Geschoss beschrieb einen zu großen und flachen Bogen und explodierte etwa fünfzig Meter unter und hundert Meter hinter ihnen. Dennoch sah Tekela sich veranlasst, die Drosselklappe zu öffnen und den Winkel der Querruder zu ändern, sodass das Fluggerät einen plötzlichen Anstieg auf seine Maximalhöhe vollzog, bei dem Lizanne übel wurde.

»Kannst du mich bitte warnen, wenn du so etwas machst?«, beschwerte Lizanne sich.

»Tut mir leid.« Tekela blickte durch die Luke auf der Steuerbordseite auf das Schiff hinab. »Das war nicht gerade freundlich, oder?«

»Nein.« Jetzt leuchteten noch mehr Blitze an Bord des Frachters auf, und alle Geschütze wurden zum Einsatz gebracht, allerdings kam ihnen keine Kugel mehr so nah wie die erste. »Sie wissen nicht, wer wir sind«, fuhr sie fort, als die schwarzen Explosionswolken sich auflösten und der Frachter in der Ferne immer kleiner wurde. »Oder was es mit diesem Apparat auf sich hat. Unsichere Zeiten führen zu unruhigen Händen.«

»Und was erwartet uns dann bei den Sieben Mauern?«

Lizanne sah Tekela an, aus ihrem Puppengesicht sprach große Unruhe. *Manchmal vergesse ich, wie jung sie ist.* Sie widerstand dem Impuls, zu lügen und das Mädchen in Sicherheit zu wiegen. Bei einer gemeinsamen Mission war es wichtig, dass die Agenten sich vertrauten. »Ich weiß es nicht«, sagte sie. »Vielleicht schießen sie auf uns, wenn sie uns sehen. Vielleicht auch nicht. Vielleicht lassen sie uns landen und nehmen uns dann fest.«

Tekela nickte und runzelte besorgt die Stirn. »Oder noch Schlimmeres.«

»Ja. Oder noch Schlimmeres.« Lizanne zeigte auf die kleine Uhr, die Jermayah inmitten der Anzeigen auf der Steuerarmatur untergebracht hatte. »Wie lange noch?«

Tekela richtete sich auf, dann drehte sie sich um und packte den Lenkhebel fester. »Bei diesem Wind zehn Stunden.«

»Dann kommen wir also an, wenn es dunkel ist.«

»Ich kann kreisen, bis es hell wird, und dann mit dem Anflug beginnen.«

»Nein. Dann bist du zu müde.« Lizanne ging in die Hocke und begab sich zu dem Sehrohr, das neben der Mittelstrebe angebracht war. »Ich denke, es ist Zeit, den Blutbrenner zu aktivieren.«

»Der Professor sagte, dass nur eine Ladung eingelegt ist. Wenn der Brenner erst einmal läuft, lässt er sich nur stoppen, indem man das Plasma aus der Brennkammer leert. Vielleicht sollten wir uns das besser für den Notfall aufheben.«

»Wenn wir gelandet sind, können wir nachladen, sofern wir wieder davonfliegen dürfen. Und wenn nicht, spielt es ohnehin keine Rolle.« Sie entfernte die Abdeckung und blickte durch die Rohröffnung. »Außerdem will ich sehen, wie schnell dieses Ding fliegen kann. Bist du bereit?«

»Eine Sekunde. Ich muss noch die Querruder anlegen, damit der Fahrwind sie nicht abreißt.« Sie betätigte einen Hebel, und ein leises Klicken ertönte. »Jetzt.«

Lizanne zog ihren Beutel hervor und entnahm ihm eine Phiole

Rot, aus der sie einen kleinen Schluck trank, ehe sie wieder in das Rohr blickte. Ihr Vater hatte eine kleine leuchtende Scheibe in der Plasmaröhre installiert, damit die darin befindliche zähe Flüssigkeit leicht auszumachen war. Ein kurzer Feuerstoß genügte, um das Produkt augenblicklich in einen grellen Feuerball zu verwandeln, der Lizannes Augen tränen ließ. Sie wollte gerade kundtun, dass es vielleicht eine gute Idee gewesen wäre, getöntes Glas zu verwenden, als das Fluggerät mit einer solchen Geschwindigkeit vorwärtsschoss, dass sie von den Beinen gerissen wurde. Sie hörte Tekela überrascht, aber entzückt kichern und blinzelte die Tränen weg, um festzustellen, dass das Mädchen den Lenkhebel jetzt mit beiden Händen umklammert hielt. Bei einem Blick über die Schulter sah Lizanne, dass die Nadel der Geschwindigkeitsanzeige sich zügig zum Maximalwert bewegte und dort stehen blieb.

»Das müssen mindestens hundertsechzig Stundenkilometer sein«, sagte Tekela mit zufriedenem Lachen. »Sieht aus, als hätte der Professor seine eigene Erfindung unterschätzt.«

»Mit-Erfindung«, korrigierte Lizanne und beobachtete durch die Luke, wie sie rasant an einer Wolke vorbeizogen. »Wenn wir wieder auf dem Schiff sind, erinnere mich daran, ein ordentliches Patent auszuarbeiten und einen Vertrag für die Verteilung aller zukünftigen Gewinne aufzusetzen.«

◆ ◆ ◆

Innerhalb weniger Minuten ließen sie den Sabiras-Archipel hinter sich und erreichten die Roten Gezeiten. Sie flogen so tief, dass sie erkennen konnten, wie sich die Meeresoberfläche unter ihrer Geschwindigkeit kräuselte. Weitere Schiffe kamen in Sicht, die meisten davon kleiner als der Frachter, doch offensichtlich verspürte keines davon den Drang, auf sie zu feuern. Was wohl eher an ihrem Tempo lag als an mangelnder Feindseligkeit. Nicht einmal vier Stunden später meldete Tekela Land in Sicht. Zu diesem Zeitpunkt hatte der thermoplasmische Motor seine Ladung bereits verbraucht, und Tekela musste wieder gegen den Wind ankämpfen, wobei sie jedoch geschickt weiterhin Kurs auf die näher kommende Landmasse hielt.

Lizanne beugte sich vor und suchte die Küste nach Kennzeichen ab. »Iskamir«, sagte sie, als sie ein paar Grad gen Norden einen breiten Meeresarm entdeckte. Dankbar drückte sie Tekelas Schuler. »Wir sind richtig. Bring uns so hoch du kannst. Wir wissen nicht, was für einen Empfang man uns bereiten wird.«

In den Atlanten und Almanachen wurde die Insel Iskamir oft als »Juwel« und »schlagendes Herz« von Varestia bezeichnet, denn sie diente den Piraten als Hauptumschlagplatz für ihre erbeuteten Waren. Beim Überfliegen der Ostküste stellte Lizanne erstaunt fest, wie viele Häfen es dort gab, allesamt umgeben von Städten unterschiedlicher Größe. Gut möglich, dass dies die am dichtesten besiedelte Landmasse der Welt war. Demzufolge waren die Bewohner von importierten Gütern abhängig, um die Lebensmittelversorgung zu gewährleisten, denn das Hinterland bestand hauptsächlich aus Bergen und unwirtlichen Hügeln. *Kein Ort, der einer Belagerung lange standhielte,* dachte Lizanne, als sie von der Küste abdrehten und in die Berge flogen. Die Gipfel waren so hoch, dass Tekela die Geschwindigkeit reduzieren musste, um das Fluggerät zwischen ihnen hindurch zu navigieren. Dabei musste sie zusätzliche Kraft aufwenden, um den widerspenstigen Luftströmungen und vorübertreibenden Nebelfetzen zu trotzen.

»Auf dem Rückweg fliegen wir besser außen herum«, sagte sie, und Lizanne stellte fest, dass die Anstrengung ihr trotz der Kälte den Schweiß ins Gesicht getrieben hatte.

Nach den Bergen überquerten sie einen schmalen Streifen Ackerland, ehe sie die Meerenge erreichten, die Iskamir von dem beeindruckenden Bauwerk der Sieben Mauern trennte. Dieses kam zunächst als dunkles, erstaunlich gleichmäßiges Gebilde am Horizont in Sicht, nahm aber schon bald eine Größe an, bei der Lizanne an die soeben überquerten Berge denken musste. Sie wusste, dass die riesige Festung mindestens tausend Jahre alt und genial konzipiert war: ein kleines zentrales Eiland mit einem Hafen, umgeben von sieben Mauern, die man zwischen den kleineren, weiter draußen liegenden Inseln errichtet hatte. Auf diese Weise hatte man einen autarken Hafen geschaffen, der permanent nach allen Seiten vor den Gezeiten geschützt war. In der Zeit, als der alte Varestianische Bund den letzten Krieg gegen das wachsende Corvantinische Kaiserreich geführt hatte, war das Bollwerk enorm ausgebaut worden. Jetzt waren die Mauern über dreißig Meter hoch und an jedem Schnittpunkt stand ein kleines Fort. Durch das Zielfernrohr konnte Lizanne erkennen, dass jedes einzelne davon vor Kanonen strotzte, während ameisengroße Gestalten rasch zu ihren Stellungen rannten. Offenbar war das Fluggerät nicht unbemerkt geblieben.

Hinter den Mauern lag der Hafen selbst, mit so vielen Gebäuden, Kais und Stegen, dass Lizanne abgesehen von ein paar Bäumen keinerlei Vegetation ausmachen konnte. *Hoffentlich haben sie genug Lebensmittel gelagert*, dachte sie. Die einzige freie Fläche bildete ein Platz in der Mitte, umgeben von prunkvollen Gebäuden, von denen das größte vermutlich die Quasi-Regierung von Varestia beherbergte.

»Dort landen wir«, sagte Lizanne und deutete auf den Platz.

»Und die Befestigungsanlagen?«, fragte Tekela mit brüchiger Stimme. Sie waren jetzt nah genug, um zu sehen, wie die Kanoniere die Geschütze luden.

»Hoffen wir einfach, dass sie genug Anstand besitzen, um sich an die Gepflogenheiten zu halten.« Lizanne begab sich zu der Segeltuchtasche, die Kapitän Trumane ihr mitgegeben hatte. Der darin befindliche Gegenstand war groß und unhandlich, und sie brauchte einige Minuten, um ihn auszupacken. Als sie damit fertig war, schleifte sie ihn zu der Luke im Boden der Gondel.

»Halt kurz hier an«, bat sie Tekela. »Wir müssen sicher sein, dass sie es auch sehen.«

Als Tekela das Fluggerät mehr oder weniger zum Stehen gebracht hatte, machte Lizanne die Luke auf, band die an den Ecken des Gegenstands befestigten Schnüre um die Mittelstrebe und schob das Bündel durch die Öffnung. Dank der steifen Brise entfaltete die Flagge sich vollständig und brachte ein Symbol zum Vorschein, das man hoffentlich auch in diesen unsicheren Zeiten erkennen würde: einen weißen Kreis auf schwarzem Grund. Selbst die Varestianer respektierten dieses Symbol, das weltweit als Zeichen für Waffenstillstand und den Wunsch nach Verhandlungen stand.

Sie trieben mehrere Minuten auf der Stelle. Während die Flagge im Wind flatterte, beobachtete Lizanne das ihnen am nächsten liegende

Fort aufmerksam. Dort herrschte ein gewisses Ausmaß an Verwirrung sowie ein großes Ausmaß an Streit. Es kam sogar zu Handgreiflichkeiten, aber Kanonen wurden keine abgefeuert.

»Bring uns näher ran«, befahl sie Tekela. »Am besten langsam und vorsichtig.«

Sowie sie die Mauer überquert hatten, musste Lizanne die Flagge losschneiden, da diese den Propellern gefährlich nahe kam. Blieb nur zu hoffen, dass die Varestianier das nicht als feindliches Signal auffassten. Auf den Kais und in den Straßen drängten sich Menschen, die meisten sahen staunend oder misstrauisch zu ihnen empor, andere ergriffen panisch die Flucht. Im Hafen ankerten zahlreiche Schiffe, von denen etliche bei ihrem Anblick die Dampfmotoren anwarfen. Nichts von alldem verlieh Lizanne große Hoffnung für eine sichere Landung, aber zum Umkehren war es jetzt zu spät.

Über dem Platz angekommen, hielt Tekela das Fluggerät in der Luft an und drosselte langsam den Wärmemotor, um eine sanfte Landung in die Wege zu leiten. Eine von Jermayahs Neuerungen beinhaltete eine ausklappbare Landevorrichtung an der Gondelunterseite, die einer metallenen Adlerklaue glich. Als sie knapp über dem Boden waren, brachte Tekela diese zum Einsatz, und das Fluggerät setzte mit leichtem Rumpeln auf.

»Sehr gut gemacht«, lobte Lizanne und beobachtete durch das Fenster, wie eine Gruppe Männer die Treppe des großen Gebäudes herabeilte. Es waren etwa zwanzig, und alle trugen Gewehre oder Karabiner bei sich. »Du steigst besser aus und begrüßt unsere Gastgeber.«

Tekela starrte sie ungläubig an. »Ich?«

Lizanne begab sich in den hinteren Teil der Gondel und begann, ihre Ausrüstung zusammenzubauen. »Ich komme gleich nach«, sagte sie und schnallte sich die Spinne um.

»Was soll ich sagen?«

»Normalerweise ›Hallo‹.«

»Ich kann aber kein Varestianisch.«

»Keine Angst. Sie sprechen meist auch andere Sprachen.«

Tekela verharrte einen Moment lang schweigend, dann öffnete sie die Vorderluke und kletterte nach draußen. Lizanne hörte das Poltern von Stiefeln, als die Männer näher kamen und sie umstellten, einer fragte etwas in rauhem, atemlosem Varestianisch.

»Äh«, sagte Tekela. »Hallo.«

Es folgte eine kurze Pause, in der Lizanne sich eine kleine Menge Grün injizierte, ehe sie sich zur Hinterluke begab.

»Wer zur verfluchten Mühsal bist du?«, fragte derselbe Mann auf Mandinorianisch, wenn auch mit starkem Akzent. »Und was zur verfluchten Mühsal ist das?«

»Ich bin Burggräfin Tekela Artonin«, antwortete das Mädchen mit bewundernswert fester Stimme. »Und es gibt keinen Grund, vulgär zu werden, Sir.«

»Glaub mir, Mädchen«, fuhr der Mann fort, »die paar Flüche sind das kleinste deiner–«

Der Rest seiner Worte ging unter, als Lizanne unter der Gondel hervortrat, den Mini-Beißer hob und eine längere Salve abfeuerte. Tekela hatte recht gehabt, die Waffe besaß einen merklichen Aufwärtsdrall. Außerdem war sie aufgrund der Ladung und des winzigen Wärmemotors, der die Trommel drehte, etwas unhandlich. All das führte dazu, dass Lizanne trotz des Grüns nicht so präzise zielte, wie sie es gerne gehabt hätte. Der Mini-Beißer hinterließ eine senkrechte Reihe von Einschusslöchern im größten Gebäude am Platz, ehe er eine der Statuen auf dem Dach in einen Haufen Marmor verwandelte.

Als Lizanne den Finger vom Abzug nahm und den Blick senkte, stellte sie fest, dass ihr Empfangskomitee jetzt bäuchlings auf den Pflastersteinen lag. Sie schritt auf sie zu und sah dabei den Mann an, der mit Tekela gesprochen hatte. Unter normalen Umständen hätte er mit seinem wettergegerbten Gesicht und den von Säbelnarben gezeichneten Wangen beeindruckend gewirkt, so aber war er nichts weiter als ein eingeschüchterter Mann, der sich dem Tod gegenübersah. Dieser Ausdruck begegnete ihr beileibe nicht zum ersten Mal.

»Ich mache es einfach. Sie haben folgende Möglichkeiten«, sagte sie. »Sie können aufstehen, sich bei meiner Freundin für Ihre Ausdrucksweise entschuldigen und uns zum varestianischen Regierungsrat führen. Oder« – sie richtete die noch rauchenden Läufe des Mini-Beißers direkt auf seinen Kopf – »ich töte Sie und jeden hier und suche ihn selbst.«

KAPITEL 12

Clay

»Auf Kampfstation! Schützen an Deck!«

Während Hilemores Befehle über die Brücke schallten, wirbelte Clay herum und glitt die Leiter hinunter, um seine Stellung am Bug einzunehmen. Die Vorderkanone der *Überlegenheit* begann zu feuern, noch bevor er sein Ziel erreichte. Der Schuss war niedrig angesetzt und traf die herannahende Masse Grüner genau in der Mitte, sodass eine rot-weiße Fontäne aufstob. Clay stürmte mit gezückter Waffe zur Backbordreling und blickte aufs Wasser. *Jack!*

Er spürte die Anspannung des Blauen, dessen instinktive Angst vor größeren Gruppen seine Loyalität überwog. Ein kurzer Blick in Jacks Gedanken verriet Clay, dass er verzweifelt unter der *Überlegenheit* kreiste und versuchte, sich hinter dem Schlamm zu verstecken, den er dabei aufwirbelte. *Der Alte Jack war nie so mächtig wie Letzter Anblick,* dachte Clay. *Oder so verrückt.*

Auf der Brücke ertönte ein weiterer Befehlsschrei, und Steelfines Schützen traten an. Der Insulaner schickte sechs Mann an die Backbordreling und die restlichen sieben nach Steuerbord. Auf den oberen Aufbauten erschienen ebenfalls bewaffnete Seeleute, begleitet von Sigoral und Loriabeth. Derweil erklomm Predigers großgewachsene Gestalt mit einem Gewehr auf dem Rücken die Leiter zum Mastkorb.

Onkel Braddon und Skaggerhill waren nirgends zu sehen, doch Clay wusste, dass sie irgendwo auf dem Achterdeck Stellung beziehen würden.

Die Vorderkanone feuerte erneut, dicht gefolgt von den Steuer- und Backbordgeschützen, die Grünen waren also bereits überall. Clay schaute wieder aufs Meer, erkannte jedoch nichts als schäumende Gischt. Im nächsten Augenblick taumelte er zurück, als ein Grüner mit offenem Maul aus dem Wasser schnellte. Die Hitze des Feuers betäubte ihn, und er fiel der Länge nach hin, aus seinen versengten Kleidern stieg Rauch auf. Er schlug nach den Flammen an seinen Ärmeln, da wurde ihm klar, dass er seine Waffe hatte fallen lassen. Er griff nach dem Produktetui in seiner Tasche. Kaum hatte er es geöffnet, ertönte an der Reling ein lautes Zischen, der Grüne kletterte an Bord.

Wie die meisten Seegrünen war er um einiges größer und länger als seine an Land lebenden Artgenossen. Kopf und Schnauze waren schmal und speerförmig, der einer Peitsche gleichende Schwanz war mit Stacheln bedeckt. Als die Bestie damit zum Schlag ausholte, rollte Clay übers Deck und entging gerade noch der dornigen Spitze, die mit voller Wucht auf die Planken knallte. Innerlich fluchend tastete er nach seinen Phiolen und versuchte verzweifelt, eine davon an die Lippen zu setzen. Doch der Grüne sah keinerlei Anlass, ihm so viel Zeit zu gönnen, und stürzte sich mit aufgerissenem Maul auf ihn, ehe er unter einem Kopfschuss zusammenbrach.

Clay starrte den blutenden, zuckenden Körper an, bis ihn zwei Hände an den Schultern packten und aufzurichten versuchten. »Bist du verletzt?«, fragte Kriz, als er wieder auf den Beinen war. Sie hatte irgendwo eine Pistole aufgetrieben und feuerte mit dem Rücken zu ihm auf die zahlreichen Grünen, die jetzt an Bord der *Überlegenheit* drängten. Unablässig donnerndes Gewehrfeuer wurde von schnelleren Pistolen- und Karabinerschüssen und dem dröhnenden Zischen von Drachenfeuer durchbrochen. Ein Schrei lenkte Clays Blick zum vorderen Geschütz. Die Männer hatten die Schwenkkanone verlassen und versuchten, mit Äxten und Bootshaken drei Grüne zurückzuschlagen. Einer von ihnen war bereits zu Boden gegangen und schlug schreiend nach den Flammen, die seine Beine verschlangen.

Clay holte drei Phiolen aus dem Etui – Rot, Grün und Schwarz –, setzte sie an die Lippen und trank sie jeweils zur Hälfte aus. Den Rest gab er Kriz. »Trink sie aus.« Damit hob er seine Pistole auf und stürmte los. »Überlass mir das Töten. Halt sie mir einfach vom Leib.«

Er ließ einen Grünen erstarren, der sich gerade auf den brennenden Matrosen stürzen wollte, verpasste ihm einen Schuss in den Schädel und betäubte die anderen beiden mit einer Mischung aus Schwarz und Rot. Wütend zischend schlitterten sie rückwärts. Mithilfe seiner verbesserten Reflexe jagte Clay dem einen eine Kugel ins Auge, doch der andere war zu schnell, wich flink zur Seite aus und rammte einem der Kanoniere die Schwanzspitze in die Brust. Mit einem zornigen Fluch in ihrer Sprache entfesselte Kriz etwas stümperhaft, aber effektiv einen Schwall Schwarz, mit dem sie den Drachen lange genug gegen die Seitenreling drückte, dass Clay ihn mit einem Kopfschuss niederstrecken konnte.

Der brennende Mann wand sich vor Schmerzen, während seine beiden verbliebenen Kollegen mit einer Jacke die letzten Flammen erstickten. Trotzdem war nicht anzunehmen, dass er noch lange leben würde. Ein letzter Blick bestätigte, dass das Vorderdeck und der Bug frei von Grünen waren, doch auf dem Mitteldeck und den oberen Aufbauten schien es von ihnen zu wimmeln. Obwohl Dutzende bereits tot waren und den verzweifelten Salven der Matrosen stetig mehr zum Opfer fielen, tauchten aus dem Meer immer wieder neue auf und kletterten an Bord.

»Habt ihr Kartätschen?«, fragte Clay einen der Kanoniere. Als dieser ihn nur erschrocken anstarrte, packte er ihn an der Jacke und schüttelte ihn. »Kartätschen! Habt ihr welche?«

»Nur drei«, sagte der Mann und eilte zu dem im Deck versenkten Munitionsfach. »Die Corvantiner haben die meisten an der Enge verbraucht.«

»Legt sie ein«, wies Clay ihn an. »Wir geben euch Deckung.«

Die Kanoniere machten sich an die Arbeit, in der Zwischenzeit bezogen Clay und Kriz hinter der Kanone Position und töteten alle Grünen, die sich aus der Meute lösten, um anzugreifen. Kriz schien mit jedem Produkteinsatz mehr zu lernen, ihre Rot- und Schwarzstöße wurden immer präziser. Einem Grünen brach sie die Vorderbeine und röstete dann seine Augäpfel, als er ein paar Meter vor ihr zum Stehen kam.

»Netter Trick«, sagte Clay und gab ihm mit einem Kopfschuss den Rest. Seine letzte Kugel. Er drehte sich zu der Kanone um. »Seid ihr so weit?«

»Alles bereit«, antwortete einer der Männer, ließ den Verschluss zuschnappen und machte sich mit seinen Kameraden daran, das Geschütz herumzuschwenken. »Ihr stellt euch besser hinter uns, wenn ihr nicht in Stücke gerissen werden wollt.«

Clay und Kriz beeilten sich, der Aufforderung Folge zu leisten, während die Kanoniere die Mündung auf die oberen Aufbauten richteten. »Wohin sollen wir zielen?«, fragte einer.

»Nach steuerbord«, erwiderte Clay. »Dort sind die meisten.«

»Halten Sie sich die Ohren zu«, sagte der andere Mann und griff nach der Abzugsleine. Clay presste die Hände seitlich gegen den Kopf und bedeutete Kriz, es ihm gleichzutun. Trotzdem war der folgende Knall laut genug, um seine Ohren zum Klingeln zu bringen. Unwillkürlich schloss er die Augen. Als er sie wieder öffnete, hatten sich die zahllosen Drachen, welche die Steuerbordseite der oberen Aufbauten belagert hatten, in rot-grünen Matsch verwandelt. Ausgeweidete Grüne, die mehrere Gliedmaßen verloren hatten, hingen, teilweise noch zuckend, über den Leitern und Stegen. Dazwischen erkannte Clay die dunkle Uniform eines Protektoratsmatrosen. Er zwang sich, den Blick abzuwenden. »Backbord«, sagte er. »Schnell.«

Sie mussten einen weiteren Angriff abwehren, ehe die Kanone erneut schussbereit war. Clay konnte spüren, wie seine Produktreserven mit jedem getöteten Drachen abnahmen. Glücklicherweise hatte Prediger ihre Notlage offenbar bemerkt und kam ihnen zu Hilfe. Kurz hintereinander fielen drei Grüne Langgewehrschüssen aus dem Mastkorb zum Opfer. Dennoch hielten die Bestien weiter auf sie zu, und als die Kanoniere endlich einen Warnschrei ausstießen, war beinahe alles Produkt aufgebraucht. Um aus der Schussbahn zu gehen, reichte die Zeit nicht, also warfen Clay und Kriz sich flach auf den Boden und hielten sich die Ohren zu, während Eisenkugeln aus dem Geschütz hagelten.

Diese Salve erwies sich als noch tödlicher als die erste, sie löschte die meisten der angreifenden Drachen aus und hinterließ etwa ein Dutzend verwundete. Ein Blick nach mittschiffs erbrachte, dass keine Grünen mehr an Bord kletterten, doch eine vom Heck herüberdringende Kakophonie aus Schüssen und Schreien verkündete, dass der Kampf keineswegs vorüber war.

»Komm«, sagte Clay zu Kriz und rannte auf eine Leiter zu. »Der Kapitän hat sicher noch Produkt.«

◆ ◆ ◆

»Dein Haustier ist ein Feigling«, sagte Steelfine wütend. Sein tätowiertes Gesicht wurde von einer Maske aus Blut bedeckt, und er sah Clay anklagend an. Eine Drachenklaue hatte drei parallele Schnitte an der Oberseite seines Kopfes hinterlassen, doch vor lauter Zorn schien er den Schmerz gar nicht zu bemerken. »Acht gute Männer sind umgekommen, und sechs haben schwere Verbrennungen oder Schnittwunden, während dieses Monster sich da unten verkriecht.«

Sie befanden sich auf dem Achterdeck, wo Leutnant Talmant die Aufräumarbeiten überwachte. Zum Schutz vor dem Drachenblut trugen seine Leute Ölzeug und schoben die größtenteils in Stücke gerissenen Grünen mit Besen vom Deck. Die weniger übel zugerichteten Kadaver warteten neben dem Frachtraum darauf, geerntet zu werden.

Hier war es am heftigsten zugegangen. Von der Reling zurückgedrängt hatte Steelfines Schützentrupp eine Verteidigungsposition neben dem Heck bezogen und folglich die meisten Verluste erlitten. Erst als die oberen Aufbauten dank der Kartätschen von Drachen befreit waren, hatten Hilemore und der mit Produkt aus dem Schiffstresor gestärkte Leutnant Sigoral einen Gegenangriff lanciert. Allerdings war der Trupp des Insulaners da schon größtenteils verletzt oder tot gewesen.

»Er ist kein Haustier«, entgegnete Clay so ruhig er konnte. Jetzt war nicht der richtige Zeitpunkt, um sich provozieren zu lassen. »Er ist ein Wesen aus einer anderen Zeit, das in einem fremden Körper gefangen ist. Er weiß nicht einmal, was ein Feigling ist. Er versucht nur, zu überleben.«

»Dann überlebt er also, während meine Leute sterben.« Steelfine machte einen Schritt auf ihn zu, seine Augen glitzerten gefährlich. »Das erscheint mir nicht gerade fair ...«

»Mr. Steelfine«, sagte Hilemore. Seine Stimme war sanft, aber streng genug, um Steelfine augenblicklich zur Ordnung zu rufen.

»Sir!«

»Sie sind verletzt. Gehen Sie ins Schiffslazarett und lassen Sie sich behandeln.«

Erst rührte Steelfine sich nicht, sondern starrte Clay nur mit zuckendem Kiefer an, dann salutierte er jedoch, presste zwischen zusammengebissenen Zähnen »Jawohl, Sir!« hervor und marschierte davon.

»Zumindest unsere Grünvorräte sollten jetzt für geraume Zeit reichen«, sagte Hilemore und betrachtete mit hinter dem Rücken verschränkten Armen das blutige Deck. »Ich werde Mr. Skaggerhill darauf ansetzen, wenn er verarztet wurde.«

Sein Blick blieb an einem Kadaver hängen, der einer Kartätsche zum Opfer gefallen war. Der Unterkörper war völlig zerfetzt, die obere Hälfte hing von einem Verbindungssteg und der Kiefer hatte sich so fest an einem Balken verhakt, dass es noch keinem der Männer gelungen war, ihn zu lösen.

»Das mit den Kartätschen war ein ausgezeichneter Einfall, Mr. Torcreek«, sagte Hilemore.

Clay zwang sich zu einem Grinsen. »Ich habe nur versucht zu überleben, Kapitän.«

»Unter anderen Umständen hätten Sie einen guten Protektoratsoffizier abgegeben.«

»Das glaube ich nicht. Aber trotzdem danke.«

»Das war die Tat Ihres Onkels.« Hilemore zeigte auf einen Haufen toter Grüner, die einen Halbkreis um die Steuerbordkanone bildeten. »Als es losging, hat er sich an die Kanone gestellt und ununterbrochen gefeuert und nachgeladen. Ich glaube, er hat nicht ein Mal danebengeschossen.«

»Onkel Braddon war schon immer einer der besten Schützen auf dem Kontinent.«

»Es ist nicht seine Treffsicherheit, die mir Sorgen macht. Sondern sein Gebaren. Oder vielmehr sein fehlendes Gebaren. Er hat all diese

Drachen getötet, ohne das Gesicht zu verziehen. Und er hat auch nicht versucht, eine sicherere Stellung einzunehmen.«

»Er ist … im Moment nicht er selbst. Sie wissen, warum.«

»Trauer kann einen Mann in den Wahnsinn treiben, wenn sie von Rache geschürt wird. Vielleicht wäre es besser, wenn Sie auf Ihrer Expedition statt eines Kapitäns zwei zurücklassen.«

»Nein.« Clay schüttelte unnachgiebig den Kopf. »Selbst wenn er vor Trauer verrückt ist, würden wir ohne ihn im Inland höchstens ein paar Tage überleben.«

»Auf dieser seltsamen Reise hat jeder von uns gelitten«, erwiderte Hilemore. »Viele mussten ihr Leben lassen, Männer, die mir genug vertraut haben, um mir ans Ende der Welt und wieder zurück zu folgen. Ich werde nicht dulden, dass dieses Opfer umsonst war oder diese Mission gefährdet wird …«

»Kapitän!«

Talmants dringlicher Ruf veranlasste Hilemore, sich umzudrehen. Der junge Offizier stand am Heck und deutete auf die *Fernlicht*, die bis vor Kurzem noch etwa hundert Meter von ihnen entfernt geankert hatte und sich jetzt dampfend entfernte. Der Blauenjäger war vom Angriff der Grünen verschont geblieben, die Ungeheuer hatten ihn ignoriert und ihren Zorn einzig und allein auf die *Überlegenheit* gerichtet. Trotzdem schien die Besatzung endlich genug zu haben.

»Es wird uns hier zu heiß«, übersetzte Talmant das Flackern der Signallampe im Brückenhaus der *Fernlicht*. »Die Besatzung will nicht mehr. Wir fahren nach Stockcombe. Viel Glück und Entschuldigung. Tidelow.«

»Es gibt wohl noch mehr Feiglinge, über die der Insulaner sich aufregen kann«, bemerkte Clay.

»Ja«, stimmte Hilemore zu. »Kapitän Tidelow sollte ihm in Zukunft besser aus dem Weg gehen.« Er sah Clay skeptisch an. »Sind Sie sicher, was Ihren Onkel angeht?«

»Der einzige Mensch auf der Welt, bei dem ich mir immer sicher bin, ist mein Onkel.«

»Na gut. Aber begehen Sie keinen Fehler, Mr. Torcreek. Ob Sie es wissen oder nicht und ob es Ihnen gefällt oder nicht, aber die Expedition zum Krystalinsee untersteht Ihrem Kommando. Ihr Onkel Braddon ist einer solchen Verantwortung nicht mehr gewachsen. Sie mögen es vielleicht nicht sehen, aber ich schon.«

◆ ◆ ◆

Am nächsten Morgen befahl Hilemore, den Blutbrenner zu aktivieren, um ihr Vorankommen zu beschleunigen, und sie ließen die Schreckensstraße hinter sich. Die Gezeiten meinten es ebenfalls gut mit ihnen, sie ließen das Wasser steigen und beförderten sie schnell durch den Kanal, ohne sie der Gefahr auszusetzen, auf einer unkartierten Sandbank aufzulaufen. Glücklicherweise tauchten auch nach Tagesanbruch keine Grünen auf, und sie erreichten ohne Zwischenfälle das Obertorquilmeer, wo sie bis Einbruch der Dunkelheit einen Großteil der Strecke zur Mündung des Quilam zurücklegten. Die Nacht verbrachten sie in angespannter Gefechtsbereitschaft, Schützen und Wachposten waren doppelt besetzt, alle Kanonen bemannt und geladen. Fürs Erste schienen es die Seegrünen jedoch nicht weiter auf sie abgesehen zu haben.

»Bist du dir sicher, dass das Ding funktioniert?«, fragte Clay Kriz am nächsten Morgen, als er ihr half, das sperrige Atemgerät zur Dampfbarkasse zu tragen.

»Ich denke schon, und Mr. Bozware auch«, erwiderte sie. »Ich hätte es gerne einem richtigen Test unterzogen, aber …« Sie warf einen Blick auf das ruhige, nebelverhangene Wasser, das ihren Ankerplatz umgab. Bisher hatte sich das Obertorquilmeer ruhiger gezeigt als das untere. Bei leichtem Wind wirkte die Oberfläche beinahe gläsern, was es auf eine Weise noch unheilvoller machte, weil es einen fast vergessen ließ, was sich womöglich dort unten verbarg.

»Ja«, stimmte Clay zu und ächzte, als sie den schweren Apparat in die Barkasse hievten. »Damit warten wir besser bis zum See.«

Während Kriz die verschiedenen Rohre und Ventile überprüfte, ging Clay zu Loriabeth und Sigoral, die sich auf gewohnt ruppige Art unterhielten.

»Jetzt nimm sie schon ab«, forderte seine Kusine den Corvantiner auf und streckte die Hand nach seiner Augenklappe aus. »Du kannst sie nicht ewig tragen.«

»Es tut noch weh«, murmelte er missmutig und drehte den Kopf weg. Seine angespannte Haltung verriet Clay, dass sein Zögern wenig mit Angst vor dem möglichen Schmerz zu tun hatte.

»Lori«, sagte er. »Skaggs braucht Hilfe, die restliche Munition nach oben zu schaffen.«

Sie sah aus, als wollte sie ihm sagen, er solle es selber machen, doch dann bemerkte sie seinen eindringlichen Blick. »Deine Männer finden es merkwürdig, dass du sie noch immer trägst«, erklärte sie Sigoral, ehe sie in Richtung Frachtraum davonstapfte.

Clay stellte sich neben den Leutnant. »Wenn ich mich recht erinnere, zielst du eher mit dem rechten Auge. Wie geht es dir mit dem linken?«

Sigoral sah ihn bekümmert an. »Während des Drachenangriffs habe ich um die fünfzig Schuss abgefeuert. Ich glaube, ich habe sechsmal getroffen. Immer nur aus der Nähe.«

»Das wird sich bessern. Du brauchst einfach Übung.« Er zog einen Beutel aus seinem Ledermantel hervor und überreichte ihn dem Corvantiner. »Mit schönen Grüßen vom Kapitän«, sagte er. »Eine volle Phiole von jeder Farbe. Ich hatte heute Morgen eine kurze Trance-Sitzung mit Kapitänin Okanas. Es wäre gut, wenn du das auch tun könntest.«

Mit einem Nicken verstaute Sigoral den Beutel in der Jackentasche. »Wie sieht ihre Gedankenlandschaft aus?«

»Überraschend ordentlich. Und hübsch. Wie zu erwarten, stellt sie ein Schiff dar, aber es besteht aus Edelsteinen, von denen jeder eine Erinnerung enthält. Und deine?«

»Die Klippen von Takmarinsland. Als kleiner Junge habe ich viel Zeit dort verbracht. Der Kaderagent, der mich unterwiesen hat, sagte, man solle etwas wählen, das man gut kennt.«

Sigoral verstummte und blickte zu der breiten Flussmündung einen Kilometer nördlich. »Du warst schon mal im arradsianischen Inland«, sagte er. »Ist es wirklich so schlimm, wie alle sagen?«

»Nein«, antwortete Clay. »Und ja. Es kommt darauf an, wie man sich fortbewegt. Ich kannte eine Frau, die fast zwanzig Jahre dort gelebt hat und der nicht ein Haar gekrümmt wurde. Allerdings hatte sie auch viel Hilfe.« Er betrachtete Sigoral von der Seite. An den Rändern der

Augenklappe war marmoriertes Fleisch zu erkennen. »Meiner Kusine sind Narben und dergleichen wirklich egal«, sagte er. »Nur dass du's weißt.«

Schweigend wandte Sigoral den Blick ab. Clay klopfte auf die Reling und entfernte sich. »Kapitän Hilemore sagt, das Schiff kann uns nur ein paar Stunden flussaufwärts bringen, ehe sie uns absetzen müssen. Bis dahin solltest du deine Trance-Sitzung absolviert haben.«

✦ ✦ ✦

Als sie etwa acht Kilometer auf dem Fluss zurückgelegt hatten, begann er sich zu verschmälern und zu beiden Seiten drängte immer dichter das mit Schilf bewachsene Ufer heran. Unberechenbare Strömungen wühlten das vormals ruhige Wasser auf, und der aufgewirbelte Schlamm trübte es. Am Heck stehend beobachtete Clay, wie Jacks Dornfortsätze die Oberfläche durchschnitten, während er ihnen folgte. Der Drache spürte wohl, dass ihre Trennung bevorstand, und es gefiel ihm nicht. Seine ängstlichen Gedanken wurden von einem Klageschrei begleitet, der das Deck unter Clays Füßen erzittern ließ.

Wo ich hingehe, kannst du mich nicht begleiten, erklärte Clay ihm erneut. Dieses Mantra wiederholte er schon seit Stunden. *Aber ich bin trotzdem noch bei dir.*

Allerdings schien es Jack, dessen Verwirrung seit dem Angriff der Grünen noch schlimmer geworden war, nur geringfügig zu beruhigen. Ihresgleichen war er zuvor nie begegnet, und eine argwöhnische Abneigung färbte seine Gedanken, die sich folgendermaßen zusammenfassen ließ: *Sie riechen komisch. Und sie klingen komisch.*

So ist es, stimmte Clay zu. *Und wenn sie wiederkommen, musst du vielleicht gegen sie kämpfen.*

Jacks Verunsicherung nahm noch weiter zu, sein instinktives Bedürfnis, Gefahren aus dem Weg zu gehen, konkurrierte mit dem Wunsch, die Verbindung mit Clay aufrechtzuerhalten. Clay fragte sich, ob es vielleicht gütiger wäre, ihn ziehen zu lassen, wie er es mit Lutharon getan hatte, bevor sie ins Eis aufbrachen. Aber sie hatten noch viel vor sich, und möglicherweise konnte Jack ihnen später noch von

Nutzen sein. *Ich bin wirklich nicht sehr nett,* dachte er. Jack stieß ein verwirrtes Brummen aus, welches das Schiff so sehr erzittern ließ, dass das Geländer in Clays Händen vibrierte.

Da draußen liegt ein riesiger Ozean, erklärte Clay dem Drachen. *Du bist nicht mein Sklave, Jack. Wenn du gehen willst, dann geh.*

Kurz hob Jack den Kopf aus dem Wasser, und zwei Flammenstrahlen schossen aus seinen Nüstern, als er verächtlich schnaubte. Anschließend tauchte er wieder so weit unter, dass nur noch seine Augen zu sehen waren, aus denen ein gewisser Vorwurf sprach.

Dann ist es also ausgemachte Sache, sagte Clay. *Wenn ich weg bin, fährt dieses Schiff zurück ins Torquilmeer und wartet dort auf uns. Halt dich möglichst in der Nähe, aber sieh zu, dass du nicht verhungerst.*

Zur Antwort schickte der Drache ihm ein Bild von etwas, das durch seine Augen wie eine glänzende, sich bewegende Wolke aussah und das Clay schon bald als riesigen Fischschwarm identifizierte. Offensichtlich würde Jack nicht hungern müssen.

Die Dampfpfeife der *Überlegenheit* stieß die vier kurzen Töne aus, die einen bevorstehenden Stopp ankündigten, und das schwache, rhythmische Wummern des Hilfsmotors erstarb. Offenbar war Kapitän Hilemore zu dem Schluss gekommen, dass das Schiff nicht mehr weiterfahren konnte. *Es ist so weit,* erklärte Clay Jack. *Wenn ich ums Leben komme …,* setzte er an, was eine Welle der Angst in Jack auslöste. Clay musste seinen ganzen Willen aufbieten, um seine Gedanken durch den Nebel der Verzweiflung zu zwingen. *Wenn ich sterbe, wirst du es spüren. Du kannst selbst entscheiden, was du dann machen willst. Wie gesagt, da draußen liegt ein riesiger Ozean.*

◆ ◆ ◆

»Die *Lady Malynda*«, las Loriabeth den Namen vor, den Mr. Bozware in ordentlichen schwarz-roten Buchstaben auf den Rumpf der Dampfbarkasse gepinselt hatte. »Hätten wir nicht was Furchteinflößenderes nehmen können?«

»So hieß meine Exfrau«, antwortete der Erste Maschinist und richtete sich auf, nachdem er eine Schraube am Motor festgezogen hatte. Anschließend schwang er sich über den Rand der Barkasse aufs Deck der *Überlegenheit.* »Und glauben Sie mir, Miss, die war ganz schön furchteinflößend. Sogar nach der Scheidung.«

Er drehte sich zu Hilemore um und tippte sich mit zwei Fingern in einer Art Salut gegen die Stirn. Wahrscheinlich war er das einzige Besatzungsmitglied, dem Hilemore in Sachen formellem Gehorsam so viel nachsah. »Bereiter wird sie nicht, Sir.«

»Gute Arbeit, Mr. Bozware«, lobte der Kapitän. »Mr. Talmant? Lassen Sie sie bitte zu Wasser.«

»Jawohl, Sir.«

Unter Aufsicht des jungen Offiziers wurde die *Lady Malynda* von einem Dutzend Matrosen in den schnell fließenden Quilam gesenkt. Skaggerhill kletterte als Erster an Bord, gefolgt von Kriz. Die beiden waren die Einzigen, die den Motor bedienen konnten. Dieser wurde mit Kohle betrieben und brauchte eine gute halbe Stunde, um den Boiler auf die erforderliche Temperatur zu bringen. Als Nächstes wurden die Vorräte hinabgelassen. Sie hatten genug für mindestens einen Monat, doch Clay ging davon aus, dass sie früher oder später auf die Jagd gehen mussten.

»Das ist alles, was ich entbehren kann«, sagte Hilemore und reichte Clay einen Tornister mit mehreren Fläschchen. »Zehn Phiolen Grün. Und eine von jeder anderen Farbe.«

»Können Sie wirklich so viel Rot abgeben?«, fragte Clay, nachdem er einen Blick auf den Inhalt geworfen hatte.

»Die Dringlichkeit dieser Mission erfordert es, Mr. Torcreek.« Hilemore schaute zu der Barkasse, in der die anderen warteten. Onkel Braddon hatte am Bug Position bezogen und saß dort, wie es ihm zur Gewohnheit geworden war, in Schweigen, das Gewehr auf dem Schoß und den Blick mit der Aufmerksamkeit eines Jägers auf den Fluss gerichtet. »Sie bereuen Ihre Wahl also nicht?«, fragte der Kapitän. »Noch ist es nicht zu spät. Mr. Steelfine gäbe eine gute Ergänzung für Ihren Trupp ab, und ich weiß, dass er die Herausforderung zu schätzen wüsste.«

»Ja, aber er kann mich nicht ausstehen.«

Clay streckte die Hand aus, und Hilemore schüttelte sie. »Kapitänin Okanas erwartet regelmäßige Berichte. Und ich ebenfalls.«

»Jeden dritten Tag, bis wir am See sind«, erwiderte Clay. »Dann vereinbaren wir einen neuen Zeitplan, je nachdem wie viel Blau noch da ist.« Er schaute zum Heck des Schiffes, wo Jacks Dornfortsätze durch den Fluss pflügten. »Wenn er verschwindet und nicht innerhalb von zwei Tagen wiederkommt, bedeutet das wahrscheinlich, dass ich tot bin. Dasselbe gilt, wenn Kapitänin Okanas fünf Tage lang nichts von mir oder Leutnant Sigoral hört. In dem Fall brechen Sie am besten auf und segeln nach Varestia, wie Miss Lethridge gesagt hat.«

»Verstanden.« Hilemore neigte den Kopf. »Aber ich wäre Ihnen dankbar, wenn Sie derlei Entscheidungen mir überließen.«

»Natürlich.«

Clay schwang sich über die Reling und kletterte am Seilnetz an Bord der *Lady Malynda,* wo Kriz den Motor beaufsichtigte, während Skaggerhill das Ruder bediente. In der Mitte saßen Loriabeth und Sigoral, Prediger hatte in Braddons Nähe am Bug Platz genommen. Clay wartete, dass sein Onkel das Wort ergriff, in der Hoffnung, dass dieser wenigstens irgendein Kommando aussprechen würde, um sie auf den Weg zu bringen. Selbst das leiseste Grummeln wäre ihm recht gewesen. Aber Braddon schwieg. Er saß einfach nur da und hielt Wache über das Wasser. Clay wollte gerade seinen Namen rufen, da traf sein Blick den von Loriabeth, die den Kopf schüttelte.

»Wir haben nicht ewig Tageslicht«, sagte er stattdessen und blickte Kriz an. »Wenn sie bereit ist, brechen wir auf. Lori, Leutnant, ihr beobachtet das Wasser. Prediger, du den Himmel. Es ist davon auszugehen, dass wir früher oder später Gesellschaft bekommen.«

KAPITEL 13

Lizanne

Zehn Millionen Eisenboot-Interimsscheine also?« Der Mann mit der gebrochenen Nase ließ Trumanes Brief sinken und sah Lizanne grinsend an. »Kein übles Angebot, was meinst du, Mutter?« Er streckte das Schreiben der steifen, adrett gekleideten Frau neben ihm hin. »Schau dir mal die Unterschrift an. Die wird dir gefallen.«

Die Frau überflog den Brief mit ausdruckslosem Gesicht, doch als sie am Schluss angelangt war, hoben sich leicht ihre Mundwinkel. »Hochachtungsvoll, Kapitän Wulfcot Trumane«, las sie vor, ehe sie sich mit hochgezogenen Augenbrauen an Lizanne wandte. »Oder auch ›Kapitän Galgenstrick‹, wie er in diesen Gewässern genannt wird. Ehrlich gesagt, Miss Lethridge, wäre Ihr Auftritt nicht gewesen, hätte ich das hier als schlechten Scherz abgetan.«

»Ich habe keine Scherze zu bieten«, erwiderte Lizanne. »Nur eine ernst gemeinte Offerte im Austausch gegen einen sicheren Hafen sowie Informationen, die Sie sicher nützlich finden werden.«

»Ihr Kapitän hat meinen Vetter auf dem Deck seines eigenen Schiffes gehängt«, sagte der Mann mit der gebrochenen Nase. Dann runzelte er die Stirn und fügte hinzu: »Na ja, genaugenommen war er nur mein Vetter zweiten Grades und obendrein ein verdammter Hundesohn. Aber trotzdem war er das Blut von meinem Blut. Und mein Volk gibt viel auf Blut. Genau wie Sie. Sie werden wohl kaum umsonst ›Miss Blut‹ genannt. Oder?«

Man hatte Lizanne und Tekela in einen großen Raum im zweiten Stock des Gebäudes geführt, das die Varestianer nur »Die Nautik« nannten. Der Name ging offenbar auf die Zeit zurück, als es die Treue Gilde der Südcorvantinischen Kartographen und Experten für Nautik beherbergt hatte. Die Kartenzeichner und Kompassmacher waren schon vor langer Zeit zurück in ihre Heimatländer im Norden verbannt worden, doch das Gebäude bestand weiterhin, einschließlich der zugehörigen, überwältigenden Ausstattung. Überall fanden sich Karten. In Form von Wandteppichen, riesigen Ölgemälden, Fußbodenmosaiken und sogar als Gipsreliefs an der Decke. Dieser Raum musste wohl einst als Ballsaal gedient haben, seinen Boden zierte eine von Wand zu Wand reichende Weltkarte, die – gemessen an der verschnörkelten etherianischen Schrift und den Ortsnamen – noch aus dem frühen Unternehmenszeitalter stammen musste.

Außer Lizanne und Tekela waren nur der Mann mit der gebrochenen Nase, seine attraktive, wenn auch etwas streng wirkende Mutter und ein Mann südmandinorianischer Herkunft anwesend, der merkwürdig altertümlich gekleidet war. Letzterer stellte die größte physische Gefahr dar, das verrieten nicht nur sein Entersäbel und die Pistole, sondern auch sein kräftiger Körperbau und der angespannte, von Kampfbereitschaft kündende Gesichtsausdruck. Doch auch der Mann mit der gebrochenen Nase war nicht zu unterschätzen, darauf ließ die Art schließen, wie er sich durch den Raum bewegte.

Jetzt fuhr er fort: »Wir wissen, wer Sie sind. Die berühmte Verteidigerin von Kerberhafen, die Heldin der Corvantinischen Revolution und vor allem – und das ist unter den gegebenen Umständen das Ausschlaggebende – eine diebische, mörderische Schlampe, die für die Abteilung Außerordentliche Maßnahmen des Eisenboot-Syndikats arbeitet.« Jegliche Freundlichkeit verschwand aus seinem Blick, und seine Stimme wurde zu einem Murmeln. »Und deshalb nicht vertrauenswürdig.«

»Ich weiß auch über Sie Bescheid«, entgegnete Lizanne und sah ihm direkt in die Augen. »Arshav Okanas, berühmter Pirat und ehemaliger oberster Direktor einer kriminellen Enklave namens das Nest, in der

Sie unlängst ein Duell gegen einen Insulaner namens Steelfine verloren haben. Wie geht es eigentlich Ihrer Nase?« Arshav lief rot an, doch sie wandte den Blick ab, ehe er etwas erwidern konnte, und nickte der adrett gekleideten Frau zu. »Und Sie sind Ethilda Okanas, die Witwe des verstorbenen Gründers des Nests und, wie man mir sagte, rationaler veranlagt als Ihr Sohn.«

»Seien Sie versichert, dass wir in geschäftlichen Dingen einer Meinung sind«, antwortete Ethilda. Sie überflog noch einmal Trumanes Brief und warf ihn dann auf einen Tisch. »Das ist wertlos. Nach dem Verlust Arradsias wird Ihr Syndikat über kurz oder lang zusammenbrechen, und ein Großteil der Unternehmenswelt mit ihm. Was sollen wir dann mit Ihren Interimsscheinen? Die waren doch schon immer bloß Papier, und Brennmaterial haben wir zur Genüge.«

Lizanne ließ den Blick durch den opulenten Raum schweifen, in der Hoffnung, dass die unzähligen Karten sie auf eine Idee bringen würden. Doch die Inspiration wollte sich nicht einstellen, und so spielte sie auf Zeit. »Ich hatte eigentlich gehofft, mit dem versammelten Rat zu sprechen. Soweit ich weiß, ist ein achtköpfiges Quorum erforderlich, um eine Entscheidung zu fällen.«

Arshav wechselte einen belustigten Blick mit seiner Mutter. »Ich fürchte, Sie werden sich mit einem Quorum von zwei zufriedengeben müssen«, sagte er. »Nach unserer Rückkehr in unsere geliebte Heimat gab es einen, wie Historiker es wohl nennen würden, grausamen Machtkampf. Unser weiser Regierungsrat hatte uns nach dem Angriff der Corvantiner auf das Nest für tot erklärt und sich unseren ganzen Familienbesitz angeeignet. Fünf Duelle waren nötig, um die Angelegenheit zu klären. Danach hatte der Rat fünf Mitglieder weniger und seine verbleibenden Angehörigen kamen zu dem Schluss, dass sie ein Leben auf See vorziehen.«

»Sie sehen also, Miss Blut«, sagte Ethilda. »Jede Übereinkunft, die Sie treffen wollen, erfordert unsere Zustimmung, und bisher sehe ich keinen Grund, Ihre Bettlerflotte nicht an Ort und Stelle verrotten zu lassen.«

Lizanne blickte zu Boden und unterdrückte ein niedergeschlagenes Seufzen. Ihr Fuß stand auf den Barriere-Inseln im Norden des arradsianischen Kontinents, und ihre Zehen verdeckten die Meerenge – das

Tor, durch das einst so viele Reichtümer geflossen waren, genug, um die ganze Welt zu verwandeln.

»Sie haben recht«, sagte sie, das Gesicht wieder Ethilda zugewandt. »Ohne Produkt wird die Unternehmenswelt zugrunde gehen. Aber was sind Sie ohne die Unternehmen? Mit wem werden Sie Handel treiben? Wessen Schiffen auflauern? Das Corvantinische Kaiserreich hat seinen eigenen Untergang herbeigeführt, weil es an der Illusion festhielt, bis in alle Zeit unabhängig und unverändert zu bleiben. Dabei hat es jedoch eine grundlegende Tatsache übersehen. Die Unternehmenswelt *ist* die Welt. Mit ihr fällt auch alles andere.«

Sie blickte erneut zu Boden und schritt über die Landkarte, bis sie auf Varestia zu stehen kam. »Halten Sie sich etwa für immun? Bestimmt haben Ihre Spione Ihnen bereits berichtet, was mit den Barriere-Inseln und Feros passiert ist.«

»Wir haben Verteidigungsanlagen«, sagte Arshav. »Jede Menge Schiffe und die besten Matrosen der Welt.«

»Die Corvantiner hatten die fortschrittlichste Flotte der Welt«, entgegnete Lizanne. »Ich habe mit eigenen Augen gesehen, wie sie in Kerberhafen verbrannt und gesunken ist. Wenn Sie wirklich so viel wissen, wie Sie behaupten, sollten Sie eine Ahnung davon haben, womit Sie es zu tun bekommen. Eine Armee aus Verderbten, die von einem einzigen Geist befehligt wird. Und Drachen. Tausende Rote, Grüne und Blaue, erfüllt von dem Hass und dem Hunger, den das Ding, das sie beherrscht, ihnen einflößt.«

Ethilda wechselte einen weiteren Blick mit ihrem Sohn, ernster als zuvor. »Und was soll es uns bringen, einen Haufen ausgelaugter Korporatisten aufzunehmen?«, fragte Arshav. »Ich habe den Eindruck, Sie sind uns eher eine Last als ein Segen.« Lizanne deutete auf den Mini-Beißer. Sie hatte ihn beim Eintreten abgeben müssen, und er lag auf einem Tisch in der Nähe der Tür. »Diese Waffe«, sagte sie. »Und noch viele mehr davon sowie andere, die noch größer und mächtiger sind. Und Sie haben das Gefährt gesehen, mit dem wir gekommen sind. Wenn Sie uns die nötigen Mittel geben, können wir noch mehr bauen.«

Arshav ging zu dem Mini-Beißer, nahm ihn in die Hand und schürzte in verhaltener Bewunderung die Lippen. »Nettes Spielzeug«, sagte er. »Aber sicher teuer und aufwendig herzustellen.«

»Wir haben noch etwas«, erklärte Lizanne. »Etwas, das sich innerhalb weniger Stunden bauen lässt. Ihre Leute haben doch gewiss das Fluggerät durchsucht. Dann müssten sie einen Karabiner gefunden haben.«

Arshav sah den altertümlich gekleideten Mann fragend an. Als dieser nickte, bat er ihn: »Bringen Sie ihn bitte her, Mr. Lockbar.«

»Ich brauche ein Ziel«, sagte Lizanne, als Lockbar wenige Minuten später mit dem Raucher zurückkam, und streckte die Hand danach aus. »Etwas, das Ihnen nichts wert ist.«

»Das glaube ich nicht, Miss«, sagte Arshav und nahm Lockbar die Waffe aus der Hand. »Ich bilde mir meine Meinung lieber selbst.«

Er öffnete eine der riesigen Glastüren an der Südseite des Zimmers. Dann bedeutete er Lizanne, ihm auf die Veranda zu folgen, wo er auf etwas in den üppigen Gartenanlagen unter ihnen zeigte. Eine große, rechteckige Säule, die von kreisförmig angelegten Blumenbeeten umgeben war.

»Das Denkmal für die gefallenen Mitglieder der Corvantinischen Navigatorengilde«, sagte er. »Meine Vorgänger haben es aus Sentimentalität instand gehalten. Im Gegensatz zu ihnen sehe ich jedoch keinen Grund, die Seelen derer zu ehren, die uns versklavt haben.«

Er legte den Karabiner an die Schulter, lud durch und feuerte. »Beim König der Tiefe«, sagte er atemlos, als der obere Teil des Denkmals zerbarst. Lachend lud er nach und gab einen zweiten Schuss ab, der ein weiteres Stück von der Säule zertrümmerte. Dann machte er weiter, bis die Munition verbraucht war, und sein Gelächter nahm zu, je mehr er das Denkmal dem Erdboden gleichmachte.

»Nach reiflicher Überlegung«, sagte er, ließ die Waffe sinken und wedelte hustend den Rauch weg, »glaube ich …«

»Es gilt noch weitere Überlegungen anzustellen«, unterbrach Ethilda ihren Sohn und blickte ihn dabei so streng an, dass sein Lachen erstarb. Anschließend wandte sie sich mit humorlosem Lächeln zu Lizanne um. »In der Zwischenzeit sind Sie und Ihre reizende junge Begleiterin unsere Gäste. Mr. Lockbar, bitte bringen Sie die Damen auf ihr Zimmer.«

◆ ◆ ◆

Gemeinsam mit einer Gruppe von fünf ebenso ernst dreinblickenden Wachen hatte Mr. Lockbar Lizanne und Tekela zu einem Zimmer im obersten Stockwerk der Nautik begleitet. Es war klein und verfügte über eine schmale Pritsche und ein winziges, mit Brettern vernageltes Fenster. »Eine Dienerkammer«, schnaubte Tekela verächtlich.

»Ich glaube nicht, dass wir lange hier sein werden«, erwiderte Lizanne und setzte sich auf die Pritsche. Die Produktphiolen aus der Spinne waren ihr von Mr. Lockbar abgenommen worden, allerdings hatte sie in weiser Voraussicht ein Fläschchen Blau im hohlen Absatz ihres Stiefels versteckt. Ihre Uhr besaß sie ebenfalls noch, und so wartete sie die verbleibenden vierunddreißig Minuten bis zur vereinbarten Stunde und begann dann mit der Trance.

»Horch an der Tür«, wies sie Tekela an, als sie die Phiole in die Spinne steckte. »Wenn sie zurückkommen, halt sie hin und lass sie nicht rein, bevor ich fertig bin.«

Sofiya Griffan spazierte in einem schwarzen Trauerkleid herum, ihr leuchtend rotes Haar war weit und breit das einzig Farbige. Vor dem Verlust ihres Mannes musste ihre Gedankenlandschaft einen prachtvollen Anblick abgegeben haben. Lizanne stellte sich sonnengesprenkelte Waldlichtungen vor, mit einem Teppich aus Wildblumen, über dem Schmetterlinge in der nach Süßklee duftenden Luft tanzten. Bestimmt basierte das Ganze auf einem Bilderbuch aus ihrer Kindheit. Das jetzige Szenario war zwar das gleiche, allerdings wirkte es wie dem Pinsel eines hochgradig depressiven Malers entsprungen. Dem Wald fehlte jede Farbe, und über den Baumspitzen überzogen unheilvolle grau-schwarze Schlieren den Himmel.

Gestern ist noch ein Schiff allein davongesegelt, teilte Sofiya Lizanne mit. Ihre Gedanken waren ebenso trüb und farblos wie die Umgebung. *Das zweite in zwei Tagen.*

Sagen Sie Kapitän Trumane, er soll alles in seiner Macht Stehende tun, um weitere Desertionen zu vermeiden. Wir werden so viele Arbeitskräfte wie möglich aufbieten müssen, wenn unsere Gastgeber uns aufnehmen.

Sie verstummte und folgte Sofiyas Blick, der von etwas abgelenkt wurde. Zunächst hielt Lizanne es für einen im Flug erstarrten Schmetterling, doch bei näherem Hinsehen stellte sie fest, dass es sich um eine winzige Person handelte. Ein anmutiges junges Mädchen mit durchsichtigen Flügeln, das ein kleines Stück Pollen aus einer Orchidee zupfte.

Das Volk der Sylphen hat mich regelmäßig besucht, als ich ein kleines Mädchen war, erinnerte Sofiya sich. *Wenn ich tanzte, wirbelten sie in Spiralen um meinen Kopf. Und wie sie musizieren konnten! Mein Kindermädchen sagte, das sei alles Einbildung, und versohlte mich für meine Dummheit. Irgendwann verschwanden sie, aber ich habe trotzdem nie aufgehört, an sie zu glauben. Ihre Musik war so schön, der Geist eines Kindes wäre gar nicht in der Lage, sie sich auszudenken …*

Apropos Musik, unterbrach Lizanne sie, dankbar für die Gelegenheit, die Frau aus ihren Tagträumen zu holen. *Hat Makario noch irgendwelche Fortschritte gemacht?*

Mit Ihrem mysteriösen Kästchen? Nicht, dass ich wüsste. Er spielt mir manchmal etwas vor, wenn ich so traurig bin, dass ich weinen muss. Er ist sehr freundlich.

Ja, das ist er. Und wie ist Ihr … Lizanne suchte nach den richtigen Worten. Ihre Erfahrung mit Schwangeren hielt sich in Grenzen, und sie hatte bereits vor langer Zeit beschlossen, eine solch gigantische Komplikation in ihrem Leben zu vermeiden. *Zustand?*, schloss sie schließlich.

Dank Dr. Weygrand muss ich mich nicht mehr so oft übergeben. Er behauptet, es sei noch zu früh, aber manchmal spüre ich meinen Sohn schon treten. Seltsamerweise immer dann, wenn ich an Zakaeus denke. Ich glaube, er kann es nicht erwarten, auf die Welt zu kommen, um seinen Vater zu rächen.

Lizanne unterdrückte ihre Gedanken, damit nicht die Worte »verrückt wie eine Ratte, der man das Hirn mit Blau vernebelt hat« in die gemeinsame Gedankenlandschaft durchsickerten. *Wir werden dafür sorgen, dass das nicht notwendig ist,* erklärte sie Sofiya. *Haben Sie das Hauptquartier der Nordflotte erreicht?*

Ja. Meine dortige Kontaktperson war offensichtlich sehr erschöpft und schien meine Informationen vor allem als Störung zu empfinden. Sie hatte nicht viel zu sagen, außer dass Kapitän Trumane weitere Befehle abwarten soll. Die nächste Trance-Sitzung ist in fünf Tagen angesetzt.

Bitten Sie Professor Lethridge und Mr. Tollermine, Ihnen die Entwürfe für ihre Waffen zu zeigen, und prägen Sie sie sich genau ein. Wenn Sie wieder mit der Nordflotte kommunizieren, machen Sie ihnen klar, dass sie gut daran täten, so viele dieser Geräte wie möglich zu bauen.

Ich hatte den Eindruck, dass gerade niemand etwas baut. Offenbar streikt ein Drittel aller Eisenboot-Fabriken. Die Allianzler betreiben vielerorts Hetze, und das Protektorat ist vollauf damit beschäftigt »urbane Unruhen«, wie meine Kontaktperson sie nannte, niederzuschlagen.

Dann randalieren sie also schon, dachte Lizanne, und ihre Gedankenlandschaft füllte sich mit unangenehmen Erinnerungen an Scorazin und den Marsch der Befreiungsarmee des Volkes nach Norden. Sie achtete sorgfältig darauf, die Bilder für sich zu behalten, um Sofiya keine Angst zu machen. *Das ist so ziemlich der schlechteste Zeitpunkt, um eine Revolution anzuzetteln.*

Miss Lethridge?, sagte Sofiya, von dem langen Schweigen offensichtlich beunruhigt.

Sagen Sie ihnen auch, dass Geheimhaltung momentan keinen Schutz darstellt, fügte Lizanne hinzu. *Sie müssen die vollständige und unbeschönigte Geschichte dessen veröffentlichen, was in Arradsia und Feros vorgefallen ist. Nur die Wahrheit kann uns einen. Sagen Sie ihnen das.*

◆ ◆ ◆

»Der Blaska-Fjord.« Ethilda Okanas zeigte auf einen Punkt irgendwo in der Mitte der Landkarte. Diese war zwei Meter hoch und bedeckte einen Großteil der Nordseite des runden Turms, der sich aus dem Dach der Nautik erhob. Die östliche Wand wurde von einem breiten Fenster mit Meerblick dominiert, das Zimmer selbst war mit zahlreichen optischen Geräten verschiedener Art und Größe ausgestattet. Arshav beschäftigte sich damit, durch ein riesiges Teleskop zu schauen, während seine Mutter mit Lizanne sprach.

Die Darstellung zeigte das gesamte varestianische Gebiet, doch hatte sie eher einen künstlerischen als einen kartographischen Anspruch. Gebirgszüge und Wälder wurden aus erhöhter Perspektive wiedergegeben statt wie üblich durch Linien und Beschriftungen. Außerdem stellte Lizanne mit bitterer Belustigung fest, dass der Künstler die Roten Gezeiten mit etlichen phantasievoll proportionierten Drachen bevölkert hatte.

Sie trat näher und betrachtete den schmalen Küstenkanal, der in schnörkeligen etherianischen Buchstaben als »Blaska-Fjord« ausgewiesen wurde. Seine Mündung befand sich etwa dreißig Kilometer nördlich der Sieben Mauern und Iskamirs. *Nah genug, um einen sicheren Versorgungsweg zu gewährleisten. Außerdem können sie uns dort problemlos einkesseln, sollten sie es für nötig erachten.*

»Was gibt es dort?« Die Frage trug ihr ein leises Kichern von Arshav ein, der, wie sie bemerkte, immer noch den Raucher über der Schulter trug.

»Etwa fünfzehn Kilometer in den Fjord hinein befindet sich auf der Nordseite ein Kohlebergwerk«, antwortete Ethilda. »Wir nennen es Harkerberg. Es war eine alte corvantinische Strafkolonie und ist seit der Befreiung Varestias nicht mehr in Betrieb. Unser Volk hat noch nie gerne im Dreck gewühlt. Man hat mir allerdings versichert, dass die Flöze nicht zur Gänze abgebaut sind, ihr solltet also genug Brennmaterial haben.«

»Außerdem ist es ein trostloses Drecksloch«, fügte Arshav hinzu und sah grinsend von dem Teleskop auf. »Es gibt weder Straßen noch Schienen, dafür ist es von hohen Bergen umgeben. Der einzige Weg hinein und hinaus führt über das Meer.«

»Wir brauchen noch andere Materialien«, sagte Lizanne. »Eisen und Stahl. Und Kupfer. Außerdem Chemikalien für die Munition. Und natürlich Nahrungsmittel.«

Ethilda schaute ihren Sohn an, der zuckte mit den Schultern. Logistische Details schienen ihn zu langweilen. »In den Lagerhäusern von Iskamir gibt es Vorräte«, erwiderte er. »Seit der Handel so schlecht läuft, hat sich alles Mögliche dort angehäuft.«

»Stellen Sie vor Ihrer Abreise eine Liste zusammen«, sagte Ethilda und überreichte Lizanne ein Kuvert. »Das ist unser offizielles Gegenangebot.«

Da der Umschlag nicht versiegelt war, nahm Lizanne das Schreiben heraus und überflog die ersten Abschnitte. »Das ist eine Gesellschaftssatzung«, sagte sie stirnrunzelnd.

»So ist es«, antwortete Ethilda. »Heute ist der Gründungstag des Varestianischen Verteidigungsbundes. Arshav und ich fungieren als Kodirektoren. Sie werden feststellen, dass ich Sie zur Direktorin für geheimdienstliche und manufaktorische Zusammenarbeit gemacht habe.«

»Herzlichen Glückwunsch«, warf Arshav ein.

»Der Bund erhält auf Lebenszeit die exklusiven Rechte an allen neuen Geräten, die auf seinem Grund und Boden gefertigt werden«, las Lizanne, und ihr Puls beschleunigte sich. »Zudem die Bergungsrechte an sämtlichen eroberten Kriegsschiffen, einschließlich deren Ladung, Ausstattung und Aufbauten. Darüber hinaus wird jegliches Drachenplasma, im Folgenden ›Produkt‹ genannt, das innerhalb der Grenzen des varestianischen Gebiets geerntet wird, als Eigentum des Bundes gewertet.«

»Unter den gegenwärtigen Umständen ist das völlig fair.« Arshav trat vom Teleskop weg und hielt einen Stift in die Höhe. »Finden Sie nicht auch?«

Lizanne starrte ihn an und dachte dabei, wie leicht es doch wäre, ihm den Stift durchs Auge ins Gehirn zu treiben.

»Selbstverständlich bekommen Sie einen Anteil«, erklärte Ethilda. »Als Direktorin erhalten Sie zehn Prozent der gesamten Gesellschaftsaktien. Die Verteilung der Dividenden ist Ihnen überlassen. Bitte unterschreiben Sie auf der letzten Seite.« Sie legte den Kopf schief und sah lächelnd an Lizanne vorbei zu Tekela. »Ihr liebenswertes Mündel kann als Zeugin fungieren.«

Lizanne biss die Zähne zusammen und streckte die Hand nach dem Stift aus. »Eines noch«, sagte Ethilda, und ihr Sohn verzog in gespielter Entschuldigung den Mund, als er den Stift wegzog. »Die Enkelin meines verstorbenen Gatten.«

»Was ist mit ihr?«

»Sie haben durchblicken lassen, dass Sie detaillierte Informationen darüber besitzen, was sich im Nest abgespielt hat. Woher?«

»Ich bin eine Agentin der Abteilung Außerordentliche Maßnahmen. Informationsbeschaffung ist mein Metier.«

»Dann seien Sie so freundlich und teilen Sie uns mit, was Sie über den Aufenthaltsort von Akina Okanas wissen. Und das ist keine Verhandlungssache.«

Das eisige Glitzern in den Augen der Frau verriet, dass sie nicht bluffte. Lizanne war klar, dass sie nicht davon profitieren würde, wenn sie zu viel mit ihnen teilte. Also beschloss sie kurzerhand, nichts von Clays Expedition zum Krystalinsee zu erwähnen, ungeachtet dessen, was die beiden ihr vielleicht über die Erkundungen von Zenidas Vater sagen konnten. In Anbetracht der schlecht verhohlenen Gier auf den Gesichtern der beiden musste sie an eine Zeile aus Burggraf Artonins Übersetzung der selvurinischen Volksmärchen denken: *Wer eine Schlange füttert, bekommt zum Dank nur Gift.*

»Kapitän Trumanes Flaggschiff ist die *Günstige Gelegenheit*«, erwiderte sie. »Ein Schiff, das Sie kennen dürften. Die Besatzung hat mir die Geschichte erzählt.«

Arshav trat mit zusammengekniffenen Augen einen Schritt auf sie zu. »Ist meine Nichte an Bord?«, fragte er mit leiser, gepresster Stimme. »Haben Sie sie?«

»Sie befindet sich nicht mehr auf dem Schiff«, antwortete Lizanne kurz angebunden und in dem neutralen Tonfall, den ihre Lehrer ihr als den effektivsten zum Lügen eingebläut hatten. *Schlechte Lügner versuchen stets, eine Schau abzuziehen,* hatte man ihr beigebracht. *Die Wahrheit kommt ohne Theatralik aus.* »Nachdem sie im Nest abgelegt hat, ist die *Günstige Gelegenheit* in östlicher Richtung um Arradsia herumgesegelt und schließlich in Lossermark eingelaufen, wo Zenida Okanas mit ihrer Tochter von Bord gegangen ist.«

»Das ist doch ein Haufen Scheiße«, knurrte Arshav.

Lizanne ignorierte ihn und fuhr an seine Mutter gewandt fort: »Kapitän Trumane wurde bei der Schlacht um die Wasserstraße verletzt und fiel ins Koma. An seiner Stelle übernahm Leutnant Hilemore, dessen Bekanntschaft Sie wohl ebenfalls gemacht haben dürften, das Kommando. Er befreite Zenida Okanas aus der Gefangenschaft des Protektorats und heuerte sie als Blutgesegnete des Schiffes an. Dieses Vorgehen trug ihm Kapitän Trumanes äußerste Missbilligung ein, als dieser in Lossermark aus dem Koma erwachte. Der Kapitän wollte Zenida Okanas wieder ins Schiffsgefängnis werfen lassen, wo sie ihren Prozess und ihre wahrscheinliche Hinrichtung abwarten sollte. Offensichtlich fand Hilemore diesen Plan mit seiner Ehre nicht vereinbar und ist gemeinsam mit Zenida, ihrer Tochter und ein paar Meuterern desertiert. Angeblich haben sie ein corvantinisches Kriegsschiff erobert, das im Hafen Zuflucht gesucht hatte, und sind damit davongesegelt. Wohin ist nicht bekannt.«

Arshav funkelte sie wütend an, ehe er sich umdrehte und sich mit

Ethilda in eine Ecke verzog, wo sie eine geflüsterte Unterredung führten. Sie sprachen zwar Varestianisch, das Lizanne gut beherrschte, doch der Piratenjargon machte das Verständnis schwierig. Trotzdem hörte sie immerhin die Bruchstücke »herkommen« und »entschlossen, uns zu töten, wenn sie das tut«, aus Ethildas Mund, woraufhin Arshav erwiderte: »Das hoffe ich, Mutter.«

Als sie sich schließlich geeinigt hatten, wandten sie sich wieder Lizanne zu und Arshav warf ihr den Stift hin. »Seien Sie versichert, Miss Blut«, warnte er sie, als sie ihren Namen unter das Dokument setzte, »dass wir förmliche Vereinbarungen ebenso ernst nehmen wie die Unternehmenswelt. Allerdings wird Vertragsbruch in Varestia in der Regel mit der Todesstrafe geahndet.« Er betrachtete sie mit mildem Lächeln und tätschelte den Schaft des Rauchers. »Sie haben doch nichts dagegen, wenn ich die hier behalte, oder?«

»Nicht im Geringsten.« Lizanne überreichte Ethilda den Vertrag. »Schließlich ist es Brauch, neue Partnerschaften mit Geschenken zu besiegeln.«

»Partnerschaft.« Ethildas Mundwinkel zuckten, als sie versuchte, sich ihre Belustigung nicht anmerken zu lassen. »Was für originelle Vorstellungen Sie doch haben, Miss.« Dann hielt sie Vertrag und Stift mit breitem Lächeln Tekela hin. »Komm, Liebes. Dein zartes Händchen ist gefragt.«

KAPITEL 14

Sirus

»Varestia.« Ein höhnisches Lächeln stahl sich auf Morradins Lippen, als sein Blick der Bleistiftlinie folgte, die Sirus auf die Karte gezeichnet hatte, und seine Gedanken formten den alten etherianischen Namen der Region. Dieser bezog sich auf die zahlreichen Kriege, die das Kaiserreich dort gefochten hatte: *die Kloake der Unzufriedenen.*

»Dann ist es also ein schwieriges Ziel?«, fragte Catheline und blickte zwischen Sirus und Morradin hin und her. Die wichtigsten Kapitäne der Armee des Weißen hatten sich um den Navigationstisch auf der Brücke eines großen Frachters versammelt, der seit seiner Umbenennung *Schlechter Einfluss* hieß und das neue Flaggschiff ihrer Flotte darstellte. Ihm folgten über sechzig Boote verschiedener Größe sowie zahlreiche mit Verderbten beladene Schleppkähne. Insgesamt umfasste ihr Heer jetzt an die sechzigtausend ehemals menschliche Seelen. Dennoch deutete die widerwillige Besorgnis, die aus Morradins Gedanken sickerte, darauf hin, dass es für die vor ihnen liegende Aufgabe immer noch zu wenig sein könnten.

»Das Corvantinische Kaiserreich hat es nie geschafft, dieses Gebiet vollständig zu kontrollieren«, sagte Sirus. »Selbst nachdem sie es offiziell erobert hatten. Regelmäßig kam es zu Rebellionen, was auf Dauer zur Zermürbung der kaiserlichen Truppen führte. Mit dem Aufflammen der letzten Aufstände war das Kaiserreich gezwungen, seine Einheiten aus den nördlichen Provinzen abzuziehen. Alle folgenden Versuche, Varestia zurückzuerobern, scheiterten fatal.« Sirus blickte Morradin an. »Einschließlich einem, der von Ihnen angeführt wurde, nicht wahr, Marschall?«

»Halt's Maul, Kleiner«, fauchte Morradin. Sirus versuchte nicht einmal, seine Freude über den aufkeimenden Zorn des Marschalls zu verbergen. »Halt einfach das Maul«, fuhr der Corvantiner fort. »Du weißt genau, dass ich bei dieser Expedition Stellvertreter des führenden Offiziers war. Und wenn dieser dumme Admiral auf mich gehört hätte, wären wir siegreich gewesen …«

Ruhe.

Morradins Zähne trafen hörbar aufeinander, als sein Kiefer in Reaktion auf Cathelines gedanklichen Befehl zuschnappte. Mit geblähten Nasenflügeln und wütend funkelnden Augen stand er da, während Catheline sich wieder Sirus zuwandte. »Was wolltest du sagen, General?«

»Dass die Varestianer das Kaiserreich schlagen konnten, ist vor allem auf ihre Seeherrschaft zurückzuführen«, fuhr Sirus fort. »Und auf ihre Bereitschaft, langjährige Klanstreitigkeiten beiseitezuschieben, um ein gemeinsames Ziel zu verfolgen. Ihre Gesellschaft gilt als brutal, dabei ist sie in Wirklichkeit von bemerkenswerter Stabilität geprägt. Dafür sorgen ein streng befolgter Sittenkodex und der Brauch, unüberbrückbare Streitigkeiten durch Duelle zu lösen statt durch groß angelegte Konflikte. Die Geographie der Region bietet ebenfalls zahlreiche Herausforderungen. Die vielen Inseln liefern feindlichen Schiffen haufenweise Zufluchtsorte und unzählige Möglichkeiten für Hinterhalte. Und dann ist da noch die Frage der Überzahl.« Sirus verstummte und blickte erwartungsvoll zu Nebelschleier.

»Die Eisenboot-Unterlagen, die wir in Feros erbeutet haben«, begann die Insulanerin in ihrem flüssigen, präzisen Mandinorianisch, »enthalten eine Analyse der Demographie Varestias. Sie wurde vor fünf Jahren erstellt, als das Syndikat erwog, ein offizielles Handelsabkommen mit dem varestianischen Regierungsrat zu schließen. Ihr zufolge leben in der Region etwa dreißig Millionen Menschen. Diese Zahl basiert auf dem zur Verfügung stehenden, landwirtschaftlich genutzten

Boden und dem Verbrauch importierter Lebensmittel. Diese Methode ist korrekter als der corvantinische Zensus, der für seine Unzuverlässigkeit bekannt ist. Jedenfalls bedeutet es, dass Varestia im Falle eines groß angelegten Konflikts an die vier Millionen Rekruten und Rekrutinnen im wehrfähigen Alter aufbieten könnte.«

Catheline zog eine wohlgeformte Augenbraue in die Höhe. »Vier Millionen?«, fragte sie an Nebelschleier gewandt. »Das erscheint mir viel.«

»Das ist die Zahl derer, die sie im Idealfall zusammenbekommen könnten. Die tatsächliche Zahl dürfte um einiges geringer ausfallen, wenn man die ungünstigen geographischen Gegebenheiten, Konflikte zwischen den einzelnen Klans und logistische Schwierigkeiten in Betracht zieht. Womöglich beträgt sie lediglich eine Million, und selbst dann wären mehrere Monate Vorbereitung vonnöten.«

»Angenommen wir lassen ihnen« – Catheline schürzte nachdenklich die Lippen – »nur einen Monat Zeit. Mit wie vielen müssten wir dann rechnen?«

»Mit den bereits bewaffneten Bürgern, lokalen Milizen und den zu erwartenden neuen Rekruten zwischen zweihundert- und zweihundertfünfzigtausend.«

Waldspeer meldete sich zu Wort, was bei diesen Versammlungen eine Seltenheit war, da er seine Beiträge normalerweise gedanklich abgab. Seit Cathelines Beförderung hatte Sirus jedoch festgestellt, dass die Verderbten zunehmend verbal kommunizierten. Anscheinend zog Catheline dies vor. »Auf den Inseln hatten wir es mit mehr Gegnern zu tun«, sagte Waldspeer in seinem kehligen, aber dennoch verständlichen Varsallisch. Aus irgendeinem Grund, den Sirus bislang noch nicht durchschaut hatte, schienen die Stammesangehörigen sich vorwiegend der corvantinischen Verkehrssprache zu bedienen, wenn sie den Mund aufmachten. Nicht, dass es eine Rolle gespielt hätte, denn in dieser Armee wurden alle Sprachen gleichermaßen verstanden. »Zum Kämpfen geborene Krieger«, fügte Waldspeer hinzu. »Und dennoch waren sie uns unterlegen.«

»Aber sie besaßen keine Feuerwaffen«, gab Sirus zu bedenken. »Und auch keine große Flotte bewaffneter Schiffe, bemannt mit den besten Matrosen der Welt.« Gezwungen von Cathelines Verlangen nach ungeschönter Wahrheit wandte er sich zu ihr um. »Für eine erfolgreiche Eroberung fehlen uns die Leute. Und die Schiffe.«

Morradin stieß ein gequältes Stöhnen aus, was ihm einen Blick von Catheline eintrug. Lächelnd gab sie seinen Mund frei. »Haben Sie noch etwas hinzuzufügen, Marschall?«

»Die Häfen an der Südküste des Kaiserreichs«, sagte er und pochte mit seinem Stummelfinger auf eine Reihe nebeneinanderliegender Punkte auf der Karte. »Jeder davon ist mindestens achtzig Kilometer vom nächsten entfernt. Im Falle eines Angriffs können sie einander also nicht zu Hilfe kommen.«

»Wie viele Einwohner?«, fragte Catheline an Nebelschleier gewandt.

»Insgesamt fünf Millionen«, antwortete diese nach kurzem Nachdenken. »Aber auf die einzelnen Städte verteilt. Melkorin, die westlichste von ihnen, hat eine Bevölkerung von nur fünfundachtzigtausend. Selbst wenn man die Ungenauigkeit des corvantinischen Zensus einberechnet, sollte es ein machbares Unterfangen sein. Die Ausbeute neuer Rekruten dürfte sich auf an die zwanzigtausend belaufen, wobei ich mit einer drei- bis vierprozentigen Verlustrate in unseren eigenen Reihen rechne.«

»Und wenn wir erst dort unten sind« – ein Hauch von Anerkennung schwang in Cathelines Stimme mit, als sie mit ihrem blutroten Fingernagel dem Küstenverlauf folgte –, »gibt es noch mehr Früchte zu ernten. Ein ausgezeichneter Einfall, meine Liebe. Du bist ebenso klug wie attraktiv.«

Sirus konnte genug Angst beschwören, um zu verbergen, wie sehr ihn die warme Dankbarkeit anwiderte, die diese Worte in Nebelschleiers Geist hervorriefen. Offenbar waren nicht einmal die Verderbten immun gegen die Schmeicheleien einer schönen Verrückten.

»Hast du noch weitere Bedenken zu äußern, General?«, fragte sie, als sie Sirus' Furcht bemerkte.

Er schüttelte den Kopf. »Lediglich die Feststellung, dass der Ausgang einer Schlacht stets ungewiss ist.«

Lachend trat sie näher und tätschelte ihm den Arm, wobei sie kurz verweilte, um die Muskeln unter seinem Ärmel zu streicheln. »Aber gerade das macht es ja so interessant.«

Dann ging sie wieder auf Abstand und schloss die Augen, um mit dem Weißen zu kommunizieren, der sich mit seiner Schar Jungtiere auf dem Achterdeck der *Schlechter Einfluss* niedergelassen hatte. Als sie kurze Zeit später die Augen wieder aufschlug, schenkte sie ihnen ihr strahlendstes Lächeln. »Die Zustimmung ist erteilt. Bitte plant einen Kurs nach Melkorin.«

◆ ◆ ◆

»Bist du wütend auf mich?«, fragte Catheline ihn beim Abendessen. Die *Schlechter Einfluss* lag eine Meile südlich von Melkorin vor Anker, und Sirus konnte sehen, wie hinter der Hafenmauer Flammen emporloderten. »Weil ich dir den ganzen Spaß vorenthalte?«, fügte sie hinzu und nahm einen Schluck Wein.

Es hatte Seeforelle gegeben, vorzüglich gegart vom früheren Chefkoch eines der exklusivsten Restaurants von Morstal. Als Catheline in den Rängen der Verderbten auf den Mann gestoßen war, hatte sie ihn sofort als Leibkoch verpflichtet und tat sich seitdem täglich an aufwendigen Gerichten von höchster Qualität gütlich. Das Abendessen nahm sie immer auf dem Aussichtsdeck am hinteren Ende der Brücke zu sich, an einem Tisch, der gedeckt war mit einem verschnörkelten Kerzenhalter aus Silber, Tellern aus altem dalzianischen Porzellan und Silberbesteck.

Seit der Versammlung war eine Woche vergangen, ausreichend Zeit, um den Angriff vorzubereiten und sich ihrem Ziel anzunähern. Auf Cathelines Anweisung hin hatte Morradin sich um alles gekümmert, während Sirus' Rolle sich darauf beschränkte, die Flotte zu überwachen. Vermutlich wollte Catheline entweder der Rivalität zwischen ihnen entgegenwirken oder sich einen ungetrübten Eindruck von den Fähigkeiten des Marschalls verschaffen. Wahrscheinlich beides.

Morradins Plan war typisch schlicht, obwohl er sich einiger der raffinierteren Tricks von Sirus' Angriff auf Feros bediente. Eine kleine Flottille von als Flüchtlingsschiffen getarnten Booten mit schmutzigem Rumpf und mitgenommenen Aufbauten fuhr spätabends auf den Hafen zu. Ihre Stander taten kund, dass sie auf der Suche nach einem sicheren Hafen waren. Die Hafenbehörde von Melkorin weigerte sich jedoch beharrlich, ihnen das Tor zu öffnen, und versammelte stattdessen ihre Garnison und Bürgerwehr in den Hafenanlagen. Sirus' Mitleid mit diesen Leuten schwand jedoch leicht, als die Geschützbatterien auf der Mauer das Feuer auf die vermeintlichen Flüchtlinge eröffnen.

Ja, stimmte Catheline zu, die seine Verachtung spürte. *Noch mehr Menschen, die ihr Schicksal verdient haben. Allerdings gilt das eigentlich für alle.*

Während die Verteidiger ihre Aufmerksamkeit auf die Schiffe vor der Mauer konzentrierten, flog das Roten-Heer des Weißen an der Küste entlang nach Osten. Mehrere Kilometer hielten sie sich nordwärts, ehe sie mit der untergehenden Sonne nach Westen abdrehten und Verderbte wie Grüne in den Außenbezirken der Stadt absetzten. In der Zwischenzeit wies Morradin den Großteil der Flotte an, die Haupttruppen der Verderbten an einem breiten Strandstück fünf Kilometer westlich an Land zu lassen. Innerhalb weniger Stunden versank der gesamte Hafen im Chaos, und den corvantinischen Soldaten und der Bürgerwehr gelang es nicht, eine organisierte Abwehr auf die Beine zu stellen. Trotzdem war der Widerstand heftig, besonders von Seiten der Bürgerwehr, die ihre Häuser und Familien verteidigte. Mehrere Kompanien verbarrikadierten sich in den soliden Gebäuden im Geschäftsviertel, wo sie mehreren Angriffen trotzten, bis Morradin die Geduld verlor und um Verstärkung durch die Roten bat. Jeder nicht im ursprünglichen Plan vorgesehene Einsatz der Drachen musste von Catheline abgesegnet werden, da ihr Leben viel mehr galt als das der Verderbten.

Sind Sie sicher, Marschall?, fragte Catheline. *Das scheint mir doch etwas übertrieben. Können Sie nicht einfach warten, bis ihnen die Munition ausgeht?*

Sie blockieren den Hauptdurchgang zu den Wohnbezirken, antwortete Morradin. *Meine Späher berichten, dass viele Stadtbewohner nach Norden in die Hügel fliehen. Je länger diese Kompanien die Stellung halten, desto kleiner wird unsere Ausbeute an neuen Rekruten.*

Dieses Argument hatte Catheline überzeugt, die Roten loszulassen. Katarias führte mehrere Dutzend der Bestien an, ließ sie aus dem Himmel herabstoßen und die Gebäude in Flammen setzen. Diese Attacke brachte zwar den Widerstand zum Erliegen, entfachte jedoch auch einen Brand, der sich schon bald auf einen Großteil der westlichen Bezirke ausbreitete.

Was für ein großartiger Stratege Sie doch sind, Marschall, bemerkte Catheline. *Ich will Rekruten, und Sie geben mir verkohlte Leichen.*

Morradins Antwort beschränkte sich auf eine missmutige, zögerliche Entschuldigung, die Catheline überraschenderweise ein Lachen entlockte. »Ein grässlicher Mann«, sagte sie zu Sirus. »Aber nützlich. Nicht so nützlich wie du, mein lieber General, aber immer noch nützlich genug, um ihn zu behalten. Findest du nicht?« Ihr Tonfall klang ehrlich interessiert, und sie sah ihn mit hochgezogenen Augenbrauen über ihr Weinglas hinweg an. »Wenn du willst, kann ich ihn töten.«

Sirus spürte, wie Morradin sich versteifte, als seine Leibwache aus Verderbten sich mit gezückten Waffen zu ihm umdrehte. Er durchflutete seinen Geist mit Angst, um seine Gedanken zu verbergen. Es stimmte, dass Morradin dem Weißen von Nutzen war. Außerdem war er so arrogant und selbstsüchtig, dass es schon an Manie grenzte, und ein kaiserlicher Metzger, an dessen Händen das Blut Tausender klebte. Aber davon abgesehen hasste der Marschall seine Rolle als Sklave genauso sehr wie Sirus, und dieser Hass konnte ihm vielleicht früher oder später nutzen.

»Im Bodenkrieg kann es niemand mit ihm aufnehmen«, sagte er und griff nach seinem Glas. Schulterzuckend nippte er daran. Es handelte sich um einen teuren mandinorianischen Weißwein von erstaunlicher Erlesenheit aus den umfassenden Vorräten, die sie in den Eisenboot-Lagern in Feros erbeutet hatten. Nicht einmal Sirus' Vater hätte sich eine Flasche davon leisten können. Seit seiner Verwandlung hatten seine Sinne sich verfeinert, und er genoss das Prickeln, das der Wein auf seiner Zunge hinterließ. *Eine Apfelnote mit einem Hauch Zitrone, mindestens achtzehn Jahre lang in Eichenfässern gelagert.* Er teilte den Geschmack mit Morradin, dessen Hass gemeinsam mit seiner Angst zunahm.

»Allerdings«, fuhr Sirus fort, als er das Glas senkte, »kann seine Aggressivität zu Problemen führen, wie du gesehen hast. Vielleicht wäre eine Bestrafung angebrachter als eine Hinrichtung. Aber die Entscheidung liegt natürlich bei dir.«

»Willst du mich Zurückhaltung lehren?« Catheline verzog in gespielter Entrüstung den Mund. »Das will ich doch nicht hoffen. Mäßigung hat mir noch nie gelegen. Aber du hast ganz recht. Ich werde ihn bestrafen.« Sirus zuckte zusammen, als sie blinzelnd einen Impuls reinsten Schmerzes in Morradins Gehirn sandte. Der Marschall erstarrte, brach auf dem Kopfsteinpflaster zusammen und krümmte sich, während um ihn herum die Stadt in Flammen stand. Catheline hielt ihr Glas dem Kellner hin, der in der Nähe wartete und es pflichtbewusst füllte. Als Morradins Schmerz abebbte, war es leer.

Ich gehe davon aus, dass solche Lektionen in Zukunft nicht mehr nötig sein werden, erklärte sie ihm. Jeglicher Humor war aus ihren Gedanken gewichen und hatte kühlem Ernst Platz gemacht. *Und jetzt kümmern Sie sich um Ihre Arbeit. Mir wurden zwanzigtausend Rekruten versprochen, und mit weniger werde ich mich nicht zufriedengeben.*

Der gedankliche Befehl des Marschalls übertrug sich auf den Rest der Armee, unnötiges Töten war streng untersagt. *Abgesehen von den Kindern,* fügte er hinzu. *Für die haben wir keine Verwendung.*

»Ah«, sagte Catheline und lächelte, als der zweite Kellner mit einem Tablett erschien. »Die Nachspeise!«

◆ ◆ ◆

»Das ist der Teil des Abends, wo die meisten Männer versuchen würden, mich flachzulegen.«

Sie hatte ihn zu einem Verdauungsspaziergang genötigt. Sirus hatte sich dem Anlass entsprechend kleiden müssen und trug die Uniform eines Infanterieobersts des Protektorats, einschließlich etlicher Orden, die der Vorbesitzer errungen hatte. Catheline hatte sich für ein elegantes schwarzes Seidenkleid entschieden, das mit roten Flammen bestickt war. Dabei handelte es sich um das Werk einer begabten Schneiderin, die in Feros gefangen und verwandelt worden war. Dazu trug sie ein Schultertuch aus feinster Spitze und mit eingewobenen Edelsteinen, die glitzerten, als die flackernden Flammen aus Melkorin sich darin brachen. Ein unaufmerksamer Beobachter hätte sie beide vermutlich für den Inbegriff eines verliebten Pärchens gehalten, wären ihre Missbildungen und die sterbende Stadt jenseits des Wassers nicht gewesen.

»Oh, Verzeihung«, fügte sie hinzu, als sie seine Überraschung über ihre derbe Ausdrucksweise spürte. »Mich zu *verführen*.«

Sirus war völlig sprachlos. Er hatte in kurzer Zeit viel erlebt, trotzdem überstiegen manche Dinge nach wie vor seine Fähigkeiten.

»Entgegen meinem Ruf war ich sehr wählerisch«, fuhr Catheline fort. »Verheiratete Männer mochte ich am liebsten, besonders wenn ihre Frauen zu diesen Puten aus der Führungsschicht gehörten, die mich so gerne mit Verachtung straften. Ich fand schon immer, dass Sex und Rache eine gute Mischung abgeben.«

Am Bug des Schiffes angelangt, blieb sie stehen und zog das Tuch zurecht, sodass es ihre Schultern entblößte. Für einen Augenblick war Sirus abgelenkt davon, wie das Licht der brennenden Stadt ihren Körper umspielte, glatt, schuppenlos und wunderbar menschlich.

»Vielen Dank«, sagte Catheline, die seine unfreiwillige Lust spürte. »Ich dachte schon, dergleichen läge unter deiner Würde.«

Dann wandte sie sich wieder der Stadt zu, über deren Mauern gerade eine riesige Explosion erblühte. Die Wucht ließ darauf schließen, dass das Feuer beim Waffenarsenal angekommen war. »Ich habe ihnen vor unserer Abreise befohlen, Feros niederzubrennen«, fuhr Catheline fort, als die Explosion von einem Trümmerhagel abgelöst wurde. »*Er* hasst Städte, musst du wissen. Die Vorstellung einer menschlichen Zivilisation widert ihn an. Diesen Anblick werden wir also wohl noch öfter bezeugen, ehe unser Werk vollbracht ist.«

»Und was dann?« Sirus war sich bewusst, dass diese Frage gefährlich war, denn die Verderbten zweifelten ihren großen weißen Gott nicht an. Deshalb verschleierte er seine Gedanken mit einem – wie er hoffte – ausreichenden Maß schlichter Neugier, um seine Sorge bezüglich des Schicksals der Menschen zu verbergen.

»Dann gehört die Welt ihm, und wir sind seine dankbaren Diener«, erwiderte Catheline, die offensichtlich nichts bemerkt hatte. »Denn er hat uns gesegnet, oder etwa nicht? Die Fähigkeit, nahtlos Gedanken und Erfahrungen zu teilen. Stell dir eine Welt vor, in der es keine Lügen mehr gibt und in der jeder Geist dasselbe Ziel verfolgt. Das ist der letzte Krieg in der Geschichte der Menschheit. Ich habe das Verlangen, Mutter zu werden, wenn er vorüber ist. Mein Kind wird eine neue Welt erben, in der ewiger Frieden herrscht.« Sie sah ihn über die Schulter hinweg an. »Du hast doch ein Kind gezeugt?«

Katryas Gesicht, als er sie erschoss … Vermögen wir nicht auch zu lieben?

Er begrub seine Gedanken unter einer Woge Angst und Trauer, doch Catheline hatte seine Schuldgefühle bereits bemerkt.

»Wir können nicht alle beschützen, General«, sagte sie und betrachtete ihn mit aufrichtigem Mitleid. »Auch wenn es eine Schande ist. Es tut mir leid für deine Frau und das Kind, aber Soldaten sterben im Krieg. Morgen früh haben wir Tausende frisch verwandelte junge Frauen in unseren Reihen. Du kannst dir eine aussuchen, wenn du willst.«

»Nein, danke.«

Cathelines Mitleid verwandelte sich in Belustigung. Sie trat neben ihn, ergriff seine Hand und strich mit ihren weichen, makellosen Fingern über seine schwielige, schuppige Haut. »Hängst du immer noch deiner toten Geliebten nach?«, fragte sie. »Oder darf ich so selbstgefällig sein, zu glauben, dass du mich nicht eifersüchtig machen willst?«

Nichts, dachte er, und sein Geist glitt über ihren wie eine Hand, die gegen glattes, kaltes Glas drückt. *Nicht der geringste Hinweis darauf, was ihre wahren Absichten sind. Was sie in Wirklichkeit ist.*

»Was ich in Wirklichkeit bin?«, fragte sie lachend, und Sirus erschrak bei der Erkenntnis, dass er seine Gedanken nicht erfolgreich vor ihr verborgen hatte. »Gräm dich nicht«, fuhr sie fort und drückte seine Hand, als die Angst ihn durchströmte. »Es ist erfrischend, in diesem Haufen einen wahrhaft neugierigen Geist zu finden.« Sie kam näher, ihr Parfüm hatte eine fast schon berauschende Wirkung auf seine gesteigerten Sinne. »Ich bin das letzte Wort bei seiner Segnung dieser Welt«, murmelte sie, ihre Lippen ganz nah an seinen. »Er brauchte mich, verstehst du? Nicht zur Gänze, denn einen großen Teil hatte er schon von dieser Schlampe bekommen, bevor sie starb. Aber so groß sein Geist auch ist, es fehlt ihm an …«

Sie stieß einen unwillkürlichen Schrei aus, ihr Atem drang heiß an Sirus' Gesicht, ehe sie sich verkrampfte und zusammenbrach. Er wollte sich zu ihr hinabbeugen, erstarrte jedoch, als ein viel stärkerer Wille seinen Geist in Besitz nahm. Ein leises, rasselndes Knurren ließ ihn aufschauen, und er sah den riesigen Kopf des Weißen, aus dessen Nüstern dünne Rauchfäden aufstiegen. Der Blick der Bestie streifte ihn kurz und blieb dann an Catheline hängen. Diese wand sich erstickt schreiend und mit Speichel vor dem Mund auf dem Deck.

Eine Bestrafung, dachte Sirus.

Als auf den umliegenden Planken eine Reihe dumpfer Schläge ertönte, wandte Sirus den Kopf. Die jungen Weißen waren gekommen, um das Spektakel zu beobachten. Sie flatterten aufgeregt mit den Flügeln, verdrehten die Hälse und schlugen mit den Schwänzen, dabei zischten und kreischten sie. Jetzt musste Sirus nicht mehr auf seine Furchtreserven zurückgreifen, um seine Gedanken zu verbergen, denn die Angst, die ihn nun packte, war völlig echt. Trotzdem fand er noch genug Raum für eine Feststellung. *Dein Gott erwidert deine Liebe nicht,* dachte er, als Cathelines Würgekrämpfe zu einem brabbelnden Zittern abflauten.

Das Knurren des Weißen erstarb, und er stieß eine Rauchwolke aus, ehe er sich in die Luft schwang. Der Wind, den er dabei erzeugte, war so stark, dass Sirus in die Knie ging. Der Drache erhob sich in den Nachthimmel, und das Licht der brennenden Stadt färbte seine elfenbeinfarbenen Schuppen rosa. Als er genug Höhe gewonnen hatte, drehte er seinen riesigen Körper Richtung Melkorin, dicht umgeben von seiner jugendlichen Brut, die hungrige Schreie ausstieß. Nach dem Fall von Feros war es dasselbe gewesen. Auf den Sieg folgte das Festmahl, und in dieser Stadt gab es viele Kinder.

Sirus senkte den Blick auf Catheline. Ihre Zuckungen hatten aufgehört, und sie lag erschöpft und benommen am Boden. Ihr Seidenkleid war mit einer größeren Menge Urin befleckt, und er fragte sich, ob der Weiße wohl etwas dagegen hätte, wenn er sie jetzt tötete.

Er ging in die Hocke und hob sie mühelos auf. Aus den Augenwinkeln sah er, wie der Weiße dicht gefolgt von seiner grässlichen Brut auf die brennende Stadt herabstieß. Er blickte auf das dunkle Wasser. *Wirf die verrückte Schlampe über Bord. Die Welt wird es dir danken.*

Catheline gab ein leises, ängstliches Wimmern von sich, ihre flatternden Augenlider verrieten, dass sie von Albträumen geplagt wurde. Dann drehte sie sich in seinen Armen und legte den Kopf an seine Brust, instinktiv nach Trost suchend. Sirus wandte sich um und ging mit ihr zur nächsten Luke, um sie in ihre Kajüte zu tragen. Von unterwegs schickte er einen Befehl an die Besatzung, ihr saubere Kleider zu bringen.

KAPITEL 15

Lizanne

»Mir hat nicht gefallen, wie diese Frau mich angesehen hat.«

Lizanne schaute von dem Vertrag auf, der ihr Beschäftigungsverhältnis beim Varestianischen Verteidigungsbund zementierte. Sie hatte ihn auf der Rückreise mehrmals gelesen und zu ihrem Missfallen festgestellt, dass Ethilda Okanas ihn so formuliert hatte, dass sie sich später nur schwer würde daraus befreien können, zumindest rechtlich. »Das ist auch besser so«, murmelte sie zustimmend und blickte aus dem Fenster. Sie waren tags zuvor in Iskamir aufgebrochen und näherten sich jetzt der Südspitze des Sabiras-Archipels, hinter der sich der hoffentlich sichere Ankerplatz vor der Viemeninsel befand.

»Ich muss sie doch hoffentlich nicht wiedersehen?«, fragte Tekela. »Oder ihren Sohn? Er war fast genauso schrecklich wie sie.«

Lizanne war kurz davor, sie anzublaffen. Ihre Wut über die Gerissenheit des Okanas-Klans weckte in ihr den Wunsch, das Mädchen für seine Schwäche zu tadeln. *Eine Welt voller schrecklicher Menschen erwartet dich. Hab immer eine geladene Waffe in Griffweite,* hätte sie gern gesagt. Stattdessen rief sie sich all die schweren Prüfungen in Erinnerung, die Tekela hinter sich hatte. Viel abgehärteter konnte das Mädchen gar nicht werden. Also sagte sie: »Das tut mir leid. Ich werde mich bemühen, dass dir in Zukunft ihre Gesellschaft erspart bleibt.«

Für die Rückreise hatten sie auf den Blutbrenner verzichtet, weil Lizanne sich den Turboantrieb für Notfälle aufsparen wollte. Aus diesem Grund gestaltete der Flug sich langwierig, und sie verbrachte ihn in gereizter Durchsicht des Vertrags, den sie hatte unterzeichnen müssen, und unruhigem Dösen. Ihr Schlaf wurde mehrmals von den Turbulenzen unterbrochen, die durch die Winde in diesen südlichen Breiten hervorgerufen wurden.

Nachdem Tekela sich stundenlang abgemüht hatte, sie auf Kurs zu halten, war sie zunehmend müde. Lizanne hätte sie gerne zwischenzeitlich abgelöst, kannte sich aber nicht genug mit der Steuerung aus. Außerdem schien es ein Ding der Unmöglichkeit, sich in der Enge der Gondel nach vorne auf den Pilotensitz zu quetschen.

»Wenn wir zurück auf dem Schiff sind«, erklärte sie Tekela, während sie die erste der äußeren Sabiras-Inseln überquerten, »zeigst du mir mal, wie man dieses Ding fliegt.«

Zwei Stunden später kam die Flotte in Sicht. Die vielen Schiffe ankerten in einem engen Bogen vor dem felsigen Fleckchen Land, das auf Lizannes Karte als Viemeninsel ausgewiesen war. Das Tageslicht schwand schnell, und Lizanne befürchtete schon, dass die Dunkelheit hereinbrechen würde, ehe sie auf dem Vorderdeck der *Günstige Gelegenheit* landen konnten. Glücklicherweise erkannte Kapitän Trumane die Gefahr und ließ alle Lampen entzünden, einschließlich des starken Suchscheinwerfers, der gesenkt wurde, um die Vorderseite der Fregatte auszuleuchten.

Auf dem letzten Wegstück musste Tekela gegen einen starken Seitenwind ansteuern. Ihre Hände tanzten von Hebel zu Hebel, dabei stieß sie varsallische Flüche aus, von denen Lizanne überrascht war, dass sie sie überhaupt kannte.

Schließlich setzten sie polternd auf dem Deck auf, und Tekela schloss die Drosselklappe. Als das Surren des Motors erstarb, kippte sie mit leisem Seufzen vornüber und blieb mit dem Kopf auf dem Armaturenbrett liegen. Lizanne hielt es für eine theatralische Geste, doch dann hörte sie, wie das Mädchen leise schnarchte.

◆ ◆ ◆

»Zu jedem anderen Zeitpunkt wäre es unzumutbar, das zu unterzeichnen.« Trumane seufzte und knallte den Vertrag auf den Schreibtisch. »Das Syndikat würde höchstwahrscheinlich eine Gefängnisstrafe darauf aussetzen. Aber unter den gegebenen Umständen.« Er zuckte mit den Schultern und rutschte in seinem Stuhl tiefer. Lizanne hatte größeren Widerstand von ihm erwartet, doch anscheinend überwog sein Pragmatismus jegliche tiefsitzende unternehmerische Abneigung gegen ein so offenkundig schlechtes Geschäft.

»Es gibt noch etwas zu bedenken«, sagte sie. »Sie werden in dem Vertrag nicht erwähnt.«

Trumane blickte sie fragend an. »Und?«

»Der Vertrag schreibt jeden einzelnen Aspekt unserer Vereinbarung fest, einschließlich meiner Rolle und der Rolle unserer Erfindergruppe sowie des Dienstverhältnisses der Flüchtlinge. Nur Sie kommen nicht vor. Der Mann, den die Varestianer Kapitän Galgenstrick nennen. Ich gehe davon aus, dass diese Auslassung kein Zufall ist. Kapitän, ich muss Ihnen raten, uns nicht in varestianische Gewässer zu begleiten. Behalten Sie die *Günstige Gelegenheit*, segeln Sie nach Norden und nehmen Sie Mrs. Griffan mit. Wenn Sie es bis zu einem mandinorianischen Hafen schaffen, können Sie die letzten Verbliebenen der Syndikats-Hierarchie von der wahren Natur dieser Krise in Kenntnis setzen. Das Wissen darum scheint ihnen bislang ja leider zu fehlen.«

»Nein.« Trumane schüttelte vehement den Kopf. »Ich habe diese Flotte nicht hierhergebracht, um sie jetzt zu verlassen …«

»Sie werden Sie hängen«, unterbrach Lizanne ihn. »Die Familie Okanas und etliche andere Klans meinen, eine Blutschuld mit Ihnen begleichen zu müssen. Varestianer vergeben dergleichen nicht.«

»Ich bin noch nie vor Piraten geflohen, Miss Lethridge«, erwiderte Trumane ruhig, aber bestimmt, und sie wusste, dass die Diskussion beendet war. »Ich habe nicht vor, jetzt damit anzufangen.« Er wandte sich den Karten zu, die vor ihm ausgebreitet lagen, und griff sich Stift und Kompass. »Wenn Sie mich jetzt entschuldigen würden. Ich habe einen Kurs zu planen.«

◆ ◆ ◆

»Die Komposition besteht aus acht Sätzen«, sagte Makario und überreichte ihr ein etwas zerknülltes Bündel Notenblätter. »Diese Erkenntnis war der Schlüssel. Der Tüftler hatte zweifellos ein Faible für die Zahl Acht.«

Bei Durchsicht der Papiere stellte Lizanne fest, dass sie mit weitgehend unleserlichen Noten beschriftet waren, vereinzelt unterbrochen von Kommentaren in der winzigen Handschrift des Musikers. Als sie den Kopf hob, stellte sie überrascht fest, wie rot seine Augen waren und wie seine Hand zitterte, als er sich durch die ungekämmten Haare fuhr.

»Wann hast du zum letzten Mal geschlafen?«

Er sah sie ehrlich erstaunt an. »Warum sollte ich schlafen, wenn ich ein Rätsel wie dieses zu lösen habe? Ich dachte einmal, Illemont bliebe meine einzige Leidenschaft, und jetzt das hier.« Er blickte den Solargraphen an, und Lizanne staunte erneut über die Eigenschaft dieses Geräts, die Herzen derer gefangen zu nehmen, die dazu verdammt waren, sich damit zu beschäftigen. »Der Tüftler war ebenso sehr Musiker wie Erfinder. Er muss ein Mann von wahrer Größe gewesen sein.«

»Bist du dir sicher, dass das alles ist?«, fragte sie und legte die Blätter auf die Werkbank.

»Ich habe es mehrmals probiert, außer Hörweite unseres Mithäftlings, versteht sich.«

»Na gut.« Lizanne drehte sich zu Bastler um, der vor einem anderen Tisch in der Nähe des Steuerbordschotts stand. Er war gerade dabei, einen neuen Prototypen des Raketengeschosses fertigzustellen, das sich beim Marsch auf Scorazin als so nützlich erwiesen hatte. Allerdings war dieses größer und verfügte über eine höhere Reichweite, außerdem würde sein schwindelerregend komplexer innerer Uhrwerkmechanismus ihm eine bemerkenswerte Zielgenauigkeit verleihen.

»Warten wir noch, bis er sein neues Spielzeug fertig hat«, sagte sie. »Ruh dich in der Zwischenzeit aus.«

◆ ◆ ◆

Drei Tage später beobachtete sie aufmerksam Bastlers Gesicht, während der Solargraph die Melodie spielte. Makario hatte recht gehabt, das musikalische Talent des Tüftlers stand seinem Erfindergeist in nichts nach. Nachdem Makario die ersten drei Sätze auf dem Glockenspiel geschlagen hatte, machte das Gerät von selbst weiter. Zahnräder surrten, und Scheiben drehten sich, als das Gerät eine Melodie von so düsterer Präzision spielte, dass es Lizanne ganz schwer ums Herz wurde. Bastler ließ das Ganze mit interessierter, wenn auch nicht weiter gerührter Miene über sich ergehen und sah Lizanne anschließend lediglich mit zusammengekniffenen Augen an.

»Hast du …«, begann sie vorsichtig, »mir etwas zu sagen?«

»Ja«, sagte er und nickte dabei so ernst, dass sie sich zu ihm vorbeugte. »Ich brauche noch mehr Messing für den Zielmechanismus.«

»Dazu«, krächzte sie und deutete auf den Solargraphen. »Zu all dem.«

»Ach so«, erwiderte Bastler. »Nein.«

»Es ist die richtige Melodie«, versicherte Makario, als Lizanne ihn ansah. Sie rief sich ihre Gespräche mit Bastler ins Gedächtnis und alles, was er ihr über den Tüftler und die Erinnerungen erzählt hatte, die dieser in der Trance mit ihm geteilt hatte. *Die Trance.* »Hier«, sagte sie und zog eine Phiole Blau hervor. »Spiel es noch einmal«, wies sie Makario an, nachdem sie und Bastler eine gleichgroße Menge Produkt zu sich genommen hatten.

Diesmal erfolgte die Reaktion unmittelbar. Kaum setzte die Melodie ein, trat der abwesende Blick auf Bastlers Gesicht, der den Beginn der Trance ankündigte. Aber erst beim vierten Satz entfaltete das Blau seine volle Wirkung. Bastler schloss die Augen und sackte mit zuckenden Gliedmaßen zu Boden. Lizanne stand auf, um nach ihm zu sehen … und fand sich hüfttief in der Mitte eines schnell strömenden Flusses wieder.

Einen so unmittelbaren Übergang in die Trance hatte sie noch nie erlebt und fühlte sich überrumpelt. Der plötzliche Umgebungswechsel, der mit anderen Temperaturen, Gerüchen und Geräuschen einherging, ließ sie taumeln. Fast hätte sie auf dem losen Kiesbett das Gleichgewicht verloren, da streckte jemand die Hände aus, um sie zu stützen.

»Vorsicht«, sagte ein sanfte Stimme in gepflegtem Etherianisch. »Hier kann man durchaus ertrinken.«

Die Frau, die sie am Arm gepackt hatte, war mittelgroß und muskulös. Hinter ihrer Brille sah sie Lizanne aus klugen, dunklen Augen an.

Ihre Kleidung war aus robustem Stoff, wie Leute sie zu tragen pflegten, die viel Zeit draußen verbrachten. Von ihrer Schulter hing ein schweres Bündel, und auf ihrem Kopf saß ein schmalkrempiger Filzhut, unter dem ein Büschel kurz geschnittener schwarzer Haare hervorblitzte. Zudem besaß sie die hohen Wangenknochen und die Art von Schönheit, die normalerweise den Fantasieheldinnen auf dem Deckel billiger Liebesromane vorbehalten waren.

»Das …« Lizanne schloss die Augen und schüttelte den vernebelten Kopf, ehe sie die Umgebung näher betrachtete. *Ein schneller Fluss, zu beiden Seiten dichter Dschungel.* »Das arradsianische Inland.«

»So ist es.« Die Frau lächelte sie entschuldigend an und löste ihren sanften, aber festen Griff. »Obwohl ich den etherianischen Namen des Kontinents stets bevorzugt habe. *Kilnahria.* Er leitet sich von einem Schlangengott aus vorkaiserlicher Zeit ab. Passend, finden Sie nicht, Miss …?«

»Lethridge.« Lizanne richtete sich auf und streckte die Hand aus. »Lizanne Lethridge. Und ja, ausgesprochen treffend.«

»Alestine Akiv Azkarian«, erwiderte die Frau und schüttelte ihr mit einer förmlichen Verbeugung die Hand. »Ich wollte gerade zu Mittag essen«, fuhr sie fort und watete auf das entfernte Ufer zu. »Wollen Sie mir Gesellschaft leisten?«

»Sie sind der Tüftler?«, fragte Lizanne mit kleinlautem Lachen, während sie der Frau durchs Wasser folgte. Die Trance hatte sie mit einem etwas unpraktischen Rock und einer Jacke von altertümlichen Ausmaßen ausgestattet, die das Vorankommen erschwerten. »Der Tüftler war eine Frau?«

»Was für eine aufmerksame Beobachterin Sie doch sind.« Alestine kletterte ans Ufer und hielt Lizanne eine Hand hin, um ihr aus dem Fluss zu helfen.

»Ich dachte, Sie kennen meinen Namen bereits«, sagte Lizanne, als sie sich mit Alestines Unterstützung aus dem Wasser kämpfte. »Schließlich hat der Tüftler diese Begegnung vorhergesehen.«

»Der Verrückte Tüftler«, erwiderte Alestine mit halb betrübtem, halb belustigtem Lächeln. »Ist das nicht der Name, bei dem man mich nennen wird?«

»Der Zusatz ›Verrückt‹ wurde kürzlich fallen gelassen«, antwortete

Lizanne. »Was merkwürdig ist, wenn man bedenkt, dass die Welt von Tag zu Tag verrückter wird.«

Alestine entzog ihr die Hand, drehte sich um und führte sie tiefer in den Dschungel. »Ich kannte Ihren Namen wirklich nicht«, erklärte sie Lizanne, während sie einem schmalen Pfad folgten. »Aber ich habe diese Begegnung vorausgesehen, zumindest teilweise. Allerdings hatten Sie dunkleres Haar und waren deutlich unhöflicher. Manchmal trügen mich meine Visionen. Ich habe die Theorie, dass es davon abhängt, wie viel Zeit vergeht. Je länger ich warten muss, dass etwas eintritt, desto größer die Unterschiede.«

»Worüber haben wir in Ihrer Vision gesprochen?«, fragte Lizanne, sich wohl bewusst, dass eine gewisse Verzweiflung in ihrer Stimme lag, die sie sich unter anderen Umständen nicht anmerken ließe. Doch der Schock, dieser Person gegenüberzustehen, nachdem sie so viel Zeit und Mühe investiert hatte, um sie zu finden, machte sie leicht schwindelig, wenn nicht gar nervös.

»Sie sagten, Ihre Welt stünde in Flammen.« Alestine blieb stehen, als der Weg in eine breite Lichtung mündete. Dann setzte sie ihr Bündel ab und blickte sich suchend um. »Wir brauchen Feuerholz. Wenn Sie mir vielleicht behilflich sein könnten.«

Lizanne machte sich an die Arbeit, wurde jedoch schon bald von einem dunklen Umriss über den Baumkronen abgelenkt, dessen zerklüftete Seiten sich schwarz gegen den hellblauen Himmel abhoben. Eine von Clays Erinnerungen fiel ihr ein. *Der Tempel.* »Sind wir in der Nähe des Krystalinsees?«

»Bei der Seele des Kaisers, nein.« Alestine lachte und ging in die Knie, um einen heruntergefallenen Zweig aufzuheben. »Der See befindet sich etwa fünfhundert Kilometer nordöstlich von hier.«

Sie folgte Lizannes Blick zu der Silhouette. »Sie haben wohl schon mal einen von ihnen gesehen. Am Krystalinsee? Ich wusste gar nicht, dass es dort Ruinen gibt.«

»Eine ganze Stadt sogar.«

»Eine Stadt, die ich nie sehen werden, es sei denn durch Ihre Augen, wenn Sie bereit wären, die Erinnerung mit mir zu teilen.«

Lizanne blickte sie an und sah wieder das halb betrübte, halb belustigte Lächeln ihren Mund umspielen. Es war nicht unfreundlich, doch für Lizannes Geschmack zu wissend. »In meiner Vision habe ich Ihnen also erzählt, dass meine Welt in Flammen steht«, sagte sie. »In Wirklichkeit hat sie erst zu schwelen begonnen, allerdings denke ich, dass uns ein wahrlich großes Feuer bevorsteht. Und ich glaube, dass Sie wissen, wie es sich vermeiden lässt. Das würde ich gerne erfahren.«

Alestines Lächeln wich nachdenklicher Sorge. »Dann muss ich Sie leider enttäuschen, Miss. Aber« – sie ließ den Zweig fallen und setzte ihre Suche fort – »lassen Sie uns beim Essen darüber sprechen. Ich habe eine Cerathenkeule, die ich gerne mit Ihnen teilen würde. Das Fleisch schmeckt ausgezeichnet, wenn man es richtig würzt.«

Weil sie sich für alle weiteren Fragen taub stellte, half Lizanne ihr, die Feuerstelle herzurichten und aus dem gesammelten Holz eine Halterung für das Fleisch zu bauen. Alestine ritzte die Schwarte mit dem Messer ein und bestreute sie anschließend mit Salz und wildem Thymian. Die Halterung bestand aus zwei robusten Zweibeinen und einer Querstange und war schnell fertig. Die flinke, instinktive Präzision, mit der Alestine dabei ans Werk ging, vertrieb jegliche Zweifel an ihrer Identität. *Sie sieht aus wie Bastler,* dachte Lizanne. *Oder wie Vater, wenn er besonders vertieft in seine Arbeit ist.*

»Das Geheimnis besteht darin, es regelmäßig zu wenden«, erklärte Alestine und drehte die Keule, ehe sie sich wieder ihrem Bündel zuwandte. »Wollen Sie einen Aperitif?« Sie zog eine metallene Feldflasche und zwei Zinnbecher hervor. Einen reichte sie Lizanne und goss eine rosafarbene Flüssigkeit hinein. »Ein Wein aus der Gegend.« Alestine hielt sich den Becher unter die Nase, um daran zu riechen. »Sein Name ist leider unaussprechlich. Ich nenne ihn ›Kilnahrias Milch‹.«

Lizanne schnupperte an der Flüssigkeit, die einen überraschend fruchtigen Duft verströmte, ehe sie einen Schluck davon nahm. »Ausgezeichnet«, sagte sie. »Aber für meinen Geschmack ein bisschen stark.«

»Schön, dass es Ihnen schmeckt. In meiner Vision mochten Sie ihn nicht.« Sie leerte ihren Becher und schenkte nach. »Und, wie hat Ihnen die Musik gefallen? Sie haben das Rätsel des Solargraphen sicher gelöst. Sonst wären Sie nicht hier.«

»Eine wahrhaft vollendete Melodie. Der Musiker, der mir geholfen hat, sie zu entschlüsseln, war gebührend beeindruckt. Und er ist eine Art Experte für die Musik Ihrer Ära.«

»Und was ist mit Ihnen, Miss Lethridge? Hat sie Ihnen gefallen?«

Der Ernst, mit dem Alestine sie ansah, verriet Lizanne, dass die Antwort ihr wichtig war. *Ist das eine Art Test?*, fragte sie sich. *Hat sie mir in ihrer Vision gefallen oder nicht?* »Sie war wunderschön«, antwortete sie, denn vermutlich war Wahrheit die beste Strategie. »Aber traurig. Ihr musikalisches Talent scheint Ihrem Händchen für Technik in nichts nachzustehen.«

»Oh doch, das tut es. Das Stück stammt nicht von mir. Ich habe es lediglich für die Nachwelt festgehalten. Aber es freut mich, dass mein Händchen für Technik zu etwas nütze war.«

»Und wie. So sehr sogar, dass Leute getötet haben, um die Früchte Ihrer Arbeit an sich zu bringen, mich selbst eingenommen.«

»Das war niemals meine Absicht.« Alestine nippte erneut an ihrem Becher und wandte sich dann wieder dem Fleisch zu. Sie bat Lizanne, ihr dabei zu helfen, den Spieß über den Flammen zu drehen. »Wenn man jede Aufgabe sorgfältig und gewissenhaft angeht, kann nicht viel schiefgehen«, sagte sie. »Meine Mutter ist nie müde geworden, mir das zu sagen.«

»Wenn Sie das Stück nicht geschrieben haben«, erwiderte Lizanne und trat einen Schritt zurück, um dem dichter werdenden Rauch zu entgehen. »Wer dann?«

Die Betrübtheit kehrte zurück, doch diesmal wurde sie nicht von Belustigung begleitet. »Eine Frau, die ich einmal kannte«, erklärte sie. »Sie erinnern mich ein wenig an sie. So viel Leidenschaft und Menschlichkeit in einer Person vereint. Ich glaube, Sie beide hätten sich gut verstanden, wenngleich sie Sie früher oder später als Bedrohung angesehen und hingerichtet hätte. Angeblich neigte sie in ihrem späteren Leben zu derlei.«

»Mich hinrichten lassen?«, fragte Lizanne. »Dann muss sie eine einflussreiche Frau gewesen sein.«

»Das kann man wohl sagen. Sie wurde später zur Kaiserin gemacht, oder besser gesagt: zum Kaiser. Offenbar erlaubt der Titel keine Anpassung an das Geschlecht.«

Eine Erinnerung tauchte vor Lizannes innerem Auge auf: eine der zahlreichen Statuen, welche die kleinen Tempel außerhalb des Allerheiligsten des corvantinischen Kaisers geziert hatten, eine hakennasige

Frau aus Marmor. »Kaiserin Azireh«, sagte sie. »Sie kannten sie? Sie hat das Stück geschrieben?«

»Sie hat vieles geschrieben, aber Musik war ihre Leidenschaft. Und ja, ich kannte sie, aber das war, bevor sie Kaiserin wurde.«

Blätter raschelten, als Alestine sich zum anderen Ende der Lichtung umdrehte. Lizanne tat es ihr gleich und sah, wie das Laubwerk sich zu einem neuen Tableau formierte. Eine junge Frau an einem Pianola spielte die Melodie, die der Tüftler in den Solargraphen gebannt hatte. Der umliegende Dschungel blieb unverändert, doch der Boden unter dem Pianola war jetzt aus kariertem Marmor und spiegelte das Innere eines prachtvollen Palasts wider. Trotz ihrer Jugend hatte das Mädchen eine unleugbare Ähnlichkeit mit der strengen, gebieterischen Frau, die später den ihr zu Ehren erbauten Tempel zieren sollte.

»Damals war sie ein einsames Mädchen«, fuhr Alestine fort, während die künftige Kaiserin ihre wunderschöne traurige Melodie spielte. »Allein an einem Hof voller privilegierter, intriganter Idioten, die sie mit dem größten Vergnügen tot gesehen hätten. Ich war stets der Meinung, dass göttliches Blut mehr Fluch denn Segen ist. Sie war so vielversprechend und hätte der Welt so viel Musik schenken können. Aber all das wurde dem Schicksal geopfert, das ihr Blut ihr eingetragen hatte. Doch die Jungen neigen stets zu der Hoffnung, wenn nicht gar der Illusion, dass das Schicksal abänderbar ist.«

Lizanne beobachtete, wie eine junge Frau aus dem Dschungel trat und sich vor dem Mädchen am Pianola verneigte, das sich sofort aufrichtete und Haltung annahm. Die junge Alestine war ebenfalls leicht zu erkennen, auch wenn sie in dieser Erinnerung die weiße Bluse, schwarze Weste und den Rock einer corvantinischen Hofdienerin trug, genauer gesagt einer Hofdienerin von niederem Rang. »Ich fürchte, es ist schon wieder das c-Moll«, sagte Azireh und drückte eine der Tasten des Pianolas. »Es scheppert ein bisschen, findest du nicht auch?«

»Meine musikalischen Kenntnisse beschränkten sich auf das rein Praktische«, erklärte die ältere Alestine, als ihr jüngeres Ich den Deckel des Pianolas aufklappte. »Sie reichten aus, um Instrumente zu reparieren, aber nicht, um sie mit Fingerfertigkeit zu spielen. Im Allerheiligsten bestand meine Hauptpflicht darin, die verschiedenen Spielzeuge und Gerätschaften der Kinder der Adeligen zu reparieren. Das ›Fummelmädchen‹ nannten sie mich, unter anderem.« Sie kicherte liebevoll. »Grässliche Bälger allesamt, mit einer Ausnahme.«

Auf Geheiß der jungen Alestine drückte Azireh wiederholt die Taste, während Erstere sich am Inneren des Instruments zu schaffen machte. Lizanne war zwar keine Expertin, konnte jedoch höchstens eine minimale Veränderung der Tonhöhe feststellen. »Später habe ich herausgefunden, dass sie die Saiten selbst gelockert hat«, erklärte die ältere Alestine. »Nur damit sie einen Vorwand hatte, mit mir zu sprechen.«

»Jetzt stimmt es wieder, meine Dame«, sagte ihr jüngeres Ich, schloss den Deckel und machte einen Knicks. »Wenn Sie mich entschuldigen würden.«

»Warte noch«, sagte Azireh. »Ich habe an etwas gearbeitet und wüsste gerne, was du davon hältst. Meine Dienerinnen würden eine gute Melodie nicht einmal erkennen, wenn ich sie damit erdrossle.«

Ohne eine Antwort abzuwarten, fing sie an zu spielen, dasselbe Stück wie zuvor, aber mit der Klarheit und Präzision einer versierten Musikerin. Diese Wiedergabe war viel eindrucksvoller als auf dem Glockenspiel des Solargraphen. Lizanne war, als würde die Musik in sie eindringen und ihren Geist zwingen, seine lebhaftesten Erinnerungen zu erkunden, die guten wie die schlechten. Die Erfahrung war verstörend und aufregend zugleich, und gemessen am Blick der jungen Alestine ging es dieser genauso. Bis eben hatte sie das unbeteiligte, bewusst neutrale Verhalten an den Tag gelegt, das allen langjährigen Dienstboten zu eigen war. Jetzt betrachtete sie das Mädchen am Klavier mit andächtiger Faszination, und eine Träne lief ihr über die Wange.

»Die Liebe kommt stets überraschend«, sagte die ältere Alestine. »Finden Sie nicht auch? Ob sie sich nun im Laufe der Jahre schleichend einstellt oder einen ganz plötzlich packt. Der Augenblick ist jedes Mal aufs Neue eine Offenbarung. Manchmal geschieht es innerhalb eines Herzschlags, oder in der Zeit, die nötig ist, um das wunderbarste Musikstück zu spielen, das ein dummes junges Mädchen in seinem Leben gehört hat.«

Sie drehte den Kopf zur Seite, und die Erinnerung verschwand zurück in den Dschungel. »Ich glaube, es ist wieder Zeit, den Braten zu wenden«, sagte sie und ging zum Feuer.

»Sie waren Liebende«, bemerkte Lizanne und konnte es kaum glauben. *Eine Dienerin und eine Prinzessin, die sich im Kaiserlichen Allerheiligsten ein Stelldichein gaben.* »Wenn das ans Licht gekommen wäre …«

»Oh, das ist es, das können Sie mir glauben.« Alestine bedeutete Lizanne, das andere Ende des Spießes zu nehmen, und gemeinsam drehten sie die Keule. Die Flammen zischten und flackerten, als Fett aus den Einschnitten tropfte. »Wir waren nicht besonders diskret. Es war nichts Ungewöhnliches, dass Adelige sich mit Dienstboten vergnügten. Das Leben im Allerheiligsten war so unsäglich langweilig, dass derlei wortlos toleriert wurde. Nur nicht in unserem Fall. Denn uns verband mehr als Vergnügen, und das machte es gefährlich. Für eine Weile ließ man uns gewähren. Azireh bestimmte mich zu ihrer persönlichen Assistentin, und wir lebten in glücklicher Zurückgezogenheit in unserem eigenen kleinen Palast. Während sie komponierte, entwarf und baute ich meine Spielzeuge. Doch dann kamen die Regentschaftskriege.«

Wieder raschelte das Buschwerk, und als Lizanne sich umdrehte, sah sie einen prunkvollen Ballsaal vor sich. Riesige Kronleuchter aus glänzendem Kristall hingen über einer Tanzfläche, die mit dem Blut zahlreicher Leichen besudelt war. Die Toten waren Männer und Frauen, Kinder und Alte, alle in der Festtracht der unzähligen corvantinischen Adelsränge. Das Muster der Blutspritzer wies darauf hin, dass das Massaker mit der Klinge ausgeführt worden war statt mit einer Pistole.

»Die große Säuberung am Krönungstag«, erklärte Alestine und streute Salz auf den Braten. »Mindestens die Hälfte der höchsten kaiserlichen Adeligen wurde binnen vierundzwanzig Stunden ausgelöscht. Ich werde Sie nicht mit den Einzelheiten langweilen. Es genügt zu wissen, dass eine Gruppe unzufriedener Inzüchtiger der herrschenden Gruppe Inzüchtiger die Macht streitig machen wollte. Das führte zu den Regentschaftskriegen, an deren Anfang dieser Vorfall stand. Dass Azireh überlebte, verdankte sie mir. Ich verkleidete sie als Dienstbotin, und wir flohen aus dem Allerheiligsten und versteckten uns im Haus meiner Großeltern. Das hätte auch schiefgehen können, denn es war eine so naheliegende Zuflucht. Zum Glück fand ihr Onkel sie als Erster. Er hob sie auf ein Pferd, und sie ritten davon. Wir hatten kaum Zeit, uns zu verabschieden, und ich habe sie erst fünf Jahre später wiedergesehen. Zu dem Zeitpunkt hatten sie das aus ihr gemacht.«

Der Ballsaal flimmerte und verwandelte sich in einen noch größeren Raum vom Ausmaß einer Kathedrale. Zu allen Seiten ragten hohe Fenster auf, und riesige Säulen stützten Gewölbedecken, die so hoch waren, dass sie vom Dunst der tausend oder mehr versammelten Menschen verschleiert wurden. Alle knieten unterwürfig da, die Köpfe auf den Boden gedrückt und die Arme weit ausgestreckt. So brachten sie einer Gestalt auf einem Podium ihre Ehrerbietung dar. Unter der Maske aus Alabaster, die ihr Antlitz bedeckte, war Azireh kaum zu erkennen. Ihre Gesichtszüge waren verzerrt vom Gewicht der juwelenverzierten Krone auf ihrem Kopf, und in ihren Augen lag eine Härte, die vorher nicht da gewesen war. Das war der Blick der Statue, der Blick einer Frau, die schreckliche Dinge gesehen und getan hatte, zu viele, um das Mädchen zu bleiben, das sein Pianola sabotiert hatte, um mit einer zu sprechen, von der sie meinte, sie lieben zu können.

»Kaiserin Azireh die Erste«, sagte Alestine. »Eine beeindruckende Erscheinung, nicht wahr?«

Lizanne bemerkte eine Gestalt in der Menge, die nicht kniete. In ein schlichtes Musselingewand gehüllt, stand Alestine am hinteren Ende des riesigen Gewölbesaales und starrte zu der frisch gekrönten Kaiserin empor, die schon bald als Kaiser in die Geschichtsschreibung eingehen sollte. »Das war das letzte Mal, dass Sie sie gesehen haben«, mutmaßte Lizanne.

»Ja«, antwortete Alestine, ohne von ihrem Braten aufzusehen. Sie ging in die Hocke, um noch Holz ins Feuer zu werfen. »Ich war überrascht, als ich eine offizielle Einladung zur Krönung erhielt, und auch etwas ängstlich. Trotzdem ging ich hin. Ich hätte gar nicht anders gekonnt. Ich weigerte mich niederzuknien, was natürlich auffiel, aber zu diesem Zeitpunkt war ich bereits so gefürchtet, dass niemand etwas einwendete. Nach der Zeremonie überreichte mir einer der Kämmerer einen Umschlag. Darin befand sich eine große Summe Geld und die Nachricht, dass der Kaiser mich auf eine Forschungsreise nach *Kilnahria* schicke. Darüber hinaus noch eine Notiz in ihrer Handschrift, ein bloßer Einzeiler: ›Finde einen Schatz für mich.‹«

Die Krönung verschwand in der grünen Mauer des Dschungels, als Alestine ein Messer nahm und eine Scheibe von der Keule abschnitt. Nachdem sie ein Stück abgebissen hatte, hielt sie Lizanne das Fleisch hin. »Ich glaube, es ist fertig. Was meinen Sie?«

Lizanne nahm das dargebotene Stück in den Mund. Das Cerathenfleisch war zart und wohlschmeckend. »Sie hat Sie verbannt«, sagte sie und schluckte das Stück Fleisch hinunter.

»Ihr blieb kaum etwas anderes übrig. Wahrscheinlich dachte sie, mir einen Gefallen damit zu tun. Ich hatte oft von diesem Ort gesprochen. Ihr von seinen zahlreichen Geheimnissen erzählt, wenn wir nachts beieinanderlagen. Ich war überrascht festzustellen, dass sie mir tatsächlich zugehört hatte. Ah!« Sie drehte sich um, als es erneut im Wald raschelte. »Mir scheint, unsere Gäste sind eingetroffen.«

»Gäste?«

»Ich habe ein paar gute alte Freunde eingeladen. Ich hoffe, Sie haben nichts dagegen.«

Ihre höfliche Antwort blieb Lizanne im Hals stecken, als eine großgewachsene Gestalt mit Speer und Kriegskeule zwischen den Bäumen hervortrat. Ihr mit schwarz-weißer Kriegsbemalung verziertes Gesicht war das entstellte, schuppige und feindselige Antlitz eines verderbten Stammeskriegers. Lizanne stürzte sich auf Alestine, packte sie am Handgelenk und entriss ihr das Messer. Dann wirbelte sie zu dem Verderbten herum, der eine geduckte Kampfhaltung eingenommen hatte und mit gebleckten Zähnen zum Angriff überging.

Zur Seite hin ausweichend stieß Lizanne mit dem Messer nach ihm, in dem Versuch, seine Nackenvene zu treffen. Doch er war zu flink, brachte sich tänzelnd außer Reichweite und konterte mit einem schnellen, auf ihre Beine gerichteten Speerstoß. Lizanne setzte über die Waffe hinweg, rollte sich ab und schleuderte das Messer nach seinem Gesicht. Der Wurf war gut gezielt, und die Klinge hätte ihm das Auge durchbohrt, wäre sie nicht mitten in der Luft hängen geblieben.

»Das ist aber nicht die feine Art, einen Ehrengast zu begrüßen«, tadelte Alestine, ehe sie das Messer aus der Luft pflückte und sich dem Verderben zuwandte. »Baumsprecher«, sagte sie. »Schön, dass du hier bist.«

Der Verderbte starrte Lizanne noch eine Weile herausfordernd an, dann entspannte er sich und die Feindseligkeit verschwand aus seinem Blick. »Sachenmacherin«, begrüßte er Alestine mit einer ruhigen Freundlichkeit, die Lizanne vor Augen führte, dass er einem festgelegten Ablauf folgte. Diese Trance war so sorgfältig konstruiert, dass sie einen vergessen ließ, dass es sich dabei lediglich um eine Traumerzählung handelte.

»Sie haben sich einen zahmen Verderbten erschaffen«, sagte Lizanne, als Alestine den Stammeskrieger zum Feuer führte und ihm ein Stück Fleisch abschnitt.

»Ich habe gar nichts erschaffen«, erwiderte diese lachend. »Ich habe nur ein paar neue Freunde gefunden.«

Sie deutete mit dem Kopf auf den Dschungel, aus dem jetzt noch mehr Verderbte auftauchten.

Es waren um die fünfzig, Männer wie Frauen, alle im kampffähigen Alter und bewaffnet. Sie trugen einander ähnelnde Kleider aus weichem, dunklem Leder, die jedoch teilweise mit individuellen Verzierungen versehen waren. Einige hatten bunt bemalte Gesichter. Manche trugen Halsketten aus Knochen oder Perlen, andere waren schmucklos. Beim Angriff auf Kerberhafen hatte Lizanne kaum die Gelegenheit gehabt, sich die Stammeskrieger genauer anzusehen, dennoch war ihr die strenge äußere Einheit der einzelnen Sippen aufgefallen. Die letzten Momente an Bord der *Gewinnträchtige Unternehmung* hatten eine teilweise Erklärung dafür gebracht. *Sie haben eine geistige Verbindung. Auf diese Weise kontrolliert der Weiße sie.*

»Es gab eine Zusammenkunft«, erklärte Baumsprecher Alestine förmlich. »Deine Worte wurden gehört. Eine Übereinkunft wurde getroffen.« Er deutete mit dem Speer auf den Tempel, der über den Bäumen aufragte. »Wir begleiten dich, um zu beenden, was beendet werden muss.«

»Das ist ausgesprochen anständig von euch«, antwortete Alestine und gab ihm noch etwas Fleisch. »Esst euch satt. Wenn meine Erinnerung mich nicht trügt, werdet ihr eure Kräfte brauchen.«

Nachdenklich betrachtete Lizanne die versammelten Verderbten, die näher kamen, um an dem Festmahl teilzunehmen. »Sprache«, sagte sie schließlich, als eine Erkenntnis sich aus dem Gedankenwirrwarr abhob. »Sprechen sie Ihre oder umgekehrt?«

»Spielt es denn eine Rolle?«, fragte Alestine, und Lizanne erkannte, dass dem nicht so war, zumindest nicht hier. In der Trance bestand Sprache aus Gedanken.

Trotzdem blieb sie unnachgiebig. »Aber wenn das eine Erinnerung ist, müssen Sie einen Weg gefunden haben, zu kommunizieren«, sagte sie. »Haben Sie … sie irgendwie verändert?«

Alestine brach in lautes, herzhaftes Lachen aus, das lange genug anhielt, um Lizanne zu verärgern. »Nein«, sagte sie, als sie sich wieder beruhigt hatte, schüttelte den Kopf und wischte sich eine Träne aus dem Augenwinkel. »Wenn, dann war es eher anders herum. Sie haben mich vor wenigen Jahren unweit von hier gefunden. Ich hatte das Pech gehabt, einigen ihrer weniger freundlichen Vettern in die Arme zu laufen, und brauchte dringend medizinische Hilfe. Baumsprechers Tochter hat mich entdeckt. Ich stand kurz vor dem Verbluten.« Sie lächelte den Verderbten, der damit beschäftigt war, das Cerathenfleisch zu verschlingen, liebevoll an. »Er ist sowohl Heiler als auch Krieger. Sie haben bemerkenswerte Kenntnisse über die Heilkräfte von Grün und alle möglichen Pflanzen, die hier im Dschungel wachsen. Normalerweise töten sie unseresgleichen. Sie nennen uns die Erkrankten. Aber für mich haben sie eine Ausnahme gemacht.« Ihr Gesicht nahm einen ernsteren Ausdruck an, und sie drehte sich zu dem Tempel um. »Wahrscheinlich wussten sie irgendwoher, dass wir eines Tages gemeinsam eine wichtige Aufgabe zu erfüllen haben.«

»Was befindet sich darin?« Lizanne trat neben sie. »Der Schatz Ihrer Kaiserin?«

»So könnte man es wohl nennen. Der größte Schatz und die größte Gefahr.« Ein Donnergrollen ertönte, und sie hob den Blick zum Himmel. »Offenbar geht Ihr Blau zur Neige, Miss Lethridge. Kommen Sie bald wieder. Und sagen Sie Ihrem Musikerfreund, er soll sich *Die Torheiten des Cevokas* zu Gemüte führen.«

»Warten Sie.« Lizanne zuckte zusammen, als eine Welle der Orientierungslosigkeit sie durchfuhr, das Gefühl der Verlorenheit, welches das Ende einer Trance-Sitzung ankündigte. »Sie müssen einen Grund gehabt haben, Ihre Erinnerungen in Bastlers Kopf zu verwahren. Sie wussten, dass wir uns begegnen würden. Ich muss wissen, woher.«

»Sie wissen alles, was Sie wissen müssen«, sagte Alestine. Der Dschungel löste sich in Nebel auf, die Trance ging ihrem Ende zu. Alestine deutete auf die Verderbten, die sich in schemenhafte Geister verwandelten. »Zumindest fürs Erste. Ich freue mich schon auf Ihren nächsten Besuch.«

KAPITEL 16

Clay

»Sie hätten diesen Ort Plag-arei nennen sollen«, klagte Loriabeth und schlug nach einer Fliege in ihrem Nacken. Die Insekten hingen in dichten Schwärmen über dem Wasser und suchten die *Lady Malynda* auf ihrem Weg nach Norden in regelmäßigen Abständen heim. Leutnant Sigoral, der beste Kartenleser an Bord, hatte geschätzt, dass sie in zwei Tagen gerade mal dreißig Kilometer hinter sich gebracht hatten. Skaggerhill gab der Strömung die Schuld. Diese neigte dazu, immer wieder überraschend umzuschlagen und sie trotz des Motorantriebs im Vorankommen zu behindern. Bisher hatte der Schilfwald an den Ufern des Quilam sich nicht im Geringsten verändert, sondern war im Laufe der Reise allenfalls höher geworden.

»Der Seher möge verdammt sein, ihr kleinen Scheißer!«, fluchte Loriabeth und hieb erneut nach ihren Armen und ihrem Nacken, als die *Malynda* sie durch einen weiteren Insektenschwarm trug.

»Zieh dir mehr an.« Sigoral holte einen Ledermantel unter seiner Bank hervor. Der Leutnant selbst trug eine Matrosenjacke, um sich zu schützen. Offenbar zog Sigoral den Schweiß und die Unannehmlichkeiten in diesem feuchten Klima der Aufmerksamkeit der Insekten vor.

»In dieser Hitze?«, fragte Loriabeth mehr resigniert denn protestierend und beschwerte sich nicht weiter, als der Leutnant ihr das schwere Kleidungsstück um die Schultern legte.

Kriz verspürte als einziges Besatzungsmitglied keinerlei Veranlassung, ihre Haut zu bedecken, da der stete Motorrauch der *Malynda* Abwehrmittel genug war. Mr. Bozwares Entwurf war genial, aber nicht besonders effizient; zudem sonderte er jede Menge unangenehmer Gerüche ab, die vor allem auf den rußigen, ölstichigen Rauch zurückzuführen waren. »Wir brauchen bald neuen Treibstoff«, erklärte Kriz und blinzelte Clay hinter dem Taschentuch hervor an, das sie sich umgebunden hatte, um ihre Lunge vor den Motorendämpfen zu schützen. »Wenn wir so weitermachen, geht uns morgen Nachmittag die Kohle aus.«

»Das Boot würde auch mit Holz gut fahren«, warf Skaggerhill vom Ruder aus ein, ehe er mit düsterem Blick die Umgebung musterte. »Wenn's hier welches gäbe.«

»Und wenn wir einfach die Geschwindigkeit drosseln?«, fragte Clay. »Würde es dann nicht weniger verbrennen?«

»Wir kommen so schon kaum vorwärts«, erwiderte Skaggerhill. »Wenn wir noch langsamer werden, bleiben wir stehen.«

»Wir könnten Schilfrohr nehmen«, schlug Sigoral vor. »Das sollte brennen.«

»Nicht genug …« Kriz runzelte die Stirn, offensichtlich auf der Suche nach dem richtigen Wort. »Energie. Außerdem müssten wir es erst trocknen.«

Clay blickte zum Bug, wo sein Onkel wie üblich schweigend Wache hielt. Er hatte sich kaum von der Stelle bewegt, außer um kurz mit ihnen zu essen oder sein Gewehr zu reinigen. »Hast du eine Idee, Onkel?«, rief er Braddon zu. »Du kennst dich doch hier aus.«

Er wusste nicht, ob Braddon ihm antworten würde. Seit ihrer Abreise hatte er kein Wort gesagt, und selbst Loriabeths Versuche, ihn zum Reden zu bringen, hatten ihm höchstens nichtssagende Grunzlaute entlockt. Heute schien er jedoch gewillt zu sprechen. »Es gibt eine Insel«, sagte er, ohne sich umzudrehen. »Ungefähr fünfzehn Kilometer von hier, wo der Fluss breiter wird. Dort gibt es Bäume.« Er verstummte, dann fügte er hinzu: »Und wahrscheinlich auch Grüne.«

Clay begann sofort, den Fluss abzusuchen, wie immer, wenn das

Wort ›Grüne‹ fiel. Bislang hatten sie nicht den geringsten Hinweis auf Drachen gesehen, nicht einmal ein Kräuseln an der Oberfläche des schnell dahinfließenden Quilam. Dennoch verfolgte ihn, seit sie die *Überlegenheit* verlassen hatten, das Gefühl, beobachtet zu werden. *Das ist ihre Heimat,* rief er sich in Erinnerung. *Schon vor dem Weißen. Ich bezweifle, dass sie Wert auf Besuch legen.*

»Es hilft nichts«, sagte er und bemühte sich, dieselbe feste Entschlossenheit in seine Stimme zu legen wie Hilemore, wenn die Lage nicht zum Besten stand. »Wir haben keine andere Wahl. Leutnant, wie lange dauert es noch, bis wir diese Insel erreichen?«

»Sie ist nicht eingezeichnet«, erklärte Sigoral, nachdem er kurz Karte und Kompass studiert hatte. »Aber wenn es wirklich fünfzehn Kilometer sind, sollten wir am späten Nachmittag dort ankommen.«

»Putzt und ladet eure Waffen«, befahl Clay. »Prediger, wenn wir am Ziel sind, möchte ich, dass du meinen Onkel am Bug unterstützt. Ihr tötet alle Grünen auf der Insel. Alle anderen sorgen dafür, dass keiner von ihnen an Bord gelangt.«

◆ ◆ ◆

Wie Sigoral prognostiziert hatte, kam die Insel wenige Minuten nach der siebzehnten Stunde in Sicht. Es handelte sich um ein schmales Eiland von etwa zweihundert Metern Länge und ungefähr fünfzig Metern Breite. Mit Erleichterung stellte Clay fest, dass sich in der Mitte ein Wäldchen aus kümmerlichen, aber immerhin dickstämmigen Bäumen erhob. »Was siehst du?«, fragte er Prediger, während Skaggerhill auf das Ostufer der Insel zusteuerte.

Der Schütze ließ sich einen Moment Zeit, um das Land einer genauen Untersuchung zu unterziehen, ehe er antwortete: »Nur zwei. Sie fangen gerade an, sich zu regen. Offenbar hat der Motorlärm sie geweckt.«

»Erlegt sie, sobald ihr sicher sein könnt, dass ihr trefft.« Die Pistole in einer, die mit Rot, Grün und Schwarz gefüllten Phiolen in der anderen Hand, musterte Clay den Fluss und die Ufer. Sein Onkel feuerte fast augenblicklich, der Schuss dröhnte wie Donner über das Wasser.

Braddons Protektoratswaffe war mit einem Zielfernrohr versehen, das Mr. Steelfine ihm geschenkt hatte und das es ihm ermöglichte, selbst aus dieser Entfernung einen tödlichen Treffer zu landen. Ohne die geringste Pause betätigte er den Hebel, drückte erneut ab und knurrte: »Beide erledigt.«

»Bring uns näher«, befahl Clay Skaggerhill und ging in die Hocke, um die Werkzeugtasche hervorzuholen, die Bozware im unteren Bootsrumpf verstaut hatte. In weiser Voraussicht hatte der Maschinist auch eine Säge und zwei Äxte eingepackt. »Der Leutnant und ich beschaffen das Holz. Ihr behaltet das Wasser im Auge.«

Er trank eine Phiole Grün und bedeutete Sigoral, es ihm gleichzutun. Als Skaggerhill die *Malynda* am sandigen Ostufer der Insel aufsetzen ließ, sprangen sie über die Reling und liefen zu dem Wäldchen, auf der Suche nach den am einfachsten zu schlagenden Bäumen. Sigoral entschied sich für einen Setzling, dessen Stamm er in weniger als einer Minute durchtrennt hatte. Clay fand einen dickeren Baum, der zwar zu breit zum Fällen war, aber mehrere leicht zu schlagende Äste aufwies. Als das Grün nachließ, hatten sie eine beachtliche Menge beisammen, obwohl die einzelnen Stücke alles andere als gleichmäßig waren.

»Holz machen ist nicht grade eure Stärke, was?«, fragte Skaggerhill, als er den Stapel sah.

»Wir zersägen es auf dem Boot«, entgegnete Clay, die Arme voller Scheite. »Hilf mir mal.«

Als sie das meiste an Bord verstaut hatten, brach zwischen den Bäumen Tumult aus. Als Sigoral Loriabeths in Zorn und Angst erhobene Stimme hörte, packte er seinen Karabiner und verschwand im Unterholz, dicht gefolgt von Clay und den anderen.

»Hör auf, Pa! Bitte!« Loriabeth befand sich auf einer kleinen Lichtung und starrte ihren Vater voll fassungslosem Schrecken an. In ihren Augen glänzten Tränen. Braddon stand nur wenige Meter von ihr entfernt und hielt irgendetwas in den Händen. Etwas Kleines, das zappelte und kreischte, als er es in die Höhe riss und herabsausen ließ. Das Kreischen erstarb augenblicklich, als der Kopf des Dings gegen einen Felsbrocken knallte, sein Schädel aufplatzte und Blut und Hirnmasse daraus hervorströmten.

Weitere Kreischlaute lenkten Clays Blick von dem grausigen Anblick ab und hin zu ein paar jungen Grünen. Umgeben von den zerbrochenen Schalen ihrer Eier tapsten sie in einem Nest herum und wechselten vor Angst immer wieder die Farbe. *Sie sind gerade erst geschlüpft*, dachte Clay. Da bückte sein Onkel sich auch schon nach dem nächsten Jungtier, packte es an den Hinterbeinen und schwang es in die Luft.

»Onkel.« Clay zuckte zusammen, als der Kopf des Drachen auf den Felsbrocken traf und sein Gehirn sich mit dem seines Geschwisters mischte. Laut schluchzend und mit geballten Fäusten machte Loriabeth einen unwillkürlichen Schritt auf ihren Vater zu. Clay hielt sie zurück, ehe sie sich auf Braddon stürzen konnte, der kaum Notiz von ihr nahm.

»Es reicht, Onkel«, sagte Clay, als Braddon das tote Tier beiseite warf und sich dem letzten näherte. Doch Braddon schien Clay gar nicht zu hören und schüttelte ihn ab, als dieser ihn festhalten wollte.

»Boss!« Jetzt war auch Skaggerhill auf der Lichtung angekommen und betrachtete das Bild, das sich ihm bot, mit entsetzt aufgerissenen Augen.

»Es ist an der Zeit, dass sie sterben, Skaggs«, sagte Braddon und streckte die Hände nach dem letzten Jungtier aus. »Alle von ihnen.«

»Denk an den Kodex der Freien.« Skaggerhill trat vor, um Braddon an den Schultern zu packen. »Die Jungen müssen am Leben bleiben. Was sollen wir sonst in Zukunft jagen?«

»Die Zeit der Jagd ist vorbei«, entgegnete Braddon, und Clay bemerkte eine seltsame Leere in seinen Augen, als er Skaggerhill ansah. »Jetzt ist die Zeit des Tötens. In dieser Welt ist nicht genug Platz für uns und sie. Das Ding, das sie beherrscht, hat das erkannt. Es wird Zeit, dass wir das auch tun.«

Er wollte Skaggerhill abschütteln, doch der Erntemeister ließ nicht locker, sondern sagte voll verzweifelter Verblüffung: »Das bist nicht du, Boss. Und das sind nicht wir …«

Der Rest ging im Krachen eines Langgewehrs unter, das vom Boot zu ihnen herüberdrang und von einer Salve Pistolenschüsse gefolgt wurde. »Grüne!«, sagte Clay. »Zurück zur *Malynda*.«

Sigoral und Loriabeth rannten augenblicklich los, Skaggerhill erst nach einem Moment des Zögerns, in dem er einen kurzen Blick auf Braddon warf, der bewegungslos dastand und noch immer das schreiende Drachenjunge anstarrte. Inzwischen hatte dieses sich etwas beruhigt und blickte mit seinen gelben Augen zu seinem Möchtegern-Mörder auf. Blinzelnd stieß es eine Reihe von Tschilplauten aus, wobei es den Schwanz von Seite zu Seite bewegte.

»Komm mit, Onkel«, sagte Clay mit lauter Stimme, aber ohne zu schreien. Braddon machte einen Schritt auf das Tier zu und hob den Stiefel. »Ich habe gesagt, du sollst mitkommen!« Clay stellte sich vor den Drachen und sah seinem Onkel in die Augen, deren leerer Ausdruck von dunklem, bebendem Zorn abgelöst worden war.

»Seit wann hast du mir was zu befehlen, Junge?«, fragte Braddon leise.

Clay warf einen Blick über die Schulter, als von der *Malynda* her weitere Schüsse ertönten. »Wir haben keine Zeit für ...« Er brach ab, als er sich umdrehte und von der Faust seines Onkels im Gesicht getroffen wurde. Er landete auf dem Rücken, den Geschmack von Blut im Mund und Sterne vor den Augen, aber wenigstens sah er mit Befriedigung, wie der kleine Drache im Unterholz verschwand.

»Das ist meine Gesellschaft.« Braddon kam auf ihn zu, die Fäuste erneut zum Schlag geballt. Dann stieß er einen gequälten Schrei aus, denn Clay hatte mit dem Bein ausgeholt und ihn mit Wucht gegen die Brust getreten. Anschließend sprang er auf, wirbelte herum und versetzte seinem Onkel einen Kinnhaken, der diesen ein paar Schritte zurücktaumeln ließ.

»Nicht mehr!« Clays nächster Schlag traf Braddons Nase, die auch gleich zu bluten begann. »Nicht mehr, seit du sie fallen gelassen hast, um dich in deinem Selbstmitleid zu suhlen.« Er holte erneut aus, diesmal zielte er auf das Kinn seines Onkels, gefolgt von einer Dreierkombination gegen dessen Körper. Der Ältere krümmte und wand sich. »Jetzt ist es meine Gesellschaft.« Ein weiterer Hieb, Blut spritzte von Braddons Lippen, und er suchte stolpernd das Weite. »Du hast ausgedient, alter Mann!« Ein rechter Haken gegen die Schläfe, Braddon taumelte, er war kurz vorm Umfallen. »Tante Freda hätte sich geschämt ...«

Braddons Arm schoss in die Höhe, als Clay erneut mit der Faust ausholte, er wehrte den Schlag ab und packte seinen Neffen am Handgelenk. Dann boxte er ihn in die Magengrube. Clay klappte zusammen, doch Braddon hob ihn in die Luft und warf ihn in die Büsche. Clay stöhnte, er hielt sich den Bauch und versuchte, Luft zu holen. Nach ein paar mühevollen Atemzügen rollte er über die Seite hoch und rappelte sich auf. Da sah er, wie sein Onkel mit gezückter Pistole auf ihn zumarschierte.

Scheiße, dachte er. *Jetzt habe ich ihn wirklich so weit, dass er mich umbringt.*

Braddon hob die Waffe auf Brusthöhe und drückte ab. Mit der linken Hand spannte er mehrmals kurz hintereinander den Hahn, während er mit der rechten eine schnelle Salve abfeuerte. Als Clay hörte, wie hinter ihm etwas Schweres zu Boden ging, drehte er sich um und sah unweit von sich einen ausgewachsenen toten Seegrünen, dessen Haut flimmerte, während sein Leib noch zuckte. Clay blickte wieder zu seinem Onkel, der jetzt ruhig, aber zügig den Revolver nachlud. Braddon erwiderte seinen Blick, dann beugte er sich seufzend herab und streckte seinem Neffen die Hand hin.

»Wenn du jemanden schlägst«, sagte er, »sieh zu, dass du ihn mit dem ersten Hieb niederstreckst.«

Clay nahm die dargebotene Hand und rappelte sich auf, zog seine Waffe und rannte hinter seinem Onkel her zum Boot. Die *Malynda* war in Pistolenrauch gehüllt, vor ihr im Sand lagen mehrere Grünenkadaver. Kriz hatte den Motor bereits hochgeheizt, Skaggerhill saß am Ruder und gab ihnen mit Gesten zu verstehen, dass sie schnellstmöglich an Bord kommen sollten. Clay richtete seine ganze Konzentration auf das Boot und legte, ohne sich umzusehen, noch einen Zahn zu, als hinter ihm ein Chor wütender Schreie ertönte. Prediger stand am Bug, das Gewehr im Anschlag und scheinbar auf Clays Stirn gerichtet. Instinktiv riss Clay den Kopf zur Seite, doch der Scharfschütze hatte bereits abgedrückt. Einer wütenden Hornisse gleich pfiff die Kugel an Clays Ohr vorbei und traf ihr Ziel.

Skaggerhill hatte die *Malynda* ein Stück vom Ufer weggefahren, sodass sie die letzten paar Meter durchs Wasser zurücklegen mussten. Prediger und Sigoral gaben ein Sperrfeuer ab, während Kriz und Loriabeth Braddon und Clay an Bord halfen. Erst als die beiden Männer keuchend auf dem Deck lagen, schaltete Kriz den Propeller ein, und sie fuhren los.

»Haben sie euch erwischt?«, fragte Loriabeth und sah von Clays blutverschmiertem Gesicht zu dem ihres Vaters.

»Ich bin gegen einen Baum gerannt.« Clay wischte sich das Blut von der Nase und kam auf die Beine. Er warf einen Blick zurück zur Insel, an deren Ufer es jetzt vor Grünen wimmelte, die mit hohen, beinahe vogelähnlichen Stimmen ihre Wut hinausbrüllten. Ein paar von ihnen nahmen die Verfolgung auf und glitten ins Wasser, fielen jedoch schon bald hinter der *Malynda* zurück, die jetzt davon profitierte, dass die Strömung in diesem Abschnitt des Flusses offenbar schwächer war.

»Warum machen sie nicht Jagd auf uns?«, fragte Braddon verwirrt. »Ich dachte, der Weiße will uns tot sehen.«

»Ich glaube nicht, dass sie schon unter seinem Bann stehen«, antwortete Clay und dachte zurück an das Nest und die Drachenjungen. »Sie verteidigen einfach nur den Ort, an dem sie ihre Jungen ausbrüten.«

Er setzte sich, nahm eine Feldflasche und goss sich Wasser ins Gesicht, um es vom restlichen Blut zu befreien. Sein Bauch tat weh, und er hatte eine Schwellung unter dem Auge, aber offenbar hatte sein Onkel ihm bleibende Schäden und ausgeschlagene Zähne erspart. Braddon war nicht so glimpflich davongekommen. Clay beobachtete, wie sein Onkel auf der gegenüberliegenden Bank Platz nahm und den Mund weit aufmachte, hineingriff, einen Zahn herauszog und über den Bootsrand pfefferte. Nicht ohne seinem Neffen vorher noch einen verbitterten Blick zuzuwerfen.

Clay zuckte zusammen, denn der Schmerz in der Magengrube meldete sich plötzlich mit neuer Wucht. Er holte eine Phiole Grün hervor und trank davon, ehe er den Rest seinem Onkel hinstreckte. »Davon wächst zwar dein Zahn nicht nach, aber immerhin lindert es den Schmerz und lässt die Wunde schneller heilen.«

Mit einem Schulterzucken ergriff Braddon das Fläschchen und nahm zunächst einen kleinen Schluck, um dann den gesamten Inhalt hinunterzustürzen. Eine Weile saß er mit zusammengepresstem Kiefer da und wartete, bis das Brennen nachließ, das das Produkt hinterlassen hatte. »Also … Boss«, sagte er schließlich. »Zwischen uns und dem Krystalinsee liegt noch jede Menge Land. Hast du schon eine Idee, wie es weitergehen soll, wenn wir das Ende dieses Flusses erreichen?«

Clay lächelte grimmig. »Ich hatte gehofft, dass du vielleicht eine hast, Boss.«

◆ ◆ ◆

Durch die Linse des Feldstechers sahen die Cerathen klein aus. Zunächst schätzte Clay sie auf pferdegroß, auch wenn sie einen längeren Hals hatten und an Körper und Beinen robuster waren. Erst als eines der Tiere begann, die oberen Blätter eines Baumes zu fressen, bekam er einen richtigen Eindruck von ihrer Größe. »Der ist mindestens ein Drittel größer als das größte Pferd, das ich je gesehen habe«, sagte er und gab seinem Onkel das Fernglas zurück. »Glaubt du wirklich, dass wir diese Viecher zähmen können?«

»Zähmen wohl kaum«, erwiderte Braddon. »Aber reiten.«

»Bist du dir da sicher, Papa?«, fragte Loriabeth und schirmte mit der Hand die Augen ab, um die Cerathenherde besser betrachten zu können. »Sie wirken ein bisschen ungestüm.«

Clay besah sich die Tiere noch einmal. Zwei der größeren Exemplare machten sich gerade kampfbereit. Sie scharrten mit den Vorderhufen in der Erde und stießen mit gesenkten Köpfen Kampfschreie aus, die selbst aus dieser Entfernung zu hören waren. Nach einer Weile des Brüllens und Scharrens gingen sie aufeinander los. Staub wirbelte auf, als sie miteinander kollidierten. Sie bäumten sich auf und trommelten mit den Hufen aufeinander ein. Die Szene erinnerte Clay an unbeholfene Betrunkene, die sich in einer Bar im Blinden Viertel prügelten. Der Kampf war kurz, aber laut, und endete damit, dass einer der Cerathen plötzlich davongaloppierte. Sein Gegner verfolgte ihn kurz, dann drehte er ab und stimmte ein kurzes Triumphgebrüll an, um sich anschließend wieder dem langen Gras zuzuwenden, das die südlichen Ebenen zu beherrschen schien.

»Das ist der Bulle«, erklärte Braddon. »Auf den haben wir es abgesehen.«

Vor zwei Tagen war die *Lady Malynda* in den seichten Gewässern des oberen Quilam liegen geblieben, und sie mussten ihren Weg seitdem zu Fuß fortsetzen. Sie hatten das Boot hinter Schilfrohr versteckt, denn auch wenn es unwahrscheinlich war, so bestand doch die Möglichkeit, dass ein Verderbter es fand. Ihre ganze Ausrüstung und Kriz' Apparat durch das Moor zu den Ebenen zu schleppen, hatte sich als mühsam und anstrengend erwiesen. Das schlammige, insektenverseuchte Land schien nicht enden zu wollen, und ihre Füße litten unter der andauernden Feuchtigkeit. Als das Moor endlich in festes Grasland überging, hatte Clay eine längere Pause anordnen müssen, nur damit sie ihre Füße trocknen konnten. Dementsprechend angetan war er von der Idee seines Onkels gewesen, zum Krystalinsee zu reiten. Jetzt war er sich da jedoch nicht mehr so sicher. Allerdings hatten sie noch einen weiten Weg vor sich.

»Gut«, sagte er. »Wie sollen wir vorgehen?«

»Cerathen sind Herdentiere«, erklärte Braddon kurze Zeit später. Er führte Clay energischen Schrittes auf die Tiere zu und versuchte nicht einmal, sich unauffällig zu verhalten. »Der Bulle ist der Anführer, und die anderen sind ihm so treu ergeben, dass sie sich sogar hinter ihm von einer Klippe stürzen würden. Das Seltsame an diesen Viechern ist, dass sie ganz zahm werden, sobald man auf ihrem Rücken ist. In Kerberhafen habe ich mal einen Naturforscher getroffen, der mir erzählt hat, dass es mit ihrer Größe zusammenhängt. Sie sind so groß, dass sich nie etwas Schweres auf sie setzt. Nicht mal die Drachen landen auf ihnen, wenn sie Jagd auf sie machen. Die Schwarzen drücken sie zu Boden, und die Roten rösten ihnen die Beine, damit sie nicht weglaufen können. Wenn also etwas auf ihrem Rücken Platz nimmt, versetzt sie das in einen Zustand ängstlicher Verwirrtheit. Aber«, er verstummte, blieb stehen, drehte sich um und reichte Clay ein Lasso. »Ich habe das nie jemand anderen als einen Blutgesegneten machen sehen. Wir normalen Menschen sind nicht schnell genug.«

Clay betrachtete den Bullen, der ihr Näherkommen inzwischen bemerkt hatte. Die anderen Cerathen versammelten sich langsam hinter ihrem Anführer, während dieser die zwei kleinen Eindringlinge beobachtete, dabei an einer Maulvoll Gras kaute und mit den Vorderbeinen auf den Boden stampfte. »Das ist eine Warnung«, sagte Braddon, obwohl die Erklärung eigentlich überflüssig war. Aus dieser Entfernung sah der Bulle noch viel größer aus, und Clay hatte Mühe zu glauben, dass man eine derartige Bestie allein dadurch beherrschen konnte, dass man sich auf ihrem Rücken befand.

»Muss es wirklich unbedingt er sein?«, fragte er Braddon und griff nach seinem Beutel.

»Ja. Wenn du es mit einem der kleineren versuchst, laufen die anderen einfach davon und überlassen es seinem Schicksal. Leg ihm, sobald du kannst, das Lasso um den Hals.«

Clay zog eine Phiole Grün hervor, leerte sie, und nach kurzer Überlegung noch eine zweite. Er wartete, bis das Produkt seinen Blutkreislauf durchströmte, und spürte es in seinen Gliedmaßen pochen, als er den Bullen anvisierte. Offenbar merkte das Tier, dass eine erhöhte Gefahr von ihm ausging, denn es stieß einen Schrei aus, senkte den Kopf und scharrte mit den Vorderhufen. Clay spurtete los und so schnell auf das Tier zu, dass die Graslandschaft um ihn herum verschwamm. Der Bulle brüllte erneut und preschte seinem Angreifer entgegen. Die Zeit schien sich zu verlangsamen, der Staub, den das Tier aufwirbelte, stieg in sanften Wolken auf, seine kräftigen Beinmuskeln zitterten. Nachdem es die letzten paar Meter zurückgelegt hatte, stemmte es die Vorderbeine in den Boden und wirbelte herum, um mit den Hinterhufen auszuschlagen. Clay ließ sich fallen, rollte unter den wirbelnden Hufen durch und hielt inne, als der Cerath sich umdrehte und ihn ansah.

Sie starrten einander eine Sekunde lang an, der Abstand zwischen ihnen betrug höchstens drei Meter. Der Cerath schüttelte sein mächtiges Haupt und betrachtete seinen Feind abwägend. Nicht gewillt, ihm genug Zeit für einen weiteren Angriff zu lassen, schnellte Clay vor. Nach zwei Schritten hatte er die Distanz überbrückt und sprang so hoch, wie seine verbesserten Fähigkeiten es ihm erlaubten. In der Luft schlug er einen Salto, um mit der Präzision eines Akrobaten auf dem Rücken des Tieres zu landen … und stieß einen Schmerzensschrei aus, als es zur Seite auswich und er stattdessen auf dem Boden aufkam.

Der Bulle brüllte, bäumte sich auf und trommelte mit den Hufen, bereit, Clay den Todesstoß zu versetzen, dann erstarrte er. Das Brüllen erstarb, und er blieb auf den Hinterbeinen stehen, bewegungslos wie eine Statue.

»Sah aus, als könntest du Hilfe brauchen.«

Als Clay sich umdrehte, stellte er fest, dass Sigoral nicht weit entfernt stand und den Bullen mit einer Konzentration anstarrte, die nur von Schwarz herrühren konnte.

»Stimmt.« Clay rappelte sich auf und nahm das Lasso, das er sich um die Schultern gehängt hatte. »Das hätte mir auch früher einfallen können.« Er schwang sich auf den Cerathen und wickelte ihm schnell das Seil um den Hals, ehe er wieder von seinem Rücken rutschen konnte. »Gut«, sagte er zu Sigoral. Dieser nickte und befreite das Tier aus seinem Bann, worauf er in weiser Voraussicht ein paar Schritte zurücktrat.

Mit einem eigenartigen Laut landete der Bulle auf allen vieren. Der Ton lag irgendwo zwischen einem Seufzen und einem Wiehern und kündete von tiefem, urtümlichem Leid. Clay war davon ausgegangen, dass er buckeln oder stampfen würde, aber wie sein Onkel prophezeit hatte, stand er einfach nur da und gab immer schriller werdende Laute von sich.

»Ganz ruhig, Großer«, sagte Clay und strich dem Tier über die ledrige Haut. Der Bulle zuckte zusammen und wandte den Kopf nach hinten, um das Ding auf seinem Rücken mit weit aufgerissenen, angsterfüllten Augen zu betrachten. Clay versuchte weiterhin mit wenig Erfolg, ihn zu beruhigen, ehe ihm auffiel, dass er nicht die geringste Ahnung hatte, wie er ihn zum Gehen bringen sollte.

»Beweg das Seil auf seine rechte Halsseite«, sagte Braddon kurze Zeit später. »Vorsichtig, du musst ihn nicht peitschen.« Die rechten Schultermuskeln des Tieres bebten, als Clay der Aufforderung Folge leistete, und es bewegte sich nach links. Als Clay das Seil anhob, blieb der Bulle stehen. Anschließend probierte er denselben Trick auf der linken Seite, mit einem ähnlichen Ergebnis. »Wenn du das Lasso auf seinem Rumpf ablegst, geht er Schritt«, erklärte Braddon. »Und wenn du ihn ein paarmal damit antippst, läuft er. Aber warte damit noch. Erst muss der Rest der Herde hinter ihm Aufstellung nehmen.«

Die anderen Cerathen standen immer noch ein Stück entfernt und wieherten angespannt, machten jedoch keinen angriffslustigen Eindruck. Es war, als hätte die Bewegungslosigkeit des Bullen sie in ihren Bann geschlagen und sich auf sie übertragen. Einige reagierten ängstlich, als der Rest des Trupps sich ihnen näherte, andere wichen zurück. Auf Braddons Befehl hin hielt Leutnant Sigoral ein paar ausgewählte Tiere mithilfe von Schwarz so lange fest, bis die Ausrüstung festgezurrt und alle aufgestiegen waren.

»Kompasspeilung, wenn Sie so gut wären, Leutnant«, sagte Braddon, als alle ihre Reittiere erklommen hatten. »Ostnordost.«

Sigoral saß hinter Loriabeth, die die Zügel ihres Cerathen hielt, eines jungen Männchens, das nur ein paar Zentimeter kleiner war als der Bulle. Anders als das Leittier neigte es jedoch dazu, sich immer wieder um die eigene Achse zu drehen. Dementsprechend brauchte der Leutnant eine Weile, um die Peilung vorzunehmen. »Da lang«, sagte er schließlich und deutete auf die offene Ebene.

»Wenn er einmal läuft, bleibt er erst wieder stehen, wenn er müde ist«, rief Braddon Clay zu. »Und das könnte dauern. Halt dich also gut fest.«

Clay benötigte ein paar Minuten, um den Bullen in Position zu bringen, während der Rest der Herde immer unruhiger wurde. Als er sich relativ sicher war, dass das Tier in die richtige Richtung schaute, tippte er zweimal mit dem Seil gegen seinen Rumpf, woraufhin es einen lauten Alarmschrei ausstieß und losgaloppierte.

Unwillkürlich musste Clay lachen. Die Geschwindigkeit des Cerathen übertraf bei Weitem die jedes Pferdes, auf dem er je gesessen hatte, und die Freude darüber kam beinahe dem Gefühl gleich, auf Lutharons Rücken zu reiten. Als Clay hinter sich das Geräusch donnernder Hufe vernahm, drehte er sich um und sah, dass die restliche Herde ihrem Anführer folgte. Die Erde schien unter ihnen zu beben, der Staub stieg so hoch auf, dass er die Sonne verdeckte, und es war, als würden sie durch eine nebelige Leere galoppieren. Clay wandte den Blick wieder nach vorne, wo die Ebene sich einem gelb-grünen Meer gleich erstreckte. Er nahm die Zügel fest in die Hand und fragte sich, ob es nicht vielleicht eine gute Idee gewesen wäre, vor dem Aufbruch noch etwas Grün zu sich zu nehmen.

KAPITEL 17

Lizanne

Als sie die Augen aufschlug, fand sie sich im Laderaum wieder. Makario wich überrascht zurück und ließ den Spiegel sinken, den er ihr vor den Mund gehalten hatte. »Ich wollte sehen, ob du noch atmest«, sagte er. »Du warst lange weg.«

Aus der Tatsache, dass sie auf einem Feldbett lag, schloss Lizanne, dass sie wohl zusammengebrochen war. Normalerweise blieben Blutgesegnete während der Trance aufrecht sitzen. Diesmal war es offenbar anders gewesen. Jermayah, Tekela und ihr Vater standen in ihrer Nähe und betrachteten sie mit besorgtem Gesicht. Sie schwang die Beine über den Rand der Pritsche und stöhnte angesichts des Nebels, der sich hartnäckig in ihrem Kopf hielt. Eine so tiefe und intensive Trance wie die des Tüftlers hatte sie noch nie zuvor erlebt, und daraus aufzutauchen war, wie von einer Welt in eine andere überzugehen.

»Fühlst du dich gut?« Ihr Vater trat neben sie und legte ihr die Hand auf die Stirn. »Deine Temperatur ist ziemlich niedrig. Ich hole Dr. Weygrand.«

»Es geht mir gut«, entgegnete sie und stellte bei dem Versuch zu schlucken fest, dass ihr Mund ganz trocken war. »Aber ein Glas Wasser wäre schön.«

»Ich hole welches«, sagte Tekela und huschte davon.

Als Lizanne Bastler auf der Nachbarpritsche erblickte, fasste sie ihn am Arm und schüttelte ihn leicht. »Kannst du dich an etwas erinnern?«

Doch Bastler antwortete nicht, sondern lag reglos und mit geschlossenen Augen da. Seine Hand war kalt und seine Brust bewegte sich kaum. »Du holst wohl doch besser den Doktor«, sagte sie zu ihrem Vater.

»Es scheint sich um eine Art Koma zu handeln«, erklärte Dr. Weygrand etwas später. »Aber diese Form ist mir noch nie untergekommen.«

Er hatte den Erfinder einer genauen Untersuchung unterzogen und seinen Zustand als stabil, aber teilnahmslos eingestuft. Versuche, Bastler mithilfe von Riechsalz oder einer kleinen spitzen Nadel zu wecken, die der Doktor ihm in die Fußsohlen stieß, hatten keinerlei Reaktion bewirkt. Seufzend fuhr Weygrand sich durch das schütter werdende Haar. »Ich muss ihn auf die Krankenstation verlegen und an einen intravenösen Tropf anschließen, um zu verhindern, dass er dehydriert. Ich könnte der Lösung stimulierende Mittel hinzufügen, die ihn mit etwas Glück aufwecken.«

»Nein«, widersprach Lizanne. *Er wartet. Oder genauer gesagt,* sie *wartet. Wenn wir ihn mit Drogen vollpumpen, könnte das seine Erinnerungen beeinträchtigen.* »Danke, Doktor«, fügte sie hinzu. »Aber ich glaube, es ist besser, ihm fürs Erste keine Medikamente zu verabreichen. Allerdings kann ich gar nicht genug betonen, wie wichtig es ist, dass er am Leben bleibt.«

»Mir liegt das Leben all meiner Patienten am Herzen, Miss.«

»Natürlich.« Sie lächelte und bedeutete Makario, ihr in eine abgelegene Ecke des Laderaums zu folgen. »*Die Torheiten des Cevokas*«, sagte sie. »Hast du schon einmal davon gehört?«

»Das ist eine komische Oper. Aus dem Dritten Kaiserreich. Cevokas war …«

»Ein vermutlich erfundener Erforscher des arradsianischen Kontinents. Ich weiß. Die Geschichten seiner Heldentaten sind Klassiker der corvantinischen Literatur.«

»Und bilden die Grundlage der *Torheiten*. Ein eher mittelmäßiges Stück, das sich zu seiner Zeit jedoch großer Beliebtheit erfreute. Allerdings erscheint es mir für den Geschmack des Tüftlers doch etwas ordinär. Ich hätte ihn für distinguierter gehalten.«

»Sie«, korrigierte Lizanne ihn. »Und sie hat ausdrücklich gesagt, dass wir uns mit den *Torheiten des Cevokas* beschäftigen sollen. Ich glaube, dass die Komposition noch einen Satz hat, der dem Mensch, in dem sie sich befindet, weitere Erinnerungen entlockt.«

Makario drehte sich zu Bastler um, der stumm und bleich auf dem Feldbett lag. »Dann bleibt er also in diesem Zustand, bis wir den nächsten Satz gefunden haben?«

»Davon gehe ich aus.«

Der Musiker schürzte die Lippen und runzelte die Stirn, vermutlich lauschte er in seinem Kopf altertümlichen Klängen. »Ich muss die Oper aus dem Gedächtnis rekonstruieren. Das kann dauern.«

Lizanne sah, wie ihr Vater an seine Werkbank zurückkehrte, und setzte sich in Bewegung. »Tekela kann dir vielleicht helfen«, erklärte sie Makario im Davongehen. »Sie scheint eine Begabung für derlei Dinge zu haben.«

»Und eine Begabung, mir auf die Nerven zu gehen«, fügte dieser hinzu.

»Zeit ist ein entscheidender Faktor«, erinnerte sie ihn, ehe sie sich ihrem Vater zuwandte. Er arbeitete an einem verbesserten Blutbrenner für das Fluggerät, ein neuer Einzugsmechanismus sollte dafür sorgen, dass das Produkt nach und nach verbrannt wurde anstatt auf einmal wie bisher. »Bastlers Rakete«, sagte sie. »Glaubst du, du kannst sie fertigbauen?«

◆ ◆ ◆

Kapitän Trumane führte die Flotte in einem weiten Bogen um Iskamir herum, darauf erpicht, jeglichen Kontakt mit varestianischen Schiffen nach Möglichkeit zu vermeiden. Im Laufe der nächsten Tage sahen sie ein paar Handelsfregatten, doch offensichtlich verspürte keine davon das Bedürfnis, eine so große ausländische Flotte einer näheren Untersuchung zu unterziehen. Erst als sie nach Westen Richtung Blaska-Fjord abbogen, tauchte nördlich von ihnen eine Flottille schneller Schaluppen auf, und wenige Stunden später erschien im Süden eine zweite. Beide behielten einen konstanten Abstand bei und unternahmen keinerlei Versuch, in Kommunikation zu treten.

»Sie wollen sich absichern, dass wir es uns nicht anders überlegen«, mutmaßte Trumane, als er die zweite Flottille sichtete. Er wanderte mit dem Fernrohr die Reihe varestianischer Schiffe ab und knurrte grimmig. Offenbar hatte er ein paar Altbekannte erspäht. »Piraten, allesamt. Das ganz vorne ist die *Eisendorn*. Vor ein paar Jahren habe ich sie um die südlichen Barriere-Inseln gejagt. Um die Geschwindigkeit zu erhöhen, hat der Kapitän nach und nach Fracht abgeworfen. Etwas später stießen wir auch auf die Leichen seiner Besatzungsmitglieder. Er dürfte höchstens noch zwölf Mann gehabt haben, als ein Sturm aufzog. Eigentlich hatte ich gehofft, dass der Scheißkerl darin umgekommen ist.«

Am nächsten Morgen kam der Blaska-Fjord in Sicht, ein nebelverhangener, etwa fünf Kilometer breiter Meeresarm. Eine Reihe von Granitriffen erschwerte die Weiterfahrt, denn sie verhinderte schnelle Manöver. Trumane signalisierte einem der kleineren Schiffe, dass es die Führung übernehmen sollte. Es handelte sich um ein offensichtlich betagtes Postboot mit nur einem Schaufelrad, aber einem erfahrenen Kapitän, der für seine ausgezeichneten Navigationsfähigkeiten bekannt war. Die *Gute Gelegenheit* brachte sich etwa eine Meile östlich in Position, wo sie langsam und bei voller Kampfbereitschaft ihre Kreise zog. Als sie den Weg in den Fjord antraten, ließ Trumane ihre varestianische Eskorte keine Sekunde aus den Augen und rief dem Fähnrich die Reichweite jedes einzelnen Schiffes zu, damit er sie notierte. Lizanne hatte das Gefühl, einem Theaterstück beizuwohnen. Trumane zog eine Schau ab, um seinen Leuten die Furcht zu nehmen. Dabei war er sich sicher bewusst, dass sie, obwohl die *Gelegenheit* ein herausragendes Schiff war, von den Varestianern in Kürze überwältigt würden.

»Sieht aus, als würden unsere Auftraggeber Wort halten«, sagte er und ließ das Fernrohr sinken, als das letzte der Flüchtlingsschiffe in den Fjord eingebogen war. »Zumindest fürs Erste. Steuermann, dreißig Grad nach Backbord. Mr. Tollver, signalisieren Sie dem Maschinisten, dass er auf ein Drittel Geschwindigkeit gehen soll.«

◆ ◆ ◆

»Was für ein gottverlassenes Drecksloch«, sagte Tekela, als die *Gelegenheit* in Harkerberg Anker warf. Die Siedlung bestand aus einer losen Ansammlung verfallener Hütten, die sich um eine Reihe hügelhoher Abraumhalden scharten. Die Mine selbst klaffte als schwarzes Loch in dem drohend über der Stadt aufragenden Berg. Von ihr führte eine Bahntrasse zu den Hafenanlagen, die das einzig Beeindruckende an dem ganzen Ort darstellten.

Der Kai war auf einem Granitriff angelegt, das sich bei Ebbe in eine Klippe verwandelte und den Ausgangspunkt für fünf Landungsbrücken bildete. Diese wiederum standen auf hohen, von Rost überzogenen Eisenpfeilern. Die Tatsache, dass sie nach Jahren der Vernachlässigung immer noch existierten, war Beweis für ihre Stabilität. Nur die dampfbetriebenen Aufzüge, die einst Fracht und Besatzung von Bord der Schiffe zu den Hafenanlagen transportiert hatten, waren zur Unbrauchbarkeit verrostet. Aus diesem Grund hatte die Flotte auf das Eintreffen der Flut warten müssen, ehe die Flüchtlinge an Land gehen konnten. Dort scharten sie sich jetzt in wachsender Zahl und meist in Grüppchen, die widerspiegelten, auf welchem Schiff sie die letzten Wochen verbracht hatten. Einige waren bereits auf der Suche nach einer Unterkunft in der Stadt verschwunden, doch Lizanne war sich bewusst, dass es noch einiger Organisation bedurfte, ehe diese Menschen eine ernstzunehmende Arbeiterschaft abgeben würden.

»Du hättest mal Scorazin sehen sollen, Kleine«, erklärte Makario Tekela. »Im Vergleich dazu ist das hier ein Kurort. Außerdem freue ich mich schon darauf, wieder festen Boden unter den Füßen zu spüren. Ich habe das Matrosenleben ordentlich satt.«

»Wenn auch nicht die Matrosen«, murmelte Tekela, und Lizanne warf ihr einen tadelnden Blick zu.

»Wie es aussieht, werde ich deine Sekretärinnendienste wieder in Anspruch nehmen müssen«, sagte sie. »Du findest bestimmt irgendwo ein Notizbuch.«

»Eigentlich hatte ich vorgehabt, mit der *Glühwurm* auf Erkundungstour zu gehen«, erwiderte Tekela.

»Glühwurm?«

»Das Fluggerät. Ich finde, es sollte einen Namen haben.«

»Wie du meinst.« Lizanne drehte sich um und ging auf den Ladebaum zu, wo Fähnrich Tollver gerade dabei war, eine Barkasse für den Landgang vorzubereiten. »Aber deine luftigen Abenteuer werden leider noch etwas warten müssen.« Sie hielt inne, als sich an den Hafenanlagen ein wütendes Murmeln erhob. Zwei Flüchtlingsgruppen hatten begonnen, sich gegenseitig zu schubsen, ihre Rufe wurden lauter und die Rempelei ging langsam in eine Prügelei über.

»Steck zu dem Notizbuch auch eine Waffe ein«, fügte Lizanne hinzu. »Offensichtlich haben wir einen langen Tag vor uns.«

◆ ◆ ◆

»Entweder wir arbeiten oder wir verhungern.«

Die versammelten Menschen verstummten, als Lizannes Worte über sie hinwegdröhnten. Sie stand auf einer erhöhten Plattform in einem Schuppen, der einst die Lokomotiven der Standseilbahn beherbergt hatte. Er war das größte überdachte Gebäude der Stadt und daher ein geeigneter Ort für eine Generalversammlung. Außerdem verfügte er über ein Gerüst, auf dem etliche Schützen von Bord der *Gelegenheit* Stellung bezogen hatten. Lizanne stand zwischen Kapitän Trumane und Madame Hakugen, denn sie hoffte, dass die Anwesenheit der Anführer der Flüchtlingsflotte – und der Schützen – dafür sorgen würde, dass sich die Unzufriedenheit der Leute in Grenzen hielt. Noch schien die Menge jedoch unbeeindruckt und nicht im Geringsten eingeschüchtert.

Das auf Lizannes Worte folgende Schweigen wurde schnell von einem Gewirr missmutiger Stimmen abgelöst, die immer höher und lauter wurden. »Wir sind keine Sklaven!«, rief eine Frau in der vordersten Reihe, während sie und ein Dutzend anderer sich mit den vor der Plattform positionierten Matrosen anlegten. »Ich habe Kinder«, schrie jemand anderes, und ein dritter: »Unternehmensschlampe!«

Lizanne drückte den ersten und dritten Knopf der Spinne und schickte einen Strahl heißer Luft über die Menge hinweg, der so bemessen war, dass er zwar auf der Haut prickelte, aber nichts in Brand setzte. Gleichzeitig entfesselte sie das Schwarz und warf die Flüchtlinge in der vordersten Reihe zu Boden.

»Ich bitte um Verzeihung«, sagte sie in die folgende Stille hinein. Die

Leute starrten sie an, aus den meisten Gesichtern sprach Angst, aber nach wie vor auch Widerstand. »Offensichtlich habe ich mich nicht hinreichend vorgestellt. Mein Name ist Lizanne Lethridge, und ich bin tatsächlich Aktionärin des Eisenboot-Protektorats. Allerdings habe ich noch einen zweiten Namen, den ich mir in Kerberhafen verdient habe. Dort taufte man mich Miss Blut, und das nicht ohne Grund.«

Sie verstummte und ließ den Blick über die Menge schweifen. Sie war mehr als bereit, eine konzentrierte Salve Schwarz auf jeden loszulassen, der ihr noch eine Beleidigung zurief, doch fürs Erste begnügten die Leute sich mit Schweigen. »In Kerberhafen habe ich eine Verteidigung organisiert, der Tausende ihr Leben verdanken«, sagte sie. »Das konnte ich, weil die Menschen mir vertrauten und ich ihnen. Ich bitte euch, mir ebenso euer Vertrauen zu schenken, wenn ich euch jetzt, ohne etwas zu beschönigen, unsere Situation darlege.

Man hat uns diesen Zufluchtsort, so hässlich er ist, nicht gewährt, weil unsere Gastgeber Wert auf unsere Gesellschaft legen oder ihre Herzen voller Mitleid für uns sind. Wir sind hier, weil ich ihnen Waffen versprochen habe. Ihr werdet diese Waffen bauen. Wenn nicht, können wir von unseren Gastgebern bestenfalls erwarten, dass sie uns auffordern zu gehen. Ich glaube, ihr braucht nicht allzu viel Phantasie, um euch vorzustellen, was uns schlimmstenfalls erwartet.«

Sie ließ diese Information ein paar Sekunden einsinken. Auf einigen Gesichtern ließ der Widerstand nach, auf anderen nahm die Angst zu. »Ihr solltet wissen, dass die Waffen, die wir hier bauen, nicht nur für unsere Gastgeber sind«, fuhr sie fort. »Früher oder später wird eine Armee aus Ungeheuern angreifen, und es wird auf der ganzen Welt keinen Winkel mehr geben, wo wir uns verstecken können. Vor diesem Sturm zu fliehen stellt keine Option mehr dar. Wie ich bereits sagte: Entweder wir arbeiten oder wir verhungern. Das ist die Wahrheit. Die Wahrheit ist auch, dass wir entweder kämpfen oder sterben.«

Sie verstummte. Aus dem Publikum waren leise, angespannte Diskussionen zu vernehmen, aber keine Schreie mehr. »Diese Anlage wird in Einklang mit dem Unternehmensrecht betrieben«, fuhr sie in knappem, professionellem Tonfall fort. »Zuzüglich einiger Klauseln hinsichtlich der Disziplinarordnung. Auf Desertion steht die Todesstrafe. Sich vor der Arbeit zu drücken wird mit einer Reduzierung der Rationen geahndet. Wiederholtes Fehlen mit Peitschenhieben. Jeder im kampffähigen Alter hat täglich zwei Stunden militärisches Training zu absolvieren. Für die Kinder werden Krippen und Schulen organisiert.«

Sie zeigte auf die Rückseite des Schuppens, wo Fähnrich Tollver gemeinsam mit einer Gruppe Matrosen dabei war, Tische aufzustellen. »Bitte bildet ordentliche Reihen. Gebt euren Namen, euer Alter sowie eure vorherige Arbeitserfahrung und jegliche besonderen Fähigkeiten an. Blutgesegnete haben sich als solche auszuweisen. Früher oder später werden wir ein Blut-Los abhalten, es bringt euch also nichts, den Segen zu verheimlichen.«

◆ ◆ ◆

»Weiter nach links«, rief ihr Vater vom Gerüst aus. Lizanne verabreichte sich einen Extraschub Schwarz und konzentrierte sich auf das bauchige Stahlgefäß, das sie auf die Spitze des sieben Meter hohen flaschenförmigen Ziegelkamins manövriert hatte. Solche Kamine gab es in der ganzen Stadt, meist in der Nähe von Schlackehaufen. Lizanne hatte ihnen zunächst kaum Aufmerksamkeit geschenkt und war umso überraschter von der Begeisterung ihres Vaters für diese, wie er sie nannte, »Koksöfen«.

»Halt«, rief er mit den Armen wedelnd. Lizanne stoppte den Schwarz-Fluss, und der Behälter kam mit einem hässlichen metallischen Knirschen auf dem Kamin zu ruhen. »Sehr gut.« Der Professor wies die ihm zugeteilten Arbeiter an, Kohle in die Öffnung am Fundament des Kamins zu schaufeln. Als die Kammer gefüllt war, drehte er sich erwartungsvoll zu Lizanne um. »Ich glaube, es ginge schneller, wenn du …« Er deutete auf die Spinne.

Lizanne kauerte sich vor die Öffnung, injizierte sich eine Dosis Rot und konzentrierte sich auf die Kohle. Als ein tiefrotes Leuchten aufflammte, trat sie zurück und musste gleich darauf zur Seite springen, weil ein Flammenstoß ihr fast den Ärmel ihres Overalls versengt hätte.

»Zumachen«, befahl ihr Vater, woraufhin einer der Arbeiter mit einem langen Eisenstab vortrat und damit eine Eisentür vor die Öffnung schob. Lizanne kletterte auf das Gerüst und stellte sich hinter ihren Vater, der eine an einem Ventil befestigte Anzeige beobachtete.

»Es funktioniert«, sagte er, als der Zeiger sich langsam nach oben bewegte. »Wir haben ein Gas-Kraftwerk.«

»Ist Kohlegas genauso effizient wie Helium?«, wollte Lizanne wissen.

»Es hat nicht dieselbe Auftriebskraft, aber das lässt sich mit einer größeren Hülle kompensieren. Im Vergleich zu Wasserstoff ist es weniger brennbar. Aber da wir weder Helium noch Wasserstoff haben, bleibt uns ohnehin nichts anderes übrig.«

Am Hafen erklang ein Schiffshorn, und auf dem Deck der *Günstige Gelegenheit* rannten Männer an ihre Stationen, während aus den Schornsteinen der Fregatte Rauch aufstieg. Der Grund dafür wurde schon bald ersichtlich, als im Osten des Fjords eine varestianische Schaluppe auftauchte. Zwar hatte sie die Friedensflagge gehisst, doch offenbar wollte Trumane die *Gelegenheit* angesichts der potentiellen Gefahr nicht an ihrem Ankerplatz belassen.

»Unsere Gastgeber statten uns einen Besuch ab«, sagte Lizanne.

»Gut«, erwiderte ihr Vater. »Hoffentlich haben sie Kupfer dabei.«

◆ ◆ ◆

»Wussten Sie davon?« Arshav Okanas funkelte sie aus dunklen, wütenden Augen an. Er wurde von einer zehn Mann starken Eskorte begleitet, die der stets finster dreinblickende Mr. Lockbar anführte. Lizanne empfing ihn mit einem Trupp Schützen unter Fähnrich Tollvers Kommando. Die beiden Gruppen beobachteten einander über den Kai hinweg, während Lizanne vortrat und ihren Auftraggeber mit der größtmöglichen Höflichkeit begrüßte, die sie aufbringen konnte. Heute schien er darauf jedoch keinen Wert zu legen.

»Wovon?«, fragte sie und widerstand erfolgreich dem Drang, die Finger auf die Knöpfe der Spinne zu legen. Dieser Mann hatte etwas an sich, das sie zu unklugen Reaktionen veranlasste.

»Melkorin«, antwortete Arshav. »Es ist bis auf die Grundmauern abgebrannt und der Großteil seiner Bewohner ist verschwunden – abgesehen von denen, die tot in den Straßen liegen.«

Melkorin. Eine Hafenstadt an der corvantinischen Küste. Die Schlussfolgerung war naheliegend. *Er ist uns gefolgt.*

»Ein merkwürdiger Zufall, dass das unmittelbar nach Ihrem Eintreffen in unseren Gewässern passiert«, knurrte Arshav. »Finden Sie nicht?«

Sie erwog, sich aus der Affäre zu ziehen, indem sie Unwissenheit oder Bestürzung vorschützte, doch erschien ihr das an diesem Punkt als wenig sinnvoll. Der Verdacht, der sie zum ersten Mal beschlichen hatte, als das Verderbtenkommando an Bord der *Günstige Gelegenheit* zu einem koordinierten Tötungsversuch gegen sie übergegangen war, erhärtete sich. »Der Weiße wünscht meinen Tod. Und den Tod derer, die mit mir unterwegs sind. Ich habe Sie gewarnt, dass seine Truppen hier auftauchen würden.«

»Aber nicht, dass das schon so bald der Fall sein wird.« Jetzt schrie Arshav, und Lizannes Schützen gingen in Habachtstellung, woraufhin seine Leibwächter nach ihren Waffen griffen. »Schon gut.« Arshav machte eine beschwichtigende Handbewegung in Lockbars Richtung und bemühte sich um einen ruhigeren Ton. »Warum will er Sie tot sehen?«, fragte er nur einen Bruchteil weniger aufgebracht.

»Das«, Lizanne wandte sich ab und bedeutete ihm, ihr zu folgen, »ist eine lange Geschichte, die sich am besten beim Mittagessen erzählen lässt.«

◆ ◆ ◆

»Der Krystalinsee.« Kopfschüttelnd griff Arshav nach der Weinflasche. »Ich hätte nicht gedacht, dass Vaters verrückte Obsession mich erneut plagen würde.« Er schenkte sich großzügig ein und hielt Lizanne die Flasche hin.

»Nein, danke.«

»Kapitän Galgenstrick?«, fragte der Pirat den ihm gegenübersitzenden Trumane und wedelte mit der Flasche.

Lizanne hatte das Mahl in dem einzigen Haus in Harkerberg auftischen lassen, das als stattlich bezeichnet werden konnte. Ein dreistöckiges Gebäude, ein gutes Stück außerhalb der Stadt, das von dem etherianischen Schriftzug über dem Türsturz als Wohnsitz des kaiserlichen Auditors ausgewiesen wurde. Vom Dach war nicht mehr viel übrig, die Fenster existierten schon lange nicht mehr, und im Inneren stank es nach Schimmel. Aber wenigstens gab es einen Esstisch und Stühle.

»Nein«, antwortete Trumane und erwiderte Arshavs feindseligen Blick in einer Weise, die diesem in nichts nachstand.

»Wie Sie wollen.« Arshav stellte die Flasche ab und nahm einen tiefen Schluck aus seinem Glas. »Pissbrühe.« Er verzog das Gesicht. »Wissen Sie etwa nicht, wie man Ehrengäste empfängt?«

»Der Krystalinsee«, sagte Lizanne.

»Ach ja, wo Ihre Freunde Vaters sagenhaften Schatz finden wollen. Das ist doch alles Humbug. Uralte Kritzeleien, für die Generationen gutgläubiger Narren Geld ausgegeben haben, zum größten Teil Fälschungen, da bin ich mir sicher.«

»Wir haben Grund, dem zu widersprechen. Am Boden dieses Sees liegt etwas, das uns helfen kann, den Krieg zu gewinnen. Wenn Ihr Vater Ihnen irgendetwas darüber erzählt hat …«

Arshav lachte und leerte sein Glas. »Der hat mir höchstens erzählt, dass ich ihm aus den Augen gehen soll. Ich war genauso eine Enttäuschung für ihn wie er für mich. Die Antwort lautet also Nein, Miss Blut, es gibt keine Geheimnisse, die ich mit Ihnen teilen kann. Alles, was Ihnen nützlich sein könnte, befindet sich in der Hohen Mauer, und dort bin ich nicht willkommen.« Sein Blick verfinsterte sich, und er umfasste die Weinflasche mit festem Griff. »Auch wenn sie dem Recht nach mir gehört.«

»Die Hohe Mauer ist doch der Familiensitz der Okanas?«, fragte Lizanne. »Es kommt mir reichlich merkwürdig vor, dass es Ihnen und Ihrer Mutter gelungen ist, die Kontrolle über den Regierungsrat und die Sieben Mauern zu erlangen, nicht aber über das Zuhause Ihrer Familie.«

»Ein Zuhause, das mir von meinem eigen Fleisch und Blut gestohlen wurde.« Sein Blick wurde etwas sanfter, und er schenkte sich Wein nach, dann beäugte er unzufrieden die leere Flasche und warf sie über die Schulter. »Das ist wohl die Gefahr, wenn man in eine Piratenfamilie hineingeboren wird. Wenn man nicht aufpasst, stehlen einem diese Mistkerle noch die Goldfüllungen aus dem Mund. Mein lieber Vetter Alzar Lokaras, der älteste Sohn meiner verstorbenen Tante Kezia, herrscht jetzt über die Hohe Mauer. Angeblich im Namen meiner

Schwester. Als würde sie in absehbarer Zukunft am Horizont auftauchen.«

»Wäre er offen für Verhandlungen? Vielleicht wenn ich …«

»Er würde Sie auf der Stelle erschießen. Er hasst die Unternehmenswelt und alles, was damit zu tun hat. In dem Punkt ist er fast wie ein religiöser Eiferer.« Arshav blickte zu Trumane. »Sie haben ihm auch genug Gründe dafür gegeben, Kapitän. Wegen Ihnen hat er jede Menge Seebrüder verloren. Genau wie ich.«

Er trank mehr Wein. Kippte ihn hinunter, sodass ihm ein Teil an den Mundwinkeln herunterlief. »Ich hätte Sie umgebracht«, keuchte er, als das Glas leer war. »Ich hatte schon alles geplant. Sobald Sie sich hier eingerichtet hätten, wäre ich mit meinen Schiffen gekommen und hätte gedroht, die Stadt zu zerstören. Und dann hätte ich Sie an Deck Ihres eigenen Schiffes gehängt, Sie mieses Stück Dreck!« Er knallte das Weinglas so heftig auf den Tisch, dass es zerbrach. Blut strömte aus seinen Fingern, und er funkelte Trumane wütend an.

Lizanne war beeindruckt, dass der Kapitän nicht einmal zusammenzuckte. Leuteschinder oder nicht, er war trotz allem ein altgedienter Offizier des Protektorats, und Arshav war sein langjähriger Feind und hatte Anspruch auf Gerechtigkeit. Trumane schwieg und griff nach einer Serviette, um sich einen Rotweinspritzer von der Wange zu tupfen.

Lizanne wollte etwas sagen, doch Arshav hob die blutige Hand und wandte sich mit giftigem Blick ihr zu. »Ihre Märchen und Ihre dem Untergang geweihten Freunde im Inland sind mir scheißegal. Wir haben einen Krieg vor uns, und meine Mutter und ich wollen unsere Waffen. Wann fangen Sie endlich an, sie zu bauen?«

»Wir benötigen Material …«

»Das wird gerade abgeladen. Alles auf Ihrer Liste und Essen für einen Monat. Ende der Woche kommt noch mehr. Wie lange wird es dauern?«

»Wir machen bereits Fortschritte«, log Lizanne. Tatsächlich waren sie seit ihrem Eintreffen in Harkerberg vor allem damit beschäftigt gewesen, den Ort bewohnbar zu machen. Lizanne hatte Madame Hakugen zur Ombudsfrau erklärt, und die frühere Auditorin hatte sich nach Lizannes Rede erfolgreich dafür eingesetzt, die Wogen zu glätten. Die ehemaligen Einberufenen des Ostinsel-Konglomerats bildeten eine Miliz und fungierten gleichzeitig als Gendarmerie, was die Stadtbewohner zu einem gewissen Gehorsam veranlasste. Jermayah kümmerte sich unterdessen um die Fabrik im alten Lokschuppen, aber Waffen waren bislang noch keine produziert worden.

»Der Mangel an schwerem Gerät ist ein Problem«, sagte Lizanne. »Besonders das Fehlen von Hebevorrichtungen. Unter den Flüchtlingen konnten wir nur drei weitere Blutgesegnete finden. Um maximalen Nutzen aus ihren Fähigkeiten zu ziehen, benötigen wir Produkt, vor allem Rot und Schwarz.«

»Produkt ist eine zunehmend knappe Ressource«, entgegnete Arshav. »Aus offensichtlichen Gründen brauchen wir unsere Vorräte für unsere eigenen Blutgesegneten, wenn die Kämpfe beginnen. Aber«, er zuckte widerwillig mit den Schultern, »ich habe ein paar Phiolen im Tresor meines Schiffes. Die können Sie haben.«

»Das wäre eine große Hilfe.«

»Mir ist nicht entgangen, dass Sie meine Frage nicht beantwortet haben.«

»Einen Monat«, sagte sie in neutralem Tonfall. »Die erste Lieferung Knallfrösche und Beißer ist in einem Monat fertig.«

»Sie glauben, dass unser Feind uns so lange in Ruhe lässt?«

Die Antwort kam von Trumane, der seine Serviette ordentlich zusammenfaltete und vor sich auf den Tisch legte, ehe er sich, zweifellos um seine Abneigung zu verbergen, mit sorgfältig modulierter Stimme an Arshav wandte. »Im Krieg bekommt man keine Zeit geschenkt. Man erkauft sie sich, mit Blut. Ich befehlige das schnellste Schiff in diesen Gewässern. Es ungenutzt hier ankern zu lassen, ist Verschwendung.«

»Sie wollen also kämpfen?«, knurrte Arshav. »Nur zu, Kapitän. Ich werde allen sagen, dass sie Ihr Schiff in Ruhe lassen sollen, aber erwarten Sie keine direkte Hilfe.« Er betrachtete seine blutige Hand und fuhr mit verdrossenem Blick fort: »Und wenn Sie dabei ums Leben kommen, umso besser.«

Er stand auf und sah Lizanne streng an. »Ein Monat, Miss Blut. Wenn ich wiederkomme, erwarte ich, ein ordentliches Maß an Produktivität vorzufinden.« Mit diesen Worten drehte er sich um und stolzierte davon. Im Weggehen rief er nach Lockbar und seinen Wachen, damit sie ihm folgten.

Lizanne sah Trumane von der Seite an. »So schnell die *Gelegenheit* auch sein mag, aber glauben Sie wirklich, dass Sie mit einem Schiff etwas erreichen können?«

»Ihr Vater war so freundlich, mich in die Einzelheiten seiner neusten Erfindung einzuweihen«, erklärte Trumane mit einem dünnen Lächeln. »Wenn sie bis zu unserem Aufbruch fertig ist, können wir einiges erreichen.«

✦ ✦ ✦

»Das ist närrisch«, sagte ihr Vater. »Du wirst hier gebraucht.«

Lizanne knöpfte ihren Overall zu. Sie hatte ihn von einer Schneiderin in Lossermark erstanden, er war mit Pelz gefüttert, um auch in höheren Lagen vor Kälte zu schützen, und verfügte über jede Menge zusätzlicher Taschen für Werkzeug und Waffen. Jermayah hatte einen weiteren Raucher für sie angefertigt, doch auf dieser Reise würde der Mini-Beißer reichen müssen.

»Madame Hakugen hat alles unter Kontrolle«, entgegnete Lizanne. »Und die Produktionsstraße ist so gut wie fertig. Die Informationen, die in der Hohen Mauer auf uns warten, sind zu wertvoll, um darauf zu verzichten. Sie legte einen Schultergurt für ihre Pistolen an. »Brauchst du für Kapitän Trumanes Projekt noch lange?«

Der Professor schien von ihrer Argumentation nicht sehr überzeugt und wenig erpicht auf den Themenwechsel. »Noch zwei Tage«, sagte er mit tadelndem Blick. »Normalerweise hätte es länger gedauert, aber wir haben das Glück, dass es hier so viele geübte Instrumentenbauer gibt. Lossermark war schließlich eine Hafenstadt, und Seeleute brauchen immer Uhren und Kompasse.«

»Sehr gut«, sagte Lizanne. »Wenn ihr fertig seid, baut bitte noch mehr davon.« Sie deutete mit dem Kopf auf das Fluggerät, das am Ende des Piers zwischen zwei Pfählen vertäut im Wind schaukelte. Seit dem letzten Flug hatte die *Glühwurm* beträchtliche Modifikationen erfahren und verfügte jetzt über eine größere Gondel, die es Lizanne ermöglichen würde, während des Fluges mit Tekela Plätze zu tauschen, sowie eine größere Hülle. Ein zusätzlicher Druckgasbehälter gewährleistete Nachschub an Treibstoff. Zudem hatte der Professor Verbesserungen am Einzugsmechanismus des Blutbrenners vorgenommen, allerdings hatten sie herzlich wenig Produkt, um ihn zu befeuern.

»Alle, die wir von jetzt an bauen, dienen der Kriegsführung«, fügte Lizanne hinzu. »Sie brauchen Platz für so viele Waffen wie möglich.«

»Ich habe die entsprechenden Entwürfe bereits angefertigt.«

»Natürlich.« Sie küsste ihren Vater schnell auf die Wange und ging dann zur *Glühwurm,* deren Propeller sich langsam zu drehen begannen, als Tekela den Motor anwarf. »Ich bin in vier Tagen wieder da.«

»Und wenn nicht?«, rief er ihr hinterher, über den Maschinenlärm kaum zu hören.

»Dann kannst du wenigstens unseren Vertrag mit der Familie Okanas für null und nichtig erklären.«

II

DAS BRENNENDE MEER

◆◆◆

Aus dem Tagebuch von Miss Lewella Tythencroft – Sanorah, 21. Vorellum, 1600 (Unternehmensjahr 211).

Wie es sich erweist, ist für das erfolgreiche Anzetteln einer Revolution weder militärisches Genie vonnöten noch besondere Führungsstärke oder überzeugende Rhetorik. Wenn ich im Verlauf der vergangenen Wochen eines gelernt habe, dann, dass eine Revolution in erster Linie Papier und Tinte erfordert und Pressen, mit denen Letztere auf Ersteres gedruckt werden kann.

Die Menge an Flugblättern, Plakaten, Handzetteln, Zeitungen und anderen Publikationen, die von der Wählerrechtsallianz bislang hergestellt wurde, lässt sich unmöglich genau beziffern, geht aber gewiss in die Tausende. Die bewährte Druckerpresse Typ II von Alebond Handelswaren, die der *Wählergazette* viele Jahre lang gute Dienste geleistet hatte, brach unter der Belastung schließlich zusammen. Hätten wir nicht in der Anfangszeit des Aufstands ein Bündnis mit der Druckergilde geschlossen, wären unsere Bemühungen, die Bevölkerung aufzurütteln, aller Wahrscheinlichkeit nach erfolglos geblieben, wenngleich Erfolg selbstverständlich relativ ist.

Nach erneuter Lektüre des letzten Absatzes muss ich feststellen, dass mein Hang zur Abschweifung wieder einmal die Oberhand gewonnen hat. Es ist eine Weile her, seit ich zuletzt die Muße fand, dieses Tagebuch fortzuführen, und in der Zwischenzeit ist so vieles passiert, dass es zu lange dauern würde, sämtliche Einzelheiten festzuhalten. Ich sehe mich deshalb gezwungen, die wichtigsten Ereignisse zusammenzufassen.

Gemäß meinem Versprechen an Mrs. Fredabel Torcreek schulterte die Wählerrechtsallianz einen Großteil der Bürde, die Flüchtlinge von den Tyrell-Inseln aufzunehmen. Allerdings muss ich gestehen, dass meine Gefühle zu jener Zeit stark in Aufruhr waren. Mrs. Torcreeks Neuigkeiten über Corrick riefen in mir ebenso Zweifel und Bestürzung wie Freude hervor. Offenbar ist er nur aufgrund einer Vision zum Südpol gefahren. Zwar war Corrick stets nachdenklicher als die meisten seines Berufsstandes, reinen Phantastereien gab er sich jedoch niemals hin. Dass er die Fesseln des Protektorats abstreift, um sich auf die Suche nach etwas so wenig Greifbarem zu begeben, erscheint absurd und nahezu unmöglich.

Mrs. Torcreek hatte dafür zumindest teilweise eine Erklärung: »Mein Neffe hat das Blut eines weißen Drachen getrunken, Miss. Das kann einem Menschen viel Überzeugungskraft verleihen.«

Trotz der Zweifel und offenen Fragen, die mir das Hirn zu benebeln drohten, setzte ich all meine Kraft darin, den Flüchtlingen zu helfen. Die Handvoll, die einst zur Führungsschicht gehörte, fand meist bei Verwandten oder Freunden Unterschlupf. Die weniger begüterte Mehrzahl hingegen war mittel- und obdachlos. Viele Wählerfamilien erklärten sich bereit, die erschreckend hohe Zahl von Waisenkindern bei sich aufzunehmen. Andere stellten den wenigen intakten Familien, die von den Schiffen kamen, ungenutzte Räume und Dachböden zur Verfügung. Dennoch sah sich die Allianz gezwungen, für die Unterbringung der Übrigen zusätzlichen Lagerhausplatz anzumieten. Die wilden Spekulationen an den Märkten hatten seltsame Auswirkungen auf das Lagerhausviertel. Waren einige Häuser bis oben hin mit

Luxusgütern gefüllt, für die es keinen Bedarf mehr gab, so standen andere, die landwirtschaftlichen Erzeugnissen und ähnlich notwendigen Produkten vorbehalten waren, immer häufiger leer. Passende Unterkünfte zu erschwinglichen Preisen zu finden war deshalb nicht schwer.
Die zahllosen Kranken und Verwundeten stellten dagegen schon ein größeres Problem dar. In Sanorah gibt es nur wenige unabhängige Krankenhäuser, die allermeisten sind unternehmensgeführt, und da die Flüchtlinge keine Versicherungszertifikate vorzuweisen hatten, blieben die Türen für sie fest verschlossen. Wie zu erwarten, sorgte dies bei vielen Flüchtlingen mit kranken oder verletzten Angehörigen für Empörung, besonders unter denen aus Kerberhafen, die den Unternehmen ohnehin schon mit Ablehnung begegnen. Vor den Toren des Eisenboot-Hospitals kam es zu einem kleineren Aufstand, der sich nach Eintreffen der Gendarmen zu einer hässlichen Massenschlägerei auswuchs. Die Schwierigkeiten hätten wohl noch zugenommen, wäre nicht von unerwarteter Seite Hilfe eingetroffen. Am Tag nach den Unruhen kam mein Vater mit einer Bankbürgschaft über einhunderttausend Wechsel ins Büro der *Gazette*. Mittels dieser Spende konnte die Allianz sämtliche benötigten Betten in den unabhängigen Krankenhäusern Sanorahs finanzieren. Ich muss gestehen, dass mich die Unterstützung meines Vaters insgeheim zu Tränen rührte, war ich doch zu jenem Zeitpunkt ohnehin furchtbar aufgewühlt. Dass sie so völlig unaufgefordert kam – wie ich weiß, kostete es ihn einen Großteil seines Vermögens –, lässt meine Augen auch jetzt noch feucht werden.
Alles in allem wurden in den zwei Tagen nach Ankunft der Flüchtlinge in diesem Hafen über siebentausend Menschen mit Unterkunft, Verpflegung und medizinischer Hilfe versorgt. Ich möchte festhalten, dass all dies ohne die geringste Unterstützung vom Eisenboot-Syndikat geschah. Die wenigen Vorstandsvertreter, mit denen ich Treffen organisieren konnte, speisten

mich mit leeren Versprechen und Hinweisen auf die größere Krise ab, der sich die Welt gegenübersieht. Zumeist machten sie einen verärgerten Eindruck, als sei die Notwendigkeit, tausenden Vertriebenen zu helfen, lediglich eine Ablenkung von den wahren Problemen.

Über die Jahre hat die Wählerrechtsallianz Kontakte zu verschiedenen Sympathisanten in der Unternehmenswelt geknüpft. Ich würde nicht so weit gehen, sie als »Geheimagenten« zu bezeichnen, vielmehr handelt es sich um eine kleine Anzahl Angestellter, die mit ihren Arbeitgebern unzufrieden und deshalb bereit sind, hier und da brisante Informationen weiterzugeben. Eine solche Person, die ich nur als »X« bezeichnen möchte, traf sich mit mir nach einer weiteren fruchtlosen Unterredung mit dem einstweiligen Vorstand, um mir einen bedeutsamen Sachverhalt mitzuteilen.

»Das Eisenboot-Syndikat ist bankrott«, sagte X. Ich hatte für unser Treffen eine ruhige Ecke in einer abgelegenen Taverne gewählt und musste mich dennoch über den Tisch beugen, um die geflüsterten Worte zu verstehen.

»Bankrott?«, fragte ich, für den Moment unfähig zu begreifen. Ich kannte die Bedeutung des Wortes, es jedoch mit dem reichsten Unternehmen der Welt in Verbindung zu bringen, verwirrte mich. »Was meinen Sie damit?«

»Ich meine damit, sie haben kein Geld mehr.« X ist kein Mensch, der offen Gefühle zeigt. Um so beunruhigender waren das Zittern in der Stimme meiner Kontaktperson und das Zucken ihrer Hände. »Die Unternehmensreserven sind aufgebraucht. Die Arbeiter in den Fabriken können nicht mehr bezahlt werden. Und auch nicht die Soldaten des Protektorats. Ebenso wenig die Führungskräfte, leitenden Angestellten und Büroarbeiter. Zwar drucken sie noch jede Menge Interimsscheine, aber es ist nur eine Frage der Zeit, bis eine Bank eine größere Menge dieser Scheine in Wechsel oder Gold umtauschen will und feststellt, dass sie nur einen Haufen wertloses Papier in der Hand hält.«

Zugegebenermaßen zögerte ich mit der nächsten Frage. Wenngleich ich den Niedergang des Eisenboot-Syndikats seit Längerem herbeisehnte, war es doch in höchstem Maße ernüchternd zu erfahren, dass dieser offenbar bereits begonnen hatte. Die Allianz setzt sich seit jeher für einen friedlichen Übergang zu einer repräsentativen Regierung und regulierten Märkten ein. Der plötzliche Zusammenbruch eines der größten Unternehmen der Welt verhieß eine Ära, die alles andere als friedlich war. Ehrlich gesagt war ich nicht sicher, ob ich mir das wünschte. Dennoch nahm ich all meinen Mut zusammen und fragte: »Haben Sie einen Beweis dafür?«

Daraufhin überreichte mir X einen schweren Stapel Finanzordner mit der Aufschrift »Geheim – Nur für Vorstandsmitglieder«, deren Gewinnspalten überall Nullen aufwiesen.

»Wie konnte das geschehen?«, fragte ich.

»Produkt.« An dieser Stelle lachte X etwas schrill und verzweifelt. »Darauf beruhte alles. Was ist Eisenboot ohne Produkt? Nur eine Ansammlung von Büros, Schiffen und Fabriken, die bald leer stehen werden. Und das Syndikat ist nicht als Einziges betroffen. Der Vorstandsvorsitzende von Alebond Handelswaren hat vor zwei Tagen Selbstmord begangen, nachdem ihm eine Unternehmensbilanz gezeigt wurde. Die Südmeerflotte hat gestern ihren Schiffen untersagt, die Häfen zu verlassen, aus dem einfachen Grund, weil sie nicht über die nötigen Geldmittel verfügen, um Kohle oder Rot für den Antrieb der Motoren zu kaufen.«

X lachte erneut hysterisch, verstummte jedoch gleich wieder. Das Gesicht meiner Kontaktperson wirkte bleich und niedergeschlagen. »Wenn Sie mich jetzt entschuldigen würden«, sagte X und erhob sich. »Ich muss nach Hause gehen, all meine Bediensteten entlassen und der mir angetrauten Person eröffnen, dass sie in Armut geheiratet hat. Danach werde ich mich höchstwahrscheinlich betrinken.«

Langsamen Schrittes kehrte ich zum Büro der *Gazette* zurück, wobei ich die Ordner fest umklammert hielt und die Passanten betrachtete. Trotz allem, was geschehen war, herrschte in Sanorah damals noch ein Zustand der Normalität. An Verkaufsständen wurden Waren feilgeboten, Zeitungsjungen rannten umher und verteilten den *Aufklärer*, Gendarmen patrouillierten durch die Straßen, und keiner von ihnen hatte die leiseste Ahnung, was für ein Unglück über ihre beschauliche Welt hereingebrochen war. Bei der Rückkehr in mein Büro verriegelte ich, sämtliche Rufe in meine Richtung ignorierend, die Tür und musterte einige Stunden lang schweigend den Stapel Ordner auf meinem Schreibtisch. Ich hatte eine schwere Entscheidung zu treffen, und in einem Anfall von Feigheit beschloss ich, mir vorher Rat einzuholen.

Trotz unserer noch recht kurzen Bekanntschaft war Mrs. Torcreek der vernünftigste und besonnenste Mensch, den ich bis dahin kennengelernt hatte. Außerdem besaß sie aufgrund ihrer Erlebnisse einen reichen Erfahrungsschatz wie sonst niemand von meinen Kollegen in der Allianz. Mein Vater wiederum kannte sich hervorragend mit den Finanzen der Unternehmenswelt aus und wüsste am besten, was der Entschluss, den ich zu fassen hatte, für Konsequenzen haben könnte. Beide folgten bereitwillig meiner Einladung und standen schweigend da, während ich ihnen die Neuigkeiten berichtete. Mrs. Torcreek reagierte mit einem stoischen Mangel an Überraschung und einem mitleidigen Schulterzucken. »Früher oder später musste das passieren«, sagte sie. »So ist momentan der Zustand der Welt.«

Mein Vater zeigte sich dagegen weniger phlegmatisch. Er zog sein Jackett aus, rollte die Hemdsärmel hoch und verbrachte über eine Stunde damit, akribisch die Ordner durchzugehen. »Der Seher möge uns beistehen«, keuchte er schließlich, als er den letzten zuklappte, sich mit den Ellbogen auf meinem Schreibtisch aufstützte und sich die Schläfen rieb. »Es ist wahr. Eisenboot ist ruiniert.«

Gern würde ich berichten, dass ich an dieser Stelle aufsprang und eine beeindruckende Rede hielt, über die Pflichten der Presse und das Recht der Bevölkerung, über derartige katastrophale Neuigkeiten informiert zu werden. In Wahrheit blieb ich jedoch hinter meinem Schreibtisch sitzen, betrachtete die entsetzte Miene meines Vaters und fragte leise und ängstlich: »Was soll ich tun?«

Eine Weile lang schaute er mich nur schweigend an. Zu meiner Bestürzung traten sogar Tränen in seine Augen. »Früher …«, begann er zittrig und hielt inne, um mit einem Taschentuch seine Augen abzutupfen. Er hustete und fuhr dann mit einer Stimme fort, wie ich sie von meinem Vater eher gewohnt war. »Früher hätte ich dich gebeten zu warten, um mir Zeit zu geben, das Familienvermögen in Sicherheit zu bringen. Und du hättest sicher viele hässliche Dinge über meine Gier und Selbstsucht gesagt und hättest damit vielleicht sogar recht gehabt. Aber jetzt …« Er legte eine Hand auf die Ordner und schüttelte den Kopf. »Jetzt spielt das keine Rolle mehr. Eine Katastrophe diesen Ausmaßes wird uns alle in den Abgrund reißen, ganz gleich, was ich tue. Veröffentliche es heute oder morgen, aber veröffentliche es. Die Welt muss wissen, was sie erwartet.«

»Ihr Vater hat recht, Miss«, pflichtete Mrs. Torcreek ihm bei. »Die Menschen müssen es erfahren, und es ist Ihre Aufgabe, es ihnen mitzuteilen. Dazu sind Sie schließlich hier.«

»Wohl wahr«, sagte ich. Meine Stimme klang immer noch leise und schrecklich schwach. Ich holte tief Luft und erhob mich. Dann bedankte ich mich für ihren Rat, öffnete meine Bürotür und berief eine dringliche Redaktionssitzung ein.

Am folgenden Tag lautete die Überschrift der *Gazette*: »EISENBOOT BANKROTT«, in der größten Schrifttype, über die unsere Presse verfügte. Der Artikel darunter enthielt eine, mit Hilfe meines Vaters verfasste, detaillierte Zusammenfassung der Informationen, die in den von X zur Verfügung gestellten Ordnern enthalten waren. Eine Heerschar von Freiwilligen der

Allianz verbrachte mehrere Stunden damit, Kopien der Ordner anzufertigen, die daraufhin den Redakteuren des *Aufklärers* und allen anderen Zeitungen in Sanorah geschickt wurden. Darüber hinaus gingen Kopien über einen der wenigen noch arbeitenden Postdienste an sämtliche größere Hafenstädte in Nordmandinorien.

Die *Gazette* hatte nie eine sonderlich große Auflage. Diese Ausgabe wurde jedoch kostenlos verteilt, und so ging die Leserschaft in die Tausende. Unsere Verkäufer forderten eiligst Nachschub, und bei uns liefen die Druckerpressen heiß. Am Abend dieses Tages bildeten sich lange Schlangen vor sämtlichen Banken Sanorahs. Die Menschen wollten ihre Konten auflösen. Bis auf die ersten paar Dutzend wurden jedoch alle weggeschickt, was den Beweis lieferte, dass die Behauptungen der *Gazette* wahr waren. Die anfangs noch geordneten Menschenmengen vor den Banken gerieten schon bald in Aufruhr. Und sie bestanden nicht aus Agitatoren und Aktivisten, die von den Unternehmen häufig als Extremisten und Unzufriedene abgetan werden. Sondern aus gewöhnlichen Menschen der unterschiedlichsten Berufe, die plötzlich ohne Eigenverschulden in die Armut abgerutscht waren. Fenster wurden zerbrochen und Banktüren eingetreten. Kassierer wurden gezwungen, Tresorräume zu öffnen, die sich größtenteils als leer erwiesen.

Eisenboot reagierte schnell, wenngleich leider in vorhersehbarer Weise. Eine nächtliche Ausgangssperre wurde verhängt und die Garnison angewiesen, die Polizei bei der Räumung der Straßen zu unterstützen. Außerdem beging das Syndikat den außerordentlichen Fehler, eine Kompanie Protektoratssoldaten auszuschicken, um meine Wenigkeit festzunehmen und die *Gazette* zu schließen. Die von Mrs. Torcreek alarmierten Flüchtlinge halfen mit Freuden dabei, in den Straßen rund um die Redaktion Barrikaden zu errichten. Unter ihnen befanden sich nicht wenige tapfere Leute – ehemalige Freie, die durch ihre Reisen im arradsianischen Inland abgehärtet waren, und einstige Bewohner der berüchtigten Elendsviertel von Kerberhafen, die gut mit der Waffe umgehen konnten. Viele von ihnen hatten seit ihrer Ankunft ihre Feuerwaffen wieder in Besitz genommen oder sich neue beschafft. Außerdem waren sie dank Mrs. Torcreek und meines Einsatzes zu ihrer Unterstützung fest entschlossen, mich nicht in die Hände des Protektorats fallen zu lassen.

So sah sich der Kommandant der Protektoratseinheit, die mich verhaften sollte, einer Reihe von Straßenbarrikaden gegenüber, die reichlich mit erfahrenen Schützen bemannt waren. Auch eine große Menge Freiwilliger der Wählerrechtsallianz – Veteranen zahlloser Protestkundgebungen – war, mit Knüppeln und Pflastersteinen bewaffnet, zu meiner Verteidigung erschienen.

Der Protektoratshauptmann, ein resoluter Bursche, befahl seinen Männern, stehen zu bleiben, und näherte sich allein der größten Barrikade, um meine Kapitulation zu fordern und eine Liste meiner Vergehen vorzulesen. »Üble Nachrede. Diebstahl von Syndikatseigentum. Verschwörung zur Störung des öffentlichen Friedens …« Die Litanei von Missetaten endete abrupt, als eine gewisse Molly Pins – die Frau mit dem Clownsgesicht, die mir zum ersten Mal im Hafen begegnet war – einen Pistolenschuss abfeuerte, der kaum einen Zentimeter vom Fuß des Hauptmanns entfernt einen Pflasterstein zerschmetterte.

»Scher dich v---- nochmal zum Teufel, du Syndikatssch---!«, riet ihm Miss Pins unter dem lautem Beifall der anderen Verteidiger. »Und nimm diese unfähigen Sch---- mit, wenn dir ihr Leben etwas wert ist!«

Der Hauptmann, nun ziemlich weiß im Gesicht, bellte einen Befehl, worauf die Soldaten ihre Gewehre von den Schultern nahmen. Einige zögerten jedoch, als auch Mrs. Torcreek ihre Stimme erhob. »Die bezahlen euch nicht gut genug, um für sie zu sterben, Jungs!«, rief sie den Soldaten von der Spitze der Barrikade aus zu. »In Wahrheit bezahlen sie euch gar nicht mehr!«

Durch einen schmalen Spalt in der Barrikade sah ich, wie ein paar der Soldaten unsichere Blicke austauschten, während andere den Befehl ihres Hauptmanns schlichtweg ignorierten. Abgesehen von den Feldwebeln waren sie alle jung – höchstens achtzehn oder neunzehn –, Zwangsverpflichtete aus abgelegenen Niederlassungen, die erst vor ein paar Tagen oder Wochen eingezogen worden waren. Die meisten jedoch legten auf Befehl ihrer Feldwebel gehorsam die Gewehre an. Die Chance auf eine friedliche Lösung des Konflikts schwand rapide, und ich wollte niemanden um meinetwillen sterben sehen.

»Aufhören!«, rief ich und kletterte zu Mrs. Torcreek auf die Barrikade.

»Was haben Sie vor, Miss?«, fragte sie.

»Es tut mir leid, aber ich kann das nicht zulassen.«

Ich wandte mich dem Hauptmann zu und hob die Arme über den Kopf. Mit grimmiger Befriedigung schaute er zu mir hoch, um meine Kapitulation entgegenzunehmen – da stürzte er mit einem Mal zu Boden. Einer seiner eigenen Männer hatte ihm in den Rücken geschossen.

Vielleicht drei Sekunden lang geschah nichts weiter. Der Hauptmann lag blutend auf der Straße. Der Soldat, der ihn erschossen hatte, stand wie erstarrt; Rauch stieg von der Mündung seines Gewehrs auf. Die anderen Soldaten schauten entweder ihn oder die Leiche an. Dann hob einer der Feldwebel das Gewehr und schoss dem Soldaten in den Kopf. Danach geschah alles sehr schnell.

»Runter mit Ihnen!«, zischte Molly Pins. Sie und Mrs. Torcreek zogen mich hinter die Barrikade zurück, während überall Waffenfeuer ausbrach. Das Knallen der Gewehre mischte sich mit dem Krachen splitternden Holzes, als Kugeln in die aufgestapelten Möbel einschlugen, aus denen die Barrikade bestand.

»Hört auf zu schießen, verflucht nochmal!«, rief Mrs. Torcreek so laut und gebieterisch, dass die Flüchtlinge in der Nähe das Feuer tatsächlich einstellten. »Die bringen sich gegenseitig um.«

Ein rascher Blick über die Barrikade bestätigte ihre Einschätzung. Die Protektoratskompanie war in zwei Lager zerfallen, die beide unter heftigem Schusswechsel voreinander zurückwichen, wobei sie über die Leichen ihrer Kameraden stolperten. In dem ganzen Durcheinander war unmöglich zu erkennen, welches der beiden Lager sich auf unsere Seite geschlagen hatte, wenngleich mir auffiel, dass eine Gruppe um zwei Drittel größer war als die andere. Zur kleineren schienen außerdem sämtliche Feldwebel zu gehören.

Nach kurzer Zeit ergriff die kleinere Gruppe die Flucht, und die restlichen Soldaten, die sich in Hauseingängen und Gassen verschanzt hatten, blieben zurück. Ein halbes Dutzend lag auf den Pflastersteinen, die meisten reglos, ein paar jedoch zuckten oder stöhnten noch.

Bald darauf kamen die rebellierenden Soldaten aus ihren Verstecken. Sie wurden von einem dürren, hakennasigen jungen Mann angeführt, der mit dem breiten Akzent der Sumpf-Heide sprach. »Wir haben schon seit Wochen keinen Sold mehr erhalten«, sagte er. »Und in den letzten Tagen auch kaum etwas zu essen. Wir sind nicht freiwillig hier. Die meisten wurden eingezogen, weil ihre Familien Pachtverträge mit Eisenboot hatten.«

Er beschrieb die Unzufriedenheit unter den Soldaten der Sanoraher Garnison und meinte, er könnte vielleicht noch mehr seiner Kameraden davon überzeugen, sich der Sache anzuschließen.

»Welcher Sache denn?«, erkundigte ich mich – eine Frage, die mir heute reichlich albern vorkommt.

»Na, der Revolution natürlich, Miss«, erwiderte der junge Mann. »Die stellen Sie doch dar, oder nicht?«

KAPITEL 18

Hilemore

Sie haben ohne Zwischenfälle die Ebenen erreicht«, sagte Zenida. »Mr. Torcreek rechnet damit, in drei Tagen beim See anzukommen.«

»So schnell schon?«, fragte Hilemore verwundert. Er hatte die Karten von Süd-Arradsia genauestens studiert und besaß deshalb eine ziemlich klare Vorstellung von den dortigen Entfernungen.

»Offenbar kann eine Herde rennender Cerathe am Tag hundertfünfzig Kilometer zurücklegen«, sagte sie. »Keine ganz ungefährliche Art der Fortbewegung, wenn du mich fragst. Aber von mir aus.«

Sie befanden sich in Hilemores Kajüte, Zenida hatte gerade die in regelmäßigen Abständen anberaumte Trance beendet. Hilemore wartete jedes Mal gespannt auf ihr Erwachen. Bisher hatte sie allerdings noch nichts Interessantes zu berichten gehabt. »Er lässt außerdem ausrichten, dass sich die Laune seines Onkels gebessert hat«, fügte Zenida hinzu.

»Na, immerhin etwas.«

Hilemore stand von seinem Schreibtisch auf und ging zum Fenster, um auf das ruhige Wasser hinauszuschauen. Sie lagen vor der Südküste des Obertorquil vor Anker. Um nicht nur tatenlos herumzusitzen und auf die Rückkehr der Langgewehre zu warten, hatte Hilemore spontan damit begonnen, das Binnenmeer zu kartografieren.

Die Seekarten dieser Region, die von der Protektoratsmarine und der Kaiserlich Corvantinischen Flotte verwendet wurden, waren eindeutig veraltet und mussten dringend auf den neuesten Stand gebracht werden. Außerdem brauchte die Mannschaft über den Neuanstrich des Schiffsrumpfs und das Schrubben des Kielraums hinaus eine Beschäftigung.

»Ich fahre morgen mal mit einem Boot zum Ufer«, sagte Zenida und trat zu ihm an die Luke. »Akina war schon monatelang nicht mehr an Land. Selbst für eine Varestianerin ist es nicht gut, den Kontakt zum Erdboden zu verlieren. Mit deiner Erlaubnis natürlich.«

Hilemore betrachtete die Küste, die weit malerischer aussah als das Sumpfland rund um den Quilam. In den zahllosen Meeresarmen und Buchten wimmelte es nur so von felsigen, baumbestandenen Inselchen. Das Wissen darüber, was dahinter lag, ließ sie jedoch weit weniger einladend wirken. »Wenn du möchtest«, sagte er. »Ich gebe dir Mr. Talmant und eine Eskorte als Begleitung.«

»Warum kommst du nicht selbst mit? Du könntest dich mal eine Weile von deinen Seekarten lösen. Akina würde das bestimmt gefallen.«

»Sie macht sich ohnehin nur lustig über mich oder verflucht mich in der Piratensprache.«

»Genau deswegen würde es ihr ja gefallen. Und mir auch.«

Hilemore drehte sich zu ihr um. Auf ihren Lippen lag ein vorsichtiges, aber erkennbares Lächeln. Sie unterhielten sich halb auf Varestianisch und halb auf Mandinorianisch, wie meist, wenn sie allein waren. Ihm fiel auf, dass sie ihn schon seit Tagen nicht mehr als »Seebruder« angeredet hatte. In der varestianischen Kultur konnte das Fehlen von dergleichen Formalitäten zwischen Mannschaftsmitgliedern erhebliche Bedeutung haben. Bei dem Gedanken trat ihm Lewellas Gesicht vor Augen, und er wandte sich ab.

Du hast keine Verpflichtungen mehr, erinnerte er sich. *Eine aufgelöste Verlobung bedeutet genau das: keine Verpflichtungen.*

»Ich …«, setzte er an, unsicher, was er sagen sollte. In diesem Moment vibrierte spürbar das Deck unter seinen Füßen. Zugleich war ein lautes Heulen zu hören, dessen Quelle sich direkt unter dem Schiff zu befinden schien.

Er runzelte die Stirn. »Ist das …?«

»Jack«, sagte sie. »Und ich glaube, es war ein Warnruf.«

◆ ◆ ◆

»Zwanzig Grad steuerbords vom Bug, Sir«, sagte Talmant und reichte Hilemore das Fernrohr, als er und Zenida auf die Brücke geeilt kamen. »Etwa zwei Meilen entfernt. Und noch mehr in der gleichen Distanz achtern. Chief Bozware hat den Hilfsmotor schon gestartet, und der Blutbrenner ist bereit. Die Anker werden soeben hochgezogen.«

Hilemore richtete das Fernrohr auf eine Stelle in zwei Meilen Entfernung, wo das Meer so aufgewühlt war, wie er es gehofft hatte, nie wieder sehen zu müssen. Ein kurzer Blick nach achtern bestätigte den Verdacht: *Grüne. Und eine ganze Menge mehr, als uns in der Schreckensstraße begegnet sind.*

»Gut gemacht, Mr. Talmant«, sagte er und senkte das Fernrohr. Er sprach schnell, aber ruhig. »Geben Sie dem Chief Bescheid, er soll den Hilfsmotor auf ein Drittel hochfahren. Mr. Scrimshine, Kurs nach Westen.« Er nahm den Schlüsselbund von der Kette an seinem Hals und reichte ihn Zenida. »Hol alle Phiolen heraus und geh zum Maschinenraum«, murmelte er. »Sag dem Chief, er soll den Blutbrenner mit so viel Produkt füllen, wie er aufnehmen kann. Warte auf mein Signal, bevor du ihn startest.«

Sie nahm ihm den Schlüsselbund ab, und ihre Hand berührte kurz seine. »Du schuldest mir einen Landausflug«, sagte sie und verließ dann rasch die Brücke.

»Alle Mann auf Gefechtsstationen, Mr. Talmant«, sagte Hilemore, zog seinen Revolver und überprüfte die Trommel. »Schützen an die Reling. Sämtliche Kanonen mit Kartätschen laden.«

Nach der beinahe tödlichen Begegnung in der Schreckensstraße hatte er Steelfine den Auftrag gegeben, die Hälfte ihrer verbliebenen Kanonenkugeln in Kartätschen umzuwandeln. Die Sprengköpfe, die zum Durchschlagen von Panzerung gedacht waren, wurden abmontiert und durch mit Gewehrkugeln und Metallstücken gefüllte Konservendosen ersetzt. Die Wirkung reichte an die echter Kartätschen aus den Eisenboot-Fabriken gewiss nicht heran, auf kurze Distanz mochten sie sich aber als nützlich erweisen.

Er ging auf den Laufsteg und verfolgte mit dem Fernrohr das Näherrücken der beiden Rudel Grüner. Zweifellos steckte der Weiße dahinter. Er schien sämtliche Grüne im Obertorquil zusammengerufen zu haben. *Vielleicht hat es deshalb so lange gedauert, bis sie zurückgekehrt sind,* grübelte er. *Sie haben ihre Kräfte gesammelt, um uns diesmal ganz sicher zu erwischen.*

»Hilfsmotor auf volle Kraft, Mr. Talmant«, rief er über die Schulter, als sich die *Überlegenheit* mittschiffs eingepegelt hatte. Nachdem er mit dem Fernrohr den westlichen Horizont abgesucht und dort zum Glück keine Feinde entdeckt hatte, ging er zur Brücke zurück, um ihren Kurs auf dem Kartentisch zu verfolgen. Sie näherten sich rasch der Stelle, wo sich das Obertorquil nördlich der Schreckensstraße verengte. Ihre Geschwindigkeit würde sich dort verringern, da sie direkt in die Morgenflut hineinfuhren. Diese Erkenntnis erregte in ihm den unangenehmen Verdacht, dass der Zeitpunkt, zu dem die Grünen sie angriffen, nicht zufällig gewählt war.

»Geben Sie dem Maschinenraum Bescheid, dass sie den Blutbrenner anfeuern sollen«, sagte er zu Talmant.

»Jawohl, Sir.«

Hilemore trat zu Scrimshine und schaute durchs Brückenfenster. Der Blutbrenner startete einen Moment später. Das kabbelige Wasser der Enge schien plötzlich auf sie zuzurasen, als sie auf dreißig Knoten und mehr beschleunigten. »Uns stehen ein paar komplizierte Manöver bevor, Obermatrose«, sagte Hilemore zu Scrimshine. »So schwierig wie auf dem Schelf wird es aber wahrscheinlich nicht. Schaffen Sie das?«

»Verzeihung, Sir«, sagte Scrimshine. »Aber ich würde das sonst niemandem auf diesem Dampfer zutrauen.«

Dagegen vermochte Hilemore nichts einzuwenden. Der Steuermann hatte vermutlich recht. »Sie kennen den Kurs von hier«, sagte er, »durch die Enge weiter zur Schreckensstraße. Dort angekommen warten Sie nicht auf Befehle, sondern steuern direkt hinein.«

»Das wird ziemlich ungemütlich, Sir«, warnte ihn Scrimshine. »Um diese Zeit herrscht Flut. Selbst mit dem Blutbrenner könnte es haarig werden.«

»Wenn es für uns schwierig ist, dann wird es das für die Grünen genauso«, sagte Hilemore und drehte sich um. »Mr. Talmant, Sie übernehmen die Brücke. Mr. Scrimshine muss um jeden Preis geschützt werden. Ich schicke Ihnen zwei Bewaffnete zur Unterstützung.«

Talmant salutierte und zog seinen Revolver. »Jawohl, Sir!«

»Mr. Steelfine!«, rief Hilemore, während er die Leiter zum Deck hinunterstieg. Der kräftige Insulaner tauchte beinahe sofort neben ihm auf, was ihn jäh stehen bleiben ließ. »Sammeln Sie alle Leute, die gerade nichts zu tun haben«, befahl Hilemore, »und bringen Sie die Backbord- und Steuerbordkanonen nach achtern. Stapeln Sie dort die Kartätschen auf, damit sie schneller geladen werden können.«

»Jawohl, Sir!«

Befehle rufend lief der Leutnant davon, und Hilemore ging weiter nach achtern, wo er zwei der dort stationierten Schützen auf die Brücke schickte. Dem Rest gab er die Order, auf den oberen Aufbauten Stellung zu beziehen. »Erst feuern, wenn sie an der Reling sind«, mahnte er, als die Männer die Leitern hochstiegen.

Am Heck richtete er sein Fernrohr auf das Meer jenseits des schäumenden Kielwassers der *Überlegenheit.* Die beiden Gruppen Grüner waren soeben in zwei Meilen Entfernung zu einer verschmolzen. »Sie befinden sich in Reichweite, Sir«, sagte der Oberkanonier. »Wir könnten ihnen eine Salve Stahlkugeln entgegenschicken. Ein paar würde es bestimmt erwischen.«

Hilemore schüttelte den Kopf. »Das wäre Verschwendung. Sparen Sie sich das Pulver für die Kartätschen auf.«

Die Backbord- und Steuerbordkanonen zum Heck zu schieben dauerte etwa eine Viertelstunde. Als die Männer fertig waren, reihten sich dort fünf Dreizehnpfünder, von denen jeder mit einem Vorrat von zwanzig Kartätschen ausgestattet war.

»Wenn es so weit ist, vergessen Sie das Zielen«, sagte Hilemore zu den Kanonieren, die sich in Hockstellung bereithielten. »Die Schussgeschwindigkeit ist wichtiger. Die *Unerschrockene* war das Lieblingsschiff meines Großvaters, und er behauptete gern, es hätte die besten Kanoniere in der Geschichte des Protektorats besessen. Vier Schüsse pro Minute im Kampf, hat er gesagt. Ich habe ihm immer geschworen, diesen Rekord einmal zu brechen. Also, macht mich nicht zum Lügner, Jungs!«

»Jawohl, Sir!«, bellte Steelfine, und die anderen stimmten mit dem Enthusiasmus von Männern ein, die sich dem Tod gegenübersahen und für jede Ermutigung dankbar waren. Dass Hilemores Großvater, der legendäre Kommodore Racksmith, etwas derartiges nie gesagt hatte, spielte momentan keine Rolle.

Die *Überlegenheit* erzitterte, als Scrimshine die Position des Ruders änderte, um das Schiff auf die rasch näher kommende Schreckensstraße zuzusteuern. Nachdem die Wende vollendet war, fiel die Geschwindigkeit merklich ab und das Kielwasser wurde breiter, während der Motor gegen die Flut ankämpfte. Ihre Geschwindigkeit hatte sich schätzungsweise um ein Drittel verringert. Wie immer in den Momenten vor einer Schlacht schien sich die Zeit in die Länge zu dehnen. Die quälende Erwartung ließ Sekunden zu Minuten werden. Einer der Kanoniere keuchte erleichtert auf, als das Brodeln jenseits ihres Kielwassers nachließ.

»Die Mistviecher geben auf«, sagte er und sackte in sich zusammen. Steelfines scharfe Ermahnung ließ ihn jedoch sogleich wieder Haltung annehmen.

»Ich fürchte, die Mistviecher sind schlau«, sagte Hilemore nach einem Blick durchs Fernrohr. Die Grünen hatten sich wieder in zwei Gruppen aufgeteilt und hielten sich dicht am Rand des Kanals, wo die Strömung am schwächsten war. Inzwischen waren sie so nah heran, dass er ihre Formation erkennen konnte: Ein Grüner schwamm voraus, und die anderen blieben dicht hinter ihm, um schneller voranzukommen. Nach ein paar Minuten ließ sich der Grüne an der Spitze zurückfallen, und ein anderer setzte sich an seine Stelle. *Wirklich sehr schlau.*

Kurze Zeit später fuhren sie in die Schreckensstraße hinein, und die Geschwindigkeit der *Überlegenheit* sank auf etwa ein Drittel der Leistungsstärke des Hilfsmotors. Die Grünen bewiesen erneut ihre Gerissenheit, indem sie sich von den Ufern weg ins Kielwasser des Schiffes bewegten. Mit der Fregatte als Wellenbrecher gelang es ihnen schon bald, zum Heck aufzuschließen. Das dicht gedrängte Rudel erstreckte sich dabei über mindestens dreihundert Meter.

»Reichweite fünfzig Meter, Sir«, meldete der Oberkanonier. Hilemore bemerkte, wie die Hand des Mannes an der Zündschnur seiner Kanone zitterte.

»Bereit machen zum Schießen«, befahl Hilemore und ging betont langsam, mit auf dem Rücken verschränkten Händen zur Heckreling, um den Grünen entgegenzuschauen. Als er das Sonnenlicht auf ihren Schuppen funkeln sah, schüttelte er den Kopf. Was sie gleich tun würden, weckte ein merkwürdiges Bedauern in ihm. *Der Weiße zwingt uns zu der furchtbarsten Verschwendung.* Dann nickte er Steelfine zu. »Kanonen der Reihe nach von Backbord nach Steuerbord abfeuern, Nummer eins. Beginnen Sie, sobald Sie bereit sind.«

Das Geschütz links außen feuerte schon, bevor Steelfine den Befehl ganz ausgesprochen hatte. Die anderen vier folgten kurz danach. Hilemore ging nach Backbord, um zu schauen, welche Auswirkungen die Salve gehabt hatte. Derweil luden die Mannschaften fieberhaft nach. Der Schaum im Kielwasser der *Überlegenheit* hatte sich an einer Stelle rot verfärbt, aber die Grünen kamen weiterhin rasend schnell näher. Die nächste Salve ließ im Herzen des Rudels fünf identische Wasserfontänen aufspritzen. Mit Befriedigung sah Hilemore die zerfetzten Leiber einiger Grüner aufs Wasser klatschen.

»Das waren mindestens ein Dutzend, Jungs!«, rief er den Kanonieren zu. »Weiter so!«

Ganz sicher war er sich nicht, ob es die Mannschaften in der Zeit, bis zwei Drittel der Kartätschen verbraucht waren, tatsächlich auf vier Schüsse pro Minute geschafft hatten, aber sie waren zumindest nahe dran. Die *Überlegenheit* zog einen rosafarbenen Streifen hinter sich her, der so lang war wie die Schreckensstraße. Tote und sterbende Grüne schaukelten auf den Wellen. Manche stießen noch Klageschreie aus, bevor sie unter der Wasseroberfläche verschwanden. Keiner von ihnen kam näher als zwanzig Meter ans Heck des Schiffes heran, und die Überlebenden schienen die Verfolgung schließlich aufzugeben. Sie blieben als wimmelnder Haufen in der Mitte der Schreckensstraße zurück, während die *Überlegenheit* davonzog.

Die Kanonen donnerten noch einmal, dann befahl Hilemore, das Feuer einzustellen. Sie waren schon zu weit entfernt, als dass die Kartätschen noch viel bewirkt hätten, aber die Mannschaften jubelten dennoch triumphierend. »Ein zufriedenstellendes Ergebnis, Sir«, stellte Steelfine mit Blick auf das Blutbad hinter ihnen fest.

»Nicht ganz, Nummer eins«, erwiderte Hilemore. »Wir mussten das

Obertorquil verlassen, wodurch unsere Mission um einiges schwieriger wird. Jetzt müssen wir uns einen neuen Ort suchen, wo wir die Expedition wieder an Bord nehmen können ...«

»Sir!« Er verstummte, als einer der Schützen, die er auf die Brücke geschickt hatte, angelaufen kam und vor ihm salutierte. »Mr. Talmant richtet seinen Glückwunsch aus, Sir. Er bittet Sie, auf die Brücke zu kommen.« Die Schultern des Mannes sackten etwas nach unten, als er mit grimmiger Miene hinzufügte: »Vor uns sind noch mehr von denen, Sir. Einige hundert der Biester versperren den Ausgang der Straße.«

◆ ◆ ◆

Sie haben uns in eine Falle gejagt, und ich bin drauf reingefallen.

Mit auf dem Rücken geballten Fäusten gab Hilemore sein Bestes, sich Wut und Selbstvorwürfe nicht anmerken zu lassen. Er hatte angeordnet, das Schiff mit halber Kraft des Hilfsmotors fahren zu lassen, was sie wegen der Stärke der Flut eine halbe Meile vor dem Südende der Schreckensstraße auf der Stelle verharren ließ. Mit Steelfine und Zenida stand er im Bug der *Überlegenheit* und musterte die Menge der Grünen, die den Ausgang des Kanals verstopften. Es waren so viele, dass sie eine feste Barriere aus Drachenleibern zu bilden schienen – viel zu dick, als dass sich die *Überlegenheit* mit der verbliebenen Munition einen Weg hätte freischießen können.

»Wir könnten bis zum Gezeitenwechsel warten«, schlug Zenida vor. »Dann den Blutbrenner zünden und angreifen.«

»Sie werden das Schiff umzingeln«, sagte Hilemore.

»Es wäre möglich, die oberen Aufbauten zu verstärken, Sir«, sagte Steelfine. »Alle Luken zu versiegeln und die Kanonen auf die Laufstege zu bringen.« Die Gesichtszüge des Insulaners spiegelten Entschlossenheit, doch Hilemore sah in seinen Augen, was er dachte: Ein letzter Verzweiflungsakt, aber besser als nichts. Eines war klar – sie konnten nicht warten, bis ihnen der Treibstoff ausging.

»Also gut«, sagte er. »Teilen Sie Gruppen ein und suchen Sie alles zusammen, was wir zum Verstärken verwenden können ...«

Er verstummte, als vom Ende der Schreckensstraße ein Fauchen herüberhallte. In der Mitte der Barriere aus Grünen stieg eine hohe

Flammensäule auf, und die Drachen stießen schrille Schreie aus. Im selben Moment rammte eine gewaltige blaue Gestalt in ihre Reihen hinein. Jack tauchte zwischen den Grünen auf und spuckte erneut Flammen, die das Meer brodelnd zum Kochen brachten. Das heiße Wasser verbrühte die strampelnden Grünen um ihn herum. Als die Flammen erstarben, krümmte der Blaue seinen massigen Leib und ließ in einem Schlag, der das ganze Schiff zum Erzittern brachte, seinen Schwanz auf die Grünen niederklatschen.

»Lauf in den Maschinenraum!«, rief Hilemore Zenida zu, die bereits auf die Luke zustürmte. »Blutbrenner auf volle Kraft!« Dann wandte er sich an Steelfine. »Machen Sie das Drehgeschütz bereit. Feuern, wenn wir in Reichweite sind!«

Hilemore rannte zur Brücke und kletterte eilig die Leiter hoch. Den Befehl, den er Scrimshine hatte geben wollen, musste er gar nicht erst aussprechen, denn das Schiff machte soeben einen Satz nach vorn, und der Steuermann drehte am Rad, um auf die Lücke zuzuhalten, die Jack in die Barriere aus Grünen gerissen hatte.

»Ich dachte, das Mistvieh sei feige«, sagte Scrimshine, als Hilemore zu ihm trat.

»Heute anscheinend nicht.«

Erneut loderten Flammen auf, während sie vorwärtsrasten. Jack ließ den Feuerstrahl hin und her wandern. Die Todesschreie der Grünen wurden immer lauter, als die *Überlegenheit* die Überreste der Barriere erreichte. Ein Feuerstoß fuhr über das Vorderdeck und blendete Hilemore einen Moment lang. Blinzelnd wischte er sich die tränenden Augen. Als er wieder sehen konnte, entdeckte er Jacks Kopf backbords mit ein paar strampelnden Grünen im Maul. Der Blaue biss zu und schüttelte den Kopf, um die Grünen zu zerfetzen. Blut und Fleisch spritzten umher. Als Jack das Maul wieder öffnete, waren seine schwertlangen Zähne glänzend rot verfärbt. Sein Kopf fuhr herunter, um sich neue Beute zu suchen.

Flammen leckten über die Flanken der *Überlegenheit*, als sie den Ausgang der Schreckensstraße hinter sich ließ – ein letzter verzweifelter Versuch der Grünen, ihre Flucht zu verhindern, der jedoch wenig bewirkte. Nur ein einziger Drache schaffte es aufs Vorderdeck, ein mit Brandwunden überzogenes Tier, das über die Reling kletterte, um auf

Deck umherzutaumeln und in alle Richtungen Feuer zu spucken, bis es von einer Kartätsche aus dem Drehgeschütz in Stücke gerissen wurde. Dann war es geschafft; Rauch und Dampfwolken lichteten sich und ihnen bot sich der willkommene Anblick des Untertorquil.

»Geschwindigkeit und Richtung beibehalten«, sagte Hilemore und ging hinaus auf den Laufsteg, um zum Heck zu blicken. Jack griff hinter ihnen immer noch die Grünen an, die inzwischen allerdings Gegenwehr leisteten. Dutzende von ihnen sprangen aus dem Wasser hoch und spuckten Feuer in Richtung seines Kopfes, während andere sich wütend in seinen Leib verbissen. Der große Blaue stieß ein schmerzerfülltes, zorniges Brüllen aus. Sein Feuer ließ ein halbes Dutzend Grüne in Flammen aufgehen. Er warf den massigen Körper hin und her, doch es tauchten immer mehr Grüne aus dem Wasser auf. Bald schon war Jack über und über mit ihren Leibern bedeckt, die wie Blutegel an ihm hingen. Das Gewicht zog ihn schließlich unweigerlich nach unten, wenngleich er bis zum Schluss gegen seine Gegner ankämpfte, um sich biss und Feuer spuckte. Hilemore schloss die Augen, als Jacks Kopf in einer Dampfwolke unter Wasser verschwand. Sein letztes Brüllen wurde von einem Meer verschluckt, das von Drachenblut dunkel gefärbt war.

»Meldung aus dem Ausguck, Sir«, rief Talmant von der Brücke. »Noch mehr Grüne im Osten.«

Hilemore riss sich von Jacks Untergang los und richtete sein Fernrohr auf den östlichen Horizont. Das Rudel Grüner war noch weit entfernt, vier Meilen oder mehr, aber es war größer als das letzte, und es kam rasend schnell näher. *Sämtliche Grüne in den Torquil-Meeren,* dachte er und kehrte zur Brücke zurück. Eine Niederlage war niemals ein angenehmes Gefühl, aber sie sich nicht einzugestehen, würde ihn zu einem schlechten Kapitän machen.

»Mr. Scrimshine«, sagte er, »Kurs nach Süden. Wir verlassen die Torquil-Meere.«

KAPITEL 19

Lizanne

»Ich verstehe jetzt, woher sie ihren Namen hat«, stellte Tekela fest und zog den Steuerhebel nach hinten, um die *Glühwurm* in eine Wolkenbank aufsteigen zu lassen. Die Spitze der Hohen Mauer blieb unter ihnen zurück.

Die Familie Okanas hatte ihren Sitz in den Krater eines lange erloschenen Vulkans verlegt. Die schmale Kuppe erhob sich mehr als sechzig Meter hoch über dem Meer. Die gesamte Südflanke schien von den Elementen abgetragen oder absichtlich entfernt und durch eine glatte Granitmauer ersetzt worden zu sein. Am Fuß der Mauer befand sich ein massives Eisentor, durch das vermutlich die Schiffe der Familie ein und aus fuhren. Bevor sie von der Wolke verschluckt wurden, erhaschte Lizanne mit dem Fernglas noch einen Blick auf die Gebäude, die sich an die Kraterwand schmiegten. Bei dem größten handelte es sich offenbar um eine Kaserne, und das schmalere, aber höhere Bauwerk gegenüber schien die Villa der Familie zu sein.

Nichts deutete darauf hin, dass jemand im Krater sie bemerkt hatte. Lizanne hatte Tekela angewiesen, so hoch wie möglich zu fliegen und die zum Glück recht dichte Wolkenschicht als Deckung zu benutzen. Außerdem war es schon spät, und die zunehmende Dunkelheit würde ihnen zusätzlichen Schutz bieten. Zumal die Späher der Familie vermutlich eher auf dem Meer nach möglichen Feinden Ausschau hielten.

»Die Insel dort, fünf Kilometer westlich von hier«, sagte Lizanne und deutete auf ein Stück Meeresfläche, das durch einen Riss in der Wolkendecke sichtbar war. »Die ist flach genug zum Landen. Warte bis …«

»… morgen früh, bevor ich dich abhole«, beendete Tekela den Satz für sie. »Ja, ich weiß.«

»Steuer nach Norden«, sagte Lizanne. Die vom Meer abgewandte Richtung würde von den Wachtposten wahrscheinlich weniger genau beobachtet werden. »Zieh Kreise, bis es dunkel wird.«

Die Wolkendecke wurde dünner, als die Nacht hereinbrach. Im Licht der beiden Monde warf die Hohe Mauer einen langen Schatten und das Meer glitzerte. »Ist das wirklich die beste Lösung?«, fragte Tekela nicht zum ersten Mal. »Das wird kein ganz leichtes Manöver.«

Lizanne stand auf und öffnete die Luke im Boden der Gondel. »Ich habe vollstes Vertrauen in deine Fähigkeiten«, sagte sie und legte sich ein Gurtgeschirr an. Es bestand aus starkem, fest vernähtem Leder und besaß zwei zusätzliche Riemen über den Schultern, die von einem Stahlring zusammengehalten wurden. Nachdem sie sich das Geschirr übergezogen hatte, griff sie nach der Rolle eines zwanzig Meter langen Stahlseils, an dessen einem Ende sich ein gewöhnlicher Ösenhaken befand. Am anderen Ende war etwas, das Jermayah erst kurz vor ihrem Abflug zusammengebastelt hatte. Diese Vorrichtung befestigte sie nun am Stahlring des Geschirrs und lehnte sich nach draußen, um das andere Ende in dem Halbring an der Unterseite der Gondel einzuhaken.

»Fertig«, sagte sie zu Tekela, schwang die Beine durch die Öffnung und spritzte sich mit der Spinne eine größere Menge Grün.

»Motor abgeschaltet«, sagte Tekela, schloss die Drosselklappe und packte den zentralen Steuerhebel fester. »Sinkflug eingeleitet.«

Lizanne sprang, als Tekela mit dem Fluggerät steil nach unten abtauchte. Der Wind erfasste sie augenblicklich, und das Seil rollte sich aus. Als es sein Ende erreichte, gab es einen kräftigen Ruck, dessen Auswirkungen zum Glück vom Grün abgemildert wurden. Lizanne spürte das plötzliche Abbremsen dennoch in den Rückenwirbeln, während sie unter dem Luftschiff baumelte. Das Seil schabte über die

Motorhalterung der abstürzenden *Glühwurm* und hätte die Propeller behindert, hätten sie nicht vorsorglich den Motor abgeschaltet.

Das Fluggerät raste noch etwa dreißig Sekunden lang in die Tiefe, dann zog Tekela den Steuerhebel zurück, worauf es in der Luft verharrte und schließlich langsam nach hinten kippte. Lizanne dagegen stürzte weiter nach unten. Das Seil spannte sich, und sie schwang mit nahezu tödlicher Geschwindigkeit unter der Gondel nach vorn. Vor ihr kam die Hohe Mauer in Sicht. Der befestigte Kraterrand war nur noch knapp fünfzig Meter entfernt.

Blitzschnell griff Lizanne nach oben und löste Jermayahs Haken vom Seil. Ihr Schwung reichte aus, um sie über den Kraterrand und die Zinne der Mauer hinwegzutragen. Im Flug sah sie lediglich einen einzigen Wachtposten, dessen Gesicht von einem Streichholz angeleuchtet wurde, mit dem er sich gerade einen Zigarillo anzündete. Was über ihm geschah, schien er nicht zu bemerken.

Sie landete auf dem Kasernendach, wo sich von dem Aufprall mehrere Ziegel lösten, und rutschte zum Dachrand hinunter. Dort warf sie sich herum und hielt sich an der Dachrinne fest, wobei sie darauf achtete, kein Geräusch zu machen. Sie hörte ein paar erhobene Stimmen und das schnelle Trappeln von Stiefeln auf Pflastersteinen, zweifellos angelockt von der Kaskade herabfallender Dachziegel. Mit ihrem durch Grün geschärften Gehör konnte sie einen Großteil des folgenden Gesprächs aufschnappen.

»Vielleicht waren es wieder die Möwen …«

»Dafür waren es zu viele Ziegel. Schau besser mal nach.«

»Sollen wir es ihm melden?«

»Um Himmels willen, nein …«

Lizanne wartete, bis das Stiefeltrappeln verklungen war, und zog sich dann wieder aufs Dach hoch. Es lag unterhalb der Zinne, und sie wusste, ihr blieben nur wenige Minuten, bevor der übereifrige Wachtposten hochgestiegen war und Alarm schlug. Die Kaserne war durch eine fünf Meter breite Lücke von der Villa getrennt – für einen Blutgesegneten mit Grün in den Adern ein relativ leichter Sprung. Allerdings hätte sie dafür Anlauf nehmen müssen, was noch mehr Ziegel gelöst hätte. Stattdessen entschied sich Lizanne deshalb für den kürzeren Sprung zur Kraterwand hinter der Kaserne. Es war eine zerklüftete

Steilwand, die jede Menge Halt bot, sodass sie ohne Schwierigkeiten daran hinunterklettern und in der Dunkelheit verschwinden konnte.

Am Boden angekommen sprintete sie augenblicklich auf die Villa zu und hatte wenige Herzschläge später die schattige Rückseite erreicht. Bislang hatte der Wachtposten noch keinen Alarm geschlagen. Anscheinend war es ihr gelungen, unbemerkt zu bleiben.

Sie betrachtete die Rückseite der Villa und sah Licht in den Fenstern im Erdgeschoss. In den Stockwerken darüber war alles finster. Über den Familiensitz hatte sie nicht viel in Erfahrung bringen können. Von den wenigen Seeleuten und Flüchtlingen, die überhaupt schon einmal in varestianische Gewässer vorgedrungen waren, hatte nur einer, ein ehemaliger Blauenjäger und Angehöriger von Madame Hakugens Bürgerwehr, die Hohe Mauer gesehen, wenngleich er ihr nicht so nahe gekommen war wie sie jetzt. »Die sind dort sehr argwöhnisch, Miss«, hatte der Mann ihr erzählt. »Fremde Seeleute dürfen den Hafen nicht verlassen. Allerdings soll es gerüchteweise auf dem Berg eine Menge Schätze geben.«

An Schätzen war Lizanne an diesem Abend nicht interessiert, sondern vielmehr an Karten und Dokumenten, die ihrer Erfahrung nach mit großer Wahrscheinlichkeit im Erdgeschoss zu finden waren. Die Villa stellte eine ziemlich exakte Nachbildung eines größeren mandinorianischen Landhauses dar, wie es von der Führungsschicht als Rückzugsort von der hektischen, stinkenden Stadt gekauft wurde. In solche Häuser war sie schon gelegentlich eingebrochen und wusste daher, dass sich die Bibliothek für gewöhnlich auf dem ersten Treppenabsatz befand. Das entsprechende Fenster war schnell gefunden, sie ging zur Hauswand und machte einen Satz nach oben. Dank des Grüns gelang es ihr, den Fenstersims in vier Metern Höhe zu fassen zu bekommen. Nachdem sie sich hochgezogen hatte, stellte sie fest, dass das Fenster zum Glück nur mit einem einfachen Schnappriegel verschlossen war, der sich mit einer winzigen Menge Schwarz problemlos öffnen ließ. Ebenfalls mit Schwarz schob sie das Fenster hoch und schwang sich rasch ins Innere. Sie ging in die Hocke und sah sich mit ihrem durch Grün geschärften Blick im Zimmer um. Die Ansammlung von Besen, Eimern und Wischmopps ließ sie schnell erkennen, dass sie wohl doch an der falschen Stelle eingestiegen war.

Anscheinend bin ich etwas eingerostet, schalt sie sich und ging zur Tür der Kammer, um daran zu lauschen. Aus dem Erdgeschoss drang das Gemurmel von zwei oder drei Stimmen herauf, allesamt männlich. Worte waren nicht zu verstehen, aber der Tonfall klang locker und ruhig. Die Tür erwies sich als unverschlossen, und sie öffnete sie leise. Vor ihr lagen ein leerer Absatz und zwei Treppen, die nach oben und unten führten. Gegenüber der Kammer entdeckte sie außerdem noch eine zweite Tür. Geduckt schlich sie sich auf den Absatz, wobei sie vorsichtig mit dem Fuß die Dielen abtastete, bevor sie ihr Gewicht darauf verlagerte. Die zweite Tür war mit einem schweren Doppelzapfenschloss von Alebond Handelswaren gesichert, was darauf schließen ließ, dass etwas Wertvolles dahinter lag. Eine weitere Schwarz-Injektion und vorsichtiges Herumprobieren, dann war sie drinnen und schloss leise die Tür hinter sich.

Im Raum war es stockfinster, die Fenster waren mit Läden verschlossen. Selbst mit Grün in den Adern dauerte es einen Moment, bis sie erkannte, dass sie diesmal tatsächlich die Bibliothek gefunden hatte. Diese schien gleichzeitig als Kartenraum zu fungieren; nicht nur reihten sich an den Wänden deckenhohe Bücherregale, um einen großen Kartentisch in der Mitte standen darüber hinaus mehrere Staffeleien mit Seekarten.

Wohl doch noch nicht eingerostet, gestattete Lizanne sich selbst ein kleines Kompliment, als sie zum Kartentisch ging. Darauf befand sich unter einer dicken Glasplatte die größte Karte des arradsianischen Kontinents, die sie je gesehen hatte. Den Stockflecken an den Rändern nach zu urteilen war sie bereits ein paar Jahrzehnte alt. Sie wirkte jedoch sehr akkurat und war mit zahlreichen Anmerkungen versehen. Entlang der Küste und an manchen Stellen im größtenteils leeren Inland befanden sich eng geschriebene Hinweise auf Varestianisch. Lizannes Interesse wurde vor allem vom Krystalinsee geweckt, wo sich die Anmerkungen häuften.

»Miiauuu?«

Lizannes Blick zuckte unter den Tisch. Dort blinzelte ihr aus der Dunkelheit ein grünes Augenpaar entgegen. Die Katze schlenderte aus den Schatten und strich mit raschelndem Schwanz um ihre Beine. Lizanne beachtete sie nicht weiter, sondern wandte sich wieder der Karte zu und musterte die Anmerkungen um den See herum genauer. Sie sprach Varestianisch fließend, aber die Schriftsprache war um einiges schwieriger zu entziffern. Piktogramme mischten sich mit Lautschrift, was eine schnelle Übersetzung erschwerte.

»Die Strömung … wird hier zum Strudel«, murmelte sie und tippte auf eine Anmerkung neben einigen kreisförmigen Pfeilen. Daneben befanden sich mehrere kreuzförmige Schnörkel, die, wie sie wusste, eine Entsprechung des mandinorianischen Ausrufezeichens waren.

Die Katze maunzte erneut und stupste schnurrend Lizannes Wade mit dem Kopf an. Um das Tier zur Ruhe zu bringen, beugte Lizanne sich vor und hob es hoch. Sie streichelte es, während sie weiter die Karte betrachtete. Trotz ihrer Größe war die Darstellung des Krystalinsees nicht detailliert genug, als dass Lizanne den genauen Ort hätte ausmachen können. Ihrer Schätzung nach befand sich der Pfeilstrudel etwa hundert Kilometer südlich des Wasserfalls, der den See speiste, und ungefähr fünf Kilometer vom Ufer entfernt. Das würde jedoch aller Wahrscheinlichkeit nach nicht ausreichen, damit Clay und die anderen Freien die Position finden konnten.

Sie trat von der Karte weg und unterzog stattdessen die Staffeleien einer eingehenderen Musterung. Die Katze, die schnurrte, während sie ihr das Kinn kraulte, nahm sie dabei mit. Auf einer Staffelei in der Nähe entdeckte sie eine genaue wissenschaftliche Darstellung des Sees, die das Wappen des Großforschungsunternehmens zierte. Verschiedene Tiefen waren in unterschiedlichen Farben dargestellt und mutmaßliche Ballungen von »Drachenaktivität« mit grüner Tinte umrissen. Die Karte selbst lieferte jedoch keinen Hinweis auf den Standort dessen, was den verstorbenen Patriarchen des Okanas-Klans so fasziniert hatte.

Sie untersuchte sämtliche Karten auf den Staffeleien, die alle einzelne Regionen des Krystalinsees zeigten, bis sie zu einer kam, bei der es sich eindeutig um eine Vergrößerung der Stelle mit dem Wasserwirbel handelte. Die Pfeile, die den Wirbel darstellten, waren mit größerer Sorgfalt gezeichnet, manche in Schwarz, andere in Rot. Daneben befand sich mehrmals die varestianische Entsprechung eines Fragezeichens. Am interessantesten fand sie jedoch das große »X« in der Mitte des Wirbels. Die Anmerkung daneben war ungewöhnlich, da sie nicht in Varestianisch verfasst war, sondern in einer Sprache, die an die fließende Eleganz des Dalzianischen erinnerte. *Alt-Dalzianisch*, schloss sie und erinnerte sich an das, was Clay ihr über die ursprüngliche Legende des Schatzes im Krystalinsee erzählt hatte. Sie konnte die Schrift nicht entziffern, hätte jedoch wetten können, dass sie etwas mit einem »wundersamen Gefährt« zu tun hatte, »nicht an Erde oder Meer gefesselt, das nebst seiner wertvollen Fracht unter dem silbernen Wasser ruht«.

»Ich glaube«, sagte Lizanne und drückte die Katze an sich, »ich habe gefunden, wonach ich suche.«

Plötzlich strampelte die Katze aufgeregt. Eine huschende Bewegung auf einem Bücherregal in der Nähe ließ Lizanne aufschauen. Dort saß eine zweite Katze, die im Gegensatz zu der grau getigerten auf Lizannes Arm schwarz und deutlich größer war. Und sie hatte es eindeutig nicht auf Streicheleinheiten abgesehen – sie fletschte die weißen Zähne und fauchte laut.

»Lass das«, sagte Lizanne und kraulte die getigerte Katze am Kopf. »Siehst du? Ich bin wirklich nett.«

Das schwarze Tier schien jedoch wenig beeindruckt. Es fauchte noch lauter und duckte sich zum Sprung. Die Katze auf Lizannes Arm stieß ein ängstliches Knurren aus und riss sich los. Blitzschnell flitzte sie in die Dunkelheit der Bibliothek davon, dicht gefolgt von ihrer schwarzen Artgenossin. Fauchend und maunzend jagten die beiden durch den Raum und stießen dabei gegen Möbel und Bücher. In der Folge wurden die Stimmen unten lauter, offenbar hatte man dort den Aufruhr bemerkt.

Lizanne sah schnell zu der Karte auf der Staffelei hin und prägte sich mit geübtem Blick jedes einzelne Detail ein. Als sie im Türschloss Schlüssel rasseln hörte, rannte sie zum nächstgelegenen Fenster. Die Läden waren geschlossen, deshalb benutzte sie Schwarz, um sie aufzustoßen und das Fenster zu zerbrechen. Sie sprang just in dem Moment hindurch, als die Tür zur Bibliothek aufgerissen wurde. Ein Pistolenschuss knallte, gefolgt von einer strengen Ermahnung auf Varestianisch: »Nicht schießen, du Blödkopf! Ich brauch sie lebend!«

Lizanne landete inmitten einiger Rosenbüsche im kleinen Garten der Villa. Ohne auf die spitzen Dornen zu achten, riss sie sich los, frischte ihr Grün auf und rannte zu einer Treppe, die in die Kraterwand gehauen war. Als sie einige Stufen erklommen hatte, sprang plötzlich von oben ein Mann herunter und landete direkt vor ihr. Er schlug mit dem Griff eines Karabiners nach ihrem Kopf, flog jedoch nach hinten, als sie ihm einen Schwall Schwarz entgegenschickte. Unter ihr flutete Licht den Krater, Laternen und Fackeln wurden angezündet, begleitet von Rufen und geschrienen Befehlen. Eine besonders laute Stimme forderte: »Morva! Komm hier hoch, du faules Stück!«

Zu unsauber, rügte Lizanne sich, als sie das Treppenende fast erreicht hatte. *Beim nächsten Mal erwürgst du die Katzen.*

Oben auf dem Wall stürzte sich sogleich eine Gruppe aus fünf Wachtposten auf sie. Sie hatten die Arme miteinander verschränkt und griffen gleichzeitig an, in der Hoffnung, sich dadurch schützen zu können. Ein Irrtum. Mit einer Welle Schwarz fegte sie die Männer von den Beinen, die zu Boden purzelten. Lizanne setzte über die strampelnden Wachtposten hinweg, sprang auf die Zinne und hielt kurz inne, um die Entfernung bis zu den tosenden Wellen unter ihr abzuschätzen. Es wäre der tiefste Sprung, den sie je gewagt hatte, aber mit genügend Grün in den Adern und Schwarz, um das Wasser beim Auftreffen zu teilen, wäre er machbar.

Lizannes Absprung war perfekt, die Beine kerzengerade, die Zehen gestreckt, die Arme ausgebreitet und dann nach vorn gezogen, die Hände verschränkt …

Da wurde ihr mit einem Mal der Atem aus der Lunge gepresst, und eine unsichtbare Faust schloss sich um ihre Brust. Eine Sekunde lang hing sie in der Luft, dann wurde sie zurückgezogen. Ihr gelang es, den Aufprall mit Schwarz abzufedern, sie schickte einen Schwall voraus, bevor sie auf den Pflastersteinen im Hof der Villa aufkam. Bei der Landung rollte sie sich sofort zur Seite. An einer Welle erhitzter Luft erkannte sie, dass sie beinahe von Rot getroffen worden wäre. Lizanne wirbelte herum und suchte fieberhaft nach ihrem Angreifer. In der Nähe befand sich eine Gruppe Varestianer, die allesamt bewaffnet und teils nur halb bekleidet waren, offenbar hatte man sie direkt aus den Betten geholt. Ihr blutgesegneter Gegner war schnell entdeckt: Es handelte sich um eine hochgewachsene, schlanke Frau mit rotem Kopftuch, die etwas abseits von den anderen stand. Sie hatte die Arme verschränkt und hielt den Kopf auf eine Weise schräg, die Lizanne an die Katze erinnerte, die ihr soeben ihre Mission verdorben hatte, was ihre Laune nicht gerade besserte.

Sie schickte der Frau einen Schwall Schwarz direkt ins Gesicht und einen weiteren gegen die Brust. Gleichzeitig machte sie einen Sprung zur Seite. Zu ihrer Befriedigung wurde ihre Gegnerin von der Macht des Schlags herumgerissen und im Kreis gedreht. Die Frau stieß einen wütenden Schrei aus und sprang beeindruckend wendig in die Luft, wobei sie einen Strom Rot entfesselte. Es war jedoch ein undisziplinierter Gegenschlag, dem Lizanne mühelos auswich. Sie machte einen von Grün verstärkten Satz nach oben, der sie sechs Meter hoch aufsteigen ließ. Als Nächstes warf sie die Frau mittels einer Welle Schwarz aufs Pflaster und hielt sie dort fest. Mit gezogenen Revolvern landete sie rittlings auf ihrer Gegnerin. Eine Pistole richtete sie auf deren Stirn und die andere auf die umstehenden Varestianer.

Das metallische Klicken von gespannten Hähnen und eingelegten Kugeln ertönte, als diese ebenfalls ihre Waffen hoben. Sie besaßen Karabiner und Pistolen und auch die eine oder andere Schrotflinte. Lizanne erkannte sofort, dass sie derart vielen Kugeln nicht würde ausweichen können, und der selbstzufriedenen Vorfreude in den Gesichtern der Varestianer nach zu urteilen, war ihnen das gleichfalls klar.

»Töte sie, wenn du willst«, sagte einer der Männer, ein kräftiger, bärtiger Kerl, der mit einer langläufigen Pistole aus der Menge trat. Er warf der Frau am Boden einen verächtlichen Blick zu, den sie mit wütendem Funkeln erwiderte. »Meine Nichte hat nie viel getaugt«, sagte er und schob seine Pistole ins Schulterholster. »Du würdest mir also einen Gefallen tun.«

Lizanne warf noch einen Blick auf den Kreis bewaffneter Männer und Frauen und hob dann langsam beide Pistolen über den Kopf. »Mein Name ist Lizanne Lethridge …«, setzte sie an.

»Miss Blut höchstpersönlich?«, unterbrach sie der Bärtige und hob scheinbar ehrfürchtig die Augenbrauen. Die Ehrfurcht verschwand jedoch sofort wieder, und er stieß ein Lachen aus, in das seine Kumpanen mit einstimmten, bis es von der Kraterwand widerhallte. »Hab ich mir schon fast gedacht«, fügte er hinzu, als das Gelächter verstummt war. Widerstrebend neigte er den Kopf. »Alzar Lokaras. Hüter der Hohen

Mauer. Und bevor ich dich wertlose Korporatistenhure an ebendieser Mauer aufknüpfe, hätte ich gerne gewusst, was du hier zu suchen hast.«

Lizanne setzte ein freundliches Lächeln auf, um ihn abzulenken, bevor sie die Pistole in der rechten Hand fallen ließ und den vierten Knopf an der Spinne drückte. Fluchend stürmte Alzar Lokaras vorwärts, doch das Blau strömte bereits in ihre Adern, und sie sank zu Boden und in eine tiefe Trance.

KAPITEL 20

Clay

»Dem Seher sei Dank«, stöhnte Skaggerhill und glitt vom Rücken des Cerathenweibchens, auf dem er geritten war. Das Tier galoppierte augenblicklich davon, um sich wieder seiner Herde anzuschließen, und der Erntemeister rieb sich das Kreuz. »Noch ein Kilometer wäre mein Ende gewesen.«

»Ich glaube, wir sind nah genug dran, um den Rest des Weges zu Fuß zu laufen«, sagte Leutnant Sigoral und schaute von seiner Karte auf. »Etwas mehr als zwanzig Kilometer in östliche Richtung, dann sollten wir das Westufer des Sees erreicht haben.«

Clay beugte sich ein wenig vor und zurück, um seine schmerzenden Muskeln zu dehnen, und schaute dann zum dunkler werdenden Himmel hoch. Am östlichen Horizont war bereits Nelphias blasse Sichel zu entdecken. »Es ist schon spät«, sagte er. »Lasst uns ausruhen. Die Reihenfolge der Wache wieder genau wie letzte Nacht, wenn ihr nichts dagegen habt.« Als Anführer des Trupps hatte er sich die Wachzeit kurz nach Mitternacht ausgesucht, die meist am unbeliebtesten war. Bei ihrer Suche nach dem Weißen hatte sein Onkel die immer übernommen. Dass niemand Einwände erhob, mochte daran liegen, dass ihn alle als Anführer akzeptiert hatten, oder auch nur daran, dass sie gern ungestört schlafen wollten.

»Früher hätte ich es nicht gewagt, hier ein Feuer anzuzünden«, sagte Braddon kurz darauf und warf ein paar Stöcke in das kleine, aber hell lodernde Feuer in der Lagermitte. »Das hätte Dutzende Verderbte angelockt.« Er hielt inne, um die umliegenden Ebenen zu betrachten. Das Gras flüsterte leise unter dem Sternenhimmel. »Jetzt finden sich kilometerweit keinerlei frische Spuren von ihnen. Auf den Ebenen gab es einmal sechs verschiedene Stämme. Jedenfalls, soweit uns bekannt war.«

»Die kämpfen jetzt alle für den Weißen«, sagte Clay. »Wenn sie nicht schon tot sind.«

»Da fragt man sich doch, ob sie eigentlich wissen, wofür sie kämpfen«, sagte Skaggerhill. »Oder überhaupt eine Wahl haben.«

»›Wer dem Drachen dient, gibt sein eigen Fleisch und Blut auf‹«, sagte Prediger. Wie immer folgte auf seine Worte überraschtes Schweigen.

»Verzeihen Sie meine Unwissenheit«, sagte Sigoral. »Aber hat der Seher etwas über das vorausgesagt, was hier geschieht? Im Kaiserreich sind seine Schriften seit Langem verboten.«

»Er wollte die Welt vor dem warnen, was bevorstand«, erwiderte Prediger. »Aber kaum jemand hat ihm zugehört.«

»Ich habe die Schriften des Sehers mehr als einmal gelesen«, sagte Braddon. »Ich kann mich nicht erinnern, dass er irgendwas vorausgesagt hätte, was dem hier ähnelt.«

Prediger musterte Braddon mit glänzenden Augen, wie Clay es bei ihm zuletzt am Krystalinsee gesehen hatte. »Dann hätten Sie genauer lesen sollen«, sagte der Scharfschütze leise und eindringlich. »Dort steht alles geschrieben. Die Mühsal ist angebrochen, und sind wir nicht sieben an der Zahl?«

Als Braddon nicht antwortete, erkundigte sich Loriabeth: »Was hat das zu bedeuten?«

»Die Sieben Büßer«, sagte Braddon. »Wenn sich während der Mühsal die Kräfte der Dunkelheit erheben, werden, dem Seher zufolge, sieben Büßer gegen sie kämpfen.«

»Sieben rechtschaffene Büßer«, sagte Prediger, und seine Stimme wurde lauter. »Auserwählt unter der gewaltigen Schar Sünder, die sich der Flut der Verwüstung entgegenstellen.« Er hielt inne. Seine Augen funkelten, schauten jedoch ins Leere. »Jetzt sehe ich es. Jahrelang wollte ich es nicht wahrhaben. Bin aus der Kirche ausgetreten und habe im Inland den Tod gesucht. Habe mit Freuden Drachen und Verderbte getötet und damit meine Seele beschmutzt. Die Wahrheit des Sehers hat mich trotzdem weiter verfolgt, und nun hat sie mich eingeholt.«

Er stand auf und hob mit gespreizten Fingern die Arme. »Wollt ihr mit mir beten, Brüder und Schwestern?«, fragte er und senkte den Kopf. »Lasst uns dem Seher für seine Lenkung danken und ihn für die bevorstehende Aufgabe um seinen Segen bitten.«

Loriabeth wechselte einen Blick mit Clay und ihrem Vater und kam dann mit angewiderter Miene hoch. »Mir egal«, sagte sie müde und stapfte zu ihrem Schlafsack davon.

»Moment mal, Lori«, sagte Clay, worauf sie unsicher stehen blieb. Er erhob sich und ergriff Predigers ausgestreckte Hand. Der Schütze packte sie so fest wie ein Schiffbrüchiger ein Wrackteil auf stürmischer See. »Danke, Bruder«, keuchte er.

»Warum nicht?«, sagte Clay, schaute die anderen an und streckte die freie Hand aus. »Wir werden schon bald jede Hilfe gebrauchen können.«

Es war Kriz, die als Erste seine Hand nahm, wenn auch mit amüsiertem Lächeln. Braddon ging zu Prediger und ergriff seine andere Hand. Die freie hielt er Skaggerhill hin, der nach kurzem Zögern darauf einging.

»Leutnant?«, fragte Kriz und nickte Sigoral zu.

Mit resigniertem Stirnrunzeln schloss sich der Corvantiner ihnen an. »Im Kaiserreich würde man dafür gehängt werden«, murmelte er. Er drehte sich zu Loriabeth um und hob erwartungsvoll die Hand. Sie wirkte immer noch angewidert, aber nicht mehr spöttisch.

»Meine Mutter hat nie viel auf derlei Unfug gegeben«, sagte sie und verschränkte die Arme. »Und ich auch nicht.«

»Bitte, Lori«, sagte Braddon. »Nur kurz.«

Loriabeth schaute zum Himmel hoch und fluchte leise, wobei ihr Atem in der kühlen Luft Wölkchen bildete. »Na gut. Wenn es nicht die ganze Nacht dauert.« Damit ergriff sie Sigorals und Skaggerhills Hände und schloss den Kreis.

»Der letzte Ruheplatz des Sehers ist bis zum heutigen Tag unbekannt«, sagte Prediger und hob das Gesicht. In seinen Augen leuchtete Überzeugung. »So hatte er es sich gewünscht. ›Erschafft keine Statuen von mir‹, hatte er gesagt. ›Meine Worte sind mein Tempel und mein Erbe.‹ Der Seher machte keine falschen Versprechungen, gab keine Lügen von sich. Wer an seine Worte glaubte, sicherte sich damit weder einen Platz im Jenseits noch irgendwelchen Reichtum im Diesseits. Seine Botschaft war einfach: Die Mühsal wird kommen. Und jetzt ist sie hier. Über die Sieben Büßer sagte er lediglich: ›Wenn die Stürme der Mühsal am stärksten toben, wenn die Flammen am höchsten lodern, wenn die Schreie der Verdammten am lautesten gellen, dann werden sich die Sieben Rechtschaffenen Büßer erheben. Weit werden sie reisen und viel erleiden müssen, aber die Flammen werden sie löschen und die Schreie verstummen lassen, auch wenn es sie alles kosten wird.‹«

»Na, das sind ja fröhliche Aussichten«, murmelte Loriabeth.

»Wir sind sieben!«, sagte Prediger, und Clay zuckte zusammen, als er seine Hand noch fester packte. »Zu einem gemeinsamen Zweck vereint, und jetzt auch im Glauben. Der Seher wird unserem Vorhaben seinen Segen geben.« Er senkte erneut den Blick und sagte: »Höret die Worte des Sehers.«

»Höret die Worte des Sehers«, wiederholte Braddon, und die anderen taten es ihm nach.

Eine Weile lang hielten sie sich noch schweigend an den Händen, bis irgendwo auf der dunklen Ebene der schrille Schrei eines Drachen ertönte.

»Verflucht!« Loriabeth zog beide Pistolen und warf sich flach auf den Boden. Der Kreis brach auseinander, alle griffen nach ihren Waffen und kauerten sich hin. »Das klang ein bisschen zu hoch für einen Grünen«, sagte Loriabeth.

»Die Grünen auf den Ebenen sind kleiner als die im Dschungel«, sagte Skaggerhill und spannte den Hahn seiner Schrotflinte. »Aber dafür schlauer. Sie bilden Rudel aus sechs oder mehr Tieren und jagen nachts. Wahrscheinlich haben sie den Geruch der Cerathen aufgefangen, auf denen wir geritten sind. Sie sind hinter den Jungtieren her.«

»Und wenn nicht?«, fragte Clay.

Skaggerhill seufzte und griff nach seinem Rucksack. Er stellte ihn vor sich und legte die Schrotflinte darauf. »Dann wird das eine sehr lange Nacht.«

◆◆◆

Entweder hatten sie schlicht Glück oder die Grünen waren doch hinter anderer Beute her, jedenfalls verbrachten sie eine angespannte Nacht, ohne dass ein Angriff erfolgte. Clay ordnete schließlich an, dass sie der Reihe nach Wache halten sollten, so bekam jeder von ihnen bis zum Morgengrauen zumindest ein wenig Schlaf. Nach einem kurzen Frühstück, das aus Seeproviant in Dosen bestand, den sie mit mehr Kaffee als üblich hinunterspülten, um die Müdigkeit zu vertreiben, machten sie sich auf den Weg. Zwei von ihnen mussten Kriz' Apparatur tragen – das unförmige Gerät hing in Ölzeug eingewickelt zwischen zwei Stangen. Clay war gerade an der Reihe, es zu schleppen, als sie den Kadaver eines jungen Cerathen entdeckten.

Fliegen summten in gierigen Schwärmen um die leere Bauchhöhle des Tiers und die zahlreichen Wunden auf seiner Haut. »Wie ich gesagt habe«, stellte Skaggerhill fest. »Sie sind hinter den Jungtieren her.«

»Hier drüben liegt ein toter Grüner«, sagte Braddon und deutete auf etwas im langen Gras. »Der Schädel ist eingeschlagen. Die Cerathenmutter war wohl ziemlich sauer.«

»Sollen wir eine Pause einlegen und ihn ernten?«, fragte Skaggerhill. »Würde nicht lange dauern.«

»Nein«, sagte Clay. Stöhnend schulterte er wieder die Stange und ging weiter. »Der See ist bloß noch ein paar Kilometer entfernt, und wir haben mehr als genug Grün.«

Kurz nach Mittag kam der Krystalinsee in Sicht. Die Ebene fiel abrupt zum Ufer hin ab, das sich zu beiden Seiten erstreckte. Das Wasser war so blau und trügerisch einladend, wie Clay es in Erinnerung hatte. Und von ihrem Standort aus betrachtet war der See so breit, dass der Dschungel am Ostufer gar nicht zu sehen war.

»Wir werden ein Boot brauchen«, sagte Braddon. »Oder zumindest ein Floß.«

»Erst mal müssen wir wissen, wo wir suchen sollen«, sagte Clay, während er und Sigoral die Apparatur absetzten. »Die nächste Trancesitzung mit Miss Lethridge ist heute A…«

Eine Welle der Furcht traf ihn wie ein Schlag und ließ ihn auf die Knie sacken. Unwillkürlich stieß er einen Schmerzensschrei aus, als Gedanken seinen Kopf fluteten, die nicht seine eigenen waren: *Ein großer Schwarm schwimmender Grüner, von unten betrachtet. Aufgewirbelter Schlick. Jacks riesiges Herz, das erschrocken hämmerte, während er einen klagenden Warnschrei ausstieß.*

»Clay?« Sein Onkel war neben ihm und hielt ihn fest. Krämpfe schüttelten ihn. Jacks aufgewühlter Zustand beherrschte seinen Geist.

AUFHÖREN!

Nur mit größter Mühe gelang es Clay, den Gedanken in Jacks Geist zu schicken und seine Furcht zu besänftigen. Langsam beruhigte sich der Drache wieder. Sein gewaltiger Leib, den er eben noch verzweifelt hin und her geworfen hatte, um sich in einer Schlickwolke zu verbergen, lag still. Clay ließ Jack noch einmal nach oben blicken. Der Schwarm Grüner war inzwischen weitergezogen. Sie sammelten sich ein Stück entfernt an der Oberfläche und bildeten eine Art Barriere. Clay befahl Jack, den Kopf zu drehen, und der schmale Rumpf der *Überlegenheit* kam in Sicht, die auf die Grünen zufuhr. Ihr Kielwasserstreifen wurde kleiner, als sie anhielt. Jacks unglaublich scharfes Gehör war von den Klick- und Zirplauten der Grünen angefüllt, die sich direkt vor der *Überlegenheit* befanden. Außerdem nahm er noch einen weiteren Schwarm hinter dem Schiff wahr. An den Echos erkannte Clay, dass sie sich in einem schmalen Kanal befanden.

Sie haben sich in der Schreckensstraße in eine Falle locken lassen, wurde Clay klar. *Der Kapitän wird bestimmt sauer sein.*

Er ließ Jack den Blick auf die Barriere der wimmelnden Grünen richten, die bereits mehrere Meter breit war und ständig mächtiger wurde, da unablässig mehr Drachen eintrafen. *Zeit zu kämpfen, Jack,* sagte Clay zu dem Blauen, was dessen Furcht sogleich wieder aufflammen ließ. Clay versuchte, ihn zu beruhigen, aber dieses Mal gelang es ihm nicht. *Es tut mir leid,* sagte Clay schuldbewusst. *Aber dafür brauche ich dich als Letzter Anblick.*

Er tauchte tief in das Gedächtnis des Blauen ein, holte sämtliche Erinnerungen an sein früheres, gewalttätiges Leben hervor und ballte sie zu einer hässlichen Kugel zusammen. Dann zwang er sich selbst mitten hinein und kämpfte gegen die Übelkeit an, die ihn angesichts der blutrünstigen Bilder überfiel. Sich durch all die Morde und den Wahnsinn zu wühlen, war so, als würde er seine Hände in die Wanne eines Leichenhauses halten. Schließlich fand er, wonach er suchte: Der noch lebende Kern dessen, was Jack Letzter Anblick gewesen war. Es handelte sich um ein dunkles, missgestaltetes Ding, das fast nur noch aus Hass bestand, der ihm nun jedoch nützlich sein konnte.

Siehst du sie?, fragte Clay und richtete Jacks Blick erneut auf die Grünen. *Das sind keine Drachen, sondern Menschen.* Er holte sich das Bild eines Grünen heran und formte es um, ließ den Schwanz schrumpfen und verlängerte die Gliedmaßen. Den Kopf gestaltete er kugelartig, anstatt speerförmig. Bei dem Anblick meldete sich Jacks Hunger und wuchs noch mehr, als Clay das Bild des umgeformten Grünen auf dessen Brüder übertrug. Innerhalb weniger Sekunden war aus dem Schwarm Drachen eine Menschenmenge geworden, und Jack brauchte keine weitere Ermunterung.

Die Verbindung zwischen ihnen wurde schwächer, als Jack nach oben stieg und sich auf die Grünen stürzte. Flammen brachen aus seinem Maul hervor. Das folgende Kaleidoskop des Grauens schickte erneut Krämpfe durch Clays Körper; ein Mensch nach dem anderen wurde geröstet oder zerfetzt – nur dass es keine Menschen waren. Selbst zu seinen schlimmsten Zeiten hatte Jack keinen solchen Rachedurst empfunden. Er kostete ihn gänzlich aus, als sei es sein oberstes Ziel, alle Meere von Menschen zu befreien.

Nur vage nahm Clay wahr, wie die *Überlegenheit* vorbeifuhr, aber Jack war zu sehr mit Fressen beschäftigt, um dem Schiff Beachtung zu schenken. Bald verspürte Clay jedoch neben der Wut auch noch Schmerz. Fieberhaft tastete er seinen Körper ab, als die Grünen an seiner Haut rissen. Er keuchte und rang nach Luft. Ihr Gewicht zog ihn nach unten. Grüne bissen sich durch die Schuppen zu seinem Fleisch durch, und Flammen leckten über Jacks Augen. Clay stöhnte auf. Der Blaue verlor immer mehr Blut, und sein Geist wurde stetig schwächer.

Es tut mir leid, Jack. Den Gedanken schickte er dem Blauen hinterher, als er in den Tiefen versank. Jacks Geist flammte noch ein letztes Mal auf und starb dann. *Es tut mir so leid.*

◆ ◆ ◆

Clay erwachte erst am nächsten Morgen, und als er blinzelnd die Augen öffnete, sah er einen Kreis besorgter Gesichter über sich. »Ich hab ja gesagt, er stirbt nicht«, sagte Loriabeth und stieß Sigoral spielerisch den Ellbogen in die Rippen.

»Das Fieber ist zurückgegangen«, sagte Kriz, ging in die Hocke und legte ihm eine Hand auf die Stirn. »Eine Weile lang war deine Temperatur ziemlich besorgniserregend.«

Clay schüttelte den Kopf. Er konnte sich an die letzten Stunden nur noch vage erinnern. Er hatte geträumt, so viel wusste er, aber er hatte auch das Gefühl, es war besser, dass er nichts davon behalten hatte.

»Was war das?«, fragte Kriz. »Ist dir das schon einmal passiert?«

»Jack ist tot«, sagte Clay und kam auf die Beine. »Das Schiff wartet nicht mehr in den Torquil-Meeren auf uns. Wir müssen einen anderen Weg zurück finden.«

Er schüttelte ihre helfenden Hände ab und blickte zum See hin. Wieder und wieder sah er im Geiste Jacks Untergang vor sich, und jedes Mal versetzte es ihm einen schuldbewussten Stich. »Mein Onkel hat recht«, sagte er. »Wir brauchen ein Floß. Lasst uns ein paar Bäume fällen.«

Ein ausreichend großes Floß zu bauen nahm zwei ganze Tage in Anspruch. Am längsten dauerte es, aus den spärlichen Bäumen am westlichen Seeufer genügend Holz zu gewinnen. Kriz überwachte die Konstruktion, während Skaggerhill und Sigoral, die sich mit Booten am besten auskannten, den Bau übernahmen. Als sie fertig waren, besaßen sie eine rechteckige Plattform von etwa vier Metern Breite, die mit vier Rudern ausgestattet war. Sie trugen sie zum Ufer, um sie probehalber zu Wasser zu lassen und zu überprüfen, ob sie auch das Gewicht von Kriz' Apparatur trug.

»Jetzt brauchen wir nur noch ein Ziel«, sagte Braddon.

Am Abend trank Clay etwas Blau und versetzte sich in Trance. Zu seiner Erleichterung wartete Lizanne bereits auf ihn, wenngleich ihre sonst so disziplinierten Wirbelwinde überraschend chaotisch wirkten.

Mir bleibt wenig Zeit, sagte sie drängend. *Hier.*

Einer der Winde wirbelte auf ihn zu und verwandelte sich in etwas, das anfangs nur wie ein Durcheinander aus gekritzelten Schriftzeichen aussah. *Koordinaten,* fügte Lizanne hinzu und schob auf uncharakteristisch plumpe Art ein paar Zahlen in seinen Geist.

Aua!, protestierte Clay. Der Eingriff verursachte ihm ein starkes Unbehagen, das seine Gedankenlandschaft erzittern ließ. *Was zum …?*

Keine Zeit.

Damit war sie verschwunden und ließ ihn benommen auf der staubigen Ebene von Nelphia zurück.

◆ ◆ ◆

»Zehn Kilometer in nördliche Richtung«, sagte Sigoral, nachdem er die Koordinaten in seine Karte eingetragen hatte. »Weniger als fünf Kilometer vom Ufer entfernt.«

»Fünf Kilometer sind eine ganze Menge«, sagte Skaggerhill. »Besonders auf einem See, in dem so viele Grüne leben.«

»Nicht zu ändern«, sagte Clay. »Wir fahren nur tagsüber für ein paar Stunden raus. Der Leutnant und ich werden bei jeder Fahrt dabei sein.« Er schulterte seinen Rucksack und ergriff eines der Seile, mit denen das Floß am Ufer befestigt war. »Lasst uns aufbrechen, solange es noch hell ist.«

Den entsprechenden Uferabschnitt erreichten sie am späten Nachmittag und machten das Floß dort fest, bis Sigoral bestätigt hatte, dass sie sich tatsächlich am richtigen Ort befanden.

»Willst du nicht lieber bis morgen warten?«, fragte Clay Kriz, als diese ihr Atemgerät bereit machte.

»Es ist noch eine Weile hell«, sagte sie und befestigte einen Schlauch an der Pumpe, dessen anderes Ende sie mit dem Helm verband, den sie unter Wasser tragen würde.

»Sieht recht einfach aus«, sagte Clay. »Vielleicht sollte ich …«

»Ist es aber nicht«, sagte sie. »Und nein, solltest du nicht.«

Kurz darauf stiegen sie auf das Floß. Clay und Sigoral tranken etwas

Grün und bemannten die Ruder, während Braddon und Prediger das umliegende Wasser im Auge behielten. Kriz übernahm die Ruderpinne und steuerte das Floß mit Hilfe von Sigorals Kompass zu der angegebenen Stelle. Nach einer Viertelstunde Rudern fing das Floß an, sich leicht zu drehen, und die Oberfläche des Sees wirkte aufgewühlt.

»Ich glaube, wir sind richtig«, sagte Sigoral. »Auf der Karte, die du gezeichnet hast, war ein großer Wasserwirbel zu sehen.«

Sie ruderten noch eine Weile weiter, bis das Wasser wieder ruhiger wurde. Vor dem Losfahren hatten sie einige größere Steine gesammelt, sie in Ölzeug gewickelt und Seile darum gebunden, um einen behelfsmäßigen Anker herzustellen. Jetzt warf Clay die Steine über Bord, und das Floß kam langsam zum Stehen.

»Tiefe: vierzig Meter«, meldete Sigoral nach einem Blick auf die Markierungen, die am Ankerseil angebracht waren.

Kriz nickte und justierte ein Ventil an ihrer Apparatur, bevor sie einen Ledergürtel mit mehreren Bleigewichten anlegte. »Grün und Schwarz«, sagte Clay und reichte ihr zwei Phiolen. »Trink sie jetzt gleich.« Als sie das getan hatte, steckte er ihr noch eine Phiole Blau in eine Brusttasche ihres Overalls. »Für alle Fälle«, sagte er.

Kriz setzte sich an den Rand des Floßes, und Clay machte den Helm fertig. Selbst mit Grün in den Adern war er ziemlich schwer. Chief Bozware hatte ihn aus einem alten Heizkesselblech gefertigt, das er zu zwei Halbkugeln gehämmert und dann zusammengenietet hatte. Auf einer Seite befand sich ein Loch, in das ein Glasfenster eingepasst war.

»Wenn du Grüne siehst, komm sofort zurück«, sagte Clay zu Kriz, die ungeduldig nickte und ihm bedeutete weiterzumachen. Clay setzte ihr den Helm auf, wobei der Rand auf einem gepolsterten Lederkragen an ihrem Hals auflag, und ging dann zur Pumpe. Es war ein einfaches, handbetriebenes Gerät, ein Motor wäre nicht schlecht gewesen, aber ihnen war keine Zeit geblieben, um an Bord der *Überlegenheit* einen zu bauen. Kriz war jedoch der Ansicht, dass ein Blutgesegneter mit Grün in den Adern problemlos genügend Luft erzeugen konnte.

Clay frischte sein Grün auf, ergriff dann die Pumpenkurbel und begann, sie so schnell wie möglich zu drehen. Unterdessen band Sigoral ein Seil um Kriz' Hüfte. Sie nahm noch ein paar Atemzüge und glitt dann ins Wasser, wo sie augenblicklich in einer Wolke aus Luftblasen versank. Clay drehte unablässig an der Kurbel, den Blick aufs Wasser gerichtet, während Sigoral das Seil nachließ.

»Das war's«, sagte der Leutnant, als das Seil verharrte. »Sie ist auf dem Grund.«

Die Minuten vergingen quälend langsam. Clay drehte unermüdlich die Kurbel und verfolgte mit dem Blick die Luftblasen, die sich immer weiter vom Floß entfernten, während der Luftschlauch ins Wasser gezogen wurde. *Das ist keine gute Idee.* Die Worte wiederholten sich mit jeder Kurbeldrehung in seinem Geist. Die Gewissheit wurde von seinen Schuldgefühlen wegen Jacks Tod noch verstärkt. *Das ist keine gute Idee. Das ist keine …*

»Sie hat zweimal gezogen«, sagte Sigoral, als das Seil in seiner Hand wackelte. »Das heißt, sie kommt wieder hoch.«

Es schien ewig zu dauern, bis Kriz ein paar Meter vom Floß entfernt an der Oberfläche auftauchte. Sigoral und Braddon zogen sie heran und nahmen ihr den Helm ab. Keuchend hing sie am Floßrand, ihr verschwitztes Gesicht war jedoch vor Aufregung gerötet. »Ich hab's gefunden«, sagte sie zu Clay und deutete voraus. »Hundert Meter in diese Richtung.«

»Keine Grünen?«, fragte er.

Lachend schüttelte Kriz den Kopf. »Nicht einer.« Sie hob die Arme und ließ sich von ihm und Sigoral aufs Floß ziehen. »Dann mal los«, sagte sie und nickte zu den Rudern.

»Es ist schon spät«, sagte Braddon und musterte mit zusammengekniffenen Augen den Himmel. »Wir sollten besser bis morgen warten.«

»Es wird höchstens eine Stunde dauern«, beharrte Kriz. »Wir sollten die Tatsache nutzen, dass keine Drachen in der Nähe sind.« Flehend schaute sie Clay an. »Wir sind so nah dran«, fügte sie in ihrer eigenen Sprache hinzu.

»Die Entscheidung liegt bei unserem Anführer«, sagte Braddon. Sein Ton klang gleichmütig, aber Clay sah seinen abschätzenden Blick.

»Sie hat recht«, sagte Clay. Sein Wunsch, das gefährliche Unterfangen baldmöglichst zu beenden, war stärker als seine Vorsicht. »Je mehr Zeit wir hier verbringen, desto größer die Wahrscheinlichkeit, dass die

Grünen unseren Geruch auffangen.« Er ging zu seinem Ruder und bedeutete Sigoral, das Gleiche zu tun. »Dann wollen wir es mal zu Ende bringen.«

◆ ◆ ◆

Der nächste Tauchgang dauerte deutlich länger. Clay hatte an der Pumpe bereits eine komplette Dosis Grün aufgebraucht und musste mit Sigoral die Plätze tauschen. Seine wachsende Besorgnis wurde noch dadurch verstärkt, dass man unter der Seeoberfläche nicht das Geringste erkennen konnte. Dennoch stand er die ganze Zeit am Floßrand und starrte darauf.

»Sie ist jetzt schon eine Stunde unten«, sagte sein Onkel und hielt seine Taschenuhr hoch. »Es wird bald dunkel.«

Mehr Überredung brauchte Clay nicht. »Ich rufe sie zurück«, sagte er, griff nach dem Seil und zog zweimal kräftig daran. Er wartete. Das Seil bewegte sich leicht in seiner Hand, wurde aber nicht schlaffer. Er murmelte einen Fluch und wollte noch einmal daran ziehen, als Prediger angespannt sagte: »Grüne.«

Braddon hob sofort das Gewehr an die Schulter und trat zu dem knienden Scharfschützen. Dieser hielt sein Gewehr auf eine Stelle im Süden gerichtet, wo Clay nur leere Seeoberfläche sah, inzwischen hatte er jedoch gelernt, auf Predigers scharfen Blick zu vertrauen.

»Wie viele?«, fragte er.

»Einer. Etwa hundert Meter entfernt.«

»Es werden mehr werden«, sagte Braddon und suchte mit dem Gewehr den See ab.

Clay zog erneut am Seil und stolperte rückwärts, als es plötzlich alle Spannung verlor. »Verflucht!« In Windeseile holte er das Seil nach oben, bis das zerfetzte Ende aus dem Wasser auftauchte.

»Clay«, sagte Sigoral und nickte in eine Richtung. Etwa zwanzig Meter entfernt stieg an einer Stelle eine große Menge Luftblasen zur Seeoberfläche auf. Gleich darauf begann sich der Luftschlauch zu winden wie eine Schlange. Clay begann sofort, ihn hochzuziehen. Er wusste bereits, dass auch der Schlauch abgetrennt sein würde, noch bevor er das Ende aus dem Wasser holte.

»Durchgeschnitten«, sagte sein Onkel. Er trat zu Clay und legte ihm eine Hand auf die Schulter. Die tröstenden Worte, die er wahrscheinlich hatte äußern wollen, gingen jedoch im Knallen von Predigers Langgewehr unter. Clay drehte sich um und sah fünfzig Meter weiter südlich einen langen Schwanz auf das Wasser schlagen. Der Schaum an der Oberfläche war rot verfärbt.

»Sie ist fort, Clay«, sagte Braddon und drückte ihm die Schulter.

Clay schaute wieder aufs Wasser und starrte in die Tiefe. *Nein … Blau, ich habe ihr Blau gegeben.* Er griff nach der Phiole in seinem Etui und hob sie an die Lippen, hielt jedoch inne, als ein Bild in seinem Kopf auftauchte … Grüne, ein ganzer Schwarm, der durch trübe Tiefen schwamm, die Umrisse unscharf und verzerrt, wie durch zerkratztes Glas betrachtet …

Das Bild war so klar und deutlich wie bei jeder Trance, die er bisher erlebt hatte, und von Panik begleitet. Er schaute auf die noch volle Phiole in seiner Hand. *Ich hatte eine Trance-Verbindung zu ihr,* wurde ihm voller Erstaunen klar. *Obwohl ich kein Blau getrunken habe.*

»Wir müssen hier weg«, sagte Braddon und schüttelte ihn, während Predigers Gewehr erneut knallte. »Geh mit dem Leutnant an die Ruder. Prediger und ich werden sie aufhalten …«

Clay hörte gar nicht zu. Er zog eilig die Stiefel und den Mantel aus und trank dann jeweils eine Phiole Grün, Rot und Schwarz. »Tu's nicht!«, rief sein Onkel und griff nach Clay. Doch er war bereits vom Floß gesprungen und tauchte tief in den See ein.

KAPITEL 21

Sirus

Wie viele ältere corvantinische Städte hatte der Hafen von Sairvek einmal hinter einer Verteidigungsmauer gelegen, die jedoch seit der Vereinigung des Kaiserreichs und dem Anwachsen des Stadtgebiets ihren ursprünglichen Zweck verloren hatte. Inmitten des Labyrinths aus Straßen und Häusern war sie nur noch als unregelmäßiger Halbkreis erkennbar, der sich, von der Küste ausgehend, durch die äußeren Vororte schlängelte. Soldaten patrouillierten dort schon lange nicht mehr. Das Einzige, was sie jetzt noch zur Stadtverteidigung beitrug, waren die befestigten Torhäuser, die als Polizeiwachen und Kasernen für die kaiserlichen Soldaten dienten. Zwei Nächte zuvor war Sirus auf Katarias' Rücken über den Hafen hinweggeflogen und hatte insgesamt zwölf dieser Tore gezählt. Sie alle gleichzeitig auszuschalten war der Schlüssel zur Einnahme der Stadt.

Für den ersten Angriff wählte er vor allem Stammeskrieger und ehemalige Insulaner, da sie sich am besten unbemerkt anschleichen konnten. Die Trupps waren klein und bestanden nur aus jeweils zehn Kämpfern, aber bei einer Operation wie dieser war das Überraschungsmoment ohnehin das Entscheidende und machte die geringe Zahl der Angreifer wieder wett. Die Krieger waren von Roten an verschiedenen Stellen im Umkreis der Stadt abgesetzt worden. Sirus hatte absichtlich eine mondlose Nacht gewählt, damit sie den Schutz der Dunkelheit nutzen konnten. Er hatte beschlossen, einen der Trupps selbst anzuführen, was von unerwarteter Seite für Widerspruch gesorgt hatte.

»Mit wem soll ich zusammen dinieren, wenn du ins Gras beißt?«, hatte Catheline gefragt. Ihr scherzhafter Ton wurde jedoch von der Sorge in ihren rot-schwarzen Augen Lügen gestraft.

»Es wird eine dynamische Operation«, antwortete er. »Womöglich müssen wir unser Vorgehen schnell anpassen. Die Bedingungen vor Ort mit eigenen Augen zu sehen, kann …«

»Ach, sei kein Langweiler«, tadelte sie ihn und zog sich den Schal fester um die Schultern. Seit ihrer Bestrafung durch den Weißen bei Melkorin hatte sich ihr Verhalten kaum geändert, doch hatte sie sich ihm seither auch nicht mehr anvertraut. »Keine unnötigen Heldentaten«, sagte sie, trat zu ihm und drückte ihm einen Kuss auf die Wange. Ihre Lippen fühlten sich auf seiner schuppigen Haut weich und warm an. »Wir brauchen unseren General.«

Beim Vorrücken auf die Stadt mieden sie Straßen und offizielle Wege und bewegten sich in lockerer Formation im Laufschritt vorwärts. Sirus ließ die Trupps stehen bleiben, als die Lichter des äußeren Westviertels in Sicht kamen. Nebelschleier hatte ihnen geraten, dort als Erstes anzugreifen, weil es sich um den reichsten Stadtbezirk handelte, in dem nachts nicht viele Menschen auf den Straßen wären, was hoffentlich auch weniger patrouillierende Gendarmen bedeutete.

Bericht, forderte er die anderen Trupps auf, während er mit seinen übermenschlich scharfen Augen die breiten, sauberen Straßen musterte, die von blühenden Kirschbäumen und Akazien gesäumt waren. Abgesehen von den beleuchteten Fenstern war kein Lebenszeichen zu entdecken. Die Verderbten meldeten allesamt, dass es keine Schwierigkeiten gegeben hatte. Nur Waldspeer hatte einen Bauern töten müssen, der zu unpassender Zeit sein Haus verlassen hatte, um zum Abort zu gehen.

Eine Falle?, vermutete der Stammeskrieger und übermittelte seine Sicht der schmalen, aber leeren Straßen des deutlich ärmeren Nordviertels. *Sie wissen doch sicher, was in Melkorin passiert ist.*

Eher eine Ausgangssperre, erwiderte Sirus. *Wahrscheinlich wurde sie verhängt, als Corvus von den Rebellen besetzt wurde.*

Die Garnison ist also in Alarmbereitschaft.

Aber gegen ihr eigenes Volk, nicht gegen uns. Tiefer im Stadtinneren wird es sicher Patrouillen geben. Bewegt euch über die Hausdächer, tötet alle Wachtposten, die ihr seht. Ansonsten gehen wir vor, wie geplant.

Er führte seinen Trupp vorwärts und lief schneller, als sie die ersten Straßen erreichten. Dann kletterte er die Mauer eines großen Hauses empor, um zum Dach zu gelangen. Die Hände der Verderbten waren zum Klettern gut geeignet. Ihre Klauen waren hart genug, um sich am Mauerwerk festzukrallen, und die Muskeln ihrer verwandelten Gliedmaßen trugen sie nach oben. Von Hausdach zu Hausdach springend legte der Trupp die Entfernung bis zu ihrem Zielort in weniger als zehn Minuten zurück. In einigen Dachbodenfenstern flammte Licht auf, wenn sich unter ihren Stiefeln Ziegel lösten und zur Straße hinabfielen, doch bis jemand zur Stelle war, um nachzusehen, waren sie längst über alle Berge.

Den ersten Wachtposten entdeckten sie erst, als das Torhaus in Sicht kam – es handelte sich um einen jungen, gelangweilt dreinblickenden Zwangsverpflichteten, der am Visier seines Gewehrs herumfummelte. Er befand sich auf dem Dach eines Geschäfts gegenüber vom Torhaus. Seine schmutzige Uniform und die wenig soldatenhafte Unaufmerksamkeit fielen Sirus sofort ins Auge. Einer der Insulaner schoss dem Jungen mit seinem Kurzbogen einen Pfeil in den Nacken. Rasch suchte Sirus die Umgebung nach weiteren Spähern ab. Auf dem Torhaus selbst befanden sich noch zwei, in der Straße oder auf den umliegenden Hausdächern waren aber sonst keine mehr zu entdecken.

Wer immer hier das Sagen hat, gehört vors Kriegsgericht gestellt, dachte er und schickte seinen Trupp los, um den vorher festgelegten Angriffsplan durchzuführen.

Seine beiden Schützen nahmen in der Nähe Aufstellung und zielten mit ihren Gewehren auf die Wachtposten auf dem Dach des Torhauses, während Sirus und der Rest des Trupps in eine dunkle Gasse hinabkletterten. Dort bereiteten sie ihre Munition vor, und Sirus vergewisserte sich derweil, dass die anderen Trupps ebenfalls in Stellung waren. Dann riss er ein Streichholz an und hielt es an den Zünder der Granate in seiner Hand.

Sobald die beiden Schützen ihre Schüsse abgefeuert hatten, griffen Sirus und die anderen von der Straße her an. Die beiden Wachtposten auf dem Dach wurden augenblicklich gefällt. Als sie nah genug am Torhaus waren, warf Sirus seine Granate. Der Rauch des Zünders beschrieb einen eleganten Bogen, und das Geschoss flog durch die schmale Schießscharte im Obergeschoss des Torhauses. Der Rest des Trupps folgte seinem Beispiel, bis auf einen Verderbten, der vorwärtssprintete, um seine Granate direkt vor das schwere Tor des Gebäudes zu legen. Die Explosionen hüllten die ganze Straße in Staub und Rauch, durch den Sirus mit seinem Trupp voranstürmte, um die Überreste des Tors einzutreten.

Zu Sirus' Linker kam ein corvantinischer Feldwebel eine Wendeltreppe hinuntergestolpert, der sich das blutende Gesicht hielt. Er ging zu Boden, als ihm eine Stammeskriegerin die Spitze ihrer Keule in den Rücken hieb. Die anderen Soldaten im Erdgeschoss waren zu überrascht, um Gegenwehr zu leisten, und wurden ebenso schnell außer Gefecht gesetzt. Sirus führte seinen Trupp die Treppen hoch, zündete eine weitere Granate und warf sie voraus. Auf der Treppe kauernd warteten sie auf die Explosion. Danach stürmten sie in das Blutbad hinein und machten alle Überlebenden nieder. Das wiederholten sie, bis sie beim Dach angelangt waren. Die beiden Wachtposten dort waren bereits tot, auf ihrer Stirn prangte ein Einschussloch. Der gesamte Angriff hatte weniger als zehn Minuten gedauert.

Sirus nahm Kontakt zu den anderen Trupps auf, die genauso erfolgreich gewesen waren, bis auf einen, der im Torhaus am Hafen auf eine Agentin des Blutkaders gestoßen war. Die Frau schien recht erfahren zu sein, jedenfalls hatte sie mit den Verderbten kurzen Prozess gemacht. Dreien hatte sie nacheinander die Schädel zerquetscht und den Rest in Brand gesteckt. Dennoch wertete Sirus auch diesen Angriff als Erfolg, die Agentin hatte ihnen nämlich den Dienst erwiesen, vor ihrer Flucht das Torhaus in Flammen zu setzen.

Es ist geschafft, sagte er zu Catheline, die vom Deck der *Schlechter Einfluss* aus den fernen Hafen betrachtete. *Schick die anderen.*

Sehen Sie, Marschall, sagte Catheline an Morradin gewandt. *So macht man das.*

Morradins düstere, neidische Gedanken überging sie und übermittelte Sirus stattdessen das Bild, wie sich ihr gesamtes Kontingent Roter mit den Grünen in den Klauen von den Decks der Flotte in die Lüfte erhob. *Hafen und Kais werden sie verschonen,* sagte sie. *So wie du es vorgeschlagen hast. Wir können noch mehr Schiffe gebrauchen.*

◆ ◆ ◆

Nebelschleier hatte genau berechnet, in welcher Abfolge die Feuer gelegt werden sollten. Sirus hatte Zweifel daran gehabt, ob sich die Drachen an einen derart komplexen Plan halten würden, aber Catheline hatte ihm versichert, dass das kein Problem sein würde. Dennoch war ihm aufgefallen, dass sie sich mehrere Stunden lang stumm mit dem Weißen beraten hatte, ehe sie seiner Strategie ihre Zustimmung gab. *Er brauchte mich …* Die Worte, für die sie bestraft worden war, hatten sich immer wieder in seinem Kopf wiederholt, während er zusah, wie sie die Vorderbeine des Weißen umschlang und mit ihm in Verbindung trat.

Tatsächlich hielten sich die Drachen genau an den Plan und setzten als Erstes den Marktplatz am Hafen in Brand, dann die Häuser östlich und westlich davon. Der unkontrollierte Großband, der ganz Melkorin zerstört hatte, wiederholte sich nicht, stattdessen wanderten die Feuer stetig von Süden nach Norden durch die Stadt, sodass die Bevölkerung davor fliehen konnte. Bald waren die Straßen völlig von Menschen verstopft. Manche trugen Bündel hastig zusammengeraffter Besitztümer, andere trieben schreiende Kinder vor sich her. Diejenigen, die nach Osten oder Westen flohen, sahen sich von Rudeln Grüner bedroht und strömten über die Hauptstraße aus der Stadt hinaus. Die Straße führte zu einem flachen Flusstal im Norden, wo Marschall Morradin mit siebzigtausend Verderbten wartete. Die ersten Umwandlungen begannen bereits am Abend des Folgetages.

An manchen Stellen war in der Stadt Widerstand aufgeflammt. Überreste der Sairveker Garnison starteten ein paar verzweifelte und schnell niedergeschlagene Gegenangriffe. Die Blutkaderagentin tauchte wieder auf, als das Feuer den großen Platz in der Stadtmitte erreichte. In einer spektakulären Zurschaustellung ihrer Kräfte tötete sie ein Dutzend Verderbte und mehrere Grüne. Ihrem tapferen Widerstand wurde jedoch ein Ende bereitet, als Katarias vom Himmel herabflog, um sie mit einem Feuerstrom zu überschütten, der sie zu einem Häufchen Asche verbrannte. Insgeheim nahm Sirus sich vor, später ihren Namen in Erfahrung zu bringen.

»Bereits viertausendzweihundertundsiebzig Umwandlungen«, meldete Nebelschleier zwei Tage später bei einer Stabsbesprechung an Bord der *Schlechter Einfluss*. »Bis zum Ende der Woche können wir mit mehr als fünfzigtausend rechnen. In der Gegend gibt es zahlreiche Dörfer, die die Zahl noch erhöhen werden.«

»Mehr als doppelt so viele wie in Melkorin«, stellte Catheline fest und schaute mit hochgezogener Augenbraue zu Morradin hin. »Ziemlich beeindruckend, finden Sie nicht auch, Marschall?«

Morradins Blick zuckte zu Sirus, bevor er lustlos antwortete: »Ja, ein beeindruckender Sieg gegen minimalen Widerstand.«

Cathelines Miene verfinsterte sich, und womöglich hätte sie sich erneut eine Bestrafung eingehandelt, wäre Sirus nicht rasch dazwischengegangen: »Der Marschall hat recht. Die Gegenwehr war hier schwach und schlecht organisiert. Nach unseren Informationen war die Stadtregierung wegen der Revolution gespalten. Einige wollten Boten zu den Rebellen schicken, aber die Mehrheit war kaisertreu eingestellt. Wegen der wachsenden Unruhen hatte der Garnisonskommandant vor einigen Wochen den Ausnahmezustand verhängt, anscheinend auf Geheiß der ansässigen Kadervertretung.«

»Du meinst das heldenhafte Miststück, von dem du so beeindruckt warst?«, fragte Catheline, und Sirus entdeckte einen Anflug von Eifersucht in ihren Gedanken.

»Ja«, sagte er. Es hatte wenig Sinn, die Wahrheit zu leugnen. Catheline sah ohnehin stets mehr, als ihm lieb war, und er konnte sich glücklich schätzen, dass sie ihm und seinen geheimen Machenschaften bisher nicht auf die Schliche gekommen war. »Jedenfalls können wir nicht davon ausgehen, dass es immer so wenig Widerstand geben wird. Die Nachricht über das, was hier geschehen ist, hat sich bestimmt schon verbreitet. Furcht schafft Einigkeit.«

Catheline schaute auf die Karte der Region und tippte mit dem Finger auf den Hafen von Subarisk etwa einhundert Kilometer weiter westlich. »Unsere nächste Rekrutenquelle. Wenn ich mich nicht irre, ist das die größte Hafenstadt an dieser Küste?«

»Mehr als zwei Millionen Einwohner«, sagte Nebelschleier. »Verteidigt von einer kompletten Division kaiserlicher Truppen und einer Flottille aus sieben Kriegsschiffen.«

»Die Hafenmauer ist recht formidabel«, fügte Sirus hinzu. »Kanonenbatterien auf der Mauer selbst und eine Reihe von Inselfestungen, die die Zufahrt bewachen.«

»Aber wir verfügen über eine Menge hübscher neuer Schiffe, oder nicht?«, fragte Catheline.

»In Melkorin haben wir dreiunddreißig Handelsschiffe erbeutet«, bestätigte Sirus. »Aber nur ein Kriegsschiff, ein alter Zollkutter mit lediglich drei Kanonen.«

»Wollt ihr damit sagen, dass wir diese Hafenstadt nicht einnehmen können?«, fragte sie, und ihre Stimme war ein durchdringendes Murmeln, während sie nacheinander alle Verderbten am Tisch anblickte. »Das kann nicht sein. Ich will sie haben, *Er* will sie haben.« Sie warf Sirus einen eisigen Blick zu. »Finde eine Möglichkeit, General«, sagte sie und verließ den Raum. Sirus musste einen Anflug von Verärgerung unterdrücken, weil die Parfümwolke, die sie hinterließ, durchaus sein Gefallen erregte.

◆ ◆ ◆

»Ein Marsch über Land wird zu lange dauern.« Morradin nahm einen tiefen Zug von einem kurzen, süß riechenden Zigarillo, dessen Spitze in der Dunkelheit aufleuchtete. »Bis wir auf Angriffsweite sind, haben sie genügend Zeit gehabt, um ihre Verteidigung zum Landesinneren hin zu verstärken. Und für eine Belagerung fehlt es uns an Artillerie.«

Nach einer Woche fruchtlosen Nachdenkens hatte Sirus ihn auf das Dach des Torhauses am Hafen zu einem Gespräch gebeten. Dem Marschall war es ganz eindeutig zuwider, Befehle von jemandem entgegennehmen zu müssen, den er für unterlegen hielt. Wegen ihres gemeinsamen Dilemmas vermochte Sirus jedoch kaum Genugtuung deswegen zu empfinden. Sie hätten sich auch bloß im Geiste austauschen können, aber der Marschall war inzwischen fast so versiert darin, seine Gedanken abzuschirmen, wie Sirus. Nur mit einem Unterschied: Während Sirus sich der Furcht bediente, um seine Gedanken zu verschleiern, bestanden Morradins geistige Mauern aus Zorn. Sirus spürte ihn, selbst wenn der Marschall nach außen hin freundlich wirkte. Er rauchte seinen Zigarillo und kratzte sich nachdenklich die Dornfortsätze auf der Stirn. Nichts deutete auf die brodelnde Wut in seinem Inneren hin.

»Es muss also ein Angriff von der Seeseite her sein«, sagte Sirus. Sie hatten beide ein Bild der Karte vor Augen, auf der der Hafen von Subarisk und die sechs Inselfestungen vor der Küste eingezeichnet waren.

»Die Befestigungen wurden vor einem Jahrhundert von dem großen Militärarchitekten Zevaris Lek Akiv Torlak entworfen«, sagte Morradin. »Eindeutig jemand, der etwas von seinem Beruf verstand. Wir brauchten mindestens tausend Mann, um eine der Festungen einzunehmen, und wir müssten bei Tageslicht und unter Feuer angreifen, weil die Anlegestellen nur mit der Morgenflut erreichbar sind.«

»Wir verstärken den Angriff mit Roten«, sagte Sirus. »Attackieren sie gleichzeitig vom Wasser und von der Luft aus.«

Morradin beschwor ein anderes Bild, eine mit Tinte gezeichnete Skizze von etwas, das wie eine Steinskulptur einer beinlosen Schildkröte aussah. »Das sind keine gewöhnlichen Festungen, Junge«, sagte er. »Kuppeldächer, um Geschosse abzuwehren. Drei Meter dicke Mauern und eine Batterie Zwanzigpfünder, die genügend Reichweite besitzen, um den benachbarten Festungen Feuerschutz zu geben. Und selbst wenn es uns gelingt, die äußere Verteidigung zu bezwingen, müssen wir immer noch die Hafenmauer überwinden. Wie gesagt, Torlak verstand etwas von seinem Handwerk.«

»Wollen Sie damit sagen, die Stadt ist uneinnehmbar?«

Morradins Augen verengten sich hinter dem Rauch, als er erneut einen tiefen Zug nahm. »Keine Stadt ist uneinnehmbar, Junge«, sagte er. »Wenn man bereit ist, genügend Blut zu vergießen. Hinterhältige Tricks wie in Sairvek werden uns hier aber nicht weiterhelfen. Das ist eine Schlacht, die ich schlagen muss. Aber das weißt du ja längst, sonst hättest du mich nicht hierhergerufen.«

Sirus versteifte sich wegen der Spitze. Es ärgerte ihn, dass die Wahrheit an seinem Stolz kratzte. *Stolz auf ein Blutbad*, dachte er und hüllte sich in Furcht, um die Selbstverachtung zu verbergen. Aus einer Eingebung heraus wandte er sich direkt an Morradin und tarnte die Gedanken hinter Bildern des Weißen und Cathelines rot-schwarzen Augen. Sollte sie jemand belauschen, würde er hoffentlich glauben, sie hätten lediglich Angst zu versagen.

Gefällt Ihnen dieses Leben, Morradin?, fragte er den Marschall und sah, wie sich dessen Augen noch mehr verengten, als ihn die Frage inmitten einer Welle der Furcht erreichte.

Du bist ziemlich gerissen, was?, gab Morradin zurück und hüllte sich ebenfalls in Furcht und Wut. *Bist du sicher, dass sie uns nicht hören kann?*

Nein, aber wir werden es bald herausfinden. Beantworten Sie mir meine Frage?

Dieses Leben? Morradin ließ Rauch aus seinen Nasenlöchern quellen und drückte dann den Zigarillo auf seinem Handrücken aus. *Ich spüre das kaum*, sagte er. *Und morgen wird es verheilt sein. Die Vorteile dieses Daseins sind unbestreitbar.*

Aber ebenso wenig die vielen Menschenleben, die wir genommen haben. Die Kinder, die jetzt in den Bergen von den Ungeheuern gejagt werden, denen wir dienen. Wir hinterlassen nichts als Asche und Trauer.

So war es mit Armeen schon immer. Und ich habe noch nie eine Armee wie diese kommandiert.

Nur dass nicht Sie sie kommandieren, sondern ich.

Morradins Wut flammte wieder auf, diesmal war sie echt. Er bleckte seine Reißzähne zu einem Grinsen. *Vorerst. Sie wird dich schon bald satt haben. Ich kenne Frauen wie sie. Schönheit und hohe Stellung waren seit jeher eine giftige Mischung. Und nicht zu vergessen: Sie ist vollkommen wahnsinnig.*

Ich weiß. Und das ist für uns alle kein gutes Zeichen.

Morradins Grinsen verfinsterte sich. *Du hast gefragt, ob mir dieses Leben gefällt. Natürlich nicht. Ich verabscheue es. Ich wurde nicht dazu geboren, ein Sklave zu sein.*

Das wurde keiner von uns. Und wenn es nun eine Möglichkeit gäbe, uns alle zu befreien?

Ein Hauch von Verzweiflung breitete sich in Morradins Geist aus. *Ich habe schon sechsmal versucht, mich zu erschießen*, sagte der Marschall und zeigte ihm eine Reihe von Erinnerungen. Ein Zimmer in Morstal. Morradin, der sein verwandeltes Gesicht im Spiegel betrachtet und sich eine Pistole an die Schläfe hält. Er drückt den Abzug, doch die Trommel ist leer. Eine andere Erinnerung, dieses Mal auf den Barriere-Inseln. Das kalte Metall des Pistolenlaufs gleitet über seine Zunge und stößt gegen seinen Rachen. Wieder drückt er den Abzug, wieder nur ein leeres Klicken. Und dann noch einmal während der Reise nach Feros, und während des Feldzugs durchs Hügelland …

Ich hatte die Pistole geladen, sagte Morradin. In seinem Geist wiederholte sich der letzte fruchtlose Selbstmordversuch, der gerade einmal einen Tag her war. *Oder jedenfalls erinnere ich mich, sie geladen zu haben. Aber wenn ich dann nachsehe, ist sie immer leer. Irgendwie wusste der Weiße, was ich vorhatte, und hat meine Gedanken verändert. Wenn du es versuchen solltest, wird es dir bestimmt genauso ergehen. Also, wie willst du uns aus einem Alptraum befreien, der von einem Wesen erschaffen wurde, das unsere Gedanken lesen kann?*

Ich weiß es noch nicht genau, gab Sirus zu. *Aber mir ist klar, dass wir es nur gemeinsam schaffen können. Nicht nur Sie und ich, sondern wir alle.*

In dieser Armee gibt es auch Verderbte, denen ihr neues Leben gefällt. Was für uns eine Qual ist, empfinden sie als Paradies.

Einigkeit ist die einzige Möglichkeit, uns zu befreien. Wir müssen dafür sorgen, dass sich die Zahl der Andersdenkenden verringert. Und wir planen doch gerade einen äußerst verlustreichen Angriff, nicht wahr?

Er zog sich aus Morradins Geist zurück und fragte nach einer Stille, die nur wenige Sekunden gedauert hatte: »Wie lautet Ihr Plan, Marschall?«

Morradin war klug genug, ein gewisses Triumphgefühl in seine Antwort zu legen. Sollte Catheline sie belauschen, würde sie nichts weniger erwarten. »Sag mal«, erwiderte er, »hast du schon einmal von einem Helden der Protektoratsmarine namens Racksmith gehört?«

KAPITEL 22

Lizanne

Clay tauchte erst in der Trance auf, als sich das Blau in ihren Adern schon nahezu verflüchtigt hatte, sodass ihr nur noch wenige Sekunden blieben, um ihm die Informationen zu übermitteln, die sie entdeckt hatte. Die Trance löste sich auf, bevor sie sich vergewissern konnte, dass er die Erinnerung empfangen hatte. Ebenso wenig konnte sie etwas über seinen gegenwärtigen Aufenthaltsort in Erfahrung bringen.

Blinzelnd kam Lizanne wieder zu Bewusstsein. Sie lag auf dem Steinboden einer kleinen Zelle. Die Wände bestanden aus grob behauenem Fels, in dem es keine Fenster gab, und eine schwere, eisenbeschlagene Tür versperrte den Ausgang. Die Spinne hatte man ihr abgenommen, und ihre Füße waren nackt und taub vor Kälte. Anscheinend waren die Varestianer so vorausschauend gewesen, dass sie ihr auch das Produkt abgenommen hatten, das in den Absätzen ihrer Stiefel verborgen war.

Sie setzte sich auf und rieb ihre gefühllosen Füße, während sie im Geiste die gescheiterte Mission noch einmal durchging. Versagt zu haben war keine besonders angenehme Erfahrung, aber rigorose und objektive Selbstbetrachtung stellte einen wesentlichen Teil ihrer Ausbildung dar. *Ich habe zu lange die Politikerin gespielt.* Sie verzog das Gesicht, als wieder etwas Gefühl in ihre Füße zurückkehrte. *Und mich selbst über-*

schätzt, fügte sie nach weiterer Überlegung hinzu. *Es ist ungesund, an seine eigene Legende zu glauben.*

Von der Tür her war ein Klicken zu hören, und sie blickte auf. Durch einen schmalen Schlitz schauten sie zwei dunkle Augen feindselig an. Es waren die Augen einer Frau, und Lizanne erkannte die Blutgesegnete, die sie in der Nacht zuvor beinahe getötet hatte.

»Du hast Glück gehabt«, brach die Frau das Schweigen.

»Nein«, erwiderte Lizanne ausdruckslos. »Ich war einfach besser.«

Die Augen verengten sich, und der Schlitz wurde mit einem lauten Klappern geschlossen. Kurz darauf folgte das Rasseln eines Schlüssels im Schloss. Quietschend schwang die Tür auf, und die Blutgesegnete stand mit einer Pistole in der Hand in der Öffnung. Zwei kräftige Piraten mit Schrotflinten begleiteten sie.

»Steh auf«, sagte die Frau und wedelte mit der Pistole. »Er will dich sehen.«

Zu Lizannes Überraschung wurde sie nicht gefesselt, als die Frau sie durch einen engen Tunnel abführte. Die beiden Wächter mit den Schrotflinten liefen hinter ihr. *Sie glauben, dass ich ohne Produkt keine Gefahr darstelle,* schloss sie. Die Varestianerin bewegte sich mit betonter Lässigkeit. *Eine unkluge Fehleinschätzung.*

Auf dem Weg zählte sie drei Gelegenheiten, wo es relativ einfach gewesen wäre, die Frau zu überwältigen, ihr die Pistole abzunehmen und die beiden Wachen zu töten. Aber dann wäre sie allein auf unbekanntem Gebiet, und wenn die Frau nicht auch noch so dumm war, Produkt bei sich zu tragen, bliebe ihr keine Möglichkeit, von der Insel herunterzukommen.

Der Tunnel lief schließlich zu einer breiten Plattform aus, die in die Wand einer winddurchtosten Felsspalte eingelassen war. Lizanne fiel auf, dass die rechte Wand der Felsspalte komplett aus glattem Mauerwerk bestand. So sah die Hohe Mauer also von innen aus. Unter sich entdeckte sie eine beschauliche Lagune und einen Anlegeplatz, wo ein halbes Dutzend Schiffe vor Anker lagen. Trotz ihrer gegenwärtigen Situation machten die gewaltigen Ausmaße des ehrgeizigen Bauwerks durchaus Eindruck auf sie.

»Nicht einmal dein Protektorat konnte sie einnehmen«, sagte die Frau, als sie Lizannes Gesichtsausdruck bemerkte. »Versucht haben sie es. Oder vielmehr einen Haufen Söldner angeheuert, die es versuchen sollten. Mein Urgroßvater hat sie abgewehrt und sie dann durch die ganze Welt verfolgt, um jeden einzelnen Piraten, der es gewagt hatte, den Okanas-Klan herauszufordern, dem König der Tiefe zu übergeben.« Sie trat drohend näher. »So machen wir es mit all unseren Gegnern.«

Lizanne schürzte die Lippen und nickte. Dann täuschte sie Verwirrung vor. »Nur dass ihr heutzutage euer eigener Gegner seid, nicht wahr? Dein Cousin Arshav scheint zu glauben, dass dieser Ort hier rechtmäßig ihm gehört …«

Die Frau knurrte und schlug mit der freien Hand nach Lizanne, traf jedoch nur Luft, weil Lizanne sich unter dem Schlag wegduckte. Sie rammte der Frau die Faust in den Solarplexus und drehte ihr den Arm auf den Rücken. So zwang sie sie auf die Knie und entwand ihr die Pistole, die sie ihr an den Kopf hielt. Sie blickte hoch und sah die beiden Wachen ihre Schrotflinten heben. Allerdings hatten sie es damit nicht gerade eilig.

»Das ist sehr unklug«, sagte der größere der beiden mit einer Gelassenheit, die Lizanne einiges mitteilte. Die Blutgesegnete hatte hier nicht das Sagen, sondern er, und ihn kümmerte es nicht, wenn Lizanne die Frau umbrachte.

Mit einem Knurren ließ Lizanne ihre Gegnerin frei und warf die Pistole über den Rand der Plattform. »Eine Waffe besitzt nur dann einen Wert, wenn man über das nötige Wissen und die Absicht verfügt, sie auch einzusetzen«, zitierte Lizanne den Lieblingssatz eines ihrer Lehrer.

Die Frau stieß ebenfalls ein Knurren aus, und ihre Hand zuckte zu dem Messer, das in ihrem Stiefel steckte. »Morva«, sagte der große Wächter, als die Frau sich zum Sprung duckte. Mit vor Wut zitterndem Gesicht hielt sie inne. Der Wächter trat zwischen sie und Lizanne und nickte auffordernd. »Das reicht. Er wartet.«

◆ ◆ ◆

In einem Hebeapparat wurde sie die Wand der Felsspalte hochbefördert. Es handelte sich um einen Käfig, an dem oben ein Stahlseil befestigt war, das mit Hilfe eines Gegengewichts in die Höhe gezogen wurde. Ihr Vater hätte den Mechanismus sicher faszinierend gefunden. Lizanne fiel auf, dass die beiden Wächter auf dem Weg nach oben deutlich aufmerksamer wurden. Der Größere richtete seine Schrotflinte auf ihren Kopf, während der andere auf ihr Kreuz zielte. Als der Käfig ruckelnd zum Stehen kam, folgten die beiden Wächter Lizanne hinaus. Ihre Waffen blieben die ganze Zeit auf sie gerichtet, während Morva sie über einen Hof und eine Treppe hoch auf den Wall führte.

Alzar Lokaras stand auf einem erhöhten Mauerturm an der Westflanke der Kratermündung und streichelte eine große schwarze Katze, die neben ihm auf der Zinne saß. Die Katze fauchte, als sie Lizanne sah, die in ihr augenblicklich den Urheber ihrer misslichen Lage erkannte.

»Beachte Sherva nicht weiter«, sagte Alzar, als die Wächter mit Lizanne ein paar Schritte entfernt stehen blieben. »Sie ist darauf abgerichtet, Fremden gegenüber misstrauisch zu sein.« Er kraulte der Katze das Kinn und winkte Lizanne näher heran. »Bei meinem Morgenspaziergang habe ich heute eine seltsame Entdeckung gemacht«, sagte er und deutete aufs Meer. »Vielleicht kannst du mir ja erklären, was das ist.«

Lizanne trat zu ihm, was die Wächter in erhöhte Alarmbereitschaft versetzte. So gleichgültig wie gegenüber Morva waren sie hier eindeutig nicht. Sie folgte Alzars Finger zu einer kleinen, flachen Insel in fünf Kilometern Entfernung. Darüber schwebte in etwa fünfzehn Metern Höhe die *Glühwurm*. Tekela hielt das Fluggerät im Wind, sodass es beständig auf und ab wippte, machte jedoch keine Anstalten wegzufliegen.

»Es ist dort schon seit dem frühen Morgen«, sagte Alzar. »Meine Männer sind sehr darauf erpicht, hinauszufahren und es in Besitz zu nehmen. Soll ich es ihnen erlauben? Oder vielleicht meinen Kanonieren Befehl geben, das Ding vom Himmel zu blasen?«

»Sie werden nicht treffen«, sagte Lizanne. »Und dann wird es einfach wegfliegen.«

Alzar stieß ein kurzes Lachen aus. »Da wäre ich mir nicht so sicher. Wer immer es steuert, muss dir gegenüber recht loyal sein, sonst wäre er längst abgeflogen, als klar wurde, dass deine Mission hier gescheitert ist.« Er drehte sich um, lehnte sich gegen die Zinne und musterte Lizanne eingehend. »Wenn ich dir ein Seil um die Füße binde und dich von dieser Mauer baumeln lasse, könnte es sogar sein, dass derjenige mir dieses wundersame Gefährt einfach so überlässt. Oder irre ich mich da?«

Ich hoffe es, dachte Lizanne, befürchtete aber insgeheim das Gegenteil. »Wie kommen Sie darauf, dass meine Mission hier gescheitert ist?«, fragte sie stattdessen.

Alzars abschätzender Blick wich kühler Berechnung. »Du bist in Trance gegangen«, sagte er. »Deine Unternehmensherren haben also sicher die Informationen erhalten, deretwegen du hier warst. Deshalb finde ich es merkwürdig, dass die interessantesten Dokumente in der Bibliothek meines Onkels nicht angerührt wurden. Nichts wurde gestohlen oder vernichtet.« Er nickte in Richtung der Wachen, die näher herantraten und Lizanne ihre Schrotflinten an Kopf und Rücken drückten.

»Ich bin kein Narr aus dem Kaiserkader«, sagte Alzar barsch. »Ich werde nicht deine Spiele spielen oder auf deine Abmachungen eingehen. Sag mir, weshalb du hier bist, oder ich zeige deinem Freund dort drüben, wie wir an der Hohen Mauer mit Spionen umgehen.«

Lizanne antwortete schnell. Sie besaß genügend Erfahrung, um zu erkennen, wenn jemand bluffte, und das hier war kein Bluff. »Es ist eigentlich ganz einfach«, sagte sie. »Zenida hat mich geschickt.«

◆ ◆ ◆

»Das ist ja eine ganz erstaunliche Geschichte, die du mir da erzählst«, sagte Alzar ein paar Stunden später. Nach einer kurzen Erklärung auf dem Wall hatte er sie in die Villa gebracht, um sich alles genauer berichten zu lassen. Lizanne saß auf einem Stuhl in der Bibliothek. Der größere der beiden Wachmänner befand sich hinter ihr, und Morva hielt sich am Rand ihres Blickfeldes. Alzar stand die ganze Zeit über und hielt den Blick auf den Kartentisch gerichtet. »Wie kommst du darauf, dass ich dir auch nur ein Wort davon glaube?«, fragte er.

»Bisher haben Sie mich nicht getötet«, erwiderte Lizanne. »Und woher sonst wüsste ich so viele Einzelheiten über Ihre Fehde mit Arshav und seiner Mutter?«

»Eisenboot-Spione wissen eine ganze Menge, und sie haben sich schon immer zu sehr für meine Familie interessiert.«

»In der Tat. So sehr, dass sie Zenida sogar als Freibeuterin angeheuert haben. Sie hat dem Syndikat über die Jahre wertvolle Dienste geleistet.«

»Wie bitte?«, fragte Morva ungläubig und trat näher. »Was hat sie da gesagt?«

»Halt dich im Zaum!«, fauchte Alzar und funkelte Lizanne wütend an. »Mit den Entscheidungen meiner Kusine war ich nicht immer einverstanden«, sagte er, während Morva mit trotziger Miene zurücktrat. »Aber sie ist ein echtes Mitglied dieses Klans, in Blut und Geist. Ganz im Gegensatz zu ihrem missratenen Bruder und seiner verfluchten Mutter.«

»Die jetzt die Sieben Mauern und den Regierungsrat beherrschen«, stellte Lizanne fest.

»Den Rat.« Alzar lachte verächtlich. »Einen Regierungsrat hat es nie gegeben. Nur einen Haufen wichtigtuerischer Bilgeratten, die Politik machen wollen und dabei größtenteils scheitern. Mit ihrem leeren Geschwätz hat die Hohe Mauer nichts zu schaffen. Arshav und seine Mutter können sich von mir aus herausputzen, wie sie wollen, und alles Mögliche verkünden, Varestia hat nie eine echte Regierung gehabt und auch nie eine gebraucht.«

»Bis jetzt. Sie wissen doch sicher, was uns bevorsteht? Ein Klan mit so vielen Schiffen wie Ihrer hat bestimmt eine Vorstellung von der Bedrohung, der sich diese Region gegenübersieht.«

Alzar wandte sich wieder der Karte zu, ohne etwas zu sagen. An seiner gerunzelten Stirn erkannte Lizanne jedoch, dass sie einen Nerv getroffen hatte.

»Melkorin wurde zerstört«, beharrte sie. »Andere Städte und Ortschaften werden folgen. Mit jedem Sieg vergrößert unser Gegner seine Armee, und wenn er stark genug ist, wird er auch die Roten Gezeiten verwüsten.«

Alzar hielt den Blick auf die Karte gerichtet. Sein Ausdruck war der von jemandem, der über etwas Unangenehmes nachdenkt. »In meiner Kindheit«, sagte er schließlich, »habe ich meinen Onkel stundenlang auf diese Karte starren sehen. Etwas an diesem Land nahm ihn gefangen und ließ ihn nicht mehr los, bis es ihm zum Verhängnis wurde. Jetzt sagst du mir, der Schlüssel zur Rettung der Menschheit liegt in seiner Obsession.« Er lachte leise und humorlos. »Und Zenida dachte immer, es seien nur die Hirngespinste eines alten Mannes.«

Alzar trat von der Karte weg und nahm Lizanne gegenüber auf einem Stuhl Platz. »Ich möchte darauf hinweisen«, sagte er resigniert, »dass zu einem anderen Zeitpunkt deine Leiche jetzt unsere Mauer zieren würde.«

»Zur Kenntnis genommen«, sagte Lizanne.

»Überbring Arshav und Ethilda eine Nachricht. Ich werde mich ihrer Flotte anschließen. Wir werden für die Roten Gezeiten kämpfen, aber dadurch ändert sich zwischen uns nichts. Er ist und bleibt ein Schweinehund und treuloser Halsabschneider, der unseren Namen beschmutzt, und sie eine intrigante Hure, die mein Onkel hätte erwürgen sollen, als er Gelegenheit dazu hatte. Wenn dieser Krieg vorbei ist und Zenida wieder ihren rechtmäßigen Platz hier eingenommen hat, wird es eine Abrechnung geben.«

»Ich werde es ihnen sagen.«

»Drei weitere Bedingungen habe ich noch«, fuhr er fort. »Erstens: Alle Beute, die unsere Schiffe machen, gehört der Hohen Mauer und nicht deinem lächerlichen Unternehmen. Zweitens: Wir werden hinreichend mit Waffen aus euren Fabriken ausgestattet. Und drittens«, er schaute sich zu Morva um, die mit trotziger Miene in einer Ecke der Bibliothek stand, »brauche ich eine Lehrerin für eine störrische junge Frau.«

◆ ◆ ◆

»Was macht sie da?«, fragte Tekela, als Morva in die Gondel einstieg.

»Wir haben eine Passagierin«, sagte Lizanne. »Das ist Morva, meine … Schülerin.«

»Schülerin …? Fass das nicht an!«, fauchte Tekela, als Morva die Hand nach dem Steuerpult ausstreckte.

Die Blutgesegnete starrte sie finster an. »Das ist ja eine Corvantinerin«, murmelte sie drohend. »Corvantiner töte ich besonders gern.«

»Wir wissen beide, dass du noch nie wirklich jemanden getötet hast«, sagte Lizanne. »Tekela dagegen schon. Also hüte deine Zunge. Geh nach hinten und setz dich.«

Lizanne nahm auf dem Sitz neben Tekela Platz und legte die Gurte an. »Ich erkläre dir alles später«, sagte sie. »Jetzt lass uns bitte erst einmal von hier verschwinden.«

Sie schaute durch das Seitenfenster, während Tekela ein Ventil öffnete, um mehr Gas in den Ballon strömen zu lassen. Sie sah Alzar auf dem Hof der Hohen Mauer stehen und der *Glühwurm* hinterherschauen. Seine Miene spiegelte Ärger über das Abkommen, das er hatte schließen müssen. Doch obwohl er für die Unternehmenswelt offensichtlich wenig übrig hatte, war er ihr als Verhandlungspartner immer noch lieber als Arshav und Ethilda.

Sie hörte Morva aufkeuchen, als die Hohe Mauer unter ihnen zurückblieb und Tekela das Fluggerät nach Norden lenkte. Lizanne schaute nach hinten und sah, dass die Varestianerin die Augen geschlossen hatte und die Armlehnen ihres Sitzes fest umklammert hielt.

»Keine Sorge«, sagte Lizanne. »Man gewöhnt sich dran.«

Morva murmelte eine kaum verständliche Tirade auf Varestianisch. Lizanne schnappte lediglich die Worte »Unternehmens-Teufelszeug« darin auf.

»Heute herrscht ziemlicher Gegenwind«, sagte Tekela. »Wir werden bis zum Fjord mindestens fünf Stunden brauchen.«

Morva stöhnte erneut auf, aber Lizanne beachtete sie nicht. »Wir fliegen nicht zum Fjord«, sagte sie. »Setz Kurs zu den Sieben Mauern.«

◆ ◆ ◆

»Sie hatten kein Recht, im Namen des Bundes zu verhandeln«, sagte Ethilda Okanas überraschend gelassen. Im Gegensatz zu ihrem Schwager an der Hohen Mauer besaß sie die Fähigkeit, ihre Gefühle zu verbergen, wenngleich es ihr nicht ganz gelang, ein wütendes Funkeln zu unterdrücken. »Ein Abkommen kann nur nach Abstimmung des Vorstandes geschlossen werden …«

»Die Familie Okanas kommandiert dreißig Schiffe«, unterbrach sie Lizanne. »Außerdem besitzen sie Verbindungen zu vielen Familien in Süd-Varestia, von denen die meisten, wie ich aus verlässlicher Quelle weiß, Sie und Ihren Sohn lieber tot sehen würden, als Ihnen in eine

Schlacht zu folgen. Ob es Ihnen gefällt oder nicht, wir werden sie brauchen, wenn wir diese Region verteidigen wollen.«

Ethildas Blick ging zur *Glühwurm*, die über dem Hafen der Sieben Mauern schwebte. Lizanne war mit Hilfe eines Seils zum Kai hinabgestiegen und hatte den Hafenmeister angewiesen, Ethilda oder ihren Sohn zu holen. Seine Aufforderung, ihm in sein Büro zu folgen, hatte sie abgelehnt. Ethilda war mit einer Eskorte unter dem Kommando des allgegenwärtigen Mr. Lockbar eingetroffen.

»Wird sich Burggräfin Artonin uns nicht anschließen?«, fragte Ethilda.

»Wir bleiben nur kurz«, erwiderte Lizanne. »Zu viele Landungen erschöpfen die Gasreserven.«

»Wie schade. Ich sehne mich so nach eloquenter Gesellschaft ...« Ethilda verstummte und kniff die Augen zusammen. »Also«, sagte sie. »Alzar hat das kleine Miststück bei Ihnen abgeladen, ja?«

Lizanne schaute über die Schulter und sah Morvas Gesicht in der offenen Luke des Fluggeräts. »Er war der Ansicht, seine Nichte könnte etwas Bildung gebrauchen«, erwiderte Lizanne. In Wahrheit hatte Alzar gesagt: *In ihrem jetzigen Zustand nützt sie uns nichts. Sie ist wie ein Kind mit einer geladenen Waffe, das nicht weiß, wie es zielen soll.*

»Nichte?«, fragte Ethilda. »So nennt er sie jetzt? Sie sollten wissen, dass sie keine echte Okanas ist, nur ein blutgesegnetes Waisenkind, das er dalzianischen Plünderern abgekauft hat. Da Zenida als Freibeuterin unterwegs war, meinte er, der Klan könnte eine neue Blutgesegnete gebrauchen. Sie hat schon immer Schwierigkeiten gemacht, Streit gesät und sich viel zu freizügig aufgeführt. Varestianer sind wahrlich nicht prüde, aber von den Töchtern der oberen Familien wird etwas mehr Anstand und Geschmack erwartet. Es lag wohl an dem, was die Plünderer mit ihr gemacht haben. Ist ein Mädchen erst mal ruiniert, dann bleibt sie es auch.« Ethilda zuckte mit den Achseln. »Lassen Sie sie hier, wenn Sie mögen. Wir finden schon eine Verwendung für sie.«

Lizanne fragte sich, ob es wohl sehr schlimm wäre, wenn sie die Frau auf der Stelle umbrachte. *Es nützt nur nichts, solange ihr Sohn noch am Leben ist.* »Wir brauchen im Fjord noch mehr Blutgesegnete«, sagte sie, wobei ihre Finger auf der Spinne zuckten. »Ist Arshav hier?«

»Er ist zur Halbinsel gefahren, um noch mehr Schiffe und Kämpfer anzuwerben.« Ethilda nickte zum Hafen, in dem sich jetzt mindestens doppelt so viele Schiffe befanden wie bei Lizannes letztem Besuch. »Bisher läuft es ganz gut. Besonders seit sich die Neuigkeiten über Sairvek verbreitet haben.«

»Sairvek?«

»Niedergebrannt, genau wie Melkorin. Allerdings ist der Feind immer noch dort. Wir haben drei schnelle Schiffe an Blaue verloren, um das in Erfahrung zu bringen.«

Sairvek. Sie kommen mit jedem Angriff näher. »Und wie groß ist unsere Flotte jetzt?«, fragte Lizanne.

»Dreißig Schiffe hier und weitere zweihundert in den Häfen von Iskamir. Aber nur eine Handvoll davon sind Kriegsschiffe.« Sie sah Lizanne ruhig an. »Wir haben den Kapitänen versprochen, sie mit mächtigen, genialen Waffen auszustatten. Sie werden langsam ungeduldig.«

»Ich habe die erste Lieferung in einem Monat zugesichert«, sagte Lizanne, drehte sich um und ging zu dem Seil, das von der *Glühwurm* herabhing. »Und das war ernst gemeint. Verschwenden Sie keine Schiffe mehr für Erkundungsmissionen. Darum kümmern wir uns.«

◆ ◆ ◆

»Das ist unmöglich.«

Jermayah blinzelte sie müde an. Seine Stimme war über dem ständigen Klappern in der Fabrik kaum zu hören. Die Fortschritte, die in Lizannes Abwesenheit gemacht worden waren, beeindruckten sie. Mit den langen Montagetischen, an denen zahllose Arbeiter beschäftigt waren, erinnerte die Manufaktur inzwischen an eine Eisenboot-Fabrik. Die ganze Stadt hatte sich verwandelt – viele der vormals grauen Mauern waren weiß gestrichen, und etwa die Hälfte der Häuser besaß nun Dächer und Fensterläden. Doch wie sich erwies, hatte die Fabrik noch nicht allzu viel hergestellt.

»Aber du hast doch ausreichend Material …«, setzte Lizanne an, wurde jedoch von Jermayah mit einer Geste zum Schweigen gebracht.

»Das Material muss erst zu Bauteilen verarbeitet und zu fertigen Produkten zusammengesetzt werden. All das erfordert Organisation,

Geschick und die Zeit, sich die nötigen Kenntnisse anzueignen. Momentan verfügen wir über etwa ein Drittel der Bauteile, die für die Herstellung von fünfzig Beißern und etwa halb so vielen Knallfröschen erforderlich sind. Bei der derzeitigen Geschwindigkeit werden sie in schätzungsweise sieben Wochen fertig sein.«

Er hielt inne und fuhr sich mit der Hand durch das zottige, ungekämmte Haar. Lizanne wusste, dass sie ihm bereits zu viel abverlangte, und wollte ihm nur zu gern eine Pause verordnen, doch die Situation verlangte hartherzige Entscheidungen. »Was ist das größte Hindernis auf dem Weg zu einer schnelleren Produktion?«, fragte sie.

Jermayah dachte einen Moment nach. »Das Gießen, denke ich. Kupfer, Messing und Stahl müssen geschmolzen und in Formen gegossen und die Bauteile vor dem Zusammenbau von Hand fertiggestellt werden. Wir besitzen jede Menge Brennmaterial, aber die Schmiedeanlagen hier sind klein und primitiv. Sie waren eher dafür ausgelegt, Lokomotiven zu reparieren, als im großen Stil Bauteile herzustellen.«

»Können die Blutgesegneten nicht beim Schmelzen helfen?«, fragte Lizanne.

»Wir müssen mit Produkt sparsam umgehen. Madame Hakugen verfügt über einige Vorräte des Ostinsel-Konglomerats aus Lossermark, aber sie rückt sie nicht heraus. Sie sagt, wir werden sie im Ernstfall für die Verteidigung brauchen.«

»Ich rede mit ihr.« Lizanne drehte sich um und ging zum Ausgang. In der Tür blieb sie noch einmal stehen und sagte: »Und trink ein bisschen Grün. Du siehst furchtbar aus.«

◆ ◆ ◆

»Zu viel«, sagte Lizanne, trat zurück und schirmte mit dem Arm ihr Gesicht gegen die Funken ab, die aus der bauchigen Granitvase hervorsprühten.

»Ich sollte es doch schmelzen, oder nicht?«, erwiderte Morva.

»Ja, schmelzen, aber nicht in die Luft sprengen. Schau mal.« Lizanne konzentrierte sich auf die nächste Vase und die drei Kupferbarren in ihrem Inneren. »Stell dir das Rot wie einen Teich vor und dich selbst als einen Bach, der davon abzweigt«, sagte sie. Die Luft schimmerte, während sie einen steten Strom Rot in die Vase lenkte. Das Kupfer begann zu glühen und die Barren ineinanderzufließen. Nach wenigen Minuten war die Vase mit dampfendem flüssigen Metall gefüllt.

Lizanne nickte den Arbeitern zu, die von Kopf bis Fuß in dickes Leder gekleidet waren. Zwei von ihnen traten vor, ergriffen die Vase mit zwei Eisenstangen, hoben sie hoch und gossen den Inhalt in die vorbereitete Reihe von Gussformen.

»Versuch's noch mal«, sagte Lizanne und deutete auf eine weitere Vase, diesmal voll Messing.

Dank Madame Hakugens Produkt – von dem sie sich nur ungern getrennt hatte – und dem Einsatz sämtlicher Blutgesegneter der Siedlung gelang es ihnen, an nur einem Tag die Menge an Bauteilen zu vervierfachen. Madame Hakugens Warnung, ein solch verschwenderischer Einsatz würde ihre Produktvorräte bald erschöpfen, war unzweifelhaft richtig, aber Lizanne hatte dagegengehalten, dass die Waffenherstellung wichtiger war als die Sorge um ihre Verteidigung. »Eines habe ich gelernt, Madame«, sagte sie. »Im Krieg ist Zurückhaltung keine Tugend, sondern ein Hindernis.«

So schnell derart viel Produkt zu verbrauchen, bot ihr außerdem Gelegenheit, ihren Verpflichtungen als Lehrerin nachzukommen, wenngleich sich Morva als äußerst dickköpfige Schülerin erwies. Wenn sie ihre Schicht in der Schmiede beendet hatte, ließ Lizanne sie beim Transport der Bauteile zu den Montagetischen helfen. Bei ihrem ersten Versuch hatte die Varestianerin eine ganze Kiste Bauteile mit der Macht eines Kanonenschusses quer durch die Fabrik befördert. Die Arbeiter an den Tischen hatten noch gerade so die Köpfe einziehen können.

»Ich habe Produkt immer nur dazu benutzt, um Dinge zu werfen«, sagte Morva mit einem Schulterzucken. Ihre Gelassenheit wirkte jedoch aufgesetzt. »Die Familie Okanas braucht eine Blutgesegnete, die kämpfen kann, nicht eine, die Dinge durch die Gegend schiebt wie ein besserer Lastengaul.«

»Ich habe dich kämpfen sehen«, gab Lizanne zurück. »Als Kämpferin taugst du genauso wenig wie als Lastengaul.«

Daraufhin stapfte Morva wütend aus der Fabrik, erstarrte jedoch, als Lizanne sie mit Schwarz festhielt. Sie hob das Mädchen hoch, drehte sie herum und setzte sie neben den aufgestapelten Kisten mit Bauteilen wieder ab. Morva kämpfte gegen ihren Griff an. Sie schickte mehrere Stöße Schwarz in Lizannes Richtung, die jedoch zu ungezielt waren, um eine Wirkung zu haben. Lizanne hielt sie fest, bis Morva ihre Reserven aufgebraucht hatte, dann drückte sie ihr noch einmal kurz die Luft aus den Lungen und setzte sie am Boden ab.

»Ethilda behauptet, du bist keine echte Okanas«, sagte Lizanne und ging zu Morva, die am Boden kauerte und sich keuchend die Brust hielt. »Stimmt das?«

»Diese … Hure … ist auch keine echte Okanas«, krächzte Morva und schaute wütend zu Lizanne hoch.

»Sie sagte, sie hätten dich gekauft.« Lizanne ging in die Hocke und sah Morva in die Augen. »Weshalb bist du so loyal einer Familie gegenüber, die dich nur als nützliche Sklavin betrachtet?«

Morva biss die Zähne zusammen und wandte den Blick ab. »Onkel Alzar hat immer gesagt, dass ich frei bin …«

»Frei? Ein Kind, allein in den Roten Gezeiten? Wo hättest du hingehen sollen?«

»Du verstehst nicht. Die Hohe Mauer, das ist mein Zuhause.«

Ein Kind, das aus Sklaverei und Missbrauch befreit wurde, dem man eine Heimat gegeben hatte und eine Familie. Auch wenn es alles nur vorgetäuscht war, um ihre Loyalität zu gewinnen, war es eindeutig wirksam gewesen. »Dein Zuhause wird niederbrennen«, sagte Lizanne. »Und alles andere auch, wenn wir diesen Krieg nicht gewinnen. Täusch dich nicht, ich habe das Gesicht unseres Gegners gesehen, und er ist sehr real. Das hier ist die erste Schlacht.« Sie nickte in Richtung der emsigen Arbeiter. »Jede Minute, die wir hier verbringen, ist ein Schritt in Richtung Sieg. Jeder Bolzen, jede Schraube, jeder Hebel, den wir herstellen, ist tausend Kugeln wert.«

Sie nahm eine frische Phiole Schwarz aus einer Tasche ihres Overalls und hielt sie Morva hin. »Versuchen wir es noch einmal, ja? Wenn du bis zum Abend fünf Tonnen Bauteile transportiert hast, zeige ich dir, wie man mit nur einem Tropfen Schwarz eine Kniescheibe zerschmettert.«

◆ ◆ ◆

Der erste Beißer wurde eine Woche später fertig, zwei Tage danach folgte der erste Knallfrosch. Die Herstellung der Raucher hatte Jermayah der kleinen Gruppe Waffenschmiede überlassen, die aus Lossermark geflohen waren. Allerdings kamen sie nur langsam voran. Ihren gewohnten Perfektionismus zugunsten einer schnelleren Herstellung abzulegen lehnten sie vehement ab. Doch nachdem Lizanne sie eine Woche lang bekniet und großzügige Mengen Grün verteilt hatte, womit sie ihre Müdigkeit bekämpfen konnten, produzierten sie am Ende immerhin fünf Karabiner am Tag.

Sobald es mit der Herstellung der Geschütze einigermaßen gut voranging, konzentrierte sich Jermayah auf die Munition. Lizanne und die anderen Blutgesegneten verbrauchten fast ihren gesamten Vorrat an Rot, um auch diesen Prozess in Gang zu bringen. Bald schon kamen die Patronenhülsen und Projektile in ausreichender Menge aus der Fertigung. Sie mit Sprengstoff zu füllen war jedoch ein langwieriger und gefährlicher Arbeitsschritt. »Die Varestianer haben uns lediglich Schwarzpulver geliefert«, sagte Jermayah. Für die Herstellung der Munition hatte er eine eigene Fabrik eingerichtet, ein altes Lagerhaus in einiger Entfernung zur Stadt. Die vorwiegend weiblichen Arbeiter waren ihrer Fingerfertigkeit wegen ausgewählt worden, viele waren ehemalige Näherinnen oder Schriftsetzerinnen. Sie trugen Overalls, die mit Schnüren statt mit Knöpfen geschlossen wurden. Jermayah hatte bestimmt, dass kein einziges Stück Metall in die Fabrik gelangen durfte.

»Bei den Kanonen funktioniert das gut, aber bei den Beißern und Knallfröschen würde die Mechanik verstopfen«, fuhr er fort. »Wir müssen deshalb Nitratflocken zusetzen und alles zu einem feinen Pulver zermahlen.«

»Solange es Resultate bringt«, sagte Lizanne. Sie sah, wie sein Kopf beim Nicken auf die Brust sackte. »Ruh dich aus«, sagte sie. »Du hast mehr als genug getan.«

»Die Arbeiterinnen hier müssen überwacht werden …«

»Dann schick sie nach Hause.« Sie lächelte leise, als ihr eine Idee kam. »Wir erklären den Tag morgen zum Feiertag«, sagte sie. »Ein bisschen Aufheiterung für die Leute ist sicher nicht verkehrt.« Das Lächeln verging ihr jedoch sogleich wieder, als ihr ins Bewusstsein trat, dass es für viele der Menschen hier der letzte Feiertag sein mochte.

KAPITEL 23

Clay

Nur dank des Grüns in seinen Adern konnte er unter Wasser überhaupt etwas sehen. Der wellige Seeboden erstreckte sich vollkommen leer unter ihm, bis auf einen kleinen Sandhügel direkt voraus. Mit aller Kraft schwamm er darauf zu. Je näher er seinem Ziel kam, desto deutlicher konnte er es ausmachen. Es besaß ungefähr die Form eines Bootes, war jedoch über und über mit Schlick bedeckt, bis auf eine Stelle am schmalen Bug, die freigekratzt worden war.

Eine Gondel, erkannte er, als er näher heranschwamm. In der Dunkelheit wurde eine halb geöffnete Luke sichtbar. *Die Gondel eines Luftfahrzeugs.*

Clays Lungen begannen zu brennen, als er sich zwang, noch tiefer hinabzuschwimmen. Etwa zwölf Meter von der Gondel entfernt kam er schließlich nicht mehr weiter. *Ich habe zu viel Luft in mir,* wusste er, als er trotz aller Bemühungen nicht tiefer kam. Auf der Stelle schwimmend konzentrierte er sich auf die Luke und griff mit Schwarz danach. Er musste zweimal kräftig ziehen, bevor die Luke nachgab. Dahinter kam etwas Rundes, Glänzendes zum Vorschein. *Kriz.* Clay erkannte ihren Helm. Er benutzte das Schwarz, um sie aus der Gondel zu ziehen. Der Luftmangel ließ bereits seine Sicht verschwimmen, und für Raffinesse blieb keine Zeit. Kriz' Helm schlug gegen den Rand der

Luke, als er sie nach oben zerrte. Er öffnete die Arme, um sie aufzufangen.

Schlaff und reglos sackte sie gegen ihn, aber als er ihr die Hand auf die Brust legte, spürte er schwach ihren Herzschlag. Ein paar quälende Sekunden lang fummelte er an dem Gewichtegürtel an ihrer Taille herum, bevor er ihn gelöst hatte. Er schwamm soeben auf die Oberfläche zu, als direkt vor ihm etwas Großes, Schnelles aus der Dunkelheit geschossen kam. Clay nahm noch zwei Reihen dreieckiger Zähne wahr, bevor er instinktiv sein Schwarz entfesselte. Der Grüne zuckte zurück, als sei er gegen eine Mauer geschwommen. Blut wölkte rot aus seinen Nüstern. Mit peitschendem Schwanz machte er kehrt und verschwand in der Dunkelheit.

Clay drehte sich um und sah in der Nähe einen weiteren schmalen Umriss durch die Finsternis schießen, rasch gefolgt von einem, der in die entgegengesetzte Richtung schwamm. *Sie kreisen mich ein,* wurde ihm klar, während er hektisch hin und her schaute. In dem Moment durchlief ein Krampf seinen Körper, das Produkt in seinen Adern wurde langsam knapp. Seine Lungen brannten wie Feuer, und die Grünen kamen Runde um Runde näher. Mit schrecklicher Gewissheit erkannte er, dass sie gleich angreifen würden, und zwar alle auf einmal. Der ganze Schwarm würde sich auf den verhassten Eindringling stürzen. Es war so, als wüssten sie, dass sein Produkt fast aufgebraucht war und sie nur warten mussten.

Panik stieg in ihm auf. Er schickte dem nächsten Drachen einen Schwall Rot entgegen, der wie ein blitzartig verästelter Strom aus Blasen durchs Wasser zischte. Der Grüne wich aus, eher verwirrt als beunruhigt. Offensichtlich bewirkte das Rot nicht das Geringste. *Keine gute Idee,* dachte Clay, als seine Haut in dem plötzlich warmen Wasser zu prickeln begann. *Wenn du sie verbrühst, verbrühst du dich gleich mit.* Ihm blieb also nur Schwarz, und es waren zu viele, um sie alle wegzustoßen.

Wieder verkrampfte sich sein Körper, und er musste den Mund fest zusammenpressen, um dem unwillkürlichen Drang, Luft zu holen, entgegenzuwirken. Eine seltsame, nachdenkliche Ruhe überkam ihn. Im Angesicht des Todes verschwand seine Panik. Ein letzter Gedanke kam ihm, während Kriz allmählich seinem Griff entglitt. *Zu viele, um sie wegzustoßen … Dann stoß sie nicht weg, sondern zieh … Zieh das Wasser.*

Wasser. Es besaß mehr Substanz als Luft, die sich mit Schwarz nicht gezielt bewegen ließ. Mit Wasser war es anders, Wasser konnte man ziehen.

Mit letzter Kraft sammelte Clay sein Schwarz und richtete den Blick auf das Wasser zwischen ihm und den Drachen. Dann benutzte er alles Schwarz auf einmal, um das Wasser zu sich heranzuziehen. Die Wirkung war dramatisch. Der Druck von so viel verdichtetem Wasser ließ ihn und Kriz augenblicklich zur Oberfläche hochschnellen.

Sie tauchten inmitten von ohrenbetäubendem Lärm auf. Die Luft schmeckte herrlich süß. Clay hörte seinen Onkel etwas rufen, bevor sie erneut unter Wasser sanken. Strampelnd schwamm er nach oben, und als sein Kopf aus dem Wasser war, holte er noch einmal tief Luft. Das Floß war nur etwa zehn Meter entfernt. Angesichts dessen, was unter ihnen lauerte, war das jedoch eine nicht unerhebliche Distanz. Onkel Braddon und Prediger knieten am Rand des Floßes und zielten mit den Gewehren in Clays Richtung. Neben ihnen stand Sigoral und schüttete soeben eine Phiole Produkt in sich hinein. Clay wollte schon nach einem Seil rufen, als Sigoral die Phiole beiseite warf und den Blick auf sie richtete. Clay spürte, wie sich eine unsichtbare Hand um ihn schloss – Schwarz! Einen Moment später wurden er und Kriz mit beachtlicher Geschwindigkeit durchs Wasser gezogen.

Bis sie das Floß erreicht hatten, feuerten Braddon und Prediger mehrere Schüsse ab. Im letzten Moment hob Sigoral sie aus dem Wasser und setzte sie in der Mitte des Floßes ab. Clay musste erst einmal zu Atem kommen, ehe er Kriz den Helm abnehmen konnte.

»Ich mach das schon«, sagte Braddon und zog Kriz den Helm vom Kopf, unter dem ihre schlaffen, reglosen Züge zum Vorschein kamen. Braddon hielt eine Hand an ihren Mund und drehte sie dann fluchend auf den Rücken, um mit beiden Händen mehrmals kräftig unterhalb ihres Brustbeins zu pressen. In diesem Moment bemerkte Clay eine Bewegung am Rande seines Blickfeldes. Er drehte sich um und sah einen Grünen aus dem Wasser springen und in der Luft erstarren. Sigoral hielt die Bestie mit Schwarz fest, zielte dann mit dem Karabiner und schoss ihr eine Kugel in den Kopf. Der Leutnant schleuderte den Kadaver fort, und Clay wandte sich wieder seinem Onkel zu, der seine Bemühungen fortsetzte.

»Im Helm muss noch Luft gewesen sein«, sagte Clay, obwohl er wusste, dass es wahrscheinlich aussichtslos war. »Ich habe ihren Herzschlag gespürt, Onkel.«

Braddon sagte nichts, sondern drückte weiter rhythmisch mit den Händen auf Kriz' Brustkorb. Ihr Kopf rollte bei jedem Stoß herum, ohne dass ihre Lider sich geöffnet hätten. Er machte weiter, bis Predigers Gewehr verstummte. Dann setzte er sich zurück und wandte sich Clay mit grimmigem Kopfschütteln zu. »Ich …«

Alle vier erschraken, als Kriz sich plötzlich zusammenkrümmte und einen Schwall Wasser ausspuckte. Eine Weile lang wurde sie von Krämpfen geschüttelt, und ihr Atem ging keuchend, bis sie schließlich einen heftigen Hustenanfall bekam. Clay ergriff ihre Hand, die sie fest zur Faust geballt hatte.

»Ich … ich habe sie gefunden«, sagte Kriz, als das Husten nachließ, und lächelte Clay an. Sie öffnete die Faust und enthüllte zwei Gegenstände. Eines war ein kleiner Kristallsplitter, kaum größer als eine Pfeilspitze, und das andere eine Glasphiole. Auf den ersten Blick hielt Clay den Inhalt für Produkt, aber die Farbe war seltsam, es schimmerte regenbogenartig, wenn Licht darauf fiel.

»Was ist das?«, fragte er.

Kriz lächelte noch breiter und strich ihm mit der freien Hand übers Gesicht. »Der Schlüssel … zur Annäherung.«

✦ ✦ ✦

»Für diese winzigen Dinge sind wir so weit gereist?« Loriabeth betrachtete die beiden Gegenstände in Kriz' Handfläche zweifelnd.

»Größe ist relativ und häufig trügerisch«, erwiderte Kriz. »Die Dinge, die wir sehen oder berühren können, bestehen größtenteils aus leerem Raum.« Mit einer Decke um die Schulter saß sie dicht am Lagerfeuer. Sie hatten ihr Lager ein ganzes Stück vom Seeufer entfernt aufgeschlagen. Kriz hatten sie fast den gesamten Weg tragen müssen. Ihr Zittern war zu heftig gewesen, selbst jetzt noch bebte ihre Stimme beim Sprechen. »Ich brauche Schwarz«, sagte sie und schaute Clay an.

Er runzelte die Stirn, besorgt wegen ihres bleichen Gesichts und der rotgeränderten, glasigen Augen. »Willst du nicht noch eine Weile warten …?«

»Schwarz.« Sie streckte eine Hand aus und fuhr in ihrer eigenen Sprache fort: »Du weißt, ich warte schon ziemlich lange, und ich bin mit meiner Geduld am Ende.«

Gehorsam reichte Clay ihr eine Phiole Schwarz, und Kriz trank ein Viertel ihres Inhalts und richtete den Blick auf den Kristall in ihrer Hand. Er stieg in die Luft auf und schwebte ein Stück von ihr weg. Schließlich begann er zu schimmern und zu vibrieren, und Clay nahm ein vertrautes Klingeln wahr, wie er es zuletzt in ihrer Trance in der verborgenen Enklave gehört hatte. Die anderen aus der Gruppen stießen überraschte Laute und Flüche aus, als sich der Kristall mit einem Mal auseinanderfaltete. Schmale Spitzen wuchsen aus dem Kern, in denen sich funkelnd der Feuerschein brach, während Kriz den Kristall langsam in Drehung versetzte. Schließlich hielt er an und blieb glitzernd wie ein Stern in der Luft hängen. Clay trat näher heran, seine Gedanken überschlugen sich. In der Trance hatte Kriz ihm die Höhle gezeigt, in der Zembi den ersten Weißen erschaffen hatte. Vier Kristalle hatte es dort gegeben: einen roten, einen grünen, einen blauen … *und einen, der so dunkel war, dass er alles Licht zu verschlucken schien.*

»Der schwarze Kristall«, sagte er und streckte die Hand aus, um mit dem Finger vorsichtig eine der Spitzen zu berühren. »Beim Seher, wir haben ihn wirklich gefunden!«

»Aha, und was wollen wir jetzt damit?«, fragte Braddon und trat an den Kristall heran, um ihn genauer in Augenschein zu nehmen.

»Er ermöglicht die Verständigung«, sagte Kriz. »Zwischen Drache und Mensch, insbesondere zwischen schwarzen Drachen und Menschen.«

»Das kann Clay doch schon«, sagte Skaggerhill.

»Nur mit Lutharon«, sagte Clay. »Und das auch bloß dank Miss Ethelynne. Wäre er länger bei uns geblieben, hätte es irgendwann Schwierigkeiten gegeben, für uns und für ihn.« Er wandte sich Kriz zu. »Mit dem Kristall können wir den Drachen Befehle erteilen, oder? Sie dazu bringen, sich uns anzuschließen?«

Sie schüttelte den Kopf. »Von den reinrassigen Spezies waren die Schwarzen am schwierigsten zu beherrschen. Sie sind intelligenter als die anderen und dem Menschen gegenüber aggressiver eingestellt. Das war einer der Gründe, warum Vater sie nicht für die Zucht verwenden konnte. Der Weiße wurde aus allen anderen Drachenspezies gezüchtet, mit Ausnahme der Schwarzen.«

»Deshalb haben sie sich wohl auch dem Krieg nicht angeschlossen«, sagte Clay. »Und haben ihn bekämpft, als er sich schon einmal erheben wollte, zusammen mit den Menschen, die hier lebten.«

»Dafür habe ich keine Erklärung«, erwiderte Kriz. »Die Welt, die mein Volk erschaffen hatte, ist eindeutig untergegangen. Und die Zivilisation, die danach kam, muss mit den Drachen eine Art Symbiose eingegangen sein.«

»Herzblut.« Clay erinnerte sich an das Mosaik in der verborgenen Stadt auf der anderen Seite des Sees. »Ihre Königin hat Herzblut getrunken und eine Verbindung mit einem Schwarzen hergestellt. Das hielt sie zusammen. Damit«, er nickte in Richtung des Kristalls, »wird das nicht nötig sein.«

Er hörte seinen Onkel leise aufstöhnen und drehte sich zu ihm um. Braddon hatte das Gesicht grimmig verzogen.

»Was ist?«, fragte Skaggerhill.

»Das heißt wohl, dass wir Schwarze finden und uns mit ihnen anfreunden müssen«, sagte Braddon.

◆ ◆ ◆

»Das ist es, was du brauchst?«, fragte Clay später und nickte in Richtung der Glasphiole in Kriz' Hand. Die anderen schliefen alle, Clay und Kriz hatten die erste Wache übernommen. Nachdem sie den schwarzen Kristall wieder in seinen ursprünglichen Zustand versetzt hatte, saß sie jetzt mit der Phiole in der einen und dem klingenförmigen Kristallsplitter in der anderen da. »Wenn du das getrunken hast, kannst du die Erinnerungen abrufen, die Zembi im Kristall gespeichert hat?«

»Ja«, sagte sie und betrachtete die Phiole, ohne jedoch Anstalten zu machen, sie an die Lippen zu führen.

»Ist es gefährlich?«, fragte er in ihrer Sprache.

»Alles Wissen ist gefährlich, aber auch wertvoll. Das ist der Widerspruch, der sämtlichen Dingen zugrunde lag, mit denen sich die Philos-Kaste befasste.«

»Die Annäherung«, sagte Clay. »Was ist das?«

Kriz schwieg einen Moment und drehte die Phiole in der Hand. »Würdest du das für Drachenblut halten?«, fragte sie und reichte ihm die Phiole. Er nahm sie und hielt sie in den Feuerschein.

»Sieht ganz so aus«, erwiderte er und gab das Fläschchen zurück. »Ähnelt den teuren Mixturen, die Eisenboot herstellt. Allerdings ist die Farbe ein bisschen anders.«

»Dann wird es dich vielleicht überraschen, dass der Inhalt dieser Phiole nicht von einem Drachen stammt. Ihr nennt es Produkt, Clay, aber man muss nur die richtige Mixtur kennen. Diese Flüssigkeit besitzt sämtliche Eigenschaften von Blau, sie wurde jedoch nicht dem Körper eines unglückseligen Tiers abgezapft, sondern künstlich hergestellt.

Zembi glaubte, dass die Fähigkeiten der Blutgesegneten in allen Menschen schlummern. Wie ließe sich sonst die willkürliche Verteilung des Segens erklären? Wenn nur ein kleiner Teil der Bevölkerung diese Fähigkeiten in seiner späten Jugend erwirbt – Fähigkeiten, die eindeutig nicht vererbbar sind –, dann ruht dasselbe Potential in uns allen. Mit der richtigen Rezeptur ließe sich dieses Potential vielleicht erwecken. Stell dir vor, Clay, wie es wäre, wenn alle Menschen der Welt sich im Geiste verständigen und gemeinsam Wunder erschaffen könnten. Wenn sie keine Angst mehr haben müssten. Daran haben wir all die Jahre unter dem Eis gearbeitet. Das ist der Schlüssel zur Annäherung. Das hier«, sie hielt erneut die Phiole hoch, »ist synthetisches Produkt. Jeder kann es trinken und die Macht erwerben, die in ihm steckt. Nicht bloß die Blutgesegneten. Jeder.«

»Der Weiße«, sagte Clay. »Habt ihr ihn gebraucht, um das hier herzustellen?«

Sie senkte den Blick, und Clay sah das Schuldbewusstsein darin, das er in der Trance auch bei ihrem jüngeren Ich bemerkt hatte. *Es ist unfair von mir, dich so zu verabscheuen,* hatte sie dem kranken Weißen in der Grube gesagt. *Schließlich haben wir einiges gemeinsam. Keiner von uns hätte geboren werden sollen.* »Der Weiße trägt nicht nur Drachenblut in sich«, sagte sie.

Es dauerte einen Moment, bis die Bedeutung ihrer Worte zu ihm durchdrang. Eine eisige Faust schloss sich um sein Herz, als er begriff. »Menschen«, sagte er keuchend. »Ihr habt bei der Zucht Menschen benutzt.«

»Keine echten Menschen. Nur menschliches Gewebe, vor allem unbefruchtete Eier und Plasma. Zembi hatte eine Methode entwickelt, organisches Material auf der Mikroebene zu verschmelzen. Ein weiteres Geschenk der Kristalle, das wir kaum begriffen. Es hat Jahre gedauert, und es gab zahllose Fehlschläge.« Kriz senkte den Kopf, und ihre Stimme war nur noch ein Flüstern. »Viele … Mischwesen. Wir können von Glück reden, dass die meisten kurz nach dem Schlüpfen starben. Dann erblickte der erste Weiße das Licht der Welt, und Zembi glaubte, er sei am Ziel. Der ultimative Triumph der Philos-Kaste! Das Blut des Weißen war einzigartig, viel einfacher zu studieren als das der anderen Spezies. Es lieferte uns Hinweise darauf, wie sich synthetische Mischungen herstellen ließen. Hinweise, auf die wir sonst nie gestoßen wären.«

»Aber er ist entkommen. Während du im Schlaf lagst, ist er geflohen und hat Zembi in einen Verderbten verwandelt. Und dann hat er es irgendwie nach Arradsia geschafft.«

»Alles Wissen ist gefährlich und gleichzeitig wertvoll.« Kriz betrachtete erneut den Kristallsplitter in ihrer Hand. »Jetzt können wir zumindest herausfinden, wie er entkommen ist.«

»Vielleicht hatte Zembi den Splitter aber auch nur bei sich, weil der Weiße es erlaubt hat. Vielleicht wollte er ja, dass Zembi ihn dir gibt. Womöglich stirbst du, wenn du in die Trance eintrittst.«

Kriz nickte in Richtung des schlafenden Predigers am Lagerfeuer. »Dein Freund hat uns neulich eine Lektion in Sachen Glauben erteilt. Vielleicht sollten wir sie beherzigen.«

»Gläubig ist er, ja, aber auch verrückt.« Clay streckte die Hand aus und legte sie auf die Phiole und den Splitter. »Tu's nicht. Zumindest nicht hier und jetzt. Warte, bis wir wieder auf dem Schiff sind oder an einem einigermaßen zivilisierten Ort. Wir haben gefunden, wonach wir suchten.«

Sie lächelte leise und fragte dann in ihrem stark akzentgefärbten Mandinorianisch: »Ist das ein Befehl?«

»Wenn du magst, ja. Wir haben noch einen weiten Weg vor uns, und unsere Überlebenschancen stehen mit drei Blutgesegneten besser als mit zweien.«

Sanft schob sie seine Hand weg und betrachtete noch einmal die Gegenstände in ihrer Handfläche, bevor sie sie mit einem Nicken in ihre Jackentasche steckte. »Wie du meinst. Ich will nicht zur Meuterin werden.«

◆ ◆ ◆

Am Morgen erwachte er noch rechtzeitig für seine Trance mit Zenida Okanas und musterte die Phiole in seiner Hand. *Es ist tatsächlich passiert,* dachte er und ließ die Ereignisse auf dem See Revue passieren. *Ich bin in Trance gegangen, ohne Drachenblut zu trinken. Aber wie?* Es konnte nur eine Erklärung geben. *Herzblut.* Nachdem er Herzblut getrunken hatte, war er in der Lage gewesen, den Kontakt zu Jack zu halten, und das war ja auch eine Art Trance gewesen. Wenn er mit einem Drachen in Kontakt treten konnte, warum dann nicht auch mit einem Menschen?

Ein Blick auf die Uhr bestätigte ihm, dass der richtige Zeitpunkt gekommen war. Mit einem Schulterzucken steckte er die Phiole ins Etui zurück. *Es gibt nur eine Möglichkeit, das herauszufinden.*

Er schloss die Augen und konzentrierte sich auf Zenidas Gesicht. Er hoffte, damit genügend Erinnerungen wachzurufen, um eine Verbindung herzustellen. Nichts geschah. Er versuchte, sich jedes einzelne Treffen mit der Varestianerin ins Gedächtnis zu rufen. Allerdings waren sie sich nicht sehr oft begegnet, gerade genug, um über Blau-Trance in Kontakt treten zu können. *Ich brauche wohl noch etwas mehr,* dachte er und führte sich ein weiteres Mal den Moment auf dem Floß vor Augen. Die Trance mit Kriz schien ganz natürlich zustande gekommen zu sein, ohne eine bewusste Entscheidung von ihm. Als hätte seine Sorge um sie die Verbindung zu ihr hergestellt. *Sorge … Sorge ist ein Gefühl.* Bei seinem ersten Zusammentreffen mit Lizanne hatte diese ihm einiges über die Grundlagen der Trance erklärt. Sie hatte gesagt, dass für die mentale Verständigung zwischen zwei Parteien eine emotionale Verbindung nötig sei. *So erinnern wir uns an Menschen in der realen Welt,* sagte sie. *Nicht an Gesichter, sondern an Gefühle. Überlegen Sie mal, wie vielen*

Menschen Sie in Ihrem Leben schon begegnet sind. Und an wie viele davon Sie sich erinnern. Wahrscheinlich an relativ wenige. Sie erinnern sich an diejenigen, die Sie zum Lachen oder zum Weinen gebracht haben, und in Ihrem Fall, Mr. Torcreek, wohl vor allem an die, die Sie wütend gemacht haben.

Wut, noch ein Gefühl. Zenida hatte ihn nicht wütend gemacht und auch nicht zum Lachen gebracht, höchstens durch ihre schnippischen Bemerkungen Kapitän Hilemore gegenüber … In diesem Moment tauchte ein Bild in seinem Geist auf, Hilemores Gesicht – viel detailreicher, als Clay es hätte wiedergeben können. Anscheinend hatte der Kapitän einen kleinen Leberfleck am Kinn, der Clay nie aufgefallen war. *Aber ihr*, erkannte er. *Das ist nicht meine Erinnerung, sondern ihre. Hilemore ist unsere Verbindung.*

Er rief die weitaus zahlreicheren Erinnerungen an Hilemore in sich wach, die von widersprüchlichen Gefühlen begleitet wurden: unfreiwillige Bewunderung, Verwirrung und vor allem Wut.

Zenidas Gedankenlandschaft tauchte überraschend schnell vor ihm auf. Von einem Moment zum anderen sah er das juwelenbesetzte Schiff vor sich. Er stolperte, als er die Balken unter seinen Stiefeln spürte. Beim Anblick von Zenida selbst, die am Bug stand und ihn halb verwundert, halb amüsiert ansah, lachte er erfreut.

Geht es Ihnen gut?, fragte sie. *Der Kapitän wäre äußerst betrübt zu erfahren, dass das Inland Sie in den Wahnsinn getrieben hat.*

Das wäre bedauerlich, erwiderte Clay. *Ich weiß ja, wie ungern Sie ihn enttäuschen.*

Zenidas Miene verfinsterte sich, und Clay erinnerte sich daran, dass er eine äußerst gefährliche Frau vor sich hatte. Und immerhin befand er sich in ihrem Geist.

Bloß ein schlechter Scherz, sagte er und hob die Hände. *Ich habe ein paar interessante Neuigkeiten für Sie, wenn Sie bereit sind.*

◆ ◆ ◆

»Die Carnstadtberge«, sagte Braddon und tippte mit dem behandschuhten Finger auf die Karte. Die Berge lagen südwestlich der Torquil-Meere, in beträchtlicher Entfernung zu ihrer gegenwärtigen Position.

»Das ist ziemlich weit weg, Onkel«, stellte Clay fest.

»Wenn ihr Schwarze wollt, findet ihr sie dort. Die dichteste Konzentration auf dem ganzen Kontinent. In den Kupfersohlbergen und den Kluftminen an der Westküste gibt es auch ein paar Nester. Aber das ist der einzige Ort, wo man garantiert einen Schwarzen schießen kann.«

»Nur dass wir keine schießen werden«, warf Loriabeth ein. »Wir werden uns bei ihnen einschmeicheln und sie bitten, uns im Kampf gegen den Weißen zu helfen, ob ihr's glaubt oder nicht. Ich bin nicht sicher, ob ich's selber glaube. Also, der Seher allein weiß, was die Biester davon halten werden.« Als Prediger sich bei ihren blasphemischen Worten versteifte, murmelte sie ein »'Tschuldigung« hinterher.

»Auf jeden Fall sind sie recht wild«, sagte Skaggerhill. »In diesen Bergen werden die Schwarzen riesig. Und schlau sind sie auch. Vor ein paar Jahren bin ich mal mit den Langgewehren durch das Vorgebirge dort gezogen. Wir haben zwei Schwarze erlegt, dabei aber auch zwei unserer Schützen verloren.«

»Soweit ich mich erinnere, war es trotzdem eine recht profitable Expedition«, sagte Braddon leicht verärgert. »Die gute Nachricht ist«, fuhr er an Clay gewandt fort, »dass wir uns auf dem Weg dorthin keine Gedanken über Verderbte machen müssen. Wir brauchen nur auf Cerathen zu reiten und ein kleines Stück zu laufen.« Mit gesenkter Stimme fügte er hinzu: »Aber Skaggs hat recht. Neben den Roten Sanden ist es die schlimmste Gegend, in der ich je gewesen bin. Ich hatte gehofft, sie nie wiedersehen zu müssen.«

Clay warf einen Blick auf die Karte. Die Entfernung war ärgerlich, aber wenn ihre Expedition Erfolg haben sollte, blieb ihnen wohl nichts anderes übrig. »Ich hatte heute früh Kontakt zu Kapitänin Okanas«, sagte er. »Die *Überlegenheit* fährt nach Stockcombe.« Er tippte auf einen Punkt etwa einhundertfünfzig Kilometer südlich der Carnstadtberge. »Dort müssen wir hin, und der Weg führt sowieso an den Bergen vorbei.«

Er klopfte seinem Onkel auf die Schulter und ließ den Blick über die Ebene schweifen. »Dann suchen wir uns mal ein paar Reittiere. Leutnant, ich glaub, diesmal sind Sie dran, den Bullen zu zähmen.«

KAPITEL 24

Hilemore

Hilemore richtete sein Fernrohr auf die Leichen, die von der Hafenmauer von Stockcombe hingen, und zählte ganze zwanzig. Interessanterweise waren nur auf der rechten Seite der Mauer welche aufgeknüpft, bis zu dem gewaltigen, hölzernen und mit Kupfer beschlagenen Hafentor. Man hatte den Leichen Schilder umgehängt, allerdings war aus der Ferne nicht zu erkennen, was darauf stand. *Ein Willkommensgruß wird es wohl kaum sein.* Hilemore senkte das Fernrohr und nickte Talmant zu. »Kleine Fahrt voraus, Leutnant.«

»Jawohl, Sir.«

Bei der Annäherung an den Hafen hatte Hilemore alle Männer auf Gefechtsstationen geschickt, obwohl sie eine Friedensflagge gehisst und mehrfach mit der Signallampe um einen sicheren Ankerplatz gebeten hatten. Bislang war jedoch noch niemand auf der Hafenmauer erschienen, um sie willkommen zu heißen oder zu warnen. Die Mauer von Stockcombe war insofern ungewöhnlich, als es sich eher um einen Damm handelte denn um eine einfache Flutbarriere. Er wuchs aus den steilen Abhängen rund um den Hafen hervor. Gerüchteweise sollte sich von den Wänden des riesigen Kraters, in den die Stadt hineingebaut war, ein Wasserfall in einen kleinen See ergießen. Der See besaß mehrere Abflüsse in Gestalt einiger großer Tunnel, weshalb das Wasser um den

Damm herum ständig in Aufruhr war, bis auf einen schmalen Streifen direkt vor dem Tor. Das machte die Annäherung heikel – ein falsches Manöver, und die *Überlegenheit* würde in die Wasserwirbel geraten.

»Maschinen stop«, befahl Hilemore, als das Tor direkt vor ihnen aufragte. Er war jetzt nah genug, um die Schilder an den Leichen lesen zu können. Alle trugen dieselbe Aufschrift in roten mandinorianischen Buchstaben: Korporatistischer Mörder.

Vielleicht war es doch nicht die beste Idee, hierher zu kommen? Hilemore wollte Talmant gerade das Schiff wenden lassen, als sich das Hafentor plötzlich mit lautem Quietschen in die Höhe bewegte.

»Ein hübscher Anblick, nicht wahr, Käpt'n?«, sagte Scrimshine, als der Hafen in Sicht kam. Der berühmte Stockcomber Wasserfall ergoss sich von einem hohen, schmalen Vorsprung in der Kraterwand nach unten. Dampf stieg vom See auf und erzeugte einen kleinen Regenbogen, wenn die Sonne darauf fiel. Das herrliche Schauspiel bildete einen starken Kontrast zur Stadt selbst. Sie erstreckte sich zu beiden Seiten des Wasserfalls am Seeufer und auf den steilen Flanken des Kraters. Da Bauland knapp war, hatten die Stadtbewohner eher in die Höhe als in die Breite gebaut. In der Stadt gab es einige der höchsten Gebäude, die Hilemore je gesehen hatte, manche besaßen sechs Stockwerke oder mehr. Die Architektur variierte, von hohen Kolonialvillen mit Spitzdächern bis hin zu corvantinisch geprägten Verwaltungsgebäuden mit klassischen Säulen und Statuen. Die höheren Gebäude waren modern gehalten, mit den klaren, schnörkellosen Linien, die von der Unternehmenswelt bevorzugt wurden.

All das wäre ästhetisch ansprechend und interessant gewesen, hätte Hilemore mit seinem geübten Blick nicht an vielen Mauern Spuren von Kanonenschüssen entdeckt und darüber hinaus verrußte Wände und fehlende Dächer, die auf einen größeren Brand schließen ließen. Nahe am Hafen war die Verwüstung am schlimmsten. Zahlreiche Gebäude waren vollständig ausgebrannt, andere lagen in Trümmern. Hilemores erster Gedanke, dass die Stadt wie Kerberhafen angegriffen worden war, sollte sich jedoch als falsch erweisen. Zu beiden Seiten des Wasserfalls wehten auf den Gebäuden Fahnen. Waren sie auf der Westseite schwarz und zeigten den silbernen Schiffswimpel der Südmeerflotte, so zierten die Häuser der Ostseite weiße Flaggen, die mit einem schiefen roten X in einem Kästchen verziert waren. Dieses Symbol kannte Hilemore aus seiner Vergangenheit, und er konnte bei seinem Anblick ein Aufstöhnen nicht unterdrücken.

»Die Schwachköpfe haben sich gegenseitig bekämpft, Käpt'n«, stellte Scrimshine fest. Trotz seiner neu entdeckten Begeisterung für militärische Sitten fiel es ihm immer noch schwer, seine Zunge im Zaum zu halten. »Die Fahne dort kenne ich allerdings nicht. Gehört die einem der neuen Syndikate aus Ostmandinorien?«

»Das ist keine Unternehmensflagge«, sagte Hilemore. »Anscheinend hat die Wählerrechtsallianz in dieser Stadt viele Anhänger.«

Im Hafen befanden sich zahlreiche Schiffe, allerdings keine Kriegsschiffe. Nur eines davon bewegte sich, ein alter Blauenjäger, den Hilemore gleich erkannte. Die Signallampe der *Fernlicht* übermittelte eine Nachricht, während sie sich ihnen bei Kleiner Fahrt näherte und etwa fünfzig Meter vom Tor entfernt anhielt.

»›Die eine Hälfte der Stadt ist sehr erfreut, Sie zu sehen‹«, übersetzte Talmant. »›Steuern Sie nach Backbord, oder die andere Hälfte wird auf Sie feuern.‹«

Hilemore war drauf und dran, seinem Instinkt zu folgen und die *Überlegenheit* doch noch in Richtung offenes Meer zu wenden. Die Stadt war offensichtlich von inneren Konflikten zerrissen, und er wollte sich nicht in etwas hineinziehen lassen, das ihre Mission behindern konnte. Sie besaßen jedoch nur noch ein Fünftel ihrer Kohlereserven. Hinzu kamen ihr rasch schwindender Lebensmittelvorrat und die Tatsache, dass sie so viel Munition auf den Torquil-Meeren verschossen hatten. Sie mussten sich dringend neu versorgen, sonst stand es um ihre Chancen, die Langgewehre wieder aufzulesen und sich ihre Entdeckung zunutze zu machen, schlecht.

»Kleine Fahrt voraus«, sagte Hilemore zu Talmant. »Mr. Scrimshine, steuern Sie durchs Tor und dann gleich nach Backbord.«

♦ ♦ ♦

»Ethany Kulvetch«, begrüßte die junge Frau in der schlecht sitzenden und schmutzigen Uniform Hilemore mit einem Salut. »Stellvertretender Oberst, Verteidigungs- und Sicherheitsdienst der Südmeerflotte.«

Wegen ihrer Jugend und geringen Körpergröße hätte Hilemore Kulvetchs Erscheinung komisch finden können, wären da nicht die frisch genähte Wunde über ihrer linken Braue und der Karabiner über ihrer Schulter gewesen. Dass sie die Waffe mit der Mündung nach unten trug und der Patronengurt auf ihrer Brust halb leer war, zeugte von reichlich Schießpraxis. Sie hatte mit einer Gruppe ebenso heruntergekommen wirkender, aber gut bewaffneter Seesoldaten am Kai auf sie gewartet. Ihm fiel auf, dass ihr Blick immer wieder zur Ostseite des Hafens wanderte, als erwarte sie jeden Moment, von dort eine Kanonenkugel heranfliegen zu sehen.

»Corrick Hilemore«, antwortete er und salutierte ebenfalls. »Kapitän der EPS *Überlegenheit.*«

»Willkommen, Kapitän. Kapitän Tidelow von der *Fernlicht* hat sich für Sie verbürgt, wollte sich jedoch zu Ihrer Mission hier nicht weiter äußern.«

»Wir planen lediglich, unsere Vorräte aufzufüllen. Vorausgesetzt, die Südmeerflotte macht noch Geschäfte.«

Kulvetchs Blick verfinsterte sich enttäuscht. »Ich hatte gehofft, Sie seien vielleicht beauftragt, uns bei unseren … Schwierigkeiten hier zu unterstützen. Wir haben uns über Trance an unsere Hauptniederlassung gewendet und um Verstärkung gebeten. Aber dann ist unser Blutgesegneter einem Heckenschützen zum Opfer gefallen. Das war vor zwei Wochen.«

»Leider wusste ich von Ihrer Lage hier nichts, bis wir Ihre Mauer gesehen haben. Sehr bedauerlich, das Ganze.«

Die Miene der Frau wurde noch finsterer, während sie zu den Ostvierteln hinüberschaute. »Am ersten Tag des so genannten Aufstands wurden sämtliche unserer Führungskräfte gehängt. Die Rebellen haben sogar eine Gerichtsverhandlung abgehalten, mit allem drum und dran, um einen rechtmäßigen Eindruck zu erzeugen.«

»Auf den Schildern werden die Toten als Mörder bezeichnet.«

»Nachdem der Kontakt zu den anderen Häfen abgebrochen war und Schiffe mit allen möglichen üblen Gerüchten hier eintrafen, hat es einigen Aufruhr gegeben. Bei dem Versuch, wieder Ordnung in die Stadt zu bringen, sind unsere Führungskräfte vielleicht etwas … übers Ziel hinausgeschossen, aber sie hatten ganz sicher nicht verdient, von einem Mob aus den Elendsvierteln ermordet zu werden.« Kulvetch erschauerte und senkte den Blick. Sie schien sogar noch jünger zu sein, als Hilemore zunächst gedacht hatte. »Verzeihung«, sagte sie und richtete sich wieder auf. »Mein Vater war unter den Ermordeten. Er hatte das Kommando über den Verteidigungs- und Sicherheitsdienst hier.«

»Verstehe. Mein Beileid. Und welche Position bekleiden Sie in diesem Hafen, Oberst?«

»Als der Aufstand losging, bekleidete ich einen Posten als Junioroffizierin in der Zollamtsdivision. Zwei Tage später war ich die ranghöchste Offizierin, die noch übrig war. Es hat einige erbitterte Kämpfe gegeben, aber mit Hilfe unserer guten und loyalen Soldaten«, sie nickte in Richtung des restlichen Trupps, »und der Unterstützung des unternehmensfreundlichen Teils der Bevölkerung ist es uns gelungen, eine Hälfte der Stadt zurückzuerobern.«

»Gehe ich also recht in der Annahme, dass Sie auf dieser Seite des Hafens die höchste Autoritätsperson sind?«

»Das ist richtig. Wenn Sie Vorräte erwerben wollen, verhandeln Sie mit mir. Als Unternehmensoffizier werden Sie aber sicher verstehen, dass die Preise die gegenwärtige Lage widerspiegeln.«

Hilemore griff in seine Brusttasche und holte einen dalzianischen Goldsouverän hervor, der aus dem Wrack der *Windkönigin* stammte. Er hatte die Münzen und verschiedene andere Wertgegenstände aus dem Safe der *Gute Gelegenheit* mitgehen lassen, bevor er die *Überlegenheit* gekapert hatte. »Ich denke, wir werden uns auf einen Preis einigen können, der für beide Seiten annehmbar ist«, sagte er und reichte Kulvetch die Münze.

Diese musterte den Souverän mit mäßigem Interesse und gab ihn dann zurück. »Sie missverstehen mich, Kapitän«, sagte sie. »Ich brauche kein Geld, sondern Ihre Dienste. Ein Aufstand hat diese Stadt entzweigerissen. Mit Ihrer Unterstützung können wir sie wieder vereinen und«, sie warf ihm einen eisigen, unversöhnlichen Blick zu, und ihre Stimme zitterte begierig, »jeden einzelnen dieser verfluchten Allianzler zur Rechenschaft ziehen.«

◆ ◆ ◆

»Seit etwa einem Monat herrscht eine Pattsituation.« Kulvetch hatte ihn auf das Dach des Hauptquartiers der Südmeerflotte in Stockcombe gebracht, dem höchsten Gebäude am Hafen, von dem aus man einen guten Überblick über die Stadt hatte. »Wie Sie sehen können, bildet der Wasserfall eine natürliche und unüberwindbare Barriere zwischen den Ost- und Westvierteln. Man kommt nur über den Hafen oder die Mauer in den jeweils anderen Stadtteil. Nachdem wir diese Seite unter unsere Kontrolle gebracht hatten, versuchten die Allianzler am nächsten Tag, über die Mauer anzugreifen. Ein paar konzentrierte Gewehrsalven reichten aus, um sie zurückzudrängen. Als Nächstes probierten sie es nachts mit Booten. Zum Glück sind die meisten Schiffe im Hafen auf unserer Seite. Deshalb haben sie es nicht mal bis zum Kai geschafft. Seither geben sie sich damit zufrieden, in ihren Hütten zu bleiben und nur ab und zu eine Kanonenkugel in unsere Richtung zu schießen.«

»Sie besitzen also Artillerie?«, fragte Hilemore.

»Zwei Batterien Sechspfünder und einen Achtzehnpfünder mit langem Lauf, während wir nur über vier schwere Geschütze verfügen. Das ist der Hauptgrund, warum ich noch keinen Angriff befohlen habe, und außerdem unsere geringe Anzahl. Insgesamt kann ich nur auf etwa dreihundert bewaffnete Soldaten zurückgreifen und etwas mehr als siebenhundert Freiwillige aus der Stadtbevölkerung, die kaum ausgebildet und schlecht bewaffnet, aber linientreu sind.«

»Und die Allianzler?«

»Östlich des Wasserfalls leben mehr Leute als auf dieser Seite. Da gibt es jede Menge Gossenratten, die sie für ihre hirnrissigen Ziele rekrutieren können. Ich würde schätzen, es sind mindestens dreitausend Bewaffnete.«

Hilemore seufzte in grimmiger Belustigung. »Ich habe schon schwierige Schlachten geschlagen, Oberst, aber nie aussichtslose. Was genau kann ein einzelnes Kriegsschiff Ihrer Meinung nach gegen einen solch starken Gegner an Land ausrichten?«

»Sie könnten deren verdammte Artillerie ausschalten«, gab Kulvetch hitzig zurück. Sie holte eine zusammengefaltete Karte aus einer Tasche ihres Waffenrocks und breitete sie aus. »Durch sorgfältige Beobachtung konnten wir die Positionen der meisten Geschütze ermitteln …«

»Nein.«

Sie verstummte, sichtlich überrascht über seine entschiedene Ablehnung. »Der Plan hat Hand und Fuß …«

»Oberst.« Hilemore schrie fast und hielt kurz inne, um sich wieder zu beruhigen, bevor er weitersprach. »Haben Sie eine Ahnung davon, was gerade in der Welt geschieht?«

Sie starrte ihn an. Verwirrung und Ärger färbten ihre Wangen rot. »Irgendeine Notlage«, sagte sie. »Drachen und Verderbte laufen Amok. Aber wenn die vereinte Macht der Unternehmen erst gegen die Wilden und Bestien zum Einsatz kommt …«

»Diese Wilden und Bestien haben Kerberhafen überrannt«, unterbrach sie Hilemore. »Und ebenso Morstal. Feros ist gefallen, und ich kann mit einiger Sicherheit behaupten, dass inzwischen auch noch andere Städte dasselbe Schicksal ereilt haben wird. Die vereinte Macht der Unternehmen hat versagt. Und während die ganze Welt brennt, zerfleischt sich diese Stadt hier selbst, ohne dass ein einziger Drache in der Nähe wäre. An Ihrem nichtigen Krieg werde ich mich nicht beteiligen. Und wenn Sie mir keine Vorräte verkaufen wollen, dann werden Ihre Freunde auf der anderen Hafenseite vielleicht zugänglicher sein.«

Kulvetch knurrte, und ihre Hände zuckten. Sie kämpfte sichtlich gegen den Drang an, nach ihrem Karabiner zu greifen. »Sie würden mit diesem Abschaum verhandeln?«

»Um meine Mission zu erfüllen, würde ich mit allen Dämonen der Mühsal verhandeln.« Hilemore richtete sich auf und sprach in förmlichem Ton weiter. »Ihre Leistung hier beeindruckt mich, aber Sie haben keine Aussicht auf einen Sieg. Ich bin bereit, mich als Vermittler zur Verfügung zu stellen …«

»Drauf geschissen!« Kulvetch blähte die Nasenflügel und funkelte ihn wütend an. Ihr Atem ging keuchend. »Ich sollte Sie erschießen …«

»Dann werden Sie neben der Artillerie der Allianzler auch die Kanonen meines Schiffes zu spüren bekommen.« Hilemore salutierte, was Kulvetch jedoch nicht erwiderte, und ging zur Treppe.

◆ ◆ ◆

Statt einer einzelnen Anführerin sah er sich bei den Allianzlern einem Komitee aus sechs Leuten gegenüber. Zu Hilemores Bedrückung waren sie alle etwa im selben Alter wie Oberst Kulvetch und maßen ihn mit genauso eisigen Blicken. Es würde keine leichte Verhandlung werden.

Er war mit dem Landungsboot des Schiffes zur Ostseite des Hafens gefahren und hatte sich mit einer Friedensflagge in der Hand an den Bug gestellt. Den Kai fand er verlassen vor, huschende Bewegungen hinter den Fenstern der umliegenden Häuser deuteten jedoch darauf hin, dass seine Ankunft nicht unbemerkt geblieben war. Einige Minuten später trat ein stämmiger junger Mann im Ledermantel eines Freien mit einem Revolver in der Hand aus einer dunklen Gasse. Am Ärmel seines Mantels befand sich ein Band mit dem Emblem der Wählerrechtsallianz – dem roten Kreuz im Kästchen. Der junge Mann blieb geduckt am Ausgang der Gasse stehen und schaute wachsam zum Westteil der Stadt. Nach einer Weile deutete er auf das Landungsboot.

»Schicken Sie die zurück«, sagte er mit finsterem Blick zu Hilemore.

Hilemore nickte und befahl den Matrosen des Landungsboots, zum Schiff zurückzurudern. Die Männer zögerten, ihn in solch zweifelhafter Gesellschaft allein zu lassen, tauchten dann jedoch gehorsam die Ruder ins Wasser und fuhren davon.

»Kommen Sie mit«, sagte der Stämmige und winkte mit dem Revolver, bevor er wieder in der Gasse verschwand. Hilemore folgte ihm durch ein kurzes Labyrinth aus engen Straßen, bis er um eine Ecke bog und sich etwa einem Dutzend junger Männer und Frauen gegenübersah, die Feuerwaffen auf ihn gerichtet hielten.

»Durchsucht ihn«, befahl der Mann im Ledermantel. Hilemore wurde von drei Rebellen unsanft abgetastet. Einem dürren Jungen, der versuchte, ihm seine Taschenuhr abzunehmen, rammte er einen Ellbogen ins Gesicht.

»Seid ihr Allianzler oder Diebe?«, fragte er, als die anderen die Waffen hoben.

»Scheisch Korporatischtenschwein!«, brüllte der Junge, der auf den Pflastersteinen lag und sich die gebrochene Nase hielt. »Erschiesch ihn, Coll!«

»Mund halten!«, sagte der Mann mit dem Ledermantel. »Freimann

Towl hat schlechte Angewohnheiten«, sagte er zu Hilemore. »Das kommt davon, dass er sein ganzes Leben lang von dem wenigen leben musste, das uns die korporatistischen Sklavenhalter gönnen.«

Hilemore wischte sich das Blut vom Ärmel seines Waffenrocks und sagte nichts.

»Ich bin Freimann Coll und das hier sind die Freiwilligen Verteidiger der Wäscherstraße«, sagte der Stämmige und deutete auf die anderen jungen Leute. »Nur damit das klar ist, Mr. Protektoratsmann, eine zweite Chance wird es für Sie nicht geben.« Er senkte langsam den Revolver und nickte nach links. »Hier lang. Towl, du hast heute Nacht Wachdienst. Und denk dran, was ich dir übers Klauen gesagt hab.«

Coll führte Hilemore zu einem kopfsteingepflasterten Platz an der Kreuzung mehrerer Straßen. In der Mitte des Platzes stand ein Gasthaus mit schiefen Wänden, das so altertümlich aussah, dass es wohl noch aus der Gründungszeit der Stadt stammen musste. Ein bewaffneter Wachtposten öffnete bei ihrem Näherkommen die Tür, und Hilemore folgte Coll in das dunkle, von Kerzen beleuchtete Innere. Es dauerte einen Moment, bis sich Hilemores Augen an die Finsternis gewöhnt hatten. Er sah Coll an einem langen Tisch Platz nehmen, an dem bereits fünf andere Leute in ähnlichem Alter saßen.

Außer Coll waren es noch zwei Männer und drei Frauen, die Hilemore erwartungsvoll anschauten. Das Gasthaus stellte eindeutig eine Art Hauptquartier dar. Auf den Tischen lagen Karten und Schriftstücke, und an den Wänden hingen Flugblätter und radikale Propaganda, darunter auch, wie Hilemore mit Belustigung und Bestürzen erkannte, mehrere Seiten der *Wählergazette*.

Er sah keinen Grund, stehen zu bleiben, und zog sich deshalb einen Hocker von einem der Tische heran und setzte sich. »Leutnant Corrick Hilemore«, stellte er sich vor. »Kommandant des Eisenboot-Protektoratsschiffs *Überlegenheit*. Darf ich fragen, mit wem ich spreche?«

»Freie Männer und Frauen«, erwiderte ein etwa neunzehnjähriges Mädchen. Ihren Augenringen und der bleichen Haut nach zu urteilen, litt sie unter starkem Schlafmangel. Dennoch war der Trotz in ihrer Stimme und Haltung deutlich wahrnehmbar, als sie hinzufügte: »Die sich von korporatistischen Drohungen nicht einschüchtern lassen.«

»Ich habe keinerlei Drohungen geäußert«, stellte Hilemore klar.

»Wie viele Schiffe umfasst Ihre Flotte?«, fragte ein anderer am Tisch, ein rothaariger Junge mit Sommersprossen und einem Verband am Ohr.

»Meine Flotte?«, fragte Hilemore.

»Spielen Sie nicht mit uns«, knurrte Coll. »Wir wissen, dass Eisenboot angeheuert wurde, um die Stadt für die Südmeerflotte zurückzuerobern.«

»Dann wissen Sie mehr als ich«, sagte Hilemore. »Ich habe keine Flotte. Das Eisenbootsyndikat selbst besitzt keine Flotte mehr, jedenfalls nicht in diesen Gewässern.«

»Agenten der Südmeerflotte haben sich vor drei Wochen in Sanorah mit dem Vorläufigen Vorstand von Eisenboot getroffen«, sagte das Mädchen mit den Augenringen. »Wollen Sie etwa behaupten, dass Sie nicht deswegen hier sind?«

Hilemore antwortete nicht sofort, sondern betrachtete die Leute am Tisch mit zusammengekniffenen Augen. *So jung und unschuldig, trotz des vielen Bluts, das sie vergossen haben.* »Sie stehen also in Trance-Kontakt mit Sanorah«, sagte er.

Darauf herrschte Schweigen. Das Mädchen senkte den Kopf, und ihr rothaariger Kamerad schaute sie tadelnd an.

»Von der Unternehmensführung von Eisenboot habe ich schon seit Längerem nichts mehr gehört«, fuhr Hilemore fort. »Dass mein Schiff hier ist, hat mit Ihrem Aufstand nichts zu tun. Ich möchte Vorräte erwerben und kann in Gold bezahlen. Das ist alles.«

»Er lügt!«, krächzte der Rotschopf. »Alle Korporatisten lügen. Einer wie der andere. Erinnert euch an den Roten Lomanstag.«

Wieder herrschte Schweigen, und die jungen Leute am Tisch tauschten finstere, unsichere Blicke aus.

»Den Roten Lomanstag?«, fragte Hilemore.

»Der Tropfen, der das Fass zum Überlaufen brachte«, sagte Coll. »Oberst Kulvetch, der erste, hatte unsere Anführer zu einem Treffen eingeladen. Er sagte, er würde sich ihr Anliegen anhören. Er versprach, eine neue Stadtregierung zu bilden, eine gemeinsame Regierung. Als sie zu ihm kamen, ließ er sie nackt ausziehen, auspeitschen, durch die Straßen führen und dann erschießen.« Er lächelte schwach. »Ich habe den Scheißkerl eigenhändig an der Mauer aufgeknüpft. Sah zu lustig aus, wie er da strampelte, wie eine Marionette im Zirkus. Also.« Sein Lächeln verschwand, und er lehnte sich zurück. »Korporatisten trauen wir nicht mehr.«

Hilemore nickte und erhob sich von seinem Hocker. Er ging zu einer Wand des Gasthofs und betrachtete die vielen Zettel, die daran befestigt waren, bis er etwas Vertrautes fand. Er riss das Blatt von der Wand.

»›Die gemeinsame Schuld des korporatistischen Zeitalters‹«, las er laut vor. »›Wie Gier und Korruption der modernen Gesellschaft uns alle beschämen.‹« Er ging zum Tisch und legte das Blatt vor Coll hin. »Von Lewella Tythencroft, Chefredakteurin der *Wählergazette*. Ich war in ihrem Büro, als sie das verfasst hat.« Er verzog das Gesicht und seufzte bedauernd. »Ich erinnere mich, dass wir uns deswegen ziemlich gestritten haben.«

»Sie kennen Lewella Tythencroft?«, fragte das Mädchen mit den Augenringen zweifelnd.

»Das will ich meinen«, erwiderte Hilemore. »Bis vor Kurzem waren wir noch verlobt.«

◆ ◆ ◆

Das Mädchen mit den Augenringen hieß Jillett, und wie sich herausstellte, war sie die einzige noch verbliebene Blutgesegnete in Stockcombe. Nach Hilemores Enthüllung ließ ihn das Komitee nach draußen führen und beriet dann etwa eine Stunde lang. Gemessen an den lauten Rufen, die aus dem Gasthaus drangen, wurde recht hitzig diskutiert. Schließlich verstummten die Stimmen, Hilemore musste aber dennoch eine weitere Stunde auf und ab gehen – unter strenger Aufsicht der Freiwilligen Verteidiger der Wäscherstraße.

»Sind Sie in vielen Schlachten gewesen?«, fragte ein kräftiger Junge von höchstens sechzehn Jahren, den die Ordensbänder an Hilemores Waffenrock zu faszinieren schienen.

»Ja«, erwiderte er.

»Gegen wen?«

»Gegen Dalzianer, Piraten, Corvantiner und in letzter Zeit vor allem gegen Drachen.«

Der Junge verzog überrascht das Gesicht. »Dann stimmt es also? Die Drachen haben sich erhoben, wie es der Seher vorausgesagt hat?«

»Ich bin nicht sicher, ob der Seher all das hier vorausgeahnt hat, aber ja, die Drachen führen jetzt Krieg gegen uns, mit Hilfe der Verderbten.«

»Wieso sind sie dann noch nicht hierhergekommen?«

Hilemore schaute zum Himmel hoch und zu den umliegenden Klippen. Auf dem Kraterrand befanden sich mehrere Festungen, zwischen denen eine Mauer verlief. Auf Hilemore wirkten sie allerdings zu altersschwach und marode, um im Falle eines Angriffs viel zur Verteidigung beizutragen. »Das weiß ich nicht«, erwiderte er. »Aber ich bin mir sicher, irgendwann werden sie es.«

»Sie dürfen wieder hereinkommen«, rief in diesem Moment Coll von der Tür des Gasthauses her.

»Ihr erstes Schiff?«, fragte Jillett, als Hilemore hineingegangen war. Sie las von einem Blatt Papier ab, ihre Miene wirkte nach wie vor misstrauisch.

»Die EPS *Firmenstolz*«, erwiderte Hilemore.

»Der Name Ihres jüngsten Bruders und sein Beruf?«

»Starrick. Er ist Lehrer.«

»Wo und wann sind Sie Lewella Tythencroft zum ersten Mal begegnet?«

»Während eines Aufstands in Sanorah, vor vier Jahren.«

»Wie lautet der Name ihres Hundes?«

»Sie hatte nie einen Hund, weil sie Katzen mag. Ihr letzter Kater, Mr. Maunzer, starb, kurz bevor ich nach Dalzia aufbrach. Er war schon sehr alt.«

Jillett senkte das Blatt und nickte Coll zu. »Er ist es.«

»Hätte sie Ihnen nicht einfach ein Photostat zeigen können?«, fragte Hilemore.

Jillett lächelte leicht. »Freifrau Tythencroft hat unserem blutgesegneten Kontakt offenbar mitgeteilt, dass sie keine Photostate von Ihnen mehr besitzt.«

»Verstehe.« Hilemore hüstelte. »Sie hat Ihnen aber, wie ich annehme, dennoch meine Vertrauenswürdigkeit bestätigt?«

»Nein, hat sie nicht. Jedenfalls noch nicht.« Jillett deutete auf einen Tisch, wo ein Stapel leerer Blätter und ein Federhalter lagen, daneben stand ein Fässchen Tinte. »Freifrau Tythencroft wünscht einen genauen Bericht über Ihre Aktivitäten und Aufenthaltsorte im letzten Jahr. Sie schreiben ihn, ich präge ihn mir ins Gedächtnis ein, und wenn sie ihn erhalten und gelesen hat, wird sie uns raten, wie wir weiter vorgehen sollen.«

»Raten oder befehlen?«, fragte Hilemore. »Freifrau Tythencroft scheint hier einigen Einfluss zu besitzen.«

»Nicht nur hier.« Jillett tauschte einen Blick mit Coll, anscheinend unsicher, wie viel sie verraten durfte.

»Sie dachten wohl, es betrifft nur Stockcombe, wie?«, sagte der stämmige junge Mann. »Die Revolution ist nicht auf einen Ort beschränkt, Kapitän. Halb Sanorah ist jetzt unter der Kontrolle der Wählerrechtsallianz, und außerdem zwei Städte in Nordmandinorien.«

»Wollen Sie damit sagen, dass in Mandinorien ein Bürgerkrieg herrscht?«

»Es hat Kämpfe gegeben, aber, soweit wir wissen, keine größeren Schlachten. Das Protektorat besitzt nicht mehr genug Truppen. Sie können gerade noch das halten, was sie besitzen. Freifrau Tythencroft ist uns ein großes Vorbild. Sie glättet die Wogen, damit die Lage nicht außer Kontrolle gerät, so wie hier. Sie will, dass die Unternehmenswelt friedlich untergeht. Mich selbst kümmert das weniger.« Er nickte in Richtung des Papierstapels. »Sie wartet. Also fangen Sie am besten gleich an.«

Hilemore ging zum Tisch, setzte sich und knöpfte seinen Waffenrock auf. »Kann ich einen Kaffee haben?«, fragte er und griff nach dem Federhalter. »Das wird eine Weile dauern. Ich schreibe Ihnen auch noch eine Notiz für mein Schiff. Sonst kommt womöglich mein Erster Offizier an Land, um nach mir zu suchen, und das wollen Sie wirklich nicht erleben.«

KAPITEL 25

Sirus

»Das war immer mein Lieblingsbeispiel für militärischen Pragmatismus«, sagte Morradin, während sie zusahen, wie sich die Schiffe den Verteidigungsanlagen von Subarisk näherten. »Admiral Racksmith war damals mit der scheinbar unmöglichen Aufgabe betraut, die große Festung von Aben Mael zu zerstören, um die Belagerung der Rotwege-Station zu beenden. Er entschloss sich dazu, die Schiffe in seiner Flotte als gewöhnliche Militärmittel zu betrachten. Und als solche waren sie entbehrlich, was hätten sie sonst für einen Nutzen?«

Die *Schlechter Einfluss* lag außerhalb der Reichweite der zahlreichen Geschütze auf den Inselfestungen von Subarisk vor Anker. Zu beiden Seiten des Flaggschiffs wartete die Flotte. Mit Verderbten vollgestopfte Handelsschiffe zogen ähnlich schwer beladene Kähne hinter sich her. Es war kurz nach Tagesanbruch, und die Verteidiger der Hafenstadt hatten die Größe der angreifenden Armada inzwischen sicher erkannt, was Marschall Morradin aber nicht weiter zu kümmern schien. »Uns geht es nicht ums Überraschen«, hatte er gesagt, als Sirus den Zeitpunkt des Angriffs hinterfragt hatte, »sondern ums Einschüchtern. Ich will, dass jeder Soldat in der Stadt sieht, was ihnen bevorsteht, und sich verloren weiß.«

Sirus schaute durch ein Fernrohr den Schiffen hinterher, die sie vorausgeschickt hatten. Es waren insgesamt zwölf, zwei für jede Festung. Sie waren paarweise aufgeteilt, jeweils ein Frachter und ein Kriegsschiff. Catheline hatte ihre wenigen Militärschiffe nur ungern für eine solche Mission hergegeben, aber Morradin und Sirus war es gemeinsam gelungen, sie zu überzeugen. Allerdings hatte sie sie gewarnt: »Wenn ihr diese Schlacht verliert, werde nicht ich euch bestrafen, sondern *Er*.«

Sirus spürte die gierige Vorfreude der Verderbten auf den Schiffen. Sie waren unter dem Gesichtspunkt ausgewählt worden, dass ihnen ihr neues Leben gefiel und sie dem Weißen bedingungslos ergeben waren. Manche waren schon vor der Umwandlung nicht ganz richtig im Kopf gewesen, andere hatte das Grauen, das sie seither erlebt hatten, um den Verstand gebracht. Das Morden und Zerstören erfüllte sie mit einer sadistischen Freude, die für Sirus schwer erträglich war. Dass sie derart fanatische Soldaten für den Angriff brauchten, konnten sie Catheline ohne Weiteres glaubhaft machen. Und Sirus gelang es erfolgreich, seine Befriedigung darüber zu verbergen, so viele Verrückte loszuwerden.

Als er das Echo von Kanonendonner hörte, richtete er das Fernrohr auf die Festungen. Von einer stiegen mehrere Rauchfahnen auf, die in den Schießscharten ihren Ursprung hatten. Er beobachtete, wie die Geschosse niedergingen und vor den Schiffen Wasserfontänen aufspritzen ließen. Treffer wurden jedoch keine erzielt.

»Sie feuern zu früh«, knurrte Morradin zufrieden. »Sie sind nervös. Das ist gut. Der corvantinische Oberbefehlshaber in Aben Mael hat einen ähnlichen Fehler begangen und einen Großteil seiner Munition verschwendet, bevor Racksmiths Strategie überhaupt richtig zum Tragen kam.«

Die Schiffe blieben in Formation, während sie sich den Festungen näherten. Die Kriegsschiffe fuhren langsamer, damit die Frachter mithalten konnten. Sobald die Festungen in Reichweite waren, begannen sie, das Feuer zu erwidern, ließen jedoch statt Sprenggeschossen Rauchkugeln auf den Gegner niederprasseln. Bald waren die Inselfestungen vollkommen in graue Rauchwolken gehüllt. Zuvor hatten die Kanoniere den Angreifern jedoch noch ordentlich zugesetzt. Eines der Kriegsschiffe, die *Null und Nichtig*, musste einen direkten Treffer auf die

Brücke hinnehmen, der die meisten Verderbten auf den oberen Aufbauten tötete. Für ein Schiff mit menschlicher Mannschaft wäre es das Aus gewesen, die *Null und Nichtig* fuhr hingegen weiter unbeirrt auf ihr Ziel zu. Mit Hilfe der Späher im Ausguck der *Einfluss* steuerten die Verderbten unter Deck das Schiff per Hand, während die Kanoniere auf dem Oberdeck unverdrossen den Beschuss fortsetzten.

Die *Todesfreude*, etwa zweihundert Meter östlich der *Null und Nichtig*, hatte dagegen weniger Glück. Eine gut gezielte Salve der Corvantiner zerstörte ihre vordere Kanone und das Schaufelrad backbords, worauf sie nur noch im Kreis trudelte. Sirus gab Befehl, das Schaufelrad steuerbords anzuhalten, und schickte die Mannschaft los, um den Schaden schnellstmöglich zu beheben. Ein derart angeschlagenes Ziel zog jedoch schon bald das Feuer sämtlicher in Reichweite befindlicher Festungen auf sich, und wenige Minuten später wurde das Schiff von einem konzentrierten Sperrfeuer zerfetzt.

»War nicht zu verhindern«, schnaubte Morradin. »Aber ihre Aufgabe hat sie erfüllt, der Frachter ist fast da.«

Sirus spürte, wie die Vorfreude des Marschalls wuchs, als sich der Frachter durch die rauchenden Überreste seiner Eskorte hindurch der Festung näherte. Er wurde mehrfach von Geschossen getroffen, die seine oberen Aufbauten zerstörten und Löcher in den Rumpf schlugen. Allerdings gab es nur einen Treffer unterhalb der Wasserlinie. Trotz des plötzlich hereinströmenden Wassers besaß der Frachter genügend Schwung, um ihn gegen die felsige Küste der Inselfestung krachen zu lassen. Das geflutete untere Deck ließ ihn immer tiefer einsinken, und er erschauerte wie ein großes, sterbendes Ungeheuer, als die Festungskanone aus nächster Nähe auf ihn schoss.

»Ich sehe wenig Grund, noch länger zu warten. Was meinst du?«, fragte Morradin.

Sirus nickte und gab den fünf Verderbten im Laderaum des Frachters den Befehl, die Zündschnüre in Brand zu setzen, die zu mehreren übereinandergestapelten Pulverfässern führten. Die Waffendepots in Feros, Melkorin und Sairvek hatten ihnen einen beachtlichen Vorrat an Sprengstoff geliefert, aber nur wenige Kanonen. Dank Morradins Abwandlung der berühmten Strategie von Flottillenadmiral Racksmith bot sich ihnen nun eine gute Gelegenheit, diesen Überschuss zu verwenden. Vier Fünftel ihrer Pulvervorräte waren auf die Frachter verladen worden. Die Zünder hatte Sirus auf dreißig Sekunden einstellen lassen, damit die Verderbten, die sie in Brand steckten, noch entkommen konnten. Selbst verblendete Ungeheuer wie sie besaßen einen Überlebensinstinkt, der zur Befehlsverweigerung führen mochte. Sirus hatte deshalb darauf geachtet, dass ihnen eine Chance zur Flucht blieb, auch wenn sie rein illusorisch war.

Tatsächlich gelang es keinem einzigen Verderbten, von dem Frachter zu entkommen, bevor er explodierte, und Sirus spürte, wie ihre verwirrten, seltsam freudigen Gedanken verstummten, als das Schiff in einem gewaltigen Feuerball aufging. Die Druckwelle erreichte sie als Erstes, und Catheline lachte im Luftstrom schwankend begeistert auf. Als Nächstes folgte das Donnern der Explosion, das laut in den Ohren dröhnte. Cathelines Gelächter verstummte, und sie verzog schmerzerfüllt das Gesicht.

Der Feuerball stieg mindestens sechzig Meter hoch in die Luft und verwandelte sich dann in eine dicke schwarze Rauchsäule, die über der Insel aufragte. Herabregnende Trümmer ließen das Wasser aufspritzen. Schließlich lichtete sich der Rauch, und der Schaden wurde sichtbar. Der Frachter war komplett verschwunden. Die Festung schien die Explosion jedoch weitgehend unbeschadet überstanden zu haben. Ihre Südmauer wirkte intakt. Doch dann sah Sirus die Trümmer auf der Westseite der Insel und bemerkte, dass das gewölbte Dach des Gebäudes fehlte. In der rußschwarzen Ruine loderten Flammen, und gleich darauf ertönte das Donnern explodierenden Pulvers, als das Feuer das Magazin der Festung erreichte.

»Zufriedenstellend«, sagte Morradin nach einem Blick durchs Fernrohr. »Racksmith hat Aben Mael zwar komplett zerstört, aber er musste sich auch nur auf eine Festung konzentrieren.« Er richtete das Fernrohr nach rechts, wo zwei Schiffe sich der nächsten Festung näherten. »Ich werde ihn also wohl trotzdem um das Fünffache übertreffen.«

◆ ◆ ◆

»Fünfundzwanzigtausendachthundertundsechsundneunzig tote Verderbte«, meldete Nebelschleier mit gewohnter Präzision. »Und sechstausendeinhundertundzweiunddreißig Verwundete, von denen schätzungsweise die Hälfte überleben wird.«

»Schätzungsweise?«, fragte Catheline und zog in gespielter Überraschung eine Augenbraue hoch.

»Für Genesungsraten lässt sich unmöglich eine genaue Zahl angeben …« Nebelschleier verstummte verwirrt, als Catheline ihr lachend einen Kuss auf die schuppige Stirn drückte.

»Keine Sorge, meine Liebe«, sagte sie. »Schätzungen reichen vollkommen aus.«

Von der Mitte des Platzes her ertönte ein vertrauter, grausiger Schrei, der aber zum Glück kurz war. Die Jungen des Weißen stritten sich um die Überreste eines gefangenen Blutgesegneten. Es handelte sich um einen weiteren Kaderagenten, wenngleich sich dieser weit weniger heldenhaft verhalten hatte als die Frau in Sairvek. Der korpulente Kerl war bei der Durchsuchung der Stadt auf einem Dachboden entdeckt worden, wo er sich während der Eroberung versteckt hatte. Er wurde zum Weißen gebracht, der sein finsteres Ritual vollzogen hatte. Den Verwaltungsbezirk von Subarisk zierte ein breiter Platz, auf dem Springbrunnen und Statuen an verschiedene Helden des Kaiserreichs erinnerten. Die größte war eine erst kürzlich vollendete Mamorfigur von Kaiser Caranis persönlich, die nun, in mehrere Stücke zerbrochen, am Fuß der hohen Säule in der Platzmitte lag. Der Weiße hatte sie von der Säule gestoßen, um sich selbst anstelle des Kaisers dort niederzulassen.

Der Blutkaderagent hatte, während er durch die Reihen der Verderbten und Gefangenen geschleift wurde, wortreich um sein Leben gebettelt. Vor dem Weißen brach er stammelnd zusammen und nässte ein. Die frisch umgewandelten Gefangenen erfüllte dieser Anblick mit Befriedigung, der Mann musste ein ziemlicher Tyrann gewesen war, sowohl vor als auch nach der Revolution. Sein schreckliches Ableben rief deshalb weniger Furcht und Bestürzen hervor, als zu erwarten gewesen wäre.

Hinter den jungen Weißen, die sich um ihre Beute stritten, wurden die Gefangenen in einer langen Reihe vor den blauen Kristall geführt. Die Umwandlung dauerte nur ein, zwei Sekunden, dann verloren die erschrockenen Gefangenen das Bewusstsein und wurden weggetragen, während sich in ihren Gesichtern bereits erste Anzeichen von Deformation zeigten. Hin und wieder flackerte der blaue Kristall auf, und sein Licht wurde schwächer, worauf der Weiße sich vorbeugte und ihn in einen heißen Feuerstrahl hüllte.

Energie, hatte Sirus erkannt, als er das Schauspiel zum ersten Mal in Morstal beobachtet hatte. *Er braucht Energie, wie jede andere Maschine auch.*

»Ein hoher Preis für den Sieg, Marschall«, hörte er Catheline sagen und drehte sich um. Morradin begegnete ihrem kritischen Blick mit einem Ausdruck, der nicht offen aufsässig, aber auch nicht reumütig war.

»Unsere Verluste überstiegen die Schätzungen nur geringfügig«, erwiderte er. »Und dank der vielen Gefangenen werden wir sie innerhalb eines Tages wieder ausgleichen.«

Catheline wandte sich mit fragendem Blick Nebelschleier zu, die bekräftigend nickte. »Gegenwärtig verfügen wir über achtzigtausend Gefangene«, sagte die junge Insulanerin. »Je nachdem, wie erfolgreich die Suche in den Außenbezirken und im Umland verläuft, sollte unsere Armee in den nächsten Tagen auf mehr als zweihunderttausend anwachsen.«

»Genug, um Varestia einzunehmen, meinst du nicht, General?«, erkundigte sich Catheline bei Sirus.

»Dank der Schiffe, die wir in Besitz genommen haben, ja«, erwiderte er. »Zu unserem Glück hatte die Stadtregierung seit dem Fall von Corvus das Hafentor geschlossen gehalten.«

Im Hafen waren insgesamt dreiundsechzig Schiffe beschlagnahmt worden. Hinzu kamen drei kaiserliche Kriegsschiffe, die nach der Zerstörung der Inselfestungen in ihre Hände gefallen waren. Morradins Vorhersage, dass der Anblick von so viel Zerstörung die Verteidiger verunsichern würde, bewahrheitete sich. Als tausende Verderbte an Seilen die Hafenmauer hinaufgeströmt kamen, regte sich nur wenig Widerstand. Ein paar kaiserliche Einheiten kämpften verbissen, andere jedoch ergriffen augenblicklich die Flucht. Die Mauer einzunehmen war eine Sache von einer Stunde. Das Wasser innerhalb und außerhalb des Hafens färbte sich vom Blut rot und überall schwammen Leichen.

Als sie den Hafen hinter sich ließen und in die Stadt vordrangen, wurde die Gegenwehr stärker. Der Garnisonskommandant hier war offensichtlich fähiger als der in Sairvek. Er hatte richtig erkannt, dass es zwecklos war, die Hafenmauer halten zu wollen, und hatte deshalb seine verbliebenen Streitkräfte zu mehreren Verteidigungslinien zusammengezogen. Straßenkreuzungen wurden verbarrikadiert, und die letzte verbliebene Kanone der Verteidiger setzte Morradins Angriffstrupps ziemlich zu. Der Garnisonskommandant musste gewusst haben, dass die Stadt fallen würde. Der verzweifelte Widerstand der Soldaten diente einzig dazu, den Einwohnern mehr Zeit für die Flucht zu verschaffen. Sirus riet Catheline deshalb dazu, die Angriffe auf die Barrikaden einzustellen, um die Verteidiger in der Illusion zu wiegen, sie hätten mit ihrer Strategie Erfolg gehabt. Tausende Menschen flohen in die Hügel im Norden, nur um dort von Rudeln Grüner und Roter wieder in die Vororte zurückgetrieben zu werden. In der Zwischenzeit führte Morradin zehntausend Verderbte außen um die Stadt herum und schnitt damit die Verteidiger von den Flüchtlingen ab. Zwei Tage lang herrschten heftige Kämpfe, bis die organisierte Gegenwehr zum Erliegen kam, und selbst jetzt noch trafen gelegentlich Berichte ein, dass Patrouillen der Verderbten in engen Straßen angegriffen wurden. Alles in allem gehörte die Stadt aber nun dem Weißen.

»Wie lange noch, bis wir nach Süden aufbrechen können?«, fragte Catheline Sirus. »Er möchte die Sache so schnell wie möglich hinter sich bringen.«

»Wir brauchen mindestens zwei Wochen, um die Schiffe auslaufbereit zu machen«, erwiderte Sirus. »Auf See sind die Varestianer gefährliche Gegner, und je mehr Waffen und Panzerung wir unseren Schiffen mitgeben können, desto besser. Zum Glück verfügt dieser Hafen über hervorragende Werkstätten und fähige Arbeiter, auf die wir zurückgreifen können.«

»Sehr gut. Und wo sollen wir als Erstes angreifen?«

Sirus tauschte heimlich einen Blick mit Morradin. Mit dieser Frage hatten sie gerechnet und wussten, dass die Antwort für ihr Vorhaben, das Joch des Weißen abzuschütteln, von entscheidender Bedeutung war. »Die Sieben Mauern«, sagte Sirus und mischte etwas Besorgnis in seine Gedanken. Eine leichte Unsicherheit würde Catheline erwarten. »Dort hat der varestianische Regierungsrat seinen Sitz, und es ist der wichtigste Hafen der Region. Der Widerstand der Varestianer wird sich wahrscheinlich darauf konzentrieren und auf die benachbarte Insel Iskamir. Das heißt, wir könnten einen Großteil ihrer Streitkräfte schon beim ersten Angriff vernichten.«

»Ihre Streitkräfte zu vernichten ist eher zweitrangig«, sagte Catheline. »Unser oberstes Ziel ist es, Lizanne Lethridge zu finden und zu töten. Und darüber hinaus alle, mit denen sie in Kontakt steht. Richtet eure Bemühungen darauf.«

Sirus und die anderen anwesenden Verderbten antworteten mit einem unterwürfigen Gedankenimpuls, der Catheline zum Lächeln brachte. »Kümmer dich um deine Flotte, General«, sagte sie zu Sirus und tätschelte seine Hand, bevor sie zum Weißen ging. »Ich erwarte dich heute Abend zum Essen.«

◆ ◆ ◆

»Für meinen Geschmack gehst du zu viele Risiken ein«, sagte sie und strich mit dem Finger über eine frisch verheilte Wunde auf seiner Wange, die er sich beim Angriff auf die Hafenmauer zugezogen hatte. Ein verwundeter corvantinischer Soldat hatte im Sterben noch mit dem Bajonett zugestochen. Die nadelspitze dreieckige Klinge hätte beinahe Sirus' Auge getroffen und sein Gehirn durchbohrt. Waldspeer hatte ihn im letzten Moment beiseitegestoßen und ihm das Leben gerettet, bevor er dem kühnen Soldaten mit seiner Streitkeule endgültig den Garaus gemacht hatte.

»Ein Kommandant, der die Risiken des Angriffs scheut, verliert den Respekt seiner Soldaten«, erwiderte er. »Selbst in dieser Armee.«

Das stimmte, zumindest zum Teil. Die meisten Verderbten brachten ihm freundliches Wohlwollen entgegen, vor allem die Insulaner und, aus ihm unverständlichen Gründen, auch die arradsianischen Stammesleute. Wenn es so weit war, dass sie sich gegen den Weißen erheben konnten, mochte sich diese Loyalität als nützlich erweisen.

»Morradin geht ebenfalls Risiken ein«, hielt Catheline ihm entgegen und streichelte seine Wange. »Und trotzdem hassen ihn alle.«

Sie befanden sich im Obergeschoss der palastartigen Villa, die Catheline für sich beansprucht hatte. Das Haus war einst der Wohnsitz der reichsten Kaufmannsfamilie der Stadt gewesen, die jetzt entweder in die Reihen der Verderbten eingegangen oder, weil sie sich als nutzlos erwiesen hatte, getötet worden war. Das Abendessen nahmen sie in einem riesigen, widerhallenden Ballsaal ein, der mit funkelnden Kronleuchtern und hohen Gemälden verziert war. Während des Essens teilte Catheline ein paar Gedanken mit ihm, und er war überrascht, wie viel Verachtung sie für ihre Umgebung empfand. *Luxus und Firlefanz. Leere Kunst für leere Seelen. Genau wie in der verfluchten Führungsschicht.*

Die Gedanken wurden von einer unangenehmen Hitze begleitet, aufrichtigem Hass, der unter der Verachtung brodelte. Sirus war versucht, sie zu fragen, warum sie ihresgleichen so sehr verabscheute, ließ es dann aber bleiben. Es war zwecklos. Womöglich gab es gar keinen rationalen Grund dafür, denn Catheline war nun einmal zutiefst irrational. Seine Überlegungen über ihr Wesen verbarg er unter einer Menge Furcht, die sie zu amüsieren schien, als sie ihn vom Ballsaal in ihr Zimmer führte.

»Du fragst dich, was ich von dir will«, sagte sie und entblößte ihre Reißzähne in einem Lächeln. Mit der Hand strich sie über sein schuppiges Gesicht. Sie ließ sich neben ihm aufs Sofa sinken und beugte sich dicht heran. Ihr Parfüm hüllte ihn mit seiner schrecklichen Anziehungskraft ein. »Was kann eine Frau wohl von einem Mann wollen, den sie faszinierend findet?«

»Ich bin kein Mann«, stellte Sirus fest. »Selbst bevor ich … zu dem hier geworden bin, war ich höchstens ein Junge …«

»Was vorher war, zählt nicht.« Sie beugte sich noch näher heran, und Sirus spürte ihren Atem auf seiner verwandelten Haut. Ihre Wärme und ihr Duft waren berauschend. Er wandte ihr sein Gesicht zu, sodass sich ihre Lippen fast berührten. »Alles, was zählt«, hauchte sie, »ist das Hier und Jetzt …«

Beide stießen ein gequältes Keuchen aus, als ein neuer Gedanke in ihren Geist eindrang. Der Schmerz ließ Sirus vom Sofa auf die Knie rutschen. *Eine Strafe?*, fragte er sich. Womöglich gefiel es dem Weißen nicht, wenn seine Diener einander so nahe kamen. Aber dann stellte er fest, dass der Gedanke von Katarias' dunklem, fremdartigen Geist stammte – eine geteilte Erinnerung.

Noch ein Luftschiff. Ein längliches, ovales Objekt glitt vor einem dunklen Himmel dahin. Es wurde größer, während Katarias darauf zuflog. Der Hunger des Drachen erwachte, als er eine menschliche Gestalt erblickte, die sich unter dem bauchigen Gasballon aus der Gondel beugte. Drachen besaßen viel schärfere Augen als Menschen oder Verderbte, und trotz der Schutzbrille, die die Frau trug, erkannte Katarias sie sofort.

Lizanne Lethridge!, jubelte Catheline, und Sirus musste angesichts des Blutdursts, der in ihr aufloderte, ein Würgen unterdrücken. *TÖTE SIE!*

KAPITEL 26

Lizanne

Wie sich erwies, hatte Hyran Gesellschaft. Als Lizanne in seine Gedankenlandschaft eintrat, war er gerade mit jemand anderem verbunden. Mitten im Gewürzladen mit den Schränken und Kisten erstreckte sich eine felsige, von zahlreichen Wasserlachen gesprenkelte Meeresküste. Sie sah Hyran in der Nähe einen Sandstrand entlanggehen, begleitet von einer kleineren, schlanken Gestalt. Lizanne trat an eine der Wasserlachen heran und sah Farbwirbel auf der Oberfläche, vage, formlose Umrisse, die sich ständig wandelten. Einer ihrer Lehrer hatte es den »Tanz der Erinnerung« genannt.

Miss Blut?

Lizanne drehte sich um und sah Hyran in der Nähe stehen. Neben ihm befand sich eine junge Frau, die Lizanne als Letztes im Allerheiligsten des Kaisers gesehen hatte, wo sie gegen die kaiserlichen Soldaten gekämpft hatte. Die junge Frau sprach als Erste. Schließlich war es ihre Gedankenlandschaft.

Jelna, begrüßte Lizanne sie. *Schön, dich zu sehen. Entschuldigt bitte die Störung.*

Nur gut, dass Sie nicht zehn Minuten früher hier aufgetaucht sind, erwiderte Jelna, worauf Hyran rot anlief. *Sie wollen wahrscheinlich mit ihm sprechen, oder?*, fügte sie hinzu.

Das ist richtig.

Jelna nickte, und die Farbe wich aus ihrer Gedankenlandschaft, während sie sich bereit machte, die Trance zu verlassen. *Hier wird immer noch viel über Sie geredet,* sagte Jelna. *Es gibt Überlegungen, Ihnen zu Ehren eine Statue zu errichten.*

Dann rede das den Leuten bitte aus.

Belustigung durchlief Jelnas Gedankenlandschaft, bevor sie ganz verschwand und Lizanne mit Hyran allein im Gewürzladen zurückblieb. *Als ich sie damals in Corvus kennengelernt habe, war sie viel … grimmiger,* erinnerte sich Lizanne.

Das ist sie immer noch, sagte Hyran. *Wenn es sein muss.*

Sind eure Organisationen denn damit einverstanden? Ein Verschworener, der mit einer Republikanerin anbandelt?

Inzwischen ist vielen von uns klar geworden, dass es nicht im Interesse der neuen Republik ist, an alten Rivalitäten festzuhalten.

Obwohl er sich ganz offensichtlich freute, seine ehemalige Kameradin und Lehrerin wiederzusehen, waren Hyrans Gedanken auch von Argwohn gefärbt. Lizanne musste ein kleines Auflodern von Stolz unterdrücken. Sie war froh, dass ihre Lektionen während des langen Marsches nach Corvus nicht umsonst gewesen waren. Ein blutgesegneter Agent sollte gegenüber allen Menschen misstrauisch sein, selbst gegenüber seinen Freunden.

Ich habe mich schon gefragt, ob ich Sie jemals wiedersehen werde, sagte Hyran.

Und jetzt fragst du dich, was um alles in der Welt ich von dir will, oder?

Richtig.

Sie rief einen ihrer Wirbelwinde herbei und formte damit eine frische Erinnerung. Es war der Anblick einer in Trümmer gelegten Hafenstadt, die sie am Tag zuvor bei einem Erkundungsflug mit der *Glühwurm* entdeckt hatten. Überall um den Hafen herum erhoben sich rußschwarze Gebäude, an manchen Stellen stieg noch Rauch auf. Ein paar rote Drachen glitten über die Stadt hinweg, und vor der Hafenmauer tauchte ein Schwarm Blauer aus dem Meer auf. Lizanne vergrößerte das Bild, damit die vielen Leichen in den Straßen erkennbar wurden. Der Anblick der zahllosen toten Kinder bestürzte Hyran.

Sie nehmen die Erwachsenen mit und töten die Kinder, erklärte Lizanne.

Wo ist das?, fragte er.

Sairvek. Oder was davon übrig ist. Der General und die Kurfürstin wissen davon also nichts?

In letzter Zeit hat es zahlreiche Gerüchte gegeben, aber die Südküste ist weit von Corvus entfernt, und die Blutgesegneten dort sind alles treue Kaderagenten. Außerdem hatten wir im Norden genug zu tun.

Demnach sind nicht alle Corvantiner von der Revolution begeistert?

Anfangs war es ein einziger Siegeszug. General Arberus führte eine Armee nach Westen und die Kurfürstin eine zweite nach Norden. Jelna ist ihr gefolgt, ich dagegen dem General. Dorf um Dorf, Stadt um Stadt hießen uns willkommen, und die jungen Leute traten in unsere Armee ein … Aber dann wandelte sich die Lage. Nicht alle Regionen im Reich haben unter dem Joch der Regnarchie gelitten, und im Westen liegen einige der reichsten Gebiete. Für die Leute dort waren wir Verräter und Umstürzler der alten heiligen Ordnung. Sie dachten gar nicht daran, sich uns anzuschließen. Es gab Schlachten. Wir verloren Truppen, und viele in unseren Reihen wollten sich an den Besiegten rächen. Der General gab sich die größte Mühe, Ausschreitungen zu verhindern, aber … Je weiter wir nach Westen kamen, desto hässlicher wurde es. Als wir die Küste erreichten, hieß es bereits: »Arberus' roter Marsch zum Meer«.

Das hat ihm bestimmt nicht gefallen.

Nein, überhaupt nicht.

Wo befindet ihr euch jetzt?

In Torivek, der größten Hafenstadt an der Westküste. Im Gegensatz zu den anderen ist sie ohne einen einzigen Schuss gefallen. Die Leute hier sind deutlich ärmer.

Und wie steht es mit der Kurfürstin?

Die belagert mit Varkash Merivus in Nordkestria.

Varkash, der ehemalige varestianische Pirat und Anführer der Grünspanler in Scorazin, der für die Revolution früher nicht viel übrig gehabt hatte. *Ich hätte gedacht, dass er inzwischen längst in seine Heimat zurückgesegelt ist*, sagte sie.

Er hat mit der Kurfürstin ein lukratives Abkommen geschlossen: Ein Drittel von sämtlichem adligen Besitz, den sie beschlagnahmen. Außerdem hat sie ihn zum Admiral ernannt, was seiner Eitelkeit mächtig geschmeichelt hat. Sie ist über die Küstenstraßen marschiert, und er hat sie mit den Überresten der kaiserlichen Flotte unterwegs mit Proviant versorgt. Das hat gut geklappt, bis sie nach Merivus kamen. Dort hängt sie jetzt schon ein paar Wochen fest. Jelna sagt, ihre Hauptleute hätten ihr geraten, an der Stadt vorbeizuziehen, aber sie weigert sich hartnäckig. Gerüchteweise hat sie mit ein paar Leuten in der Stadt noch eine Rechnung offen.

Lizanne erinnerte sich, was Atalina ihr darüber erzählt hatte, wie sie nach Scorazin gekommen war, und bedauerte jeden kaiserlichen Beamten, der der Kurfürstin nach einem Sieg über Merivus lebend in die Hände fallen sollte. Wahrscheinlich interessierte sich Atalina momentan nur für ihren privaten Rachefeldzug, Lizanne wollte aber dennoch nichts unversucht lassen.

Übermittle Jelna die Bilder von Sairvek, trug sie Hyran auf. *Sie soll der Kurfürstin davon berichten. Und sag du dem General Bescheid.*

Das werde ich, versprach er. *Aber das heißt nicht, dass sie Hilfe schicken werden. Ohne die Präsenz der Revolutionsarmeen könnte das ganze Land in Anarchie versinken.*

Wenn der Weiße in Varestia siegreich ist, wird eure Revolution rein gar nichts bedeuten.

Lizanne spürte, wie das Blau in ihren Adern schwand. Bevor sie sich aus der Trance verabschiedete, hielt sie aber noch einmal inne. Ihr war ein weiterer Gedanke gekommen. *Sag Jelna, sie soll auch Varkash in Kenntnis setzen. Immerhin ist es sein Heimatland.*

◆ ◆ ◆

»Ich bin schwanger, nicht krank«, sagte Sofiya Griffan zu Kapitän Trumane und stieg trotz seines Protests den Laufsteg zum Deck der *Gute Gelegenheit* hinauf.

Verwirrt wandte sich Trumane Lizanne zu. »Könnten Sie nicht …?«

»Sie ist eine erfahrene Blutgesegnete der Protektoratsmarine«, erwiderte Lizanne. »Und ich habe eine Trance-Verbindung zu ihr. Außerdem wird es in ein paar Wochen vermutlich nirgendwo einen sicheren Ort mehr geben.«

Sie ließ den Blick über die *Gelegenheit* schweifen und betrachtete die nagelneuen Beißer auf dem Oberdeck und die vier Knallfrösche an der Reling. Vor dem Drehgeschütz auf dem Vorderdeck befand sich ein etwa viereinhalb Meter hohes Objekt, das mit Segeltuch abgedeckt war. Aus diesem Blickwinkel betrachtet erinnerte es an eine abstrakte Skulptur, die auf ihre Enthüllung wartete. Sie sah die Gestalt ihres Vaters in einem langen Mantel, der ein paar letzte Einstellungen an der runden Drehplattform vornahm, auf die das Objekt geschraubt war. Er hatte ebenfalls an der Mission teilnehmen wollen, aber im Gegensatz zu Sofiya hatte Lizanne bei ihm darauf bestanden, dass er im »Bergwerk«, wie ihre Fabrik inzwischen genannt wurde, gebraucht wurde. An seiner Stelle waren drei Arbeiter rekrutiert worden, die sich mit der Mechanik der neuesten Erfindung des Professors auskannten.

»Sind Sie wirklich sicher, dass das funktionieren wird?«, fragte Lizanne Trumane. Die Mission war seine Idee gewesen, nachdem er von der neuen Erfindung erfahren hatte.

»Eine richtige Erprobung wäre von Vorteil«, erwiderte Trumane. »Aber in Kriegszeiten ist gründliche Vorbereitung ein Luxus. Ich vertraue den Fähigkeiten Ihres Vaters. Wenn Sie, wie geplant, unterwegs weitere Erkundungen vornehmen, rechne ich mit einem Erfolg.«

»Und Sie sind tatsächlich der Meinung, dass sie als Nächstes in Subarisk zuschlagen werden?«

»Es ist die logischste Wahl, wenn der Feind weiter Kräfte sammeln will. Und bei seiner Effizienz ist der Hafen womöglich schon gefallen.«

Lizanne nickte. Die düstere Militärlogik des Plans, der davon ausging, dass sich Subarisk bereits in feindlicher Hand befand, behagte ihr dennoch nicht. »Ihre neuen Rekruten machen sich gut, hoffe ich?«, fragte sie. Trumanes Mannschaft war um einige ehemalige Matrosen unter den Flüchtlingen ergänzt worden. Sie hatten niemanden einziehen müssen, da es mehr als genug Freiwillige gegeben hatte, die dem monotonen Alltag in der Fabrik entfliehen wollten.

»Die meisten haben keine militärische Erfahrung«, erwiderte Trumane. »Aber sie kennen sich mit Schiffen aus, und das ist das Wichtigste. Ich werde ihnen schon Zucht und Ordnung beibringen.«

Lizanne gefiel nicht, wie Trumane den letzten Satz betonte, hielt sich aber zurück. In den vergangenen Wochen hatte der Kapitän seine Kompetenz mehrfach unter Beweis gestellt, so dass sie widerstrebend über seine weniger angenehmen Eigenschaften hinwegsah.

»Wir werden die erste Lufterkundung in vier Tagen durchführen«, sagte sie. »Und eventuelle Kursänderungen Mrs. Griffan übermitteln.«

Bisherige Flüge hatten ergeben, dass Blaue erstaunlich leicht aus der Luft zu entdecken waren. Selbst nachts hinterließen die patrouillierenden Schwärme verräterische weiße Spuren auf der Meeresoberfläche. Lizanne würde die *Gelegenheit* also auf der Fahrt nach Subarisk an größeren Gruppen von Blauen vorbeilotsen können. Sie hatten einen Zeitplan für die Trance-Kommunikation zwischen Lizanne und Sofiya aufgestellt. Es machte das Schiff unflexibel, aber das würde keine Rolle spielen, wenn die *Gelegenheit* erst in Position war und ihre beachtliche Geschwindigkeit ausnutzen konnte.

»In vier Tagen also«, sagte er und überraschte Lizanne mit einem Salut, bevor er den Laufsteg hochschritt.

Sie wartete, bis ihr Vater von Bord gegangen war, und gemeinsam sahen sie zu, wie die *Gelegenheit* ablegte, um durch den Blaska-Fjord nach Osten aufs offene Meer zu fahren. »Ich habe es die ›Bastler Typ I‹ genannt«, sagte ihr Vater, als das Schiff um eine Klippe herum außer Sicht geriet. »Mein eigener Name hätte nicht gepasst. Eigentlich ist es ja gar nicht meine Erfindung.«

»Sehr großzügig von dir, Vater.«

Sie gingen zur Fabrik zurück, durch die Stadt, in der um diese Zeit vor allem Kinder unterwegs waren. Die Kinder waren seltsam artig, schweigsam und machten nur selten Unfug. Selbst beim Spielen lachten sie kaum. *Sie haben in ihrem kurzen Leben schon zu viel Schlimmes erlebt.* Zum ersten Mal war Lizanne dankbar für ihre eigene vergleichsweise sorglos verbrachte Kindheit.

»Bastler ist wohl immer noch nicht aus dem Koma erwacht?«, erkundigte sich der Professor.

»Nein«, erwiderte Lizanne. »Und Makario hat bisher mit dem nächsten Satz nur wenig Fortschritte gemacht.«

»Schade. Ein nützlicher Kerl, trotz seines schlechten Benehmens.«

»Ich glaube, für sein Benehmen kann er nichts. Er wurde so geboren.«

Am Eingang zur Werkstatt des Professors – ein großes Lagerhaus, dessen Dach durch eine Segeltuchplane ersetzt wurde – blieben sie stehen. Lizanne spähte durch die offene Tür und versuchte zu erkennen, was für eine Maschine im Inneren Gestalt annahm.

»Sie ist noch nicht ganz fertig«, sagte ihr Vater, trat vor sie und versperrte ihr die Sicht.

»Das ist kein Jahresendgeschenk, Vater«, sagte sie. »Du musst mich nicht überraschen.«

»Eine offene Meinung zur fertigen Maschine wäre mir lieber«, sagte er. »Ohne dass du etwas über ihre Entstehung weißt.«

Lizanne zuckte mit den Achseln und drückte ihm kurz den Arm, bevor sie weiterging. »Wie du willst.«

»Ich brauche dickeren Stahldraht«, rief er ihr hinterher. »Die Rollen, die du mir gegeben hast, sind zu brüchig.«

Sie winkte bestätigend und ging Morva suchen, um ihr ihren nachmittäglichen Unterricht zu erteilen.

◆◆◆

Was glaubst du, was sie damit gemeint hat?, fragte Clay, nachdem Lizanne ihm die Erinnerungen übermittelt hatte, auf die sie in Bastlers Geist gestoßen war. Die Trance-Verbindung zwischen ihnen hatte sich mittlerweile verbessert, Clays Gedankenlandschaft war klarer und der Austausch schneller geworden. Seine Behauptung, dass er inzwischen ohne Produkt in die Trance gehen konnte, hatte sie zunächst skeptisch gestimmt, aber schon nach kurzer Zeit waren ihre Zweifel verflogen.

Die größte Entdeckung des Tüftlers war ein Stamm Verderbter?, fuhr Clay fort.

Kein gewöhnlicher Stamm, gab Lizanne zu bedenken. *Sie haben Alestine gerettet, und sie unterschieden sich von den anderen. Sie verständigten sich laut und trugen ganz unterschiedliche Kleidung.*

Einen freundlichen Verderbten habe ich bisher noch nicht getroffen, das steht fest, räumte Clay ein. *Aber das ist alles Jahrhunderte her, oder? Was nützt uns das heute noch?*

Diese Frage kann ich erst beantworten, wenn es mir gelingt, mehr Erinnerungen aus Bastler herauszuholen.

Sie wandte ihre Aufmerksamkeit den Bildern zu, die Clay ihr übermittelt hatte, besonders dem schwarzen Kristall und der Phiole mit dem, was die Frau aus der Vergangenheit als »Annäherung« bezeichnet hatte. *Synthetisches Produkt.* Sie ließ Clay ihre gemischten Gefühle spüren. Allein die Vorstellung, dass es so etwas geben könnte, war verlockend, aber auch nicht ganz ungefährlich.

Sie haben gesehen, was ihr Volk erschaffen hat, erwiderte Clay. *Was sie mit den Kristallen machen konnten, obwohl sie sie nicht ganz verstanden.*

Hätten sie sie besser verstanden, dann hätten sie vielleicht den Weißen nicht gezüchtet, wofür wir alle dankbar gewesen wären.

Lizanne hob die Phiole aus dem Mondstaub auf und drehte sie, um den zähflüssigen Inhalt zu betrachten. Ein erheiternder Gedanke brachte für einen Moment ihre Wirbelwinde durcheinander, was Clays Neugier weckte.

Ich musste an Madame Bondersil und ihre Besessenheit mit dem Weißen denken, erklärte sie. *Sein Blut sei vielversprechender als das aller anderen Drachenspezies, hat sie damals gesagt. Aber wenn diese Flüssigkeit hier wirklich die Eigenschaften besitzt, wie deine Bekannte behauptet, dann wäre das Blut des Weißen im Vergleich dazu wertlos.*

Da haben Sie wohl recht. Was das Blut des Weißen betrifft: Die Fähigkeit, in die Zukunft zu schauen, wird reichlich überschätzt. Wenn wir es schaffen, ihn zu töten, sollten wir seinen Kadaver am besten verbrennen.

Dann hoffen wir mal, dass wir Gelegenheit dazu bekommen. Wo befinden Sie sich gerade?

Laut Leutnant Sigoral etwas über einhundert Kilometer nordöstlich der Carnstadtberge. In den letzten Tagen mussten wir öfter zu Fuß gehen, weil es hier nicht mehr so viele Cerathen gibt, auf denen wir reiten können. Skaggerhill sagt, die Herden werden dünner, je näher wir dem Gebiet der Schwarzen kommen. Und die, die hier grasen, sind ziemlich scheu.

Ich werde morgen nach Norden fliegen, wo vermutlich eine weitere Stadt dem Weißen zum Opfer gefallen ist. Er wird bald stark genug sein, um Varestia anzugreifen. Wir müssen uns beeilen, Mr. Torcreek.

Das ist mir bewusst. Ich habe darüber nachgedacht, wie der Weiße stärker wird. Er benutzt einen blauen Kristall, um Menschen in Verderbte zu verwandeln. Wird der zerstört oder gestohlen, dann kann seine Armee nicht mehr weiter wachsen.

Deshalb wird der Kristall bestimmt gut bewacht.

Ich habe nicht gesagt, dass es einfach wäre.

Touché. Melden Sie sich wieder, wenn Sie die Berge erreicht haben. Und wenn Sie dieses Annäherungsprodukt unbedingt ausprobieren wollen, dann lassen Sie Ihre Freundin aus der Vergangenheit als Erste davon trinken.

◆ ◆ ◆

Am nächsten Tag traf Mr. Lockbar an Bord eines riesigen Frachters ein, um die erste Waffenlieferung in Empfang zu nehmen. Seine starren Gesichtszüge ließen keinerlei Gefühlsregungen erkennen, als Lizanne ihm am Kai mitteilte, dass zwei Schiffe nötig sein würden, um alle fertigen Waffen zu transportieren. »Sie haben hier Schiffe vor Anker«, sagte er. »Geben Sie mir eins davon mit.«

»Schiffe brauchen Mannschaften«, erwiderte Lizanne. »Und das würde die Zahl unserer Arbeiter verringern.«

»Dann sagen Sie dem Rest, dass sie schneller arbeiten sollen. Wenn sie einen Anreiz brauchen: Wir können gerne die Lebensmittellieferungen kürzen.« Ohne eine Antwort abzuwarten, griff er in seine Tasche und holte einen versiegelten Umschlag hervor, den er ihr überreichte. »Der Vorstand hat in den Sieben Mauern einen Kriegsrat einberufen. Er trifft sich in zwölf Tagen. Ihre Teilnahme wird gewünscht.«

»Gewünscht?«

Lockbar sah ihr in die Augen und wandte sich dann blinzelnd ab. »Ich erwarte, dass das zweite Schiff bis zur Morgenflut beladen und abfahrbereit ist.«

◆ ◆ ◆

»Die werden dich umbringen«, sagte Morva.

Lizanne blickte mit hochgezogener Augenbraue vom Steuerpult auf. »Tatsächlich?«

»Ja, tatsächlich«, beharrte Morva. »Arshav und Ethilda teilen nicht gern. Nachdem du ihnen jetzt die ersten Waffen geliefert hast, ist das für sie der perfekte Zeitpunkt, dich loszuwerden. Wenn du an dem Kriegsrat teilnimmst, werden sie sich entweder irgendeinen Grund ausdenken, um dich hinrichten zu lassen, oder einen Unfall arrangieren. Dann werden das Bergwerk und die Waffen ihnen gehören.«

»Wie schockierend«, stellte Lizanne fest und wandte sich wieder dem Steuerpult zu. Sie schob den Höhenregler nach backbord, als eine Windböe die *Glühwurm* ein paar Grad vom Ziel abbrachte. »Was sind deine Verwandten nur für schreckliche Menschen.«

»Du hast es gewusst«, sagte Morva nach kurzem Schweigen.

»Ich habe es geahnt. Im Umgang mit Menschen wie deinem Cousin rechnet man besser immer mit dem Schlimmsten.«

»Ah. Wirst du ihnen also zuvorkommen?«

»Eine der ersten Lektionen, die ich zum Thema Strategie gelernt habe, und deine Lektion für heute lautet: Verrate niemandem deine Pläne.«

In diesem Moment regte sich Tekela auf dem rechten Pilotensitz und erwachte stöhnend. »Ihr habt mich zu lange schlafen lassen«, murmelte sie und runzelte gähnend die Stirn, wobei sie auf die Uhr tippte, die vier Stunden nach Mitternacht zeigte.

»Du musstest dich ausruhen«, sagte Lizanne und überließ Tekela die Steuerung, die den Hebel ergriff und die Füße auf die Pedale setzte. Ihr natürliches Talent für das Lenken der Maschine zeigte sich darin, dass diese sich bei ihrer Berührung beruhigte wie ein Pferd, das auf einen vertrauten Reiter reagiert. Das Gerüttel der Gondel wurde zu einem sanften Vibrieren, und das Auf und Ab der Kompassnadel legte sich.

»Wir befinden uns fünfzehn Kilometer südlich von Subarisk«, sagte Lizanne. Sie schnallte sich vom Pilotensitz ab und ging zum Heck der Gondel, um durch die Glasscheibe zu schauen, die Jermayah in den Boden eingelassen hatte. Nachdem sie den zweiten Knopf der Spinne gedrückt hatte, suchte sie den Ozean nach den Spuren patrouillierender Blauer ab, konnte aber nichts entdecken.

»Grün«, wies sie Morva an. »Du musst für uns Ausschau halten, während ich in der Trance bin.«

Morva nickte und drückte den entsprechenden Knopf an ihrer Spinne. Jermayah hatte für die Blutgesegneten des Bergwerks neue, verbesserte Geräte hergestellt, die leichter waren und sich dank eines Schnappverschlusses schneller vom Arm abnehmen ließen. Lizanne spritzte sich eine kleine Menge Blau und versank in Trance, wo Sofiya sie in ihrem Märchenwald schon erwartete.

Am Startpunkt sieht alles ruhig aus, meldete Lizanne. *Wir bleiben hier und folgen Ihnen, sobald die* Gelegenheit *ihren Angriff beginnt.*

Verstanden, erwiderte Sofiya. Die Trance-Verbindung löste sich sofort auf, dennoch bemerkte Lizanne, dass der Himmel über dem Wald eine seltsam rötliche Färbung besaß. Die Wolken waren wie im Gemälde eines Sonnenuntergangs erstarrt. Lizanne wusste nicht, was das über Sofiyas Geisteszustand aussagte. War es ein gutes oder ein schlechtes Zeichen? *Ein Sonnenuntergang kündigt den Einbruch der Nacht an. Aber er bringt auch das Versprechen eines neuen Tages.*

Blinzelnd fand sie sich in der Gondel wieder. Zu ihrer Verärgerung blickte Morva durch die Steuerbordluke, anstatt das Meer unter ihnen im Auge zu behalten. Sie schluckte jedoch eine Ermahnung hinunter, als Morva sagte: »Da draußen ist etwas.«

Lizanne ging rasch zu ihr und betrachtete den dunklen Himmel. In dieser Höhe war die Wolkendecke fast gänzlich geschlossen. Wie Schwaden aus pulverisiertem Silber glitten die Wolken vorbei und wurden in der Ferne zu dichtem Nebel. Ihre durch Grün geschärften Augen konnten nichts entdecken.

»Ein Drache?«, fragte sie Morva.

»Es war schwer zu erkennen und sofort wieder verschwunden. Aber es *war* da«, fügte Morva hinzu, als sie Lizannes Stirnrunzeln bemerkte.

»Halt dich an der Zündung bereit«, sagte Lizanne, griff nach ihrem Raucher und spähte wieder durch die Luke. »Auf meinen Befehl hin schaltest du den Blutbrenner ein. Tekela, steig hundertfünfzig Meter nach oben und zieh ein paar Kreise.«

Lizanne legte eine Patrone in den Raucher ein und öffnete die Steuerbordluke. Sie musste eine Schweißerbrille aufsetzen, bevor sie sich in die eisige Luft hinausbeugen konnte. Die Wolkenschicht wurde dünner, während Tekela die *Glühwurm* nach oben steigen ließ. Die Wolken erinnerten an eine löchrige Decke, durch die der im Mondlicht glitzernde Ozean zu sehen war. Tekela flog eine Wende, und das Fluggerät neigte sich zur Seite. Lizanne packte den Handgriff über der Luke und beugte sich noch weiter hinaus. Immer noch war nichts zu entdecken …

Die flatternden Schwingen der Bestie waren es, die sie retteten. Sie vernahm das Geräusch eine Sekunde, bevor der Drache angriff, und konnte sich noch gerade rechtzeitig durch die Luke zurückziehen. Das Maul des Roten fuhr durch die Öffnung und schnappte nur fünfzehn Zentimeter von ihrem Fuß entfernt zu. Eine Erschütterung durchlief die *Glühwurm*, und sie sank trudelnd nach unten, als sich der Rote mit den Klauen an der Gondel festkrallte. Es war der größte Rote, den Lizanne je gesehen hatte, fast so gewaltig wie ein ausgewachsener Schwarzer. In seinen Augen über der Schnauze leuchtete Hass. Erneut riss er das Maul auf und sammelte mit rasselnder Kehle sein Feuer.

Wegen des Abwärtstrudelns musste Lizanne sich mit einer Hand an der Mittelstrebe festhalten, während sie mit der anderen den Raucher auf die Augen der Bestie richtete und feuerte. Blut und Schuppen spritzten auf, als das Geschoss explodierte. Die Drachenschnauze verschwand aus der Luke. Von draußen war ein schmerzerfülltes, wütendes Kreischen zu hören, auf das ein Chor von Schreien antwortete. *Es ist mehr als einer!*

In diesem Moment vernahm Lizanne vom Pilotensitz her ein Wimmern. Sie lief hinüber und sah Tekela eine behandschuhte Hand auf ihren Hals drücken. »Lass mich mal sehen«, sagte sie und zog die Hand des Mädchens weg. Darunter kam eine schwarzrote Wunde zum Vorschein, wie sie entstand, wenn die Haut eines gewöhnlichen Menschen mit unverdünntem Drachenblut in Berührung kam. Lizanne griff nach der Tasche mit ihren Produktreserven, zog eine Phiole Grün heraus und leerte den Inhalt über der Brandwunde aus. Tekela stieß einen unterdrückten Schrei aus, und ihr Körper verkrampfte sich.

»Kannst du das Ding noch weiter fliegen?«, fragte Lizanne.

Tekela atmete ein paar Mal keuchend ein und aus, richtete sich dann auf und ballte die Hände zur Faust, um das Zittern zu unterdrücken. Dann griff sie nach dem Steuerhebel. »Ja, kann ich«, sagte sie mit rauher Stimme, aber gefasst.

»Nach Süden«, sagte Lizanne, ging zur Luke zurück und legte eine weitere Patrone ein. Der Angriff des Roten hatte das Luftschiff in die Wolken zurücksinken lassen, was die Sicht verschlechterte. Während die *Glühwurm* sich nach Süden ausrichtete, enthüllte ein Blick durch die Heckluke mindestens sechs dunkle Umrisse, die mit raschen Flügelschlägen näher kamen.

»Schalte den Blutbrenner ein«, sagte sie zu Morva, die das Zündrohr mit beiden Händen umklammert hielt. Ihre Augen waren weit aufgerissen, und ihr Blick ging ins Leere. Ihr Gesicht war zu einer bleichen Maske erstarrt. Erst als Lizanne dem Mädchen einen leichten Klaps auf die Wange versetzte, rührte es sich und schaute sich, wie aus einem Alptraum erwacht, blinzelnd um. »Zünde den Blutbrenner«, wiederholte Lizanne drängend.

Morva schaute sie noch einen Moment lang an, dann nickte sie und richtete den Blick auf das Rohr. Sie drückte einen Knopf an ihrer Spinne, und keine Sekunde später sprang der thermoplasmische Motor an. Lizanne wappnete sich gegen die plötzliche Beschleunigung. Sie schaute nach hinten und entdeckte den großen Roten. Er war so nah, dass sie die blutige, rauchende Wunde an der Seite seines Kopfes sehen konnte. Als die *Glühwurm* beschleunigte, schlug der Drache noch schneller mit den Flügeln, um hinterherzukommen. Er spuckte ein paar Mal Feuer und verfehlte dabei das hintere Ruder nur knapp. Die *Glühwurm* wurde jedoch immer schneller, und der gewaltige Rote stieß erneut ein lautes Kreischen aus, als er endgültig hinter ihnen zurückblieb und von den Wolken verschluckt wurde. Sein Brüllen war noch eine ganze Weile zu hören.

»Zweihundert Stundenkilometer«, meldete Tekela gezwungen fröhlich aus dem Pilotensitz. »Ein Rekord.«

Lizanne schloss die Luke und ging nach vorn, wobei sie eine weitere Phiole Grün aus ihrer Tasche holte. »Trink das«, sagte sie und reichte die Phiole Tekela, deren Gesicht von unterdrücktem Schmerz ganz grau war. Ohne Widerspruch schüttete das Mädchen den gesamten Inhalt der Phiole hinunter und stöhnte erleichtert auf. Lizanne untersuchte ihre Brandwunde. Die schwarze Verfärbung war verschwunden, aber eine rote, wulstige, etwa acht Zentimeter lange Narbe blieb, die das Grün nicht heilen konnte.

»Es geht schon«, sagte Tekela mit erschöpftem Lächeln. »Ich habe Schlimmeres gesehen.«

Lizanne drückte ihre Schulter und ging zu Morva, um ihr den Raucher in die zitternden Hände zu legen. »Nimm das hier«, sagte Lizanne. »Und halte Wache. Ich muss wieder in die Trance.«

»Ich …«, sagte Morva. »Ich hatte noch nie einen gesehen … Nicht in echt …«

»Das nimmt einen ziemlich mit«, erwiderte Lizanne. »Spritz dir etwas Grün. Dann werden deine Hände ruhiger.«

Sie nahm wieder auf dem Hecksitz Platz und injizierte sich Blau, um in die Trance zu gehen. Es dauerte einen Moment, bis Sofiyas Gedankenlandschaft auftauchte. Lizanne fiel auf, dass der Himmel noch röter geworden war.

Kapitän Trumane hat gerade den Angriff befohlen, teilte Sofiya Lizanne mit. Auf ihren Lippen lag ein seltsam gelassenes Lächeln.

Wir wurden abgefangen, sagte Lizanne. *Rote. Sagen Sie dem Kapitän, dass er den Angriff abbrechen soll.*

Sofiya schürzte die Lippen und schüttelte den Kopf. *Nein, das werde ich nicht tun.*

Der Weiße wird Bescheid wissen. Lizanne fügte einen befehlenden Unterton in ihre Gedanken mit ein. *Und wir können Sie nicht mehr vor Blauen warnen. Brechen Sie die Mission ab, Sofiya.*

Die Blutgesegnete antwortete mit entschuldigendem Lächeln. *Tut mir leid, Miss Lethridge, aber ich erinnere mich nicht, einen Vertrag mit Ihnen unterzeichnet zu haben. Ich arbeite für die Protektoratsmarine, die faktisch nicht mehr existiert. Was bedeutet, dass ich tun und lassen kann, was ich will. Entschuldigen Sie, aber ich muss mich jetzt verabschieden. Ich möchte nichts verpassen.*

SOFIYA!

Doch sie war schon verschwunden, und Lizannes Gedankenschrei verhallte im Leeren. »Der Seher soll sie verdammen!«, fauchte Lizanne, als sie die Trance verließ.

»Ist was passiert?«, fragte Morva. Sie stand an der Heckluke, und ihre Hände mit dem Karabiner zitterten nicht mehr, was Lizanne einigermaßen beruhigte.

Sie betrachtete den wirbelnden Dunst, den die *Glühwurm* hinter sich herzog. Umzukehren und den Kampf mit den Roten wiederaufzunehmen, würde Mut beweisen – ein weiteres Kapitel in der Legende der Miss Blut. Aber sie hatte schon einmal den Fehler gemacht, an ihre eigene Legende zu glauben. »Ja«, sagte sie. »Aber daran können wir jetzt nichts mehr ändern.«

KAPITEL 27

Sirus

»Der Seher möge das Miststück verfluchen!« Cathelines Wut verfolgte ihn bis zum Hafen. Ihre zornige Enttäuschung darüber, dass Lizanne Lethridge die Flucht gelungen war, verursachte ihm heftige Kopfschmerzen. »Sie ist sicher nicht ohne Grund hier. Finde heraus, was sie vorhat.«

Jeder Gedanke an Intimitäten war verflogen, und Catheline hatte Sirus zum Hafen geschickt, um ihre Verteidigung in Alarmbereitschaft zu versetzen, während der Weiße sämtliche Rote unter seiner Herrschaft ausschickte, um den Himmel nach dem Luftschiff abzusuchen. Obwohl Sirus von Cathelines schmerzhafter Wut geplagt wurde, hatte er sich die von Katarias übermittelten Erinnerungen genau angeschaut. Dabei war ihm vor allem ein Bild ins Auge gefallen: Eine junge Frau, die vorn in der Gondel saß und ihr puppenhaftes Gesicht dem Drachen zuwandte, während dieser sein Feuer sammelte. Es war nur ein flüchtiger Augenblick, bevor der Rote, von grellem Schmerz durchzuckt, vom Luftschiff abließ und wütend dahinter zurückblieb, wobei ihm der Gestank seines eigenen verbrannten Fleisches in die Nüstern stieg.

Tekela. Sie ist am Leben. Er verbarg den Gedanken unter einem Auflodern echter Angst. Die Vorstellung, was Catheline tun würde, sollte sie diese Erinnerungen entdecken, war wahrhaft furchterregend.

Als er im Hafen eintraf, war das Kontingent der Verteidiger auf der Mauer bereits voll besetzt. Sirus hatte unterwegs schon einen Gedankenbefehl an die nahe gelegene Garnison geschickt. Waldspeer besaß den Oberbefehl über das Kontingent, und Sirus schloss sich ihm auf dem Dach des alten Leuchtturms an, der sich links vom Hafentor befand.

»Irgendwas zu sehen?«, erkundigte sich Sirus auf Varsallisch, das die Stammesleute bevorzugten.

»Nichts«, erwiderte Waldspeer. »Aber die Blauen wirken unruhig.«

Es war eine Zwei-Monde-Nacht, und die Flut stand hoch. Das Wasser war bis auf einen Meter unterhalb der Mauer gestiegen. Eine trügerische Ruhe herrschte – bis auf ein leises Platschen in ein paar hundert Metern Entfernung, das von einem Schwarm Blauer herrührte. Sirus schickte Anfragen an die Späher, die sie in den Ruinen der Inselfestungen postiert hatten, und erhielt eine Reihe negativer Rückmeldungen, bis schließlich die Festung ganz im Süden von einem Schiff am Horizont berichtete.

Es ist nur eins, sagte Sirus zu Catheline und übermittelte ihr das Bild von der schnell fahrenden Fregatte. *Ein Kriegsschiff mit Blutbrenner.*

Warum schicken sie nur ein einziges Schiff?, fragte Catheline.

Wahrscheinlich eine Erkundungsmission. Wenn es nicht wendet, wird es in vier Minuten in Reichweite unserer Kanone sein. Oder die Blauen können sich darum kümmern.

Für ein einzelnes Schiff müssen wir sie nicht aufs Spiel setzen. Schieß es aus dem Wasser und komm wieder zu mir. Ich kann heute Nacht eine Ablenkung gut gebrauchen.

Sirus sandte ihr seine Zustimmung und hob das Fernrohr. Die Fregatte war jetzt nah genug, dass er Einzelheiten erkennen konnte. Der weiße Wellenkamm vorm Bug lief an den Seiten auseinander, wo die Schaufelräder das Meer aufwühlten. Sirus hatte schon schnelle Blutbrenner gesehen, aber dieser hier war bei Weitem der eindrucksvollste. Er bewegte sich mit einer Knotenzahl vorwärts, wie Sirus es noch nie erlebt hatte. Außerdem machte das Schiff keinerlei Anstalten zu wenden. Eben hatte er den Kanonenbatterien auf der Mauer den Befehl gegeben, sich bereit zu halten, als auf dem Vorderdeck der Fregatte eine orangene Flamme aufloderte.

»Sie haben das Feuer eröffnet«, sagte Waldspeer.

»Auf die Entfernung zwecklos«, erwiderte Sirus und betrachtete grübelnd die Leuchtspur, die das Projektil am dunklen Himmel hinterließ. Kanonenkugeln zogen häufig Rauchwolken hinter sich her, die jedoch erst zu erkennen waren, wenn das Geschoss bereits sein Ziel getroffen hatte. Bei diesem hier, wenn es denn ein Geschoss war, konnte Sirus die Flugbahn genau verfolgen. Es stieg mindestens dreihundert Meter in den Himmel auf und sank dann wieder nach unten. Die feurige Spur verschwand, als es den Abstieg begann, und Sirus konnte einen langen, spitzen Umriss erkennen, der wie ein Pfeil geradewegs auf das Hafentor zuflog.

Die Warnung, die er den Verderbten zu beiden Seiten des Tors schickte, kam zu spät. Alle, die sich im Umkreis von fünf Metern zur Einschussstelle befanden, starben augenblicklich. Die Explosion fegte Sirus und Waldspeer vom Dach des Leuchtturms. Während Sirus durch die Luft flog, erhaschte er einen Blick auf eine riesige Fontäne, die wie ein auf dem Kopf stehender Wasserfall vor dem Westflügel des Tors aufstieg. Er landete inmitten von herabregnendem Meerwasser, und Waldspeer kam mit einem Ächzen ein paar Meter von ihm entfernt auf.

Sie rappelten sich beide hoch und liefen zum Tor, wichen jedoch jäh zurück, als der Steg zur Linken des Leuchtturms unter einer weißen Wasserflut begraben wurde. Die westliche Halterung des Hafentors war verschwunden und das Tor selbst aufgesprengt. Die Kraft der Zwei-Monde-Flut riss gleich darauf das Tor gänzlich weg, und Wasser strömte in den Hafen.

Die Schiffe … Sirus sah das Hafenwasser ansteigen und die Schiffe vor sich herschieben, während es den Kai und die Lagerhäuser überschwemmte. Aber selbst da machte die Flut nicht Halt, sondern verschluckte auch noch das Handelsviertel nördlich des Hafens. Die Schiffe, die das Wasser mit sich trug, richteten zusätzliche Zerstörung an. Ihre Eisenrümpfe zermalmten ganze Gebäude. Sirus sah Leichen im Wasser, tausende Leichen. Verderbte, die in seinem Geist verwirrt aufschrien und dann für immer verstummten.

◆ ◆ ◆

»Es tut mir leid«, sagte Catheline und richtete die rot-schwarzen Augen zu Boden. In ihrem Gesicht spiegelte sich aufrichtiges Bedauern. Dann schickte sie eine Welle puren Schmerzes in Sirus' Geist.

Er wurde nicht zum ersten Mal gefoltert und hatte immer geglaubt, dass es nichts Schlimmeres geben konnte als die Qualen, die der Kaiserkader ihm einst zugefügt hatte. Er hatte sich geirrt. Sein Körper spannte sich wie ein Bogen, und sein Kiefer war so fest zusammengepresst, dass er nicht einmal schreien konnte. Sein Verstand zerbrach unter der Wucht des Schmerzes, und alle Vernunft löste sich in einem Dunst unzusammenhängender Erinnerungen auf, die nur für einen Moment aufblitzten und dann von den Qualen fortgerissen wurden. Es gab nur ein Bild, das er länger festhalten konnte. *Tekelas Gesicht …* Der Spott, mit dem sie ihn in Morstal bedacht hatte, das Mitleid in Feros und die Furcht, als sie Katarias angeschaut hatte. Ihr Gesicht wurde für ihn zur Rettung, wie das Trümmerteil, an dem er sich nach der Schlacht gegen den Eisenboot-Kreuzer festgeklammert hatte – ein Trost im Sturm des Schmerzes.

Als es vorbei war, fand er sich auf dem Boden von Cathelines Ballsaal wieder. Seine Wange war feucht vom Speichel, der ihm aus dem Mund gelaufen war. Die Erleichterung fühlte sich beinahe ebenfalls schmerzhaft an, so stark war der Gegensatz zu dem, was er eben erlebt hatte. Er musste einen Aufschrei unterdrücken.

»Selbst wenn wir die Schiffe wieder flottmachen können«, hörte er Morradin sagen, »ohne einen funktionierenden Hafen nützt uns Subarisk nichts.«

»Sag mir zumindest, dass ihr dieses verfluchte Schiff erwischt habt«, fauchte Catheline.

»Die Blauen haben es verfolgt, aber es war so verdammt schnell.« Morradins Stimme klang beherrscht und wachsam, als erwarte er jeden Moment, selbst bestraft zu werden. »Die Blauen sind ihm eine Weile lang hinterhergeschwommen, aber einen Blutbrenner können sie nicht einholen. Oder jedenfalls nicht diesen.«

Catheline seufzte verärgert. »Wie kann ein einziges Geschoss von einem einzelnen Schiff eine ganze Stadt zerstören?«

»Es war kein Geschoss«, sagte Sirus und verzog das Gesicht, als er auf die Beine kam. »Es war eine Rakete.«

Der Kriegsrat stand in der Nähe. Alle bemühten sich um einen gleichgültigen Gesichtsausdruck, bis auf Catheline, die ihn kurz erleichtert anlächelte.

Er wollte dich an seine Brut verfüttern, sagte sie in seinem Geist. *Ich habe ihn umgestimmt und ihn davon überzeugt, dass du immer noch unsere beste Hoffnung auf einen Sieg bist. Strafe meine Worte nicht Lügen, General.*

»Eine Rakete?«, fragte Morradin und runzelte zweifelnd die buschigen Brauen. »Eine mit einer derartigen Reichweite habe ich noch nie gesehen, oder mit solcher Zerstörungskraft.«

»Es ist eindeutig etwas Neues«, erwiderte Sirus, zog seinen Waffenrock zurecht und ging zu Catheline. »Sie wurde außerhalb der Reichweite unserer Waffen abgefeuert. Und war nicht auf das Tor selbst gerichtet, sondern auf das Meer kurz davor. Wasser hat eine seltsame Wirkung auf Explosionen. In der Tiefe verstärkt der Druck ihre Kraft. Selbst eine relativ kleine Menge Sprengstoff könnte, genau platziert, ein derartiges Resultat erzielen.« Er hielt inne und zog in widerwilliger Bewunderung die schuppigen Brauen hoch. »Miss Lethridge ist entweder sehr klug oder besitzt sehr kluge Freunde.«

Er wandte sich Nebelschleier zu. »Verluste?«

»Zwanzigtausendsechshundertundzweiundvierzig tote Verderbte«, erwiderte sie, wie immer prompt. »Plus fünftausendzweihundert Gefangene, die noch nicht umgewandelt wurden. Außerdem«, sie warf Catheline einen vorsichtigen Blick zu, »zweihundertunddreiundzwanzig Grüne und achtzehn Rote.«

So wenige?, dachte Sirus und verbarg sein Bedauern unter Furcht. »Wie steht es mit der Flotte?«, fragte er stattdessen.

»Wir besitzen noch fünf seetüchtige Schiffe, nur eines davon ist ein Kriegsschiff.«

Sirus schaute Morradin an, der keine Miene verzog, obwohl sie im Geiste zum selben Schluss kamen. »Ein Angriff auf Varestia ist jetzt nicht mehr möglich«, sagte Catheline, die ihre Gedanken gelesen hatte.

»Für ein paar Monate«, erwiderte Sirus. »Zumindest auf dem Seeweg. Es gibt noch eine Alternative.«

»Ein Einmarsch an Land«, erläuterte Morradin. »Wir rücken zur Varestianischen Halbinsel vor. Unterwegs gibt es zahlreiche Dörfer und Städte, in denen wir Rekruten sammeln können.«

»Was hindert unseren Gegner daran, einfach wegzusegeln?«, erkundigte sich Catheline.

»Wir können davon ausgehen, dass die Varestianer ihr Heimatland verteidigen werden«, sagte Sirus. »Und wie wir inzwischen wissen, ist Miss Lethridge mit ihnen verbündet. Also wird sie sicher auch dort sein.«

»Das sind eine ganze Menge Annahmen, General.«

»Wenn Varestia erst in unserer Hand ist, besitzen wir alle Schiffe, die wir brauchen. Genug, um diese Armee in jeden Winkel der Welt zu schicken.«

Catheline verstummte, und ihr Gesicht nahm einen abwesenden Ausdruck an, wie immer, wenn sie sich mit dem Weißen beriet. Von draußen war ein wütendes Brüllen zu hören, so laut, dass die Fensterscheiben erzitterten. Catheline bebte am ganzen Körper, und das Brüllen wurde zu einem tiefen, langgezogenen Knurren. Schließlich brach es ab, und Catheline fiel keuchend auf die Knie. Sirus kauerte sich neben sie und legte ihr zögernd eine Hand auf die Schulter. Er spürte unter dem Schultertuch ihr Zittern.

»Wir …«, begann sie und musste husten. Sie schluckte und sprach weiter. »Wir haben Erlaubnis, nach Varestia zu marschieren. Aber er will der Armee erst noch eine Lektion erteilen.«

Sirus sah zu Morradin hin, der in diesem Moment einen erstickten Schrei ausstieß und zu Boden fiel, rasch gefolgt von Nebelschleier, Waldspeer und den anderen anwesenden Verderbten. Nur Sirus und Catheline waren ausgenommen. Hinter den Fenstern erhob sich ein seltsames Gemurmel, der misstönende Chor von Tausenden, die sich unter Schmerzen am Boden wälzten, aber nicht schreien konnten. Sirus trat ans Fenster und wusste dabei schon, was für ein Anblick ihn erwartete. Er konnte die Qualen und die Verwirrung der anderen Verderbten spüren. Seine gesamte Armee lag in den Straßen des zerstörten Subarisk und wand sich unter der Strafe des Weißen.

»Er verspricht uns so viel«, sagte Catheline und trat zu ihm ans Fenster. Sirus spürte, wie sie seine Hand ergriff und sie fest drückte. »Aber große Taten erfordern große Opfer.«

KAPITEL 28

Clay

Das Carnstadtgebirge war weniger hoch als die Kupfersohlberge, wirkte aber bedrohlicher. Wie steile Monolithen erhoben sich die Gipfel aus der dichten Dschungeldecke. Ihre Flanken waren in Dunstschwaden gehüllt. Clays Trupp hatte bereits am Vortag den ersten Schwarzen entdeckt. Der erfahrene Skaggerhill war der Ansicht gewesen, dass es sich um ein junges Weibchen handelte. Am Morgen davor waren sie zum letzten Mal auf Cerathen geritten und die nächsten beiden Tage zu Fuß über die immer grüner werdenden Ebenen nördlich der Berge gewandert. Der Schwarze tauchte zur Mittagszeit auf – eine dunkle Silhouette am Himmel, die sie außerhalb der Reichweite ihrer Gewehre einmal umkreiste und dann nach Süden davonflog.

»Jetzt wissen sie also, dass wir kommen«, sagte Clay und sah dem Drachen hinterher, der in der Ferne verschwand.

»Du glaubst, sie erzählt den anderen, dass sie Besucher haben?«, fragte Skaggerhill mit Belustigung in der Stimme, die jedoch schwand, als er Clays Gesichtsausdruck sah.

»Ja«, sagte Clay. »Genau das glaube ich.«

»Es sind Tiere«, beharrte Skaggerhill und runzelte trotzig die Stirn. »Sie denken und reden nicht wie wir.«

»Sie sind nicht die hirnlosen Bestien, für die ihr sie jahrelang gehalten habt«, erwiderte Clay. »Nach allem, was wir erlebt haben, müsstest du das doch inzwischen wissen. Und nein, sie denken und reden nicht wie wir. Aber denken können sie.« Er schaute erneut nach Süden. Der Schwarze war jetzt nur noch ein winziger Fleck über den Bergen. »Und reden auch.«

Die Ebenen gingen in einen lichten Wald über, der immer dichter wurde, je näher sie den Bergen kamen. Bei Nachteinbruch ließ Clay sie anhalten und ein Lager aufschlagen, wo sie etwas geröstetes Cerathenfleisch aßen. Während die anderen über ihr weiteres Vorgehen berieten, betrachtete Clay schweigend die Karte, die Hilemore ihm gegeben hatte.

»Am besten steigen wir einfach den erstbesten Berg hoch«, sagte Clays Onkel. »Dann suchen wir uns einen nistenden Drachen, und Miss Kriz kann ihre Sache mit dem Kristall machen. Die Weibchen fliegen nicht, wenn sie nisten.«

»Sie glauben allen Ernstes, dass die uns an ein Nest heranlassen?«, wandte Skaggerhill ein. »In der Nähe des nistenden Weibchens hält todsicher ein großes, fieses Männchen Wache, das uns röstet, bevor wie auch nur ein paar Meter den Berg hoch sind. Ich denke, wir sollten es wie beim letzten Mal machen. Nur dass wir den Drachen lediglich fangen, anstatt ihn zu töten. Prediger schießt uns ein Wildtier, und wir lassen den Kadaver auf einer Lichtung liegen. Früher oder später wird ein Schwarzer vorbeikommen, ein Jungtier wahrscheinlich, die sind unvorsichtiger als die Erwachsenen. Ein Jungtier wäre auch einfacher zu bändigen, weil die kleiner sind. Danach kann die Lady sich ans Werk machen und dann …« Skaggerhill zuckte mit den Achseln. »Na, wir werden ja sehen, ob's funktioniert.«

»Einen Versuch wäre es sicherlich wert«, sagte Braddon nach kurzer Überlegung. »Aber ganz leicht wird es nicht. Womöglich müssten wir den Drachen am Ende doch töten. Ihr wisst ja, wie die Biester sind …«

»Nein«, unterbrach ihn Clay und sah von der Karte hoch. »Wir werden weder das eine, noch das andere tun.«

»Was schlägst du vor, Cousin?«, fragte Loriabeth. »Sollen wir einfach da reinspazieren und warten, bis uns einer begrüßen kommt?«

»Nein.« Clay maß die anderen mit ruhigem Blick und vergewisserte sich, dass ihm auch wirklich alle zuhörten. »Nur Kriz und ich werden gehen«, sagte er in einem Ton, der klarmachte, dass dies nicht zur Diskussion stand. »Ihr anderen wandert um das Gebirge herum zur Küste weiter. Ich werde unterwegs Trance-Kontakt zum Leutnant halten, damit ihr über unsere Lage Bescheid wisst. Sollte ich mich drei Tage lang nicht melden, geht ihr nach Stockcombe.«

Loriabeth lachte spöttisch, und ebenso ihr Onkel. »Clay, wenn du denkst, ich lasse dich da ganz alleine reingehen …«

»Sie erinnern sich an euch!«

Braddon verstummte, während Clays Ausruf im Dschungel widerhallte.

»Wie gesagt: Die Drachen sind nicht wie wir«, fuhr Clay leiser fort. »Und eines, was sie von den Menschen unterscheidet, ist ihr Gedächtnis. Es stirbt nicht mit ihnen, sondern wird weitergegeben. Jeder Schwarze besitzt die Erinnerungen seiner Eltern und Großeltern und von deren Großeltern, tausende Jahre in die Vergangenheit zurück. Ihr ward schon einmal hier, deshalb kennen sie euren Geruch und wissen, was ihr getan habt. Sie werden euch umbringen.«

»Ich war noch nie hier«, sagte Loriabeth. »Ich kann also mitkommen.«

»Du trägst den Geruch deines Vaters, Kusinchen«, sagte Clay und schüttelte den Kopf. »Es ist zu riskant.« Braddon wollte noch etwas einwenden, aber Clay unterbrach ihn. »Die Sache ist beschlossen, Onkel. Du hast mich zum Anführer gemacht, also gebe ich die Befehle. Ihr geht zur Küste.« Er wandte sich Kriz zu. »Wenn du bereit bist, brechen wir morgen früh auf.«

Er bemerkte ein kurzes Zögern, bevor sie nickte. »Natürlich. Zu meiner Zeit gab es hier eine Stadt. Ich bin gespannt, ob noch etwas davon übrig ist.«

◆ ◆ ◆

Am nächsten Morgen trennten sie sich nach kurzem Abschied. Loriabeth rang mit den Tränen, und Braddon unternahm einen letzten fruchtlosen Versuch, Clay von seinem Vorhaben abzubringen.

»Es ist entschieden, Onkel«, erwiderte Clay und wandte sich zum Gehen, hielt jedoch noch einmal inne. »Und versucht ja nicht, uns zu folgen.«

Um ganz sicher zu gehen hielt er, nachdem er mit Kriz die ersten paar Kilometer zurückgelegt hatte, an und wartete. Er konnte jedoch kein Anzeichen dafür entdecken, dass ihnen jemand folgte. »Stimmt das?«, flüsterte Kriz, während sie im Unterholz kauerten.

»Was?«, fragte Clay.

»Das mit dem Drachengedächtnis? Oder hast du das nur gesagt, um sie nicht in Gefahr zu bringen?«

»Natürlich.« Er wandte sich ihr zu und runzelte die Stirn. »Wusstest du das nicht?«

Sie verzog verlegen das Gesicht. »Anscheinend hatten wir noch viel zu entdecken.«

»Je mehr ich über dein Volk erfahre, desto unwissender erscheint es mir. Ihr hattet keine Ahnung, wie die Kristalle funktionieren, aber ihr habt sie trotzdem benutzt. Ihr wusstet nicht, wozu der Weiße in der Lage ist, aber ihr habt das verdammte Vieh trotzdem gezüchtet. Und jetzt stellt sich heraus, dass ihr auch über die Tiere, die ihr jahrelang studiert habt, so gut wie nichts wusstet.«

»Alles Wissen ist …«

»Wertvoll und gefährlich. Ja, ich erinnere mich.« Clay wartete noch eine Weile, bis er wirklich davon überzeugt war, dass sie allein unterwegs waren. Dann erhob er sich und setzte die Wanderung nach Süden zum nächstgelegenen Berg fort. Erst nach ein paar Schritten fiel ihm auf, dass Kriz ihm nicht folgte. Er drehte sich um und sah sie mit abgewandtem Blick dastehen. Ihre Hände krampften sich um die Gurte ihres Rucksacks. »Was ist?«, fragte er.

»Tausende Jahre«, sagte sie. »Ihre Erinnerung reicht tausende Jahre zurück.«

»Und?«

»Also …« Sie hob zögernd den Blick. »Also könnten sie sich womöglich auch an mich erinnern. An das, was ich vor all den Jahren getan hab.«

Clay trat einen Schritt auf sie zu, und seine Stimme klang rauh, als er weitersprach. »Was hast du denn getan?«

»Experimente.« Sie schloss die Augen und seufzte tief. »Sektionen.«

Clay blieb stehen, und sie schauten einander an. Einmal mehr wurde ihm klar, wie wenig er über diese Frau wusste.

»Wie du schon sagtest«, fuhr sie fort. »Wir waren ziemlich ahnungslos.«

»Wir können die anderen suchen«, sagte er müde und wandte sich um. »Du kannst mit ihnen gehen …«

»Nein.« Sie rührte sich nicht. »Nein. Du brauchst mich, um den Kristall zu aktivieren. Wenn die Drachen sich tatsächlich an mich erinnern … dann können wir nur hoffen, dass der Kristall genug Verständnis zwischen uns herstellt, dass sie meine aufrichtige Entschuldigung annehmen werden.«

✦ ✦ ✦

»Sollen wir da raufsteigen?«, fragte Kriz und schaute die Granitflanke des Berges hoch. Ihrer Stimme war anzumerken, wie wenig anheimelnd sie die Vorstellung fand. Der Gipfel lag hinter dichtem Dunst verborgen, und obwohl die Felswand zahlreiche Risse und Vertiefungen aufwies, konnte auch Clay sich Schöneres vorstellen, als dort hochzuklettern.

Er betrachtete das Blätterdach des Dschungels, der den niedrigen, grasbewachsenen Hügel umgab, auf dem sie standen. War man aus dem Dschungel heraus, dann fühlte sich die Luft klamm und kühl an und verstärkte noch das Gefühl, ungeschützt zu sein. In den Wolken, die die Berge dauerhaft einhüllten, mochten alle möglichen Gefahren lauern, und Clay wurde die Ahnung nicht los, dass sich jeden Moment eine Gestalt mit dunklen Schwingen auf sie stürzen könnte.

»Nein«, sagte er und nahm seinen Rucksack ab. »Wir übernachten heute hier. Morgen früh gehen wir weiter nach Süden.«

»Hier können wir uns nirgendwo verstecken«, stellte Kriz fest und deutete auf den Himmel.

»Das ist ja gerade unser Ziel. Wir wollen entdeckt werden, erinnerst du dich?« Er setzte den Rucksack ab und legte eine Hand auf das rundliche Objekt in seinem Inneren. *Bist ganz schön weit gereist, Kleines,* dachte er und strich mit der Hand über die körnige Eierschale. *Ich hoffe, dein Volk freut sich, dich zu sehen.*

Sie hielten nachts abwechselnd Wache, es kam jedoch zu keinerlei Vorkommnissen, wenngleich sie ziemlich angespannt waren. Wie jeder Dschungel war auch dieser von einem Chor aus Tiergeräuschen und knarrenden Ästen erfüllt, der an den Nerven zerrte. Erst während Clays Wache nach Mitternacht, als es am dunkelsten war, ließ sich kurz ein Drache blicken. Die Wolken teilten sich unvermittelt, und ein Streifen Mondlicht fiel auf den Dschungel. Clay betrachtete das blassblaue Licht, das die Blätter der Baumkronen glitzern ließ, als plötzlich ein Schatten über die Szenerie hinwegglitt. Clay blickte nach oben und griff unwillkürlich nach seinem Revolver und dem Produktetui in seiner Tasche. Er zwang sich, die Hände wieder in den Schoß zu legen, und suchte mit den Augen den Himmel ab, während sich die Wolkendecke wieder schloss. Weder ein Drachenruf noch Flügelschlagen waren zu vernehmen, aber das Gefühl, beobachtet zu werden, verursachte Clay eine Gänsehaut.

»Ich weiß, dass du da oben bist«, flüsterte er mit zitternder Stimme. »Warum kommst du nicht runter und sagst Hallo?«

Seine Hand ging zu den Phiolen an seinem Hals, die Früchte seines Aufenthalts in der Enklave unter dem Eis. Das Blut des Weißen und das Herzblut des Schwarzen, von dem er Kapitän Hilemore nichts erzählt hatte. Lizanne hatte er das ebenfalls verschwiegen, aber bei ihren Fähigkeiten in der Trance-Kommunikation wusste sie es wahrscheinlich längst. Wieder spielte er mit dem Gedanken, Weiß zu trinken.

Vielleicht wüsste ich dann, wohin ich gehen muss. Wo ich sie finde. Der Inhalt der Phiolen war dunkel, nur das Lagerfeuer spiegelte sich darin. Ohne plasmologische Lösung war das Blut geronnen. Ein dicker, öliger Matsch, der bestimmt furchtbar schmeckte. *Nur im absoluten Notfall,* beschloss er, ließ die Phiole los und betrachtete das Herzblut.

Es war ebenfalls geronnen, aber noch dunkler. Er erinnerte sich daran, wie schmerzhaft es gewesen war, das Herzblut des Blauen zu trinken. Außerdem wusste er jetzt, dass es nicht zwangsläufig zu einer Verbindung führen würde. Herzblut war kein magisches Gebräu, mit dem er jeden beliebigen Drachen verzaubern konnte. Es stellte lediglich eine Verbindung zum Geist eines Drachen her. Jack hatte er nur deshalb unter seine Kontrolle bringen können, weil der Geist des Drachen zerrüttet gewesen war und sich leicht hatte formen lassen. Miss Ethelynne war es gelungen, zu Lutharon eine Verbindung herzustellen, weil der damals noch ein Jungtier gewesen war. Clay bezweifelte ernsthaft, dass es ihm bei einem ausgewachsenen Schwarzen im Vollbesitz seiner geistigen Kräfte ebenfalls gelingen würde.

Auch das nur für den Notfall, entschied er und steckte die Phiole wieder unter sein Hemd. Sein Blick ging zu seinem Rucksack und dem rundlichen Objekt darin. *Dann hängt wohl alles von dir ab, Kleines.*

◆◆◆

Am nächsten Morgen gingen sie weiter; Clay folgte einer Route, die sie mitten in die Carnstadtberge hineinführen würde. Der Dschungel ähnelte dem östlich des Krystalinsees, wenngleich die Bäume niedriger waren und der Boden dichter bewachsen. Anfangs war er vorsichtig und behielt seinen Revolver in der Hand. Die Umgebung wäre ideal für Grüne. Doch nachdem sie einige Stunden gelaufen waren und keinerlei Fährten auf dem Dschungelboden oder Markierungen entdeckt hatten, die Grüne gerne an Baumstämmen hinterließen, um ihr Gebiet zu kennzeichnen, steckte er den Revolver wieder weg. *Hier gibt es keine Grünen.* Er sah zum Himmel hoch, der durch das Blätterdach sichtbar war. *Sie halten sich von diesem Ort fern. Hier herrschen die Schwarzen.*

»Also, wie hieß sie?«, fragte er Kriz, als sie nach ein paar Kilometern auf einer Lichtung Halt machten. »Die Stadt, die es hier gab?«

»Devos Eluzica«, sagte sie in ihrer Sprache, die sie jetzt beide meistens benutzten. »Das bedeutet: ›Heiliger Baum‹.« Sie seufzte wehmütig und ließ den Blick über den umliegenden Dschungel schweifen. »Sie war wunderschön, Clay. Eine ganze Stadt, die von einer Untersekte der Devos-Kaste errichtet wurde. Sie bauten sie ohne Hilfe der Kristalle, weil sie deren Verwendung ablehnten. Ihrer Ansicht nach hatten die Wohltäter die Kristalle nicht als Geschenk, sondern als Prüfung geschickt.«

»Als Prüfung?«, fragte Clay. »Wovon?«

»Das ist nicht ganz klar«, sagte sie, nahm einen Schluck aus der Feldflasche und blickte stirnrunzelnd in die Ferne. »Aber mir ist es immer schon schwergefallen, die vagen Theorien der Devos zu begreifen. Es hatte etwas mit unserem Wert als Spezies zu tun. Sie glaubten, wir wären durch die Kristalle verweichlicht und in den Augen der Wohltäter kaum mehr als verwöhnte Kinder. Wir sollten unsere Zivilisation mit eigenen Händen wiederaufbauen, nur so könnten wir ihre Gunst zurückgewinnen. Andernfalls würden sie uns mit irgendeiner Katastrophe bestrafen.«

»Vielleicht hatten sie ja recht, schau doch nur, was gerade passiert.«

»Diese Leute waren Heuchler. Die Stadt, die sie hier errichteten, war anfangs recht klein. Nur wenige, miteinander verbundene Häuser in den Baumkronen, im Einklang mit der Natur. Nach und nach wurde die Stadt aber größer und sah irgendwann selber wie ein Baum aus, der nachts mit leuchtenden Kugeln geschmückt war. Ohne das technische Wissen, das wir seit dem Beginn des Kristallzeitalters gewonnen hatten, hätten sie sie nicht bauen können. Die nachfolgenden Generationen dachten sich allerlei Spitzfindigkeiten aus, wie sie die Kristalle am Ende doch benutzen konnten. Der ursprüngliche Glaube geriet in Vergessenheit, und der Baum wurde immer größer. Zu meiner Zeit war er höher als manche der Berge hier.« Sie hielt inne, und ihr sehnsüchtiges Lächeln verschwand. »Es muss ein atemberaubender Anblick gewesen sein, als er schließlich umstürzte.«

Clay wollte gerade weitere Fragen stellen, als er in der Dunkelheit hinter Kriz etwas bemerkte: Im Feuerschein zeichneten sich die Umrisse einer kauernden Gestalt ab. Er sprang auf und zog seinen Revolver. Kriz tat es ihm nach. »Was ist los?«, flüsterte sie und trat zu ihm.

»Gesellschaft.« Clay richtete den Revolver auf den Umriss und ließ rasch den Blick schweifen, um nach weiteren Neuankömmlingen Ausschau zu halten, sah aber nur dunklen Dschungel. Nach einer Weile fiel ihm die unnatürliche Reglosigkeit der kauernden Gestalt auf. *Selbst ein Verderbter könnte nicht so lange still verharren.* Dennoch hielt er den Revolver weiter auf den Fremden gerichtet, während er näher heranging.

»Beim Seher, das ist eine Statue«, murmelte er erleichtert, als er die Gestalt genauer betrachten konnte. Die Statue war von Rissen durchzogen und größtenteils mit Schlingpflanzen bedeckt. Dennoch konnte er erkennen, dass es sich um einen knienden Mann handelte, der die Hände gefaltet hatte und mit erhobenem Kopf in die Ferne schaute.

»Ein Verderbter«, sagte Clay und fuhr mit der Hand über das schuppige Gesicht der Statue und die stumpfen Dornfortsätze auf der Stirn. Er hatte keine Ahnung von Kunst, aber die Art, wie der Stein bearbeitet worden war, kam ihm vertraut vor. Die kantige Gestalt der Statue erinnerte ihn an die verborgene Stadt am Ufer des Krystalinsees. Es gab jedoch auch ein paar Unterschiede. Die Linien waren stärker geschwungen, und am Fuß der Statue fand er Schriftzeichen, die ganz anders aussahen als die in der verborgenen Stadt. Letztere waren organisch fließend gewesen, während diese hier eckig aussahen und dicht beieinanderstanden, beinahe wie Druckschrift.

»Miss Ethy hätte das vielleicht lesen können«, murmelte er und fuhr mit der Hand über die Inschrift.

»Wer?«, fragte Kriz.

»Eine Bekannte von mir. Sie ist inzwischen tot. Und ich habe es leider versäumt, einen Blick in ihre Notizbücher zu werfen, als ich Gelegenheit dazu hatte.«

»Ah.« Kriz strich mit der Hand über den Oberarm der Statue. »Eine schöne Arbeit. Wer immer die gemacht hat, war sehr talentiert. Zu meiner Zeit gab es so etwas nicht.«

»Dann stammt sie also nicht von den Bewohnern deiner heiligen Baumstadt.«

Clay richtete sich auf, als ihm ein Gedanke kam. *Wo es eine gibt, muss es noch mehr geben.* Er zog eine Phiole Grün aus dem Etui und trank einen Schluck, dann schaute er sich im Dschungel um. »Da«, sagte er und deutete auf eine weitere kauernde Gestalt in zwanzig Metern Entfernung, die ihm sein geschärfter Blick enthüllt hatte. Eine kurze Untersuchung ergab, dass sie mit der ersten nahezu identisch war, nur stärker beschädigt. Sie entdeckten noch zwei weitere Statuen, die in etwa demselben Abstand zueinander aufgestellt waren.

»Dort ist noch eine«, sagte Clay und nickte zur nächsten in der langen Reihe der Figuren. »Da haben wir wohl eine Route, der wir morgen früh folgen können.«

◆ ◆ ◆

Als die Kette der Statuen etwa fünf Kilometer von ihrem Lagerplatz entfernt auf einer breiten Lichtung endete, hatten sie über zweihundert gezählt. Die Haltung der Figuren veränderte sich nach und nach – erst kauerten sie am Boden, dann standen sie aufrecht und am Ende hielten sie die Arme vor sich ausgestreckt. Für Clay sah es fast so aus, als wäre hier ein und derselbe Verderbte in verschiedenen Stadien eines Rituals dargestellt. Die letzte Statue war am stärksten beschädigt. Ihr Kopf fehlte, und der von Lianen überwucherte Rumpf war schon vor Ewigkeiten zerfallen. Ein ausgestreckter Arm war jedoch erhalten geblieben. Die Gestalt hatte die Hand zur Faust geschlossen, ein Stummelfinger deutete nach vorn.

Die Erinnerungen des Tüftlers, dachte Clay, als er in die Richtung schaute, in die der Finger wies. Sie befanden sich auf derselben Lichtung, die in den Erinnerungen zu sehen gewesen war, die Lizanne ihm übermittelt hatte. Statt auf einen gezackten Umriss über den Baumwipfeln zeigte der Finger der Statue jedoch nur auf den leeren Himmel. »Ist wohl seither zerfallen«, murmelte er.

»Was ist zerfallen?«, erkundigte sich Kriz.

»Ein Tempel«, sagte er und setzte sich in Bewegung. »Komm mit …«

In diesem Moment fegte ein Windstoß von oben herab und wirbelte so viel Staub auf, dass es ihm die Sicht nahm. Er geriet ins Stolpern. Zugleich vernahm er das Brüllen eines wütenden Drachen. Der Erdboden erzitterte, und direkt vor ihm landete mit ausgebreiteten Schwingen und aufgerissenem Maul ein großer Schwarzer. Weitere Erschütterungen folgten. Clay fuhr herum und sah hinter sich noch zwei Schwarze niedergehen.

»Der Kristall«, rief Clay, und Kriz griff sofort in ihre Tasche. Der Schwarze vor ihnen krächzte drohend und duckte sich sprungbereit. Von seinen Nüstern stieg Rauch auf.

»He!« Clay hob beide Arme und zeigte dem Schwarzen seine leeren Hände. Er hoffte, Kriz damit etwas Zeit zu verschaffen, damit sie den Kristall aktivieren konnte. »Wir sind Freunde! Seht ihr? Keine Waffen. Und wir haben ein Geschenk mitgebracht.«

Er nahm seinen Rucksack ab, löste rasch die Schnüre und holte den Inhalt heraus. »Ein Friedensangebot«, sagte er und legte das Ei vor dem Schwarzen auf den Boden. Die aggressive Haltung des Drachen blieb unverändert, er senkte jedoch den Blick, um das Ei zu betrachten. Mit misstrauischem Knurren neigte er den Kopf und beschnüffelte das Ei. Dann schnaufte er besänftigt. Offenbar hatte er begriffen, was das war. »Das Kleine hier braucht ein neues Zuhause«, sagte Clay. »Wir haben es ziemlich weit geschleppt.«

Die Augen des Schwarzen verengten sich, und ein tiefes Grollen drang aus seiner Kehle, als er das Ei mit den Krallen umschloss und zu sich heranzog. Er zischte warnend. Dann ging der Blick der Bestie zu Kriz, wo er verharrte und sich weiter verengte. Schließlich leuchtete wütendes Erkennen darin auf. *Verflucht!,* dachte Clay, drehte sich zu Kriz um und zog sie schützend in seine Arme. Mit einem Brüllen entfesselte der Schwarze sein Feuer.

KAPITEL 29

Lizanne

Sie hatten recht«, sagte Lizanne zu Kapitän Trumane. »Mrs. Griffan ist für den Dienst an Bord ihres Schiffes nicht geeignet.«

Trumane sah zu Sofiya hinüber, die gerade mit ein paar Kindern spielte. Ihr Gesicht war dabei von lebhafter Freude erfüllt, wie man es bei ihr sonst selten sah. »Die Mission war ein Erfolg«, sagte er. »Ich finde, sie hat ihre Sache gut gemacht.«

»Sie hätte meinen Befehl, die Mission abzubrechen, weiterleiten sollen«, beharrte Lizanne. »Wir waren kompromittiert.«

»Kriegseinsätze sind keine Spionagemissionen, Miss Lethridge.« Trumanes Tonfall war freundlich, aber es schwang auch ein wenig Unmut darin mit, was von dem Wort »Befehl« herrühren mochte. »Nur weil man kompromittiert ist, heißt das nicht, dass ein Einsatz abgebrochen werden muss«, fuhr Trumane fort. »Im Krieg muss man Risiken abschätzen und hinnehmen. Hätte Mrs. Griffan Ihren ›Befehl‹ weitergeleitet, dann hätte ich ihn, in Anbetracht des Vorteils, den wir durch den Einsatz gewinnen konnten, wahrscheinlich trotzdem nicht befolgt. Eine Invasion der Roten Gezeiten auf dem Seeweg ist nun nicht mehr möglich, zumindest nicht in absehbarer Zeit. Kurz gesagt, das Risiko war es wert.«

Ist es Stolz, der mich diesen Mann so verabscheuen lässt? Lizanne mühte sich, ihren wachsenden Zorn zu verbergen. *Giere ich nach Macht? Wie Gräfin Sefka oder die Kurfürstin?*

Trotz ihrer Verärgerung wusste sie, dass Trumane mit seiner Einschätzung recht hatte. Es war zwei Tage her, dass die *Gute Gelegenheit* von ihrem Einsatz zurückgekehrt war, und währenddessen hatte sie mit Tekela einen kurzen Erkundungsflug unternommen. Sie flogen bei Tageslicht mit Morva und einem Freiwilligen der Miliz, beide mit Mini-Beißern bewaffnet, und behielten den Himmel im Auge, während das Luftschiff sich Subarisk näherte. Vor Ort konnten sie sich davon überzeugen, dass die Stadt von der Überschwemmung nahezu zerstört und die Flotte des Weißen bis auf ein paar Schiffe im Hafen vernichtet war. Zu ihrer Beunruhigung entdeckten sie jedoch, selbst als sie tiefer gingen, keinerlei Anzeichen von Drachen oder Verderbten.

Lizanne wagte schließlich einen Inlandflug nach Norden, wobei Morva sich am Blutbrenner bereithielt. Etwa fünfzehn Kilometer außerhalb der Stadt kam die Nachhut der Armee des Weißen in Sicht. Braune Staubwolken aufwirbelnd schlängelte sich das Heer durch die Landschaft. Der Anblick einiger dunkler, geflügelter Flecken am Himmel über der Horde reichte aus, um Lizanne umkehren zu lassen. Die Schlussfolgerung war klar: Der Weiße hatte Subarisk verlassen und war zu einem Überlandmarsch aufgebrochen. Sein Ziel war unschwer zu erraten. Sie hatten einen Sieg errungen und wertvolle Zeit gewonnen, aber der Krieg war noch längst nicht vorbei.

»Ah«, sagte Trumane und wandte sich der Werkstatt ihres Vaters zu, als unter der Plane plötzlich Geräusche zu hören waren. »Ich glaube, die Enthüllung lässt nicht mehr lange auf sich warten.«

Sie hatten den Arbeitern an diesem Nachmittag freigegeben, damit sie dem Ereignis beiwohnen konnten – als Belohnung für das Übertreffen ihrer Produktionsziele und zugleich als Erholungsmaßnahme. Die freie Fläche vor der Werkstatt war in einen Park verwandelt worden, mit Bänken und Kieswegen. Ein paar ehemalige Gärtner aus Lossermark hatten sogar Blumenbeete angelegt, wenngleich es noch einige Wochen dauern würde, bis die Pflanzen zu blühen begännen. Die Fläche wurde hauptsächlich als Spielplatz genutzt. Tischler und Metallarbeiter hatten in ihrer knappen Freizeit Schaukeln und ein Klettergerüst für die Kinder gebaut. Heute drängten sich in dem

Park zahlreiche Arbeiter. Die meisten trugen Overalls, aber Lizanne sah auch einige, die sich die Zeit genommen hatten, festlichere Kleidung anzuziehen, die sie aus ihrem früheren Leben gerettet hatten. Obwohl alle reichlich müde wirkten, war die Stimmung feierlich. Die Enthüllung des neuesten Wunders des Professors sorgte für Optimismus.

Der Lärm aus der Werkstatt wurde lauter, es klang wie das Summen tausender riesiger Hornissen. Wellen durchliefen die Plane, und sie begann heftig zu flattern, bis die Schnüre, mit denen sie befestigt war, sich lösten – entweder absichtlich oder von einem Windzug fortgerissen. Die Plane flog vom Dach der Werkstatt, und gleich darauf stieg ein großes, gewölbtes Objekt daraus nach oben. Die versammelte Menschenmenge keuchte ehrfurchtsvoll. Lizanne hatte damit gerechnet, dass das Luftschiff Typ II größer sein würde als die *Glühwurm*, was sie nun vor sich sah, übertraf jedoch all ihre Erwartungen.

Der Gasballon, der aus der Werkstatt aufstieg, war mindestens vier Mal so groß wie die *Glühwurm* und besaß eine gänzlich andere Form. Statt an ein langgezogenes Ei erinnerte er an einen kopflosen Wal, war flacher und breiter. An der Oberseite der Gondel befand sich eine Luke, in der sie die großgewachsene Gestalt ihres Vaters entdeckte. Er winkte zögerlich, als bei seinem Anblick ein Jubeln durch die Menge ging. Aus dem Heck der Gondel ragten vier Ruder hervor, zwei vertikal und zwei horizontal, die von Tekela bedient wurden.

Das Luftschiff stieg höher, und die Quelle des lauten Summens kam in Sicht: zwei Motoren, die wie Knospen aus der Unterseite der Gondel wuchsen. Sie waren so angebracht, dass die Propeller nach unten zeigten. Die Rotorblätter drehten sich so schnell, dass sie gar nicht zu sehen waren, während sie das Luftschiff nach oben beförderten. In einer Höhe von fünfzehn Metern blieb das Gefährt schließlich in der Luft stehen. Die Zuschauer brachen in Applaus aus.

»Beeindruckend«, sagte Kapitän Trumane, und seine Mundwinkel wanderten in einem seltenen Ausdruck von Vergnügen oder vielleicht Vorfreude nach oben. »Ich frage mich, ob es eine Rakete transportieren kann.«

◆ ◆ ◆

»Es sieht aus wie ein Wal«, sagte Morva. »Wir sollten es den *Fliegenden Wal* nennen.«

»Kommt gar nicht in Frage«, sagte Tekela. »Es heißt *Taifun*. Ich bin die Pilotin, also suche ich den Namen aus.« Mit erwartungsvollem Lächeln wandte sie sich Lizanne zu. »Stimmt's?«

»Von mir aus könnt ihr es auch *Fliegender Scheißhaufen* nennen«, sagte Lizanne, »solange es macht, was es soll.«

Sie betrachtete das Innere der Gondel. Nach einer kurzen Umrundung des Berges hatte das neue Luftschiff an einem hohen Schornstein festgemacht. Lizanne, Morva und Trumane waren eine Strickleiter hochgeklettert, um es genauer in Augenschein zu nehmen. Die Kabine war so geräumig, dass sich darin ein Dutzend Besatzungsmitglieder transportieren ließen, und in den Wänden befanden sich breite Luken, an denen bereits Waffenhalterungen montiert waren.

»Es kann zwei Knallfrösche oder fünf Beißer befördern«, sagte Professor Lethridge, der soeben eine Leiter hinabstieg, die vom Boden der Gondel zu einer Öffnung in der Decke führte. »Oder eine Mischung aus beidem. Und dazu noch einen weiteren Beißer am oberen Ausguck.«

»Gute Idee, Vater«, lobte Lizanne. »Die Drachen greifen gerne von oben an.«

»Der wird aber vielleicht gar nicht nötig sein«, warf Kapitän Trumane ein, der das Steuerpult an der Vorderseite der Gondel betrachtete. »Stimmt der Maximalwert an diesem Höhenmesser, Graysen?«

»Es ist ein Schätzwert auf Grundlage der Hebeleistung«, erwiderte der Professor. »Aber es hängt natürlich auch von den atmosphärischen Bedingungen ab.«

»Dreitausend Meter«, sagte Kapitän Trumane und tippte auf eine der Anzeigen. »Ich bin kein Drachenexperte, aber ich glaube, bisher wurde kein Roter gesichtet, der höher geflogen ist als zweitausend Meter. Wahrscheinlich wird die Luft weiter oben zu dünn für sie.«

»Wie steht es mit der Geschwindigkeit?«, fragte Lizanne ihren Vater. Es war Tekela, die antwortete:

»Mit dem Standardantrieb kann es bis zu einhundertdreißig Stundenkilometer erreichen«, sagte sie. »Es hat zwei Motoren, weißt du? Wenn der Blutbrenner gezündet wird …« Sie lächelte. »Ich bin schon sehr gespannt, wie schnell es dann sein wird.«

»Also«, überlegte Lizanne und ging zu einer Waffenhalterung, »wir besitzen einen Vorteil in der Höhe, der Geschwindigkeit und der Feuerkraft.«

»Dagegen sind sie in der Überzahl«, wandte Trumane ein. »Ein Schiff ergibt noch keine Flotte.«

»Mit dem Material, das uns zur Verfügung steht«, sagte Professor Lethridge nach kurzem Nachdenken, »könnten wir zwei pro Monat herstellen.«

»Das wird nicht reichen«, sagte Lizanne. »Wir haben etwas Zeit gewonnen, weil wir die Schiffe des Weißen zerstören konnten. Aber wir müssen trotzdem damit rechnen, dass seine Armee in vier bis fünf Wochen die Varestianische Halbinsel erreicht.« *Und mit jedem unterwegs zerstörten Dorf und jeder Stadt wird sie größer,* fügte sie in Gedanken hinzu.

»Es ist eher eine Frage der Arbeitskraft als des Materials«, sagte ihr Vater. »Wenn uns mehr Arbeiter zur Verfügung stünden …«

»Die bekommst du«, versprach Lizanne. »Dann können wir zwar weniger Waffen herstellen, aber das ist nicht zu ändern. Ich glaube, wir werden nur dann eine Chance haben, wenn es uns gelingt, noch mehr von diesen Flugschiffen zu bauen.« Sie wandte sich Tekela zu. »Ich ernenne dich zur Chefpilotin. Deine erste Aufgabe wird es sein, andere zu finden, die ein solches Luftschiff fliegen könnten, und sie auszubilden.«

Tekela runzelte verwirrt die Stirn. »Wie soll ich das anstellen?«

»Suche Leute mit entsprechender Erfahrung. Ehemalige Steuermänner, Lokomotivführer oder Ähnliches. Madame Hakugen kann dir sicher helfen. Sollte sich niemand derartiges finden, dann bitte um Freiwillige. Es wird sicher einige geben, die gern aus der Fabrik rauswollen.« Sie wandte sich ihrem Vater zu. »Kapitän Trumane hat vorhin eine interessante Frage gestellt«, sagte sie, »zum Thema Raketen.«

♦ ♦ ♦

Ethilda und Arshav hielten ihren Kriegsrat im Beobachtungsturm der Nautik ab. Lizanne war eine Stunde vorher allein mit der *Glühwurm* eingetroffen und hatte das Luftschiff auf der breiten Rasenfläche vor dem Gebäude niedergehen lassen. Prompt waren Mr. Lockbar und sein Trupp erschienen und hatten sie ohne jegliche Begrüßung und auf nicht allzu sanfte Art auf Produkt und Waffen abgesucht. Danach hatte er sie zu dem Treffen geführt, wo zu Lizannes Überraschung Alzar Lokaras anwesend war und darüber hinaus ein halbes Dutzend Anführer verschiedener Klan-Verbindungen.

Ethilda hatte sich nicht die Mühe gemacht, Lizanne den anderen vorzustellen, wenngleich ein paar der Klan-Anführer so viel Anstand besaßen, sich vor dem Treffen selbst mit ihr bekannt zu machen. Am höflichsten war eine Frau in einfacher, aber adretter Kleidung, die eine lange Öljacke und Matrosenstiefel trug und etwa genauso groß war wie Lizanne. Wären ihr angegrautes Haar und die Falten in ihrem Gesicht nicht gewesen, hätte Lizanne sie für gleichaltrig gehalten.

»Mirram Kashiel«, sagte die Frau, nahm den breitkrempigen Hut ab und verneigte sich tief. »Kapitänin der *Sonnenreiter* und Anführerin des Kashiel-Klans.«

»Lizanne Lethridge …«

»Oh. Ich weiß, wer Sie sind. Man nennt Sie Miss Blut.« Grinsend richtete die Frau sich auf. »Aber so werde ich Sie nicht ansprechen. Ein bisschen albern, der Name, finden Sie nicht auch?«

»Ja, ziemlich. Ich habe ihn mir nicht ausgesucht.«

»Wir haben gestern die erste Lieferung ihrer Wunderwaffen erhalten. Sehr beeindruckend. Besonders die großen. Allerdings könnten wir noch ein paar mehr gebrauchen.«

»Sie sind bereits unterwegs«, versicherte Lizanne ihr.

»Wenn Sie dann mit Plaudern fertig wären«, unterbrach sie Arshav mit ungewöhnlich ernster Miene, »wir haben einen Krieg zu planen.« Als es im Raum still wurde, wandte er sich an Ethilda. »Mutter?«

Ethilda stellte sich neben das Ölgemälde der Region Varestia. Sie hielt einen dünnen Elfenbeinstab in der Hand und trug ein Kleid im Militärstil mit Epauletten und einer gelben Schärpe, wie sie bei den Marschalls des späten mandinorianischen Kaiserreichs beliebt gewesen war. Vermutlich hatte sie bereits das Porträt von sich vor Augen, das eines Tages die Wände des Gebäudes zieren würde.

»Subarisk«, sagte Ethilda und tippte mit der Spitze des Stabes auf den entsprechenden Fleck auf dem Gemälde. »Vom Feind überrannt und seither wieder aufgegeben, dank eines nicht genehmigten Einsatzes unserer angeblichen Verbündeten.« Sie warf Lizanne einen finsteren Blick zu und ließ den Stab weiter nach Westen wandern. »Da der Feind nun nicht mehr genug Schiffe besitzt, marschiert er auf dem Landweg zur Halbinsel.«

»Und bringt zweifellos schreckliches Unheil über die Varestianer, die ihm unterwegs in die Hände fallen«, fügte Arshav hinzu. Im Gegensatz zu seiner Mutter schaute er Lizanne nicht finster an, aber sie erkannte dennoch einen mordlustigen Ausdruck in seinem Gesicht, den sie nicht zum ersten Mal sah.

Subarisk. Sie erinnerte sich an Morvas Worte. *Das also wird ihr Vorwand sein.*

»Hätte der Gegner Schiffe besessen, dann wäre er binnen weniger Tage in die Roten Gezeiten eingefallen«, stellte sie in absichtlich zurückhaltendem Ton fest. »Jetzt haben wir ein paar Wochen gewonnen, um uns vorzubereiten.«

»Auf einen Landfeldzug«, sagte Ethilda. »Die Varestianer sind es nicht gewohnt, an Land zu kämpfen. Zu Wasser hätten unsere Aussichten auf einen Sieg viel besser gestanden, zumal mit den neuen Waffen.«

Unter den Kapitänen erhob sich zustimmendes Gemurmel, wenngleich längst nicht alle darin einfielen. »Ein Großteil der Schiffe ist noch nicht mit Waffen ausgestattet«, sagte Alzar Lokaras ruhig. Die Feindseligkeit gegenüber seinem Cousin stand ihm deutlich ins Gesicht geschrieben. »Und von den neuen Karabinern gibt es erst ein paar hundert. Außerdem sehe ich, dass es meinem Cousin Arshav bisher nicht gelungen ist, mehr als zehntausend Kämpfer zu mobilisieren.«

»Für die Feigheit anderer kann ich nichts«, knurrte Arshav.

»Es liegt nicht an Feigheit, Cousin«, erwiderte Alzar, »sondern an dir. Kein echter Varestianer will seine Ehre beschmutzen, indem er unter deiner Flagge dient.«

»Vorsicht«, gab Arshav zurück, und seine Hand wanderte zum Griff seines Säbels. »In Kriegszeiten sind Duelle zwar verboten, aber glaub ja nicht, dass dich das retten wird.«

Alzar schaute Arshav direkt in die Augen, und seine Lippen verzogen sich zu einem spöttischen Lächeln. »Wovor retten?«

»Genug!«, bellte Ethilda, als Arshav seinen Säbelgriff fester packte. »Das bringt uns nicht weiter.« Sie richtete den Blick auf Lizanne. »Wir haben einen untreuen Verbündeten, um den wir uns kümmern müssen.«

Lizanne hatte eine erste Reaktion auf die Falle der beiden vorbereitet, eine kurze, aber wirkungsvolle Rede, in der sie Arshavs und Ethildas zahllose Charakterschwächen aufzählte und ihr Urteilsvermögen in Frage stellte. Damit hatte sie die Abneigung der anderen Kapitäne gegenüber den beiden anheizen wollen, um diese vielleicht sogar zu einem Aufstand zu bewegen. Die plumpen Intrigen der Okanas waren jedoch derart ermüdend, dass sie sich entschloss, gleich zum zweiten Mittel zu greifen.

»Ich vermute, Mr. Lockbar steht draußen und wartet auf ein Signal?«, sagte sie und schaute Ethilda fragend an. »Er wird sicher gleich hereinkommen, um mich wegen Vertragsbruchs festzunehmen und mich in irgendein Verlies zu bringen. Unterwegs unternehme ich dann voraussichtlich einen Fluchtversuch, der leider scheitert und mit meinem Tod endet.«

Ethilda starrte sie an. In ihrem Gesicht mischte sich schlecht verborgene Überraschung mit offener Feindseligkeit. Sie sah kurz zu Arshav hin, und die beiden tauschten einen unsicheren Blick. Lizanne seufzte entnervt und ging zu dem großen Teleskop gegenüber dem Ölgemälde. Sie drehte das Rohr auf dem Dreifuß und richtete es auf das Fenster. Dann stellte sie den richtigen Winkel und die Schärfe des Okulars ein.

»Bitte sehr«, sagte sie, trat zurück und deutete auf das Teleskop. »Ich möchte Ihnen die neueste Erfindung meines Vaters zeigen.« Mutter und Sohn tauschten einen weiteren Blick aus, rührten sich aber nicht von der Stelle. Schlussendlich war es Alzar, der zum Teleskop ging.

»Was ist das?«, fragte er mit gerunzelter Stirn, nachdem er durch das Okular geschaut hatte.

»Es heißt *Taifun*«, erwiderte Lizanne. »Eine Weiterentwicklung unseres Luftschiffs. Und es befindet sich gegenwärtig in einer Höhe von zweitausend Metern, weit außerhalb der Reichweite aller derzeit existierenden Artilleriegeschütze. Beachten Sie auch das Objekt unter der Gondel.«

»Ich sehe es«, sagte Alzar, nachdem er ein weiteres Mal durch das Okular gespäht hatte.

»Wir nennen es die Bastler Typ I. Es ist die gleiche Rakete, die das Hafentor von Subarisk zerstört hat. Ihnen wird auffallen, dass sie genau auf dieses Gebäude zielt. Sollte ich die Sieben Mauern nicht binnen einer Stunde mit meinem Luftschiff verlassen, wird sie abgeschossen. Und geben Sie sich bitte nicht der Illusion hin, sie könnte ihr Ziel verfehlen.«

Sie wandte sich Ethilda und Arshav zu und sprach klar und präzise, um jeglichen Zweifel auszuräumen. »Unser Vertrag wird hiermit aufgrund von Doppelspiel und Täuschung unwirksam. Sollten Sie versuchen, die Regelungen trotzdem geltend zu machen, wird die *Taifun* zurückkehren und dieses Gebäude zerstören. Und danach auch jedes Schiff im Besitz Ihrer Familie. Die Bergwerk Manufakturgesellschaft ist von nun an ein eigenständiges Unternehmen, das seine eigenen Verträge aushandeln kann. Und Ihr Unternehmen ist bei uns nicht mehr willkommen. Ihre Herrschaft über die Region Varestia wird von uns nicht länger anerkannt.«

Sie trat vom Teleskop weg und verneigte sich vor den anderen Anwesenden. »Meine Damen und Herren, sollten Sie Gespräche über die Verteidigung der Roten Gezeiten führen wollen, so finden Sie mich im Blaska-Fjord. Wer sich mit uns verbündet, erhält von uns kostenfrei Munition.« Sie verbeugte sich noch einmal und ging dann zur Tür. »Ich wünsche Ihnen einen angenehmen Tag.«

KAPITEL 30

Hilemore

»*Es tut mir leid, Corrick. Aber von uns kannst du keine Hilfe erwarten.*«

Die letzte Zeile des Kommuniqués las Hilemore mehrfach. Es waren die einzigen Sätze, die ein wenig persönlicher formuliert waren. Der Rest der Nachricht bestand aus einer kurzen und deprimierenden Zusammenfassung der jüngsten Ereignisse in Mandinorien und der Versicherung, dass Lewella der Wählerrechtsallianz in Stockcombe geraten hatte, ihm Unterstützung zu gewähren, wenn er im Gegenzug eine Abmachung mit ihnen schloss, *»so wie es mit deiner Ehre vereinbar ist«*. Danach folgte eine Feststellung, die wohl nicht nur für ihn, sondern auch für seine Gastgeber gedacht war: *»Ich bin sicher, alle Beteiligten werden von deinem Rat und deiner ruhigen Besonnenheit sehr profitieren.«*

»Also«, sagte Coll, nachdem Hilemore die Nachricht zu Ende gelesen hatte. »Wenn Sie unsere Unterstützung wollen, dann müssen Sie uns helfen, diese Stadt zurückzuerobern.«

»So hat sie das nicht gemeint«, erwiderte Hilemore.

»Ich hab es aber so verstanden«, sagte der stämmige junge Mann unter dem zustimmenden Gemurmel der anderen Komiteemitglieder. »Wir besitzen Vorräte, die Sie brauchen. Also fahren Sie gefälligst mit Ihrem Boot durch den Hafen und legen Sie das Hauptquartier dieses Mistweibs Kulvetch in Schutt und Asche …«

»Das werde ich nicht tun«, unterbrach ihn Hilemore. Er warf noch einen Blick auf das Kommuniqué und steckte es in die Tasche. Auch wenn es recht unpersönlich klang, war es doch die einzige Nachricht, die er seit Monaten von Lewella empfangen hatte, und er wollte sich nicht davon trennen. »Sie vergessen, dass ich Freifrau Tythencroft besser kenne als Sie. Ihre Absicht, wenngleich meiner Meinung nach aussichtslos, besteht darin, dass ich einen Waffenstillstand zwischen der Wählerrechtsallianz und den Unternehmensstreitkräften aushandele und die Führung dieser Stadt übernehme.«

Hilemore erhob sich und musterte die jungen, wütenden Gesichter um sich herum. Er fühlte sich in diesem Moment viel älter als achtundzwanzig. *Neunundzwanzig*, erinnerte er sich, als ihm sein Geburtstag auf dem Eis wieder einfiel, den er nicht gefeiert hatte. »Würde Freifrau Tythencroft Oberst Kulvetch oder Sie hier kennen«, sagte er, »dann wäre ihr natürlich klar, dass weitere Verhandlungen zwecklos sind.«

»Warten Sie!«, rief Jillett, als er sich zum Gehen wandte. Hilemore drehte sich um und sah, dass sie aufgesprungen war und die anderen Komiteemitglieder wütend anfunkelte. Coll ergriff sie am Arm, um sie zurückzuhalten, aber sie schüttelte seine Hand ab. »Wir müssen es wissen«, zischte sie ihn an.

»Was wissen?«, erkundigte sich Hilemore.

»Ihr Bericht an Freifrau Tythencroft«, sagte sie. »Wie viel davon ist tatsächlich wahr?«

Hilemore hatte längst nicht alle Details dessen geschildert, was er erlebt hatte, seit er an Bord der *Gute Gelegenheit* gegangen war, im Großen und Ganzen aber auch nichts verschwiegen. Was genau die Langgewehre im Inland suchten, hatte er nicht gesagt, aber betont, dass es darum ging, »die derzeitige Gefahrensituation« zu beenden. »Jedes einzelne Wort«, sagte er.

»Es ist also wirklich eine Armee aus Drachen und Verderbten unterwegs, um die Welt in Schutt und Asche zu legen?«, hakte Jillett nach.

»Jawohl.«

»Davon haben wir bisher noch nichts mitbekommen«, sagte Coll. »Woher sollen wir wissen, dass Sie uns nicht anlügen?«

»In Ihrem Hafen liegt eine ganze Flotte Handelsschiffe, die nicht wagen, in See zu stechen«, stellte Hilemore fest. »Und wann waren das letzte Mal Freie oder sonst irgendwer an Ihrem Tor?«

Wieder wurden Blicke ausgetauscht, die Feindseligkeit war jedoch größtenteils in Unsicherheit umgeschlagen.

»Auf der ganzen Welt herrscht Chaos«, fuhr Hilemore fort. »Und Sie sitzen hier und klammern sich an Ihre nichtigen Streitigkeiten und Ihre kindische Politik. Ich habe keine Ahnung, warum Sie bisher verschont geblieben sind, aber früher oder später wird es auch Sie erwischen. Allerdings«, er richtete sich auf, zog seinen Waffenrock zurecht und drehte sich erneut zur Tür um, »ist es Ihnen ja bis dahin vielleicht auch gelungen, sich gegenseitig niederzumetzeln.«

»Kulvetch wird Ihnen nichts verkaufen, wenn Sie nicht für sie kämpfen!«, rief Coll ihm hinterher. »Wo wollen Sie Ihre Vorräte herbekommen?«

Eine gute Frage, das musste Hilemore zugeben. Als auf dem Rückweg zum Kai der überfüllte Hafen in Sicht kam, fiel ihm jedoch ein, dass es in der Stadt noch eine dritte Partei gab, die vielleicht für vernünftige Verhandlungen offen war.

◆ ◆ ◆

»Sie wollen den einzigen sicheren Hafen auf diesem Kontinent verlassen?«, fragte Kapitän Tidelow und runzelte verwundert die Brauen. »Um auf der anderen Seite des Ozeans Krieg zu führen?«

»Ja«, erwiderte Hilemore so laut, dass die anderen Anwesenden ihn ebenfalls hören konnten. Die Kapitäne sämtlicher Schiffe im Hafen schienen seiner Einladung gefolgt zu sein, so viele sogar, dass er das Treffen auf das Vorderdeck der *Überlegenheit* hatte verlegen müssen. Das hatte auch den Vorteil, dass Oberst Kulvetch und die Rebellen der Allianz mitbekamen, was hier geschah. Die Kapitäne stammten aus aller Herren Länder, es waren Nord- und Südmandinorianer darunter, aber auch Dalzianer und Varestianer und sogar ein paar Corvantiner. Manche kommandierten Unternehmensschiffe, aber die meisten waren Freie und den Unternehmen gegenüber skeptisch eingestellt.

»Auf wessen Befehl?«, fragte einer der Kapitäne, eine Dalzianerin von geringer Körpergröße, deren Haltung und Narben aber von einer Vergangenheit als Piratin zeugten.

»Ich gebe keine Befehle«, sagte Hilemore, »sondern appelliere lediglich an Vernunft und gesunden Menschenverstand.«

»Loszufahren, um gegen eine Horde Drachen und Verderbte zu kämpfen, klingt aber nicht sonderlich vernünftig«, stellte einer der Corvantiner mit starkem Akzent, aber präziser Wortwahl auf Mandinorianisch fest. Er war ein großgewachsener Mann mit dem Aussehen eines Gelehrten, wenngleich seine vom Salz geröteten Wangen von vielen Jahren auf See sprachen. »Ich musste mich wochenlang durchschlagen, um eine Zuflucht für mein Schiff und meine Besatzung zu finden«, redete der Corvantiner weiter. »Meine Männer werden sie sicher nicht gleich wieder aufgeben wollen.«

»Diese Stadt ist keine Zuflucht«, hielt Hilemore dagegen. »Sie ist eine Falle, in die Ihre eigenen Illusionen Sie gelockt haben. Wollen Sie wirklich zwischen die Fronten geraten, wenn diese hasserfüllten Kinder erneut gegeneinander kämpfen? Denn genau das werden sie tun. Und selbst wenn es nicht dazu kommt, befinden Sie sich hier in der vielleicht letzten noch unbehelligt gebliebenen menschlichen Siedlung in Arradsia. Ihre Zeit ist gezählt.«

Er schwieg einen Moment, um seine Worte sacken zu lassen. Jeder der anwesenden Kapitäne hatte seine eigene Überlebensgeschichte, und er verlangte eine ganze Menge von ihnen. »Ich mache Ihnen keinerlei Versprechen«, fuhr er fort. »Ich biete Ihnen lediglich die Chance, sich einem Kampf anzuschließen, der gekämpft werden muss.«

»Wie sollen wir dorthin gelangen?«, fragte die Dalzianerin. »Meine Kohlekammer ist höchstens noch ein Drittel voll.«

»Ich habe kaum genug Reserven, um den Hafen zu verlassen«, stimmte der Corvantiner mit ein.

»Wir legen alle unsere Vorräte zusammen«, sagte Hilemore. »Wir sammeln, was wir an Kohle besitzen, und entscheiden dann, wie viele Kammern wir füllen können.«

»Das heißt, Sie wollen ein paar Schiffe zurücklassen«, folgerte der Corvantiner.

Hilemore wandte sich den Kapitänen zu und sagte in einem Ton, von dem er hoffte, dass er zuversichtlich und zugleich bedauernd klang: »Ja.« Daraufhin wurde Protest laut, aber er sprach mit erhobener Stimme weiter, um das Murren zu übertönen. »Hier liegen einige Schiffe vor Anker, die so stark beschädigt sind, dass sie sowieso nie wieder seetüchtig gemacht werden können. Das wissen Sie alle. Andere hingegen sind zu langsam und nicht robust genug für einen Kampfeinsatz. Ihre Mannschaften werden auf andere Schiffe verteilt werden, kein Matrose wird zurückgelassen.«

»Ach, hol Sie doch die Pest«, sagte die Dalzianerin, winkte ab und stapfte zur Reling. Sie fügte etwas in ihrer eigenen Sprache hinzu, schwang ein Bein über die Reling und kletterte eine Strickleiter zu ihrem Boot hinab. Hilemores Dalzianisch war eingerostet und nicht sonderlich gut, aber diesen Satz hatte er schon so oft gehört, dass er ihn mühelos übersetzen konnte: *»Die Korporatistenschweine wollen einem immer Scheiße für Gold verkaufen.«*

Einige der andere Kapitäne folgten dem Beispiel der Dalzianerin, und Hilemore musste sich zusammennehmen, um sie nicht anzuflehen zu bleiben. Er besaß weder die Macht noch die Befugnis, sie zu etwas zu zwingen, und sein Gewissen verbot es ihm, falsche Versprechungen zu machen, was die Wahrscheinlichkeit eines Sieges oder eine Belohnung betraf. Wäre die Situation umgekehrt, musste er zugeben, dass er vermutlich ebenso reagiert hätte. Deshalb war es überraschend, dass sich am Ende doch noch etwa die Hälfte der Kapitäne auf dem Vorderdeck befand. Der Corvantiner war geblieben und ebenso Kapitän Tidelow.

»Von meiner Mannschaft werden nicht alle mitkommen«, grübelte der Blauenjäger und strich sich über seinen langen Bart. »Aber ich würde schätzen, dass ich vielleicht zwei Drittel überreden kann.«

»Meine Mannschaft befolgt meine Befehle«, behauptete der Corvantiner. »Sie sind alle ehemalige Matrosen der kaiserlichen Marine, so wie ich. Und wir haben es satt wegzulaufen.«

Das folgende Gespräch mit den anderen Kapitänen ergab, dass diese einen ähnlichen Standpunkt vertraten, aber mit einer wichtigen Einschränkung. »Ohne Waffen können wir nicht kämpfen«, sagte der Corvantiner. Er hatte sich als Kapitän Gurkan vom Handelsschiff *Aufwind* vorgestellt, ein schneller Klipper mit drei Schaufelrädern, der für den Teehandel gebaut worden war. Auch wenn das Schiff kein Blutbrenner war, würde es doch den wertvollsten Neuzugang in Hilemores provisorischer Flotte darstellen.

»In einer Manufaktur in Varestia werden Waffen hergestellt«, versicherte Hilemore den Kapitänen. »Neue Waffen mit stärkerer Feuerkraft und größerer Zielgenauigkeit als die, die wir gegenwärtig besitzen.«

»Da liegt aber ziemlich viel Meer dazwischen«, stellte Tidelow fest. »In dem es sicher von Blauen wimmelt. Und wir verfügen nicht mehr über Ihr zahmes Ungeheuer, das uns den Weg weisen kann.«

»Ich weiß aus sicherer Quelle, dass sich die Blauen in varestianischen und corvantinischen Gewässern konzentrieren. Wir sollten also relativ unbehelligt dorthin gelangen können.«

Hilemore verschränkte die Hände und sprach rasch weiter, bevor Tidelow nachhaken konnte. In Wahrheit besaß er keinerlei Informationen darüber, wo sich die Blauen befanden, aber in der derzeitigen Situation Unsicherheit zu zeigen, wäre kontraproduktiv gewesen. Eine kleine Lüge war deshalb nicht verkehrt. »Ich brauche eine genaue Auflistung der Fracht, Mannschaft und der Vorräte Ihrer Schiffe. Mein Erster Maschinist wird alle Schiffe gründlich untersuchen. Er hat das letzte Wort darüber, wer mitfahren kann und wer nicht.«

◆ ◆ ◆

Chief Bozware kam zu dem Schluss, dass immerhin achtzehn der insgesamt zweiundzwanzig Schiffe in ausreichend gutem Zustand waren, um die Seereise nach Varestia antreten zu können. Leider reichte ihre Kohle aber nur für ein Dutzend.

»Zwölf sind besser als eins, Chief«, sagte Hilemore.

»Außerdem bin ich noch auf ein Juwel gestoßen«, fuhr Bozware fort und reichte Hilemore eine der Inventarlisten. Oben auf dem Blatt stand in ungelenkem Mandinorianisch der Name OKS *Abenteuer*, und die Mannschaftsliste umfasste lediglich sechs Namen. Als Fracht war eine Menge wertloser Dinge aufgeführt, aber auch ein Gegenstand von nicht unbeträchtlicher Bedeutung.

»Eine volle Phiole Rot«, las Hilemore.

»Das Schiff ist ein Blutbrenner«, bestätigte der Erste Maschinist.

»Schnellpost des Ostinsel-Konglomerats. Es hat die Route zwischen Dalzia und Arradsia befahren. Die Mannschaft hat mir erzählt, was ihnen passiert ist. Offenbar wurden sie südlich der Klingensee von einem Blauen angefallen und haben dabei ihren Kapitän, den Blutgesegneten ihres Unternehmens und einen Großteil ihrer Mannschaftskameraden verloren. Irgendwie ist es ihnen gelungen, hierher zu fahren. Die oberen Aufbauten sind größtenteils zerstört, Rumpf und Mechanik aber unversehrt.«

»Das Schiff wird eine Besatzung brauchen«, sagte Hilemore. »Einen Blutgesegneten … und einen Kapitän.«

◆ ◆ ◆

»Was denkst du?«, fragte er kurz darauf Zenida. Sie waren mit einem Boot zur *Abenteuer* gefahren, und die spärliche Mannschaft an Bord begrüßte sie mit einer erfrischenden Mischung aus Erleichterung und Dankbarkeit.

»Wir dachten schon, wir kommen nie mehr hier weg«, sagte der Bootsmann – anscheinend der einzige ranghöhere Matrose an Bord. Er war ein kräftiger Kerl, für seine Position aber noch recht jung. Hilemore vermutete, dass er seine Stellung vor allem seiner Körperkraft und – gemessen daran, wie die anderen Mannschaftsmitglieder seinem Blick auswichen – massiver Einschüchterung verdankte. Allerdings war es ihm gelungen, das Schiff zu retten und es über hunderte Meilen zu einem sicheren Hafen zu bringen. Also musste er wohl auch ein Stück weit zum Anführer taugen.

»Ein paar Reparaturen und ein frischer Anstrich, und es ist wieder so gut wie neu«, sagte Zenida spöttisch mit einem Blick auf das verkohlte und halb zerstörte Steuerhaus.

»Ich schick dir einige Arbeiter«, sagte Hilemore.

»Mir?« Sie starrte ihn verwundert an und runzelte dann begreifend die Stirn. »Ein neues Kommando«, grübelte sie, und eine Mischung aus Skepsis und Vorfreude spiegelte sich auf ihrem Gesicht, während sie das Schiff noch einmal eingehender musterte. »Wer wird dann den Motor der *Gelegenheit* befeuern?«

»Leutnant Sigoral oder Mr. Torcreek.«

»Wenn sie ihre Mission überleben und es zum Schiff zurück schaffen.«

»Hier in der Stadt gibt es noch mindestens eine weitere Blutgesegnete. Schlimmstenfalls kann ich sie überreden, sich uns anzuschließen.«

»Sie überreden oder sie entführen?«

»Ich habe gesagt: schlimmstenfalls.«

»Du warst immer schon ein skrupelloser Mann, Kapitän.« Sie lachte leise und betrachtete dann die zerstörten oberen Aufbauten des Schiffes. Die *Abenteuer* besaß einen Schornstein, zwei Schaufelräder und einen schmalen Rumpf. *Für Schnelligkeit, nicht für Bequemlichkeit gebaut,* hätte Hilemores Großvater gesagt.

»Ich hatte solch große Hoffnungen in mein nächstes Schiff gesetzt«, sagte Zenida. »Sogar Baupläne hatte ich schon gezeichnet. Ich hätte es *Flammenherz* genannt. Das schnellste Schiff weit und breit, und eines Tages wäre Akina seine Kapitänin gewesen.«

»Das kann alles noch geschehen«, sagte Hilemore. »Wenn der Krieg vorbei ist.«

»Vielleicht.« Zenida lachte wehmütig. »Aber die Baupläne werde ich ändern müssen. In Zukunft werden die Schiffe sicher mit Schiffsschrauben fahren, so wie die *Überlegenheit.* Wir stehen am Anfang eines neuen Zeitalters, Kapitän. Wollen wir hoffen, dass wir es noch erleben, was?«

»Das werden wir«, sagte Hilemore mit einer Gewissheit, die, wie sie beide wussten, nur vorgetäuscht war.

Zenida nickte und betrachtete ein letztes Mal das Schiff. »Ich nehme mein neues Kommando an«, sagte sie. »Aber unter einer Bedingung.«

◆ ◆ ◆

»Ich werde nicht hierbleiben!«

Hilemore duckte sich, um dem Schraubenschlüssel auszuweichen, den Akina nach ihm geworfen hatte. Der Schlüssel schepperte gegen das Schott des Maschinenraums. Das ölverschmierte Gesicht des Mädchens war wütend verzogen, während sie in ihrem Werkzeugkasten nach einem weiteren Wurfgeschoss suchte.

»Akina!«, sagte Zenida mit einer Strenge, die sie sonst nur selten an den Tag legte. Sie trat zwischen ihre Tochter und Hilemore und packte Akina am Handgelenk, als diese gerade zum nächsten Wurf ausholen wollte. »Es ist mein Wunsch, nicht seiner«, sagte sie leise auf Varestianisch. »Bist du meine Tochter?« Sie zog an Akinas Arm, und der Schraubenschlüssel fiel aus der Hand des Mädchens aufs Deck. »Gehörst du zu meiner Mannschaft?«

Akina schaute ihre Mutter an, und die Wut in ihrem Gesicht wich nackter Furcht. »Ich möchte bei dir bleiben«, flüsterte sie rauh. »Lass mich nicht hier zurück. Bitte, Mama!«

Zenida ließ Akina los und musste offensichtlich gegen den Drang ankämpfen, sie zu umarmen. »Töchter gehorchen ihren Müttern«, sagte sie. »Eine Mannschaft gehorcht ihrem Kapitän. Ich befehle dir, hierzubleiben und die Anweisungen unseres Seebruders zu befolgen. Du gehörst jetzt zu seiner Mannschaft.«

Akina drückte sich an ihre Mutter und umklammerte ihre Hüfte. Ein Schluchzen entrang sich ihr, wie Hilemore es von ihr noch nie gehört hatte. Da er nicht aufdringlich sein wollte, wandte er sich ab und ging zur Luke, blieb jedoch stehen, als unvermittelt ein leises Pfeifen aus dem Sprechrohr drang.

»Signal aus dem Krähennest, Sir«, meldete Talmants blechern klingende Stimme. »Am Himmel wurde ein Drache gesichtet.«

◆ ◆ ◆

»Definitiv ein Roter, Sir«, sagte Steelfine und verfolgte mit erhobenem Fernrohr den Flug der geflügelten Silhouette am Himmel. »Aber nur einer.«

»Das wird nicht lange so bleiben«, hörte Hilemore Scrimshine hinter sich murmeln.

Hilemore musterte die anderen Schiffe. Überall drängten sich die Matrosen an Deck und starrten in den Himmel.

»Er befindet sich ein Stück außerhalb der Reichweite unserer Gewehre«, fuhr Steelfine fort. »Dieser verrückte Scharfschütze der Freien hätte ihn erwischen können. Wir anderen würden nur Munition verschwenden. Wir könnten es mit dem Drehgeschütz versuchen.«

»Das wäre genauso Munitionsverschwendung, Nummer eins«, sagte Hilemore. »Außerdem hat er uns schon gesehen.« Von seinen Gesprächen mit Clay her wusste er, dass der Weiße alles sehen konnte, was die anderen Drachen sahen. *Er kennt dieses Schiff. Und jetzt weiß er auch, wo wir uns befinden.*

»Eine Signallampe, Sir«, sagte Talmant und deutete auf ein blinkendes Licht auf einem der Nachbarschiffe. Es war ein breiter Frachter mit einem Schaufelrad und einem dalzianischen Schriftzug am Rumpf. Hilemore sah die kleinwüchsige Piratin an der Lampe stehen und in einfachem Code übermitteln: *Ich habe es mir anders überlegt.*

Wenige Minuten später blinkten noch mehr Lampen auf, und bald schienen sämtliche Schiffe im Hafen dieselbe Botschaft zu senden. »Anscheinend bekommen wir doch noch eine Flotte zusammen«, sagte Hilemore.

KAPITEL 31

Clay

Er zog Kriz eng an sich heran und versuchte, sie beide mit seinem Mantel zu schützen. Hitze prickelte auf seiner Haut, als die Flammen des Schwarzen über das grüne Leder leckten. Dann erlosch die Hitze plötzlich, und der Erdboden erzitterte unter etwas Schwerem, das in der Nähe landete. Clay verzog das Gesicht, als er das Brüllen eines anderen Drachen vernahm, das sich von dem herausfordernden Kreischen des Schwarzen, der sie soeben hatte rösten wollen, deutlich unterschied. Es war der tiefe, kehlige Schrei eines ausgewachsenen Männchens, und Clay hatte ihn schon einmal gehört.

Er zog den Mantel zurück und fand sich in Schatten getaucht. Neben seinem Kopf kratzte eine riesige Kralle über den Boden, und über sich entdeckte er einen gewaltigen, schuppigen Brustkorb, der sich blähte, als die Bestie ein weiteres Brüllen ausstieß. Die anderen Drachen antworteten mit einem Kreischen, und das Ungetüm über Clay und Kriz verlagerte das Gewicht. Zischend peitschte sein Schwanz durch die Luft, und es breitete drohend die Schwingen aus. Zwei der anderen Schwarzen spreizten ebenfalls die Flügel, aber eher unterwürfig statt herausfordernd. Sie senkten die Köpfe und wichen leise grollend zurück. Der dritte ließ sich hingegen nicht so leicht einschüchtern.

Clay duckte sich, als zwischen den Vorderbeinen des schwarzen

Männchens ein weiterer Feuerstoß hindurchzuckte. Der Mantel hielt das meiste davon ab, aber nicht alles. Feuer leckte über Clays linken Handrücken und verbrannte seine Haut. Er stieß einen Schrei aus. Der Schwarze machte einen Satz, Klaue und Schatten verschwanden. Der Boden erzitterte erneut bei seiner Landung.

Clay schaute von seinem verbrannten Handrücken auf und sah die beiden Drachen miteinander kämpfen. Das größere Männchen hielt das Weibchen mit den Vorderbeinen am Boden fest und packte mit den Zähnen ihre Kehle. Das Weibchen stieß ein trotziges Brüllen aus, worauf das Männchen kräftig ihren Kopf durchschüttelte. Es hielt das Weibchen fest gepackt, und seine Zähne senkten sich immer tiefer in ihr Fleisch, bis sie schließlich mit leisem Knurren den Kampf aufgab.

Das Männchen ließ sie los, faltete die Schwingen und kauerte sich mit zuckendem Schwanz hin. Es schaute das Weibchen nicht an, das sich sogleich auf das Ei stürzte, das Clay ihr angeboten hatte. Mit seiner Beute in den Klauen warf das Weibchen Clay und Kriz einen letzten feindseligen Blick zu, dann drehte es sich um, nahm kurz Anlauf und schwang sich in die Lüfte. Auch hinter sich hörte Clay ein Flattern; die beiden anderen Drachen folgten dem Weibchen.

»Hier«, sagte Kriz, holte eine Phiole Grün hervor und goss ihm die Hälfte des Inhalts über die Hand. Clay wartete einen Moment, bis das Produkt den Schmerz betäubt hatte, dann wandte er sich dem Schwarzen zu. Kriz bedeutete er mit einer Geste, im Hintergrund zu bleiben.

Er ging zu der Bestie und streckte zögernd eine Hand aus, um über die Schuppen an ihrem Vorderbein zu streichen. Lutharon ließ ein tiefes Grollen hören, und seine Muskeln zitterten wie in der Nacht auf der *Überlegenheit*, als Clay ihn fortgeschickt hatte. »Hallo, Großer«, sagte Clay. »Es freut mich wirklich sehr, dass du dich an mich erinnerst.«

Lutharon senkte den Kopf und brummte eine Begrüßung. Allerdings wurde der Ton bedrohlicher, als sein Blick auf Kriz fiel. Sie stand ein Stück entfernt, und der schwarze Kristall schwebte vor ihr in der Luft und entfaltete sich mit vertrautem Klimpern.

»Was machst du da?«, fragte Clay.

»Das, weswegen wir hergekommen sind«, sagte sie. Ihr Blick war fest auf Lutharon gerichtet, in der Hand hielt sie eine Phiole Rot. »Für die Aktivierung ist Energie nötig«, sagte sie.

»Es wäre besser, wenn ich das machen würde«, sagte Clay und trat auf sie zu. »Er kennt mich.«

»Und mich hasst er.« Kriz' Augen waren weit geöffnet. Ihr Gesicht war die starre Maske von jemand, der gerade erst dem Tod entronnen war. »Sie alle hassen mich. Wenn ich das hier mache, werden sie vielleicht nicht mehr …«

Ihre Worte wurden von Lutharons Brüllen übertönt. Er breitete erneut die Schwingen aus und nahm eine Drohhaltung ein. Dabei betrachtete er den inzwischen ganz ausgefalteten Kristall, der sich langsam in der Luft drehte. Der Kristall wirkte wie ein Loch im Raum. Abgesehen von einem schwachen Funkeln an seinen Spitzen gab er keinerlei Licht ab.

»Hör auf«, sagte Clay. »Ihm gefällt das nicht.«

»Es muss ihm ja auch nicht gef…«

Lutharon holte tief Luft, und ein kehliges Rasseln ertönte. Offenbar sammelte er sein Brenngas. Clay stürzte sich auf Kriz und stieß sie zur Seite. Im selben Moment spie Lutharon einen dünnen Feuerstrahl aus, der nicht auf Kriz, sondern auf den Kristall gerichtet war. Nun, da Kriz den Kristall nicht mehr mit Schwarz in der Luft hielt, fiel er zu Boden – ein dunkler Fleck inmitten des Feuerstroms.

Lutharons Feuer erstarb und hinterließ einen brennenden Streifen auf dem Boden. Durch die Flammen konnte Clay die gezackten Umrisse des Kristalls erkennen. Er wirkte unbeschädigt und genauso dunkel wie vorher, nur seine Spitzen schienen etwas heller zu leuchten. Lutharon war das offenbar nicht genug, er holte noch einmal Luft.

»Nein!«, rief Clay und trat mit ausgebreiteten Armen vor den Schwarzen.

»Clay …«, sagte Kriz. »Er ist aktiviert.«

»Wie bitte?« Er drehte sich um und blinzelte verwirrt bei dem Anblick, der ihn erwartete.

Der Kristall war aus den Flammen aufgestiegen und schwebte nun wieder in der Luft. Seine gezackten Spitzen leuchteten grellweiß, wenngleich der Rest vollkommen dunkel blieb.

»Hast du das gemacht?«, fragte er Kriz.

»Nein. Das Feuer. Energie, erinnerst du dich?«

Clay trat einen Schritt zurück, als der Kristall näher heranschwebte, und wäre beinahe gegen Lutharon gestoßen. Der Schwarze bewegte sich nicht, sein Blick war auf den Kristall gerichtet. Diesmal lag jedoch keine Wut darin, sondern gebannte Faszination.

»Wie können wir ihn wieder ausschalten …?« Clay verstummte, als er zum Kristall zurückschaute. Die dunkle, alles Licht verschluckende Leere in seiner Mitte fesselte seinen Blick. *Er ist wie ein Loch in der Welt,* dachte er, bevor er das Bewusstsein verlor. *In das man hineinfallen kann …*

◆ ◆ ◆

»Du siehst älter aus.«

Clay blinzelte. Grelles Sonnenlicht strahlte ihm in die Augen, und in seinem Kopf drehte sich alles. Er schwankte ein wenig, und eine Hand ergriff seinen Ellbogen und hielt ihn fest. »Interessanter Trick, Claydon«, sagte eine junge weibliche Stimme. »Du musst mir unbedingt erzählen, wie du es geschafft hast, hier reinzukommen.«

Er blinzelte noch einmal, und sein Blick schärfte sich etwas, sodass er das schmale, ovale Gesicht einer kleingewachsenen Frau erkennen konnte, die etwa in seinem Alter war. Trotz ihrer Jugend erkannte er sie sofort. Es lag an den Augen, die so hell, offen und neugierig blickten wie in seiner Erinnerung, und an dem Halblächeln auf ihren Lippen. Es wirkte leicht spöttisch, vor allem aber drückte es Wiedersehensfreude aus.

»Miss Ethy«, sagte er lachend und zog sie in seine Arme.

»Ethelynne reicht aus«, murmelte sie gedämpft an seiner Schulter. »Das habe ich dir doch schon mal gesagt.«

Sie trat einen Schritt zurück und musterte prüfend sein Gesicht. Eine einzelne Falte erschien auf ihrer ansonsten glatten Stirn. »Wie lange ist es her, seit …?« Sie zog eine Grimasse und zuckte mit den Achseln. »Na, du weißt schon.«

»Ein paar Monate«, sagte er. Seine Freude schwand bei der Erkenntnis, dass es sich lediglich um eine Trance handelte. *Noch ein Geist,* dachte er. *Genau wie Silbernadel.*

Er schaute sich um und erblickte ein hohes Felsmassiv. Es waren nicht die düster-majestätischen Kupfersohlberge und auch nicht die von Dschungel umgebenen Gipfel des Carnstadtgebirges. Die Luft war hier deutlich kälter, und die Berge waren niedriger und standen dichter beieinander. Sie bildeten ein Labyrinth aus verwittertem Gestein. Die Landschaft wirkte kahl und trostlos, so als wäre sie von Vernichtung heimgesucht worden, wenngleich keine Spur von menschlichen Behausungen zu sehen war.

»Ein paar Monate nur?«, sagte Ethelynne und betrachtete sein Gesicht. »Du musst wirklich besser auf dich achtgeben.«

»Es ist eine Menge passiert, seit du … von uns gegangen bist.«

»Und vermutlich nichts Gutes, oder?«

Er schüttelte den Kopf und deutete auf ihre Umgebung. »Ich kenne diesen Ort nicht«, sagte er. »Wo immer er liegt. Wie kann ich ein Trancebild von etwas erschaffen, das ich nie gesehen habe?«

Ihr Lächeln kehrte zurück, und es wirkte spöttischer als zuvor. »Du hast es auch nicht erschaffen. Das hier ist nicht dein Geist, sondern Lutharons.«

Clay betrachtete erneut das Felsmassiv. Die Gedankenlandschaft war ausgefeilter als alle, die er bisher gesehen hatte. Selbst Lizanne hätte nicht ein derart präzises und detailreiches Abbild erzeugen können, das bis hin zu den kühlen Luftströmungen perfekt war. Allerdings erschien seine Umgebung nicht in der typischen Wahrnehmung der Drachen. Dank seiner Trancen mit Jack und der Erinnerungen, die Ethelynne ihm übermittelt hatte, wusste Clay ungefähr, wie die Drachen die Welt wahrnahmen, und das hier sah anders aus.

»Es ist nicht die Erinnerung eines Drachen«, sagte er, »sondern eines Menschen.«

»Richtig. Du bist sehr aufmerksam geworden.«

Sie drehte sich um und ging zum Rand des breiten Gipfels, auf dem sie standen. »Die Kluftminen von West-Arradsia«, sagte sie und breitete die Arme aus. »Durch meine eigenen Augen betrachtet, als ich noch rüstig genug war, um hier hochzuklettern. Eine faszinierende Formation, findest du nicht auch? Niemand weiß genau, wie sie entstanden ist. Es gibt Hinweise auf eine Vergletscherung, aber das reicht als Erklärung nicht aus.«

»Vor Kurzem habe ich eine Frau kennengelernt, die vielleicht mehr darüber wüsste«, murmelte er und spürte, wie sich bei Ethelynnes Anblick seine Brust zusammenzog. Sie wirkte so lebensecht, dass er unwillkürlich an ihren Tod denken musste, den er nicht hatte verhindern können. *Ein Geist,* mahnte er sich. *Der in Lutharons Erinnerung lebt, so wie Silbernadel in meiner.*

»Der Weiße …«, setzte er an, aber sie brachte ihn mit einer Geste zum Schweigen.

»Ich erinnere mich, dass du mich mit allen Mitteln davon abhalten wolltest, dir zu folgen«, sagte sie.

»Wenn du es nicht getan hättest, würdest du jetzt vielleicht mit *meinem* Geist reden.«

»Geist?« Sie schürzte die Lippen. »So könnte man es wohl nennen. Auch wenn Lutharon sicher etwas gegen die Vorstellung hätte, von einem Geist heimgesucht zu werden.«

»Du warst das, oder? Du hast ihn bei mir gehalten, als der Weiße sich erhoben hat.«

»Nicht ganz. Ich habe lediglich einen Impuls verstärkt, der ohnehin schon vorhanden war. Er mag dich, weißt du. Danke übrigens, dass du ihn weggeschickt hast. Auf dem Eis wäre er sicher gestorben.«

»Das ist das Geringste, was ich tun konnte.« Er betrachtete noch einmal die Berge. »War es das Herzblut? Bist du deswegen noch hier?«

»Lutharon und ich hatten jahrelang Gedankenkontakt. Wahrscheinlich bin ich das Echo dieser Verbindung.« Sie begann, den steilen, felsigen Abhang des Gipfels hinabzusteigen, und bedeutete ihm, ihr zu folgen. »Komm mit. Ich will dir etwas zeigen.«

Clay kletterte hinter ihr her über eine Reihe schmaler Felssimse und Granitbrocken, die aus dem Berghang ragten. Ethelynne wirkte fast kindlich, wie sie, mit der Trittsicherheit von jemand, der diesen Weg schon oft gegangen war, von Sims zu Felsbrocken sprang. Clay bewegte sich vorsichtiger, so dass sie ein paar Mal amüsiert warten musste, bis er die oft feuchten Felsen überwunden hatte.

»Ich erinnere mich an deine Höhenangst«, sagte sie. »Hier spielt es aber doch eigentlich keine Rolle, oder? Selbst wenn du abstürzt, wir sind beide nur Erinnerungen. Wir haben keine Knochen, die wir uns brechen könnten.«

»Vor mir aus probier es gerne aus«, sagte Clay und schob sich langsam über einen schmalen Sims. »Ich bin nicht erpicht darauf, es herauszufinden.«

»Ich auch nicht.« Behände sprang sie zu einem Felsvorsprung und spähte nach unten. »Aber seltsamerweise habe ich daran bisher noch gar nicht gedacht. Jetzt bin ich schon so lange hier und war nicht ein einziges Mal versucht, in die Tiefe zu springen, um zu schauen, ob ich draufgehe.«

»Vielleicht hält Lutharon dich davon ab. Immerhin ist es sein Geist. Hier herrschen seine Regeln.«

Nach etwa zehn Minuten kamen sie zu einer schmalen Felsspalte, wo der Abhang abflachte. Am Rand der Spalte kauerte ein junger Schwarzer, schaute mit zuckenden Flügeln in die Tiefe und gab leise Klagelaute von sich.

»Hier habe ich ihn vor all den Jahren gefunden«, sagte Ethelynne und ging ein Stück von dem Jungtier entfernt in die Hocke.

Der Schwarze wirbelte zu ihnen herum und fauchte warnend. Clay schien er jedoch gar nicht wahrzunehmen, sein Blick war fest auf Ethelynne gerichtet. Sie hielt ihm ein Stück Fleisch hin, und er schnappte danach. Clay ging zum Rand der Spalte und sah in der Tiefe den großen, zusammengesunkenen Leib eines ausgewachsenen Schwarzen liegen.

»Er war erst zwei Tage alt, als die Freien seine Mutter töteten«, sagte Ethelynne. »Ich konnte ihn nicht einfach zurücklassen. Es gab jedoch nur eine Möglichkeit, ihn zu retten. Und ich hatte große Angst davor.«

»Herzblut«, sagte Clay und betrachtete den Drachenkadaver. »Ich habe es selbst vor Kurzem gekostet. Und verspüre kein Verlangen, es bald wieder zu tun.«

»Du hast Herzblut getrunken?« Ethelynne richtete sich auf. Ihr Gesicht spiegelte Mitgefühl und Faszination. »Von welcher Spezies?«

»Den Blauen. Ein riesiger Blauer mit ziemlich miesem Ruf ... Er lebt nicht mehr.«

»Das tut mir leid.«

Clay nickte, warf einen letzten Blick auf das tote Drachenweibchen und trat vom Rand weg. »Wir müssen uns unterhalten«, sagte er. »Und Pläne schmieden.«

»Pläne?«

»Ja. Kriegspläne. Der Weiße hat jetzt eine Armee, und sie bringen eine Menge Menschen um. Alle, die sie nicht töten, verwandeln sie in Verderbte. Wir kämpfen gegen sie, aber es läuft nicht besonders gut.«

»Und du willst, dass Lutharon sich eurem Kampf anschließt?«

»Nicht nur er. Alle Schwarzen. Wir wissen, dass sie schon einmal gegen den Weißen gekämpft haben. Wir wollen, dass sie es wieder tun und ihn diesmal ganz erledigen.«

Ethelynne verschränkte die Arme und legte den Kopf schief. Er wusste, dass es in ihrem scharfen Verstand arbeitete. »Wie genau bist du eigentlich hier hereingekommen, Claydon?«, fragte sie. »Das hast du mir noch nicht verraten.«

Er sah zu Boden und konzentrierte sich, um ein kleines Experiment durchzuführen. Er war sich nicht sicher, ob er hier drinnen überhaupt Macht besaß. Doch das Felsgestein unter seinen Füßen verwandelte sich prompt in Mondstaub, wovon er ein wenig hochhob und den schwarzen Kristall daraus formte.

»Was ist das?«, fragte Ethelynne, trat näher heran und berührte mit dem Finger eine der glühenden Spitzen. Wahrscheinlich hatte sie schon lange nichts Unvertrautes mehr gesehen.

»Es ist leichter, es dir zu zeigen«, sagte er und konzentrierte sich erneut. Die umliegenden Berge wurden zu dem Wald, den er damals in der seltsamen Welt unter dem Eis gesehen hatte. »Willkommen in der letzten Enklave der Philos-Kaste …«

◆ ◆ ◆

»Unglaublich.« Ethelynne lachte leise, als die Enklave verschwand und wieder den Kluftminen wich. Er hatte ihr alle Erinnerungen gezeigt, die er an die Enklave besaß.

»Da habe ich so viele Jahre im Inland verbracht«, fuhr Ethelynne kopfschüttelnd fort, »und hatte trotzdem keine Ahnung. Ich dachte, die Erbauer des Tempels seien die ersten Menschen auf dem Kontinent gewesen. Dabei waren all die Wunder, die sie erschaffen hatten, nur der Nachhall von etwas weit Größerem.« Sie hielt inne und beschwor noch einmal die Erinnerung an den schwarzen Kristall, die er ihr übermittelt hatte. Ihr Blick verfinsterte sich, während sie die glühenden Spitzen betrachtete, die sich um die Leere in seinem Inneren drehten. »Oder vielleicht auch von etwas Schlimmerem«, sagte sie. »Etwas, das besser vergessen sein sollte.«

»Aber wir brauchen es«, beharrte Clay. »Wir müssen uns mit den Schwarzen verbünden …«

»Verbünden? Oder sie versklaven? Unsere Vorfahren haben erstaunliche Leistungen vollbracht, aber auch viele Gräueltaten begangen. Hier drinnen gibt es einige sehr alte Erinnerungen. Alptraumhaft und nur schwer zu begreifen. Sie sind so schmerzhaft, dass ich es auch nur einmal versucht habe. Würde ich tiefer darin eintauchen, würde ich dann dort deine Bekannte entdecken, mit einem Skalpell in der Hand?«

Es hatte keinen Zweck, es zu leugnen. »Ja«, sagte Clay. »Sie wäre dort. Aber sie hat sich verändert. So wie wir alle. Und wir müssen einen Krieg gewinnen. Wenn der Weiße mit uns fertig ist, wird er sich als Nächstes die Schwarzen vornehmen. Er erinnert sich an sie, und er verzeiht nicht. Lutharon und seine Artgenossen werden sowieso gegen ihn kämpfen müssen. Mit uns an ihrer Seite wären ihre Chancen besser.«

Der Fels unter ihren Füßen erzitterte, und der dunstig-graue Himmel verfärbte sich rötlich schwarz. Mit lautem Krachen brach der Fels, wuchs und verformte sich. Aus Felswänden wurden Flügel und aus Gesteinsbrocken Klauen. Der zerklüftete Abhang verwandelte sich in den dornigen Hals eines gewaltigen Drachen. Überall erhoben sich Drachen, breiteten die Schwingen aus und streckten die Hälse und Schwänze. Das Bersten von Gestein wurde zu einem leisen Murmeln, das an ein fernes Gewitter erinnerte. Die riesigen Drachen beugten die Köpfe und schauten zu Clay hinab. Ihre Augen leuchteten hellrot.

»Nicht mich musst du überzeugen, Claydon«, sagte Ethelynne. »Sondern sie.«

KAPITEL 32

Lizanne

»Bemerkenswert«, sagte Alzar Lokaras, nachdem er einen Blick auf die Photostate geworfen hatte, die in der Offiziersmesse der *Gelegenheit* auf dem Tisch lagen. Sie waren von einem nervösen jungen Mann geschossen worden, einem Arbeiter des Bergwerks, der vor ein paar Tagen mit der Kamera in der Hand seine Dienste angeboten hatte. Er war der Lehrling eines Photostatisten gewesen, und das Leben als Fabrikarbeiter sagte ihm nicht recht zu. Kapitän Trumane hatte ihn auf der *Taifun* mitgeschickt, als diese zu einem Erkundungsflug in den Norden aufbrach. Das Luftschiff konnte lange genug auf der Stelle schweben, dass es für die Belichtungszeit ausreichte, und Jermayah lieferte Chemikalien und Ausrüstung für die Entwicklung der Fotoplatten. Das Ergebnis war eine visuelle Darstellung Nord-Varestias, die genauer war als jede Karte. Aus Furcht vor Überfällen hatten die kaiserlichen Kartografen die Gegend seit Jahren gemieden.

»Man kann die Pässe hier deutlich erkennen«, sagte Alzar und tippte auf eine Reihe von Photostaten, die, aneinandergelegt, ein komplettes Bild ergaben. Darauf war das Herz der Bergkette zu sehen, die sich in einer Gegend befand, die von den Varestianern als »der Hals« bezeichnet wurde. Durch die Berge zogen sich drei Rinnen, die in etwa fünfzehn Kilometern Abstand zueinander lagen. Die breiteste und am leichtesten passierbare befand sich in der Mitte. Sie wurde Großer Einschnitt genannt, während der Ostpass als Schmaler Einschnitt und der im Westen als Kleiner Einschnitt bekannt waren.

»Die Tore zur Halbinsel«, fuhr Alzar fort. »Ursprünglich waren sie befestigt, aber die Verteidigungsanlagen wurden von den Corvantinern während der Besetzung zerstört. Seither hat sich keiner die Mühe gemacht, sie wiederaufzubauen.«

»Was bedeutet, dass der Weg für den Feind frei ist«, sagte Trumane.

Sie waren in der Offiziersmesse nur zu dritt. Alzar fungierte als Vertreter der varestianischen Kapitäne, die sich von Ethilda und Arshav losgesagt hatten. Ein Dutzend Piratenschiffe und bewaffnete Frachter waren an diesem Morgen im Blaska-Fjord eingetroffen. Kurz darauf kam Alzar mit einer Delegation an Land und setzte Lizanne darüber in Kenntnis, dass er nun Admiral des Varestianischen Verteidigungsbundes war. Danach erkundigte er sich sogleich, wie es um die Ausbildung seiner Nichte stand.

»Sie macht gute Fortschritte«, versicherte ihm Lizanne und deutete auf Morva, die in der Nähe wartete. »Sie können sie gerne selbst fragen.«

»Erst zum Geschäftlichen«, sagte er nach einem flüchtigen Blick in Morvas Richtung. »Hier«, fuhr er fort und reichte Lizanne ein zusammengefaltetes Schriftstück. »Ich weiß, ihr Korporatisten mögt eure Verträge.«

Die Vertragsregeln waren kurz und einfach: Die Bergwerk Manufakturgesellschaft sollte Waffen und Personal für die Verteidigung der varestianischen Halbinsel zur Verfügung stellen und durfte dafür weiter im Blaska-Fjord bleiben. Der Varestianische Verteidigungsbund sicherte ihnen außerdem die Versorgung mit Nahrungsmitteln und Medikamenten zu. Patente, Anteile oder die Abgabe zukünftiger Profite wurden im Vertrag nicht erwähnt. Es war ein unbeholfen formuliertes Dokument, aber vermutlich würde es ohnehin nie vor ein Schiedsgericht gelangen, weshalb Lizanne gerne bereit war, es direkt auf dem Kai zu unterschreiben.

»Nicht unbedingt«, sagte sie jetzt zu Trumane und schob ein anderes Photostat über den Tisch, das eine Vergrößerung des Großen Einschnitts zeigte. Es war von der Seite aufgenommen, sodass die steilen

Felswände zu beiden Seiten des Pfades deutlich zu erkennen waren. »Selbst ohne Befestigung ist das Terrain für die Verteidigung gut geeignet.«

»Wir könnten mit Ihrem Fluggerät ein paar Kanonen auf die Steilwände schaffen«, stimmte Alzar nach kurzer Überlegung zu. »Und einige Ihrer neumodischen Waffen. Eine Armee, die dort hindurchwill, muss mit hohen Verlusten rechnen.«

»Sie vergessen, dass der Feind auch in der Luft unterwegs ist«, sagte Trumane. »Außerdem ist er alles andere als dumm. Sie werden Drachen schicken, um die Steilwände zu sichern, bevor sie hindurchmarschieren.« Sein Blick verengte sich, und er sah zu Lizanne hin. »Ich glaube, Miss Lethridge hat eine andere Strategie im Sinn.«

»In der Tat«, sagte Lizanne und deutete auf die drei Pässe. »Wir benutzen Sprengstoff, um den Schmalen und den Kleinen Einschnitt zu verschließen. Nur den Großen lassen wir offen.« Sie wies auf das Nordende. »Wir stellen eine Armee auf, die die Streitkräfte des Weißen in Kämpfe verwickelt und in den Einschnitt lockt. Aber wir brauchen sämtliche Blutgesegnete in unseren Reihen und all unsere Produktreserven, damit der Plan funktioniert.«

»Ich habe dreiundzwanzig Blutgesegnete mitgebracht«, sagte Alzar. »Von denen können wir aber nur die Hälfte entbehren. Die anderen brauchen wir, um die wenigen Blutbrenner anzutreiben, die wir besitzen. Was das Produkt betrifft.« Er zuckte mit den Achseln. »Die Vorräte werden mit jedem Tag knapper, und wer welches besitzt, gibt es nur für Wucherpreise ab.«

»Schreiben Sie Schuldscheine«, riet Lizanne. »Setzen Sie von mir aus das Bergwerk als Bürgen ein. Wenn das nichts hilft, werden wir die Vorräte beschlagnahmen müssen. Die Zeit des höflichen Verhandelns ist vorbei.«

Sie wandte sich wieder den Photostaten zu und deutete auf eine Stelle nahe der Mitte des Großen Einschnitts. »Hier ist der Pass am schmalsten«, sagte sie. »Und hier befindet sich auch ein Felsvorsprung, den wir mit Sprengstoff bestücken können. Wenn die Armee des Weißen diese Stelle erreicht hat, sprengen wir ihn. Dann werden alle drei Pässe versperrt sein, und wir werden eine große Zahl Gegner vernichtet haben.«

»Aufhalten wird sie das trotzdem nicht«, sagte Trumane. »Die Pässe können wieder freigeräumt werden. Und der Weiße wird dafür weitere Truppen sammeln.«

»Aber es wird uns noch mehr Zeit verschaffen«, erwiderte Lizanne. »Und was die Fähigkeit des Weißen betrifft, sein Heer zu verstärken, dafür habe ich auch schon eine Idee.«

◆ ◆ ◆

Sie musterte Bastlers Gesicht, als Makario die Hände von den Tasten des Pianolas nahm und die Melodie verklang. Der Musiker hatte *Die Torheiten des Cevokas* zwar als unoriginell und banal bezeichnet, doch nachdem er das gesamte Werk niedergeschrieben hatte, fand sich im dritten Akt eine durchaus interessante kurze Melodie. Sie verbarg sich in einem lyrisch dichten Lied mit der Bezeichnung »Das Genie des Cevokas«. Der blasierte Titelheld zählte darin zu schwungvoller, temporeicher Musik all seine geistigen Errungenschaften auf. Verlangsamte man jedoch das Tempo des Stücks, dann trat etwas weitaus Eleganteres und Vertrauteres zutage.

»Das ist eindeutig ihr Werk«, sagte Makario. »Die Handschrift der Kaiserin Azireh, in einer unbedeutenden Operette verborgen. Das ist so, als würde man eine Perle in einem Misthaufen finden.«

»Vielleicht war es als Scherz gemeint«, grübelte Lizanne und behielt weiterhin Bastler im Auge, dessen Gesicht so bleich und reglos war wie zuvor. »Ein Geheimnis zwischen Liebenden.« Sie stellte sich vor, wie Azireh die Melodie Alestine vorspielte, erst in der ursprünglichen Geschwindigkeit und dann schneller. Vielleicht hatte sie auch einen Text dazu improvisiert. *Sie haben bestimmt darüber gekichert,* dachte sie. *Die Prinzessin und die Tüftlerin, die ein Geheimnis teilten.*

»Wenn das alles hier vorbei ist«, sagte sie zu Makario, »nimm dir doch noch mehr Operetten aus der Zeit vor. Ich könnte wetten, Azireh hat ziemlich viele davon geschrieben. Doktor«, sie wandte sich Weygrand zu, »wenn ich Sie dann bitten dürfte.«

Madame Hakugen hatte ihnen ein großes, zweistöckiges Gebäude überlassen, um darin eine Klinik einzurichten. Allerdings hatte Dr. Weygrand erst nach umfangreichen Reparaturen und einer gründlichen Säuberung hier einziehen wollen. Bastler war in ein Zimmer im Obergeschoss gebracht worden, in dem auch ein Pianola aufgestellt worden war. Makario benutzte es, um nach der Musik zu suchen, die ihn aufwecken mochte. Da der Erfinder jedoch immer noch keine Regung zeigte, beschloss Lizanne, eine weitere Trance abzuhalten.

Widerstrebend ging der Arzt zu der Flasche, die an einem Metallständer neben Bastlers Bett hing. Darin befand sich eine Salzlösung mit Nährstoffen, die den im Koma liegenden Patienten am Leben erhielt. Ein Gummischlauch führte zu einer Nadel in Bastlers Unterarm. Trotz der Pflege durch Dr. Weygrand und seine Assistenten war Bastler in den vergangenen Tagen immer dünner und blasser geworden, und Lizanne wusste auch ohne Expertenmeinung, dass er nicht mehr lange zu leben hatte.

»Die letzte Trance hat ihm nicht gut getan«, wandte Weygrand ein. Er hatte eine Spritze mit Blau vorbereitet – erstklassiges Eisenboot-Produkt, das Alzar Lokaras zur Verfügung gestellt hatte –, zögerte jedoch, es durch den Korken in die Flasche zu injizieren. »Wer sagt, dass ihn die nächste nicht umbringen wird?«

»Er liegt sowieso im Sterben«, sagte Lizanne. »Und wir brauchen ihn. Bitte fahren Sie fort, Doktor.«

Weygrand nickte und spritzte mit unterdrücktem Seufzen eine bernsteinfarbene Flüssigkeit in die Flasche. Lizanne wartete, bis sich das Produkt in Bastlers Adern befand. Dann bedeutete sie Makario, noch einmal die Melodie zu spielen. Sie entkorkte ihre eigene Phiole mit Blau und musterte sorgfältig Bastlers Gesicht, während die Melodie den Raum erfüllte. Anfangs kam keine Reaktion, doch dann sah sie, dass sich seine Augen unter den geschlossenen Lidern bewegten – offenbar träumte er.

»Es könnte etwas dauern«, sagte sie und hob die Phiole an die Lippen.

»Ich gehe nirgendwohin«, versprach Makario, was sie zum Lächeln brachte. Im selben Moment verschwand der Raum, und sie fand sich in Dunkelheit wieder.

Anfangs glaubte sie, in völliger Leere zu schweben, einem Vakuum, wo sich einst Bastlers Geist befunden hatte, aber dann sah sie direkt vor sich einen gelben Feuerstrahl auflodern. Er war hell genug, um die unebenen Wände des Tunnels anzuleuchten, in dem sie stand. Zugleich hörte sie ein schmerzerfülltes, wütendes Brüllen, das so laut war, dass sie sich die Ohren zuhalten musste. Gleich darauf erlosch der Feuerstrahl, aber diesmal war die Dunkelheit nicht ganz so undurchdringlich. Am Ende des Tunnels erkannte sie einen schwarzen Umriss am Boden, über den Flammen züngelten – offenbar hatte der Feuerstrahl ein Ziel gefunden.

Lizanne ging vorwärts und blieb jäh stehen, als sie mit den Füßen gegen etwas stieß. Sie schaute zu Boden und entdeckte das schuppige Gesicht eines Verderbten, dessen Züge im Tod erschlafft waren. *Alestines Freund von der Lichtung*, erkannte sie an der Kriegsbemalung im Gesicht des Verderbten. *Baumsprecher.*

Erneut flammte am Tunnelende ein Feuerstrahl auf, auch wenn das Brüllen, das ihn begleitete, diesmal schwächer klang. Als die Flammen verblassten, hörte sie ein keuchendes Einatmen, gefolgt von einem Röcheln, das von einem Drachen zu stammen schien, der starke Schmerzen litt. Ihr fiel Alestines Warnung wieder ein, dass sie sich in dieser Trance ernsthaft verletzen konnte, deshalb wartete sie, bis das Röcheln verstummt war, bevor sie weiterging. Am Ende des Tunnels ging sie in die Hocke und spähte in eine große Höhle, auf deren Boden sich ein turmartiges Gebilde erhob.

Ein Knochenturm. Sie erinnerte sich an die Bilder vom Versteck des Weißen, die Clay ihr übermittelt hatte, und an Arberus' Geschichte von seinen Expeditionen ins Inland. Der Turm stand in der Mitte eines Rußkreises auf dem Höhlenboden. An seinem Fuß lag ein weißer Drache. Eine Menge Blut floss aus einer Wunde an seinem Brustkorb, aus der ein großer Eisendorn ragte. Als Lizanne aus dem Tunnel trat, stieß der Drache ein klagendes Stöhnen aus. Ihre Anwesenheit schien er aber gar nicht zu bemerken. Das Zucken seines Schwanzes wurde immer schwächer. Er war etwa halb so groß wie die Bestie, die Clay in den Kupfersohlbergen entdeckt hatte, und damit immer noch größer als ein ausgewachsener Roter und in etwa vergleichbar mit einem jungen Schwarzen. Das einzige Licht in der Höhle stammte von einem brennenden Leichnam, der innerhalb des Rußkreises lag. Die Flammen hatten ihn so stark entstellt, dass sich nicht mehr genau sagen ließ, ob es sich um einen Menschen oder einen Verderbten gehandelt hatte.

Lizanne zuckte zusammen, als von oben Staub herabrieselte und einige Steine zu Boden fielen. Sie sah zur Höhlendecke hoch, wo Krallen über Stein kratzten.

»Wir dachten, es sei nur einer.«

Überrascht fuhr Lizanne herum und sah Alestine ins Licht treten. Das Lächeln, mit dem sie Lizanne begrüßte, wirkte unnatürlich breit, im Feuerschein glänzten zu viele Zähne. *Eine Brandwunde,* erkannte Lizanne, als Alestine nach oben schaute. Die Haut ihrer linken Gesichtshälfte war vom Hals bis zum Ohr weggebrannt. Das merkwürdige Lächeln rührte daher, dass die Hälfte ihrer Lippen fehlte.

»Stattdessen waren es zwei«, keuchte Alestine. »Männchen und Weibchen, und das Weibchen war trächtig. Ich hatte gehofft, es würde seinen Wunden erliegen.« Sie deutete auf das Blut, das inmitten des Steinregens von der Decke herabtropfte. »Sich irgendwo verkriechen und zusammen mit dem in seinem Leib heranwachsenden Ei sterben. Aber in meinem Herzen wusste ich, dass es so einfach nicht sein würde.« Sie richtete den Blick auf das sterbende Männchen. »Ich musste sichergehen. Einen Moment bitte.«

Alestine sank zu Boden und kroch auf allen vieren zu dem Weißen. Er lag jetzt nahezu reglos da, seine Brust hob sich immer langsamer und mühsamer. Seine Augen leuchteten aber noch hell, und Lizanne sah den Hass in seinem Blick, als Alestine näher kam.

»Eine meiner letzten Erfindungen«, sagte die Tüftlerin, als sie die Bestie erreicht hatte. Ihrer Stimme waren die Qualen, die sie leiden musste, nicht anzumerken. Ihr Arm zitterte jedoch, als sie den Eisendorn ergriff, der aus dem Brustkorb des Drachen ragte. »Oder Neuentdeckungen, um genau zu sein. Unsere Vorfahren kannten eine Legierung, mit der sich alles durchdringen ließ, wenn man genug Kraft aufwandte. Mein Schwarz reichte für einen tödlichen Stoß, aber wir besaßen nur einen Speer.«

Sie packte den Metalldorn und riss daran, worauf der Weiße krampfartig zusammenzuckte. Blut dampfte in der Hitze, die aus seinem Maul drang. Er hob den Kopf, und sein Hals wand sich in einem letzten Versuch, seine Peinigerin zu verbrennen. Keuchend vor Anstrengung richtete Alestine sich auf, drehte den Dorn in der Wunde herum und stieß ihn noch tiefer in das Fleisch des Drachen hinein. Die letzten Flammen des Weißen lösten sich in Rauch auf, und sein Kopf sackte auf den Steinboden. Schwanz und Flügel zuckten zwar noch, der trübe, leere Blick seiner Augen ließ jedoch keinen Zweifel daran, dass er tot war.

»Baumsprechers Volk hat die alten Geschichten überliefert«, sagte Alestine und sank gegen die Flanke des Drachen. »Sie über Generationen hinweg bewahrt. Anfangs mochte ich kaum glauben, was sie mir erzählten. Dass es den Weißen wirklich gab und dass er schon einmal diesen Kontinent und den Rest der Welt beinahe zu Asche verbrannt hatte. Seine bösartige Macht war so groß, dass er die Menschen hier verwandelte, sie zu missgestalteten zweibeinigen Abbildern seiner selbst machte. Ein ganzer Kontinent voller williger Sklaven. Aber es gab auch welche, die Widerstand leisteten und den Funken der Menschlichkeit in ihrem Inneren am Leben erhielten. Und nach einer Weile gelang es ihnen, mit Unterstützung der Schwarzen zurückzuschlagen.«

»Wie?«, fragte Lizanne und ging neben der Tüftlerin in die Hocke. »Wie haben sie ihn besiegt?«

»Der Weiße konnte alle Drachen beherrschen, nur die Schwarzen nicht. Die Verderbten hatte er ebenfalls in seiner Gewalt, mit Ausnahme der Blutgesegneten. Er brauchte etwas, um es mit ihren Fähigkeiten aufnehmen zu können. Etwas, das er jedoch nicht fand. Durch List und Kampfesmut gelang es den Blutgesegneten, genügend Verderbte zu befreien, um sich mit den Schwarzen verbünden und den Weißen besiegen zu können. Doch als der Krieg endlich gewonnen war, lag ihre einst blühende Zivilisation in Schutt und Asche. Die versklavten Verderbten, die der Verlust ihres Gottes in den Wahnsinn getrieben hatte, jagten gnadenlos ihre freien Gegner. Nach Jahrzehnten und Jahrhunderten der Verfolgung waren Baumsprecher und sein Stamm die Einzigen, die noch übrig blieben.«

Mit feuchten Augen sah Alestine zu dem brennenden Leichnam in der Nähe hin. »Die Begegnung mit mir hat ihr Schicksal dann endgültig besiegelt. Als ich ihnen von den alten Schriften erzählte, die ich entziffert hatte, in denen von einem Weißen die Rede war, der in den Höhlen unter dem Tempel schlief, blieb ihnen keine andere Wahl, als mir zu folgen. Sämtliche Krieger, die sie hier hinunterschickten, starben. Danach waren ihre Kinder den anderen Verderbten schutzlos ausgeliefert.

Aber was hätte ich sonst tun sollen?« Sie wandte sich Lizanne zu, und Tränen liefen über ihre verbrannte Haut. »Wir konnten nicht zulassen, dass er sich wieder erhebt. Das wussten sie.«

Sie schaute Lizanne in die Augen, als erhoffte sie sich von ihr Vergebung. Aber Lizanne war keine Priesterin.

»Wonach hat der Weiße gesucht?«, fragte Lizanne, und ihr entschlossener Tonfall ließ Alestine ihre Trauer vergessen. »Du hast gesagt, er brauchte etwas, um es mit den Blutgesegneten aufnehmen zu können. Was war das?«

»Einen eigenen Blutgesegneten natürlich«, sagte die Tüftlerin mit einem Schulterzucken. »Was sonst? Einer, der für ihn empfänglich war.«

»Empfänglich?«

Alestine blinzelte und wandte sich ab. Keuchend vor Schmerzen schob sie sich näher an den verletzten Brustkorb des Weißen heran, aus dem immer noch Blut floss. »Wahnsinnige gibt es unter den Menschen reichlich«, sagte sie. »Aber nicht sehr viele wahnsinnige Blutgesegnete. Und der Wahnsinn musste darüber hinaus mit Grausamkeit, Neid und Missgunst vermischt sein, damit derjenige die Ziele des Weißen guthieß. Damals hat er keinen passenden Kandidaten gefunden. In deiner Zeit wird er mehr Glück haben.«

Sie beugte sich an den Blutstrom heran, der sich aus dem Brustkorb des Weißen ergoss. Ihre Miene wirkte erwartungsvoll und ängstlich.

»Du hast sein Blut getrunken«, sagte Lizanne. »Und hast gesehen, dass er sich wieder erheben wird.«

»Ich habe gesehen …« Alestine hob eine zittrige Hand und berührte das Blut. Sie zuckte zusammen, als ihre Fingerspitzen bei der Berührung weiß wurden. »Ich habe vieles gesehen, Lizanne. Schreckliche und schöne Dinge, grausame und angenehme. So ist das Leben nun einmal, und ich habe alles gesehen. Aber hier erwartete mich noch ein weitaus größeres Geschenk.«

Sie griff in die Tasche und holte eine Feldflasche hervor, deren Inhalt sie in ein paar Zügen trank. Lizanne sah, wie die Kraft in Alestines Körper zurückkehrte, als das Grün zu wirken begann. Die Tüftlerin richtete sich auf und ergriff mit beiden Händen die eiserne Speerspitze. Nach kurzem Zerren hatte sie sie herausgezogen. Sie hob sie hoch, und die dunkle, fast schwarze Substanz, die daran klebte, glänzte im Feuerschein.

»Das Herzblut eines Weißen«, sagte sie. »Mein ganzes Leben lang hatte ich nach Wissen gestrebt. Wie konnte ich dem widerstehen?«

Alestine schob sich die Speerspitze in den halb verbrannten Mund, und ihr Körper verkrampfte sich, als das Blut ihre Kehle hinabrann. In diesem Moment verschwand die Höhle, und sie schwebten in etwas, das Lizanne zunächst für ein riesiges Aquarium hielt. Schemen wirbelten um sie herum, manche vage, andere leuchtend und farbenfroh. Sie wandelten sich ständig – was eben noch formloser Dunst war, wurde gleich darauf zu einem menschlichen Gesicht oder Körper, einige nackt, andere bekleidet. Es waren Männer und Frauen, Kinder und Greise. Lizanne konnte sie hören, tausende Stimmen, die gleichzeitig sprachen. *Nicht Stimmen. Gedanken. Die Gedanken vieler Menschen.*

»Jawohl«, sagte Alestine. Sie schwebte in der Nähe, wieder unversehrt und schön. Auf ihrem Gesicht mischten sich Verwunderung und Entsetzen, während sie die wirbelnden Schemen betrachtete. »Sämtliche Blutgesegnete auf der ganzen Welt. Und sie alle gehörten mir. Ich musste nur nach ihnen greifen.«

Einer der schimmernden Schemen schwebte auf sie zu, und Lizanne erkannte das Gesicht einer Frau. »Das Merkwürdige am Herzblut ist«, sagte Alestine, »dass man die Fähigkeit, die es einem verleiht, nicht mehr verliert. Sie bleibt als ewige Gabe erhalten … oder als Fluch. Und man kann sie mit anderen teilen.« Sie machte eine Handbewegung, und das Gesicht der Frau flog davon und verschwand unter den zahllosen anderen.

»So hast du also in Scorazin den ersten Blutgesegneten zu dir gerufen«, sagte Lizanne. »Und er dann wiederum den nächsten.«

»Ja. Eine große und unverzeihliche Sünde. Aber eine, die für das Überleben dieser Welt notwendig war. An dem Speer klebte nicht bloß Herzblut. Ich konnte die Zukunft sehen, und ich sah den klugen Jungen und dich und wusste, dass es meine Rolle war, euch beide zusammenzubringen.«

Das riesige Aquarium wurde zu grauem Nebel, aus dem sich bald etwas Vertrautes herausschälte. Lizanne sah Wände aus grobem Gestein, die von einer Öllampe angeleuchtet wurden. Ein leises Kratzen ließ sie herumfahren, und sie entdeckte Bastler, der mit Kreide etwas auf die glatte Wandfläche schrieb, die ihm als Tafel diente. Die Wand war mit einer unverständlichen Mischung aus Zahlen und Formeln bedeckt, an manchen Stellen so dicht, dass der Stein komplett weiß war. Lizannes Anwesenheit schien der junge Mann nicht bemerkt zu haben. Rasend schnell schrieb er weiter.

»Zu meiner Zeit hat es hier anders ausgesehen«, krächzte Alestine, die neben Lizanne aufgetaucht war. »Die anderen müssen die Höhle über die Jahre vergrößert haben.« Ihr Gesicht war nun wieder von Brandwunden entstellt, wenngleich diese älter aussahen, die Narben waren rosa und fleckig und nicht schwarzrot gekräuselt. Ihre unversehrte Haut war faltig und ihr Rücken leicht gebeugt. Das graue Haar hing ihr strähnig und ungewaschen ins Gesicht.

»Wie bist du hierhergelangt?«, fragte Lizanne.

»Bei meiner Rückkehr ins Kaiserreich habe ich einen Brief an eine alte Freundin geschrieben.« Alestine ging zu Bastlers Wand und betrachtete sie staunend. »Und ich habe mich immer für schlau gehalten«, murmelte sie.

»Azireh«, sagte Lizanne. »Sie hat dich hierhergebracht.«

»Auf meinen Wunsch hin. Ich wollte ein Versteck, an dem ich nicht gefunden werden konnte. Als Gegenleistung für all die wundersamen Dinge, die ich ihr aus Arradsia mitgebracht hatte. Sie dankte mir überschwänglich und erfüllte mir meinen Wunsch. Allerdings hat sie mich hier nie besucht, was ich ihr nicht verübeln kann. Die kaiserlichen Agenten, die mich hierherbrachten, haben ihr zweifellos von meinem Aussehen berichtet. Hee, Junge!« Sie schnippte neben Bastlers Ohr mit den Fingern. »Nicht sehr höflich, seine Gäste zu ignorieren.«

Bastler schrieb weiter, und nichts deutete darauf hin, dass er sie gehört hatte. »Ich wusste, dass er ein Rüpel sein würde«, sagte Alestine und gab Bastler eine Kopfnuss, aber ihre Hand glitt durch seinen Kopf hindurch. »Das hier ist nicht mein Geist«, sagte sie zu Lizanne. »Sondern seiner. Und wenn er mich nicht sehen will, dann sieht er mich auch nicht.« Sie beugte sich an Bastler heran und rief ihm ins Ohr: »Aber du kannst dich nicht ewig hier drinnen verstecken, nicht wahr?«

Lizanne trat neben Bastler und betrachtete sein Gesicht. Es wirkte so ausdruckslos wie immer, wenn er in eine Tätigkeit versunken war.

Vielleicht will er gar nicht zurückkehren. Sie musterte die Berechnungen an der Wand. *Vielleicht reicht ihm das hier aus.* Sie musste einen Anflug von Schuldgefühl unterdrücken, als sie ihre Hand auf seine legte und ihn am Weiterschreiben hinderte. *Was er will, spielt keine Rolle. Ich habe ebenso meine Aufgabe wie Alestine.*

»Anscheinend freut er sich, dich zu sehen«, sagte Alestine und trat beiseite. »Ich sollte dann wohl jetzt verschwinden.«

»Warte«, sagte Lizanne. »Du hast gesagt, die Blutgesegneten haben damals einige der Verderbten befreit. Wie haben sie das gemacht?«

»Das weiß ich nicht. Darüber hat Baumsprechers Volk nichts berichtet. Das Blut des Weißen hat mir eine große und schreckliche Schlacht gezeigt. Verderbte, Menschen und Drachen kämpften gegeneinander. Du warst auch dort, Lizanne. Kämpfend und blutend.«

»Werden wir gewinnen?«

Alestines gealterte, gebeugte Gestalt verschwand, und sie war nun wieder die Frau, die Lizanne auf der Lichtung getroffen hatte, schön und mutig, aber mit schuldbewusster Miene.

»Wie die Schlacht ausgeht, habe ich nicht gesehen«, sagte sie. »Jedes Lied endet irgendwann, und dieses ist nun vorbei.« Sie warf Bastler einen letzten, undeutbaren Blick zu und verschwand in der Wand.

Lizanne drehte sich Bastler zu. Überraschenderweise waren seine Augen weit aufgerissen und spiegelten Furcht. »Ich …«, setzte er an und räusperte sich. »Ich bin schon sehr lange hier. Monate, glaube ich. Vielleicht sogar Jahre. Oder noch länger. Ich konnte die Minuten, Stunden oder Tage nicht zählen. Es war … beunruhigend.«

»Tut mir leid«, sagte Lizanne. »Aber wir können diesen Ort verlassen.«

Er runzelte verwundert die Stirn. »Wie?«

»Sie ist weg. Das hier ist dein Geist und deine Trance. Beschließe einfach aufzuwachen.«

Bastlers Stirn glättete sich, und sein Blick wirkte nachdenklich. »Ah«, sagte er. »Na gut.«

◆ ◆ ◆

Lizanne blinzelte und fand sich erneut im Dunkeln wieder. An dem durchs Fenster hereinströmenden Mondlicht erkannte sie, dass sie sich in Bastlers Krankenzimmer befand. Die Finsternis war dennoch merkwürdig, und auch die Kälte, die wohl vom offenen Fenster herrührte. Sie sah Makarios zusammengekauerte Gestalt am Pianola und wollte schon seinen Namen sagen, als sie etwas Dunkles auf die Tasten tropfen sah. Rasch schaute sie sich im Raum um und entdeckte Dr. Weygrands Leiche neben der Tür.

»Endlich aufgewacht«, sagte Mr. Lockbar und trat aus den Schatten neben dem Fenster. Das Messer in seiner Hand funkelte im Mondlicht. »Sie wollten, dass Sie es mitbekommen«, erklärte er, bevor er sich mit der Klinge auf sie stürzte.

KAPITEL 33

Sirus

Eine Gruppe älterer Leute drängte sich vor dem Turm des Dorftempels. Es war eine alte Orakelkirche, die schon vor langer Zeit dem Kaiserkult gewidmet worden war. Den Turm zierte eine Bronzebüste von Kaiser Caranis. Die alten Dorfbewohner, etwa zwanzig an der Zahl, begegneten ihrem Schicksal recht unterschiedlich. Einige hatten den Blick fest auf den vom Regen matschigen Boden gerichtet. Manche starrten Sirus und die übrigen Verderbten trotzig an, und wieder andere schauten zur Büste des kürzlich verstorbenen Kaisers hoch, als besäße er die göttliche Kraft, sie zu retten.

»Sind das alle?«, fragte Sirus Waldspeer.

»Die Häuser sind leer«, meldete der Stammeskrieger. »Wir haben Karrenspuren entdeckt, die nach Westen führen, aber sie sind ein paar Tage alt. Genau wie bei den anderen Dörfern.«

So ging es schon die ganze Woche über. Am Anfang ihres Marsches hatten sie noch ein paar Mal Erfolg gehabt und mehrere Städte und Dörfer eingenommen, die ihre Zahl deutlich erhöht hatten. Nebelschleiers Berechnungen zufolge waren jeden Tag über achttausend Rekruten hinzugekommen, und Catheline hatte das Heer die Zufriedenheit des Weißen spüren lassen. Doch das hatte nicht lange angehalten.

Je weiter sie nach Süden marschierten, desto weiter breitete sich auch die Nachricht ihres Heranrückens aus. Anfangs waren die Dörfer nur halb verlassen gewesen, und sie erwischten die Bewohner noch auf der Flucht. Dann stießen sie auf eine große Stadt, die bis auf ein paar Alte und Kranke vollkommen leer war. Mit Hilfe der Roten konnten sie einen Großteil der Einwohner ein paar Kilometer weiter südlich einfangen. Allerdings hatte der Weiße den Roten erlaubt, sich an den Flüchtenden gütlich zu tun, was zu einem Blutbad führte. Als die ersten Bataillone der Verderbten eintrafen, waren die Hälfte der Erwachsenen und die meisten Kinder bereits tot. Ihre angenagten Leichen lagen überall verstreut, während sich die Roten kreischend darüber hermachten.

Sie brauchen auch ihre Belohnung, erklärte Catheline auf Sirus' entnervte Nachfrage hin. *Für die Drachen ist Fleisch die wichtigste Kriegsbeute.*

Danach hatte es in allen Ortschaften wie in dieser hier ausgesehen. Die Bewohner waren so weit geflüchtet, dass es die Armee zu lange aufgehalten hätte, sie einzuholen. Zurückgeblieben waren nur Alte und Kranke.

»Sollen wir sie den Drachen überlassen?«, fragte Waldspeer und deutete mit der Keule auf die alten Leute.

Sie zu töten wäre humaner, dachte Sirus. *Am besten mit einer Kugel in den Kopf.* Wenn sie am Leben blieben, würden sich die Grünen auf sie stürzen, oder noch schlimmer, die Brut des Weißen würde sich mit ihnen vergnügen.

Er wollte schon einen entsprechenden Befehl geben, hielt jedoch inne, als ein Mann in fadenscheinigen Kleidern vortrat, der trotz seines hohen Alters noch recht rüstig wirkte. Vielleicht war er früher Soldat gewesen, aller Wahrscheinlichkeit nach ein Feldwebel, gemessen an der Lautstärke seiner Stimme. »Ungeheuer!«, schrie der Mann und hob einen Stein vom schlammigen Boden auf. »Dreckige Dämonen!« Sein runzliges Gesicht war rot vor Zorn, als er den Stein auf Sirus warf. Sirus duckte sich, und der Stein flog harmlos über seinen Kopf hinweg. Der Alte ging jedoch sogleich in die Hocke, um sich einen neuen zu suchen.

Halt, befahl Sirus, als Waldspeer sein Gewehr von der Schulter nahm.

Da der Alte keinen Stein fand, hob er stattdessen eine Handvoll

Schlamm auf und warf sie erstaunlich zielgenau auf Sirus. Er traf ihn an der Brust der corvantinischen Generalsuniform, die Sirus auf Cathelines Beharren hin trug. Der Alte richtete sich auf und starrte ihn mit geballten Fäusten trotzig an. Offenbar erwartete er einen schnellen Tod. Sirus erwiderte seinen Blick reglos und ohne die Miene zu verziehen. Knurrend beugte sich der Mann ein weiteres Mal vor, um noch mehr Schlamm aufzuheben und ihn auf Sirus zu werfen. Sirus ließ zu, dass er ihn an Kopf und Schultern traf.

Anscheinend mutig geworden schlossen sich nun auch die anderen Dorfbewohner der Attacke des Alten an. Zwei Greisinnen, eine so gebeugt und krummbeinig, dass sie mit Hilfe eines Gehstocks vorwärtshumpelte, hoben Schlamm und Steine auf und warfen sie auf Sirus und die anderen Verderbten. Dabei schrien sie ihnen Verwünschungen entgegen.

»Dämonische Aasfresser!«

»Abartige Widerlinge!«

Bald wurde aus dem jämmerlichen Haufen eine wütende Meute. Die Luft füllte sich mit Schlamm und Steinen, die auf die reglosen Verderbten niederprasselten. Sirus verbot den anderen, sich zu rächen oder etwas gegen das Trommelfeuer zu unternehmen. Er spürte die Gefühle der Verderbten, die von Wut und Frustration bis hin zu grausamer Belustigung reichten. Aber er nahm auch widerstrebende Bewunderung wahr, selbst von Waldspeer und ein paar der anderen Stammeskrieger. Normalerweise betrachteten sie Menschen nur mit einer Mischung aus Verachtung und Gleichgültigkeit. Aber nun erwies sich, dass sie zu mehr Gefühlen fähig waren, als Sirus gedacht hätte.

Er ließ die Dorfbewohner weiter angreifen, bis seine Uniform über und über mit Schlamm bedeckt war. Wie lange würde es wohl dauern, bis die Alten erschöpft waren? Die Frage erübrigte sich, als ein dunkler, geflügelter Schatten über das Dorf hinwegglitt. Das Trommelfeuer hörte schlagartig auf, und die Leute blickten furchtsam nach oben. Alle, bis auf den alten Soldaten.

»Bring mich um, du Mistvieh!«, wütete er, als der Schatten ein weiteres Mal über sie hinwegflog, und schüttelte seine Fäuste gen Himmel. »Na los! Töte mich, wenn du dich traust!«

Was geht hier vor?, fragte Catheline halb verwundert, halb belustigt in Sirus' Geist. Er schaute hoch und sah sie auf dem Rücken von Katarias sitzen. Mit schnell schlagenden Flügeln schwebte der Rote fünfzig Meter über ihnen in der Luft.

Ein seltsam irrationales Schauspiel, erwiderte er. *Du weißt, so etwas macht mich neugierig.*

Verschieb deine Neugier auf später.

Katarias' Flügelschlag verharrte, und er ging in einen Sturzflug über, um einen Feuerstrahl auf den alten Soldaten und die ängstlichen Dorfbewohner zu spucken. Das Ganze geschah so schnell, dass ihnen keine Zeit zum Fliehen blieb. Bald lag vor dem Tempelturm nur noch ein Haufen verdrehter, verkohlter Leichen am Boden.

Komm mit, befahl Catheline Sirus, während Katarias sie zum Dorfrand trug. *Ich will dir etwas zeigen.*

◆ ◆ ◆

Es war die Erinnerung eines Drachen und deshalb anfangs schwer zu begreifen. Sirus' Geist gewöhnte sich jedoch schnell an die andere Wahrnehmung, und das Meer aus verschwommenen Farben wurde zu einem von oben betrachteten Dschungel.

Arradsia, folgerte er, als er einige Bäume erkannte, die es nur auf diesem Kontinent gab.

Ja, erwiderte Catheline. Ihre Gedanken waren von Ungeduld gefärbt. *Das ist von heute früh. Schau mal dort … am Waldrand.*

Sirus sah in die genannte Richtung und entdeckte zwei menschliche Gestalten, die aus dem Dschungel auf eine spärlich von Büschen bewachsene Ebene hinaustraten. Der Drache, von dem die Bilder stammten, befand sich jedoch in zu großer Höhe, um Genaueres erkennen zu können.

Verderbte?, fragte er. Bisher begriff er nicht, was an der Erinnerung so bemerkenswert sein sollte.

Nein. Cathelines Geist verfinsterte sich. Sie war von derselben Wut erfüllt wie damals, als sie ihm die Bilder von Lizanne Lethridge gezeigt hatte. Das Bild vergrößerte sich, und nun konnte Sirus die Gesichter eines Mannes und einer Frau ausmachen, beide waren jung und von südmandinorianischer Herkunft. Sie trugen die typische Kleidung von

Freien, die bis vor Kurzem noch auf der Suche nach Drachen das Inland durchstreift hatten.

Ein paar Freie sind also noch am Leben, dachte er. *Das überrascht nicht. Der Kontinent ist groß.*

Das sind nicht bloß irgendwelche Freie. Cathelines Wut wuchs in einem Maße, wie es nur der Weiße hervorrufen konnte. *Sie sind genauso gefährlich wie dieses Miststück Lethridge, vielleicht sogar gefährlicher.*

Die Erinnerung wandelte sich erneut, als der Rote tiefer flog. Die beiden Menschen wurden größer, und Sirus spürte die Mordlust der Bestie und die Hitze der Gase, die aus ihrem Bauch in ihre Kehle aufstiegen. Sie erhielt jedoch keine Gelegenheit, ihr Feuer zu entfesseln, denn in diesem Moment spürte Sirus, wie etwas Hartes, Spitzes den Hals des Drachen packte. Sein Blickfeld verfärbte sich rot. Danach zersplitterte die Erinnerung in wirre Bilder und aufflammende Schmerzen, die von einem heftigen Kampf zeugten, den der Rote verlor. Catheline hielt die Erinnerung an, als der Rote sich umdrehte, um mit letzter Kraft nach seinem Angreifer zu schnappen, und Sirus sah sich einem riesigen Schwarzen gegenüber, dessen Unterkiefer hinter einem mächtigen Feuerschwall verschwanden, den er gerade ausspuckte.

»Sie wurden von einem Schwarzen gerettet«, sagte er, als Catheline sich aus seinem Geist zurückzog.

Sie ging auf dem schlammigen Platz ein Stück vom Dorf entfernt auf und ab. In jüngster Zeit trug sie meist die Uniform eines corvantinischen Kavalleristen, mit kurzer Jacke, Schwert, Reiterhose und kniehohen Stiefeln. Die Uniform schmiegte sich eng an ihre ansprechenden Rundungen und hätte sie blendend aussehen lassen, wären Stiefel und Hosen nicht mit Schlamm bespritzt und ihre Haare nass vom Nieselregen gewesen. Der verzweifelte Ausdruck, den sie zu verbergen suchte, und ihre fest verschränkten Arme gefielen Sirus nicht. Trotz ihrer rot-schwarzen Augen und schrecklichen Fähigkeiten wirkte sie nun beinahe menschlich, und als Ungeheuer war sie ihm lieber. *Ein Ungeheuer ist einfacher zu töten.*

Er verbarg den Gedanken hinter einem Auflodern von Furcht, aber Catheline schien ohnehin kaum etwas wahrzunehmen.

»Du weißt, was das heißt!«, sagte sie. Ihre unmenschlichen Augen funkelten hinter dem Vorhang aus feuchten, verfilzten Haaren.

»Nein, weiß ich nicht«, erwiderte er aufrichtig.

»Die Schwarzen!« Sie fletschte die Reißzähne. »Die Schwarzen werden sich gegen uns erheben.« Ihre Stimme wurde zu einem Murmeln, und ihr Blick ging ins Leere. »Genau wie damals. Er dachte, sie würden sich ohne ihre Verbündeten aus dem Kampf heraushalten, sodass er sich später um sie kümmern kann. Aber irgendwie …« Ihre Lippen zuckten, und sie runzelte wütend die Stirn. »Irgendwie haben diese beiden ein Bündnis mit ihnen geschlossen. Sie werden kommen.«

»Zwischen Arradsia und Varestia liegt ein großer Ozean«, stellte Sirus fest.

»Aber dort gibt es viele Schiffe.« Sie schickte ihm eine andere Erinnerung – ein von oben betrachteter Krater an einer Küste, der aussah wie eine riesige Bissspur. In seinem Inneren lag eine Hafenstadt, die Sirus bislang nur aus Büchern kannte.

»Stockcombe«, sagte er und musterte die Flotte im Hafen der Stadt. Seine Aufmerksamkeit wurde von dem einzigen Kriegsschiff angezogen, das sich darin befand. Es war insofern ungewöhnlich, als es keine Schaufelräder besaß. Der Rote, von dem die Bilder stammten, hatte den Anblick wohl ebenfalls bemerkenswert gefunden, denn sein Blick konzentrierte sich auf die oberen Aufbauten. Dort stand ein großgewachsener Mann, der mit einem Fernrohr zu dem Roten hochschaute.

»Viele Schiffe können viele Schwarze transportieren«, sagte Catheline. Sirus spürte, dass sie dringend seinen Rat suchte. Den Zwang, den sie auf ihn ausübte, konnte er weder mit Furcht noch mit innerer Entschlossenheit abwehren.

»In Arradsia gibt es noch Drachen, oder?«, fragte er.

»Tausende«, erwiderte sie. »Alle, die wir nicht für den Feldzug einsammeln konnten. Aber sie sind weit verstreut.«

»Dann sammle sie jetzt«, riet er ihr. »Schick so viele wie möglich nach Stockcombe. Ohne eine Flotte werden die Schwarzen nicht weit kommen.«

»Aber womöglich treffen die Schwarzen als Erste dort ein. Wenn wir angreifen, ist der Hafen vielleicht schon verlassen.«

»Wie gesagt, zwischen uns und Arradsia liegt ein gewaltiger Ozean.

Und im Meer steht uns auch ein Mittel zur Verfügung, oder nicht? Eines, das wir für unseren gegenwärtigen Feldzug gar nicht brauchen.«

◆ ◆ ◆

Die Blauen wurden noch am selben Abend in Richtung Süd-Arradsia geschickt, mit dem Auftrag, sämtliche Schiffe zu versenken, auf die sie stießen. Davor hatten sie die Roten Gezeiten abgeriegelt, um zu verhindern, dass die Varestianer Vorräte oder Unterstützung von anderen Orten erhielten. Marschall Morradin hatte sich dagegen ausgesprochen, die Blauen abzuziehen. Seiner Ansicht nach war es entscheidend für den Erfolg ihres Landfeldzugs, dass sie die Seekommunikation ihres Gegners einschränkten. So angespannt, wie Catheline gegenwärtig war, hatte der Marschall Glück, dass sie seinen Widerspruch nur mit etwa fünf Minuten Qualen bestrafte.

Sie hat Angst, wusste Sirus. *Oder jedenfalls empfindet sie die Angst des Weißen. Die Schwarzen, diese Freien, Lizanne Lethridge. Er fürchtet sich vor ihnen.*

In den nächsten beiden Tagen erhöhte sich überraschend ihre Zahl, denn sie stießen auf eine Stadt, deren Einwohner den bewundernswerten, wenn auch unklugen Entschluss getroffen hatten, ihre Heimat zu verteidigen, anstatt zu fliehen. Die Leute hatten sich große Mühe gegeben, die Stadt, in der sich eine kaiserliche Rüstungsfabrik befand, mit Schützengräben und einer beeindruckenden Zahl von Kanonen zu befestigen.

»Eine Batterie Kanonen und jede Menge neue Rekruten«, sagte Morradin mit grimmiger Zufriedenheit, während er seine Truppen zum Angriff formierte. »Wenn das kein großzügiges Geschenk ist.«

Wie sich erweisen sollte, gab es in der Stadt zwar viele Leute, die Kanonen bauen konnten, aber nur sehr wenige, die sie auch zu bedienen vermochten. Im Laufe des Tages umstellte Morradin die Stadt und unternahm kleine Vorstöße auf die Verteidigungslinien, um die Kanoniere dazu zu verleiten, ihre Position zu verraten, was bis zum Nachteinbruch auch viele bereitwillig taten. In den frühen Morgenstunden wurden Rote losgeschickt, die an den Batterien Trupps aus

Verderbten absetzten. Die Kanonen wurden schnell in Besitz genommen und gegen die Verteidiger gerichtet. Kurz darauf sandte Morradin zwanzigtausend Verderbte zu dem Bereich der Schützengräben, der, den Berichten der Überfalltrupps zufolge, am schwächsten bemannt war. Zugleich ließ er kleinere Trupps an anderen Stellen angreifen, damit die Verteidiger ihre Kräfte nicht in Richtung des Hauptangriffs verlagern konnten.

Vor Sonnenaufgang war die Schlacht bis auf ein paar Straßenkämpfe im Stadtinneren vorbei. Am Nachmittag meldete Nebelschleier fünfundzwanzigtausend Neuzugänge und lediglich zweitausend Verluste. Morradin teilte seine Gedanken ausnahmsweise einmal gerne. *Der sauberste und eindeutigste Sieg, den ich je errungen habe,* sagte er zu Sirus, während sie am Südrand der Stadt entlangschritten. Im Geist des Marschalls leuchtete Befriedigung über seinen eigenen taktischen Scharfsinn. Seine Selbstzufriedenheit widerte Sirus an, aber er musste sich eingestehen, dass Morradin der geborene Befehlshaber war. Der Marschall war genauso stolz auf seinen Sieg wie ein Schreiner auf einen gut gearbeiteten Tisch.

»Ich bezweifle, dass uns noch mehr solcher sauberer Siege erwarten«, sagte Sirus laut auf Etherianisch und nickte in Richtung der Berge, die am südlichen Horizont aufragten. Die Stadt war die letzte größere Siedlung nördlich des Gebirges, das die Grenze zwischen dem corvantinischen Kaiserreich und seinem ehemaligen Herrschaftsgebiet Varestia bildete.

»Die Pässe«, knurrte Morradin, und seine Stimmung verfinsterte sich. »Wo unser Gegner, wenn er auch nur einen Funken Verstand besitzt, versuchen wird, uns möglichst viele Verluste beizubringen oder uns sogar ganz aufzuhalten.«

»Wie würden Sie die Pässe verteidigen?«

Morradin verzog den Mund zu einem spöttischen Grinsen – der Experte, der die Fragen eines Amateurs erdulden musste. »Gar nicht. Ich würde sie blockieren und uns zwingen, sie entweder freizuräumen oder die Küstenroute im Osten zu nehmen. An der Küste würde Heerstärke keine große Rolle spielen. Wir hätten die Berge zur Rechten und das Meer zur Linken und vor uns nur wenige Kilometer Spielraum. Da gäbe es kaum Platz für Manöver, für uns oder für sie. Sollten sie dort gegen uns kämpfen wollen, wird das eine blutige Angelegenheit.«

Bei dem letzten Satz beschwor Sirus eine Menge Furcht herauf, um das nun folgende Gespräch zu tarnen. »Wir benutzen Rote, um Verderbte auf den Felsen entlang des breitesten Passes abzusetzen«, sagte er laut. Und im Geiste: *Haben Sie über meinen Vorschlag nachgedacht?*

»Wir müssen mit einigen unangenehmen Überraschungen rechnen.« *Ein Vorschlag ist eine Sache, Junge. Ein Plan dagegen eine andere. Momentan sehe ich noch keinen.*

»Wir schicken Spähtrupps voraus. Den Angriff führen wir nur durch, wenn wir sicher sind, dass der Weg frei ist.« *Sie hat Angst, und er auch. Es steht etwas bevor, das unser Schicksal verändern wird. Dessen bin ich mir sicher. Aber wir müssen uns noch mehr Zeit erkaufen.*

»Vielleicht sollten wir die Pässe ganz meiden oder ein Täuschungsmanöver durchführen. Sie glauben machen, dass wir in Richtung Berge marschieren, während wir uns in Wahrheit zur Küste hin absetzen.« *Wenn wir noch einmal versagen, wird sie womöglich einen von uns oder sogar uns beide töten. Und es wird ganz sicher nicht schnell gehen.*

»Wir werden ihr beides vorschlagen. Dann soll sie entscheiden.« *Neulich habe ich etwas gesehen.* Er übermittelte Morradin die Erinnerung an den Alten, der die anderen Zurückgelassenen seines Dorfes zu einer letzten Trotzgeste anstachelte. *Ein Mann, der die Notwendigkeit des Opfers erkannt hat, muss sich vor nichts fürchten.*

Leicht gesagt, wenn man nicht selbst derjenige ist, der das Opfer bringt.

Sirus blickte noch einmal in Richtung der fernen Gipfel und wandte sich dann ab. Er ging zur Innenstadt, wo die Schreie der gefangenen Kinder in die Morgenluft aufstiegen. Er war entschlossen, alles mit anzuschauen. *Ich werde derjenige sein.*

KAPITEL 34

Clay

Die glühenden Augen der berghohen Drachen, die sich um Clay versammelten, leuchteten wie Scheinwerfer im Nebel. Sie grollten erwartungsvoll, während er bloß verständnislos schweigend zu ihnen hochsah.

»Wer sind sie?«, fragte er Ethelynne.

»Erinnerungen wachsen mit der Zeit«, antwortete sie. »Wie Sand, der von den ewigen Gezeiten an eine Küste gespült wird. Über tausende Jahre hinweg bilden diese unzähligen Sandkörnchen Berge.« Lächelnd deutete sie auf die grollenden Giganten. »Du solltest jetzt lieber etwas sagen. Sie mögen alt sein, aber es gefällt ihnen trotzdem nicht, wenn man sie warten lässt.«

Clays Blick wanderte von einem Koloss zum nächsten. Er fühlte sich wie eine Ameise, die riesigen Kreaturen gegenüberstand, die sie nach Belieben zerquetschen konnten. »Ihr kennt mich«, begann er. »Oder jedenfalls Lutharon kennt mich. Und ihr wisst wahrscheinlich alles, was er weiß. Dann wisst ihr auch, dass ich sein Freund bin und damit zugleich euer Freund.«

Das Grollen wurde lauter. Einer der Giganten schüttelte den Kopf wie ein unwilliges Pferd.

»Das klingt für ihren Geschmack zu menschlich«, warnte Ethelynne. »So etwas wie Freundschaft begreifen die Drachen nicht. Für sie gibt es nur Feinde, Nicht-Feinde und Familie. Mehr nicht.«

»Und was bin ich dann?«

»Wenn du ihre Hilfe willst, musst du für sie Familie sein.«

Clay seufzte, während er verzweifelt nach den passenden Worten suchte. »Ich bin mit Lutharon weit gereist«, begann er noch einmal. »Wir haben zusammen viel erlebt und riskiert. Er war an mich gebunden, aber ich habe ihn frei gelassen. Um sein Leben zu retten. Ihr wisst also, dass ihr mir vertrauen könnt. Und ihr wisst auch, was wir im Berg gefunden haben.«

Er beschwor die Erinnerung an seine Begegnung mit dem Weißen in all seiner feurigen, furchteinflößenden Pracht herauf. Die Giganten wichen zurück, als sie sahen, wie der Weiße seine Eier in Weckfeuer hüllte. In ihren Augen leuchtete Bestürzung, und ihr Grollen wurde zu einem Knurren.

»Ihr habt das schon einmal gesehen«, fuhr Clay fort. »Ihr habt schon einmal gegen ihn gekämpft. Jetzt ist er zurückgekehrt. Er wird sich an euch erinnern, und ihr wisst, er vergibt nicht.«

Die Riesen schwangen die Köpfe hin und her, und in ihren Augen stand Verwirrung. Vergebung war ein weiterer Begriff, der ihr Verständnis überstieg. »Eure Spezies ist eine Bedrohung für ihn«, sagte Clay. »Er wird euch vernichten wollen. Euch alle. Das wisst ihr.«

Er übermittelte ihnen ein weiteres Bild – Jacks Erinnerung an die Seeschlacht, wo Rote und Blaue gegen Schwarze mit menschlichen Reitern gekämpft hatten. »Wir haben schon einmal gemeinsam gekämpft. Damals herrschte Vertrauen zwischen uns.«

Beim Anblick der Erinnerung beruhigten sich die Giganten wieder, und ihre Scheinwerferaugen richteten sich erneut auf Clay. Einer von ihnen neigte den Kopf und blickte zu Boden. Das Licht seiner Augen flackerte, und Clay sah Bilder in dem Strahl: *Ein junger Schwarzer, der tot neben dem Kadaver seiner Mutter liegt. Beide haben Einschusslöcher in der Stirn, aus denen Blut fließt … Berge, durch die dicken Gitterstäbe eines Käfigs betrachtet … zweibeinige Kreaturen, die sich mit Messern, Sticheln und Eimern nähern …*

Die Schmerzen und die Verzweiflung, die diese Bilder begleiteten, ließen Clay zusammenzucken, aber er zwang sich dennoch, sie anzuschauen. Als die letzte Sequenz ablief, verspürte er ein qualvolles Gefühl der Unausweichlichkeit.

… er wirft sich gegen die Ketten an seinen Beinen … schreit wütend auf, als der Erntemeister den Bottich betritt, um den Spund in seinen Hals zu schlagen … Schmerz und Trauer, als das Blut zu fließen beginnt … eine Zweibeinerin mit einem Kind auf dem Arm landet vor ihm … seine Ketten zerspringen … voller Rachedurst zerfetzt er den Erntemeister, reißt Mauern und Häuser ein. Das Leben verlässt ihn langsam, aber vor seinem Tod will er seinen Peinigern so viel Leid wie möglich zufügen … er greift Schiffe im Hafen an, bis ihn etwas festhält, fester noch als die Ketten. Ein letztes Zusammenzucken und dann Schwärze.

Keuchend sank Clay auf die Knie. »Ihr ward das also«, flüsterte er. »Einer von euch … ihr alle.« Seine Wut war ungerechtfertigt, unvernünftig, aber er konnte sich nicht beherrschen. »Ihr Schweinehunde habt meine Mutter getötet. Wusstet ihr das?« Er schaute zu ihnen hoch und fletschte wütend und kummervoll die Zähne. »Ihr habt meine Mutter umgebracht! Wisst ihr überhaupt, was ihr mir angetan habt?«

»Du hast deine Mutter verloren, Clay«, sagte Ethelynne. »Aber Lutharon hat an dem Tag seinen Vater eingebüßt. Er war erst halb erwachsen, als er es spürte – die Erinnerungen seines Vaters, die auf ihn übergingen, all seine Wut. Damals hätte Lutharon mich beinahe getötet, dabei war ich diejenige, die ihn aufgezogen hat. Schlussendlich hat er es aber doch nicht getan. Wir waren im Geist verbunden, und er hat mein Schuldgefühl und meine Trauer gesehen.«

Clay schaute erneut zu den Giganten hoch, die ihn mit ihren Scheinwerferaugen anstarrten. *Trauer,* dachte er und mühte sich, die vielen Erinnerungen an seine Mutter zu unterdrücken, die durch die Vision des Schwarzen in ihm wach geworden waren. *Vergebung kennen sie zwar nicht, aber Trauer schon, und wir haben ihnen viel Grund zum Trauern gegeben.*

»Es wird aufhören«, sagte er und erhob sich. »Kämpft mit uns, und es wird aufhören. Wir werden euch nicht mehr jagen. Es gibt keinen Grund mehr dafür. Wir haben etwas entdeckt, wisst ihr? Eine neue Art Produkt. Kämpft mit uns, und wir lassen euch in Frieden.«

Er meinte es wirklich ernst. In der Trance war es unmöglich zu lügen, und er wusste, dass sie in ihn hineinschauen konnten. Das bedeutete aber auch, dass sie den winzigen Zweifel sahen, das Wissen, dass andere Menschen nach dem Sieg sein Versprechen missachten könnten.

»Mein Versprechen ist alles, was ich euch geben kann«, sagte er. »Aber es ist zumindest etwas. Und ihr wisst, dass ihr vom Weißen nur Tod zu erwarten habt. Er trägt nicht bloß Drachenblut, sondern auch Menschenblut in sich, und er hasst alles, was er nicht beherrschen kann. Kämpft mit uns, wie ihr es schon einmal getan habt. Ich weiß, dass ihr euch daran noch erinnert. Ihr wisst, wie es war, als Menschen und Drachen in Frieden zusammengelebt haben. Gemeinsam habt ihr gegen den Weißen gekämpft und die Verderbten befreit. Kommt mit mir und befreit sie noch einmal.«

Der auf den Boden gerichtete Strahl flackerte wieder, und Clay sah neue Bilder darin auftauchen. Der Strahl wurde breiter und hüllte Clay ein, so dass er nun mitten in der Erinnerung stand. *Eine Stadt.* Er sah Tempel und Gebäude, die teilweise verkohlt und beschädigt waren. Trümmer und zahllose Leichen lagen auf den Straßen verstreut – tote Grüne, Rote, Menschen und Verderbte, und über dem Blutbad stieg Rauch auf. Hier und da sah er auch den Kadaver eines Schwarzen. Trotzdem war immer noch Leben in der Stadt; Menschen kauerten neben den Gefallenen, andere wanderten benommen umher. In der Nähe sah er ein paar Leute im Kreis stehen. Auch ein großer Schwarzer befand sich dort und reckte den Hals, um zu sehen, was sich im Inneren des Kreises abspielte. Als Clay näher heranging, hörte er erhobene Stimmen. Zwei Menschen, ein Mann und eine Frau, stritten sich lautstark. Die Frau trug eine lange blaue Robe, und der Mann war an dem Speer in seiner Hand eindeutig als Krieger erkennbar. Offenbar hatte er eben noch in der Schlacht gekämpft, die hier getobt hatte. Clay sah eine rote Brandverletzung auf der bronzefarbenen Haut an seiner Schulter, und an der Spitze seines Speers klebte dunkles Blut. Die Frau war unverletzt, aber ihr Gesicht war von Blut und Ruß verschmiert, anscheinend hatte sie ebenfalls gekämpft. Ihre Kleidung – die Robe und der Federkopfschmuck – kam ihm seltsam vertraut vor, und er musste an das Mosaik in der verborgenen Stadt denken.

»Eine Blutgesegnete«, sagte er. »Eine Priesterin.«

»Eine, die Herzblut getrunken hatte«, erwiderte Ethelynne, die neben ihm aufgetaucht war, und nickte in Richtung des Schwarzen.

»Verstehst du, was sie sagen?«, fragte Clay. Mann und Frau stritten weiter in einer ihm unbekannten Sprache.

»Nur ein paar Brocken. Lutharons Spezies versteht ein wenig von der Sprache der Menschen. Ich habe öfter seine Erinnerungen durchforstet, um mehr über die verschwundene Zivilisation zu erfahren, nach der ich so viele Jahre gesucht hatte. Ein paar Wörter und Redewendungen kenne ich inzwischen, aber …« Sie hielt inne und verzog bedauernd das Gesicht. »Ohne meine Notizbücher ist eine Übersetzung schwierig.« Ihr Blick verengte sich, als sie hinter dem Krieger und der Priesterin etwas bemerkte. »Ihr Streit hat aber sicher mit dem dort zu tun.«

Im Kreis kauerte ein mit Seilen gefesselter Verderbter. Die Seile waren mit Pflöcken im Boden verankert, sodass er sich nicht rühren konnte. Er schaute die Menschen um sich herum furchtlos an, auf seinem missgestalteten Gesicht lag lediglich schwache Neugierde. Selbst als die Priesterin den Streit mit einem Ausruf und einer Handbewegung beendete, zeigte der Verderbte kaum eine Regung. Sie trat zu ihm und ging vor ihm in die Hocke. Mit festem Blick schaute sie ihm in die Augen und stellte im Befehlston eine Frage. Der Verderbte blinzelte und gab gleichmütig eine Antwort.

»Irgendeine Ahnung, worum es geht?«, fragte Clay Ethelynne.

»Er spricht dieselbe Sprache wie sie«, sagte Ethelynne und runzelte konzentriert die Stirn. »›Bald … werden du und ich … in einen Spiegel gehen …‹ Nein. Nicht in einen Spiegel gehen.« Ethelynne schnaubte verärgert. »Eins werden. ›Bald werden du und ich eins werden.‹«

Clay drehte sich um, als die Frau antwortete. Ethelynne übersetzte stockend. »›Bald wirst du … fliegen.‹ Nein: ›aufsteigen … ins Leben.‹ Ich glaube, das Wort ›Leben‹ war bei ihnen gleichbedeutend mit ›Freiheit‹.«

Clay sah, wie die Priesterin nach etwas griff, das an ihrem Hals hing. Es war eine kleine Kupferphiole, die sie entkorkte. Sie hielt den Blick auf den Verderbten gerichtet, während sie trank, und stand dann ganz still da, wie es bei einer Trance typisch war. Ein Zittern durchlief den Verderbten, und er zerrte an seinen Fesseln. Mit gefletschten Zähnen versuchte er vergebens, sich loszureißen. Dann hielt er abrupt inne und wurde genauso starr wie die Priesterin.

»Sie ist in Trance mit ihm getreten«, sagte Clay. »Aber wie? Er hat kein Produkt getrunken.«

»Ich glaube nicht einmal, dass er ein Blutgesegneter war«, sagte Ethelynne. Dann lachte sie begreifend. »Wir wissen, dass die Verderbten in Gedanken miteinander kommunizieren, und das können sie nur mittels der Trance. Das heißt, vom Augenblick ihrer Umwandlung an befinden sich die Verderbten dauerhaft im Trancezustand. So beherrscht der Weiße sie. Ein Blutgesegneter sollte in der Lage sein, mit einem Verderbten in Trancekontakt zu treten, wenn es zwischen ihnen eine Verbindung gibt.«

Die Trance dauerte eine Weile, Priesterin und Verderbter blieben dabei vollkommen reglos. Die Menschen im Umkreis wurden unruhig. Der Krieger, mit dem die Priesterin zuvor gestritten hatte, schritt mit dem Speer in der Hand auf und ab. In dem Blick, den er der am Boden kauernden Frau zuwarf, erkannte Clay Besorgnis statt Misstrauen. War er ihr Geliebter? Ihr Ehemann? Wusste sie überhaupt, dass er sie liebte? Fragen, die niemals beantwortet werden würden.

Schließlich öffnete die Priesterin die Augen und erhob sich. Gleichzeitig brach der Verderbte zusammen – alle Kraft schien ihn verlassen zu haben, und er lag mit dem Kopf voran im Staub. Sein Körper bebte, und Clay vernahm sein leises Schluchzen. Das Gesicht der Priesterin wirkte schuldbewusst. Dann drehte sie sich um und gab dem Krieger einen knappen Befehl. Er näherte sich dem Verderbten skeptisch und schaute mit einer Mischung aus Verachtung und Verwunderung auf die schluchzende missgebildete Gestalt.

Die Frau sprach erneut und winkte ungeduldig mit der Hand. Ethelynne übersetzte. »›Leben … wurde gegeben … Freiheit wurde gegeben. Er ist frei.‹«

Clay wollte gerade eine Frage stellen, aber der Krieger kam ihm zuvor: »Wie ist das möglich?«

»›Freiheit lebt … existiert … in allen Köpfen, im Geist … Deshalb konnte er … Erinnerung … sich erinnern.‹«

»Er hat sich daran erinnert, wie es ist, frei zu sein«, sagte Clay. »Und jetzt ist er es. Kann es wirklich so einfach sein?«

Mitfühlend betrachtete Ethelynne den Verderbten, der weinend am Boden liegen blieb, selbst nachdem der Krieger seine Fesseln durchschnitten hatte. »Ich glaube kaum, dass für diesen Mann jemals wieder etwas einfach war. Anscheinend kann man zwar den Geist befreien, aber die Erinnerungen an die Verbrechen, die er in der Gefangenschaft begangen hat, bleiben erhalten.«

Dunkelheit senkte sich herab, und die Szene des befreiten, von Schuldgefühlen geplagten Verderbten, der zwischen dem Krieger und der Priesterin lag, verschwand. Als es wieder hell wurde, befanden sie sich erneut auf dem Berg, umgeben von den riesigen Drachen. Ihre Scheinwerferaugen richteten sich langsam auf Ethelynne, und sie gaben ein lautes, fragendes Grollen von sich.

»Ich vertraue ihm«, sagte sie. »Wir danken euch für das Geschenk, das ihr uns gemacht habt. Aber er ist nur einer, und der Weiße hat viele in seiner Gewalt. Es ist wahr: Wenn der Weiße am Leben bleibt, werden wir alle sterben.«

Das Grollen der Giganten wurde zu einem misstönenden Rumpeln, das wie eine Lawine klang. Brüllend wichen sie vor Clay und Ethelynne zurück, und ihre leuchtenden Augen richteten sich auf den dunklen Himmel. Clay geriet ins Stolpern. Er hatte das Gefühl, das laute Getöse müsse ihn jeden Moment zerreißen. Die Vision zerfiel in einen Mahlstrom aus tausenden winzigen Steinchen. Wenn sie auf Clays Haut trafen, erzeugten sie einen stechenden Schmerz.

»Ein Drache, der seinen Geist öffnet«, sagte Ethelynne, die ruhig inmitten des Wirbelns stand. »Der Verstand eines Menschen kann dem nicht lange standhalten, aber es ist notwendig, wenn man sie rufen will.«

Sie ging zu Clay und ergriff seine Hände, die, wie er jetzt sah, von zahllosen kleinen Schnittwunden übersät waren. »Leb wohl, Clay«, sagte sie freundlich lächelnd. »Wahrscheinlich ist es besser, wenn du nicht wiederkommst. Jedenfalls nicht so bald. Aber sollte es dir irgendwie möglich sein, dann schau doch bitte, ob du meine Notizbücher finden kannst.«

Er wollte antworten, aber sein Mund füllte sich mit Steinen, die brannten wie ein Schwarm winziger Bienen. Ethelynne verzog mitfühlend das Gesicht und beugte sich vor, um ihn auf die Wange zu küssen.

◆ ◆ ◆

Als er erwachte, fiel ein greller Sonnenstrahl durch das Dschungeldach direkt in seine Augen. Keuchend vor Schmerz richtete er sich auf und blinzelte die Tränen fort, bis Kriz' besorgtes Gesicht vor ihm auftauchte. »Wie lange?«, fragte er.

»Einen Tag«, sagte sie. »Und eine Nacht.«

In der Trance vergeht die Zeit anders, erinnerte er sich.

Das Kratzen von Krallen auf weichem Boden ließ ihn zu Lutharon hinschauen, der sich umdrehte und ihm demonstrativ den Rücken hinhielt. Clay verspürte eine Ungeduld, die nicht seine eigene war. Früher war die Verbindung zu Lutharon eher schwach gewesen. Meist hatte er das Gefühl gehabt, sich durch dichten Nebel zu verständigen. Jetzt war der Drache klar zu verstehen. Es ähnelte seiner Verbindung zu Jack, war jedoch tiefer. Lutharons Geist war stärker und nicht so durcheinander wie der des furchtsamen und oft verwirrten Jack.

»Anscheinend will er uns mitnehmen«, sagte Clay und kam auf die Beine.

»Wir sollen auf ihm reiten?«, fragte Kriz zweifelnd. Ähnlich hatte wohl auch Clay geklungen, als ihm dieser Vorschlag zum ersten Mal gemacht wurde.

»Wenn man weiß, wie's geht, ist es gar nicht so schwer«, sagte Clay. »Man muss sich bloß gut festhalten und sich von ihm tragen lassen.«

Er holte den schwarzen Kristall, der ein paar Schritte entfernt auf dem Boden lag und nun wieder zu einem kleinen Splitter geschrumpft war. Er wusste nicht, ob sie ihn noch einmal brauchen würden, fand aber, dass es keine gute Idee war, ihn einfach liegen zu lassen. Deshalb steckte er ihn in seinen Rucksack und ging zu dem wartenden Drachen. Es kostete einige Überredung, bis Kriz hinter ihm Platz nahm. Lutharon schien seine frühere Abneigung gegen Kriz abgelegt zu haben und erschauerte nur, als sie zögernd einen seiner Dornen ergriff. Sie blieb jedoch verständlicherweise nervös.

»Er hat es nicht vergessen, oder?«, fragte sie, nachdem sie sich endlich auf Lutharons Rücken niedergelassen hatte.

»Ich glaube, sie können gar nicht vergessen«, sagte Clay. »Aber ihnen ist klar, dass es im Moment Wichtigeres gibt. Halt dich fest«, fügte er hinzu, als Lutharon die Flügel ausbreitete. »Und wenn du brechen musst, dann bitte nicht auf mich.«

Ein kurzer Anlauf, und sie waren in der Luft. Mit wenigen Flügelschlägen trug Lutharon sie hoch hinauf. Der Dschungel blieb unter ihnen zurück – eine gewaltige grüne Decke, die von den in Dunst gehüllten Gipfeln der Berge durchbrochen war. Der vertraute Nervenkitzel des Fluges ließ Clay auflachen. Er hatte ihn vermisst, wenngleich er vergessen hatte, wie kühl die Luft schon wenige hundert Meter über dem Boden werden konnte.

Lutharon winkelte die Flügel ab und flog nach Süden. Eine Weile lang glitt er dahin und stieß dabei einen gellenden, langgezogenen Ruf aus. Der Laut unterschied sich von den anderen Rufen, die Clay von ihm kannte, war höher und lauter, sodass er mehrere Kilometer weit schallte. Eine Zeitlang segelten sie über Berge und Dschungel dahin, ohne dass sich etwas tat, aber dann entdeckte Clay im dünnen Dunst unter ihnen eine weitere geflügelte Gestalt. Lutharon stieß erneut einen Ruf aus, und dieses Mal kam eine Antwort. Der andere Drache wiederholte den Ruf und flog zu Lutharon hinauf, bis er auf einer Höhe mit ihm war. Es handelte sich um ein junges Männchen, ungefähr ein Drittel kleiner als Lutharon. Der Drache drehte den Hals und musterte Clay und Kriz, zeigte jedoch keinerlei Anzeichen von Aggression.

Lutharon legte die Flügel schräg und beschrieb einen weiten Kreis. Er und das andere Männchen wiederholten derweil ihre Rufe. Hinter ihnen war erneut eine Antwort zu vernehmen; Clay schaute über die Schulter und sah noch zwei Schwarze aufsteigen, gefolgt von drei weiteren. Binnen einer Stunde war der ganze Himmel voller Drachen. Bei zwanzig hörte Clay auf zu zählen, denn in dem Kreisen und Wirbeln war es schwierig, den Überblick zu behalten. Der Chor der Begrüßungsrufe war ohrenbetäubend und hallte mehrere Kilometer weit.

Clay beugte sich über Lutharons Flanke und spähte zu den Bergen hinab. Ein Drache nach dem anderen stieg von den ausladenden Gipfeln auf. Allerdings schienen nicht alle dem Ruf zu folgen. Manche schauten offensichtlich aufgeregt zu den durcheinanderwirbelnden Drachen am Himmel, machten aber keine Anstalten, sich ihnen anzuschließen.

Die gehören wohl nicht zu deinem Stamm, was? Clay strich mit der Hand über die schuppige Stelle an Lutharons Halsansatz.

Das Ganze zog sich über eine Stunde lang hin. Am Ende flogen sie bereits im Schatten, weil die zahllosen Schwingen die Sonne verdeckten. Lutharon stieß einen letzten Ruf aus, der durchdringender und langgezogener war als die anderen, und der gewaltige Schwarm Schwarzer antwortete mit einem lauten Schrei, der Clay in den Ohren weh tat. Dann richtete Lutharon sich geradeaus und begann kräftig mit den Flügeln zu schlagen. Rasend schnell glitt der Dschungel unter ihnen dahin. Tausend oder mehr Schwarze folgten ihnen in Richtung Süden.

♦ ♦ ♦

Sie fanden die Langgewehre im Buschland südlich des Dschungels. Der Trupp hielt sich dicht an den hohen Steilklippen, die diese Region der Südküste Arradsias prägten. Sigoral hatte Clay ihre Position in einer blaulosen Trance übermittelt. Der Anblick der vielen Schwarzen am Himmel erfüllte den Corvantiner mit wachsender Beunruhigung, die er mühsam zu unterdrücken versuchte. Lutharon landete ein paar Meter von den Langgewehren entfernt, die Verteidigungshaltung eingenommen und die Waffen erhoben hatten. Die Gewohnheiten der Freien ließen sich nur schwer ablegen.

Clay stieg ab und ging zu seinem Onkel, der ihn herzlich, aber flüchtig umarmte. Braddons Blick wanderte unablässig zu den Schwarzen hin, die über ihnen kreisten oder mit angelegten Flügeln auf den Klippen landeten.

»Beim Seher! Du hast es tatsächlich geschafft, Clay«, sagte er, wobei seine Finger am Griff seines Gewehrs zuckten.

»Häng dir das Gewehr lieber wieder über die Schulter, Onkel«, sagte Clay. »Wir wollen bei unseren neuen Verbündeten doch keine unangenehmen Erinnerungen wecken.«

Braddon nickte und folgte seinem Rat. Er hängte das Gewehr mit dem Lauf nach unten, wie es bei Scharfschützen üblich war, und bedeutete den anderen, das Gleiche zu tun.

»Sieht so aus, als hättest du sämtliche Schwarze in ganz Arradsia mitgebracht«, sagte Loriabeth und trat vor, um Clay zu umarmen.

»Nicht alle.« Clay schaute zu dem Schwarm hoch. »Aber ich hoffe, es sind genug.«

»Das werden wir sicher bald herausfinden«, sagte Braddon. »Vor drei Tagen sind hier eine Menge Rote durchgeflogen. Wir haben uns in einer Felsspalte versteckt, damit sie uns nicht entdecken. Am nächsten Tag haben wir dann unglaublich viele Grüne gesehen, die im Rudel unterwegs waren.«

»In welche Richtung?«, fragte Clay.

»Nach Süden. Genau wie die Roten.«

»Stockcombe.« Clay ging zum Klippenrand, beschattete mit der Hand die Augen und schaute zu der fernen Halbinsel hinüber, wo die Hafenstadt lag. *Der Weiße. Ich hätte wissen müssen, dass er uns weiter im Auge behält.*

»Steigt auf«, sagte er, drehte sich um und ging zu Lutharon. »Wir haben einen weiten Weg vor uns.«

»Wohin?«, fragte Braddon.

»Worauf?«, fragte Loriabeth.

»Stockcombe, wohin sonst?« Clay kletterte auf Lutharons Rücken, rasch gefolgt von Kriz, die ihren Widerwillen inzwischen offenbar abgelegt hatte. Clay grinste Loriabeth an und deutete auf einen der Drachen, die am Klippenrand hockten. »Und, worauf wohl?«

III

DIE ROTEN GEZEITEN

◆ ◆ ◆

Aus dem Tagebuch von Miss Lewella Tythencroft – Sanorah, 32. Vorellum, 1600 (Unternehmensjahr 211).

Dass der traurige, hässliche, aber zum Glück kurze Zwischenfall, der die Revolution auslöste, den Namen »Schlacht um die Barrikade« erhielt, sagt viel über das Ausmaß der Kämpfe aus, die danach folgten. Der Überfall auf die Banken zog einige Aufstände nach sich, die sich jedoch bald legten, als offensichtlich wurde, dass das Protektorat wichtige Gebäude notfalls mit Waffengewalt verteidigte. Sonst blieb das Eisenboot-Militär aber größtenteils in den Kasernen, vermutlich wegen der vielen Desertionen, die seine Kraft innerhalb einer Woche nahezu halbierten. Hier und da kam es zu Schießereien zwischen Gendarmen und radikaleren anti-korporatistischen Elementen. Letztere waren jedoch nicht zahlreich genug, um größeren Ärger zu machen. Das Bedeutsamste, was nach dem Vorfall, der zu meinem Beschämen mitunter auch als »Freifrau Tythencrofts mutiger Widerstand« bezeichnet wird, geschah, war der Streik der Unternehmensangestellten in Sanorah.
Binnen zwei Tagen lagen sämtliche Unternehmensbüros und Fabriken der Stadt und ihrer Außenbezirke leer und verlassen da. Die Streikenden schickten Delegationen zur Redaktion der

Gazette, um um Rat zu bitten. Meine Tage füllten sich mit einer endlosen Abfolge aus oft anstrengenden Treffen, Reden, Korrespondenzen und noch mehr Treffen. Die unterschiedlichsten Menschen standen vor meiner Tür Schlange: von Soldaten und Matrosen des so genannten »Freien Protektorats« bis hin zu Bürokraten der Stadtregierung und der Unternehmen, die plötzlich machtlos waren.

Nach den kurzzeitigen Unruhen, die auf die Schlacht um die Barrikade folgten, verbreiteten sich Gerüchte, dass sich der Vorläufige Vorstand aufgelöst hätte und seine Mitglieder entweder auf ihre Landsitze geflohen seien oder sich in ihre Stadthäuser zurückgezogen hätten. Eine Kompanie Infanteristen des Freien Protektorats bestätigte schließlich, dass dies tatsächlich der Wahrheit entsprach. Sie stürmte den Eisenboot-Hauptsitz in Sanorah und fand die oberen Stockwerke nahezu leer vor. Die Führungskräfte des größten Unternehmens der Welt hatten offenbar einfach aufgegeben und waren nach Hause gegangen.

Zu diesem Zeitpunkt erkannte ich, dass meine Ad-hoc-Herangehensweise an die Organisation nicht länger praktikabel war. Ich ernannte Stellvertreter, wobei ich den anderen Allianzlern versicherte, dass sämtliche Ämter später, wenn sich die Lage etwas beruhigt hatte, durch offizielle Wahlen bestätigt werden würden. Zugegebenermaßen kam mir das alles reichlich bizarr vor. Im Grunde baute ich eine Diktatur auf. Man hätte es sogar Dynastie nennen können, denn mangels anderer kompetenter und vertrauenswürdiger Kandidaten sah ich mich gezwungen, das Amt des städtischen Schatzmeisters meinem Vater zu übertragen.

Das dringendste Problem war zugleich auch das einfachste, aber dennoch am schwierigsten zu lösen: Die Stadt musste ernährt werden. Die großen, unternehmenseigenen Bauernhöfe im Umkreis von Sanorah hatten während der Aufstände die Lieferung von Lebensmitteln in die Stadt eingestellt und sie auch danach nicht wiederaufgenommen. Als keine Löhne mehr gezahlt wurden, hatten die Landarbeiter ihre Vorgesetzten ziemlich schnell ihrer Ämter enthoben und sich zu einem Bund Freier erklärt. Lebensmittel wollten sie erst dann wieder liefern, wenn alle noch ausstehenden Schulden bezahlt wurden und sie eine Versicherung darüber erhielten, dass zukünftige Schulden beglichen werden würden. Stundenlanges gutes Zureden war nötig, um die hitzköpfigeren Elemente meiner im Entstehen begriffenen Verwaltung zu beruhigen, die das Freie Protektorat ausschicken wollten, um die Bauernhöfe zu beschlagnahmen.

»Bauernhöfe mit toten Arbeitern und zerstörten Gebäuden liefern keine Lebensmittel«, erklärte ich ihnen und entschied mich für eine versöhnlichere Herangehensweise. Wir standen am Beginn eines neuen Zeitalters, in dem die Interimsscheine der Unternehmen wertlos geworden waren. Wie war es also überhaupt noch möglich, jemanden für irgendetwas zu bezahlen? Diese Frage war die wichtigste Hürde, die es zu überwinden galt. Zum Glück fand unser neuer Schatzmeister eine Lösung in Form von so genannten Liquidationsnoten. Im Grunde waren das Schuldscheine der Freien Republik Sanorah, die dem Besitzer einen gewissen Anteil an den Gewinnen zusicherten, die bei der bevorstehenden Liquidation des Eisenboot-Syndikats und anderer Unternehmen zu erwarten waren. Zwar hatten die Lagerhäuser und Fabriken von Eisenboot keinen finanziellen Wert mehr, es waren jedoch noch reichlich Vorräte der unterschiedlichsten Waren vorhanden. Reichtum wird, wie es scheint, von denen definiert, die an der Macht sind.

»Aber das ist doch nur Papier«, protestierte ich, als mein Vater diese Maßnahme vorschlug. Die Musternote, die er mir zeigte, war lediglich ein Rechteck mit einem Datumsstempel und zwei Unterschriften, meiner und seiner.

»Natürlich, Lewella«, erwiderte er leicht gereizt. »Etwas anderes ist Geld nie gewesen.«

Trotz meiner Bedenken gewannen die Liquidationsnoten überraschend schnell an Akzeptanz unter der Bevölkerung, einschließlich der unabhängigen Bauern, die bald wieder Lebensmittel lieferten. Ich schrieb dies zum Teil der weithin herrschenden Unsicherheit zu; alles, was eine Rückkehr zur Normalität versprach, und war es auch noch so fragwürdig, war den Menschen höchst willkommen.

Zu den Problemen vor Ort kamen noch die Ereignisse in der restlichen Welt hinzu, die eine ständige Ablenkung darstellten. Die Wählerrechtsallianz hatte seit jeher Kontakte zu Blutgesegneten gepflegt, die mit unserer Sache sympathisierten, und sie erwiesen sich als wertvolle Informationsquelle, was die Entwicklungen in der Welt betraf. Am bedeutsamsten waren aus meiner Sicht die Berichte aus der Hafenstadt Stockcombe in Arradsia, brachten sie doch Neuigkeiten, mit denen ich nie im Leben mehr gerechnet hätte.

»Kapitän Corrick Hilemore«, sagte mir der junge Blutgesegnete während unserer unregelmäßigen Treffen. Er sah erschöpft aus. Trotz unseres rasch schrumpfenden Produktvorrats musste er mit vielen verschiedenen Orten gleichzeitig Kontakt halten. »Er behauptet, Sie zu kennen. Ich glaube, die Leute vor Ort hoffen, dass er lügt, damit sie sein Schiff beschlagnahmen können.«

»Ich kenne ihn tatsächlich«, erwiderte ich, und zum ersten Mal seit Tagen war mein Lächeln aufrichtig. »Und jeder Versuch, sein Schiff zu beschlagnahmen, wäre äußerst unklug.«

34. Vorellum

Soeben komme ich aus einer recht ermüdenden Besprechung mit Mrs. Torcreek. Wenngleich ich die Ideen dieser Frau sehr schätze, so stellen ihre brüske Art und ihre immer unvernünftiger werdenden Forderungen doch eine Ablenkung dar, auf die ich gerne verzichten könnte.

Die folgenden Worte schreibe ich einige Minuten nach dem obigen Absatz, nachdem ich mir einen beruhigenden Tee zu

Gemüte geführt habe. Mrs. Torcreek ist mehr als nur eine gute Freundin, in vieler Hinsicht war sie anfänglich ebenso wichtig für das Gelingen dieses Projektes wie ich. Ohne sie und die Unterstützung der Flüchtlinge aus Kerberhafen wäre die Barrikade womöglich gefallen, und ich würde dieses Tagebuch in einer Gefängniszelle des Protektorats schreiben. Deshalb möchte ich noch einmal meine tiefe Verbundenheit und Achtung für Mrs. Torcreek zum Ausdruck bringen und hoffen, dass unsere Freundschaft noch lange Bestand haben wird. Die Tatsache bleibt jedoch, dass ich ihr nicht geben kann, was sie will.

»Das Protektorat besitzt immer noch Schiffe«, sagte sie zu mir. »Und Soldaten. Und ich habe hier eine Menge Leute, die gerne zu den Waffen greifen und sich diesem Kampf anschließen wollen.«

»Die Seestreitkräfte des Freien Protektorats befinden sich in äußerst chaotischem Zustand«, erklärte ich und zwang mich, so geduldig und mitfühlend wie möglich zu klingen. Wir hatten über diese Sache schon mehrmals gesprochen, und Wiederholung war mir seit jeher zuwider. »Die Nordflotte ist durch Desertionen höchstens noch halb so stark«, fügte ich hinzu. »Und der Rest ist über ganz Mandinorien und die übrige Welt verteilt. Nicht alle Regionen sympathisieren mit uns und auch nicht alle Offiziere. Unser Erfolg beruht in nicht geringem Maße darauf, dass die Soldaten das Kämpfen verweigert haben. Ich glaube kaum, dass sie quer über den Ozean fahren wollen, um sich einem Krieg anzuschließen, den viele nur für ein wildes Gerücht halten.«

»Dann überreden Sie sie«, sagte Fredabel unverblümt. »Sie können ziemlich überzeugend sein.«

»Keine Überredung kann über die Wahrheit hinwegtäuschen. Unsere neu gegründete Republik hängt am seidenen Faden. Mir kommt es immer noch wie ein Wunder vor, dass wir einen Bürgerkrieg verhindern konnten. Einen Großteil unseres Militärs auf einen Feldzug zu schicken, von dem es höchstwahrschein-

lich nicht zurückkehren wird, wäre aberwitzig, und ich werde das nicht tun.«
Ich sah Ärger in Mrs. Torcreeks Augen funkeln und erkannte, dass mein Tonfall schärfer gewesen war als beabsichtigt. »Ich verstehe Ihre Sorgen, Fredabel, und Sie haben mein Mitgefühl«, sagte ich ruhiger. »Und dank meines jüngsten Austauschs mit Kapitän Hilemore weiß ich auch, wie schlimm die Lage in Varestia ist. Ich sage es nur ungern, aber mit großer Wahrscheinlichkeit ist die Halbinsel bereits verloren. Diese monströse Armee wird gewiss als Nächstes das ehemalige Corvantinische Reich angreifen, bevor sie sich Mandinorien zuwendet. Wenn das passiert, müssen wir bereit sein, uns ihnen entgegenzustellen, mit allen Waffen, die uns zur Verfügung stehen.«
Mrs. Torcreek starrte mich mit einem Ausdruck an, den ich bei ihr nur ungern sah: tiefe, traurige Enttäuschung. »Sie haben Ihren großen Sieg über die Korporatisten errungen«, sagte sie. »Und jetzt wollen Sie ihn nicht aufs Spiel setzen. Aber wenn der Weiße Varestia einnimmt, wird ihn nichts mehr aufhalten können. Die Schlacht findet dort statt.«
Ich schloss die Augen und seufzte schwer. Ich wusste, dass unsere Freundschaft in Gefahr war, aber die Last der Pflicht gestattet manchmal keine Sentimentalitäten. Macht erzeugt Einsamkeit, wie ich erfahren musste. »Meine Entscheidung steht fest, Mrs. Torcreek«, sagte ich. »Vielen Dank für Ihr Kommen.«

35. Vorellum

Der Mann, der an diesem Nachmittag zu mir kam, war kleingewachsen. Sein Anzug wirkte adrett und unscheinbar, genau wie sein Gesicht, weder besonders attraktiv noch besonders hässlich. Kurz gesagt, er war ein Mann, den man schnell übersah. Wie sich erweisen sollte, war das kein Zufall.
Der Unscheinbare befand sich unter der Menge, die sich jeden

Tag sammelte, um Freifrau Tythencroft zu sprechen. Das einzig Bemerkenswerte an ihm war seine Bereitschaft, geduldig und ohne Murren zu warten. Vor Kurzem erst hatte ich mein Büro im zuvor verlassenen Eisenboot-Hauptsitz eingerichtet. Es erschien mir verkehrt und unsinnig, derart nützliche Räumlichkeiten aus antikorporatistischem Dünkel heraus leer stehen zu lassen. Zudem besitzt das Gebäude einen großen, ungeheizten Vorraum ohne Sitzmöglichkeiten, was bedeutet, dass nur die zähsten und ausdauerndsten Leute es auf sich nehmen, dort stundenlang zu warten, bis sie zu mir vorgelassen werden. Die meisten können zu meinen Stellvertretern und anderen Beamten umgeleitet werden, aber manche lassen sich nicht so leicht abweisen. Der Unscheinbare reichte der Rezeptionistin eine Karte, auf der sein Name – ein Deckname, wie ich gleich anmerken möchte – und sein Beruf verzeichnet waren: Berater für den globalen Außenhandel. Als Grund für die gewünschte Unterredung gab er an, »wertvolle Informationen über die Lage in Varestia« zu besitzen.

Ich ließ ihn sofort hereinführen. Mein kurzer, aber aufschlussreicher Austausch mit Corrick hatte mir die Bedeutung der Ereignisse auf der anderen Seite des Orethischen Ozeans klar vor Augen geführt, und ich war sehr interessiert daran, mehr Informationen darüber zu erhalten.

»Diese … Armee«, sagte ich, »aus deformierten und versklavten Menschen …«

»Und Drachen«, fügte der Unscheinbare mit höflichem Lächeln hinzu.

»Und Drachen. Sie rückt jetzt auf die Halbinsel vor?«

»Nach meiner Kenntnis, ja. Sollte sie nicht auf beträchtlichen Widerstand stoßen, dann rechnen wir damit, dass sie Varestia binnen zweier Monate eingenommen haben wird. Danach wird sie höchstwahrscheinlich nach Norden in das Corvantinische Reich vorrücken, oder heißt es inzwischen Republik? Es ist schwer, den Überblick zu behalten, finden Sie nicht auch?«

»Wir?«, erkundigte ich mich. »Ihr Unternehmen scheint erstaunlich gut informiert zu sein, Sir.«
Der Unscheinbare schwieg einen Moment und sagte dann drei Worte: »Abteilung Außerordentliche Maßnahmen«.
Mein erster Impuls war es, nach dem Glöckchen auf meinem Schreibtisch zu greifen und die beiden Soldaten des Freien Protektorats hereinzurufen, die vor meiner Tür Wache hielten. Jemanden, der jahrelang der Wählerrechtsallianz angehörte, müssen diese drei Worte zwangsläufig beunruhigen.
»Das Eisenboot-Protektorat existiert nicht mehr«, stellte ich fest und lobte mich innerlich dafür, wie ruhig meine Stimme klang. »Demnach gibt es auch keine Abteilung Außerordentliche Maßnahmen.«
Der Unscheinbare lachte kurz, sagte aber nichts und wartete geduldig auf meine nächsten Worte.
»Was wollen Sie?«, fragte ich und entschied mich für die direkte Herangehensweise. Nach kryptischer Verschleierung stand mir nicht der Sinn.
Der Unscheinbare schaute sich im Raum um, bevor er antwortete: »Wir wollen hinein. Draußen ist es kalt.«
»Sie erwarten von mir, dass ich für Ihre abscheuliche Organisation einen Platz in dieser Verwaltung finde? Sie begreifen wohl nicht, was wir hier aufbauen.«
»Ganz im Gegenteil. Wir begreifen es sehr gut. Macht, Miss Tythencroft. Sie bauen Macht auf, und damit das gelingt, werden Sie uns brauchen.« Er griff in seinen Anzug und zog ein Blatt Papier heraus, das er entfaltete und vor mir auf den Tisch legte. Darauf befand sich die Risszeichnung einer länglichen, zylinderförmigen Apparatur, wie ich sie noch nie gesehen hatte.
»Das hier«, sagte der Unscheinbare, »ist der Bauplan einer Waffe von nie dagewesener Zerstörungskraft und Präzision. Sie wird derzeit an einem abgelegenen Ort auf der Varestianischen Halbinsel konstruiert, vordergründig als Verteidigung gegen die Angreifer im Norden. Sollte die Verteidigung erfolgreich sein, wer-

den die Exklusivrechte an dieser Waffe und ihre Benutzung an diejenigen fallen, die zu dem Zeitpunkt in der Region das Sagen haben. Wenn ich mich nicht in Ihnen täusche, dann verstehen Sie die Bedeutung dieser Information.«

Ich lehnte mich auf meinem Stuhl zurück und bemühte mich um eine ausdruckslose Miene. »Eine Ihrer blutgesegneten Agentinnen befindet sich auf der Halbinsel«, sagte ich. »Vermutlich genau an dem Ort, wo diese Waffe hergestellt wird.«

Der Unscheinbare erwiderte meinen Blick und schwieg. Diesmal hüllte allerdings auch ich mich in Schweigen, um klarzumachen, dass ich erst wieder sprechen würde, nachdem er sich geäußert hatte. »Unter den Verteidigern Varestias gibt es … Sympathisanten«, sagte er. »Manche von ihnen haben sich aus persönlichen Gründen alte Kontakte zunutze gemacht.«

»Persönliche Gründe?«

»Wir sind nicht die einzigen ehemaligen Angestellten von Eisenboot, die in Ihrer neuen Welt nach einem Platz suchen.«

Ich betrachtete erneut die Risszeichnung. Meine Hoffnung war stets gewesen, dass die Wählerrechtsallianz, sollte sie jemals genügend Macht erlangen, um die Welt zu verändern, die Gier und die endlosen Konflikte des Unternehmenszeitalters beenden könnte. Allerdings hatte keiner von uns damit gerechnet, dass die alte Welt so schnell und vollständig zerfallen würde. Aufgrund meines Amtes als ungewählte Anführerin der neu gebildeten Regierung machte ich mir keine Illusionen darüber, was es bedeutete, Macht zu haben, besonders wenn sie so gefährdet war wie meine.

»Lässt sich diese Waffe nachbauen?«, fragte ich.

»Ja«, versicherte er mir. »Wenn ausreichend Arbeitskraft und das nötige Material zur Verfügung gestellt werden. Allerdings muss ich Sie darauf hinweisen, dass diese Waffe einem äußerst genialen und ungewöhnlichen Geist entsprungen ist. Wer weiß, was in Zukunft noch daraus hervorgehen wird?«

Natürlich hätte ich ablehnen können. Ich hätte mein Glöckchen läuten und ihn hinauswerfen lassen können. Oder ihn sogar töten lassen – im Freien Protektorat gibt es viele, die dazu bereit gewesen wären. Aber ich tat es nicht. Stattdessen faltete ich die Hände, setzte ein forsches, geschäftsmäßiges Lächeln auf und fragte: »Sie wollen mir sicher einen Vorschlag machen?«

KAPITEL 35

Hilemore

Oberst Kulvetch traf zu spät ein. Sie kam mit einem ganzen Trupp Seesoldaten der Südmeerflotte an der äußeren Stadtmauer entlangmarschiert. Vermutlich war ihre Verspätung darauf zurückzuführen, dass sie vorher die Mauer genau untersucht hatte, um sicherzugehen, dass die Allianzler keinen Hinterhalt vorbereitet hatten. Coll und Jillett waren im Namen der Wählerrechtsallianz erschienen, begleitet von einem halben Dutzend Verteidigern der Wäscherstraße. Hilemore hatte dafür gesorgt, dass die Unterredung auf der Brücke stattfand, die über den Fluss führte, der durch die Mauer strömte. Die Brücke selbst war ein beeindruckendes Bauwerk, ein etwa dreißig Meter langer, eleganter Steinbogen mit einem Verteidigungsturm an jedem Ende. Im Gegensatz zu den anderen Verteidigungsanlagen in Stockcombe waren die Türme noch in Benutzung. Wegen der Schießereien zwischen den rivalisierenden Gruppen, die sie zwischenzeitlich besetzt hielten, hatte ihr Äußeres zwar ziemlich gelitten – die Mauern waren von Einschusslöchern und Rissen übersät –, sonst waren sie jedoch noch erstaunlich gut erhalten. Coll zufolge hatte das korporatistische Regime sie vor allem deshalb instandgehalten, um den wichtigsten Übergang zwischen den beiden Stadthälften kontrollieren zu können.

»Drei Scheine kostete es, wenn man von Ost nach West wollte«, sagte er. »Die wussten schon, wie man das Gesindel draußen hält.«

Kulvetch gab ihrer Eskorte ein Zeichen, am anderen Ende der Brücke zu warten, und ging alleine weiter. Sie stieg den Brückenbogen hinauf und blieb ein paar Meter entfernt stehen. Coll und Jillett maß sie kurz mit hasserfülltem Blick und wandte sich dann Hilemore zu. »Worum geht's?«, fragte sie knapp.

»Ich nehme an, Sie haben den Drachen gesehen?«, fragte er.

»Ja, haben wir.«

»Dann wissen Sie sicher auch, was das bedeutet?«

»Es bedeutet, dass noch Rote auf diesem Kontinent leben. Sonst wüsste ich nicht, was mir das sagen soll.«

Jillett schnaubte verächtlich, verstummte jedoch auf Hilemores scharfen Blick hin. Es war nicht leicht gewesen, die Allianzler von der Notwendigkeit einer Unterredung zu überzeugen, aber zumindest war ihnen hinreichend klar, in welcher Gefahr die Stadt sich derzeit befand. Kulvetch, das wusste er, würde noch weniger bereit sein, ihren Hass und ihren Rachedurst vorübergehend zu vergessen.

»Ich habe aus sicherer Quelle erfahren, dass sich eine große Menge Grüner und Roter auf die Stadt zubewegt«, sagte er zu Kulvetch. »Unserer Schätzung nach werden sie in weniger als zwei Tagen hier eintreffen.«

Kulvetch blinzelte lediglich, aber Hilemore sah, wie sich über dem gestärkten Kragen ihrer Uniform ihre Kehle zusammenschnürte. »Was für eine Quelle?«, fragte sie. »Oder soll ich etwa dem Wort eines Unternehmensoffiziers vertrauen, der bereitwillig seine Ehre aufgibt, um sich mit mordlustigen Fanatikern zusammenzutun?«

»Ihr Vater war der Mörder«, gab Coll zurück. »Wo waren Sie am Lomanstag, als er Unschuldige auspeitschen und ermorden ließ? Waren Sie zu Hause und haben mit Ihren Puppen gespielt?«

»Schluss damit!«, bellte Hilemore. Kulvetchs Gesicht lief vor Wut rot an, und sie griff nach der Pistole an ihrem Gürtel. »Ich habe mich mit niemandem zusammengetan«, sagte Hilemore zu ihr. »Ich bin hier, weil eine Einigung notwendig ist. Sonst sind wir womöglich alle verloren.«

Er hielt inne und überlegte, wie er vorgehen sollte. Er kam zu dem Schluss, dass Geheimhaltung in der derzeitigen Lage kontraproduktiv war. »Und was meine Informationsquelle betrifft: Die Blutgesegnete auf meinem Schiff steht in Trance-Kontakt mit einem Trupp Freier im Inland. Sie haben sich gefragt, warum ich mit meinen Leuten hier bin. Nun, die Freien sind der Grund. Sie befinden sich auf einer wichtigen Mission, und ich muss sie abholen.«

»Sie wollen also, dass wir die Drachen so lange abwehren, bis sie hier sind?«, fragte Coll.

»Ich müsste nicht hierbleiben, um sie abzuholen«, erwiderte Hilemore und beschloss erneut, dass Aufrichtigkeit die beste Vorgehensweise war. »Aber ich brauche die Schiffe in diesem Hafen. Die meisten Kapitäne sind inzwischen willens, nach Varestia zu fahren, wo ein Kampf tobt, der weitaus wichtiger ist als Ihre Fehde hier.«

»Welche Sicherheiten gibt es dafür, dass Sie die Wahrheit sagen?«, fragte Kulvetch.

»Warte doch zwei Tage und finde es heraus, du dummes Miststück«, riet Jillett mit ausdruckslosem Lächeln.

Kulvetch lief erneut rot an, beherrschte sich jedoch. »Schlagen Sie vor, dass wir die Stadt evakuieren?«, fragte sie Hilemore.

Er schüttelte den Kopf. »Wir verfügen nicht über genügend Schiffe, um mehr als ein Viertel der Stadtbevölkerung aufzunehmen. Sie haben meine Ehre in Frage gestellt, aber es ist meine Ehre, die mich hier hält, anstatt Sie Ihrem Schicksal zu überlassen. Ich habe einen Plan entwickelt, der das Überleben dieser Stadt sichern könnte. Aber damit er funktioniert, werden Sie kämpfen müssen, und zwar gemeinsam. Wenn Sie dazu nicht bereit sind, dann sagen Sie es gleich, und wir werden uns auf den Weg machen.«

Kulvetch und die beiden Allianzler starrten einander eine Weile lang schweigend an. Hilemore hatte das Gefühl, dass die Luft zwischen ihnen vor Feindseligkeit flimmerte. Er fragte sich schon, ob es nicht doch zwecklos war, als Coll sich an Kulvetch wandte. »Ein Waffenstillstand. Mehr nicht. Wir vergeben und vergessen nichts. Wenn es vorbei ist, wird es eine Abrechnung geben.«

»Ich kann den Tag kaum erwarten«, erwiderte Kulvetch und wandte sich Hilemore zu. »Wie lautet Ihr Plan, Kapitän?«

◆ ◆ ◆

Der Plan gefiel ihnen nicht, was Hilemore auch nicht erwartet hatte. Aber zumindest willigten sie ein, ihn ihren jeweiligen Anhängern vorzustellen. Den Rest des Tages verbrachte Hilemore damit, die Neuverteilung von Mannschaften und Treibstoff in seiner neuen Flotte zu überwachen. Dabei rechnete er jeden Moment damit, dass die beiden Kontrahenten den Plan ablehnen würden. Derartige Sorgen zerstreuten sich jedoch, als am Nachmittag der Rote zurückkehrte.

Diesmal flog er tiefer, in einer Höhe, die Schützen überall in der geteilten Stadt und in der Flotte dazu verleitete, ihn mit Gewehren zu beschießen. Der Rote schlängelte sich über den Himmel, Kugeln pfiffen durch die Luft, aber keine davon traf ihn. Das Kreischen, das der Drache ausstieß, bevor er inmitten des wirkungslosen Kugelhagels nach Norden davonflog, klang beinahe hämisch, aber vielleicht bildete Hilemore es sich auch nur ein. Der Munitionsverschwendung zum Trotz hatte das Wiederauftauchen des Drachen auch ein Gutes: Es führte dazu, dass sich die Parteien zu beiden Seiten des Wasserfalls auf das Wesentliche besannen. Bei Nachteinbruch erhielt Hilemore die Zustimmung beider Fraktionen.

Über die Trance mit Zenida hatte Clay bestätigt, dass die Grünen sich am Westufer des Flusses entlangbewegten. Bekanntermaßen waren Grüne gute Schwimmer, in dieser Gegend floss der Fluss jedoch selbst für sie zu schnell. Was bedeutete, dass sie auf der Westseite der Stadt angreifen würden.

Kulvetch schien ihr Gebiet gut im Griff zu haben, der Großteil der Bevölkerung der Westbezirke sammelte sich gehorsam, um sich auf die andere Seite des Wasserfalls bringen zu lassen. Einige gingen über die Brücke, die meisten wurden jedoch von den Schiffen im Hafen transportiert.

Kulvetch hatte darauf beharrt, dass ein kompletter Bezirk auf der Ostseite frei geräumt wurde, um Platz für die Umsiedler zu schaffen. Den Zivilisten ging ein großes Kontingent Seesoldaten voraus, die die zugewiesenen Straßen absperrten. Natürlich gab es Beschwerden. Kaum einem Bewohner der Westbezirke gefiel es, sich in den »Hütten der Vertragslosen«, wie ein Abteilungsleiter in mittleren Jahren es nannte, niederlassen zu müssen. Im Allgemeinen war die Stimmung jedoch eher von Angst geprägt als von Aufsässigkeit. Zumindest vorübergehend waren die Bewohner Stockcombes bereit, ihren erbitterten Kleinkrieg um des Überlebens willen aufzugeben.

Die Westseite der Stadt zu evakuieren dauerte mehr als dreißig Stunden. Nur ein paar Hartgesottene weigerten sich, ihre Häuser zu verlassen. Es waren fast ausnahmslos Angehörige der oberen Führungsschicht, die den Beginn des Konflikts überlebt, in der Folgezeit aber zunehmend an Macht und Einfluss verloren hatten. In einem uncharakteristischen Anflug von Sentimentalität brachte Oberst Kulvetch es nicht übers Herz, diese inzwischen bedeutungslosen Persönlichkeiten zum Gehorsam zu zwingen. Hilemore, der das Ganze vor allem als Ärgernis empfand, bot ihr an, die dickköpfigen Alten mit Waffengewalt zu den Booten zu bringen, doch sie lehnte ab.

Nachdem der Transport der Stadtbewohner beendet war, ließ er die Schiffe im Hafen eine Verteidigungslinie bilden, wobei die Steuerbordseite nach Westen zeigte. Sämtliche Kanonen, Gewehre und Harpunen wurden an die Steuerbordreling oder auf die Westseite der oberen Aufbauten gebracht. Wenig überraschend waren die dalzianischen Schiffe am besten bewaffnet – Piraterie war unter Kaufleuten ein weit verbreitetes Steckenpferd. Steelfines Bericht zufolge verfügte die Flotte insgesamt über siebzehn Kanonen und dreihundert Gewehre. Hinzu kamen die Harpunen der Blauenjäger. Es war weniger als die vereinte Feuerkraft einer Protektoratsflottille, aber es musste genügen.

Hilemore setzte größere Hoffnungen auf die Minen, die sie im Hafenwasser verteilt hatten. Im südlichen Eismeer war ihm der Wert derartiger Sprengladungen klar geworden, und den Überlebenden dieser Strapaze war es zu verdanken, dass diese hier so schnell hergestellt werden konnten. In den Straßen der Westbezirke waren darüber hinaus noch einige unangenehme Überraschungen vorbereitet worden. Den Grünen würden sie damit ordentlich zusetzen können, die Roten waren dagegen eine andere Sache.

Hilemore ließ Kulvetch und die Allianzler sämtliche Bewaffneten unter ihrem Kommando auf den Dächern der Ostbezirke Stellung beziehen. Unter den Rebellen gab es auch einige Freie, die Erfahrung mit dem Töten von Drachen hatten. Die anderen Verteidiger erhielten Anweisung, auf die Flügel zu zielen, anstatt ihre Munition darauf zu verschwenden, den Kopf treffen zu wollen. In den Straßen waren überall mit Eimern und Schlauchpumpen ausgestattete Löschtrupps positioniert worden. Die Zahl der Löschmannschaften war doppelt so groß wie die der bewaffneten Verteidiger, was einiges darüber aussagte, wie Hilemore ihre Chancen einschätzte, den bevorstehenden Angriff abwehren zu können.

Zeit, erinnerte er sich, als er zur Mitte der gewölbten Brücke ging. Die Nacht rückte rasch näher, und sein Blick war auf den nördlichen Horizont jenseits des mondbeschienenen Flusses gerichtet. *Wir müssen uns nur noch etwas Zeit erkaufen.*

Er hatte Steelfine das Kommando über die *Überlegenheit* übertragen, um selbst auf dem östlichen Brückenturm Stellung zu beziehen. Er besaß vollstes Vertrauen in die Fähigkeit des Insulaners, das Schiff während einer Schlacht zu befehligen, außerdem erlaubte der Plan, einmal in Gang gebracht, kaum Raum für Improvisation. Eigentlich musste je nach Entwicklung der Lage nur eine einzige Entscheidung getroffen werden. Mütter mit Kindern waren in Hauskellern am Hafen untergebracht worden, damit sie, sollte die bevorstehende Schlacht in einer Katastrophe enden, schnell zu den Schiffen geleitet und evakuiert werden konnten. Dafür musste das Hafentor in einer Ein-Mond-Nacht geöffnet werden, was bedeutete, dass die tiefer gelegenen Bereiche der Stadt und die Menschen dort verloren wären, was jedoch besser war als die Alternative.

Hilemore hatte lediglich um einen Freiwilligen gebeten, der ihn begleitete, und Leutnant Talmant hatte sich sofort dafür gemeldet. Hilemores erster Impuls war es gewesen, ihn auf dem Schiff zu lassen. Schließlich war er der zweite Stellvertreter des Kapitäns. Angesichts der ernsten, beinahe herausfordernden Miene des jungen Mannes hatte er sich die Worte jedoch verkniffen. *Der Junge hat sich das Recht erworben, heute Nacht seine Position selbst zu wählen*, dachte er, klopfte dem Leutnant auf die Schulter und befahl ihm, sich ein Gewehr zu holen.

Neben Talmant hatten sich ihm noch die Verteidiger der Wäscherstraße angeschlossen. Coll hatte ihnen den Befehl gegeben, »den korporatistischen Schweinehund am Leben zu erhalten«. Den Umständen zum Trotz wirkten sie erstaunlich fröhlich. Bei Nachteinbruch versammelten sie sich um eine brennende Feuerschale und lachten und scherzten miteinander, ohne die bevorstehende Gefahr zu erwähnen.

Allerdings klangen ihre derben Scherze gezwungen, und Hilemore wusste, dass sie sich damit nur von ihrer Furcht ablenken wollten, was er ihnen nicht verübeln konnte.

Zu ihrem Trupp gehörte noch eine Rekrutin, um deren Anwesenheit Hilemore gebeten und die er mit so viel Produkt ausgestattet hatte, wie er erübrigen konnte. Jillett hatte dagegen protestiert, sich seinem Befehl zu unterstellen, und deutlich gemacht, dass sie lieber an der Seite ihrer Kameraden von der Allianz kämpfen wollte. Allerdings hatte es ihrer Empörung nach Hilemores Empfinden an Überzeugung gemangelt. Er sah die Furcht in ihren Augen, als sie zwischen den Verteidigern der Wäscherstraße stand. Als einzige Blutgesegnete der Allianzler war sie während des Konflikts stets abgeschirmt worden. Heute Nacht würde sie zum ersten Mal an Kämpfen teilnehmen. Am liebsten hätte er sie an Bord der *Überlegenheit* gebracht, als zusätzliche Sicherheit, für den Fall, dass die Schiffe fliehen mussten. Aber er wusste, dass Coll und der Rest des Komitees dem nie zugestimmt hätten.

Die Zeit vor einer Schlacht strapazierte für gewöhnlich die Nerven und schien sich unnatürlich in die Länge zu ziehen. Deshalb war er fast dankbar, als die Drachen sie nicht warten ließen. »Sir«, sagte Talmant, reichte ihm ein Fernrohr und deutete nach Norden. Hilemore hatte sie schnell entdeckt. Nelphias Licht schimmerte auf den Rücken der Grünen, die dichtgedrängt am Westufer des Flusses entlangliefen. Sie bewegten sich recht langsam vorwärts, vermutlich, um sich ihre Energie für den Angriff aufzusparen. Er musste einen Anflug von Bestürzung unterdrücken – das bedeutete, dass ihr Angriff durchaus überlegt war.

»Wir könnten einfach verschwinden«, hatte Zenida vor einer Stunde gesagt, als er sich von ihr verabschiedet hatte. »Diese Leute hier wollen sich doch sowieso nur gegenseitig umbringen. Was schulden wir ihnen?«

»Hier leben auch Kinder«, sagte er. »Und andere, die mit dieser blutigen Farce nichts zu tun haben. Ich kann sie nicht einfach ihrem Schicksal überlassen.«

Sie hatte das Thema nicht weiterverfolgt, sondern nur mit müdem Grinsen den Kopf geschüttelt: »Du hättest einen miserablen Piraten abgegeben.«

»Senden Sie das Signal«, sagte Hilemore nun. Er hob das Fernrohr zum Himmel, der sternenklar und nur schwach bewölkt war. Drachen waren keine zu sehen. *Aber sie sind dort oben. Wahrscheinlich fliegen sie so hoch, dass man sie nicht erkennen kann.*

Das dumpfe Donnern einer explodierenden Rakete zerriss die Nacht, als Talmant die Flotte und die Stadt wissen ließ, dass der Feind in Sicht war. Auf das Signal folgte ein zuvor abgesprochener Chor aus Sirenen und Schiffspfeifen, der dösende Verteidiger auf den Häuserdächern aufwecken sollte. Hilemore senkte das Fernrohr, um das Vorrücken der Grünen abzuschätzen. Sie hielten sich dicht am Flussrand und die vordersten erhöhten nun das Tempo. Aus ihren aufgerissenen Schnauzen drangen herausfordernde Rufe, die lauter wurden, je näher das Rudel kam. Das bellende Kreischen ähnelte immer mehr dem Knurren eines hungrigen Ungeheuers.

»Verflucht nochmal«, hörte er einen Verteidiger der Wäscherstraße murmeln. Der Mann verstummte jedoch, als ihn einer seiner Kameraden in die Seite knuffte.

Hilemore folgte den vordersten Grünen mit dem Blick, bis sie die Mauer auf der anderen Flussseite erreicht hatten. In einer bellenden, geifernden Flut ergossen sie sich über das teils zerstörte Bauwerk. Einige liefen direkt in die Stadt hinein, andere kletterten auf den Wehrgang und hielten auf die Brücke zu.

Hilemore schob das Fernrohr mit resolutem Klicken zusammen und reichte es Talmant, bevor er ohne Eile die Turmtreppe hinabstieg. Er ging zu der Kiste, die sich an der Stelle befand, wo die Brücke auf die Ostmauer traf. Einer der Verteidiger bellte einen Befehl, und die Allianzler stellten sich in zwei Reihen neben ihm auf. Die vordersten knieten, und alle hatten Gewehre und Karabiner erhoben.

»Spart eure Munition«, riet Hilemore ihnen, drehte den Sicherungsschalter an der Kiste und zog den Hebel hoch. Die Konstruktion war vor ein paar Stunden von Chief Bozware gebaut worden. Hilemore hätte sonst niemanden mit dieser Aufgabe betrauen wollen. »Ist der Mechanismus entriegelt, dann schieben Sie nur den Hebel nach vorn, Sir«, hatte Bozware gesagt. »Es gibt eine Verzögerung von einer Sekunde, damit Sie sich noch die Ohren zuhalten können.«

Diesen Rat gab er jetzt auch den Verteidigern, die ihn jedoch nur verwirrt anschauten. Er zuckte mit den Achseln und wandte sich wieder der Brücke zu. Der erste Grüne hatte die Brückenmitte bereits erreicht, in seinem Maul loderten Flammen auf. Die Verteidiger feuerten alle gleichzeitig und verteilten Kugeln über die Brücke. Sie trafen die Vorderbeine und Schultern der Bestie, konnten sie jedoch nicht aufhalten. Als Hilemore dahinter zwei weitere Grüne entdeckte, beschloss er, nicht länger zu warten. Er schob den Hebel des Zünders nach vorn und hielt sich rasch die Ohren zu.

Die Stoßwelle reichte aus, um Hilemore und die Verteidiger zu Boden zu schicken. Blinzelnd suchten sie Deckung vor herabfallenden Trümmerteilen. Hilemore schüttelte den Kopf, um das Klingeln in den Ohren loszuwerden, und rieb sich die Augen. Rauch wehte durch die Luft. Als er sich gelichtet hatte, wurde Hilemore mit dem Anblick von einem Dutzend oder mehr Grünen belohnt, die in die Lücke fielen, wo sich eben noch der Brückenbogen befunden hatte. Kreischend stürzten sie in den rasch fließenden Strom und wurden zum Wasserfall davongetragen. Der Ansturm der Grünen war so energisch, dass noch ein paar Minuten lang weitere Drachen in den Fluss fielen – sehr zur Belustigung der Verteidiger.

»Ersauft, ihr schuppigen Mistviecher!«, schrie ein Mädchen mit schmalem Gesicht über die Lücke, wo am Ende der abgebrochenen Brücke eine große Menge Grüner unter wütendem Gekreisch umherwimmelte und Feuer spuckte. »Versucht jetzt mal, uns zu fressen!«

Hilemore schaute zu den Straßen der Westviertel hin, in die immer noch Drachen hineinströmten. Ein paar Sekunden später wurde die erste Falle ausgelöst. Die Explosion zerstörte einen Springbrunnen auf einem der breiten Plätze im Verwaltungsviertel. Hilemore sah mindestens zehn Grüne inmitten von Flammen und Trümmern durch die Luft fliegen. Die übrigen Fallen explodierten kurz danach. Die Detonationen schienen immer lauter zu werden.

Trotz des Blutbads stürmten die Grünen weiter durch die Straßen in Richtung Hafen. Ein Großteil der Fallen war im Hafen und in seinem Umkreis aufgebaut worden. An den Landungsstegen und Kais hatten sie Sprengladungen befestigt, weil es die Grünen höchstwahrscheinlich dorthin ziehen würde, und so war es auch. Das gesamte Hafenviertel schien auf einmal in Flammen aufzugehen. Mehrere Villen wurden von den Explosionen in Schutt und Asche gelegt, und überall wüteten Feuer.

Hilemore bat Talmant, ihm das Fernrohr zuzuwerfen, und als er es auf den Hafen richtete, sah er dort nur wabernden Rauch und lodernde Flammen. Einen Moment lang glaubte er schon, sie hätten den Ansturm der Grünen aufgehalten, sie vielleicht alle vernichtet, aber ein kurzer Blick auf die benachbarten Viertel zeigte, dass sich dort nach wie vor Grüne in den Straßen drängten. Unbeirrt liefen sie durch die Feuer ins Hafenwasser hinein, um zur Ostseite zu schwimmen. Ihre paddelnden Gliedmaßen ließen das Wasser weiß aufschäumen.

Die Disziplin der Kaufleute beeindruckte Hilemore. Wie verabredet warteten sie mit dem Schießen, bis die *Überlegenheit* ihre erste Breitseite losließ. Als die Grünen ein Drittel des Weges durch den Hafen zurückgelegt hatten, wurde die erste Mine ausgelöst. Sie erzeugte eine zwanzig Meter hohe Wasserfontäne, in der mehrere zerfetzte Drachenleiber zu sehen waren. Die übrigen Minen explodierten gleich darauf mit ähnlich grausigen Resultaten. Kurzzeitig schien es, als würde das Hafenwasser von der vielen freigesetzten Energie kochen. Wasser schwappte über die östlichen Kais, wie die Wellen eines sturmgepeitschten Meeres, und die Schiffe schaukelten heftig im Seegang.

»Haben wir die Mistviecher alle erwischt, Käpt'n?«, fragte einer der Verteidiger, der stämmige Bursche, der sich für Hilemores Medaillen interessiert hatte.

»Es heißt: Kapitän«, erwiderte Hilemore und sah zu, wie das von den Minen hochgeschleuderte Wasser wieder in den Hafen hinabregnete. »Und ich bezweifle es.«

Gleich darauf sprang kaum zehn Meter von einem Blauenjäger entfernt ein Grüner aus dem Wasser und klammerte sich an der vorderen Ankerkette fest. Es gelang ihm, die Hälfte der Kette zu erklimmen, bevor eine Salve Gewehrschüsse der Mannschaft ihn zappelnd ins Wasser zurückfallen ließ. Handfeuerwaffen knallten, als ein Grüner nach dem anderen die Oberfläche durchbrach, was Hilemore an einen Schwarm Lachse erinnerte, die einen Bach hochschwammen. Die meisten wurden schon in der Luft abgeschossen, aber einigen gelang es, an der Reling Halt zu finden, Flammen aufs Deck zu spucken und mehrere Mannschaftsmitglieder zu verbrennen, bevor sie getötet wurden. Mit Bestürzung sah Hilemore den weißen Schaum in der Nähe der *Überlegenheit*. Der Verstand, der die Drachen koordinierte, hatte das Schiff offenbar als größte Bedrohung erkannt und seine Kräfte entsprechend konzentriert.

Zum Glück war die *Überlegenheit* unter Steelfines Kommando der Aufgabe gewachsen. Die Kanonen an der Steuerbordreling feuerten, als die Grünen in Sicht kamen, und die Kartätschen rissen die meisten Drachen in Stücke. Den wenigen, denen es dennoch gelang, am Rumpf hochzuklettern, wurde von den erfahrenen Schützen auf den oberen Aufbauten schnell der Garaus gemacht.

Das Donnern der Kanonen der *Überlegenheit* war das Signal für die anderen Schiffe, ihre schweren Geschütze abzufeuern. Auf Hilemores Drängen hin waren sie alle mit Kartätschen oder Metallstücken geladen. Der tödliche Regen prasselte auf den Hafen nieder und zerfetzte die Grünen, die von der Westseite herüberschwammen oder gerade aus dem Wasser sprangen.

Bald darauf verstummten die Kanonen, was, wie Hilemore wusste, der gefährlichste Moment war. Während die Kanoniere eilig ihre Geschütze nachluden, mussten die Gewehrschützen und Kaufleute mit Handfeuerwaffen die Grünen in Schach halten. Überall entlang der Schiffskette ertönte das Knallen von Gewehr- und Karabinerschüssen. Die Schützen traten an die Reling und feuerten auf die Grünen im Wasser. Die Drachen schienen es aufgegeben zu haben, zur Reling hochspringen zu wollen, und zogen sich stattdessen mit ihren eisenharten Krallen an den Schiffsrümpfen hoch. Mehrere Schiffe neigten sich unter dem Gewicht der Drachenleiber bereits gefährlich zur Seite. Hilemore musste einen Fluch unterdrücken, als einige Drachen über die Seite eines kleinen Dampfschiffs strömten. Eine Katastrophe konnte jedoch verhindert werden, indem das nächste Schiff in der Reihe – der von der dalzianischen Piratin kommandierte Frachter – seine frisch geladenen Kanonen auf den Nachbarn richtete und ihn mit Kartätschen eindeckte. Die Drachen wurden weggeschossen, und das Schiff richtete sich wieder auf. Danach war allerdings an Deck kein Lebenszeichen mehr zu entdecken, weder von Drachen noch von Menschen.

Die Grünen schienen zu verschwinden, als die restliche Flotte wieder das Kanonenfeuer eröffnete. Die Drachen, die an den Rümpfen hochkletterten, rutschten ab und fielen ins Hafenbecken zurück. Zahllose Drachenkadaver schwammen bereits auf dem Wasser, und bei Tageslicht würde es sicher tiefrot verfärbt sein. *Wahrscheinlich brennt es sogar, wenn man es anfasst,* dachte Hilemore. Bei der Vorstellung, dass er, so knapp wie Produkt derzeit war, hier unabsichtlich ein riesiges Becken voller Reichtum geschaffen hatte, verspürte er eine grimmige Belustigung.

»Sir«, rief Talmant in diesem Moment vom Turm. Hilemore schaute hoch und sah ihn auf den Ostrand des Kraters zeigen. »Da oben bewegt sich was.«

Hilemore hob das Fernrohr und blinzelte beunruhigt, als ihn durch das Okular eine Flammenwolke blendete. Als er noch einmal hindurchschaute, sah er einen Roten die zerstörte Mauer hinunterklettern. Der Drache machte einen Satz und landete in der Nähe einiger Verteidiger auf einem Hausdach. Mit schnappendem Maul und peitschendem Schwanz erledigte er die Männer binnen weniger Sekunden. Wieder flammte eine Feuerwolke auf, und Hilemore senkte das Fernrohr. Dutzende dunkle Umrisse kletterten nun die Mauer hinunter in die Stadt hinein. Und jedes Mal, wenn einer die Häuser am Stadtrand erreichte, loderte Feuer auf.

Sie sollten doch aus der Luft angreifen. Schuldgefühl und Verzweiflung ballten sich in Hilemores Magen zusammen, die von dem sicheren Wissen herrührten, übertölpelt worden zu sein. *Die Grünen waren nur eine Ablenkung.*

»Mr. Talmant!«, rief er zum Turm hoch. »Laufen Sie zur *Überlegenheit* und sagen Sie Mr. Steelfine, er soll Kanonenkugeln laden und das Feuer auf den Ostrand des Kraters konzentrieren. Verbreiten Sie die Nachricht auch an die anderen Schiffe.«

»Jawohl, Sir!« Talmant salutierte, eilte die Turmtreppe hinunter und rannte den Wehrgang entlang.

Hilemore zog seine Pistole und musterte die Verteidiger der Wäscherstraße. Sein Blick blieb bei Jillett hängen. »Ich glaube, Miss«, sagte er. »Es wird Zeit, dass Sie etwas Produkt trinken.«

KAPITEL 36

Lizanne

Einen fairen Kampf gibt es nicht, hatte einer von Lizannes Lehrern ihr vor Jahren einmal gesagt. *Nur den Kampf, den du gewinnst, und den, den du verlierst.*

Dass Mr. Lockbar nicht die Gelegenheit genutzt hatte, sie während der Trance zu fesseln oder außer Gefecht zu setzen, lag wohl an Berufsstolz. Er wollte einen fairen Kampf. Ein großer Fehler!

Sie duckte sich und wich seinem Messer aus. Die Klinge streifte sie nur leicht am Ohr. Dann bildete sie mit den Fingern der linken Hand eine Speerspitze und stieß sie in sein Handgelenk, bevor er das Messer zurückziehen konnte. Sie traf den Nerv, der seinen Griff löste, sodass ihm die Waffe aus der Hand fiel. Die kurze Ablenkung hätte ausgereicht, um zu fliehen, vielleicht zum Fenster zu sprinten, aber der Anblick von Makarios zusammengesunkener Gestalt über den tropfenden Tasten des Pianolas ließ sie diesen Gedanken vergessen. Stattdessen umklammerte sie ihren Gegner mit den Beinen und legte einen Arm um seinen Hals, in einer seltsamen Parodie der leidenschaftlichen Umarmung einer Geliebten – Liebe hatte sie für Mr. Lockbar gewiss nicht übrig.

Er unterdrückte einen Aufschrei, als sie mit dem freien Arm ausholte und ihm den Daumen tief ins Auge stieß. Gleichzeitig biss sie ihm in die Nase. Sie riss daran wie ein Terrier. Blut floss ihr in den Mund, und sie bohrte den Daumen noch tiefer in sein Auge. In einem verrückten Tanz wirbelten sie durch den Raum, und Lockbar schrie schließlich doch. Mit Fäusten wie Eisenkugeln hämmerte er gegen ihren Rücken und ihren Kopf. Lizanne spürte es kaum, sie legte all ihre Kraft in ihre Glieder und ihren Kiefer. Eine wilde Befriedigung durchströmte sie, als ihre Zähne aufeinandertrafen und ihr Daumen mit feuchtem Schmatzen in der Augenhöhle ihres Gegners verschwand.

Lockbar heulte vor Schmerz und Wut auf und rannte vorwärts, um sie ein paar Mal gegen die Wand zu rammen. Mit Grün in den Adern hätte sie dem vielleicht standhalten können, aber nicht so. Beim dritten Aufprall verloren ihre Beine den Halt, und Lockbar riss sich von ihr los. Benommen wie sie war, konnte sie nur die Wand hinunterrutschen und zusehen, wie er umherstolperte, eine Hand auf sein verletztes Gesicht gedrückt.

»Du Miststück«, fluchte er mit hohem Keuchen. Er klang wie ein Kind, das sich auf dem Spielplatz verletzt hatte. Die Vorstellung brachte Lizanne zum Lachen, was Lockbar noch mehr verärgerte. »Jetzt bist du tot …«, krächzte er und suchte mit dem unversehrten Auge nach dem Messer. »Ich bring dich um …« Er hob die Waffe vom Boden auf und wandte sich Lizanne zu. »Ich lass dich deine Eingeweide fressen …«

Lizanne wollte aufstehen, aber ihre Glieder gehorchten ihr nicht mehr. Es hätte schlimm enden können, wäre nicht in diesem Moment Bastler aufgewacht und hätte die Flasche mit der Salzlösung nach Lockbar geworfen. Der Wurf war gut gezielt, die Flasche zerbrach an Lockbars Kopf, und er geriet ins Stolpern, als ihm Blut in sein verbliebenes Auge tropfte. Lizanne nahm all ihre Willenskraft zusammen, drückte sich mit dem Rücken gegen die Wand und schob sich daran nach oben. Sie sah, wie Lockbar sich das Blut aus dem Auge wischte. Blitzschnell warf Lizanne sich auf Bastler, packte ihn und rollte sich mit ihm vom Bett, bevor Lockbars Messer sich in die Matratze bohrte.

»Ich bring dich um!«, brüllte Lockbar und schob das Bett beiseite, hinter dem sie mit Bastler kauerte. Ihr Gegner duckte sich zu einem letzten, mörderischen Sprung, als mit einem Mal die Tür aufbrach.

Holz splitterte, und Lockbar wirbelte herum. Die Hand schützend vors Gesicht gehalten, stieß er blindlings mit dem Messer zu, traf jedoch ins Leere. Dann erstarrte er mitten im Stoß. Seine Haut war mit Splittern übersät, und Blut floss aus seiner zerbissenen Nase und der leeren Augenhöhle.

»Was soll ich mit ihm machen?«, fragte Morva, die durch die Überreste der zerschmetterten Tür in den Raum trat.

Lizanne löste sich von Bastler und half ihm hoch. Sie ging zu Makario. Der Kopf des Musikers lag auf den Tasten des Pianolas, fast als wollte er sich ausruhen. Seine Augen waren offen, und seine Haut fühlte sich eiskalt an, als Lizanne ihm eine Hand auf die Wange legte. Der Schnitt an seinem Hals war tief, es tropfte immer noch Blut auf die Tasten.

»Bring ihn nicht um«, sagte sie zu Morva und trat dicht an Lockbar heran. Sie schaute in sein verbliebenes Auge, das weit aufgerissen und feucht war. »Wir haben noch einiges zu besprechen.«

◆ ◆ ◆

Sie stellte keine Fragen. Für ein richtiges Verhör mangelte es ihr an Fähigkeiten. So etwas überließ sie lieber den Experten. Stattdessen hatte sie die Eisengießerei räumen lassen und den Arbeitern, die ohnehin eine Pause verdient hatten, den Vormittag freigegeben. Mr. Lockbar hing an Ketten über der riesigen Schüssel mit den Barren, die sich auf dem Schmelzofen befand.

Morva hatte ihre Hilfe angeboten, aber Lizanne hatte sie weggeschickt und selbst den Ofen angeheizt. Sie hatte sich mit dem Schaufeln der Kohle Zeit gelassen und den kerosinbetriebenen Motor eingeschaltet, der den Blasebalg antrieb. Die ersten zehn Minuten lang hing Lockbar nur schweigend da. Blut sickerte durch die Verbände an seinem Gesicht, die von einem Assistenten Dr. Weygrands nicht sehr sanft angebracht worden waren. Lizanne hatte aber verhindern wollen, dass ihr Gefangener verblutete.

Etwa nach einer Viertelstunde begann Lockbar zu zappeln. Mit rasselnden Ketten warf er sich über der Schüssel hin und her, weigerte sich jedoch weiterhin zu sprechen. Lizanne überprüfte die Temperatur des Schmelzofens. Als die gewünschte Höhe erreicht war, öffnete sie die Ofentür. Unter dem plötzlichen Hitzeschwall wurde Lockbars Zappeln heftiger. Von den Barren in der Schale stieg bereits Rauch auf, und als Lizanne das Gerüst hochstieg, kamen die ersten Worte über Lockbars Lippen.

»Wir …«, sagte er mit seiner seltsam nasalen Stimme. »Wir sind im selben Geschäft.«

Lizanne legte den Kopf schief. Die obersten Barren gerieten ins Rutschen, während die unteren zu schmelzen begannen. Trotz der Hitze fror sie, ihr Gesicht war starr, und ihre Hände fühlten sich taub an. Makarios Musik spielte in ihrem Kopf, oder vielmehr die Musik, deren Neuentdeckung er sein Leben gewidmet hatte. Sie nahm sich vor, dafür zu sorgen, dass seine Notizen ordentlich katalogisiert und archiviert wurden, dann schloss sie die Augen und erinnerte sich daran, wie sie ihn das erste Mal im *Bergmanns Rast* hatte spielen hören. Selbst dort, am schlimmsten Ort der Welt, hatte seine Musik etwas Magisches an sich gehabt. Ein Missklang riss sie aus ihren Erinnerungen. Lockbar sprach wieder.

»… sind gar nicht so unterschiedlich.« Lizanne öffnete die Augen und sah, dass er versuchte, sich zu ihr umzudrehen. »Wahrscheinlich haben wir ähnliche Sünden begangen«, krächzte er. Seine Haut war von Schweiß bedeckt, während aus der Schüssel noch mehr Rauch aufstieg. Zwischen den festen Barren oben auf dem Haufen blubberte bereits geschmolzenes Metall. »Deshalb frage ich dich«, fuhr Lockbar fort, »wäre das hier ein passendes Ende für dich? Wärst du nicht auch der Meinung, dass du ein bisschen mehr Respekt verdient hättest?«

Er hatte sich so weit herumgedreht, dass er ihr in die Augen schauen konnte. Das eine unversehrte Auge funkelte inmitten der Maske aus Verbänden. Lizanne begegnete seinem Blick ohne Zögern und schaute gleich wieder weg. Sie sagte nichts, sondern sah nur weiter dem Metall beim Schmelzen zu. Mit tiefem Bedauern wurde ihr klar, dass sie Makarios ganzen Namen nie erfahren hatte. Sie hörte Lockbar weiter flehen, aber keines seiner Worte kümmerte sie, bis er anfing zu verhandeln.

»Ich habe den Bootsmann auf einem der Piratenschiffe bestochen, mich hier reinzuschmuggeln«, sagte er, und sein Blick ging zwischen ihr und dem fast geschmolzenen Inhalt der Schale hin und her. »Ich kann dir seinen Namen nennen.«

Als der letzte Barren mit der hell-orangefarbenen Suppe verschmolzen war, ging Lizanne zu der Kette, an der Lockbar hing. Diese ließ sich mit Hilfe einiger Flaschenzüge mühelos bewegen.

»Arshav und Ethilda!«, schrie Lockbar jetzt. »Ich weiß, wo sie sind. Sie haben die Sieben Mauern verlassen. Wie du dir wahrscheinlich schon gedacht hast. Aber ich weiß, wo sie hingegangen sind.«

Lizanne ließ etwas Kette nach, sodass Lockbars Füße nun tiefer über dem blubbernden Inhalt der Schale hingen.

»Nach Norden!«, schrie Lockbar und strampelte mit den Beinen, als geschmolzenes Eisen nach oben spritzte. »Sie sind nach Norden gegangen, um sich mit den corvantinischen Rebellen zu verbünden. Ich sollte in Corvus zu ihnen stoßen.«

Lizannes Hände verharrten, und sie schürzte nachdenklich die Lippen. »Ja«, sagte sie. »Das habe ich mir schon gedacht.« Dann ließ sie erneut Kette nach und senkte Lockbar weiter hinab.

»Lizanne!« Ihr Vater stand oben auf der Leiter, noch ganz außer Atem vom Aufstieg, und starrte sie bestürzt und angewidert an. »Was tust du da?«

»Die Arbeiter haben mir gesagt, dass es das Schmelzergebnis nicht beeinträchtigt«, sagte sie und ließ die Kette noch mehr nach.

»Hör auf!« Er lief zu ihr und packte ihre Hände. Verärgert versuchte sie, sich loszureißen, aber er hielt sie fest. »Das ist keine Gerechtigkeit«, sagte er. »Gerechtigkeit erfordert ein Gericht und einen Richter.«

»Ich bin nicht sicher, ob so etwas jetzt noch einen Nutzen hat, Vater«, sagte sie und nickte in Lockbars Richtung. »Jetzt gibt es nur noch Menschen wie ihn und mich.«

Er schaute sie mit einem Gesichtsausdruck an, als würde er eine Fremde betrachten. »Was haben sie dir angetan?«, murmelte er und ließ ihre Hände los, um ihr übers Gesicht zu streichen. »Was haben sie aus dir gemacht?«

»Was hast du denn gedacht, Vater?«, fragte sie. »Als du zugelassen hast, dass sie mich abholten, was hast du geglaubt, was aus mir wird? Du hast doch sicher schon vor dem Blut-Los gewusst, dass ich gesegnet bin. Ein kluger Mann wie du hätte sich bestimmt die Mühe gemacht, die wahre Natur seiner Tochter in Erfahrung zu bringen, oder?«

Professor Lethridge senkte den Blick und nickte leicht.

»Und trotzdem hast du es zugelassen.«

»Es war so Gesetz.« Sein Gesicht zuckte bei der Lüge. Ein kluger Mann wie er hätte sie verstecken, vielleicht sogar an einen Ort bringen können, wo das Syndikat sie nie gefunden hätte. »Ich glaubte, es sei das Beste für dich«, sagte er und sah ihr wieder in die Augen. »An der Akademie ausgebildete Blutgesegnete genossen viele Vorteile, hatten glänzende Karrieren vor sich. Was hätte ich dir dagegen bieten können? Ich hatte doch nur meine Bastelei und kaum Geld in den Taschen. Ich wusste ja nicht …« Er legte seine Hände an ihr Gesicht, beugte sich vor und flüsterte: »Ich wusste nicht, was sie mit dir machen würden. Hätte ich es gewusst, dann hätte ich es niemals zugelassen.«

Sie spürte, wie sie alle Kraft verließ. Ihr Körper sackte in sich zusammen, und der Rachedurst wich einem Gefühl von Trauer und Verlust. »Bin ich denn solch eine Enttäuschung für dich?«, fragte sie.

»Nein.« Er zog sie an sich. »Nein, du bist das, was du immer warst. Eine furchteinflößende, aber wunderbare Überraschung.«

Lizanne Lethridge umarmte ihren Vater und weinte, zum ersten Mal seit vielen Jahren.

◆ ◆ ◆

Mr. Lockbar wurde am nächsten Morgen durch ein Erschießungskommando hingerichtet. Sein Prozess war kurz, aber so fair wie möglich. Madame Hakugen fungierte als Richterin, während Kapitän Trumane die Rolle des Anklägers übernahm. Fähnrich Tollver war der Verteidiger und legte dabei einen beeindruckenden Erfindungsreichtum an den Tag. Mit Hilfe seiner ausgezeichneten rhetorischen Fähigkeiten argumentierte der junge Offizier, dass Mr. Lockbar seine Taten, so schrecklich sie auch waren, an einem Ort begangen hatte, an dem es kein Rechtssystem gab und keine offizielle Gerichtsbarkeit. Demzufolge waren sie eigentlich nicht illegal. Madame Hakugen gab jedoch Kapitän Trumanes Argument den Vorzug, dass sich die Satzung der Bergwerk Manufakturgesellschaft auf das Gesetz des Eisenboot-Syndikats stützte, in dem Mord verboten war und Mörder mit dem Tod bestraft wurden.

Das Erschießungskommando bestand aus Schützen der *Gute Gele-*

genheit. Aber auch unter den Arbeitern hatte es zahlreiche Freiwillige gegeben. Dr. Weygrand war beliebt gewesen, und Makario hatte häufig nach Schichtende für die Arbeiter musiziert. Man brachte Lockbar bei Flut auf einen Anlegesteg. Eine Augenbinde lehnte er ab. Er wollte seinen Henkern lieber ins Gesicht sehen, als diese auf Trumanes Befehl hin die Gewehre hoben. Lizanne hatte gehört, dass bei derartigen Anlässen, der menschlichen Abneigung gegen das Töten wegen, häufig Schüsse danebengingen. Bei Mr. Lockbar war das jedoch nicht der Fall. Alle abgefeuerten Kugeln trafen seine Brust und ließen ihn vom Steg ins Wasser des Blaska-Fjords fallen.

»Schade wegen Arshav und Ethilda«, sagte Alzar Lokaras, als Lizanne ihn zu seinem Schiff zurück begleitete. »Die sind jetzt wahrscheinlich schon hunderte Kilometer weit weg. Und vergessen Sie das, was Lockbar Ihnen gesagt hat. Im Norden gibt es zu viele Blaue. Ich würde schätzen, sie sind zum Kap der Seelen gefahren, um von dort aus zur corvantinischen Ostküste zu gelangen. Entweder das, oder sie versuchen, Dalzia zu erreichen, wenn ihr Treibstoff dafür reicht. Mit Ihrem Flugapparat könnten Sie sie vielleicht noch einholen …«

»Wir haben einen Krieg zu führen«, unterbrach ihn Lizanne. »Alles andere muss warten. Die *Glühwurm* war gestern auf Erkundungsflug. Anscheinend ist die Armee des Weißen nur noch dreißig Kilometer von den Pässen entfernt.«

Er nickte, und sie blieben am Fuß der Gangway zu seinem Schiff stehen. »Die Blutgesegneten werden heute Abend an Land geschickt. Jedenfalls die, die bleiben wollen. Der Segen schützt offenbar nicht vor Feigheit.«

Feigheit?, fragte sich Lizanne. *Oder Weisheit? In Zeiten wie diesen gibt es da vielleicht gar keinen Unterschied.* »Diese Operation ist nur eine Verzögerungstaktik«, sagte sie. »Selbst wenn wir Erfolg haben, stehen uns die größten Schlachten noch bevor. Wir brauchen Kämpfer. So viele, wie Sie in der verbleibenden Zeit sammeln und auf die Halbinsel bringen können.«

Er nickte knapp mit gerunzelter Stirn. »Ich wünschte, sie würden uns den Gefallen tun und die Schlacht aufs Meer verlegen. In einem hatte Ethilda nämlich recht: Die Varestianer kämpfen nicht gerne an Land. So haben die Corvantiner uns damals geschlagen.«

»Ein kluger Gegner tut nie, was man von ihm erwartet. Und unser Gegner ist leider ziemlich klug.« Sie nickte förmlich und wandte sich dann zum Gehen.

»Meine Nichte«, rief Lokaras ihr hinterher. »Werden Sie sie mitnehmen?«

»Natürlich«, sagte Lizanne.

Sein Blick wirkte wachsam, und sein barscher Tonfall verriet keinerlei Gefühlsregung. »Wäre es nicht besser, ein paar Blutgesegnete in Reserve zu behalten?«

»Nicht, wenn wir mit unserer Taktik Erfolg haben. Außerdem würde sie wohl auch nicht hierbleiben wollen.«

Alzar biss die Zähne zusammen und wandte den Blick ab. »Sie ist die letzte Blutgesegnete der Familie Lokaras, auch wenn sie nicht wirklich mit uns verwandt ist.«

»Der Segen schützt vielleicht nicht vor Feigheit«, sagte Lizanne, »Ihr Familienname aber anscheinend schon.« Alzar nickte. Es war offensichtlich, dass er sie um einen Gefallen bitten wollte, aber nicht wusste, wie er es formulieren sollte. Lizanne seufzte schwer. »Sie wird auf der *Taifun* bleiben«, sagte sie. »Als Nachhut. Mit etwas Glück wird sie die meiste Zeit über außer Gefahr sein.«

Alzar knurrte zufrieden, drehte sich um und ging ohne ein Abschiedswort die Gangway hoch.

Lizanne hingegen machte sich auf den Weg zum Verwaltungsgebäude. Unterwegs zwang sie sich, die vielen Begrüßungen der Leute zu erwidern. Die Trauer hätte ihr inzwischen vertraut sein müssen, und sie hatte gehofft, dagegen abgehärtet zu sein. Offenbar ein Irrtum. In ihrer gegenwärtigen Verfassung stand ihr der Sinn nicht nach Höflichkeiten. Dennoch gab sie sich Mühe, freundlich zu sein. Allerdings war nicht zu übersehen, dass die Achtung, mit der die Leute ihr begegneten, auch von Vorsicht, wenn nicht gar Angst gefärbt war. *Sie wissen, was ich mit Mr. Lockbar gemacht habe. Und was ich ihm antun wollte.*

»Ich kann gerne warten, wenn sie beschäftigt ist«, sagte sie zu Madame Hakugens Sekretärin, als sie den Vorraum ihres Büros betrat. Das Mädchen dort wurde sofort kreidebleich und eilte zur Bürotür. Sie wechselte ein paar geflüsterte Worte mit Madame Hakugen und öffnete dann die Tür.

»Miss Lethridge.« Madame Hakugen erhob sich, als Lizanne eintrat.

»Madame.« Lizanne deutete auf den Stuhl vor dem Schreibtisch der Direktorin. »Darf ich?«

»Aber natürlich. Dissel«, sagte Hakugen an die Sekretärin gewandt, »holen Sie uns doch bitte etwas Tee.«

»Tee?«, erkundigte sich Lizanne mit hochgezogener Augenbraue und ließ sich auf den Stuhl sinken, während das Mädchen hinauseilte.

»Schwarze Auslese sogar«, sagte Madame Hakugen und nahm ebenfalls Platz. »Ein Geschenk von Kapitänin Kashiel. Wir kannten uns bereits in Lossermark. Sie wusste schon damals, das Geschäftliche mit dem Angenehmen zu verbinden.«

»Ich hoffe doch, dass Sie ihn mit der Belegschaft geteilt haben.« Lizanne lächelte ausdruckslos. »Mir ist wichtig, dass in diesem Unternehmen alle auf einer Stufe stehen. Niemand soll besondere Privilegien genießen.«

»Es war nie mein Ansinnen, Luxusgüter zu horten. Was wir gleich trinken werden, ist tatsächlich der letzte Rest unseres Vorrats.« Hakugen hielt kurz inne, und ihre Augen verengten sich. »Heißt das also, das Bergwerk wird ein radikales Unternehmen? Ihr Vorhaben erinnert eher an die Ansichten corvantinischer Revolutionäre als an das traditionelle Geschäftsethos.«

»Die Traditionen der Unternehmenswelt haben uns in jüngster Zeit wenig gebracht. Ich glaube, es ist an der Zeit, etwas Neues zu versuchen.« Lizanne griff in die Tasche der Matrosenjacke, die sie über ihrem Overall trug, und holte einige Papiere hervor. »Hier steht alles drin«, sagte sie und legte die Dokumente auf den Schreibtisch. »Ein Vorschlag zu Unternehmensstruktur und Vergütung.«

Madame Hakugen faltete die Papiere auseinander und begann zu lesen, wobei sich ihre Augen immer mehr verengten. Sie las schweigend und prüfte die Seiten so genau, dass Dissel bereits das Teetablett gebracht hatte, als sie endlich fertig war.

»Die Gehälter der Führungskräfte unterscheiden sich kaum von denen der Arbeiter«, stellte Madame Hakugen fest, nachdem das Mädchen gegangen war.

»Das ist richtig«, bestätigte Lizanne und nahm einen Schluck aus der dampfenden Tasse, die Dissel ihr gereicht hatte. Schwarze Auslese war nie ihre Lieblingssorte gewesen, aber nachdem sie so lange keinen Tee mehr getrunken hatte, genoss sie den Geschmack.

»Und alle Angestellten sind gleichzeitig auch Aktionäre«, fuhr Madame Hakugen fort.

»Ja. Die bereits hier beschäftigten Arbeiter und Führungskräfte würden alle dieselben Aktienanteile erhalten. Neue Arbeitskräfte – wenn wir denn dazu kommen sollten, welche einzustellen – erhalten zu Beginn einen Aktienanteil und können jedes Jahr weitere dazugewinnen, bis sie genauso viele besitzen wie ihre Kollegen.«

»Eine Kooperative«, sagte Madame Hakugen, legte die Papiere weg und griff nach ihrer Teetasse.

»Ganz recht. Ein Unternehmen, in dem alle die Gewinne teilen und deshalb ein Interesse daran haben, sie zu vergrößern. Und ich hätte Sie gern als Geschäftsführerin.«

»Ein neuartiger Vorschlag, über den ich gerne nachdenken werde. Aber mich wundert, dass Sie damit ausgerechnet jetzt an mich herantreten, in der gegenwärtigen Situation …«

»Gerade deswegen. Unten im Stapel finden Sie noch ein weiteres Dokument, das ich Sie bitten möchte zu beglaubigen.«

Madame Hakugen blätterte den Stapel durch, bis sie das Schriftstück gefunden hatte. Verwirrt runzelte sie die Stirn, als sie die Überschrift las. »Das soll wohl ein Testament sein«, sagte sie.

»Jawohl«, erwiderte Lizanne. »Im Hauptsitz der Abteilung Außerordentliche Maßnahmen war ein Testament von mir hinterlegt, aber das dürfte inzwischen verbrannt sein. Außerdem haben sich meine Wünsche seither geändert. Die Liste der Erben ist kurz, und ich vertraue darauf, dass Sie dafür sorgen werden, dass jeder seinen gerechten Anteil erhält.«

»Dergleichen regelt man für gewöhnlich, wenn man damit rechnet, bald das Zeitliche zu segnen.«

Lizanne schürzte die Lippen. »Sehr richtig.«

Madame Hakugen lehnte sich auf dem Stuhl zurück und musterte Lizanne. »Dass Sie ein Testament vorbereitet haben, bedeutet wohl, dass Sie mit Ihrem Ableben rechnen, nicht aber mit dem Ihrer Erben. Oder irre ich mich da?«

»Ich glaube, Sie irren sich überhaupt nur selten.«

Die Direktorin lachte humorlos und schüttelte den Kopf. »Nach meinem Dafürhalten sind Sie viel zu wertvoll, um …«

»Unterzeichnen Sie es einfach.«

Ihr barscher Ton ließ Madame Hakugen auffahren. Lizanne sah ihr in die Augen, um klarzumachen, dass sie es ernst meinte. Nach kurzem Zögern griff die Madame nach einer Feder, tauchte die Spitze in ein Tintenfässchen und setzte ihre Unterschrift unter das Schriftstück.

»Danke«, sagte Lizanne und leerte ihre Teetasse. »Bevor ich gehe, habe ich noch eine Bitte. Es geht ums Personal.«

»Ums Personal?«

»Ja. Ich weiß, dass Sie Informationen über die früheren Berufe unserer Angestellten besitzen. Ich benötige jemanden mit bestimmten Fähigkeiten.«

»Alle Leute mit militärischem Hintergrund wurden bereits identifiziert …«

»Es geht mir nicht um einen militärischen Hintergrund«, unterbrach sie Lizanne. »Sondern um Schauspielerfahrung.«

◆ ◆ ◆

Der Kleine Einschnitt war zu weit entfernt, als dass die Explosion zu hören gewesen wäre, wegen des wolkenlosen Morgenhimmels konnte Lizanne sie jedoch gut sehen. Durch das vordere Gondelfenster der *Taifun* erspähte sie ein kurzes weißes Aufblitzen in der Mitte des Passes. Danach stieg über den Bergen des *Halses* eine vage pilzförmige Wolke auf. Kurz darauf explodierten auch die Sprengladungen im Schmalen Einschnitt, und im Osten und Westen stiegen ebenfalls zwei hohe Pilze auf. Die Sprengmannschaften, die aus erfahrenen Minenarbeitern und Straßenbauern bestanden, waren drei Tage zuvor mit Luftschiffen dorthin gebracht worden und hatten fieberhaft gearbeitet, um rechtzeitig fertig zu werden. Rote hatte Lizanne bislang noch keine entdeckt, aber ihr Gegner hatte die Explosionen bestimmt bemerkt.

Sie wissen, dass ihnen jetzt bloß noch der Große Einschnitt bleibt, wenn sie schnell vorankommen wollen. Aber werden sie den Köder schlucken? Der Weiße konnte seine Armee auch zur Küstenstraße im Westen umlenken und dem Verteidigungsbund damit wertvolle Zeit schenken. Lizanne hatte jedoch das Gefühl, dass er es trotz der offensichtlichen Risiken lieber mit dem Pass versuchen würde. *Was kümmern ihn schon die Risiken? Er kann jederzeit neue Verderbte erschaffen. Zumindest jetzt noch.*

Sie hielt sich an der Mittelstrebe der Gondel fest, als Tekela die *Taifun* steil nach unten sinken ließ. Die anderen Blutgesegneten – es waren insgesamt zehn, Morva mit eingerechnet – standen mit bleichen Mienen dicht beieinander, offenkundig von Übelkeit geplagt. Für die meisten war es der erste Flug in einem Luftschiff, und drei der Blutgesegneten aus dem Bergwerk hatten außerdem noch nie an Kämpfen teilgenommen. Sie trugen allesamt Raucher und an den Handgelenken mit Produkt gefüllte Spinnen. Darüber hinaus verfügte jeder über mehrere Phiolen Rot, Grün und Schwarz und ein Fläschchen Blau für den Notfall. Kurz kam Lizanne der Gedanke, dass sie mit dem vielen Produkt derzeit wohl die reichsten Menschen der Welt sein dürften. Wenn auch nur vorübergehend.

»Halten Sie sich bereit«, sagte Lizanne, als die *Taifun* sich wieder gerade ausrichtete. Durch das Heckfenster sah sie die *Sturmwind*, das erst kürzlich fertiggestellte Schwesterschiff der *Taifun*, das dreizehn weitere Blutgesegnete an Bord hatte. Die *Sturmwind* starrte nur so vor Waffen. An beiden Seiten der Gondel befanden sich jeweils zwei Knallfrösche, ein Beißer am Heck und zwei weitere vorn, wo sie vom Piloten abgefeuert werden konnten. Im Ausguck auf dem Dach der Gondel war außerdem ein Mini-Beißer angebracht, um Angreifer von oben abwehren zu können. Die *Taifun* hatte dagegen wegen des schweren Objekts an der Unterseite der Gondel nur mit ein paar Beißern Vorlieb nehmen müssen. Das zusätzliche Gewicht hätte die Manövrierfähigkeit zu stark eingeschränkt.

»Uhrenvergleich«, sagte Lizanne zu Morva, die ihr prompt den Zeitmesser an ihrem Handgelenk zeigte. Lizanne hielt ihre eigene Uhr daneben, um sich zu vergewissern, dass sie gleich liefen. »Beginne mit der Trance in …«

»Genau zwei Stunden«, beendete Morva den Satz für sie. »Ich weiß. Ich bleibe in der Trance, bis du Kontakt zu mir aufnimmst oder das Produkt alle ist.«

Lizanne nickte zufrieden und ging zum Vorderende der Gondel.

»Mein Onkel ist schuld, oder?«, rief Morva ihr hinterher. »Er hat dich gebeten, mich zurückzulassen.« Ihre Worte klangen nicht hitzig. Es war lediglich eine Feststellung.

»Meine Trance-Verbindung zu dir ist stärker als zu den anderen«, erwiderte Lizanne.

»Mrs. Griffan hätte diese Rolle übernehmen können.«

»Mrs. Griffan ist nicht ganz richtig im Kopf. Sie bleibt besser auf der *Gelegenheit*.« Lizanne schaute Morva in die Augen. »Ich habe dir diese Aufgabe übertragen, weil ich sie sonst niemandem zutraue.«

Sie ging zu Tekela und betrachtete die näher kommenden Berge. Eine steife Brise wehte – Varestianer, die sich in der Gegend auskannten, hatten ihr versichert, dass der Wind im Laufe des Tages noch zunehmen würde. Als sie die Südausläufer des Gebirges erreicht hatten, kam der Große Einschnitt in Sicht. Sein Aussehen entsprach nicht ganz seinem Namen: Es handelte sich um einen schmalen, von steilen Felshängen umgebenen Pfad, der zwischen zwei Bergflanken verlief. Auf den Photostaten war zu sehen gewesen, dass sich der Pass im Norden verbreiterte, was ihn hoffentlich für den Befehlshaber der Armee des Weißen verlockend machen würde.

Tekela, die die Strecke in den vergangenen Tagen bereits mehrmals geflogen war, steuerte die *Taifun* auf einen breiten Felsvorsprung zu, der in etwa dreißig Metern Höhe aus dem Ostmassiv ragte. Erkundungsflüge hatten ergeben, dass es sich um den bestmöglichen Landeplatz handelte, da sich auf der gegenüberliegenden Seite des Passes ein ähnlich großer Vorsprung befand. Tekela flog das Luftschiff näher heran und korrigierte geschickt den Kurs, wenn die unvorhersehbaren Luftströmungen am Fluggerät zerrten. Wenige Minuten später schwebte die *Taifun* ungefähr fünf Meter über dem Vorsprung.

»Denk dran«, sagte Lizanne zu Tekela. »Erst wenn Morva den Befehl gibt. Egal, was sonst noch passiert.«

Tekela blickte mit angespannter Miene zu ihr hoch. »Und wenn kein Befehl kommt?«, fragte sie.

»Dann ist die Mission vorbei, und du fliegst zurück zum Bergwerk.« Lizanne zögerte noch einen Moment, bevor sie zur Bodenluke ging. »Nach deiner Rückkehr solltest du dich baldmöglichst mit Madame Hakugen treffen.«

KAPITEL 37

Clay

Als Lutharon über die äußere Mauer flog, schien halb Stockcombe bereits in Flammen zu stehen. Zu beiden Seiten des Wasserfalls tobten Feuer, und in den Ostbezirken rannten Menschen durch die Straßen. Wie es aussah, war eine weitere Stadt dem Weißen zum Opfer gefallen. Doch dann bemerkte Clay die Rauchwolken, die von den Kanonen der Schiffe im Hafen aufstiegen. Zu seiner Verwunderung feuerten sie auf die Ostbezirke der Stadt. Geschosse gingen inmitten der Häuser am Kraterrand nieder. Als Lutharon näher heranflog, entdeckte Clay die Roten, die von Hausdach zu Hausdach sprangen und die Menschen auf den Straßen mit Feuer eindeckten. Ein Roter wurde vor Clays Augen von einem Geschoss zerfetzt, über den Kraterrand strömten jedoch noch Dutzende, vielleicht sogar Hunderte weitere. Zum Glück schien bislang noch keiner von ihnen Lutharons Ankunft bemerkt zu haben.

Clay hatte bereits Phiolen mit Rot, Grün und Schwarz in der Hand. Die trank er nun alle und warf einen Blick über die Schulter, um sich zu vergewissern, dass Kriz das Gleiche tat. Er beugte sich vor und legte eine Hand auf Lutharons Hals, um seinen Angriff zu lenken. An diesem Abend brauchte der Schwarze jedoch keine Anleitung. Er faltete die Schwingen und stürzte beinahe senkrecht nach unten. Clay war froh über das Grün, das er getrunken hatte. Der Luftstrom hätte ihn sonst womöglich von Lutharons Rücken gerissen. Als sie sich den Häuserdächern näherten, breitete Lutharon die Flügel aus und neigte sich nach hinten. Er streckte die Krallen aus und bohrte sie in die Haut eines ahnungslosen Roten, der wild strampelte und mit dem Schwanz nach Lutharon schlug. Einer der Schläge zischte nur Millimeter an Clays Ohr vorbei. Erschrocken wich er zurück. Lutharon packte mit den Zähnen den Hals des Roten und brach ihm mit einer ruckartigen Bewegung das Genick. Dann hob er den Kopf und schickte ein lautes Brüllen in den Himmel hinauf. Der gewaltige Schwarm Schwarzer, die unter den Wolken kreisten, antwortete ohne Zögern. Wie ein dunkler Sturzbach kamen sie aus der Finsternis herabgeströmt. Fast schien es, als würde der Nachthimmel selbst einen Schatten über die Stadt legen. Ein Roter nach dem anderen wurde von der Wucht des Angriffs zerschmettert. Ein paar versuchten, in den Himmel zu entkommen, wurden jedoch sogleich eingefangen und in den schwarzen Mahlstrom der Vernichtung hinabgerissen.

Der Regen aus Schwarzen ging zunächst über den höher liegenden Bezirken nieder und verschluckte die Roten dort. Danach ergoss er sich auch über den Kraterrand, um die anzugreifen, die sich noch auf der Ebene dahinter befanden. Zu diesem Zeitpunkt schien der Verstand, der die Drachen lenkte, die Gefahr erkannt zu haben. Hinter dem Krater füllte sich mit einem Mal der Himmel mit Roten, die ihren Bodenangriff aufgegeben hatten. Die Schwarzen stiegen ebenfalls auf und ließen dabei Unmengen getöteter Roter auf dem Boden zurück.

Clay bat Lutharon im Geist, zu warten, bis er und Kriz von seinem Rücken gestiegen und in Deckung gegangen waren. »Jetzt gehören sie dir, Großer«, sagte er. Lutharon duckte sich und stieß sich vom Boden ab. Seine flatternden Schwingen erzeugten einen Wirbelsturm, während er zum dunklen Himmel aufstieg.

»Komm«, sagte Clay zu Kriz. »Wir müssen den Kapitän finden.«

Sie sprangen von einem Gebäude zum nächsten, über Straßen hinweg, in denen sich panische Menschen drängten. Dabei hielt Clay Ausschau nach einem Befehlshaber. Bald stießen sie auf eine Gruppe Feuerwehrleute, die ein zweistöckiges Mietshaus zu löschen versuchten. Clay sprang nach unten und rief einem jungen Mann, der das Kommando zu haben schien, ins Ohr: »Wo ist Hilemore?«

»Da lang«, rief der Mann zurück und deutete zu einem anderen Brand ein paar Straßen weiter. Clay und Kriz liefen in die angegebene Richtung und wichen dabei fliehenden Stadtbewohnern aus, die noch nicht bemerkt hatten, dass Rettung eingetroffen war.

Sie umrundeten eine Häuserecke und kamen auf einen kleinen Platz, wo Clay sofort Hilemores unverwechselbare Gestalt entdeckte. Der Kapitän stand über einem am Boden liegenden Roten, der von zahllosen verbrannten und zerfleischten Leichen umgeben war. In der Nähe kniete ein etwa achtzehnjähriges Mädchen, dessen Miene starr und ausdruckslos war, obwohl aus ihren Augen Tränen liefen. Im Näherkommen sah Clay, dass der Rote trotz der vielen Einschusslöcher in seiner Haut noch am Leben war. Der Drache schlug schwach mit den Flügeln, und seine Klauen bohrten sich in die Pflastersteine. Er versuchte hochzukommen, und vielleicht wäre es ihm sogar gelungen, hätte Hilemore nicht seinen Revolver gehoben und ihm eine Kugel in den Kopf gejagt.

»Kapitän«, rief Clay und lief zu ihm.

Mit grimmiger Miene sah Hilemore Clay entgegen und brummte: »Mr. Torcreek. Ich hatte gehofft, Sie schon etwas eher hier zu sehen.«

»Auch Schwarze haben ihre Grenzen.« Er bemerkte den schuldbewussten Blick, mit dem Hilemore die Leichen musterte, und fragte: »Freunde von Ihnen?«

»Sie nannten sich die Verteidiger der Wäscherstraße«, erwiderte Hilemore. Er ging zu der am Boden knienden jungen Frau und zog sie sanft auf die Füße. »Es ist vorbei, Jillett«, murmelte er. »Wir haben gewonnen.«

Die junge Frau schloss die Augen und schlang die Arme um sich. »Und was haben *sie* gewonnen?«, schluchzte sie und nickte in Richtung der Leichen. Als Hilemore nicht antwortete, sackte die Frau in sich zusammen. In ihrer Miene mischten sich Trauer und Erschöpfung.

»Hier«, sagte Kriz, ergriff die Frau am Arm und reichte ihr eine Phiole Grün. »Das wird helfen.«

Jillett versuchte schwach, ihre Hand abzuschütteln, ließ sich dann aber doch zu einer Bank in der Nähe führen und trank das Grün.

»Den Ersten konnten wir problemlos töten«, sagte Hilemore leise. Sein Blick war auf den Roten gerichtet, den er soeben erschossen hatte. »Aber der hier war anders. Jillett hat versucht, ihn mit Schwarz festzuhalten, aber er war zu schnell, zu stark …«

Clay hustete. Diese Version des Kapitäns gefiel ihm nicht besonders. Trotz der Spannungen zwischen ihnen hatte er den starken Willen und die Disziplin des Mannes immer beruhigend gefunden.

Blinzelnd richtete sich Hilemore auf und wandte sich Clay zu. »Auf der anderen Seite des Wasserfalls und im Hafen sind nach wie vor Grüne unterwegs«, sagte er und steckte seinen Revolver weg. »Um die müssen wir uns auch noch kümmern.«

»Unsere Freunde werden sich um sie kümmern«, versicherte ihm Clay. »Sorgen Sie lieber dafür, dass die Leute hier nicht auf sie schießen. Schaffen Sie das?«

Zu Clays Erleichterung erschien ein vertrautes Stirnrunzeln auf Hilemores Gesicht. »Natürlich«, fauchte der Kapitän und marschierte südwärts, in Richtung Hafen, davon. »Wir brauchen Hilfe beim Löschen der Feuer«, rief er über die Schulter zurück. »Wenn es Ihnen nichts ausmacht.«

◆ ◆ ◆

Der Kampf zwischen Roten und Schwarzen tobte etwa eine Stunde lang über Stockcombe. Vom Mondlicht beschienene Umrisse glitten rasend schnell vor dem Sternenhimmel dahin. Hier und da loderte eine Flammenwolke auf und beleuchtete die Szenerie. Ein Dutzend oder mehr Drachen hackten und schlugen in verschlungenen Knäulen mit Klauen und Schwänzen aufeinander ein. Dann erstarben die Flammen, und alles versank erneut in Dunkelheit. Zahllose Drachen stürzten, Rauchschweife hinter sich her ziehend, in den Hafen. Die meisten waren bereits tot, aber manche strampelten noch eine Weile kreischend an der Oberfläche, bevor sie vom Wasser nach unten gezogen wurden.

Bei Tagesanbruch schienen sämtliche Roten entweder gefallen oder geflüchtet zu sein, und die Schwarzen widmeten sich den Grünen, welche die Westseite der Stadt unsicher machten. Wieder und wieder stießen sie hinab und packten die Grünen in den Straßen, zerquetschten sie mit Klauen und Zähnen und schleuderten die Kadaver zu Boden. Als die Sonne über den Kraterrand stieg, sah Clay einen steten Strom Grüner über die Westmauer fliehen. Offenbar hatte die unsichtbare Hand, die im Hintergrund die Fäden zog, endlich den Rückzug angeordnet.

Nach der Schlacht lag Stockcombe still unter Rauchwolken da. Die Schiffe schwammen in Hafenwasser, das im schwachen Morgenlicht trüb rot leuchtete. Unter den Stadtbewohnern herrschte kein Jubel und keine Freudenstimmung über den Sieg. Viele standen mit rußverschmierten Gesichtern starr vor Schreck beieinander, andere wanderten ziellos umher und betrachteten die schwarzen Ruinen von Wohnhäusern und Geschäften. Die Kinder bildeten die einzige Ausnahme. Aufgeregt schwatzend umringten sie die vielen Drachenkadaver, stießen sie mit Stöcken an und sprangen in freudiger Angst zurück, wenn sie noch zuckten.

Die Schwarzen patrouillierten weiter am Himmel über der Stadt, was unter den Menschen für Besorgnis und Furcht sorgte. Clay hatte Lutharon den Rat gegeben, besser außer Schussweite zu bleiben und nicht in der Stadt selbst niederzugehen. Stattdessen landeten die Schwarzen auf den Mauern am Kraterrand. Dort wandten sie ihre Körper der aufgehenden Sonne zu und breiteten die Schwingen aus, um sich wärmen zu lassen.

Kapitän Hilemore, der gegen Müdigkeit immun zu sein schien, stellte Arbeitstrupps aus Matrosen von der *Überlegenheit* und den Handelsschiffen zusammen, die dabei helfen sollten, die Trümmer aus den Straßen wegzuräumen und die wenigen verbliebenen Feuer zu löschen. Außerdem sorgte er dafür, dass die Erntemeister im Hafen das Produkt aus den Kadavern abzapften, die in den Straßen und im Umland lagen, woraus sich allerdings ein Problem ergab.

»Wir werden es brauchen«, sagte Hilemore. »Der Krieg ist noch nicht vorbei, Mr. Torcreek. Das wissen Sie.«

Clay betrachtete den Kadaver eines Schwarzen am Ostkai. Es handelte sich um ein ungefähr sechs Meter langes ausgewachsenes Weibchen, dessen Haut von den Schwanzschlägen eines Roten gezeichnet war. Aus zahllosen Wunden floss zähes Blut. In der Stadt und im Hafen lagen noch zahllose weitere Kadaver, die Hilemore als wertvolle Produktquelle ansah.

Clay war sich jedoch nicht sicher, wie die Schwarzen reagieren würden, wenn die Menschen ihre Toten ernteten. Er wusste zwar, dass die Drachen zu Trauer fähig waren, für die Kadaver ihrer Artgenossen schienen sie sich aber nicht sonderlich zu interessieren. *Vielleicht haben sie das nicht nötig. Ihre Erinnerungen werden weitergegeben, und das Fleisch bleibt tot und leer zurück.* Lutharon schien das Thema gleichgültig zu sein. Er war damit beschäftigt, das Umland nach weiteren Gegnern abzusuchen. Dennoch hielt Clay es für das Beste, ihre Verbündeten nicht unnötig zu verärgern.

»Machen Sie es heimlich«, sagte er zu Hilemore. »Am besten nachts, damit sie es nicht sehen.«

Am Abend berief Hilemore auf der *Überlegenheit* ein Treffen ein, auf dem er eine Schätzung der Verluste und Schäden bekannt gab. Insgesamt waren bei den Kämpfen mehr als vierhundert Menschen getötet und doppelt so viele verletzt worden. Die meisten Opfer hatten die Roten gefordert. Obwohl Hilemore mit gewohnt forscher Autorität sprach, sah Clay das Schuldgefühl in seinen Augen.

»Es hätte noch schlimmer kommen können, Kapitän«, sagte Clay, und von den anderen Anwesenden kam zustimmendes Gemurmel. Kapitänin Okanas und Kapitän Tidelow waren als Vertreter der Handelsflotte erschienen. Außerdem sah Clay die junge Blutgesegnete vom Platz, die nach wie vor etwas mitgenommen wirkte. Neben ihr saß ein stämmiger junger Mann im Ledermantel eines Freien, den zu tragen er vermutlich gar kein Recht hatte. Die beiden vertraten die Rebellen der Wählerrechtsallianz, die offenbar vor der Schlacht in einen Bürgerkrieg verstrickt gewesen waren. Ihr Gegner, eine junge Frau in einer versengten Militäruniform, befand sich auf der anderen Tischseite. Die Ereignisse der vergangenen Nacht schienen die Spannungen zwischen den Kontrahenten kaum gelindert zu haben.

»Nun da die Gefahr vorbei ist«, sagte die junge Frau namens Kulvetch, nachdem Hilemore verstummt war, »würden meine Leute gerne in ihre Häuser zurückkehren.«

»Wer sagt, dass es vorbei ist?«, entgegnete Coll, der Stämmige. »Da draußen sind immer noch jede Menge Drachen unterwegs.«

»Diese Stadt genießt jetzt besonderen Schutz«, erwiderte Kulvetch und sah bedeutungsvoll zu Clay hin.

»Wenn das Ernten abgeschlossen ist, wird unsere Flotte nach Varestia aufbrechen«, sagte Hilemore. »Was Sie danach machen, liegt ganz bei Ihnen.«

»Sie wollen uns einfach so verlassen?«, fragte Coll.

»Ich habe die Sache mit Mr. Torcreek besprochen«, erwiderte Hilemore. »Er wird sich mit unseren Verbündeten … beraten und sie bitten, ein Drittel ihres Schwarms hier zu lassen, um die Stadt vor zukünftigen Angriffen zu schützen.«

»Was ist mit denen von uns, die nicht hierbleiben wollen?«, fragte Jillett.

»Wie bitte?«, fragte Coll, aber Jillett beachtete ihn nicht, sondern sah weiter Hilemore an.

»Kinder können wir nicht mitnehmen«, sagte Hilemore. »Und auch sonst nur Leute, die kämpfen können. Schließlich fahren wir in eine Schlacht.«

»Dann würde ich mich gerne freiwillig melden«, sagte Jillett, was unter ihren Kameraden für ungläubige Blicke sorgte. »Und es gibt noch einige andere, die genauso denken. Der wahre Krieg findet nicht hier statt.«

»Sehr schön«, sagte Hilemore und wandte sich an Kulvetch. »Oberst? Gibt es auf Ihrer Seite des Wasserfalls auch Freiwillige?«

»Vergessen Sie's, Kapitän«, sagte Coll, als Kulvetch zögerte. »Sie kann es kaum erwarten, dass Sie mit unseren besten Kämpfern abziehen, damit sie endlich die ganze Stadt einnehmen kann.«

Kulvetchs Unentschlossenheit verschwand abrupt, und sie nahm militärische Haltung an. »*Ich* melde mich freiwillig. Und meine Soldaten werden mir sicher folgen.«

»Sie wären uns sehr willkommen«, sagte Hilemore und wandte sich wieder an Coll. »Denjenigen, die zurückbleiben, würde ich empfehlen, sich im Ostteil der Stadt zu sammeln und die äußere Mauer zu verstärken.« Er trat vom Tisch zurück. »Das Ernten wird voraussichtlich in zwei Tagen abgeschlossen sein. Halten Sie sich dann für die Abfahrt bereit.« Er nickte und ging zur Tür.

»Glauben Sie etwa, wir lassen Sie einfach so mit unseren besten

Kämpfern wegfahren?«, rief Coll und trat ihm in den Weg. »Unser Komitee untersteht der Wählerrechtsa…«

Er verstummte, als Hilemore ihm die Faust ins Gesicht rammte. Sein Kopf flog nach hinten, und er stürzte zu Boden. Blut floss aus seiner gebrochenen Nase. »Ich habe genug von Ihrer kindischen Politik«, sagte Hilemore klar und deutlich. »Nach allem, was die Bewohner dieser Stadt letzte Nacht ertragen mussten, spielen Sie immer noch Ihre Spielchen. Würden Sie zu meiner Mannschaft gehören, würde ich Sie erschießen lassen. Und wenn ich's mir recht überlege …« Clay trat rasch vor, als Hilemore nach seinem Revolver griff.

»Ich würde sagen, dieses Treffen ist beendet«, rief Clay betont aufmunternd, zog Coll hoch und schob ihn zur Tür. »Hübscher Mantel«, sagte er, während er ihn aus dem Raum bugsierte. »Wo hast du den denn her?«

◆ ◆ ◆

»Hier«, sagte Clay, als er die Kabine betrat, die Kriz sich mit Loriabeth teilte. Er hatte nicht geklopft, aber das schien ihr nichts auszumachen. »Ich hab dir was mitgebracht.« Er legte den Ledermantel neben ihr auf die Koje. Sie saß mit angezogenen Beinen da und betrachtete die Phiole mit synthetischem Produkt. Clays Kusine war nicht da, was nicht weiter überraschte. Sie und Leutnant Sigoral hatten sich seit ihrer Rückkehr auf das Schiff kaum blicken lassen.

»Da klebt Blut dran«, stellte Kriz mit einem kurzen Blick auf den Mantel fest. »Frisches Blut.«

»Es ist niemand dafür gestorben, keine Sorge. Und das Blut lässt sich abwaschen.«

»Ich dachte, so etwas tragen nur Angehörige deines … Berufszweigs.«

»Der Kerl, der ihn trug, hatte ihn nicht verdient. Du dagegen schon.«

Er ließ sich auf der Koje nieder und lehnte sich, plötzlich erschöpft, mit dem Rücken gegen das Schott. Ihm wurde bewusst, dass sie in den letzten zwei Tagen gar nicht geschlafen hatten.

»Ich fühle mich geehrt«, sagte Kriz aufrichtig. Sie betrachtete wieder die Phiole in ihrer Hand. Mit der anderen hielt sie den Kristallsplitter an ihrem Hals umklammert.

»Du bist immer noch versucht, was?«, fragte Clay.

»Ich muss es wissen, Clay«, sagte sie in ihrer Sprache. »Und bei dem, was vor uns liegt, wird es vielleicht keine zweite Gelegenheit geben.«

»Wir wissen doch schon einiges«, hielt er dagegen. »Einer der Weißen, die ihr gezüchtet habt, hat sich irgendwie befreit. Zembi wurde in einen Verderbten verwandelt, und Hezkhi ist in dem Luftschiff nach Arradsia geflohen.«

»Er wollte, dass ich alles erfahre«, beharrte Kriz und hielt den Kristall hoch, sodass sich das Licht, das durchs Bullauge fiel, in seinen zahllosen Facetten brach. »Hier drin steckt Wissen. Bedeutsames Wissen.«

»Oder eine Falle. Er war ein Verderbter, richtig? Und er hat versucht, dich umzubringen.«

»Ein Teil von ihm war noch da, tief in ihm drin. Das weiß ich. Und vielleicht«, sie packte den Kristall fester, »auch hier drin.«

Sie hat sich bereits entschieden, erkannte er, als er die Entschlossenheit in ihrem Gesicht sah. Er müsste sie fesseln, um sie davon abzuhalten. »Na gut, wenn es sein muss«, sagte er und wandte sich ihr zu. »Aber wir machen das gemeinsam. Du gehst nicht alleine da rein.«

Kriz schien erst widersprechen zu wollen, nickte dann aber nur seufzend. Sie saßen einander auf der Koje gegenüber. Kriz' Finger zitterten, als sie den Korken aus der Phiole zog. Sie nahm den Kristall von der Halskette ab und legte ihn zwischen ihnen auf die Koje. »Bist du bereit?«, fragte sie und hob die Phiole an den Mund.

»Nein. Aber du wirst es ja trotzdem tun.«

Ein Lächeln huschte über ihre Lippen, und sie trank etwa ein Drittel der Phiole leer. Die Reaktion setzte sofort ein. Mit scharfem Einatmen versteifte sie sich. Die Phiole glitt ihr aus der Hand, und Clay konnte sie gerade noch auffangen.

»Kriz?«, fragte er, aber sie antwortete nicht. Starr und schweigend saß sie da. Ihre Augen waren weit geöffnet, er wusste jedoch, dass sie nichts sah. Clay blinzelte, als etwas aufblitzte. Er schaute nach unten und sah den Kristallsplitter leuchtend pulsieren, erst langsam und dann immer schneller, bis er ein stetes blaues Licht abgab. Clay steckte den Stopfen wieder in die Phiole und betrachtete Kriz' ausdrucksloses

Gesicht. Er sammelte seine Konzentration, um in die blaulose Trance überzugehen.

Diesmal war es anders. Er schwebte an einem Ort, an dem es keine Empfindungen gab. Er spürte keinen Boden unter den Füßen und keine Luft auf seiner Haut. Die Bilder, die er sah, schienen sich in weiter Ferne abzuspielen, als würde er ein Bühnenschauspiel verfolgen. Kriz stand in dem Raum, in dem sie die kaputten Steineier gefunden hatten und der für ihre blutgesegneten Kameraden zum Grab geworden war. Bei Clays letztem Besuch hier war alles staubig und voller Trümmer gewesen, jetzt erhellte der Kristall, der über den eiförmigen Schlafkammern schwebte, den Raum. Er sah Kriz zu den einzelnen Kammern gehen und mit der Hand über den Stein streichen.

»Die Kinder schlafen wohl noch«, sagte er, erhielt aber keine Antwort. Er rief Kriz' Namen, sie schien ihn jedoch gar nicht zu hören, sondern ging weiter zwischen den riesigen Eiern umher. Seine Versuche, sie anzusprechen, blieben erfolglos. Er musste sich wohl oder übel mit der Rolle eines Zuschauers begnügen.

Er sah Kriz zusammenfahren, als der Kristall aufflackerte. Ein steinernes Knirschen ließ sie von den Kammern zurücktreten. Das Ei zu ihrer Linken brach auf, und Flüssigkeit ergoss sich auf den Boden. Als es sich ganz geöffnet hatte, fiel eine nackte Gestalt heraus. Es handelte sich um einen großgewachsenen, schlanken jungen Mann. Das Licht des Kristalls glänzte auf seinem athletischen Körper. Langsam kam er auf die Beine.

»Hezkhi«, sagte Kriz und streckte die Hand nach ihm aus. Die Erinnerung schien sie jedoch weder sehen noch hören zu können. Hezkhis Gesicht – eine attraktive erwachsene Version des Jungen, den Kriz einst in der Philos-Enklave unterrichtet hatte – war zu einem Stirnrunzeln verzogen. Blinzelnd murmelte er etwas, das nicht zu verstehen war. Nach kurzem Zögern ging er zu der geöffneten Kammer zurück, holte ein paar nasse Sachen heraus und zog sich rasch an. Dann nahm er einen Gürtel mit vier Feldflaschen und legte ihn sich um. Schließlich ging er zum Ausgang, wo er noch einmal kurz stehen blieb und wie verwirrt den Kopf schüttelte. Langsam drehte er sich um und richtete den Blick auf den Kristall über den Schlafkammern.

»Nein, tu's nicht!«, keuchte Kriz, aber natürlich konnte Hezkhi sie nicht hören. Er nahm einen großen Schluck aus einer der Feldflaschen und konzentrierte sich auf den Kristall. Ein Klimpern war zu hören, wie stets, wenn ein Kristall mit Schwarz in Berührung kam, aber statt sich zu verwandeln, drehte sich dieser nur wild im Kreis. Ein lautes Knacken ertönte, das Licht des Kristalls flackerte auf und erlosch. Er fiel zu Boden, und auch die Kammern stürzten mit lautem Poltern um.

Clay hörte Kriz schluchzen, so verzweifelt und traurig wie bei ihrem letzten Besuch hier. Damals hatte sie vom Tod ihrer Kameraden erfahren, nun hatte sie ihre Ermordung mit eigenen Augen gesehen. Er wollte etwas zu ihr sagen, ihr durch den unsichtbaren Schleier hindurch Trost spenden. Jede noch so unbeholfene Geste wäre besser gewesen, als hilflos zusehen zu müssen, wie sie litt. Doch so sehr er sich auch bemühte, der Schleier blieb undurchdringlich. Er konnte nur mit anschauen, wie Kriz schluchzend hinter Hezkhi herstolperte, als dieser die Kammer verließ.

In diesem Moment verschwamm die Erinnerung und beschleunigte sich. Clay erhaschte lediglich kurze Eindrücke der Bilder, die folgten. Hezkhi, wie er durch den Berg zu der Steilwand mit dem Holzgerüst ging … wie er zwei Eier von den Terrassen am Grund der höhlenartigen Kammer nahm … wie er noch mehr Produkt trank, Rot diesmal, die Eier in Feuer hüllte und in Deckung ging.

Danach verlangsamte sich die Erinnerung wieder. Wie Bomben brachen die beiden Eier auseinander. Der Rauch lichtete sich, und zwei junge Weiße hockten auf den verstreuten Schalen und beschnüffelten einander zirpend. Hezkhi näherte sich ihnen und ging in die Hocke, worauf sie mit aufgeregtem Flattern in seine Arme sprangen. Hezkhis zufriedenes Nicken kam Clay vertraut vor. Diesen Gesichtsausdruck hatte er schon einmal gesehen. *Silbernadel. Er war für sie wie Silbernadel. Sie haben aus den Eiern heraus nach ihm gerufen.*

Hezkhi setzte die beiden Jungtiere ab, ging zu den Kristallen in der Höhle und trank ein weiteres Mal aus einer Flasche. Kurz darauf fing der blaue Kristall an zu leuchten und stieg vom Boden der Höhle auf. Hezkhi breitete die Arme aus. Grelles Licht flammte auf, das die Vision kurzzeitig überstrahlte. Als die Helligkeit nachließ, war Hezkhi zitternd auf die Knie gesunken. Auf seinem Rücken bemerkte Clay funkelnde Schuppen, und da wusste er, welcher Anblick ihn erwartete, wenn Hezkhi den Kopf hob – gelbe Augen, gezackte Brauen und Dornfortsätze. *Der allererste Verderbte.*

Wieder verschwamm die Erinnerung. Die Bilder rasten so schnell vorbei, dass Clay sie kaum erkennen konnte. Als sie sich wieder verlangsamten, stand Hezkhi über dem feuchten, nackten Körper eines alten Mannes. Hinter ihnen schwebte eine geöffnete Schlafkammer unter einem leuchtenden Kristall. Die beiden jungen Weißen schnappten nach dem Alten, der sich langsam aufrichtete und in Hezkhis missgestaltetes Gesicht sah.

»Ich habe es satt, hier eingesperrt zu sein, Vater«, sagte Hezkhi zu dem Alten. »Mir wurde die Freiheit angeboten und eine ganze Welt, in der ich mich austoben kann.«

Zembis Blick ging zu den beiden Drachen. Sie fauchten ihn an, und einer schlug mit dem Schwanz nach ihm und fügte ihm eine Schnittwunde am Arm zu. »Die Eier«, stöhnte Zembi. Sein Kopf sackte nach unten. »Wir hätten die Eier vernichten sollen.«

»Ja«, stimmte Hezkhi zu. »Aber du hast es nicht getan. Jahrhundertelang haben sie nach mir gerufen, Vater. Ich habe mich dagegen gewehrt, versucht, ihren Verlockungen zu widerstehen, den vielen Träumen, die sie mir schickten. Als sie mit ihren Versprechungen keinen Erfolg hatten, sandten sie mir Alpträume. Ein freier Geist kann aus einem Alptraum erwachen, aber ich war nicht frei. Jahrelang habe ich gelitten, und dann fragte ich mich plötzlich: Warum?« Hezkhi ging vor dem Alten in die Hocke und sprach leise weiter. »Warum sollte ich für einen Mann leiden, der mir so wenig gegeben hatte?«

»Du bist verrückt«, sagte Zembi. »Sie haben dich in den Wahnsinn getrieben.«

»Sie haben mich befreit«, berichtigte Hezkhi. »Haben mir verraten, mit welcher Facette des Kristalls sich der Sarkophag öffnen ließ. Ich musste mich nicht mehr deinen oder Krizelles Launen unterordnen.«

Zembis Kopf ruckte hoch. In seinen Augen leuchteten Beunruhigung und Wut.

»Oh, keine Sorge«, sagte Hezkhi. »Ich werde sie am Leben lassen. Eines Tages wird sie aufwachen.« Er stand auf und deutete auf den blauen Kristall, der in der Nähe schwebte. »Und du wirst sie erwarten.«

Der Kristall erwachte flackernd zum Leben. Zembi stieß einen kurzen, schmerzerfüllten Schrei aus, der in ein ersticktes Gurgeln überging. Als das Licht erlosch, blieb der Alte zuckend am Boden liegen. Clay hatte den Eindruck, dass die Schuppen auf seinem Rücken nur halb ausgebildet waren. Seine Hände verwandelten sich in Klauen und dann wieder zurück. *Er wehrt sich dagegen.*

»Ein Abschiedsgeschenk«, fuhr Hezkhi fort und ging zum Kristall. Er trank aus einer der Flaschen und konzentrierte sich. Ein Klimpern ertönte, und eine der Spitzen des Kristalls brach ab und flog in Hezkhis Hand. Kurz betrachtete er den Splitter. Ein schwaches Licht leuchtete darin auf und erlosch.

»Vielleicht wirst du sie töten«, fuhr er fort und ging zu Zembi. »Oder sie dich. Und dann möchte ich, dass sie es erfährt. Sie kann für den Rest ihres Lebens darüber nachdenken, bis sie hier unten alt wird und stirbt.«

Er öffnete die Hand und reichte Zembi den Splitter. Das Gesicht des Alten verzerrte sich. Auf seiner Stirn bildeten sich Fortsätze, und seine zusammengebissenen Zähne verlängerten sich. Die Umwandlung würde gleich abgeschlossen sein.

Kriz stieß einen überraschten Schrei aus, als Zembi blitzschnell den Splitter packte und ihn Hezkhi in die Brust rammte. Der junge Mann brüllte vor Schmerz auf und taumelte rückwärts, wobei der Splitter zu Boden fiel. Blut lief aus der Wunde in seiner Brust. Die beiden jungen Weißen stürzten sich auf Zembi und verbissen sich wütend in seinem Körper. Dann ließen sie jedoch abrupt von ihm ab und wichen vor ihm zurück.

Zembi richtete sich langsam auf. Sein Gesicht war nun das eines Verderbten, die Umwandlung abgeschlossen.

»Du gemeiner alter Scheißkerl!«, brüllte Hezkhi, der eine Hand auf seine blutende Brust gedrückt hatte. Seine Beleidigungen waren jedoch verschwendet, Zembi warf ihm lediglich einen gleichgültigen Blick zu. Mit wütendem Knurren griff Hezkhi nach einer der Flaschen und trank den gesamten Inhalt in ein paar Schlucken aus.

»Es heilt nicht richtig«, jammerte er und sah sich verzweifelt nach den beiden Weißen um. »Die Blutung ist gestillt, aber es heilt nicht. Ich spüre es.«

Die Weißen zischten, und Hezkhi schloss den Mund. Starr stand er da, während die Drachen Zembi anschauten. Blinzelnd wandte sich dieser der Schlafkammer zu und kletterte wieder hinein. Die Kammer klappte zu. Die Weißen stießen ein kurzes Krächzen aus, das Hezkhi erschauern ließ. Dann humpelte er, gefolgt von den Weißen, zum Ausgang des Raums, worauf die Erinnerung verblasste.

»Du hattest recht.«

Clay blinzelte und fand sich in der Kajüte wieder. Mit gesenktem Kopf saß Kriz vor ihm, Tränen tropften auf die Schlafdecke.

»Es war eine Falle«, flüsterte sie. »Ich hätte es nicht tun sollen.«

»Wir haben einiges erfahren, was wir vorher nicht wussten«, sagte Clay, strich ihr übers Gesicht und wischte die Tränen ab. »Hezkhi ist mit den Drachen nach Arradsia geflogen. Aber er muss wohl unterwegs seiner Verletzung erlegen sein, und das Luftschiff ist in den Krystalinsee gestürzt. Leider sind die Weißen dabei nicht ertrunken. Irgendwie haben sie es in die Enklave geschafft und haben dort angefangen, Eier zu legen. Als ihre Brut dann groß genug war, haben sie einen Krieg angefangen.«

»Das bringt uns nicht weiter«, sagte Kriz. »Die Erinnerungen enthielten nur Bösartiges. Den Wunsch meines Bruders, mir weh zu tun.«

»Das stimmt nicht«, sagte Clay und zog sie an sich. »Du hast gesehen, wie Zembi sich gegen die Umwandlung gewehrt hat. Und von Miss Lethridge wissen wir, dass es hier einmal freie Verderbte gab. Wenn wir die Verderbten befreien könnten …«

Er verstummte, als sie ihn küsste. Es war ein langer Kuss, nach dem sie sich zurücklehnte und einen Blick zur Tür warf. »Deine Kusine wird wahrscheinlich nicht so bald zurückkommen, oder?«

»Ich glaube nicht.«

Kriz wandte sich ihm wieder zu und knöpfte sein Hemd auf. »Gut.«

KAPITEL 38

Sirus

Er spürte Cathelines Angst und ihre Wut, als er vorschlug, dass die überlebenden Grünen und Roten sich zurückziehen sollten. Sie hatte ihn in ihr Kommandozelt gerufen, um den Angriff auf Stockcombe zu koordinieren. Da die Attacke nur von Drachen durchgeführt wurde, stellte Catheline die Verbindung her, während Sirus taktische Anweisungen gab. Der Gedankenkontakt mit Catheline war stets eine befremdliche Erfahrung, als würde er in einem Sumpf gedämpfter Empfindungen versinken, unter denen der Wille des Weißen rumorte wie ein unberechenbarer Vulkan.

Einen gewissen perversen Stolz auf seinen Plan und dessen Durchführung konnte Sirus nicht unterdrücken. Hatte er womöglich, ohne es zu wollen, ein paar von Morradins Eigenschaften übernommen? In Stockcombe hatte er es offensichtlich mit einem fähigen Gegner zu tun gehabt. Die Fallen und die Minen im Hafen waren unangenehme Überraschungen gewesen, die ihnen hohe Verluste zugefügt hatten. Und ebenso die heftige Gegenwehr der Schiffe. Inzwischen hatte er jedoch gelernt, dass es immer eine gute Strategie war, die Erwartungen des Gegners zu unterlaufen. Mit dem Bodenangriff der Roten hatte er genau das getan. Er hätte zweifellos den Sieg davongetragen, wären nicht die Schwarzen eingetroffen.

Nach Stunden des hoffnungslosen Widerstands, während denen Catheline ihm die Todesqualen hunderter Drachen übermittelte, hatte Sirus sich schließlich aus ihrer Verbindung zurückziehen müssen. »Wir können nicht gewinnen«, sagte er schlicht. »Wenn er das Leben der Drachen retten möchte, müssen sie den Rückzug antreten.«

Cathelines rot-schwarze Augen bohrten sich mit einer solchen Intensität in ihn, dass er sich schon fragte, ob sie ihn jetzt hasste. Aber dann stellte sie erneut eine Verbindung zu ihm her, und er erkannte, dass ihre Miene nicht Hass, sondern Besorgnis zum Ausdruck brachte. Zum ersten Mal konnte er ihr Gespräch mit dem Weißen direkt verfolgen. Da waren keine Worte oder geteilten Bilder, nur ein Austausch von Gefühlen, der so schnell vonstatten ging, dass es ihm Kopfschmerzen bereitete. Trotz des Schmerzes konnte er jedoch das Wesentliche des Gesprächs erfassen:

Scheitern.

Tadel.

Reue.

Wut.

Tiefes Bedauern.

Der Wunsch zu strafen.

Akzeptanz … und ein Flehen.

Kurz konnte er einen zusammenhängenden Gedanken auffangen. Catheline gab sich Mühe, ihre Botschaft so eindeutig wie möglich zu formulieren. *Wir brauchen ihn noch. Mein Scheitern. Meine Bestrafung.* Der Weiße antwortete sofort: *Einverstanden.*

Sirus stöhnte auf, als die Verbindung abbrach. Traurig lächelnd zuckte Catheline mit den Schultern. »Diesmal hätte er dich wirklich umgebracht.«

Dann versteifte sich ihr Körper, ihre Glieder zitterten, der Rücken spannte sich bogenförmig, und ihr Kopf ruckte nach hinten. Ihr Körper war so starr, dass sie nicht einmal vom Stuhl fallen konnte. Sirus zwang sich zuzusehen, wie sie von Krämpfen geschüttelt wurde. Blut spritzte aus ihrem Mund und lief aus ihrer Nase. Mit einem Mal quoll auch auf dem Stuhl unter ihr Blut hervor. Sie schien aus allen Körperöffnungen zu bluten. So ging es eine Ewigkeit weiter, bis ihre eng anliegende Kavallerieuniform rot getränkt war und Sirus schon glaubte, sie müsste gleich verblutet sein. Der Gedanke warf eine wichtige Frage auf: *Wenn sie stirbt, was passiert dann?*

Doch sie starb nicht. Ihre Haut war kreidebleich, und Blutpfützen sammelten sich auf dem Teppich, und dann brach sie irgendwann zusammen. Sirus sprang vor, um sie aufzufangen. Mit seinen umgewandelten Armen hob er sie mühelos hoch. Cathelines Lider flatterten, und sie erschauerte. Lächelnd streichelte sie seine schuppige Wange. »Mein Held«, flüsterte sie, bevor sie das Bewusstsein verlor.

◆ ◆ ◆

Nördlich des Passes, der als Großer Einschnitt bekannt war, gab es nur wenige Gebirgsausläufer. In majestätischer Schroffheit ragten die Gipfel aus der grasbewachsenen Ebene. Der Pass selbst war eine Schlucht, die durch das Bergmassiv führte, das von den Varestianern »der Hals« genannt wurde. War er anfangs recht schmal, so wurde er nach innen im Gebirge immer breiter. Erkundungsflüge der Roten am Vortag hatten bestätigt, dass die Pässe im Osten und Westen mit Trümmern blockiert waren. Der Große Einschnitt blieb als Einziger offen.

»Ganz klar eine Falle«, knurrte Morradin und musterte den Pass und die Wolken, die an den Steilwänden zu beiden Seiten hingen. »Da hätte ich mehr von ihnen erwartet.«

»Sind Sie sicher?«, fragte Catheline. Sie hatte sich von der Bestrafung in der letzten Nacht schnell erholt. Ihr Gesicht hatte wieder Farbe angenommen, und ihrer Haltung war kaum Erschöpfung anzumerken. Allerdings wirkte sie zurückhaltender als früher. Statt ihrer schmutzigen Uniform trug sie ein einfaches Musselinkleid und ein dickes Wolltuch um die leicht gebeugten Schultern. Außerdem fiel ihm auf, wie fest sie das Tuch gepackt hielt. Ihre Fingerknöchel traten sogar weiß hervor.

»Wenn wir da reingehen, werden wir dafür bezahlen«, sagte Morradin. »Und zwar mit Blut.«

Catheline sah Sirus mit hochgezogener Augenbraue an und stieß entnervt die Luft aus, als er zustimmend nickte. »Na gut«, sagte sie und wandte sich ab. »Dann also einen Umweg …«

Sie verstummte, als vom Großen Einschnitt her ein lauter Knall ertönte. Sirus drehte sich um und sah eine graue Wolke aus dem Gebirgsdunst aufsteigen, gefolgt von dichtem Staub, der aus dem Pass herauswirbelte.

»Was war das?«, fragte Catheline.

Mit verwundertem Stirnrunzeln hob Morradin sein Fernrohr und betrachtete den Pass. »Sieht aus, als hätten sie den jetzt auch noch blockiert«, sagte er, als der Staub sich gelichtet hatte. Dann richtete er sich auf. »Oder es jedenfalls versucht. Das verdammte Ding ist immer noch offen.«

Sirus holte sein eigenes Fernrohr hervor und musterte den Großen Einschnitt. Morradin hatte recht. Der Boden des Pfades war mit jeder Menge Trümmern übersät, aber weiterhin frei passierbar.

»Vielleicht haben sie die Sprengladungen falsch angebracht?«, sagte Morradin und tauschte einen Blick mit Sirus. »Oder sich beim Sprengen selbst in die Luft gejagt?«

»Es könnte trotzdem eine Falle sein«, gab Sirus zu bedenken. »Ein Köder, um uns anzulocken.«

»Die Roten werden es in Erfahrung bringen«, sagte Catheline. Wenige Sekunden später flog über ihnen ein Trio Roter vorbei. Mit weit ausgebreiteten Schwingen stiegen sie in den Dunst auf. Catheline übermittelte Sirus und Morradin den Anblick, der sich dem Drachen an der Spitze bot, während er über den Pass hinwegflog. *Wie ich es mir gedacht habe*, kommentierte der Marschall zufrieden, als auf dem felsigen Terrain oben auf den Steilwänden zahlreiche bewaffnete Gestalten in Sicht kamen. Sirus schätzte ihre Zahl auf höchstens dreihundert. Deutlich weniger, als er erwartet hätte, wenn ihr Gegner ihnen ernsthaft Schaden zufügen wollte.

Es sei denn, sie wollen den Pass die Arbeit für sie erledigen lassen, grübelte Morradin, der Sirus' Gedanken gelesen hatte. *Womöglich warten sie, bis wir hineinmarschiert sind, und bringen dann die Berge zum Einsturz.* Sirus spürte seine grimmige Belustigung. *Aber damit haben sie sich gründlich verrechnet.*

Es könnte trotzdem … Sirus' Gedanke wurde von Cathelines plötzlicher Aufregung übertönt.

Sie ist hier!

Der Rote über dem Pass richtete den Blick auf eine Gestalt am Rand der Steilwand. Dank der scharfen Drachenaugen waren ihre Gesichtszüge klar erkennbar. Lizanne Lethridge starrte sie durch die Augen des Roten an. Auf ihren Lippen lag ein spöttisches Lächeln. Sie machte eine Bewegung, und das Bild verschwamm. Als es gleich darauf wieder klar wurde, stand Lethridge mit angelegtem Karabiner da. Die Mündung flammte grell orangefarben auf, und das Bild wurde dunkel. Verwirrung oder Schmerz waren nicht zu spüren, was bedeutete, dass der Rote sofort gestorben war.

»Miststück«, keuchte Catheline. Ihr Blick richtete sich auf Sirus und Morradin, und ihre roten Pupillen leuchteten wie glühende Kohlen. »Schickt sie rein! Alle!«

Ihr Wille war unbeugsam und mit dem Blutdurst des Weißen durchsetzt. Sämtliche Rote stiegen in den Himmel auf, und die Bataillone der Verderbten stürmten vorwärts. Die Grünen griffen in zwei großen Rudeln an den Flanken an. Und alle waren sie von einem einzigen Befehl besessen: TÖTET SIE!

KAPITEL 39

Lizanne

Der Raucher hämmerte gegen ihre Schulter, als sie die Rotkugel abschoss. Das Projektil schlug am Hals des Roten ein, und die Explosion trennte ihm augenblicklich den Kopf vom Rumpf. Die anderen Kämpfer, die ebenfalls mit Rauchern bewaffnet waren, eröffneten das Feuer auf die restlichen Roten. Einer fiel sofort dem Kugelhagel zum Opfer, für den anderen brauchten sie mehrere Schüsse. Die Kugeln verfolgten den Drachen über den Himmel, bis es einem Varestianer gelang, ihn in die Brust zu treffen.

Lizanne sah zu, wie die verwundete Kreatur in die dunstigen Tiefen des Großen Einschnitts hinabtrudelte, dann richtete sie den Blick nach Norden. Rauch und aufgewirbelter Staub von ihrem absichtlich misslungenen Versuch, den Pass zu blockieren, machten es schwierig zu erkennen, wie die Armee des Weißen reagierte. Lizanne spritzte sich eine kleine Menge Produkt, um ihre Sehkraft zu verstärken, und wurde sogleich mit dem Anblick belohnt, wie eine Horde Grüner auf den Einschnitt zulief. Dicht dahinter folgten die Verderbten, die ihre ordentliche Aufstellung vergessen hatten. Tausende stürmten in einer dichten Menge über die Ebene. Als Lizanne nach oben schaute, entdeckte sie die Umrisse zahlloser, schnell heranrückender Roter.

Zusätzlich zum Kontingent aus Blutgesegneten war sie von etwa zweihundert varestianischen Kämpfern umgeben – ihre Kleidung und die vielen Messer, die sie bei sich trugen, wiesen sie als Piraten aus. Es waren Freiwillige, die tags zuvor mit Luftschiffen auf die tieferen, südlichen Abhänge gebracht worden waren.

»Sie kommen«, rief sie ihnen zu. »Denkt an eure Befehle, feuert und zieht euch dann zurück. Wir müssen sie tiefer in den Pass hineinlocken.«

Die Varestianer rannten prompt los und nahmen ihre Positionen ein. Die Gruppe auf der anderen Seite des Abgrunds folgte ihrem Beispiel. Nun standen nur noch die Blutgesegneten den heranrasenden Roten gegenüber. Lizanne spritzte sich einen Tropfen Blau und ging in Trance, wo Morva sie bereits auf dem antiken Segelschiff erwartete, das ihre Gedankenlandschaft darstellte.

»Es hat funktioniert«, teilte Lizanne ihr mit. »Sag Tekela, dass sie starten soll.«

Sie beendete die Trance, ohne eine Antwort abzuwarten, und trat vom Rand der Steilwand weg. »Produkt!«, befahl Lizanne den anderen Blutgesegneten und drückte die ersten drei Knöpfe ihrer Spinne. »Volle Dosis! Kein Grund, sparsam zu sein. Um alle, die wir heute töten, müssen wir uns morgen nicht mehr kümmern.«

Sie duckte sich hinter einen Felsbrocken, und die anderen Blutgesegneten taten das Gleiche. Lizanne legte den Vorderschaft des Rauchers auf dem Felsbrocken ab und richtete ihn auf den Himmel. Dann steckte sie eine weitere Rotkugel in den Glasbehälter oben am Patronenlager. Sie wartete und blickte dabei durch das Visier des Rauchers. Produkt pulsierte in ihren Adern. Sie hörte die Roten, bevor sie sie sah. Ihr hungriges Kreischen hallte schrill von den Steilwänden wider. Als sie durch das Visier eine dunkle Silhouette entdeckte, zündete sie die Rotkugel und zerfetzte damit den Schemen. Um sie herum erhob sich eine Kakophonie aus Karabinerfeuer.

Lizanne richtete sich auf und sah ein Dutzend Rote von den Explosivgeschossen getroffen vom Himmel stürzen. Sie bemerkte einen Roten, der sich geschickt durch den Kugelhagel schlängelte, und richtete den Raucher auf ihn. Sie zielte ein Stück vor seine Nase, um die Entfernung auszugleichen, bediente rasend schnell den Hebel des Karabiners und feuerte drei Kugeln ab. Von den drei Löchern in seiner Haut tödlich verletzt, stieß der Rote eine letzte Flammenwolke aus und knallte dann in die Steilwand unter Lizanne.

Ein Warnruf von einem Blutgesegneten ließ sie beiseitespringen. Dank ihrer durch Grün verstärkten Schnelligkeit entging sie dem Feuerschwall, den ein nach unten segelnder Roter auf sie spuckte. Mit flatternden Schwingen wich der Drache zurück und neigte den Hals, um es ein weiteres Mal zu versuchen. Eine Kugelsalve von den umstehenden Blutgesegneten riss jedoch einen seiner Flügel weg und hinterließ ein gähnendes Loch in seiner Brust. Kurz klammerte sich die blutüberströmte Bestie noch an der Steilwand fest, bevor sie in den Großen Einschnitt hinabstürzte.

Lizanne schaute zum Himmel. Durch das Feuer der Raucher waren die Roten gezwungen, höher zu fliegen. In einer großen Spirale kreisten sie um sie herum. Soeben begannen sie jedoch, sich in Gruppen von fünf oder mehr Exemplaren zusammenzufinden, und Lizanne wusste, den Verteidigern stand ein Massenangriff von oben bevor. Die Explosivgeschosse würden nicht ausreichen, um eine solche Menge von Drachenleibern abzuwehren.

»Rückzug!«, rief sie und rannte unnatürlich schnell über den felsigen Untergrund.

Als die Roten sahen, dass ihre Beute fliehen wollte, stießen sie einen gemeinsamen Wutschrei aus und nahmen die Verfolgung auf. Lizanne hörte hinter sich große Flügel schlagen. Sie sprang hoch, vollführte eine Drehung in der Luft und richtete den Raucher auf den Kopf des Roten, der ihr am nächsten war. Dank ihrer durch Grün verbesserten Reflexe gelang es ihr, ihm eine Kugel zwischen die Augen zu jagen, bevor sie wieder auf dem Boden landete.

Als ihre Stiefel auf dem Fels aufkamen, blieb sie nicht stehen, sondern rannte sofort weiter und frischte im Laufen ihr schwindendes Grün mit der Spinne auf. Hinter ihr ertönte ein Schmerzensschrei – diesmal der eines Menschen –, der gleich darauf abbrach. Lizanne schaute nicht zurück zu dem zweifellos grausigen Spektakel. Sie hatte die schwache Hoffnung gehegt, diese Mission ohne weitere Verluste von Menschenleben durchführen zu können. Das jedoch war Selbstbetrug, geboren aus den Schuldgefühlen, die sie als Befehlshaberin plagten.

Als sie etwa die Hälfte des Passes hinter sich gelassen hatte, sprang sie auf einen hohen Gesteinsbrocken und drehte sich zu den Roten um. Die anderen Blutgesegneten nahmen ebenfalls ihre vorab festgelegten Plätze ein. Sie hoben die Raucher und richteten sie auf die näher kommenden Roten. Hier war die engste Stelle des Passes. Auf Felsvorsprüngen zu beiden Seiten lauerten die ebenfalls mit Rauchern bewaffneten Piraten.

Über zweihundert Karabiner begannen gleichzeitig zu feuern und ließen mindestens dreißig Rote vom Himmel abstürzen. Lizanne zielte auf die dichteste Ansammlung von Drachen und leerte ihren Raucher. Wieder betätigten ihre Hände rasend schnell den Hebel, und Patronenhülsen ergossen sich in einem Wasserfall aus Messing auf den Boden. Die Blutgesegneten waren alle in derselben Technik ausgebildet, sodass die Roten in eine unüberwindbare Kugelmauer hineinflogen. Die Drachen scheuten vor der Salve zurück wie ein gewaltiger Hornissenschwarm vor einer brennenden Fackel.

»Nachladen!«, befahl Lizanne, sprang von dem Gesteinsbrocken und legte frische Kugeln aus dem Patronengurt auf ihrer Brust in den Raucher ein. Ihr Blick war auf das Südende des Passes gerichtet, wo die Sonne inzwischen hoch genug stand, um einen Großteil des Dunstes wegzubrennen. Einen Moment lang dachte sie schon, Morva hätte ihren Befehl nicht weitergegeben, aber dann sah sie den gewölbten Keil der *Taifun* über dem Berg aufsteigen, begleitet von der *Sturmwind*. Die beiden Luftschiffe kamen rasch näher. In etwa zweihundertfünfzig Metern Höhe blieben sie stehen, und die *Sturmwind* feuerte ihre Knallfrösche ab, während die *Taifun* mit den Beißern einen Kugelhagel entfesselte.

Von oben und unten angegriffen brach der Schwarm der Roten auseinander. Eine Gruppe wich nach Osten aus, während die andere mit schnellem Flügelschlag an Höhe gewann, um sich auf die Luftschiffe zu stürzen. Lizanne konzentrierte ihr Feuer auf die erste Gruppe, die sich in der Folge noch zweimal teilte. *Sie versuchen, unser Feuer zu zerstreuen, um sich dann von allen Seiten gleichzeitig auf uns zu stürzen.* Ihnen blieben nur noch wenige Minuten, bis der Sturm über sie hereinbräche.

»Es ist so weit!«, rief sie, sprang auf und deutete auf das Südende des Passes. »Lauft zum Treffpunkt!«

Die meisten Kämpfer brauchten keine weitere Aufforderung. Die Blutgesegneten frischten ihr Grün auf und rannten los. Die Piraten folgten so schnell sie konnten. Ein paar blieben jedoch zurück, vor allem Varestianer, aber auch einige Blutgesegnete. »Miss Blut?«, fragte einer von ihnen, ein Mann in mittleren Jahren, der immer wieder nervös zum Himmel hochschaute.

Lizanne widerstand dem Drang, ein »Nennen Sie mich nicht so!« zu rufen, und zwang sich stattdessen zu einem Lächeln. »Ich bilde die Nachhut«, sagte sie und deutete nach Süden. »Laufen Sie! Ich komme nach.«

Sie sah ihnen noch kurz hinterher, dann wandte sie sich der Armee des Weißen zu, um zu schauen, wie schnell diese näher kam. Der Große Einschnitt war inzwischen bis zu dem Felsvorsprung, auf dem sie stand, mit Grünen und Verderbten angefüllt – der Felsvorsprung, den sie absichtlich vergessen hatten zu sprengen. Die bislang nicht gezündete zweite Ladung besaß jedoch genügend Sprengkraft, um ihn in den Pass hinabstürzen zu lassen. Lizanne entdeckte den Zünder in einer schmalen Felsspalte in der Nähe und lief darauf zu. Als sie ein herausforderndes Krächzen von oben hörte, blieb sie stehen. Ein Roter hatte sich vom Hauptschwarm gelöst und tauchte zu ihr herab. Eilig legte sie eine Rotkugel in den Raucher ein und blies ihn aus einer Entfernung von fünfzig Metern vom Himmel.

Dann rannte sie weiter zum Zünder und kauerte sich in die schattige Felsspalte. Aus ihrem Overall holte sie den Gegenstand hervor, den Madame Hakugens Angestellter mit der Schauspielerfahrung so sorgfältig angefertigt hatte. Er bestand aus hart gewordenem Klebstoff und Gummi, und Lizanne, die sich mit Tarnung auskannte, war anfangs skeptisch gewesen, ob er seinen Zweck erfüllen würde. Bei einem Test hatte Tekela ihr jedoch versichert, dass sie damit »ausgesprochen grausig« aussah, was sie einigermaßen beruhigt hatte. Jetzt drückte sie das Ding auf ihr Gesicht, nahm eine Flasche Schweineblut aus ihrer anderen Tasche und goss sie sich über den Kopf. Es war dickflüssig und stank bestialisch, sie brauchte es jedoch, um ihrer Verkleidung den letzten Schliff zu verleihen.

Ein frischer Chor Drachenschreie bestätigte ihr, dass sie keine Zeit zu verlieren hatte, und sie griff nach dem Zünder. Gleichzeitig drückte sie den zweiten Knopf an ihrer Spinne, um sich sämtliches verbliebenes Grün in die Adern zu spritzen. Sie legte den Hebel des Zünders um, presste sich die Hände auf die Ohren und schloss fest die Augen. Kaum eine Sekunde später ertönte eine Explosion, und die Stoßwelle hob Lizanne kurz vom Boden hoch. Sie breitete Arme und Beine aus, um ihren Körper zu stabilisieren, während sie durch die staubige Luft nach unten zum Passboden stürzte.

◆ ◆ ◆

Die Bewusstlosigkeit musste sie nicht vortäuschen. Anfangs war es ihr noch gelungen, die Flanke des abgesprengten Felsbrocken kontrolliert hinabzurutschen, doch als dieser auf dem Boden aufkam, brach er entzwei und sie stürzte in einer gewaltigen Staubwolke weiter nach unten. Etwas Hartes prallte gegen ihren Rücken und hätte schwerste Verletzungen hervorgerufen, wäre ihr Körper nicht mit Grün vollgepumpt gewesen. Lizanne versuchte, mit den Füßen aufzukommen und sich abzurollen, um ihre Knochen zu schonen, doch im nächsten Moment knallte etwas gegen ihre Schläfe, und sie versank in Schwärze.

Als sie wieder zu sich kam, lag sie auf einem Leichenhaufen und schaute in die trüben Augen eines toten Grünen direkt vor ihr. Unter ihm befand sich der Leichnam einer Verderbten – einer Frau etwa in Lizannes Alter –, deren Hals in unnatürlichem Winkel verdreht war. Benommen schaute Lizanne sich um. Die Leichen stapelten sich vor einer neu geschaffenen Felsmauer, die sich über die gesamte Breite des Großen Einschnitts erstreckte. Diejenigen, die nicht unter der Felslawine begraben worden waren, hatten sich vor dem plötzlichen Hindernis offenbar gegenseitig totgetrampelt.

Lizanne versuchte hochzukommen, worauf einige Leichen verrutschten und der ganze Haufen zusammenbrach. Sie ließ sich mit den schlaffen, leblosen Körpern zu Boden gleiten und blieb dort liegen. Langsam holte sie Luft und mühte sich, wieder zu Sinnen zu kommen.

Es dauerte eine Weile, bis sie sich aufrichten konnte. Alles um sie herum schwankte und drehte sich. Als sie schließlich hochkam, sah sie einen großgewachsenen Verderbten vor sich, der sie neugierig anschaute. Er trug die zerschlissene Uniform eines Protektoratssoldaten, und seine mit Dornfortsätzen überzogene Stirn war gerunzelt. Sie hoffte, dass er in ihr lediglich eine Verderbte mit blutüberströmten missgestalteten Zügen sah. Dem warmen Tröpfeln an ihrem Hinterkopf nach zu urteilen, war es allerdings nicht nur Schweineblut, was da herabfloss. Lizanne starrte den Verderbten einen Moment lang an und stolperte dann scheinbar verwirrt davon. Sie spürte seinen Blick auf sich ruhen und konnte nur beten, dass er es auf ihre Kopfverletzung schieben würde, dass sie nicht mit ihm kommunizierte.

Der Pass war voller verderbter Soldaten und Drachen. Die meisten waren verletzt und taumelten orientierungslos umher. Lizanne war sich allerdings nicht sicher, wie lange der Zustand der Verwirrung anhalten würde, deshalb stolperte sie sogleich, wenn auch betont langsam, auf das Nordende des Einschnitts zu. Unterwegs fiel sie mehrmals hin, nicht immer absichtlich – mitunter versagten ihr aufgrund der Benommenheit auch einfach die Beine. Schaute einer der Verderbten sie zu lange an, dann ließ sie sich fallen und blieb reglos liegen, bis er das Interesse verlor.

Als sie den Ausgang des Passes erreicht hatte, kehrte bereits wieder eine gewisse Ordnung in das Heer der Verderbten zurück. Die allgemeine Verwirrung legte sich, die Verderbten nahmen militärische Haltung an und begannen Kompanien zu bilden. In der Hoffnung, dass ihre schwere Kopfverletzung erklären würde, warum sie sich der Rückkehr zur Disziplin verweigerte, taumelte Lizanne aus dem Großen Einschnitt hinaus und verharrte beim Anblick des gewaltigen Lagers in ein paar hundert Metern Entfernung.

Wo könnte er sein? Mit den Augen suchte sie die ordentlichen Zeltreihen ab. Die Antwort war offensichtlich. Von der Mitte des Lagers stieg ein gewaltiger geflügelter Schemen auf, der im sich langsam setzenden Staub bleich schimmerte. *Der Weiße.* Bisher hatte sie ihn nur in Clays Erinnerungen gesehen. Ihn nun leibhaftig vor sich zu haben, war furchteinflößend, aber auch verlockend. *Dort ist er. In Reichweite.*

Sie war versucht, wieder in Trance zu gehen. *Du könntest Tekela sagen, dass sie starten soll. Ihn ein für alle Mal erledigen.* Aber sie zügelte sich. *Er könnte einfach wegfliegen. Du bist wegen des Kristalls hier. Halte dich an deine Mission.*

Sie stolperte weiter und schloss sich einem dünnen Strom verwundeter Verderbter an, die langsam auf das Lager zutrotteten. Sie waren taumlig und blutüberströmt, sodass zum Glück keiner von ihnen den Versuch unternahm, sie anzusprechen. Sie hielt sich am Ende der Gruppe und schaute zu Boden, während sie weiterschlurfte. Als sie das Lager erreichten, hatte sich ihre Benommenheit endlich gelegt. Das Lager war größtenteils verlassen. Nur ein paar Verderbte waren damit beschäftigt, Kompanien zu bilden, schenkten den Verwundeten jedoch keine weitere Beachtung.

Lizanne hatte erwartet, dass die Verwundeten zu einem Lazarett gingen, doch nach und nach lösten sie sich von dem Zug. Sie bemerkte einen Verderbten, einen groß gewachsenen Mann mit der Kappe eines corvantinischen Wachtmeisters und einem offensichtlich gebrochenen Arm, der in eines der Zelte wankte und dort auf ein Lager sank. Er schloss die Augen und schlief ein. Einer nach dem anderen folgten die restlichen Verderbten seinem Beispiel, bis nur noch zwei übrig waren.

Lizanne ließ sich zurückfallen, um ein leeres Zelt zu finden, in dem sie sich verbergen konnte, in diesem Moment blieben die beiden Verderbten jedoch stehen und drehten sich zu ihr um. Ihre Augen waren argwöhnisch zusammengekniffen. Es waren beides Frauen. Die eine hatte eine große Kopfwunde, die so tief war, dass Lizanne unter dem Blut den weißen Schädelknochen erkennen konnte. Die andere schien sich lediglich das Handgelenk gebrochen zu haben und war deshalb aufmerksamer. Ihre Brauen zuckten. Offenbar versuchten sie, mit Lizanne zu kommunizieren. Sie wusste, dass ihr nur noch wenige Sekunden blieben.

In ihren Adern befand sich immer noch jede Menge Grün, sodass sie die Entfernung zu den beiden Verderbten blitzschnell überwinden konnte. Gleichzeitig zog sie das Messer, das in der Scheide an ihrem Handgelenk verborgen war. Die Klinge blitzte auf, als sie damit nach links und rechts schlug. Die beiden Frauen fielen gleichzeitig zu Boden. Blut floss aus den Wunden an ihren Hälsen. Lizanne sprang nach oben und landete mit den Stiefeln auf den Köpfen der Verderbten, um ihre Schädel zu zermalmen. Hoffentlich hatten sie keine Zeit mehr gehabt, ihre Kameraden zu alarmieren.

Rasch ging sie weiter. Sie wollte nicht auf eine mögliche Reaktion warten, und ihr lief die Zeit davon. Der Weiße schwebte mit ausgebreiteten Schwingen und erhobenem Kopf vor ihr in der Luft. Über ihm hatte sich ein großer Schwarm Roter gesammelt. Offenbar hatte er sie zurückgerufen, was für die anderen Blutgesegneten und die Piraten ein gutes Zeichen war. Die *Sturmwind* hatte Befehl, den Piraten Deckung zu geben, bis diese die Pferde erreicht hatten, die am Südende des Passes auf sie warteten. Ihre Order lautete, nach Süden davonzureiten. Die Blutgesegneten wurden von der *Sturmwind* eingesammelt und mit Hilfe des Blutbrenners schnell in Sicherheit gebracht. Die *Taifun* hingegen hatte andere Befehle.

Je näher Lizanne dem Weißen kam, desto mehr Verderbte waren zu sehen. Allerdings schienen sie sich alle auf den Weißen zuzubewegen und schenkten ihr keine Beachtung. Dennoch war klar, dass sie von jetzt an umsichtiger vorgehen musste. Sie schlüpfte in ein Zelt und wartete kurz, um sicherzugehen, dass niemand sie bemerkt hatte. Dann schlitzte sie die Zeltrückseite auf und schlich sich durch den Spalt zum nächsten. Das war zwar umständlich, aber notwendig. Als sie das Ende der Zeltreihe erreicht hatte, schnitt sie einen schmalen Schlitz in die Wand und spähte nach draußen.

Der Weiße war inzwischen wieder gelandet und lief mit gefalteten Schwingen auf einem breiten, runden Platz hin und her. Erschrocken bemerkte Lizanne einige Jungtiere, die um ihn herumtollten. *Es gibt noch mehr?* Damit hatte niemand gerechnet, und die Erkenntnis ließ sämtliche Zweifel, die sie an der Notwendigkeit dieser Mission gehabt haben mochte, verfliegen.

In der Nähe des Weißen standen drei Gestalten. Lizanne erkannte einen jungen Verderbten in der Uniform eines corvantinischen Generals. Dank des Grüns konnte sie seine Gesichtszüge deutlich ausmachen. Diese waren zwar stark entstellt, im Profil erinnerten sie aber noch an den ernsten jungen Mann, den sie in Morstal kennengelernt hatte. *Sirus,* fiel es ihr mit Bestürzen wieder ein. Sie beschloss, Tekela von seiner Anwesenheit hier nichts zu erzählen. *Als ob ich dazu überhaupt noch die Gelegenheit hätte.* Erstaunlicherweise hatte sie sich selbst in ihrer derzeitigen Lage ihren Humor bewahrt.

Die zweite Gestalt war ihr gleichfalls bekannt, auch wenn sie dem Mann noch nie leibhaftig begegnet war. Als Verderbter wirkte Großmarschall Morradin noch imposanter. Die Dornfortsätze und Schuppen ließen sein Gesicht brutaler erscheinen und machten es zu einem treffenden Spiegel seiner Seele.

Die dritte Gestalt kam Lizanne zunächst menschlich vor, allerdings nur auf den ersten Blick. Die schlanke, goldhaarige Frau trug ein Musselinkleid und ein Tuch um die Schultern. Sie stand an der Spitze des Trios und schaute den Weißen an. Als sie sich umdrehte, durchzuckte Lizanne erneut Erkennen. Sie hatte die Frau schon einmal irgendwo gesehen, wenngleich ihr Name ihr nicht im Gedächtnis geblieben war. Und dann bemerkte sie die Augen der Frau. *Doch nicht menschlich.* Die Frau schien sich stumm mit Sirus zu unterhalten, ihr Blick war starr auf ihn gerichtet.

Den Inhalt ihres Gesprächs konnte Lizanne nicht hören, deshalb wandte sie sich ab und schaute sich suchend um. In der Nähe des Weißen entdeckte sie einen Karren, in dem vier Kristalle lagen. In der Morgensonne war ihre Farbe schwer zu erkennen, aber sie war sich sicher, dass sie ihr Ziel gefunden hatte.

Sie drückte den vierten Knopf an der Spinne und begab sich in die Trance, wo Morva schon auf sie wartete. Allerdings schien ihr Blau langsam zur Neige zu gehen, das alte Segelschiff schaukelte auf einem teils unsichtbaren Meer.

»Geht es dir gut?«, fragte Morva.

»Wir haben keine Zeit«, erwiderte Lizanne brüsk. »Hier.« Sie rief einen ihrer Wirbelwinde herbei und formte ihn rasch zu einem Abbild des Lagers. Den Standort des Karrens unterlegte sie mit einer leuchtenden Aura. »Der Weiße befindet sich ganz in der Nähe«, sagte sie. »Mit etwas Glück erwischen wir ihn gleich mit. Schießt eure Ladung ab und zündet dann sofort den Blutbrenner und kehrt zum Berg zurück.«

»Was ist mit dir? Bastler hat gesagt, der Sprengradius …«

»Ich kenne den Sprengradius. Befolgt eure Befehle.«

Sie brach die Verbindung ab und beendete die Trance, bevor Morva noch etwas erwidern konnte. Blinzelnd schaute sie wieder durch den Schlitz, den sie in die Zeltwand geschnitten hatte, und bemerkte zu ihrem Erschrecken, dass die drei Gestalten, Sirus, Morradin und die Frau, deren Namen sie vergessen hatte, sie direkt anschauten.

Als sie sich umdrehte, entdeckte sie auch den Grund dafür. In der Zeltöffnung stand ein Verderbter. Blut lief an seinem Gesicht hinab, das zur Hälfte weggerissen war. Leider schien das seine geistigen Fähigkeiten nicht zu beeinträchtigen. Er starrte sie feindselig an, und ein unterdrücktes Knurren drang aus seiner Kehle, als er sich zum Angriff duckte. Lizanne drückte einen Knopf an der Spinne und brach ihm mit einem gut platzierten Schwall Schwarz das Genick.

Schnell warf sie noch einmal einen Blick durch den Schlitz in der Zeltwand. Die rot-schwarzen Augen der Frau zogen sie in ihren Bann, und endlich fiel es ihr wieder ein. *Catheline Dewsmine – berühmte Schönheit aus hohem Hause,* lautete die Schlagzeile einer Zeitung, die sie einmal gelesen hatte. In diesem Moment öffnete die Frau ihren Mund und stieß einen Schrei aus.

»TÖTET SIE!« Mit hasserfülltem Blick rannte sie auf Lizanne zu und kreischte dabei weiter: »TÖTET DAS MISTSTÜCK!«

Lizanne sah noch, wie sich der Weiße mit fragendem Brüllen umdrehte, dann floh sie aus dem Zelt und drückte dabei die Knöpfe der Spinne, um ihre Adern mit Rot und Schwarz zu fluten.

Draußen stach ein Verderbter mit einem Bajonett nach ihr. Lizanne wich aus und warf ihn mit Schwarz durch die Luft. Danach sprintete sie los. Überall um sie herum knallten Gewehre, und Kugeln pfiffen durch die Luft. Dank des Grüns konnte sie über Gruppen von Verderbten, die ihr den Weg versperren wollten, einfach hinwegspringen. Wenn ihr jemand zu nahe kam, schleuderte sie ihn mit Schwarz beiseite.

»Zündet sie!«, betete sie inbrünstig und warf hin und wieder einen Blick zum Himmel. Natürlich befand sich die *Taifun* in zu großer Höhe, als dass sie vom Boden aus erkennbar gewesen wäre. Dennoch hoffte sie, das Aufblitzen der Raketen beim Start ausmachen zu können.

Die Ablenkung wäre ihr beinahe zum Verhängnis geworden. Ein stämmiger Verderbter griff sie an, umschlang mit starken Armen ihre Hüfte und riss sie zu Boden. Lizanne rollte sich ab und stach mit dem Messer nach seinen Augen. Es gelang ihr, sich aus seinem Griff zu befreien und zugleich ihr Rot gegen einen anderen Verderbten zu richten, der mit einem Gewehr auf sie zielte. Die Hitze brandete gegen seinen Oberkörper. Sie rannte weiter und ließ im Laufen das Rot fließen, um die Zelte in Brand zu stecken. Der Rauch und die Flammen würden ihr hoffentlich Deckung bieten und etwas Zeit verschaffen.

Als sie den Rand des Lagers fast erreicht hatte, kam ihr unvermutet der Gedanke, dass sie diese Mission vielleicht doch überleben könnte. *Anscheinend habe ich Madame Hakugens Zeit verschwendet.* Dann blieb sie jedoch mitten im Sprung in der Luft hängen, und ein unsichtbares Seil legte sich um ihren Hals.

Schwarz, dachte sie strampelnd. *Sie haben einen Blutgesegneten.*

Sie wehrte sich mit ihrem eigenen Schwarz und schickte einen Schwall davon zu Boden, um sich loszureißen, erreichte damit aber nur, dass sie sich wild im Kreis drehte. Die Schlinge an ihrem Hals zog sich enger zusammen und schnürte ihr die Luft ab. Ihre Sicht trübte sich und wurde an den Rändern grau. Ihr Puls pochte in ihren Schläfen. Sie sah Catheline Dewsmine, den Liebling der Klatschpresse, inmitten einer Horde Verderbter auf sich zu laufen.

Wie zum Teufel ist sie hierher geraten?

Die Frage erübrigte sich, als mit einem Mal ein Kreischen ertönte, gefolgt von einem grellen Lichtblitz. Die Schlinge an ihrem Hals löste sich, und sie wurde erneut von einer Stoßwelle durch die Luft geschleudert. Sie benutzte ihr letztes Grün dazu, um sich zu drehen und mit den Stiefeln auf der Erde aufzukommen. Schliddernd kam sie inmitten des Malstroms zum Stehen. Als sie aufblickte, sah sie vor sich Dutzende Verderbte tot oder bewusstlos am Boden liegen. An der Stelle, wo sich eben noch der Weiße befunden hatte, loderte eine gewaltige Feuerwolke auf.

Das freudige Triumphgefühl, das sie bei dem Anblick verspürte, legte sich jedoch sogleich wieder, als sie die Bestie in dem lodernden Inferno aufsteigen sah. Flammen leckten über die Flügel des Weißen, konnten ihm aber offensichtlich nichts anhaben. In dem Moment bemerkte Lizanne noch etwas anderes, das ihre Verzweiflung weckte. In den Staubwolken über dem zerstörten Karren schwebten vier leuchtende Kugeln in der Luft. *Die Kristalle! Es hat nicht funktioniert.*

Lizanne sank auf die Knie, und ihr Kopf sackte ihr auf die Brust, während das Produkt in ihren Adern schwand. Sie hörte das Trappeln zahlloser Stiefel und schaute hoch. Eine Gruppe Verderbter rannte auf sie zu, zwar noch benommen von der Explosion, aber geistesgegenwärtig genug, um Gewehre auf sie zu richten. Erschöpft packte Lizanne ihr Messer fester und versuchte aufzustehen. Ihre Kraft reichte dafür jedoch nicht mehr aus. Sie drehte das Messer um und drückte es sich an die eigene Kehle, genau an die Stelle, wo sich die Halsschlagader befand.

Im selben Moment vernahm sie ein lautes Rattern und sah den Verderbten, der ihr am nächsten stand, in Stücke zerfetzt zu Boden fallen. Wieder ertönte das Rattern, und Erde spritzte auf. Einer nach dem anderen wurden die Verderbten niedergemäht. Ein Schatten fiel auf Lizanne, und sie blickte nach oben. In fünfzig Metern Höhe schwebte über ihr der breite, gewölbte Umriss der *Taifun*. Das Luftschiff hob sich dunkel vom Himmel ab, und Lizanne konnte das Gesicht ihrer Retterin in der Bodenluke der Gondel nicht erkennen. Die unsichtbare Hand, die sie vom Boden hochhob, war jedoch Hinweis genug.

»Morva«, murmelte sie. Erschöpfung überwältigte sie und ließ ihre Sinne schwinden. »Ich habe euch doch befohlen zurückzufliegen …«

KAPITEL 40

Hilemore

Die Flotte stach mit der Morgenflut in See. Am Kai hatte sich eine stille Menschenmenge versammelt. Eltern weinten um ihre Söhne und Töchter, die Hilemore in den Krieg führte, Kinder riefen ihren Angehörigen Abschiedsworte zu, aber niemand jubelte. In den wenigen Tagen seit dem Drachenangriff war Stockcombe wieder in zwei verfeindete Lager zerfallen. Die Bewohner der Westbezirke kehrten in ihre Häuser zurück, und die Ostbezirke blieben unter der Herrschaft der Wählerrechtsallianz, wenngleich deren Einfluss geschwächt war. Ohne die Blutgesegnete, die den Ratschlag weiserer Köpfe übermittelt hatte, würde der Status quo vermutlich nicht von Dauer sein. Coll, mit einem Verband an der Nase und ohne seinen Ledermantel, wurde Abweichlern gegenüber immer ungnädiger. Er zwang ein paar der Komiteemitglieder zurückzutreten und traf inzwischen die meisten Entscheidungen alleine, ohne sich mit den anderen zu beraten. Die ehemaligen Komiteemitglieder scharten bereits Gleichgesinnte um sich, und es gab Berichte über Proteste, die in Faustkämpfe ausarteten.

Am liebsten wäre Hilemore in der Stadt, die er verteidigt hatte, geblieben und hätte eine Regierung gebildet, wenngleich es allenfalls eine Militärdiktatur hätte sein können. Um Stockcombe konnte er sich jetzt jedoch nicht kümmern, was Clay ihm nach dem Auslaufen aus dem Hafen nur allzu deutlich machte.

»Wer ist Catheline Dewsmine?«, fragte Hilemore. Der Name sagte ihm nichts.

»Das habe ich mich auch schon gefragt«, gab Clay zu. Sie befanden sich auf dem Laufsteg vor der Brücke. Clay hatte gerade eine lange und offenbar ernüchternde Trance mit der berühmten Miss Blut hinter sich gebracht. »Miss Lethridge meinte, sie sei ziemlich bekannt. Allerdings scheint sich ihr Ruhm nicht bis nach Arradsia verbreitet zu haben.«

»Catheline Dewsmine ist die älteste Tochter der wohlhabenden Familie Dewsmine«, sagte unerwartet eine Stimme, und sie drehten sich um. Akina, die damit beschäftigt gewesen war, die Fenster der Brücke zu putzen, betrachtete Hilemore und Clay mit dem selbstgefälligen Ausdruck der besser Informierten. »Obwohl sie eine Blutgesegnete war, stand sie nicht in den Diensten der Unternehmen«, fuhr Akina in ihrem präzisen, wenngleich stark akzentbehafteten Mandinorianisch fort. »Bei ihrem Eintritt in die hohe Gesellschaft entwickelte sie sich dank ihrer Schönheit und ihres Charmes rasch zur Sensation. Ihr wurden romantische Verbindungen zu einer Reihe von Schauspielern, Musikern und hochrangigen Führungskräften nachgesagt, bevor bei ihr eine unerklärliche Geisteskrankheit auftrat, derentwegen sie dauerhaft von der Gesellschaft ferngehalten werden musste.« Akina zuckte mit den Achseln und schnippte mit dem Wischlappen. Dann fügte sie auf Varestianisch hinzu: »Sie hat den Verstand verloren, und ihre Familie hat sie ins Irrenhaus gesteckt.«

»Und woher weißt du das alles?«, erkundigte sich Hilemore.

»Von Mr. Tottleborn«, erwiderte sie. Der ehemalige Blutgesegnete der *Gute Gelegenheit* hatte in der Schlacht um die Wasserstraße ein vorzeitiges Ende gefunden. »Er las gern Klatschzeitungen. In einer mit dem Titel *Das Skandalblatt* wurde häufig über Catheline Dewsmine geschrieben. Er besaß eine ganze Menge Ausgaben.«

»Danke, Seeschwester«, sagte Hilemore. Er bedeutete Akina, wieder an die Arbeit zu gehen, was sie mit typisch herablassendem Stirnrunzeln auch tat.

»Die Armee des Weißen wird also von einer verrückten Blutgesegneten angeführt«, sagte Hilemore zu Clay.

»Eigentlich ist sie weniger die Anführerin, sondern eher das Sprachrohr des Weißen.« Clays Miene verfinsterte sich, und er seufzte schwer. »Silbernadel hat mich gewarnt, dass ihre Nachfolgerin schlimmer sein würde als sie. Und nach dem, was Miss Lethridge mir erzählt hat, stimmt das auch.«

»Wenn ich die militärische Lage richtig einschätze, ist der Versuch, die wichtigen blauen Kristalle zu zerstören, fehlgeschlagen. Die Pässe nach Varestia wurden aber erfolgreich blockiert?«

»Ja, so ungefähr sieht's aus.«

»Dann haben sie uns zumindest etwas Zeit verschafft. Ich kenne die varestianische Region. Eine größere Armee wird Wochen brauchen, um entlang der Ostküste auf die Halbinsel zu gelangen.«

»Eine menschliche Armee«, gab Clay zu bedenken. »Bei der hier könnte es anders sein. Glauben Sie, dass wir es schaffen werden, mit unserer Flotte rechtzeitig den Ozean zu überqueren?«

»Was bleibt uns für eine Wahl? Die Entscheidungsschlacht wird dort stattfinden. Wir müssen versuchen, so schnell wie möglich dorthin zu gelangen.«

Clay nickte, aber Hilemore sah den Zweifel in seiner Miene. »Haben Sie einen besseren Vorschlag?«, fragte er.

»Vielleicht. Ich bin mir nicht ganz sicher. Lassen Sie mich noch etwas nachdenken.« Clay ging zu Akina, nahm ihr den Wischlappen ab und warf ihn in den Eimer. »Komm, wir machen einen Spaziergang«, sagte er und führte sie weg. »Was kannst du mir noch alles über Catheline Dewsmine erzählen?«

♦ ♦ ♦

Den ersten Tag verbrachten die Schwarzen größtenteils in der Luft und ließen sich erst am Abend auf den Schiffen nieder. Insgesamt waren es fünfzig – mehr konnte die Flotte nicht transportieren. Zumal einige Kapitäne es abgelehnt hatten, Drachen auf ihre Schiffe zu lassen, angeblich, weil ihre Mannschaften sonst meutern würden. Die Schiffe, auf denen Drachen mitfuhren, hatten die Laderäume mit frisch gejagtem Cerathenfleisch und Vieh aus Stockcombe gefüllt. Auf Clays Drängen hin hatte Hilemore strengen Befehl erlassen, dass die Seeleute nicht mit den Schwarzen reden sollten. »Sie sollen sie nur füttern und in Ruhe lassen«, sagte Clay. »Und beim Arsch des Sehers, auf keinen Fall sollen sie versuchen, sie anzufassen.«

In den nächsten Tagen zeigte sich die See äußerst unkooperativ. Schwerer Seegang und ein steifer Ostwind machten Hilemores Hoffnungen, das Grüne Kap – die Stelle an der Südspitze der Barriere-Inseln, wo der Myrdinische und der Orethische Ozean aufeinandertrafen – schnell zu erreichen, rasch zunichte. Seine sorgfältige Organisation der Flotte in zwei Reihen – die eine von der *Überlegenheit* und die andere von der *Abenteuer* unter dem Kommando von Kapitänin Okanas angeführt – ließ sich wegen des Wetters nicht aufrechterhalten. Als sie ruhigere Gewässer erreichten, war die Flotte über mehrere Meilen verteilt, und es dauerte einen halben Tag, sie wieder in Formation zu bringen.

»Diese Probleme hat Großvater bestimmt nie gehabt«, murmelte Hilemore am Abend auf der Brücke, während er mit dem Fernrohr die Reihe der Schiffe betrachtete, die der *Überlegenheit* folgten.

Er hörte Schritte und drehte sich um. Leutnant Talmant kam auf ihn zu. »Der Ausguck meldet Land in Sicht, Sir«, sagte er salutierend. »Eine Insel. Dreißig Grad backbordseits und etwa ein Dutzend Meilen entfernt.«

»Dann haben wir die Inseln also endlich erreicht«, sagte Hilemore. Er war versucht, gleich weiterzufahren, aber das Grüne Kap war für seine stürmischen Gewässer berüchtigt. In der Nacht dort entlangzufahren war höchst unratsam.

»Signalisieren Sie der *Abenteuer*«, sagte er zu Talmant. »Eine Dreißig-Grad-Wendung nach Backbord. Die Flotte soll folgen. Wir ankern auf der Leeseite der Insel und fahren im Morgengrauen weiter zum Kap.«

»Jawohl, Sir.«

◆ ◆ ◆

Er erwachte aus einem Traum, in dem sich ein großer Papagei auf seiner Schulter niedergelassen hatte und ihm eine Reihe unangenehmer Fragen stellte. *Warum hat Lewella dich zurückgewiesen?*, wollte er beispielsweise wissen. Auf jede Frage folgte ein lautes Krächzen.

Warum tust du so, als wäre dir Kapitänin Okanas gleichgültig? Krächz!

Denkst du, man wird dich vors Kriegsgericht stellen, bevor du wegen Meuterei gehängt wirst? Krächz!

Warum hast du all die jungen Leute in Stockcombe sterben lassen? Krächz!

Die letzte Frage war es, die ihn hochschrecken ließ. Erinnerungen stiegen in ihm auf, denen er sich selbst im Halbschlaf nicht stellen wollte. Seltsamerweise krächzte der Papagei weiter, obwohl er in der dunklen Kabine längst die Augen geöffnet hatte. »Verflucht nochmal«, sagte er und griff nach seinem Revolver, um das Mistvieh zu erschießen. Im selben Moment wurde ihm jedoch klar, dass das Geräusch nicht von einem Papagei stammte, sondern von einem Drachen. Noch bevor er die Tür seiner Kajüte erreicht hatte, hämmerte schon einer der Nachtwächter dagegen.

»Mr. Torcreek, Sir«, rief der Seemann. »Er sagt, die Drachen sind wegen irgendwas in Aufruhr.«

»Alle Mann auf Gefechtsstation«, befahl Hilemore und legte seinen Waffenrock an. »Feuern Sie Raketen ab, um die Flotte zu alarmieren.«

»Jawohl, Sir.«

Er fand Clay auf dem Vorderdeck bei Lutharon. Die gewaltige Bestie stieß immer wieder Schreie aus, breitete die Schwingen aus und rollte unruhig den Schwanz ein. Die beiden Drachen auf dem Achterdeck erwiderten die Schreie ebenso laut, und die anderen Schwarzen in der Flotte taten es ihnen nach. Eine Signalrakete stieg in den Nachthimmel auf und explodierte, rasch gefolgt von zwei weiteren – wenngleich an Bord der umliegenden Schiffe wahrscheinlich ohnehin niemand mehr schlief.

»Was ist los?«, fragte Hilemore und ging zu Clay.

»Er hat etwas gewittert. Vermutlich nichts Gutes.« Clay schaute den aufgeregten Drachen konzentriert an und stieß dann scharf die Luft aus. »Blaue«, sagte er zu Hilemore.

»Wie weit entfernt?«

»Nah. Das ist alles, was ich sagen kann. Sie nehmen Entfernungen anders wahr als wir. Für sie gibt es nur nah und fern.«

Hilemore wandte sich der Brücke zu und legte die Hände zu einem Trichter an den Mund. »Gefechtsstationen! Anker lichten und Motoren starten! Signalisieren Sie der Flotte, sich für den Kampf bereitzumachen!«

Er wandte sich wieder Clay zu und wollte gerade fragen, aus welcher Richtung die Blauen angriffen, als der Schwarze abrupt zum Heck sprintete und sich in die Luft erhob. Der plötzliche Aufruhr auf den anderen Schiffen zeugte davon, dass die übrigen Drachen seinem Beispiel folgten. Es war eine Zwei-Monde-Nacht, deshalb konnte Hilemore gut erkennen, wie die Schwarzen sich zu einem dichten Schwarm sammelten und nach Süden flogen.

»Sie werden tun, was sie können«, erklärte Clay. »Aber es sind ziemlich viele Gegner. Ein paar werden bestimmt durchschlüpfen.«

»Haben Sie Produkt?«, fragte Hilemore.

»Mehr als ich brauchen kann.«

»Dann überlasse ich es Ihnen, wo Sie sich platzieren wollen, um es zum Einsatz zu bringen.«

Hilemore rannte zur Brücke und fand dort Steelfine und Talmant vor. Scrimshine stand am Steuerrad. »Schützen auf die oberen Aufbauten, Nummer eins«, sagte er zu Steelfine. »Die Minenleger sollen sich am Heck bereithalten und bei der Wende ihre Ladungen verteilen. Kanonen mit Kartätschen füllen und tief zielen. Wir wollen ja nicht versehentlich unsere Verbündeten treffen, nicht wahr?«

»Ja, Sir!« Steelfine salutierte und verließ eilig die Brücke.

»Mr. Talmant, steigen Sie nach oben und übernehmen Sie den Scheinwerfer. Suchen Sie nach Zielen.«

»Sir!«

Hilemore trat ans Sprechrohr. »Maschinenraum.«

»Hier der Maschinenraum, Sir«, kam Chief Bozwares blecherne Antwort.

»Kleine Fahrt voraus, Chief. Miss Jillett soll sich am Blutbrenner bereithalten.« Er wartete, bis er das Dröhnen des Hilfsmotors durch die Deckplanken spürte, dann nickte er Scrimshine zu. »Steuermann, Kurs nach Süden.«

»Kurs nach Süden, Sir.«

Hilemore trat auf den Laufsteg hinaus, um nach der restlichen Flotte zu sehen. Dem Plan folgend, den er noch im Hafen für den Fall eines Angriffs entwickelt hatte, bildeten die anderen Schiffe eine Kreisformation, einen undurchdringlichen Verteidigungsring. Die *Überlegenheit* hingegen sollte aggressiver vorgehen. Im Vergleich zu Protektoratsschiffen reagierten die Kaufleute reichlich langsam, aber zumindest tat sich etwas. Hilemore schaute zum Bug hin, wo der Strahl des Scheinwerfers die Dunkelheit durchschnitt. Leutnant Talmant schwang die große Lampe energisch hin und her und ließ den hellen Lichtkreis über die flachen Wogen gleiten.

Hilemores Blick blieb an einer Stelle ein paar Grad steuerbordseits hängen, wo knapp über der Wasserfläche eine Feuerwolke aufstieg. Kurz sah er zwei ineinander verschlungene Schemen, der eine geflügelt, der andere schlangenähnlich. Dann erstarben die Flammen, und alles versank wieder in Dunkelheit. Gleich darauf waren Kampfgeräusche zu vernehmen – herausfordernde Schreie und schmerzerfülltes Heulen hallten durch die Meeresluft.

»Wie weit sind sie weg?«

Hilemore blickte über die Schulter und sah Kriz die Leiter des Laufstegs erklimmen. Sie trug den Ledermantel eines Freien und einen Karabiner über der Schulter.

»Schwer zu sagen«, erwiderte er. »Ich nehme an, Mr. Torcreek hat Sie geschickt?«

»Er war der Meinung, dass Sie vielleicht etwas Schutz gebrauchen könnten.«

»Dann hoffen wir mal, dass er sich irrt.«

In den nächsten Minuten flammten immer wieder Feuerwolken auf, und sie erhaschten einen Blick auf die Kämpfenden, die rasch näher kamen. Einmal brannte das Feuer etwas länger, und Hilemore erkannte Lutharon an seiner Körpergröße. Der Schwarze hatte einen Blauen aus dem Wasser gezerrt. Knapp über den Wellen rangen die beiden Drachen miteinander. Der Blaue spuckte Feuer auf Lutharon, der seinerseits das Gleiche tat. Seine Krallen hatte er fest in den Leib seines Gegners gegraben. Der Kampf endete damit, dass Lutharon mit den Klauen den Kiefer des Blauen auseinanderdrückte und einen Feuerstoß direkt in seinen Rachen hinabschickte. Mit triumphierendem Krächzen ließ er den Blauen los und stieg flügelschlagend in den Himmel auf. Hilemore betrachtete den Kadaver des Blauen auf dem Wasser. Zu seinem Bestürzen war er kaum noch sechzig Meter entfernt.

»Ziel zehn Grad backbordseits!«, rief in diesem Moment Leutnant Talmant. Hilemore sah im weißen Kreis des Scheinwerfers dreißig Meter vor dem Bug einen Blauen auftauchen. Sofort begann das Drehgeschütz zu feuern, und der Blaue verschwand in einer rotweißen Dunstwolke, als die Kartätschen auf das Wasser trafen.

Hilemore kehrte zum Brückenhaus zurück. »Vorwärts bei zwei Drittel Geschwindigkeit«, bellte er in das Sprechrohr und wandte sich dann Scrimshine zu. »Steuermann, Kurs hart Backbord.«

Draußen krachte Gewehrfeuer. Offenbar hatten die Schützen ein weiteres Ziel im Scheinwerferlicht entdeckt. Die Kanonen steuerbordseits eröffneten ebenfalls das Feuer, und Hilemore hoffte, dass sie etwas Schaden anrichteten. Er schaute durch das Fenster an der Rückseite des Brückenhauses. Zu seiner Befriedigung waren die Minenleger im Heck damit beschäftigt, ihre Sprengladungen über Bord zu werfen. Es handelte sich um verbesserte Versionen der Minen, die ihnen im Hafen von Stockcombe so gute Dienste geleistet hatten. Sie waren unterschiedlich schwer und reichten dadurch in verschiedene Tiefen hinab. Außerdem waren sie mit der doppelten Menge Sprengstoff gefüllt.

»Fünf Grad nach Backbord«, sagte er zu Scrimshine und wiederholte den Befehl noch einmal zwei Minuten später, um sicherzustellen, dass die *Überlegenheit* die Minen in einem weiten Bogen an der Südflanke der Flotte verteilte. Als alle Minen zu Wasser gelassen waren, befahl er dem Maschinenraum, die Umdrehung des Motors umzukehren, und Scrimshine, eine Kehrtwende einzulegen. Selbst bei leichtem Seegang war es ein schwieriges Manöver, das mehrere Minuten dauerte und das Schiff in starke Schräglage brachte.

Die erste Mine explodierte, noch bevor sie die Wende vollendet hatten. An der Höhe der Wasserfontäne gemessen, war es eine der tieferliegenden. Inmitten der Luftblasen, die zur Oberfläche aufstiegen, sah Hilemore einige schwarze Brocken schwimmen und hoffte, dass es Drachenfleisch war.

»Vorwärts bei ein Drittel Geschwindigkeit«, befahl er dem Maschinenraum, als Scrimshine das Ruder mittschiffs ausrichtete und die *Überlegenheit* sich wieder aufgerichtet hatte. »Backbordkanonen Achtung!«, rief Hilemore durchs Fenster. Das letzte Wort wurde von der gleichzeitigen Explosion dreier Minen übertönt. Diesmal war klar zu erkennen, welchen Schaden sie anrichteten, und Hilemore hörte die Mannschaft jubeln, als die zuckenden Kadaver von etwa fünf Blauen inmitten des schäumenden Wassers auftauchten.

Hilemore ging hinaus auf den Laufsteg und sah zu, wie die Kadaver hinter ihnen zurückblieben. Er rechnete jeden Moment mit weiteren Explosionen. Stattdessen herrschte Stille. Der Kampf zwischen Schwarzen und Blauen schien vorbei zu sein, und die *Überlegenheit* dampfte durch ruhige Gewässer. »Wir haben die Biester wohl vertrieben, was, Käpt'n?«, sagte Scrimshine.

Die Antwort kam, bevor Hilemore etwas erwidern konnte. Eine donnernde Kakophonie aus Kanonenfeuer von der Flotte ließ ihn durch die Brücke zum Laufsteg steuerbordseits eilen. Er hatte erwartet, den Kreis der Schiffe in Rauch gehüllt zu sehen, stattdessen stieg jedoch aus der Mitte der Formation eine dicke Rauchsäule auf. Er hörte das Rattern von Kleinfeuerwaffen, während die Kanoniere vermutlich ihre Kanonen nachluden. Dann sah er hinter den Schiffen mehrere Stichflammen auflodern. Anscheinend hatten die Drachen gelernt, ihr Feuer zu konzentrieren. Hilemore fluchte entsetzt, als er einen Frachter entdeckte, der komplett in Flammen gehüllt war. Das Feuer drang rasch bis zum Pulverlager vor, und die oberen Aufbauten des Schiffes verschwanden in einer Reihe aufeinanderfolgender Explosionen. Einen Moment später waren auch aus dem Rumpfinneren Detonationen zu hören, und das Schiff brach auseinander. Die beiden Teile bildeten ein dunkles V vor den Flammen, während sie im Meer versanken.

»Hart Steuerbord!«, rief Hilemore Scrimshine zu und kehrte auf die Brücke zurück. »Dorthin«, sagte Hilemore und deutete durch das Fenster auf die Lücke, die durch das Untergehen des Frachters entstanden war. Er verkniff es sich, die Geschwindigkeit zu erhöhen. Sie waren so nah an der Formation, dass ihnen keine Zeit mehr bliebe, um wieder zu verlangsamen. So dauerte es mehrere qualvolle Minuten, bis die *Überlegenheit* die Flotte erreicht hatte. Unterdessen sah Hilemore eine weitere große Explosion über den Masten aufsteigen.

»Umdrehung umkehren«, rief er in das Sprechrohr, als der Bug der *Überlegenheit* sich in die Lücke schob. »Steuermann, Seitenruder rechts geben. Miss«, sagte er, nickte Kriz zu und zog seinen Revolver. »Wenn Sie dann bitte mitkommen würden.«

Sie folgte ihm nach draußen, wo er die Leiter zum Deck hinunterrutschte und nach Steelfine rief. »Sir!« Wie stets tauchte der Insulaner prompt neben ihm auf.

»Alle Kanonen und Schützen nach Backbord«, wies Hilemore ihn an. »Lassen Sie noch mehr Minen hochholen …«

Eine harte Erschütterung unterbrach ihn und ließ ihn aufs Deck stürzen. Erhitzte Luft prickelte auf seiner Haut. Als er sich aufrichtete, sah er Steelfine einige Flammen an seinem Ärmel ausklopfen. Ein paar Schritte hinter ihm stand Kriz und schaute zu einem gewaltigen Blauen hoch, der sich über die Reling erhoben hatte. Sein Kopf war auf der Stelle erstarrt, während der restliche Körper sich wütend hin und her warf und das Meer aufpeitschte. Alle Gewehre, Karabiner und Pistolen an Bord schienen gleichzeitig zu feuern. Darunter auch Hilemores, obwohl er sich nicht erinnern konnte, gezielt zu haben. Er feuerte, bis die Trommel leer war. Der Kopf des Blauen verschwand in einer roten Wolke. Der Kugelhagel riss das Fleisch des Drachen weg und brachte den Schädelknochen darunter zum Vorschein, der ebenfalls pulverisiert wurde. Der Körper des Blauen erschlaffte. Kriz ließ die Bestie los. Der Kadaver versank hinter der Reling im Meer. Dann trat Kriz zu Hilemore und half ihm auf die Beine.

»Entschuldigen Sie«, sagte sie. »Ich habe Sie doch hoffentlich nicht verletzt?«

»Es sei Ihnen verziehen, Miss«, versicherte ihr Hilemore.

Er eilte zur Reling und musterte die Flotte, deren Anblick mittlerweile an eine Illustration aus dem Buch der Mühsal erinnerte. Drei Schiffe standen komplett in Flammen, und auch auf den anderen brannte es. In der Mitte des Kreises wimmelte es immer noch von Drachen. Unermüdlich kamen die Bestien hoch, um Flammen auf die umliegenden Schiffe zu spucken, und tauchten dann wieder unter, um dem darauffolgenden Gewehrfeuer zu entgehen. Die Steuerbordkanone der *Überlegenheit* begann zu donnern, und Hilemore sah, wie Steelfine eilig auch die anderen Kanonen nach Steuerbord bringen ließ. *Es wird nicht ausreichen.* Kartätschen hagelten auf die Drachen nieder, die übrigen schweren Geschütze der Flotte waren jedoch inzwischen verstummt. Sie besaßen einfach nicht genug Feuerkraft, um einen Sieg erringen zu können. Allerdings gab es noch andere Waffen.

»Miss«, sagte er an Kriz gewandt. »Wenn Sie so freundlich wären, Mr. Torcreek, Leutnant Sigoral und Miss Jillett an Deck zu holen?«

Er selbst widmete sich der Organisation der Minen auf dem Vorderdeck und ließ die Mannschaft Schwimmkörper und Ballast davon entfernen, bevor sie die Zünder scharf machten.

»Kapitän?«, fragte Clay, als er mit den anderen Blutgesegneten angelaufen kam.

»Wir müssen sie gleichmäßig verteilen«, sagte Hilemore, deutete auf die Minen und dann auf das lodernde Inferno jenseits der Steuerbordreling.

Clay begriff sofort, trank eine Phiole Schwarz und bedeutete den anderen, dasselbe zu tun. Hilemore ließ das Vorderdeck räumen und zog sich auf den Laufsteg der Brücke zurück, bevor er den Blutgesegneten den Befehl gab anzufangen. Clay hob als Erster eine Mine hoch und ließ sie vorsichtig über die Steuerbordreling fliegen. Dann schleuderte er sie in die brodelnde Masse der Blauen hinein. Nach Hilemores Schätzung wurden durch die Explosion mindestens zwei Drachen getötet und mehrere weitere abgelenkt. Er sah eine Gruppe schlangenähnlicher Leiber auf die *Überlegenheit* zusteuern. Zum Glück bemerkte Leutnant Sigoral sie ebenfalls und ließ die nächste Mine direkt vor ihnen niedergehen.

Danach prasselten die Minen gleichmäßig aufs Wasser, und das Meer im Inneren des Schiffskreises verwandelte sich in einen Hexenkessel aus Fontänen, aufspritzendem Drachenfleisch und Flammenwolken. Die Menge an Sprengstoff, die in so kurzer Zeit auf engstem Raum gezündet wurde, trieb den Ring der Schiffe unweigerlich auseinander, und Hilemore hatte schon Sorge, die zahllosen Stoßwellen könnten die Panzerung der *Überlegenheit* eindellen. Schließlich waren sämtliche Minen über Bord geworfen, und als nach der letzten Explosion das in die Luft geschleuderte Wasser niedergeregnet war, folgte eine lange Stille.

Hilemore war sich sicher, dass sie jeden einzelnen der angreifenden Blauen getötet haben mussten. Die Menge der toten und sterbenden Drachen auf der Meeresoberfläche war so dicht, dass er darüber hätte hinweglaufen können. Doch dann sah er inmitten des Blutbads die Schnauzen weiterer Blauer auftauchen und wusste, dass es noch nicht vorbei war. Er wollte Steelfine gerade zurufen, die Kanonen bereit zu machen, als Clays nachdrückliches Winken ihn innehalten ließ. Der Grund dafür wurde gleich offensichtlich: Lutharon kam in Begleitung von einem halben Dutzend Schwarzen vom Himmel herab. Gemeinsam tauchten sie ihre Klauen in das blutige Meer und zerrten einen Blauen aus dem Wasser. Seine Schreie und wütenden Flammenstöße erstarben jäh, als die Schwarzen ihn nach oben trugen und in Stücke rissen. Seine Überreste gingen als grausiger roter Regen über der *Überlegenheit* nieder, und die Mannschaft ging in Deckung, um keine Blutstropfen abzubekommen.

Weitere Schwarze folgten, tauchten in Gruppen ab, um sich einen Blauen zu schnappen und ihn zu zerfetzen. Das Kreischen und Reißen dauerte nahezu eine halbe Stunde lang an, und das Triumphgefühl, das Hilemore anfangs empfunden hatte, wandelte sich bald zu tiefem Schuldbewusstsein. Die Ereignisse dieser Nacht hatten einen hohen Preis von ihnen gefordert. Mehrere Schiffe brannten noch, und ein weiteres versank in den Wellen. Das Meer kochte hoch, während es sich das gekenterte Schiff einverleibte. Die Schreie der an Bord gefangenen Menschen konnte Hilemore nicht hören, aber sie hallten dennoch laut und deutlich in seinem Kopf wider.

KAPITEL 41

Lizanne

An den Flug vom Großen Einschnitt zurück zum Bergwerk konnte sie sich nicht mehr erinnern und auch nicht an die beiden darauffolgenden Tage. Sie war derart erschöpft, dass sie im Schlaf nicht einmal träumte – wofür sie auf ewig dankbar sein würde. Als sie erwachte, befand sie sich in Bastlers ehemaligem Zimmer in der Klinik. Ihr Körper schmerzte an unzähligen Stellen, und der Anblick, der sich ihr bot, musste wohl doch aus einem Traum stammen.

»Also«, sagte Arberus und erhob sich von einem Stuhl an ihrem Bett. Sein Blick wirkte besorgt, aber auch vorwurfsvoll. »Anscheinend liebst du immer noch die Gefahr.«

»Verschwinde«, stöhnte Lizanne und drückte ihren Kopf tiefer ins Kissen. »Träume kann ich jetzt nicht gebrauchen.«

»Lizanne«, sagte er etwas nachdrücklicher. Sie schaute ihn erneut an und blinzelte überrascht, weil er immer noch da war. Er trug dieselbe Kavallerieuniform wie während der Revolution, wenngleich jetzt keine Regiments- oder Rangabzeichen mehr daran befestigt waren. Sein Gesicht war so kantig und attraktiv wie eh und je. Allerdings hatte er sich eine weitere Narbe zugezogen. Es sah nach einem Säbelschnitt aus, der seinen Hals entlang bis zum Kragen verlief.

»Oh«, sagte sie. »Du bist wirklich hier.«

»Ja, das bin ich.«

Sie versuchte hochzukommen, aber ihre Arme besaßen keine Kraft. Er musste ihr helfen und sie auf das Kissen hieven, das er ihr in den Rücken steckte. Er wollte ihr das Haar aus der Stirn streichen, doch sie hielt seine Hand fest und schob sie sanft, aber bestimmt von sich. Diese Zeiten waren vorüber.

Er lächelte dünn, zog dann seinen Stuhl näher heran und setzte sich. »Wie ich hörte, warst du beschäftigt.«

»Und du offenbar ebenfalls. Dass du jetzt hier bist, heißt wohl, dass du der Kurfürstin das Kommando überlassen hast?«

»Sie hat Merivus am Ende doch noch eingenommen und während der Friedensverhandlungen sogar erstaunlich viel Gnade walten lassen. Nur eine einzige Hinrichtung hat sie angeordnet – irgendeinen Cousin des Kaisers, der sowieso nicht sonderlich beliebt war. Danach haben die anderen Städte des Nordreiches die Waffen gestreckt. Hier und da regt sich noch Widerstand, aber im Großen und Ganzen ist der Krieg vorbei und die Corvantinische Republik Wirklichkeit geworden.«

»Rechne lieber nicht damit, dass sie noch da ist, wenn du zurückkehrst.« Ihre Stimme klang krächzend, und sie musste husten, weil ihre Kehle so trocken war. Arberus goss ihr einen Becher Wasser ein, den sie mit wenigen Schlucken leerte. »Es wird nicht lange dauern, dann musst du dich vor Kaiserin Atalina I. verneigen.«

»Ich werde mich vor niemandem verneigen«, sagte er. »Allerdings scheinen die Pflichten als Anführerin sie etwas zermürbt zu haben. Jedenfalls hat sie sich bereit erklärt, Wahlen zu organisieren.«

»Es würde mich überraschen, wenn es dabei mehr als einen Kandidaten gibt.«

»Es werden mehrere zur Wahl stehen. Aber ich glaube, im Moment gibt es Wichtigeres.«

»Allerdings. Ich schätze mal, du hast Truppen mitgebracht?«

»Das habe ich. Und ein paar alte Freunde. Einer davon hat ein Geschenk für dich.«

◆ ◆ ◆

Arshavs milchige Augen starrten sie aus dem Sack heraus an. Sein Kopf war mit einem Hieb abgetrennt worden, und auf seinem Gesicht lag eine Mischung aus Überraschung und Geringschätzung. Er war schon ein paar Tage tot, seine Haut war steif wie trockenes Papier.

»Er wollte ein Abkommen aushandeln«, sagte Varkash mit seiner tiefen, näselnden Stimme. Am Kai herrschte an diesem Morgen leichter Nieselregen, und an seiner Pyritnase hingen Wassertropfen. »Ein Bündnis zwischen der neuen Corvantinischen Republik und dem Varestianischen Bund. Aber er hat den Fehler begangen, dich seine Feindin zu nennen. Ihm war wohl nicht klar, wie beliebt Miss Blut unter denen ist, die in der Revolution gekämpft haben. Als die Kurfürstin ihm sagte, er solle sich zum Teufel scheren, wandten er und seine Mutter sich an mich. Und als ich ihnen das Gleiche sagte, wurde er wütend und forderte mich heraus.« Varkash zuckte mit den breiten Schultern. Er trug immer noch dieselbe Kleidung wie damals in Scorazin, nur bestand seine Weste aus einem feineren Stoff und war maßgeschneidert, sodass sie seinen muskulösen Oberkörper perfekt umschloss. »Zu große Selbstsicherheit kann einem im Duell zum Verhängnis werden.«

»Und seine Mutter?«, fragte Lizanne.

»Ist wahnsinnig geworden. Die Kurfürstin hat ihre Schiffe beschlagnahmt und sie mir gegeben. Ich habe das fiese alte Weibstück in einem Ruderboot ausgesetzt.«

»Dann hat Lockbar also doch nicht gelogen«, murmelte Lizanne. Sie hatte den halben Tag und etwas Grün gebraucht, um genügend Kraft zu sammeln, dass sie hierherkommen und Varkashs Geschenk in Empfang nehmen konnte. Der Tritt, den sie Arshavs Kopf jetzt versetzte, war deshalb an ihrer üblichen Form gemessen schwach. Dennoch besaß er ausreichend Schwung, um den Kopf über den Rand des Kais ins Wasser zu befördern.

»Danke, dass ihr gekommen seid«, sagte sie zu Varkash und sah zu den Schiffen hin, die im Fjord vor Anker lagen. Es waren insgesamt zwanzig, ein paar bewaffnete Handelsschiffe und der Rest Fregatten und Schaluppen der ehemaligen kaiserlichen Marine. Mehr war von der corvantinischen Flotte allem Anschein nach nicht übrig. An Bord befanden sich zehntausend Freiwillige, viele davon im Ausland lebende

Varestianer, die zurückgekehrt waren, um ihre Heimat zu verteidigen. »Wir können jede Hilfe gebrauchen.«

◆ ◆ ◆

Ein bisschen finster hier drin, stellte Clay mit Blick auf Lizannes Wirbelstürme fest, die in jüngster Zeit einen dunkleren Farbton angenommen hatten.

Sie wollten Meldung machen?, erkundigte sie sich. Die Erschöpfung, die sie in der wirklichen Welt plagte, war auch hier drinnen zu spüren. Es war ihre zweite Trance innerhalb von drei Tagen, und wie sich herausstellte, hatte Clay keine guten Neuigkeiten.

Vier Schiffe sind untergegangen, sagte er, nachdem er den Angriff der Blauen in der vorangegangenen Nacht geschildert hatte. *Und fünf weitere so stark beschädigt, dass sie nicht mehr weiterfahren können. Wir haben auch eine Menge Matrosen verloren.*

Nicht gerade eine mächtige Armada, sagte sie. *Aber immerhin etwas.* Ihre Wirbelwinde ballten sich verzweifelt zusammen. Ihr Gegner schien über die besorgniserregende Fähigkeit zu verfügen, ihre Strategie vorauszusehen, was für die nächste Phase des Feldzugs nichts Gutes ahnen ließ. *Morradin,* dachte sie und formte einen Wirbel zum Abbild des Marschalls, begleitet von einer schlanken Gestalt in der Uniform eines Generals. *Und Sirus. Die beiden beraten den Weißen, zusammen mit dieser Miss Dewsmine. Es ist davon auszugehen, dass das taktische Wissen des Weißen größtenteils von ihnen stammt.*

Vielleicht sind sie ja inzwischen tot, wandte Clay ein. *Das war ein ziemliches Feuerwerk, das Sie da losgelassen haben.*

Es hat nicht ausgereicht. Der Weiße ist noch am Leben. Und das ist alles, was zählt.

Da bin ich mir nicht so sicher. Denken Sie an das, was Sie in der Erinnerung der Tüftlerin gesehen haben und an Silbernadels Worte. Der Weiße braucht diese Frau. Erst der Geist eines Menschen macht ihn vollkommen. Wenn wir die Frau ausschalten könnten, hätten wir vielleicht eine Chance.

Und wie sollen wir das machen? Ich bezweifle, dass ich oder ein anderer Blutgesegneter noch einmal so nah an den Weißen herankommen kann.

Wir müssen auch nicht nah ran, oder jedenfalls ich nicht. Er erklärte ihr seinen Plan, den Lizanne mindestens genauso riskant fand wie ihren Versuch, die blauen Kristalle zu zerstören. *Man könnte es probieren, oder?*, fragte er, als er ihre Zweifel spürte. *Das wäre jedenfalls besser, als immer nur weiterzukämpfen, bis wir alle tot sind oder in Verderbte verwandelt wurden.*

Dem musste sie widerwillig zustimmen. Ihnen blieben kaum noch Alternativen. *Wird Kapitän Hilemore da mitmachen?*, fragte sie.

Er wird nicht leicht zu überzeugen sein, gab Clay zu. *Allerdings macht es ihm ziemlich zu schaffen, dass wir so viele Leute verloren haben. Vielleicht ist er also sogar zugänglicher, als wir glauben.*

Morgen zur selben Stunde nehmen wir wieder Kontakt auf. Erinnern Sie den Kapitän bitte daran, dass die Zeit drängt. Jede Verzögerung könnte verhängnisvoll sein.

◆ ◆ ◆

»Wir besitzen einfach nicht die militärische Stärke, um sie auf dem Schlachtfeld besiegen zu können«, sagte Arberus. »Unserer besten Schätzung zufolge verfügen sie über mehr als zweihunderttausend Soldaten, die noch dazu äußerst diszipliniert sind. Und außerdem die Drachen. Unser Heer ist höchstens halb so stark.«

Lizanne hatte an Bord der *Gute Gelegenheit* einen Kriegsrat einberufen. Varkash und Arberus standen mit Kapitän Trumane auf einer Seite des Kartentischs und Madame Hakugen und Alzar Lokaras auf der anderen. Lizanne befand sich am Kopfende des Tisches – auch wenn es niemand offen aussprach, hatte sie in dem Raum das Sagen.

»Sie vergessen den Unterschied in der Feuerkraft«, wandte Trumane ein. »Mit den neuen Karabinern, Repetiergewehren und Raketen besitzen wir einen nicht unerheblichen Vorteil. Allein in dieser Woche hat Professor Lethridge ein neues Luftschiff fertiggestellt. Außerdem beherrschen wir jetzt die See. Wenn wir unsere Streitkräfte richtig kombinieren und organisieren, könnte das ihre zahlenmäßige Überlegenheit wieder wettmachen.«

»Überlegene Feuerkraft ist nur dann wirkungsvoll, wenn sie massenhaft zum Einsatz gebracht werden kann«, erwiderte Arberus. »Der Gegner muss sich in einer Position befinden, wo wir den größtmöglichen Schaden anrichten können.« Er fuhr mit dem Finger die Ostküste der varestianischen Halbinsel entlang. »Ich sehe hier nur einen Ort, der dafür geeignet wäre.«

»Die Schwarzen Sande«, sagte Varkash und betrachtete die Karte.

Arberus nickte und fuhr mit dem Finger über einen kurzen Küstenabschnitt nahe einer flachen Bucht. »Die Sande erstrecken sich von der Küste bis zum Fluss, sechs Kilometer im Landesinneren. Der Fluss ist zu tief und reißend für eine Überquerung, deshalb werden sie über die Dünen vorrücken müssen, und im Sand geht es nur langsam voran. Wir konzentrieren unsere Truppen am Südrand der Dünen, um den Eindruck zu erwecken, dass es sich um einen schwach besetzten Küstenstreifen handelt. Das wird sie hoffentlich dazu verleiten, dort anzugreifen. Wenn sie den Köder schlucken, können wir sie mit den Flottenkanonen und den Geschützen an Land unter Beschuss nehmen.«

»Und während sie sich zum Angriff sammeln«, fügte Trumane mit einem Nicken hinzu, »können die Luftschiffe sie mit Raketen beschießen.«

In diesem Moment ging die Tür auf, und Tekela kam mit ein paar frisch entwickelten Photostaten herein. »Ah, die Ergebnisse unserer neuesten Erkundungsflüge sind da«, sagte Lizanne.

»Onkel«, grüßte Tekela Arberus, bevor sie die Photostate auf dem Tisch ausbreitete. »Sie haben Halt gemacht«, sagte sie und deutete auf ein Bild, auf dem das Terrain östlich des »Halses« zu sehen war. Es zeigte ein Lager, das im Großen und Ganzen dem glich, in dem Lizanne vor einer Woche fast gestorben wäre. »Oder jedenfalls die meisten von ihnen.«

Tekela legte ein weiteres Photostat in die Tischmitte. Das Bild war etwas unscharf, und es dauerte einen Moment, bis Lizanne erkannte, was darauf zu sehen war: Ein Zug Infanterie, der in Scharmützlerformation nach Norden vorrückte. »Im Nordwesten waren noch mehr solcher Züge unterwegs«, fügte Tekela hinzu. »Sie werden am Himmel von Roten begleitet und an den Flanken von Grünen.«

»Sie ziehen sich zurück?«, fragte Varkash verwundert.

»Nein«, sagte Lizanne. Sie sah wieder auf die Karte und überlegte, welche Routen die einzelnen Züge wohl einschlagen mochten. Alle führten in eine Region, wo die Armee des Weißen noch nicht durchgezogen war und wo sich viele uneroberte Städte mit zahllosen Flüchtlingen befanden. »Sie wollen Kräfte sammeln«, fuhr sie fort. »Entweder haben wir sie stärker dezimiert, als wir gedacht haben, oder sie wollen unseren Vorteil hinsichtlich der Feuerkraft durch höhere Truppenzahlen ausgleichen. Ich würde auf Letzteres tippen.«

»Jedenfalls sind sie nicht weiter vorgerückt«, grübelte Trumane. »Was schon mal gut ist.«

»Nicht für die Bewohner dieser Region«, sagte Tekela. »Unsere Luftschiffe sind in Reichweite. Wir könnten …«

»Nein«, unterbrach sie Lizanne mit Gedanken an Clays Plan. »Die Luftschiffe dürfen wir nicht aufs Spiel setzen. Der Kapitän hat recht. Je länger sie nördlich des ›Halses‹ bleiben, desto besser. Jeder Tag, den wir gewinnen, bedeutet für uns mehr Waffen, mehr Munition und die Chance, dass noch mehr Verstärkung eintrifft.«

»Aber die Menschen dort …«, protestierte Tekela.

»Werden fliehen müssen oder sich selbst um ihre Verteidigung kümmern.« An Tekelas überraschtem Gesichtsausdruck erkannte sie, dass sie schärfer gesprochen hatte als beabsichtigt. »Wir befinden uns im Krieg«, sagte sie etwas sanfter. »Wir haben schwierige Entscheidungen zu treffen.«

Sie wandte sich Alzar Lokaras zu. »Unsere Lage würde besser aussehen, wenn wir mehr Kämpfer hätten«, sagte sie.

»In Varestia ist es nicht ganz leicht, eine Armee auszuheben«, erwiderte er. »Unser Volk lässt sich nichts vorschreiben. Selbst die Corvantiner haben hier nie eine Wehrpflicht eingeführt – mit gutem Grund. Und dann sind viele der Klans auch noch untereinander verfeindet. Einige weigern sich, an der Seite von anderen zu kämpfen …«

»Ich würde sie schon zur Vernunft bringen«, sagte Varkash leise. Für gewöhnlich hasste Alzar es, unterbrochen zu werden, wie Lizanne wusste, diesmal jedoch nahm er es nur mit verärgerter Miene hin. »Ich könnte mit ihnen reden«, sagte Varkash zu Lizanne. »Gib mir ein Schiff und zehn Tage Zeit, und ich bringe dir dreißigtausend weitere Kämpfer.«

»Einverstanden«, sagte sie. »General Arberus hat sich bereit erklärt, unsere Landstreitkräfte anzuführen. Die Ausbildung beginnt so bald wie möglich, wir brauchen aber ein Basislager, das in Marschentfernung zu den Schwarzen Sanden liegt. Der Berg hier ist zu klein und abgelegen.«

»Dort«, sagte Alzar und deutete auf eine schmale Landenge etwa einhundert Kilometer nördlich des Blaska-Fjords.

»Gadaras Schanze«, sagte Varkash. »Warum nicht? Auch wenn der Ort einen schlechten Ruf hat.«

»Weshalb denn?«, fragte Arberus.

»Es ist eine Hügelfestung, die schon lange nicht mehr benutzt wird«, erwiderte Alzar. »Sie wurde vor dreihundert Jahren von der Piratenkönigin Gadara Slavas errichtet, die als letzte Monarchin Varestias gilt. Bei der Schanze fand die Entscheidungsschlacht gegen die Corvantiner statt. Die Mauern sind ziemlich zerfallen, aber ein Großteil der Festung wurde aus festem Gestein geschlagen und ist noch bewohnbar. Außerdem gibt es dort Brunnen für Frischwasser, und im Umkreis befindet sich eine breite Ebene, auf der man ein Armeelager aufbauen könnte.«

»Klingt annehmbar«, sagte Arberus.

»Tekela wird dich heute noch dorthin fliegen«, sagte Lizanne. »Kapitän Alzar, bringen Sie mit Ihrer Flotte die Truppen zur Schanze. Ich habe hier noch ein paar Sachen zu erledigen und schließe mich Ihnen dann in ein paar Tagen an.«

◆ ◆ ◆

»Einen Kilometer?« Lizanne betrachtete die Berechnungen auf Bastlers Tafel, wurde jedoch nicht recht schlau daraus.

»Wenn die Apparatur genau nach den Bauplänen konstruiert wird«, sagte er. »Je nach Wetterbedingungen kann es zu Abweichungen des Explosionsradius kommen, ein Kilometer ist aber in jedem Fall eine vernünftige Schätzung.«

Lizanne schüttelte eher verwundert als zweifelnd den Kopf. »Wie ist das möglich?«

»Verwendet man statt des normalen Sprengstoffs eine Mischung aus Kerosin und Gelatine, lässt sich damit eine energiereichere Detonationswelle erzeugen.« Als er ihren verständnislosen Gesichtsausdruck sah, fügte er blinzelnd hinzu: »Es wird funktionieren. Vertrau mir.«

»Und es kann von einem Luftschiff transportiert werden?«

»Solange die Anzahl der Besatzung und die sonstige Fracht auf ein Minimum beschränkt werden, ja.«

Einen Moment lang betrachtete sie die Tafel und dachte darüber nach, was es bedeuten mochte, eine solche Waffe auf die Welt loszulassen. Es war nur eine von zahlreichen Neuerungen, die Bastler seit seinem Aufwachen aus dem Koma vorgeschlagen hatte. Offenbar hatte er während der Zeit, als er in seinem eigenen Geist gefangen war, beträchtliche erfinderische Energien entwickelt. Allerdings zumeist zerstörerischer Art, was ihr etwas Sorge bereitete. *Wenn er so etwas konstruieren kann, wozu ist er dann noch in der Lage?*

»Herstellungsdauer?«, fragte sie.

Bastler wandte sich an ihren Vater, der aus der Luftschiffwerkstatt gekommen war, um seine Meinung als Ingenieur beizusteuern. »Wir werden Arbeitskräfte von anderen Aufgaben abziehen müssen«, sagte der Professor. »Das heißt, keine neuen Raketen mehr. Und ich werde mit verschiedenen Materialien experimentieren müssen ...«

»Wie lange, Vater?«, drängte Lizanne.

»Es würde zehn Tage dauern, eine dieser Apparaturen zu bauen. Und ich brauche dafür tausend Arbeiter.«

»Ich gebe dir doppelt so viele, damit du zwei herstellen kannst«, sagte sie.

◆ ◆ ◆

Bei Gadaras Schanze handelte es sich eher um eine Festungskette als um eine einzelne Burg. Die Bauwerke waren mit Mauern verbunden, die entlang eines U-förmigen Felsgrats im Inneren der Landenge verliefen. Dank der erhöhten Lage war das umliegende Land gut zu überblicken. Die Hauptfestung bestand aus einem großen, felsigen Hügel, der über Jahrzehnte ausgehöhlt worden war, um Kammern von unterschiedlicher Größe zu schaffen. Sie boten ausreichend Platz, um mehrere Bataillone zu beherbergen. Auf der Kuppe des Bergs erhob sich ein schmaler, verfallener Turm, dessen Stufen jedoch noch gut genug erhalten waren, dass Lizanne zur Spitze hinaufsteigen konnte. Dort fand sie Arberus vor, der mit einem Fernrohr die Truppen auf der Ebene musterte. Seit der Besprechung auf der *Gelegenheit* war eine Woche vergangen und die Armee auf über fünfzigtausend Kämpfer angewachsen.

»Wie geht es mit der Ausbildung voran?«, fragte sie, als sie die Turmspitze erreicht hatte.

»Mal mehr, mal weniger gut«, sagte er säuerlich. »Die Varestianer sind brauchbare Schützen und Nahkämpfer, aber wenn sie in einer Reihe marschieren sollen, benehmen sie sich wie kleine Kinder.«

»Ist es denn auf einem modernen Schlachtfeld noch zwingend notwendig, in einer Reihe zu marschieren?«

»Militärische Disziplin erfordert Zusammenhalt und die Fähigkeit, als Gruppe zu agieren. Das Exerzieren ist eine nützliche Übung, um Disziplin zu erlernen. Diese Leute wissen, wie man kämpft, aber nicht, wie man in einen Krieg zieht.«

»Dann sollten sie es lieber schleunigst lernen.«

Ihr ernster Tonfall ließ ihn stirnrunzelnd das Fernrohr senken. »Hast du Neuigkeiten?«

»Ich war gerade in Trance mit Morva. Die Trupps des Weißen kehren mit zahlreichen Gefangenen zum Hauptlager zurück. Wahrscheinlich werden sie noch diese Woche aufbrechen. Es wird Zeit, General. Sammle deine Truppen und marschiere so schnell wie möglich zu den Schwarzen Sanden.«

KAPITEL 42

Clay

Sind Sie sicher, dass das funktionieren wird?«, fragte Hilemore.

»Heutzutage kann man sich über gar nichts mehr sicher sein, Kapitän«, erwiderte Clay. »Aber eines weiß ich: Der Zustand der Flotte ist so desolat, dass sie es nicht über den Orethischen Ozean schaffen wird. Ein Blutbrenner wäre dazu schon eher in der Lage.«

Hilemore wandte sich ab und ging zur Steuerbordreling. Clay spürte förmlich die Schuldgefühle des Kapitäns, während er die verkohlten Überreste der Flotte betrachtete. Abgesehen von den Schäden hatte der Angriff auch zahllose Menschenleben gekostet. Darüber hinaus waren viele verwundet worden. Die Krankenstationen auf den Schiffen waren mit Verbrannten und Verstümmelten überfüllt. Sie hatten bereits die Hälfte ihres Vorrats an Grün aufwenden müssen, um die Verwundeten am Leben zu erhalten.

»Nur eine einzige Schlacht«, hörte Clay Hilemore murmeln.

»Eine Schlacht ist nicht kriegsentscheidend«, sagte Clay. »Die Flotte mag erledigt sein, aber der Krieg ist noch nicht vorbei.«

»Ich soll sie zurücklassen?«

»Lutharon konnte keine Blauen mehr wittern. Sie sind entweder tot oder geflohen. Die Flotte kann nach Stockcombe zurückkehren.« Er wappnete sich für seine nächsten Worte. Er wusste, wie Hilemore wahrscheinlich darauf reagieren würde, aber es musste sein. »Die Schiffe haben ihren Zweck erfüllt. Wären wir alleine gefahren, hätten die Blauen uns vernichtet.«

Er sah dem Kapitän fest in die Augen, der sich mit gefährlichem Funkeln zu ihm umdrehte. Clay hätte nie gedacht, dass Hilemore zerbrechen könnte. Bei einem so pflichtbewussten und rechtschaffenen Offizier schien ihm das ganz und gar unmöglich. Jetzt sah er einen gewöhnlichen Menschen vor sich. Einen, der zwar mutiger war als andere und ein Meister der Seegefechte, aber dennoch nur ein Mensch. Noch dazu einer, der von Schuldgefühlen geplagt wurde. Zu einem anderen Zeitpunkt hätte Clay Mitleid gehabt. Aber heute, da so viel auf dem Spiel stand, machte es ihn lediglich wütend.

»Wenn Sie es nicht fertigbringen«, sagte er barsch, »dann überlassen Sie die *Abenteuer* mir, und ich fahre mit den Langgewehren alleine weiter. Sie können gerne nach Stockcombe zurückkehren und sich dort in Selbstmitleid suhlen.«

Hilemore ballte die Fäuste und näherte sich Clay drohend.

»Seebruder«, sagte in diesem Moment eine Stimme. Sie sprach leise, aber Hilemore hielt dennoch inne. Zenida stand in der Nähe, begleitet von Akina. »Er hat recht«, sagte Zenida und musterte die Flotte mit düsterem Blick. »Sie haben tapfer gekämpft, aber sie sind erledigt. Es wird Zeit, sie nach Hause zu schicken. Wir dagegen sind noch nicht fertig.«

Anscheinend wogen die Worte der Varestianerin schwerer als Clays, jedenfalls gab Hilemore seine drohende Haltung auf, straffte seinen Rücken und nickte knapp. »Die *Abenteuer* wird die Flotte begleiten …«, begann er.

»Nein«, unterbrach ihn Zenida. »Zwei Blutbrenner haben eine bessere Chance als einer.« Seufzend wandte sie sich ihrer Tochter zu, deren Miene noch finsterer wirkte als sonst. »Allerdings würde ich gern Kapitän Tidelow um eine freie Koje bitten.«

◆ ◆ ◆

Steelfine trug die schreiende, um sich schlagende Akina über die Gangway auf die *Fernlicht*, während ihre Mutter schweigend zusah. Die junge Piratin hatte sich abgewandt, als Zenida sie hatte umarmen wollen, und varestianische Flüche ausgestoßen, bis Steelfine sie sich kurzerhand über die Schulter geworfen hatte.

Während Akina vom Schiff gebracht wurde, kamen einige neue Besatzungsmitglieder an Bord. Oberst Kulvetch und dreißig ihrer Soldaten trafen mit einem Boot ein. Hinzu kamen zwanzig Freiwillige von der Wählerrechtsallianz. Die Blutbrenner erhielten außerdem zusätzliche Kanonen von den anderen Schiffen. Einige Kapitäne, darunter die dalzianische Piratin und Kapitän Gurkan, schlugen vor, ihre Schiffe von den Blutbrennern ziehen zu lassen. Hilemore lehnte das aber als unpraktisch ab.

Sämtliches in der Flotte verbliebene Rot wurde zwischen den beiden Blutbrennern aufgeteilt, sodass sie mit thermoplasmischer Energie bis nach Varestia fahren konnten. Viel hing vom Wetter ab, aber Hilemores Schätzung nach würden sie die Roten Gezeiten binnen zehn Tagen erreichen können. Blieb nur noch die Frage, was sie mit ihren Verbündeten machen sollten.

»Wir nehmen nur Lutharon mit«, sagte Clay. »Die anderen sollen nach Hause fliegen.«

»An Bord der *Überlegenheit* gibt es Platz für zwei weitere«, sagte Hilemore. Der Einsatz der Drachen im Kampf hatte ihn offensichtlich schwer beeindruckt. »Und die *Abenteuer* könnte einen transportieren.«

»Nur Lutharon«, beharrte Clay. »Mehr brauchen wir nicht.«

Er ging zum Vorderdeck, um dem Drachen die Entscheidung mitzuteilen, der sich jedoch als überraschend widerspenstig erwies. Nach dem Kampf gegen die Blauen war er immer noch sehr aufgeregt. Nicht einmal die frischen Verletzungen an seinen Flanken konnten seine Kampflust dämpfen. Clay legte eine Hand auf die Schnauze des Schwarzen und schickte ihm ein paar beruhigende Bilder. *Ich glaube, dein Volk hat genug für uns getan. Es wird Zeit, die anderen nach Hause zu schicken.*

Lutharon schnaufte gekränkt. Er wandte den Kopf ab, und von seinen Nüstern stiegen dünne Rauchwolken auf. Schließlich erhob er sich aber doch vom Bug des Schiffes aus in die Lüfte, zog ein paar Kreise am Himmel und stieß mit weit geöffnetem Maul einen Sammelruf aus. Die anderen Schwarzen antworteten und schwangen sich gleich darauf selbst von den Schiffen aus in die Luft. In einem wirbelnden

Schwarm kreisten sie am Himmel. Clay spürte Lutharons widerstreitenden Gefühle und das Zögern der anderen Schwarzen. Ihre Schreie wurden misstönend, und der Schwarm geriet in Aufruhr. Einige Drachen prallten zusammen und schnappten nacheinander – ein Zeichen der Uneinigkeit. Schließlich stieß Lutharon ein lautes Brüllen aus, das alle anderen Schreie übertönte. Sofort legte sich der Disput. Eine Weile lang kreisten die Schwarzen noch schweigend, dann löste sich einer nach dem anderen aus dem Schwarm und drehte nach Norden zu den Inseln ab, bis Lutharon schließlich allein am Himmel war.

Er beschrieb einen weiten Bogen und tauchte kurz zum Meer hinab, bevor er mit angelegten Schwingen auf dem Bug der *Überlegenheit* landete. Er grummelte tief, als Clay ihm mit der Hand über die Flanke strich. »Tut mir leid, Großer«, sagte Clay. »Aber inzwischen bin ich überzeugt, dass es nur eine Möglichkeit gibt, diesen Krieg zu gewinnen. Und die erfordert lediglich uns beide, dich und mich.«

◆ ◆ ◆

Als sie das Grüne Kap hinter sich gelassen hatten, befahl Hilemore, den Blutbrenner anzufeuern. Die *Überlegenheit* mit ihrem größeren Motor und der Schiffsschraube zog schon bald an der *Abenteuer* vorbei. Durch sein geringeres Gewicht schaffte es das kleinere Schiff aber, sich etwa hundert Meter hinter der Fregatte zu halten.

In den nächsten drei Tagen ging Clay im Kopf alles durch, was er über Catheline Dewsmine in Erfahrung gebracht hatte. Akina hatte ihm einiges erzählt, und Nachfragen in der restlichen Flotte hatten mehrere Zeitschriften zu Tage gefördert, darunter auch ein paar Ausgaben des *Skandalblatts*, das der verstorbene Mr. Tottleborn so geliebt hatte. Dewsmines Leben war mit Clays eigenem nicht im mindesten vergleichbar, was es schwierig machte, eine brauchbare Verbindung zu finden. *Ein verwöhntes Miststück aus reichem Hause*, lautete seine Schlussfolgerung, nachdem er die verschiedenen Artikel über Cathelines Leben gelesen hatte. *Vielleicht hat der Weiße sie deshalb ausgewählt.*

Schließlich musste er sich jedoch eingestehen, dass die Zeitschriften ihn nicht weiterbrachten. Sie enthielten lediglich ein paar Zeichnungen und Photostate, die sein Studienobjekt mal mehr und mal weniger wirklichkeitsgetreu darstellten. Zumeist waren es Werbeanzeigen, die Leser etwa aufforderten, »Daultons Hautreinigungscreme« auszuprobieren. Dazu war Catheline zu sehen, wie sie auf einem Sofa lag und ihr vollkommenes Profil den Lippen eines attraktiven Bewunderers darbot. Darunter stand: »›Jede Frau verdient es, etwas Besonderes zu sein.‹ – Catheline Dewsmine.«

»Sonderlich verrückt wirkt sie auf den Bildern nicht«, stellte Kriz fest, als sie eines Abends zusammen mit Clay in seiner Koje lag. Eigentlich teilte er sich die Kajüte mit Leutnant Sigoral, der inzwischen jedoch die Nächte bei Loriabeth verbrachte, während Kriz bei Clay schlief. Keiner von ihnen hatte darüber gesprochen, es hatte sich einfach so ergeben. Wenn Braddon eine Meinung dazu hatte, dass seine Tochter sich mit einem corvantinischen Blutgesegneten abgab, so behielt er sie für sich. Allerdings war Clay aufgefallen, dass er meist missbilligend die Stirn runzelte, wenn er die beiden zusammen sah.

»Vielleicht war sie es ja damals auch noch nicht«, erwiderte Clay. »Hier sieht sie dagegen ganz anders aus.«

Er griff nach einer Zeitung, auf deren Titelseite ein Photostat von Catheline abgebildet war, die vor einer großen Villa in Sanorah in eine Kutsche stieg. »Wen hat sie diesmal in den Schlaf geküsst?«, fragte die Überschrift über dem Photostat. Im Artikel selbst hieß es: »Die berühmte Schönheit Catheline Dewsmine geht in letzter Zeit oft spät zu Bett. Hier sieht man sie kurz nach Mitternacht das Haus von Rence Cozgrave verlassen, einem leitenden Angestellten von Eisenboot. Den Nachbarn zufolge besucht Mrs. Cozgrave gerade Verwandte in Südmandinorien. Wollte Miss Dewsmine Mr. Cozgrave Gesellschaft leisten, damit er nicht so einsam ist?« Cathelines Gesichtsausdruck auf dem leicht unscharfen Photostat war sehr interessant. Sonst lächelte sie meist, aber hier starrte sie mit unverhohlenem Hass in die Kamera.

»Der Fotograf hat wahrscheinlich Glück gehabt, dass sie kein Produkt bei sich hatte«, sagte Clay. »Aber egal, wer sie früher war, jetzt ist sie jedenfalls ein Monster.«

»Genau wie Hezkhi«, sagte Kriz und legte ihren Kopf auf seine Brust. »Ich hatte keine Ahnung, wie sehr er Vater gehasst hat. Nach all den Jahren, die wir in der Enklave festsaßen, haben wir ihn alle verabscheut. Und ich ganz besonders. Aber hassen konnte ich ihn nie. Sonst hätten die Weißen wohl mich im Traum zu sich gerufen. Vielleicht brauchen sie nicht nur Wahnsinn, um sich einen Menschen untertan zu machen, sondern auch Hass.«

Hass. Clay betrachtete erneut das Photostat und die Wut in Catheline Augen. *Also, damit kenne ich mich aus.*

KAPITEL 43

Sirus

Er wurde eher aus der Bewusstlosigkeit gerissen, als daraus aufzuwachen. *Steh auf!*, erklang Cathelines Stimme barsch und befehlsgewohnt in seinem Kopf und vertrieb die vagen Bilder, die sich gerade zu einem Traum hatten zusammenfügen wollen. Trotz der zahllosen Schmerzen, die er beim Erwachen in seinem Körper spürte, war er dankbar, dem Traum entkommen zu sein, in dem Katryas Gesicht aufgetaucht war.

Er setzte sich langsam auf, wobei eine Menge Staub von seinem Körper herabrieselte, und schaute sich um. Seine Schuhsohlen waren nur wenige Zentimeter vom Rand eines gut sechs Meter breiten Kraters entfernt. Über dem Krater schwebten die vier Kristalle, die anfangs recht hell leuchteten, aber bald zu flackern begannen. Gleichzeitig ließ die Helligkeit nach. Als das Licht ganz erloschen war, fielen die Kristalle zu Boden und landeten auf der verkohlten Erde, wo einige Verderbte sie rasch aufhoben.

»Ich hoffe, du hast seine Erinnerungen bewahrt«, hörte er Catheline sagen. Er drehte sich um und sah sie über einer Leiche stehen. Morradin hatte offenbar weniger Glück gehabt als er. Sein Oberkörper lag außerhalb des Kraters, der Unterkörper jedoch war zu rotfleckiger Asche verbrannt. Kurz glaubte Sirus irrigerweise, den Verstand des Marschalls noch zu spüren, und versuchte, Kontakt zu ihm aufzunehmen. Aber natürlich fand er nur die kalte Stille des Todes. Großmarschall Morradin, eines der größten militärischen Genies seiner Generation, ein schrecklicher Mensch und noch schlimmerer Verderbter, war endgültig tot.

Ein Feind und Verbündeter, dachte Sirus und tarnte den Gedanken mit Furcht. *Nun werde ich alleine weitermachen müssen.*

»Ich wusste nicht, dass ihr beiden euch so nahe standet«, sagte Catheline, trat zu ihm und reichte ihm die Hand.

»Das nicht gerade«, sagte er, ergriff ihre Hand und ließ sich hochziehen. »Aber seine Talente werden uns fehlen.«

Cathelines Blick wurde wachsam, und sie nickte zum Krater hinüber. »Ich glaube, wir haben einen noch größeren Verlust zu betrauern.«

Der Weiße lag im Inneren des Kraters und hatte seinen Leib um drei verdrehte Kadaver gelegt. Die jungen Weißen wirkten äußerlich unversehrt, waren aber eindeutig tot. Dickes Blut floss aus ihren offenen Schnauzen, während der Weiße sie ableckte. Dabei stieß er einen Laut aus, den Sirus bei ihm noch nie gehört hatte – eine Mischung aus Jaulen und Grollen, so hoch, dass es in den Ohren weh tat. Der Schmerz eines trauernden Elternteils, der nun auch in Sirus' Gedanken sickerte. Die beiden überlebenden Jungtiere kauerten mit zuckenden Schwänzen und nervösen Blicken in der Nähe.

»Sie ist entkommen, weißt du«, sagte Catheline. »Lethridge, das Miststück. Eine Blutgesegnete in einem dieser Flugapparate hat sie aufgelesen.«

»Sie hat versagt«, bemerkte Sirus und nickte in Richtung des Weißen.

»Diesmal. Wir dürfen keine Risiken mehr eingehen, General. Wir müssen es zu Ende bringen. In der Vergangenheit habe ich mich zu oft von Gefühlen leiten lassen. Das war ein Fehler, für den mich sicherlich eine Strafe erwartet. Derweil wirst du einen Plan entwickeln, der uns den Sieg bringt. Und ich werde ihn ausführen, egal, wie lange es dauert. Diese Armee gehört jetzt dir.«

◆ ◆ ◆

Die Katastrophe im Großen Einschnitt und der Raketenangriff hatten die Armee zwölftausend Verderbte und zweitausend Drachen gekostet. Die Grünen hatte es am stärksten getroffen, weil sie am schnellsten in den Pass hineingelaufen waren, aber auch die Roten hatten hohe Verluste hinnehmen müssen – beinahe ein Drittel ihrer Anzahl. Mehr denn je wurde Sirus bewusst, dass ihnen nur eine begrenzte Menge von Drachen zur Verfügung stand. Sie waren bei vielen Kämpfen der Schlüssel zum Sieg gewesen, aber jeder Einsatz verringerte ihre Stärke. *Und wenn sie alle vernichtet sind,* dachte er und verbarg den Gedanken sorgfältig hinter Furcht, *dann bleibt ihm nur noch eine Armee aus Verderbten. Eine, die ich anführe.*

Nebelschleier meldete, dass die Armee trotz des Rückschlags noch über fast einhundertachtzigtausend Mann verfügte. Dennoch fiel es Sirus nicht schwer, Catheline davon zu überzeugen, dass sie ihre Zahl weiter erhöhen mussten. »Unser Gegner ist listenreicher, als wir vermutet haben«, sagte er. »Bei jeder Begegnung mit ihm bringt er eine neue tödliche Erfindung zum Einsatz. Wir besitzen keine Luftschiffe und präzisen Raketen und auch keine klugen Erfinder, die so etwas bauen könnten. Wenn ich eines von Marschall Morradin gelernt habe, dann, dass zahlenmäßige Überlegenheit von größter Bedeutung ist. Wir müssen unseren Gegner überwältigen. Mit solcher Stärke angreifen, dass ihm all seine Erfindungen nichts nützen werden.«

Am nächsten Tag schickten sie drei Trupps aus Verderbten los, in Regionen, die Nebelschleier zufolge die fortschrittlichste Landwirtschaft aufwiesen. »Tausende sind vor unserer Armee geflüchtet«, erklärte Sirus Catheline. »Und die Menschen brauchen Nahrung. Deshalb fliehen sie mit großer Wahrscheinlichkeit dorthin, wo sie welche zu finden hoffen.«

Die einzelnen Trupps wurden jeweils von einem Kontingent Stammeskrieger angeführt, die am besten Spuren lesen konnten. Sie hatten Befehl, größere Kämpfe zu vermeiden und nur zu töten, wenn es unbedingt notwendig war. Der Erfolg stellte sich so schnell ein, dass es selbst Sirus überraschte. Viele Flüchtlinge hatten offenbar naiverweise angenommen, die Armee des Weißen sei nach ihrem Durchzug endgültig verschwunden. Mehrere größere Gruppen wurden auf dem Rückweg in die Heimat aufgegriffen. Zudem kundschafteten Rote vom Himmel aus die Position von Flüchtlingslagern in den Bergen aus. Diese griffen sie aus der Luft an, worauf die Flüchtenden von Grünen in die Arme der Verderbten getrieben wurden. Die meisten Rekruten gewannen sie im Ackerland nordöstlich des »Halses«. Hier lebten die Menschen statt in Dörfern auf Plantagen, die zu klein und schwach bewohnt waren, um sich befestigen zu lassen. Wenn ihre Wohngebäude und Felder in Flammen standen, blieb den Menschen nur noch die Flucht, und die Grünen konnten sie ohne Schwierigkeiten lenken.

War eine größere Menge Gefangener zusammengetrieben worden, stieg Sirus mit einem blauen Kristall im Gepäck auf Katarias' Rücken. Kontingente widerspenstiger Gefangener über weite Strecken zu führen, erwies sich als zu mühevoll. Es war einfacher, zum jeweiligen Standort der Gefangenen zu fliegen und sie an Ort und Stelle umzuwandeln. Waren alle Rekruten zu Verderbten geworden, marschierten sie in ordentlichen Reihen nach Süden und schlossen sich der Hauptarmee an.

Sirus hatte Catheline überredet, die Drachen nicht mehr auf die Kinder und älteren Menschen loszulassen, die nach den Beutezügen übrig blieben. Es kostete sie zu viel Zeit und machte es schwerer, die noch nicht umgewandelten Gefangenen zu beherrschen. In der Folge blieben nun überall in den Landstrichen verwaiste Kinder und alte Leute zurück. Die Kinder flohen für gewöhnlich, während die Alten nur in hilfloser Erstarrung verharrten. Hin und wieder blieben die Kinder auch in der Nähe und riefen nach ihren umgewandelten Eltern, wenn diese – dem Weinen ihrer Kinder gegenüber taub – davonmarschierten.

Nach drei Wochen meldete Nebelschleier achtunddreißigtausend neue Rekruten, was mehr als ausreichend war, um ihre Verluste auszugleichen und ihre Reihen für den Angriff anwachsen zu lassen. *Wird das genügen?*, fragte Catheline Sirus mit neu gewonnener Vorsicht. *Wir könnten die Trupps auch noch weiter nach Norden schicken.*

Weiter nördlich steigt das Risiko, auf stärkeren Widerstand zu stoßen, erwiderte Sirus. *Auf der varestianischen Halbinsel gibt es eine Reihe von Küstenstädten. Inzwischen sind sie sicher längst evakuiert, aber in den umliegenden Dörfern sollten wir noch ein paar Rekruten finden können. Nach Nebelschleiers Berechnungen könnten es weitere zehn- bis fünfzehntausend sein. Dank des kaiserlichen Arsenals, das uns in die Hände gefallen ist, verfügen wir über genügend*

Waffen. Eine Armee dieser Größe und Disziplin sollte bei korrekter Führung unbesiegbar sein.

Sie schickte ihm einen amüsierten Gedankenimpuls. *Höre ich da etwa Kampfeifer heraus, General? Ich dachte immer, Morradin sei der Blutrünstigste von uns.*

Er musste bei seiner Antwort keine Furcht beschwören, um seine Absichten zu verbergen, denn sie war vollkommen ernst gemeint. *Mir ist sehr daran gelegen, diese Aufgabe zu Ende zu bringen.*

◆ ◆ ◆

Wie erwartet, war die erste Hafenstadt, die sie erreichten, menschenleer. Es handelte sich eher um ein großes Fischerdorf als um eine Stadt, die Straßen lagen still da, und in dem kleinen Hafen befanden sich keine Schiffe. Die Varestianer hatten das Hafentor geöffnet und den Mechanismus zerstört, sodass der Hafen von Wasser geflutet und damit unbrauchbar war. Eine gründliche Durchsuchung förderte kaum Nahrungsmittel oder Munition zu Tage, und die einzigen Bewohner waren ein paar Katzen, Hunde und eine noch größere Zahl Ratten. In einem – inzwischen selten gewordenen – Wutanfall befahl Catheline, das Dorf niederzubrennen, und die Armee marschierte unter einem von schwarzem Rauch verfinsterten Himmel weiter.

Zum ersten Mal erwiesen sich Nebelschleiers Berechnungen als unzutreffend, denn die Varestianer waren sehr effizient vorgegangen. Schonungslos hatten sie auch die umliegenden Dörfer evakuiert. Spähtrupps meldeten, dass zwischen den leeren Häusern und Scheunen zahlreiche Leichen mit durchschnittenen Kehlen oder Kopfschüssen lagen.

»Sie kennen uns inzwischen«, stellte Sirus fest, als Catheline sich über die Ermordeten wunderte. »Jeder Erwachsene, der sich der Evakuierung verweigert, ist ein potentieller Rekrut. Deshalb lassen sie niemanden zurück.«

Auf den kleinen Gehöften im westlichen Hügelland ließen sich noch einmal tausend Rekruten zusammentreiben, aber die meisten Menschen dort lebten zu abgelegen, als dass sich die Zeit und Mühe gelohnt hätte, sie alle gefangen zu nehmen. Die Armee zog weiter. Die

Verderbten marschierten in einer geordneten Kolonne an der Südküste entlang. An den Flanken wurden sie von Grünen begleitet, während am Himmel die Roten das Land vor ihnen auskundschafteten. Ihr Marsch führte sie an noch mehr leeren Dörfern und zwei verlassenen Hafenstädten vorbei. Die letzte schien in Eile evakuiert worden zu sein, denn die Varestianer hatten das Hafentor unversehrt gelassen, und in den Lagerhäusern fanden sich noch zahlreiche Vorräte, darunter Nahrungsmittel und Munition für Kleinfeuerwaffen. Ein Trupp aus mehreren hundert Verderbten wollte gerade die Vorräte abtransportieren, als das gesamte Lagerhausviertel von einer Reihe von Explosionen in Schutt und Asche gelegt wurde.

»Diese hinterhältigen Schweinehunde«, sagte Catheline, als sie zusammen auf der Stadtmauer standen und das Feuer im Hafen betrachteten. Ihre Worte klangen weniger hitzig, sondern eher wie eine säuerliche Feststellung. »Alles, was ich über die Varestianer gehört habe, scheint voll und ganz der Wahrheit zu entsprechen.«

»Die Verluste könnten größer sein«, sagte Sirus und wandte sich ab, um das Land im Süden zu mustern. »Ich bin eher besorgt über den Mangel an Widerstand. Inzwischen müssten sie doch längst eine Verteidigung organisiert haben. Die Roten konnten aber auf den nächsten hundertfünfzig Kilometern bisher nichts entdecken.« Er richtete den Blick aufs Meer und suchte den leeren Horizont ab. »Dass es keine Angriffe von der Seeseite her gibt, ist ebenfalls seltsam. Dafür, dass die Varestianer so berühmte Seefahrer sind, scheinen sie ihre Schiffe nicht aufs Spiel setzen zu wollen. Und das, obwohl hier keine Blauen unterwegs sind.«

»Sie sparen sich ihre Kräfte auf«, schlussfolgerte Catheline. »Sie wollen uns in einer großen Schlacht gegenübertreten. Wie wunderbar dramatisch.«

»Morradin sagte, es wird ein blutiger Tag, wenn unsere Armee auf ihre trifft.«

Catheline trat zu ihm, drückte ihm einen Kuss auf die schuppige Wange und flüsterte: »Je blutiger, desto besser, verehrter General. Er dürstet danach, weißt du. Wir dienen jetzt einem rachsüchtigen Gott.«

◆ ◆ ◆

Nach drei Tagen Marsch erreichten sie einen Küstenabschnitt, der aus schwarzem Sand bestand und sich vom Ufer bis zu einem schnell fließenden Strom sechs Kilometer weiter westlich erstreckte. Hinter dem Fluss erhob sich ein steiler, ebenfalls schwarzer Berg, der ein einfaches Umgehen des Abschnitts unmöglich machte. Deshalb wunderte es Sirus nicht, dass die Roten bei ihrem Erkundungsflug am Südrand des Gebiets eine große Ansammlung von Gegnern entdeckten.

»Ich hatte mal einen Geliebten«, sagte Catheline, während sie mit Sirus am Rand des schwarzen Sandes entlangspazierte. »Einen Künstler, der die Ansicht vertrat, alles Natürliche sei schön. Wenn er diesen Ort hier sehen könnte, würde er seine Meinung sicherlich ändern.«

Sirus ging in die Hocke und hob eine Handvoll der funkelnden schwarzen Sandkörnchen auf, denen die Gegend ihren Namen verdankte. Im Gegensatz zu Catheline fand er den krassen Gegensatz, den der Sand zur restlichen Landschaft bildete, faszinierend. »Das ist der Alkus-Berg«, sagte er und nickte zu dem Gipfel im Westen. »Ein aktiver Vulkan. Etwa alle hundert Jahre spuckt er eine Menge Lava und Asche aus. Daraus sind die Schwarzen Sande entstanden.« Er erhob sich, ließ den Sand zu Boden rieseln und musterte das sanft gewellte Land vor ihnen. An manchen Stellen waren die Dünen über drei Meter hoch, versperrten Angreifern die Sicht und machten diese auf den Dünenkuppen zum leichten Ziel für die Verteidiger. Der lockere Untergrund würde einen Infanterieangriff außerdem stark verlangsamen.

»Wer immer Miss Lethridges Truppen anführt, versteht offenbar sein Handwerk«, sagte Sirus. »Für eine Verteidigungsschlacht hätte sich kein besserer Ort finden lassen können.«

»Es ist also eine weitere Falle?«, fragte Catheline.

»Davon können wir ausgehen.« Er übermittelte ihr das Bild der feindlichen Linie, das die Roten gesendet hatten. Wegen des heftigen Feuers der Repetiergeschütze hatten sie sehr hoch fliegen müssen. Einer war dem Sperrfeuer sogar zum Opfer gefallen, bevor er eine ausreichende Höhe erreichen konnte. Das Bild zeigte mindestens sechs Bataillone Infanterie und mehrere Kanonenbatterien am Ostende der Sande, während von Süden her weitere Truppen heranmarschierten. Nach Westen hin wurde die Linie des Feindes dichter und strotzte nur so von Kanonen und Repetiergeschützen.

»Eine formidable Armee«, stellte Catheline fest. »Aber sie sind noch nicht ganz in Position.«

»Es ist eine List«, sagte Sirus und schüttelte den Kopf. »Sie wollen, dass wir nahe der Küste angreifen. Sobald wir das tun, werden ihre Schiffe am Horizont auftauchen, und ihre Fluggeräte werden uns von oben attackieren.«

»Dann geh nicht drauf ein. Greif woanders an.«

»An diesem Ort wird jeder unserer Angriffe mit beträchtlichen Verlusten enden.«

»Tatsächlich?« Er spürte leichten Spott in ihrer Antwort. Dann fragte sie in trotzigem Ton: »Was hätte Morradin getan?«

»Er war ein Anführer, der vor einem blutigen Kampf nicht zurückschreckte, so viel steht fest. Vermutlich wäre er der Ansicht gewesen, dass eine Falle nicht zweimal zuschnappen kann.«

»Du schlägst also vor, dass wir einfach machen, was der Feind von uns will?« Catheline lachte höhnisch. »Selbst ich mit meinen mageren Militärkenntnissen weiß, dass das ein Fehler wäre.«

»Genau das würde ich vorschlagen«, erwiderte Sirus, trat vor und drückte seinen Stiefel in den Sand. Er sank auf der weichen Oberfläche etwa zehn Zentimeter tief ein. *Ein schlechter Untergrund für Menschen, aber nicht für Drachen.* »Und dann«, fuhr er mit einem Lächeln fort, »sollten wir noch etwas anderes tun. Ich glaube, es wird Zeit, dass wir eine Kavallerie einrichten.«

◆ ◆ ◆

Er wartete bis zur Abenddämmerung, bevor er mit dem Angriff begann. Der Gegner würde sein Vorhaben sicher durchschauen, wenn er bei Tageslicht angriff. Die Bataillone der Vorhut marschierten stetigen Schritts über die Dünen, abgeschirmt von Scharmützlern. Die mentale Verbindung erlaubte es ihnen, im Gleichschritt zu marschieren und zwei geschlossene Linien von knapp einem halben Kilometer Länge zu bilden. Die erste Welle umfasste über vierzigtausend Verderbte, während dahinter eine dichte, wohlgeordnete Menge nachrückte. Währenddessen schickte Sirus auch die Kanonen aus – Gruppen von Verderbten zogen sie über die Dünen und versammelten sie zu einer großen Batterie an der rechten Flanke. Ihren Befehlen folgend begannen sie sofort, auf den Gegner zu schießen. Sie konzentrierten ihr Feuer auf den vermeintlich dünn besetzten Bereich nahe der Küste. Die Kanonen befanden sich am Rand ihrer Reichweite, und ihre Trefferquote war deshalb recht gering, aber Sirus hoffte, der gegnerische Befehlshaber würde trotzdem glauben, dass er den Köder geschluckt hatte.

Die Roten patrouillierten in einem dichten Schwarm über den Dünen. Sirus hielt sie absichtlich zurück, als Sicherheit gegen die Luftschiffe. Auch wenn es von den neuen Gefährten bislang noch nicht sehr viele zu geben schien, hatten sie ihre Feuerkraft am Großen Einschnitt doch eindrucksvoll unter Beweis gestellt. Die Grünen, die in seinem Plan die wichtigste Rolle spielten, hielt er im Hintergrund, bis der entscheidende Moment gekommen war.

Als die Vorhut der Verderbten etwa die Hälfte des Weges zurücklegt hatte, tauchte, wie erwartet, eine Reihe varestianischer Schiffe am Horizont auf. Die gegnerische Flotte näherte sich in zwei Divisionen. Mit hoher Geschwindigkeit fuhren sie auf die Küste zu und vollführten dort eine scharfe Drehung nach Norden und Süden, sodass ihre Breitseite zum Strand zeigte. Zu Sirus' Überraschung waren auch einige corvantinische Fregatten darunter, die mit beeindruckender Präzision und Schnelligkeit das Feuer auf die Vorhut der Verderbten eröffneten. Hinzu kam noch der Beschuss durch die feindlichen Kanonen, die entlang der Südseite der Sande positioniert waren. Klugerweise ignorierten sie Sirus' große Batterie und konzentrierten ihr Feuer stattdessen auf den Infanterieangriff – mit verheerender Wirkung.

Entlang der Reihen der Verderbten spritzten überall schwarze Sandfontänen auf, wenn die Geschosse einschlugen. Sirus spürte, dass bei jedem Schuss mindestens vier seiner Soldaten starben. Die beiden Reihen rückten dennoch weiter vor, auch wenn ihre Breite kontinuierlich schrumpfte. Die Verderbten formierten sich ständig neu, um die Lücken zu schließen. Kurz darauf begannen die Repetiergeschütze des Gegners zu feuern. Durch die Augen eines Roten sah Sirus die menschliche Infanterie aus zuvor unsichtbaren Gräben aufspringen und erdfarbene Tarnplanen abwerfen. Rasch brachten sie ihre mehrläufigen Waffen in Position. Ihr Feuer war schnell und präzise. Die

Menge an Kugeln und Geschossen schnitt wie ein Sensenhieb in die erste Reihe der Verderbten. Sirus' mentalem Befehl folgend setzten die Überlebenden – kaum mehr als zweitausend – ihren Angriff auf die feindliche Linie fort. Sie überwanden die verbliebene Entfernung mit aller Schnelligkeit, die ihre umgewandelten Körper zuließen, wenngleich mit jedem Meter Dutzende von ihnen niedergemäht wurden. Nur etwa einhundert erreichten die Gräben des Gegners und wurden in den dort folgenden Nahkämpfen rasch erledigt. Kurz darauf befahl Sirus der zweiten Linie den Angriff, mit ähnlichen Resultaten. Dann bemerkte er zufrieden, dass das Tageslicht langsam schwand.

Er holte zehn weitere Bataillone nach vorn und schickte die Hälfte um die Batterie in der Mitte der Dünen herum. Sie hatten Befehl, die linke Seite der gegnerischen Linie anzugreifen. Er hoffte, der feindliche Befehlshaber würde daraus schließen, Sirus hätte aus seinem Fehler gelernt und würde nun an anderen Orten nach Schwachstellen suchen. Als die zweite Welle die Batterie hinter sich gelassen und durch die feindlichen Schiffe und Kanonen kaum weniger Verluste erlitten hatte als die erste, befahl er den Grünen vorzurücken. Er hatte sie einen Kilometer hinter der Armee im Landesinneren gelassen, wo sie von Kundschaftern unbemerkt bleiben würden. Sirus drehte sich um und sah sie nun an seinem Aussichtspunkt auf einem Hügel ein paar hundert Meter von den Sanden entfernt vorbeilaufen. Sämtliche Grüne, die sich unter der Kontrolle des Weißen befanden, waren für diesen Angriff gesammelt worden, und sie strömten in einem gewaltigen Rudel in die Schlacht. Auf ihren Rücken trugen sie Verderbte.

Als sich die Grünen auf den Dünen befanden, befahl Sirus den Verderbten zur Linken der Batterie, eine dichte Formation aus zehn Reihen zu bilden, und schickte diese im Laufschritt auf die gegnerischen Gräben zu. Gewehrschüsse und das Feuer der Repetiergeschütze zerfetzten innerhalb kürzester Zeit die ersten vier Reihen, die Verderbten dahinter sprangen jedoch über die Leichen ihrer Kameraden hinweg und stürmten weiter voran. Ihre Gewehre mit den Bajonetten funkelten im Licht der beiden Monde. Natürlich war der Angriff zum Scheitern verurteilt. Nur die letzte Reihe der Verderbten erreichte die Gräben und wurde dort in heftigen Zweikämpfen vernichtet. Durch die Attacke waren die menschlichen Verteidiger aber einen Moment lang abgelenkt, sodass sie die gewaltige Menge Grüner mit ihren verderbten Reitern, die über die Dünen geströmt kamen, erst zu spät bemerkten.

Ein paar Repetiergeschütze ließen noch einen Kugelhagel auf die heraneilenden Drachen los und machten in wenigen Sekunden Dutzende von ihnen nieder – der Schwung des Angriffs war aber nicht mehr aufzuhalten. In einer gewaltigen Woge aus Feuer, Zähnen und Klauen ergossen sich die Drachen in die Gräben. Die auf ihnen reitenden Verderbten sprangen von ihren Rücken, sobald sie die Sande hinter sich gelassen hatten. Sie bildeten rasch Kompanien und griffen die menschlichen Verteidiger zu ihrer Linken an. Ihr Befehl lautete, vor allem die Repetiergeschütze zum Schweigen zu bringen, und sie bewegten sich gestaffelt von einem Graben zum nächsten und setzten ihre Gewehre und Bajonette mit mörderischer Effizienz ein.

Als Sirus den richtigen Moment für gekommen hielt, ließ er die restlichen Bataillone vorrücken. Über einhunderttausend Verderbte stürmten im Laufschritt vorwärts. Ein paar Bataillone wurden direkt in die Schussbahn der Schiffskanonen und feindlichen Batterien geschickt, damit der gegnerische Befehlshaber keine Gelegenheit erhielt, seine Streitkräfte neu zu formieren. Der Hauptteil der Armee steuerte jedoch nach Westen und hielt sich dicht am Fluss, um die Lücke zu erreichen, die die Kavallerie aus Grünen in die feindliche Linie gerissen hatte.

Wunderbar. Cathelines Begeisterung hallte in seinem Kopf wider, begleitet von nicht geringer Wollust. *Wie konnte ich je an dir zweifeln?*

Die Bilder, die die tausenden Augenpaare der Armee übermittelten, erfüllten mit alptraumhafter Klarheit Sirus' Kopf. *Ein Varestianer, der seinen Säbel schwang, obwohl er schon von sechs Bajonetten an den Boden genagelt wurde. Eine Frau, die mit heraushängenden Eingeweiden über den Sand stolperte. Eine Gruppe Verteidiger, die sich um eine Kanone versammelten und feuerten, bis sie von Grünen umzingelt und in Feuer gehüllt wurden.*

Bei so viel Grauen war es nicht leicht, den Überblick zu behalten, aber Sirus stellte bald fest, dass der Gegner nun entlang der gesamten Linie in Kämpfe verwickelt war und auch die Munitionsvorräte und Reservisten dahinter angegriffen wurden.

Schick die Roten!, forderte Catheline. Ihre Gedanken waren so blutrünstig, dass Sirus vor Schmerz zusammenzuckte. *Und die Nachhut! Bring es zu Ende!*

Noch nicht, beharrte er. *Der Widerstand ist noch zu stark. Wir brauchen die Roten für die Verfolgung.*

Er spürte, wie sie ihren Willen sammelte, um sich, angetrieben von der gewaltigen Rachsucht des Weißen, über seine Einwände hinwegzusetzen. Doch die Diskussion erwies sich als müßig, als am Himmel ein grellweißes Licht aufflammte.

Funkensprühend hing es in der Luft und erhellte die Dünen. *Ein Leuchtfeuer,* erkannte Sirus. Mit seinen umgewandelten Augen konnte er die Umrisse des Fallschirms über dem brennenden Feuerwerkskörper ausmachen. Kurz darauf wurden zwei weitere gezündet, die das gesamte Schlachtfeld in blendend helles Licht tauchten und alle Schatten verschwinden ließen. Sirus schirmte die Augen ab und konzentrierte sich auf die Schwärze zwischen den Leuchtfeuern. Gleich darauf entdeckte er einen großen, gewölbten Umriss, der aus der Dunkelheit herabkam.

Die Luftschiffe des Gegners waren eingetroffen.

KAPITEL 44

Lizanne

»Unsere Leute fliehen«, rief Morva. Ihre Haare flatterten im Wind, während sie sich aus der Seitenluke der *Taifun* hinausbeugte und durch ihre Schutzbrille zum Schlachtfeld hinabschaute. »Die Grünen sind überall.«

»Wie steht es mit den Roten?«, rief Lizanne zurück.

»Ich kann keine entdecken.«

Lizanne ging zu Tekela nach vorn und befahl den Kanonieren an den Beißern in den Seitenluken, sich bereitzuhalten. »Gib mir eine Minute, dann bring uns tiefer«, sagte sie zu Tekela. »Unter sechshundert Meter.«

»Aber das ist für die Roten erreichbar«, wandte Tekela ein.

»Ich weiß. Wir müssen sichergehen, dass wir unsere Fracht an der richtigen Stelle abwerfen.«

Lizanne spritzte sich einen Tropfen Blau, stellte rasch eine Trance-Verbindung zu den Blutgesegneten auf der *Sturmwind* und den neu gebauten Schiffen *Hurrikan* und *Wirbelsturm* her und befahl ihnen, der *Taifun* zu folgen. Als sie aus der Trance herauskam, musste sie sich festhalten, weil Tekela das Luftschiff steil nach unten sinken ließ.

»Rote in Sicht!«, rief Tekela vom Pilotensitz. Ihre Stimme wurde sogleich vom Dröhnen der Beißer übertönt. Lizanne ging zu einem

Fenster, um den Flug der Leuchtspurgeschosse durch die Dunkelheit zu verfolgen. Die hellen Bögen wurden von den größeren Geschossen zerschnitten, die die Knallfrösche auf der *Hurrikan* und der *Wirbelsturm* abfeuerten. Diese besaßen eine neue Modifikation, die Jermayah eingebaut hatte – einen Zünder, der sie erst nach einer Strecke von vierhundert Metern explodieren ließ. Der Himmel rund um die Luftschiffe füllte sich mit einem Feuerwerk. Lizanne sah einige Rote im Licht der explodierenden Geschosse auftauchen – sich windende, Feuer spuckende Bestien, die flüchtig aus der Dunkelheit gerissen wurden. Keine von ihnen kam in die Nähe der Luftschiffe. Zu ihrer Befriedigung wurden vier vor ihren Augen vom Himmel geschossen, bevor Tekela den Steuerhebel nach hinten riss und rief: »Fünfhundertsiebzig Meter!«

»Auf dieser Höhe bleiben!«, schrie Lizanne zurück und ging zu dem Apparat, der in den Boden der Gondel eingelassen war. Es war eine einfache Vorrichtung, die aus einem senkrecht an einem Rahmen befestigten Teleskop bestand, an dem sich seitlich ein kleiner Hebel befand. Der Hebel war mit einem straff gespannten Stahlseil verbunden, das durch den Boden der Gondel zu einem Abwurfmechanismus an der Unterseite führte. Lizanne spritzte sich etwas Grün, schaute durch das Teleskop und legte eine Hand auf den Hebel. Sie mühte sich, dass unablässige Rattern der Geschütze und die ängstlichen und triumphierenden Schreie der Kanoniere auszublenden. Anfangs konnte sie durch das Teleskop nicht viel erkennen. Dahintreibender Rauch verhüllte die Landschaft, in der zahllose Feuer brannten und ameisengleich Menschen umherliefen. Dank des Grüns konnte sie jedoch sehen, dass sie gleich über den Südrand der Schwarzen Sande hinwegfliegen würden.

Wo sind sie?, dachte sie, während die Landschaft unter ihr dahinglitt. Ihre Konzentration wurde gleich darauf von Morvas Schrei unterbrochen.

»Die *Sturmwind* steht in Flammen!«

Fluchend löste sich Lizanne vom Teleskop und ging zu der Luke, wo Morva mit ihrem Mini-Beißer kauerte. Als Lizanne sie erreicht hatte, feuerte sie bereits und schickte einen Strom Kugeln in den Bauch eines Roten, der feuerspeiend an ihnen vorbeiflog. Er stieß ein Kreischen aus und taumelte sich überschlagend durch die Luft zu Boden.

Lizanne riss sich von dem Anblick los und sah stattdessen zur

Sturmwind hin, an deren Ballon hinten Feuer leckte. Das Luftschiff hielt zwar noch mit ihnen Schritt, geriet aber immer weiter vom Kurs ab. Es schwankte auf und nieder, während sich das Feuer über den Ballon ausbreitete. Lizanne schaute zu dem großen, tonnenförmigen Objekt an der Unterseite der Gondel. *Noch nicht,* flehte sie. *Nur noch ein bisschen.*

In diesem Moment eröffnete die Kanonierin in der Kuppel der *Sturmwind* das Feuer. Sie hatte ihren Mini-Beißer nach oben gerichtet und entfesselte einen Kugelstrom auf einen großen Roten, der senkrecht zum Luftschiff herabgetaucht kam. Der Kopf der Bestie wurde von dem konzentrierten Feuer zerfetzt, aber ihr Flug nach unten setzte sich fort. Der Kadaver krachte in das Luftschiff und ließ es an Höhe verlieren. Lizanne sah noch, wie sich das tonnenförmige Objekt von der Gondel löste, bevor ein Dutzend Rote herabkamen und die *Sturmwind* in Feuer hüllten. Der Ballon explodierte und hinterließ eine Trümmerwolke, die brennend zu Boden stürzte.

»Festhalten!«, rief Lizanne, trat von der Luke zurück und klammerte sich an die Mittelstrebe der Gondel.

Die Explosion wurde Bastlers Versprechungen voll und ganz gerecht. Die Gondelfenster leuchteten orangefarben auf, während ein mächtiger Schwall erhitzter Luft die *Taifun* nach oben schnellen ließ. Das Luftschiff legte sich gefährlich schräg, und Tekela rang darum, die Kontrolle zu behalten. Sie schwenkten nach Westen ab und schalteten die Motoren auf volle Kraft, um die Luftwirbel so schnell wie möglich hinter sich zu lassen. Als sich das Luftschiff wieder aufgerichtet hatte, trat Lizanne ans Heckfenster. Die *Hurrikan* und die *Wirbelsturm* waren nun mehrere hundert Meter entfernt. Die *Taifun* würde sich also mit ihren eigenen Waffen schützen müssen.

»Wenden«, befahl sie Tekela und ging zum Teleskop zurück. Die *Taifun* hatte die Schwarzen Sande hinter sich gelassen und schwebte über dem Fluss. Gleich darauf schwankte der Boden, als Tekela den Steuerbordmotor ausschaltete und den Propeller umdrehte, wodurch sie eine schnelle Pirouette vollzogen. Die Zerstörung der *Sturmwind* und der vorzeitige Abwurf ihrer Fracht hatte immerhin den Vorteil, dass der Himmel um die *Taifun* herum frei von Roten war. So konnten sie einige Zeit vollkommen ungestört weiterfliegen. Lizanne sah unter sich den Fluss vorbeigleiten. Kurz darauf tauchten wieder die erstarrten Wellen der schwarzen Dünen auf. Sie blinzelte überrascht, als sie eine dichte Formation aus Infanterie vorbeimarschieren sah. Tausende Verderbte, die in schnellem Tempo voraneilten, zweifellos, um den Verteidigern endgültig den Garaus zu machen.

»Halt!«, rief sie. Mit einem Auge am Teleskop legte sie eine Hand an den Abwurfhebel. Sie wartete, bis die Vorhut der Armee des Weißen unter der *Taifun* hindurch war. *Noch nicht … noch nicht.* Sie zwang sich, bis zehn zu zählen und drückte dann den Hebel.

Augenblicklich machte die *Taifun* einen Ruck nach oben, als sich die schwere Last vom Rumpf löste. Bis das tonnenförmige Objekt den Boden erreicht hatte, waren sie mindestens hundert Meter in die Höhe gestiegen. Dann wurde die Sicht durch das Teleskop plötzlich weiß. Lizanne keuchte schmerzerfüllt auf, so grell war das Licht. Mit tränendem Auge drehte sie den Kopf weg. Gleich darauf traf sie die Stoßwelle der Explosion – noch weitaus stärker als die erste. Lizanne wurde quer durch die Gondel geschleudert, das Luftschiff ruckte und schlingerte in dem künstlichen Sturm. Als es endlich wieder ruhiger flog, drückte Lizanne ihr ungeblendetes Auge auf das Teleskop. Der Westrand der Schwarzen Sande erinnerte nun an einen großen, zerkratzten Spiegel.

»Rote!«, schrie einer der Kanoniere und entfesselte mit seinem Beißer einen Kugelhagel.

»Kurs nach Süden«, rief Lizanne Tekela zu. Sie spritzte sich etwas Rot und ging zum Zündrohr des Blutbrenners. Dort drückte sie auf einen Knopf, um die Brennkammer mit Produkt zu füllen. Als der Motor ansprang, feuerten bereits sämtliche Geschütze der *Taifun*. Die Beschleunigung ließ Lizanne auf den Rücken fallen, während das Luftschiff vor den Roten floh.

◆ ◆ ◆

Sie blieben so lange in der Luft, wie ihre Munition reichte, und schlossen sich wieder mit der *Hurrikan* und der *Wirbelsturm* zusammen, um die Roten anzugreifen. Unterdessen zog sich die varestianische Armee entlang der Küste zurück. Die beiden gewaltigen Explosionen in den Schwarzen Sanden schienen die Bodenstreitkräfte des Weißen erst einmal aufgehalten zu haben. Die Roten attackierten die Verteidiger auf der Flucht nach Süden jedoch weiter. Lizanne stellte per Trance Kontakt zu den Blutgesegneten auf den anderen Luftschiffen her, um ihre Manöver zu koordinieren. Gestaffelt griffen sie die dichte Menge der Roten an. Die *Taifun* raste mit Hilfe ihres thermoplasmischen Antriebs in den wirbelnden Schwarm hinein und feuerte aus allen Rohren, zu schnell, als dass die Drachen sie hätten erwischen können. Ehe die Roten sich erholen konnten, zündeten auch die *Hurrikan* und die *Wirbelsturm* ihre Antriebe und flogen in entgegengesetzten Richtungen durch den Schwarm hindurch. Mit diesem Manöver konnten sie die Drachen lange genug aufhalten, dass Arberus auf einem Hügel etwa fünfzehn Kilometer südlich eine Nachhutstellung aufbauen konnte.

Die Angriffe der Roten auf die Nachhut wurden von massivem Feuer aus sämtlichen der Armee verbliebenen Beißern und Knallfröschen zurückgeschlagen. Im Morgengrauen genossen die Roten nicht mehr den Schutz der Dunkelheit und waren ohne Unterstützung vom Boden den Repetiergeschützen gegenüber viel verwundbarer. Arberus meldete später, dass zu dem Zeitpunkt, als die Roten ihren Angriff abbrachen, mehr als hundert vom Himmel geschossen worden waren. Der General brachte seine restlichen Streitkräfte rasch auf den Weg nach Süden. Leider mussten sie zahlreiche Knallfrösche an Ort und Stelle zerstören, weil sie sie nicht mitnehmen konnten.

Während des Rückzugs der Armee hielt die varestianische Flotte auf See mit ihnen Schritt und blieb in Küstennähe, um mögliche Verfolger unter Beschuss nehmen zu können. Lizannes Erkundungsflüge ergaben jedoch, dass die Armee des Weißen ein paar Kilometer südlich der Sande ein Lager aufgeschlagen hatte. Ihr Befehlshaber hatte offensichtlich aus den Ereignissen der vorangegangenen Nacht gelernt und mehrere weit voneinander entfernte Teillager aufbauen lassen, über denen zahllose Rote patrouillierten. Dennoch: Hätten sie fünf weitere Bomben besessen, dann hätten sie die Verderbten damit endgültig auslöschen können. Leider war das aber nicht der Fall. Vom Bergwerk kam die Meldung, dass wichtige chemische Substanzen fehlten, um noch mehr Bomben bauen zu können. Die Vorräte reichten lediglich für eine, und das würde noch mindestens eine Woche dauern. Lizanne befahl, alle Bemühungen darauf zu richten, die letzte Bombe fertigzustellen, während die restlichen Arbeitskräfte so schnell wie möglich ihre Verluste an Knallfröschen wieder ausgleichen sollten.

Es dauerte fünf Tage, bis sich die Armee ganz zu Gadaras Schanze zurückgezogen hatte. Einen Großteil ihrer Nahrungsmittel hatte sie bei den Sanden zurücklassen müssen, sodass die Flotte sie nun versorgen musste, während die Luftschiffe wiederholte Flüge unternahmen, um alle Verwundeten zu evakuieren. Arberus gab während des Rückzugs ein straffes Tempo vor, was ihn bei den Truppen nicht eben beliebt machte. Die allgemeine Moral hatte wegen der Niederlage ohnehin schon gelitten. Die Zahl der Desertionen nahm beunruhigende Ausmaße an. Im Verlauf der nächsten zwei Tage verschwanden etwa zehntausend Kämpfer. Viele davon kehrten allerdings kurz darauf wieder zurück. Sie hatten festgestellt, dass es in dem evakuierten Land mit den niedergebrannten Feldern keine Zuflucht für sie gab. Entsprechend war es eine abgekämpfte und unzufriedene Armee, die in das Lager vor der Schanze zurückhumpelte. Bei manchen Einheiten war der Kampfgeist ungebrochen, besonders bei den Kompanien, die aus Piraten bestanden, und bei den Freiwilligen, die Varkash gefolgt waren, um ihr Heimatland zu verteidigen. Andere hingegen waren wankelmütiger, viele forderten sogar lautstark die sofortige Evakuierung der Halbinsel.

»Sucht euch die schlimmsten Großmäuler heraus und erschießt sie«, schlug Varkash bei dem Kriegsrat vor, den Lizanne kurz darauf in der Schanze einberief. »Oder erhängt sie, wenn ihr die Munition sparen wollt.«

»Dann wird bald die ganze Armee rebellieren«, sagte Arberus. »Ein paar Tage Ruhe und ordentliches Essen werden die Disziplin schon wiederherstellen.«

»Wenn uns die Verderbten so viel Zeit lassen«, sagte Alzar. »Außerdem mögen die Männer zwar Feiglinge sein, aber ganz Unrecht haben sie nicht. Wenn wir die Ungeheuer in den Sanden nicht besiegen konnten, wie sollen wir sie hier schlagen können?«

Arberus wollte etwas erwidern, aber Lizanne schüttelte mit eindringlichem Blick den Kopf. »Das können wir auch nicht«, sagte sie. »Jedenfalls nicht endgültig. Aber General Arberus hat mir versichert, dass wir ein paar Tage durchhalten können. Vielleicht sogar noch länger. Und das ist von größter Bedeutung.«

»Warum?«, fragte Alzar. »Wir könnten die Armee nach Iskamir bringen und noch mehr Kräfte sammeln.«

»Aber dann würde der Weiße ins Herz der Halbinsel vorrücken«, sagte Lizanne. »Und dort leben so viele Menschen, dass wir sie unmöglich alle evakuieren können. Wenn der Weiße dorthin gelangt, kann er eine derart große Armee erschaffen, dass keine Streitmacht der Welt ihn mehr besiegen könnte. Wir müssen hier so lange wie möglich die Stellung halten.« Sie hielt inne und überlegte, wie sie den anderen ihre Überlegungen am besten begreiflich machen könnte. Sie verlangte diesen Menschen viel ab. Wenn sie ihrem Plan weiter folgten, würden Unzählige sterben. Aber noch weit mehr Menschen könnten überleben. »Ein Mann ist auf dem Weg hierher«, sagte sie. »Ein Blutgesegneter. Mit einer neuen Waffe, die er im arradsianischen Inland entdeckt hat. Etwas, das den Weißen töten kann.«

»Was für eine Waffe?«, verlangte Alzar zu wissen. »Und warum haben wir davon bisher noch nichts erfahren?«

»Weil der Weiße jedem Menschen, den er umwandelt, seine Geheimnisse entlockt«, erwiderte Lizanne. »Deshalb werde ich Ihnen auch nicht verraten, worum es sich bei dieser Waffe handelt. Nur so viel sei gesagt: Wenn es uns gelingt, die Aufmerksamkeit des Weißen noch etwa einen Monat an uns zu binden, dann haben wir eine Chance, dem Krieg ein Ende zu bereiten.«

»Wir haben ihnen bei den Sanden schwere Verluste beigebracht«, fügte Arberus hinzu. »Sie werden jetzt vorsichtiger sein, und ein vorsichtiger Gegner ist ein langsamer Gegner.«

Alzars Zweifel waren offensichtlich, aber er nickte zögernd. »Also gut. Ich werde im Lager herumgehen und mit den Unzufriedenen reden. Vielleicht kann ich ja einigen wieder neuen Mut machen.«

»Und wenn das nicht gelingt, dann stellt meine Truppe gerne das Erschießungskommando«, bot Varkash an.

»Es freut mich, dass dein Herz über die Zeit weicher geworden ist«, stellte Alzar trocken fest.

Lizanne hätte eine scharfe Erwiderung von Varkash erwartet, aber er lachte bloß. »Was nützt in einer Zeit wie dieser ein weiches Herz?«

KAPITEL 45

Sirus

Glas knirschte unter seinen Stiefeln, als er in die Mitte des nahezu perfekten Kreises trat, der in die Schwarzen Sande gesprengt worden war. *Heißer als in einem Schmelzofen.* Er hob einen Glassplitter auf, den die Hitze der Explosion erzeugt hatte. Der funkelnde Splitter besaß eine merkwürdige Schönheit. Er war undurchsichtig und erinnerte an Obsidian. Sirus schaute sich um. Im Inneren des Kreises lagen keine Leichen, obwohl laut Nebelschleiers Schätzung an dieser Stelle mehr als dreitausend Verderbte gestorben waren. Explosion und Hitze waren so gewaltig gewesen, dass sie einfach verdampft waren. Die erste Explosion war weniger gut platziert gewesen und hatte nur etwa zweitausend Verderbte getötet, aber zusammen hatten sie den Vormarsch so stark beeinträchtigt, dass sein Sieg nicht ganz ungetrübt war.

Morradin hätte Gift und Galle gespuckt. Mit grimmigem Lächeln warf er den Glassplitter weg und erhob sich.

Er ist bereit, hörte er Cathelines Stimme in seinem Kopf. *Beeil ich dich lieber. Keine Ahnung, wie lange er durchhält.*

Der Gefangene war der einzige Überlebende aus dem Luftschiff, das die Roten vom Himmel geholt hatten. Er war mit lebensgefährlichen Brandwunden, mehreren gebrochenen Knochen und zerquetschten

Organen auf dem Sand gefunden worden. Sirus hatte ihn zum blauen Kristall bringen lassen, um ein kleines Experiment zu wagen. Die meisten Verletzungen des Mannes blieben auch nach der Umwandlung unheilbar, aber sein Gehirn war noch intakt.

Wo werden die Flugschiffe gebaut?, fragte Sirus über das verunstaltete Gesicht des frisch verwandelten Verderbten gebeugt. Der Mann hatte durch den Absturz einen Wangenknochen und ein Auge verloren und sich den Kiefer gebrochen, aber Sirus musste ja seine Stimme auch nicht hören.

Luftschiffe, berichtigte ihn der Verderbte. Seine Gedanken waren erstaunlich klar. Rasch durchforstete Sirus seine Erinnerungen. Er war ein ehemaliger Lokomotivführer und besaß einiges an technischem Wissen, um das es ziemlich schade sein würde. *Sie werden im so genannten Bergwerk hergestellt*, fuhr der Verderbte fort. *Zusammen mit vielen anderen Waffen.*

Sirus spürte Cathelines Aufregung, die er voll und ganz teilte. Er rief im Geiste eine Karte der varestianischen Halbinsel auf und übermittelte sie dem Verderbten mit der Frage: *Wo befindet sich dieses Bergwerk?*

◆ ◆ ◆

»Du solltest dein Leben nicht auf diese Weise aufs Spiel setzen«, sagte Catheline, als er auf Katarias' Rücken stieg. Sie streckte eine Hand aus, während er es sich zwischen den Dornen bequem machte, und packte seinen Unterarm. Mit der anderen Hand hielt sie ihr Schultertuch fest. Einem unwissenden Beobachter wäre es wohl wie eine romantische Szene vorgekommen – der Held, der von seiner schönen, goldhaarigen Geliebten in den Krieg geschickt wird. Aber Sirus war kein Held, sondern ein Ungeheuer, und Catheline war alles andere als schön.

»Es ist eine wichtige Mission«, sagte er. »Das Ergebnis ist von großer Bedeutung. Deshalb muss ich sie persönlich anführen.«

Catheline erhob keine weiteren Einwände. Die Zustimmung des Weißen wog schwerer als ihre persönliche Meinung, aber der Kummer in ihrem Gesicht erstaunte Sirus dennoch. »Wenn du nicht zurückkehrst …«, sagte sie und zögerte, bevor sie weitersprach. »Dann wird es … schwierig.«

»Nebelschleier wäre ein guter Ersatz«, sagte er.

Sie schaute zu ihm hoch, und in ihren rot-schwarzen Augen war keine Spur von dem spöttischen Zynismus, den er sonst von ihr gewohnt war. »Das habe ich nicht gemeint.«

Katarias zog steil nach unten, um einer dichten Wolkenballung auszuweichen, und Sirus kehrte abrupt in die Gegenwart zurück. Die beiden Monde spiegelten sich im stillen Meer. Sie hatten die Küstenlinie nördlich des Blaska-Fjords also bereits hinter sich gelassen. Er hatte entschieden, über Land zu fliegen, um den vielen Augen der varestianischen Flotte zu entgehen. Außerdem konnten die Roten sich so unterwegs ausruhen. Selbst Drachen vermochten nicht ewig am Himmel zu bleiben. Nachdem sie von Mitternacht bis zum Mittag des nächsten Tages durchgeflogen waren, hatte Sirus sie bei den Bergen achtzig Kilometer nordwestlich ihres Ziels niedergehen lassen. Insgesamt waren es dreißig Rote, jeder mit einem kampferfahrenen Verderbten auf dem Rücken. Alles andere als eine mächtige Armee, aber ihr Näherkommen durfte auf keinen Fall bemerkt werden. Außerdem würden die Informationen, die sie von dem Luftschiffpiloten vor seinem unvermeidlichen Tod erhalten hatten, ihre geringe Anzahl hoffentlich wettmachen.

Sirus wartete bis zum Nachteinbruch, bevor sie weiterflogen. Er wählte einen Weg an der Nordflanke der Berge entlang und hielt dann erst auf die Küste zu. Die Roten vollzogen eine scharfe Wende und flogen in den Fjord hinein. Sie blieben tief über dem ruhigen Wasser, um vor den zwei Monden nicht gesehen zu werden. Das Bergwerk kam rasch in Sicht. Sirus vergewisserte sich, dass die Verteidigungsanlagen tatsächlich dem entsprachen, was er im Geist des Piloten gesehen hatte. Lizanne Lethridge hatte für den Schutz der Anlage einige Vorkehrungen getroffen. Um die Stadt und das Werk herum befanden sich ein Dutzend Geschützstellungen und weitere sechs im Stadtinneren, die Tag und Nacht von der Stadtmiliz besetzt waren. Die Fabrik selbst faszinierte ihn besonders – sie war ein großes Gebäude, aus dessen Fenstern und Toren Licht strömte, das die mächtigen Dampf- und Rauchwolken erhellte, die aus seinen Schloten aufstiegen.

Diese Fabrik muss heute Nacht brennen, sagte er zu Waldspeer und den anderen Verderbten. *Alles andere ist zweitrangig.*

Als die Roten sich dem Kai näherten, glitten die Verderbten von ihren Rücken. Sirus stürzte sich in den eisigen Fjord. Bis zum Kai waren es etwa dreihundert Meter zu schwimmen – für einen Verderbten eine leichte Übung. Zu dieser Zeit hatten sich die Gezeiten der zwei Monde bereits gedreht. Sie wurden von der Flut mitgetragen und kamen schnell voran. Sirus blieb die meiste Zeit unter Wasser. Nur hin und wieder musste er auftauchen und die Nase aus dem Wasser halten, um etwas Luft zu holen. Beim Abtauchen hinterließ er kaum ein Kräuseln auf der Wasseroberfläche. Am Kai waren einige Schiffe festgemacht – Frachter, die die hier hergestellte Munition zur Armee im Norden bringen sollten. Sirus und die anderen Verderbten tauchten unter ihnen hindurch und verbargen sich zwischen den Stützpfählen des Kais. Da die Flut hoch stand, war es nicht weit bis nach oben. Sirus teilte die Verderbten in zwei Gruppen auf und führte eine zur Ostseite des Hafens, während die andere nach Westen schwamm.

Dann kletterte er an einem Pfahl zum Rand des Kais hoch und schaute sich um. Direkt vor sich sah er zwei Wachleute, die sich gerade ein brennendes Streichholz teilten. Mit aus offenen Mündern hängenden Zigarillos starrten sie Sirus an. Blitzschnell schwang er sich auf den Kai und rollte sich ab, wobei er sein Messer aus der Gürtelscheide zog. Einer der Wachleute gab noch einen erstickten Schrei von sich, bevor Sirus ihm die Kehle aufschlitzte. Der andere glotzte ihn nur erschrocken an, als er ihm das Messer von unten durchs Kinn ins Hirn rammte.

Sirus rannte gleich weiter, die anderen Verderbten folgten dicht hinter ihm. Am Hafen stapelten sich zahllose Kisten, die ihnen Deckung boten, während sie von einem Schatten zum nächsten glitten. Als sie den Hafen hinter sich gelassen hatten, liefen die Verderbten jeweils zu zweit weiter, um die ihnen zugewiesenen Geschützstellungen auszuschalten. Sirus und Waldspeer hielten mit vier anderen auf die Fabrik zu.

Wie erwartet waren die Straßen menschenleer. Der umgewandelte Pilot hatte ihnen von der strengen Ausgangssperre in der Stadt berichtet. Die Arbeiter, die gerade nicht im Einsatz waren, sollten ungestört schlafen können, wobei Sirus sich fragte, wie das bei dem Lärm der Fabrik überhaupt möglich war. Das metallene Klappern wurde immer lauter, je näher sie dem Werk kamen. Sie hielten sich weiter in den

Schatten und gingen den Wächtern aus dem Weg, die rund um das Gelände patrouillierten.

Unterwegs überprüfte Sirus kurz den Fortschritt der Verderbten, die er zu den Geschützstellungen geschickt hatte. Vier Geschütze waren schon außer Gefecht gesetzt. Die Kanoniere waren mit Messern und Keulen getötet worden, bevor sie irgendjemanden hatten alarmieren können. In den nächsten Minuten wurden weitere sieben ausgeschaltet, dann gelang es jedoch einer jungen Kanonierin mit beeindruckenden Reflexen, rechtzeitig ihren Revolver zu ziehen und die beiden angreifenden Verderbten zu erschießen. Gleich darauf hallte gellend eine Sirene durch den Lärm der Fabrik, und in den Fenstern der Häuser gingen Lichter an.

Sirus schickte Katarias im Geiste einen Befehl und rief die Roten herab, die in hundert Metern Höhe kreisten. Er hatte gewusst, dass es nicht leicht werden würde, sich gänzlich unbemerkt anzuschleichen. Aber dank der Schäden, die sie den Verteidigungsanlagen der Stadt bereits zugefügt hatten, würde es mindestens die Hälfte der Roten durch den Kugelhagel schaffen.

Leuchtgeschosse stiegen in die Luft auf, als er die Verderbten aus dem Versteck führte. Er zog seinen Revolver und lief direkt auf die Absperrung vor den offenen Toren der Fabrik zu. Die Verderbten verteilten sich links und rechts von ihm, schossen im Laufen und streckten zehn Wachleute nieder. Die übrigen Wachen antworteten schnell mit Gewehren und Karabinern, und Sirus und die anderen Verderbten warfen sich flach auf den Boden, während die Kugeln über sie hinwegpfiffen. Sirus lud rasch seinen Revolver nach. Als er über sich das vertraute Zischen und Tosen von Drachenfeuer vernahm, blickte er auf.

Katarias kam vom Nachthimmel herab, um die restlichen Wachen mit Feuerstößen zu erledigen. Er landete direkt vor dem Fabriktor. Zu beiden Seiten von ihm ging jeweils ein weiterer Drache nieder. Gemeinsam stürmten sie in die Fabrik hinein. Gleich darauf wurden die Arbeitsgeräusche von einer Kakophonie angsterfüllter Schreie übertönt.

Sirus kam hoch und führte die Verderbten weiter. Er sprang zur Seite, um dem Kadaver eines Roten auszuweichen, der direkt vor ihm niederging. Die Haut des Drachen war über und über von Geschossen durchlöchert. Im Inneren der Fabrik herrschte Chaos. Überall auf den Werkbänken lagen verkohlte und verstümmelte Leichen, und brennende Menschen rannten in alle Richtungen. Katarias und seine beiden Artgenossen befanden sich in der Mitte der geräumigen Halle und spuckten Feuer auf die Menschenmenge, die sich am Hinterausgang des Gebäudes drängte. Wer die Seitentüren zu erreichen versuchte, wurde von den Schwanzschlägen der Drachen oder den Kugeln der Verderbten niedergestreckt, die Sirus in einer Kette in den Raum hineinführte.

Er richtete seinen Revolver auf einen fliehenden Mann und schoss ihm aus dreißig Schritt Entfernung eine Kugel in den Kopf. Im nächsten Moment explodierte die Brust des Verderbten neben ihm, und Sirus zuckte instinktiv zurück und verbarg sich hinter einer Werkbank. Ein weiterer Verderbter ging zu Boden. Das Geschoss, das ihn tötete, besaß solche Sprengkraft, dass ihm der Kopf vom Rumpf abgetrennt wurde. Die anderen Verderbten hoben ihre Pistolen und erwiderten das Feuer. Sirus glitt aus der Deckung und suchte nach dem Schützen, der sich auf einem Laufsteg über ihren Köpfen befand. Der Mann kauerte hinter einer Stahlplatte, in die funkensprühend die Kugeln der Verderbten einschlugen. Sirus sah die glänzende Glatze des Mannes und den Lauf des Karabiners, den er soeben nachlud. Sirus hob seinen Revolver und zielte auf den Kopf des Mannes, hielt jedoch inne, als ein runder, rauchender Gegenstand über die Stahlplatte geflogen kam und ein paar Schritte entfernt auf dem Boden landete.

Mit aller Kraft, über die sein umgewandelter Körper verfügte, sprang Sirus beiseite. Dennoch hätte die Granate ihn beinahe getötet. Schrapnelle zischten durch die Luft, und die Stoßwelle schleuderte ihn gegen eine Eisensäule. Beim Aufprall spürte er ein paar Rippen brechen. Benommen blieb er am Fuß der Säule liegen. Mit jedem Atemzug flammten Schmerzen in seinem Brustkorb auf. Das Klicken eines Karabinerhebels ließ ihn hochblicken. Der Mann hinter der Stahlplatte schaute direkt zu ihm hinab. Er war ein stämmiger Kerl in rußschwarzem Overall, und Sirus verspürte schwache Belustigung, als er in ihm einen der beiden Männer erkannte, die mit Tekela aus Feros geflüchtet waren.

»Hallo«, sagte Sirus, obwohl er wegen des vielen Blutes, das aus seinem Mund lief, wahrscheinlich kaum zu verstehen war. »Sie sind doch ein Freund von Tekela, nicht wahr?«

Sirus hatte keine Ahnung, ob der Mann ihn gehört oder verstanden hatte. Jedenfalls schien es ihn nicht unbedingt gnädiger zu stimmen, von einem Verderbten angesprochen zu werden. Mit finsterem Blick hob er den Karabiner an die Schulter und richtete ihn auf Sirus.

In diesem Moment kam Waldspeers Messer aus dem Granatenrauch herangewirbelt und bohrte sich bis zum Griff in den Hals des Kahlköpfigen. Der Lauf des Karabiners zuckte nach oben, und der Finger des Mannes verkrampfte sich am Abzug. Die Kugel verfehlte Sirus um ein paar Zentimeter, schlug allerdings in die Eisensäule ein und ließ geschmolzenen Stahl aufspritzen, der Sirus ins Gesicht flog.

Er spürte, wie Waldspeer ihn hochzog, und wischte sich das Blut aus den Augen. Die anderen Verderbten lagen tot am Boden. Das Innere der Fabrik war so dicht mit Rauch und Hitze gefüllt, dass es selbst für ihn mit seiner übermenschlichen Sehkraft schwer war, das Ausmaß der Zerstörung abzuschätzen. Am Ende der Halle brannte jedoch ein helles Feuer, und über dem Tosen der Flammen war das Explodieren von Munition zu hören. Auf dem Boden entdeckte Sirus die zusammengesunkenen Kadaver zweier Drachen, die offenbar auf massiven Widerstand gestoßen waren. Da sank mit einem Mal die Temperatur in der Halle, und die Sicht wurde klarer. Sirus entdeckte einen Roten, der ein gewaltiges Loch in das Dach der Halle gerissen hatte. Es war Katarias, der da mit seinen Klauen das Dach bearbeitete.

In der Mitte der Halle war eine weitere Explosion zu hören, die den Boden erschütterte und Sirus davon überzeugte, dass sie tatsächlich so viel Schaden wie möglich angerichtet hatten. Er und Waldspeer eilten nach draußen. Am Himmel über der Stadt zogen sich kreuz und quer die Leuchtspuren von Geschossen hin. Das Feuer der verbliebenen Geschützstellungen wurde von zahlreichen Repetiergeschützen auf den Schiffen am Kai verstärkt. Sirus sah einen Roten, der von zwei einander kreuzenden Geschossen getroffen wurde und abstürzte. Ein anderer tauchte nach unten ab und spuckte Feuer auf einen Miliztrupp. Gleich darauf erwischte ihn eine Salve Explosionsgeschosse in die Brust, und er fiel tot zu Boden.

Eine kurze Überprüfung im Geiste ergab, dass Sirus und Waldspeer die einzigen überlebenden Verderbten waren – was jedoch angesichts der Menge an Miliztruppen, die auf sie zugestürmt kamen, wohl nicht lange so bleiben würde.

In diesem Moment ertönte über ihnen ein grollender Schrei, gefolgt von einem Windstoß. Katarias ging neben ihnen nieder. Sirus und Waldspeer kletterten auf seinen Rücken und duckten sich unter den vorbeizischenden Kugeln weg. Dann rannte die Bestie vorwärts und schwang sich in den Himmel. Geschickt wich Katarias den Geschossen und Kugeln aus, die ihnen am Himmel folgten. Er beschrieb einen weiten Bogen und flog auf die Nordseite der Stadt zu, wo der Rauch der brennenden Fabrik ihnen Deckung bieten würde.

Mit lautem Brüllen schwang sich der Drache hoch in die Luft und hielt mit ausgebreiteten Schwingen auf die Berge zu. Ob es ein Triumphschrei war oder ein Ausdruck der Trauer wegen seiner getöteten Artgenossen konnte Sirus nicht feststellen.

KAPITEL 46

Lizanne

Sie sprang aus der Gondel der *Taifun*, noch bevor sie gelandet waren, kam hart auf dem Boden auf und rannte zu den rauchenden Überresten der Fabrik. Ein paar Stadtbewohner riefen ihr etwas zu, aber sie beachtete sie nicht. Die Leichen und Drachenkadaver, die überall verstreut waren, nahm sie nur am Rande wahr. Vor der Fabrik befanden sich mehrere lange Reihen abgedeckter Leichen, und Trupps aus Arbeitern waren damit beschäftigt, weitere aus der rußschwarzen Ruine zu tragen. Lizanne schaute verzweifelt von Gesicht zu Gesicht, bis sie schließlich eines fand, das sie erkannte.

»Wo ist mein Vater?«, rief sie, eilte zu Madame Hakugen und packte sie am Arm. Hakugens Gesicht war rußverschmiert. Einen Moment lang starrte sie sie nur verständnislos an, dann schüttelte sie hilflos den Kopf.

»Ich weiß es nicht«, flüsterte sie leise. »Ich habe ihn nicht gesehen.«

Lizanne ließ sie stehen und rannte zur Ruine, wo sie die Folgen eines schrecklichen Blutbads erwarteten. Ihre Kraft verließ sie, und sie blieb stolpernd stehen. Benommen betrachtete sie die grausige Szenerie. Eine Gruppe Arbeiter, die von Drachenfeuer zur obszönen Parodie einer Skulptur verschmolzen worden waren. Die Hände mit den Fingerstümpfen waren zu ihr ausgestreckt, die Zähne glänzten in den verkohlten Überresten ihrer Gesichter. Eine junge Fließbandarbeiterin, die vom Feuer erstaunlicherweise unberührt geblieben war und auch sonst keine offensichtlichen Verletzungen aufwies, lag tot neben ihrem Arbeitstisch. Das Grauen stand ihr ins Gesicht geschrieben. Im hinteren Teil der Halle war es am schlimmsten. Hier hatten Hunderte den Tod gefunden. Dicht gedrängt zwischen den schweren Maschinen hatten sie versucht, nach draußen zu gelangen, und waren bei lebendigem Leib verbrannt. Der Gestank des Todes schien bis in Lizannes Innerstes vorzudringen. Er verstopfte ihr Nase und Kehle und brannte sauer in ihrem Magen.

Einen Moment lang wurde es dunkel um sie, und als sie wieder zu sich kam, sog sie würgend Luft durch ihre trockene Kehle ein. Vor ihr auf dem Boden befand sich eine Pfütze Erbrochenes. Kurz darauf vernahm sie ein Geräusch, leise zwar, aber in der unheimlichen Stille deutlich wahrzunehmen. Jemand schluchzte. Ungelenk kam Lizanne auf die Beine und folgte dem Geräusch zu dem Laufsteg im Obergeschoss der Fabrik. Sie stieg ihn hinauf und entdeckte Tekela, die über die Leiche von Jermayah Tollermine gebeugt war.

»Das war *er*«, sagte sie und schaute mit tränenüberströmtem Gesicht zu Lizanne hoch. »Ein Verderbter in der Uniform eines Generals, heißt es. Sirus hat das getan. Weil ich es nicht geschafft habe, ihn zu töten.«

Lizanne fiel nichts ein, was sie darauf hätte erwidern können. Alle Empfindungen schienen ihren Körper verlassen zu haben. Sie konnte nur in stummer Faszination den Messergriff betrachten, der aus Jermayahs Hals ragte. Er war von einer merkwürdigen Machart, die sie noch nie gesehen hatte. Ein aufwendig geschnitztes Stück Knochen, dessen elegante Wölbung seltsam schön anzusehen war.

»Lizanne.«

Professor Graysen Lethridge trat vorsichtig auf den Laufsteg. Sein ramponierter Arbeitskittel war mit Ruß und Blut verschmiert, allerdings, soweit Lizanne feststellen konnte, nicht mit seinem eigenen. Er betrachtete Jermayahs Leiche mit grimmiger Resignation. Lizannes erster Gedanke war, dass sie sich sein Auftauchen wahrscheinlich nur einbildete. Vermutlich wollte ihr Geist sich davor schützen, gänzlich dem Wahnsinn zu verfallen. Aber dann schloss ihr Vater sie in die

Arme, und die eisige Taubheit in ihrem Inneren wurde zu heißer Erleichterung. Heftig schluchzend klammerte sie sich an ihn.

♦ ♦ ♦

»Mehr als achthundert Tote«, meldete Madame Hakugen. »Und dreimal so viele Verletzte. Etwa sechzig Prozent der Maschinen sind so stark beschädigt, dass sie nicht mehr zu reparieren sind. Und ungefähr die Hälfte der kürzlich hergestellten Munition wurde zerstört.«

»Wie steht es mit der neuen Bombe?«, fragte Lizanne an ihren Vater gewandt.

»Es tut mir leid«, sagte er und schüttelte den Kopf. »Wir hatten gerade das Gehäuse vollendet. Das ist auch noch größtenteils intakt und ließe sich sogar retten. Aber die Chemikalien, die wir brauchen, um die richtige Sprengmischung herzustellen, wurden im Feuer zerstört.«

»Und außerdem«, fügte Bastler hinzu, »die Präzisionsinstrumente, die für den Bau des Sprengzünders nötig sind.«

Lizanne hatte ihn inmitten der zu Asche verbrannten Überreste seiner Werkstatt gefunden. Mit ausdrucksloser Miene hatte er in den Trümmern gewühlt und verschiedene Bauteile und Fetzen verkohlten Papiers eingesammelt. Als Lizanne ihn gefragt hatte, ob es ihm gut ging, hatte er nur kurz das Gesicht verzogen. Sonst zeigte er keine Reaktion auf das Unglück, obwohl ihr aufgefallen war, dass er öfter blinzelte als früher. Schuldbewusst musste sie einen Gedanken unterdrücken: *Warum hat es nicht ihn treffen können anstatt Jermayah?*

Sie ging zum Fenster von Madame Hakugens Büro und betrachtete die Schiffe im Fjord. An diesem Morgen waren fünf Frachter eingetroffen, um die letzte Ladung Waffen in Empfang zu nehmen, die nun halbleer wieder abfahren mussten. »Madame«, sagte sie, »ich brauche Ihre ehrliche Meinung: Wie lange wird es dauern, bis diese Fabrik die Arbeit wiederaufnehmen kann?«

»Das hängt von vielen Faktoren ab …« Madame Hakugen verstummte, als Lizanne ihr über die Schulter einen auffordernden Blick zuwarf. »So, wie es aussieht«, fuhr Hakugen in niedergeschlagenem Ton fort, »wird es zu lange dauern, um in diesem Krieg noch etwas bewirken zu können.«

»Danke.« Lizanne schaute wieder aus dem Fenster und sah zu ihrer Überraschung einige Kinder im Park spielen. Lachend rannten sie umher, ohne sich an der Rauchwolke, die über der Stadt hing, zu stören. *Nur ein weiteres grausiges Vorkommnis in ihrem kurzen Leben. Eines von vielen. Vielleicht sind sie durch das Geschehene inzwischen immun gegen Furcht.* Ihr kam ein bedrückender Gedanke: Ganz gleich, wie der Krieg ausgehen würde, die Kinder, die ihn erlebten, waren längst Verderbte, wenn auch nur im Geiste. *Was für eine Welt werden sie aufbauen? Nun ja, schlimmer als unsere kann sie wohl kaum sein.*

»Berufen Sie bitte eine Versammlung der Arbeiterschaft ein«, sagte sie zu Madame Hakugen. »Die Miliz des Bergwerks wird zu Gadaras Schanze gebracht. Und auch alle anderen Erwachsenen, die sich freiwillig zum Militärdienst melden. Alleinstehende mit Kindern sind davon ausgenommen.«

»Und was ist mit denen, die hierbleiben?«, fragte Madame Hakugen.

»Wir werden genügend Schiffe zurücklassen, um sie notfalls wegbringen zu können. Bei einer Niederlage unserer Armee wüsste ich allerdings nicht, wo es noch einen sicheren Ort für sie geben könnte.«

»Du willst diese Stadt einfach aufgeben?«, fragte ihr Vater. »Nachdem unzählige Menschen so viel Arbeit darauf verwendet haben, sie aufzubauen?«

»Sie hat jetzt keinen Zweck mehr. Sie kann nichts mehr beitragen.«

»Wir haben noch die neuen Raketen«, sagte Bastler.

Lizanne runzelte verwundert die Stirn. »Welche neuen Raketen?«

◆ ◆ ◆

Sie lagerten in einem schmalen Steinschuppen in einiger Entfernung von den anderen Gebäuden. Insgesamt waren es genau dreihundert. Für Lizanne sahen sie wie Miniaturversionen der Raketen aus, die ihnen am Großen Einschnitt so gute Dienste geleistet hatten. Jede war etwa einen Meter lang und maß fünfundzwanzig Zentimeter im Durchmesser. Sie besaßen einen glatten Sprengkopf aus Stahl, der wie eine Gewehrkugel geformt war, und jeweils ein Paar Tragflügel in der Mitte und ein größeres Paar am Ende.

»Mir ist der Gedanke gekommen, dass die roten Drachen einen Vorteil daraus ziehen, in dichter Formation angreifen zu können«, erklärte Bastler. »Wie ein Schwarm Bienen, der einen größeren Gegner überwältigt. Deshalb hatte ich die Idee, einen Schwarm mit einem anderen zu bekämpfen.«

»Schwärmer«, sagte Tekela, ging in die Hocke und strich mit der Hand über das glatte Gehäuse einer Rakete. »So werden wir sie nennen.« Lizanne bemerkte einen neuen Ton in Tekelas Stimme. Sie klang tief und hungrig, was ihr gar nicht gefiel. Ebenso wenig der Anblick des Messers mit dem Knochengriff, das sich das Mädchen an die Wade geschnallt hatte.

»Das passt«, sagte Bastler mit einem Schulterzucken. »Jede Rakete besitzt einen Mechanismus, der einen Zufallskurs vorgibt. Werden sie in größerer Menge abgefeuert, lassen sich die Zünder auf verschiedene Zeitintervalle einstellen.«

»Schaffen die Roten, einer auszuweichen, dann erwischt sie also die nächste«, sagte Tekela lächelnd.

»Richtig«, bestätigte Bastler. »Material und Bauteile, die für die Herstellung von fünfhundert weiteren Raketen benötigt werden, stehen schon bereit. Sie müssen nur noch zusammengebaut werden.«

»Wie lange wird das dauern?«, fragte Lizanne.

»Mit genügend Arbeitskräften zwei Tage.«

»Ich werde mich darum kümmern. Lasst sie verladen, sobald sie fertig sind. Und die hier«, sie deutete auf die Schwärmer im Schuppen, »werden sofort auf die Luftschiffe gebracht und einsatzbereit gemacht.«

◆ ◆ ◆

Aus der Luft betrachtet erinnerte die Ebene vor Gadaras Schanze an die Ringe einer riesigen Dartscheibe. Drei Gräben zogen sich um die Nordflanke der Anhöhe herum, von einem Ende der Landenge zum anderen. Die Arbeiter auf der Ebene wirbelten dichte Staubwolken auf. Als Lizanne mit der *Glühwurm* hinter dem dritten Graben landete, sah sie, wie sich unzählige Schaufeln hoben und senkten. Die anderen Luftschiffe gingen in der Nähe nieder.

»In Kerberhafen hat es funktioniert«, erklärte Arberus, nachdem Lizanne aus der Gondel gestiegen war.

»Ja, gegen die Corvantiner«, sagte sie. »Aber nicht gegen Drachen und Verderbte.«

»Es hätte funktionieren können, wenn wir genügend Truppen besessen hätten«, erwiderte Arberus. »Hier haben wir eine hervorragende Verteidigungsposition. Einen Großteil unserer Vorderlader können wir auf den Mauern der Schanze in Stellung bringen. Von dort lässt sich jeder Winkel des Schlachtfeldes erreichen. Außerdem sind die Gräben in Reichweite der Flottenkanonen. Ich würde nicht einmal darüber nachdenken, uns hier anzugreifen. Das Ergebnis wird auf jeden Fall blutig sein.«

»Morradin würde es tun«, wandte Lizanne ein. »Und den Weißen kümmern Verluste sicher nicht.«

Arberus nickte. »Das stimmt. Aber ich dachte ja auch, dass es unser Ziel ist, sie aufzuhalten, nicht, sie zu besiegen.«

»Zu diesem Zeitpunkt bin ich schon froh über jeden Ausgang, der nicht mit unserer vollständigen Vernichtung einhergeht.« Sie berichtete ihm, was im Bergwerk geschehen war. Es gelang ihm, sich keinerlei Reaktion auf ihre Worte anmerken zu lassen. Die Soldaten in der Nähe durften nicht sehen, wie ihr General verzweifelte.

»Keine Munition mehr«, sagte er leise und setzte ein unverbindliches Lächeln auf.

»Der letzte Schwung Waffen ist auf dem Weg. Dreißig Knallfrösche, fünfzig Beißer und hundert der neuartigen Karabiner. Außerdem befinden sich die Bergwerk-Miliz und ein Kontingent Freiwilliger auf den Schiffen, insgesamt etwa fünftausend Leute.«

»Sie sind uns alle sehr willkommen, aber es wird nicht ausreichen.«

»Ich weiß.«

Sie bemerkte Tekela, die in der Nähe stand und auf die Ebene jenseits der Gräben schaute. Vor ihrer Abreise vom Berg hatten sie Jermayah noch feierlich begraben. Die Landzunge östlich der Stadt war in einen Friedhof verwandelt worden, auf dem sich zahllose frisch ausgehobene Gräber befanden. Bastler und Professor Lethridge hatten dabei geholfen, Jermayahs Grab zu schaufeln. Gemeinsam hatten sie den in Segeltuch gewickelten Leichnam in die Erde gesenkt und ihn zugeschüttet. Ein paar der Handwerker, die für Jermayah gearbeitet hatten, kamen, um ihm die letzte Ehre zu erweisen. Insgesamt war die Menge aber nicht allzu groß, da an diesem Tag viele Beerdigungen stattfanden. Bastler kennzeichnete das Grab mit einem Holzpfahl, in den fein säuberlich die Worte »Jermayah Tollermine – Technologe« geschnitzt waren. Dann hielt Professor Lethridge eine stockende, unbeholfene Grabrede, in der er die vielen technischen Errungenschaften seines Kollegen aufzählte und ihm für seine unermüdliche Arbeit im Dienste der Menschheit dankte. Tekela blieb die ganze Zeit über stumm und starrte nur mit bleichem Gesicht und geröteten Augen auf den Erdhaufen. Als Lizanne ihre Hand ergreifen wollte, zog sie sie zurück, ohne die Miene zu verziehen.

»Es war ein langer Flug«, sagte Lizanne jetzt und trat zu ihr. »Du solltest dich ausruhen.«

Tekela beachtete sie nicht, sondern wandte sich stattdessen an Arberus. »Wie lange wird es dauern, bis sie hier sind?«

Er zögerte kurz mit der Antwort und runzelte die Stirn, als würde er das Gesicht des Mädchens, das ihm von klein auf vertraut war, gar nicht mehr erkennen. »Höchstens zwei Tage«, sagte er. »Die Verderbten marschieren leider sehr schnell.«

»Wir sollten sie jetzt angreifen«, sagte Tekela und schaute Lizanne an. »Mit den Luftschiffen. Dann könnten wir die Schwärmer testen. Und sie vielleicht etwas verlangsamen.«

»Wir müssen Kräfte sparen«, sagte Arberus.

»Sirus ist ihr Anführer, oder?«, beharrte Tekela. »Wenn wir ihn finden können …«

»Dein Onkel hat recht«, sagte Lizanne in einem Tonfall, der keine Diskussion zuließ. »Die Schwärmer werden eine größere Wirkung erzielen, wenn sie überraschend kommen.«

In Tekelas Miene war ein Nachhall ihres alten Schmollens zu erkennen. Was einst die Frustration eines verwöhnten Kindes war, hatte sich nun jedoch in etwas weitaus Beunruhigenderes verwandelt. »Er muss sterben«, flüsterte sie mit Gewissheit in der Stimme. »Und ich werde ihn töten müssen.« Sie wandte sich um und stapfte davon, wobei sie mit einem Blick in Arberus' Richtung noch murmelte: »Er ist nicht mein verdammter Onkel.«

»Sie fühlt sich schuldig«, erklärte Lizanne. »Wegen Jermayah.«

»Wir alle fühlen uns schuldig«, sagte Arberus. »Wenn die Geschichte dieser Krise jemals aufgeschrieben wird, dann könnte sie ›Das schuldige Zeitalter‹ genannt werden. Die Unternehmen, das Kaiserreich ... die Revolution. Kein Mensch hat mehr saubere Hände. Vielleicht ist es deshalb an uns, die Welt zu retten.«

◆ ◆ ◆

Arberus' Vorhersage entsprechend tauchte die Armee des Weißen am Abend des nächsten Tages am nördlichen Horizont auf. Anfangs war es nur eine Staubwolke, über der die dunklen Flecken patrouillierender Roter zu erkennen waren. Bald sah Lizanne durch ihr Fernrohr aber auch die ordentlichen Reihen der heranmarschierenden Verderbten. Die Armee bewegte sich in südliche Richtung, parallel zu den Gräben, und bildete eine zwei Kilometer lange Linie. Dann blieben die Verderbten alle gleichzeitig stehen und wandten sich der Schanze zu.

»Gut zweihundert Meter außer Reichweite«, murmelte Arberus verärgert, während er mit dem Fernrohr die feindliche Linie betrachtete.

Sie standen oben auf dem Turm, und Lizannes Spinne war mit einer der wenigen verbliebenen Phiolen Blau geladen. Besaßen sie von den anderen Farben noch ausreichende Reserven – dank des Angriffs auf das Bergwerk besonders von Rot –, so schwanden ihre Vorräte an Blau rasch dahin. Alle Blutgesegneten, die sich nicht auf den Luftschiffen befanden, waren in den Gräben und auf die Flotte verteilt. Sie hatten Befehl, beim Vorrücken des Feindes sofort Blau zu trinken, damit Lizanne ihnen die Befehle zur Koordination der Verteidigung weitergeben konnte.

Der Schlachtplan bestand aus einem stufenweisen Rückzug von einem Graben zum nächsten, sobald Arberus der Meinung war, dass dem Feind genügend Verluste beigebracht wurden. Wenn das Signal gegeben wurde, sollten die Verteidiger zum nächsten Graben laufen, wobei ihnen das Kanonenfeuer von der Schanze und den Schiffen, die ein paar hundert Meter vor der Küste lagen, Deckung gab. Nach Arberus' Schätzung könnten sie auf diese Weise drei Tage durchhalten, mit etwas Glück sogar vier. Bei ihrer letzten Trance mit Clay hatte Lizanne erfahren, dass er noch mindestens vier Tage brauchen würde, um bei ihnen anzulangen. Bis dahin waren sie auf sich allein gestellt.

»Sie warten, bis es dunkel wird«, schloss Arberus angesichts der reglosen Armee der Verderbten. »Um von ihrer übermenschlich guten Nachtsicht zu profitieren. Sag unseren Leuten, sie sollen sich lieber jetzt noch ausruhen.«

Lizanne nickte und wollte schon den vierten Knopf an ihrer Spinne drücken, als Arberus eine Hand hob. »Warte. Sie bewegen sich.«

»Ein Angriff?«, fragte sie, hob ihr Fernrohr an die Augen und blinzelte überrascht. Anstatt zu den Gräben zu marschieren, bildeten die Verderbten jedoch drei große Abteilungen. Wie gut organisierte Ameisen nahmen sie in schmalen Reihen Aufstellung. Wahrscheinlich wollten sie die Gräben an drei Stellen gleichzeitig angreifen und hofften, durch ihre schmale Formation den Geschützen weniger Angriffsfläche zu bieten. Dann aber sah sie die erste Reihe der Verderbten auf die Knie gehen und anfangen zu graben. Die meisten besaßen Schaufeln, einige gruben jedoch auch mit bloßen Händen in der Erde. Wie in Raserei wühlten sie Erdklumpen und Gras auf.

»Was machen sie da?«, fragte sie.

»Sie legen eigene Gräben an«, antwortete Arberus mit einem Anflug von Bewunderung in seiner sonst grimmigen Stimme. »Sirus besaß schon immer gute Geschichtskenntnisse.«

Offenbar handelte es sich um eine Taktik aus der Frühzeit des Schwarzpulver-Zeitalters, die einst von Armeen bei der Belagerung von Festungen eingesetzt wurde, um ihre Soldaten vor dem Kanonenfeuer der Verteidiger zu schützen. Mit dem Aufkommen moderner Schnellfeuer-Artillerie und Repetierwaffen war sie in Vergessenheit geraten, aber Sirus fand sie anscheinend immer noch nützlich. Mit beeindruckender Schnelligkeit fraßen sich die drei Gräben durch die Ebene. Die Verderbten wechselten sich mit dem Graben ab. War einer erschöpft, dann stolperte er zum Ende der Reihe und wurde sofort durch einen frischen Arbeiter ersetzt. Vor Nachteinbruch waren die Gräben bereits fünfzig Meter lang, und es sah nicht so aus, als würden sich die Verderbten nachts ausruhen wollen.

»Morgen früh werden sie in Reichweite unserer Kanonen sein«, stellte Lizanne fest. »Ein kräftiges Sperrfeuer sollte sie aufhalten.«

»Ja«, stimmte Arberus zu. »Aber unsere Munitionsvorräte sind begrenzt. Und etwas sagt mir, dass Sirus klug genug ist, um nicht bis zu unserer Reichweite zu graben.«

Im Morgengrauen erwies sich, dass er recht hatte. Das Licht der aufgehenden Sonne enthüllte, dass die feindlichen Gräben nicht mehr näher gekommen waren. Stattdessen arbeiteten sich die Verderbten nun seitlich vorwärts. Vom Endpunkt der drei Gräben zweigten zahlreiche neue ab. Am späten Nachmittag verfügte die Armee des Weißen über ein eigenes Grabensystem, worauf wieder Ruhe einkehrte.

»Ich würde einen Sack Gold darauf verwetten, dass es nicht mehr Morradin ist, der diesen Feldzug anführt«, sagte Arberus mit widerwilliger Anerkennung in der Stimme. »Sirus hat seinen Truppen mit dieser Strategie gut zweihundert Meter freies Feld erspart. Selbst auf diese Entfernung hätten unsere Kanonen ihnen beim Vorrücken große Verluste beigebracht. Außerdem wären wir bei einem Angriff viel besser vorgewarnt gewesen.«

Arberus befahl den stärksten Kanonen auf der Schanze, ihr Glück mit den feindlichen Gräben zu versuchen, und sie landeten tatsächlich ein paar Treffer. Die meisten Geschosse gingen jedoch daneben, und der Schaden, den sie anrichteten, war minimal. Die Verderbten feuerten nicht zurück, sie hockten einfach nur ruhig in ihren Gräben. Tekela bot mehrmals an, mit der *Taifun* anzugreifen und die Gräben mit Beißerfeuer einzudecken. Aber Lizanne lehnte ab. Sie wollte kein Luftschiff an den massiven Angriff der Roten verlieren, der zweifellos folgen würde.

Arberus ließ die Armee die ganze Nacht lang in Alarmbereitschaft. Entlang der Schanze wurden Leuchtgeschosse aus der Flotte vorbereitet, um das Schlachtfeld in künstliches Licht zu tauchen, wenn der Angriff erfolgte. Doch der kam nicht.

»Worauf warten sie noch?«, fragte Arberus am Morgen, als er mit Lizanne die Verderbten betrachtete, die immer noch ruhig in ihren Gräben saßen.

»Solange sie weiter abwarten, bin ich völlig zufrieden«, erwiderte Lizanne.

»Wir dürfen uns nicht in Sicherheit wiegen«, sagte Arberus. »Sie verfolgen irgendeine Strategie. Eine, die wir noch nicht durchschaut haben. So wie auf den Schwarzen Sanden.«

An der Anspannung seines unrasierten Gesichts erkannte Lizanne zum ersten Mal, wie sehr ihm die Niederlage zu schaffen machte. *Stolz,* dachte sie. *Die Krankheit von Generälen und Revolutionären gleichermaßen.* »Ruh dich aus«, sagte sie und ergriff seinen Unterarm. »Ich weck dich, wenn irgendwas passiert.«

◆ ◆ ◆

Wir sind letzte Nacht in einen Sturm geraten, berichtete Clay. *Die* Abenteuer *haben wir erst am Morgen wiedergefunden. Der Kapitän musste den Blutbrenner abschalten. Nach seiner Schätzung sind es noch einmal zwei Tage Fahrt.*

Lizanne bestätigte seinen Bericht, kurzzeitig abgelenkt von der Klarheit der Trance. Bevor Clay die neue Fähigkeit in sich entdeckt hatte, war seine Gedankenlandschaft eher schlicht gewesen – Nelphias Oberfläche hatte einförmig grau dagelegen, und am schwarzen Himmel hatte ein Abbild des Planeten gefehlt, den sie ihre Heimat nannten. Jetzt hing er in prächtigem Blaugrün über ihnen, inmitten einer endlosen Sternenlandschaft.

Kriz hat mir dabei geholfen, erklärte er, als er ihre Neugierde spürte. *Während der Reise gab es sonst nicht viel zu tun.*

Das bezweifle ich, erwiderte sie und genoss die leichte Verlegenheit, die den Mondstaub durchlief.

Gibt es in meinem Kopf eigentlich irgendein Geheimnis, das Sie nicht schon kennen?, fragte er.

Bestimmt Tausende. Es sind nicht die Gedanken, die uns verraten, sondern unsere Gefühle. So haben sie es uns an der Akademie eingebläut.

Sie schaute noch einmal zu dem Planeten hoch, der den Himmel über ihnen ausfüllte, und widerstand der Verlockung, in dem herrlichen Anblick zu versinken, wenn auch nur kurz. *Ich muss Schluss machen,* sagte sie. *Unsere Blau-Reserven gehen zur Neige. Bitte erinnern Sie Kapitän Hilemore erneut daran, dass Eile geboten ist.*

Wenn ich ihm das nochmal sage, erschießt er mich … Clay verstummte, und sein Blick richtete sich auf etwas hinter ihr. *Wer ist das?*

Lizanne drehte sich um und sah ein Segelschiff herankommen. Der Mondstaub teilte sich wie Wasser vor seinem Bug. Auf der Galionsfigur saß Morva. Sie hatte die Hände zu einem Trichter an den Mund gelegt und rief Lizanne zu: *Du musst kommen! Es hat angefangen!*

KAPITEL 47

Sirus

Zünder in Brand stecken!

Durch Waldspeers Augen sah Sirus, wie dieser ein Streichholz an die Zündschnur hielt, die funkensprühend zu brennen begann. Er verfolgte den feurigen Tanz in die Tiefen des Tunnels hinein. Nachdem er sich vergewissert hatte, dass die Zündschnüre in den beiden anderen Tunneln ebenfalls in Brand gesteckt worden waren, kehrte er in seinen eigenen Geist zurück. Von Katarias' Rücken aus betrachtete er die feindlichen Gräben unter sich.

Die Gefangenen, die ihnen in den Schwarzen Sanden in die Hände gefallen waren, hatten ihm die Identität seines Gegners bestätigt. Sirus würde nur zu gern Arberus' Gesicht sehen, wenn dieser feststellte, dass all seine Mühen umsonst gewesen waren. Er hatte den Major nie sonderlich gemocht. Tekela gegenüber hatte sich Arberus stets unfreundlich verhalten. Obwohl sie ihn auf Wunsch ihres Vaters hin »Onkel« nannte, hatte zwischen den beiden nicht viel Herzlichkeit geherrscht. Und dass Arberus einen ganzen Kopf größer war als Sirus und in der adligen Gesellschaft Morstals viele Bewunderinnen hatte, machte ihn nicht eben sympathischer. *Sind das nicht die Gedanken eines Halbwüchsigen, General?* Cathelines Stimme in seinem Geist klang belustigt und tadelnd zugleich. *Manchmal vergesse ich, wie jung du bist.*

Ich auch, gab Sirus zu. *Das scheint mir alles so weit weg. Wie ein Traum, in dem es um das Leben eines anderen geht.*

So soll es auch sein. Wir haben jetzt alle ein neues Leben, wofür wir dankbar sein sollten.

Die erste Mine explodierte direkt unter dem äußeren Graben der Varestianer und tauchte die dunkle Ebene in orange-gelbes Licht. Sirus sah Gesteinsbrocken und Leichen herabregnen, während von der Explosionsstelle ein Feuerball aufstieg. Die Größe des Kraters entsprach genau Nebelschleiers Berechnungen – es war ein etwa zehn Meter breites Loch. Insgesamt hatte es sechzig Stunden gedauert, die Verderbten die drei Tunnel graben und sie mit Sprengstoff füllen zu lassen. Vermutlich hatte Arberus mit einem Massenangriff bei Nacht gerechnet, und den würde er auch bald bekommen, aber erst nachdem die Minen ihren Zweck erfüllt und die äußere Verteidigung durchbrochen hatten.

Die beiden anderen Minen explodierten kaum zwei Sekunden später mit ähnlich befriedigenden Resultaten. Im Lichtschein der Explosion wurden zehn Bataillone Verderbte sichtbar, die ihre Gräben verließen und über die Ebene sprinteten. Von der befestigten Anhöhe stiegen ein Dutzend Leuchtgeschosse auf, die die Dunkelheit vertrieben und Trommelfeuer von den Geschützen auf den Mauern ankündigten. Geschosse gingen in den Reihen der angreifenden Verderbten nieder und töteten Dutzende auf einen Schlag. Die Verluste erhöhten sich noch, als aus dem unbeschädigten Teil des feindlichen Grabensystems ein paar Repetiergeschütze das Feuer eröffneten. All das riss große Lücken in die Bataillone, reichte aber nicht aus, um die Flut aufzuhalten.

Die Verderbten strömten in den äußeren Graben, und Sirus spürte Schmerzen, Freude und Tod der Kämpfer, die mit den menschlichen Verteidigern rangen. Während er den Kampf durch Waldspeers Augen beobachtete, fiel ihm vor allem die Wildheit der Varestianer auf, die anstatt mit Feuerwaffen häufig mit Messern und Schwertern auf ihre Gegner losgingen, ohne Rücksicht auf ihr eigenes Leben.

Piratenabschaum, schloss Catheline angesichts der Kleidung der Varestianer.

Leider sehr mutiger Piratenabschaum, erwiderte Sirus. Überall entlang des Grabens wurde gekämpft. In den Kratern herrschte dichtes Gewühl, und im Graben selbst waren Verderbte und Menschen in verbissene Zweikämpfe verwickelt. Bisher war noch kein Anzeichen dafür zu erkennen, dass sich die Gegner, wie erhofft, in den zweiten Graben flüchteten. Der stärkste Widerstand kam von den Blutgesegneten. Von Gruppen Varestianern umgeben, traktierten sie die Angreifer mit Rot und Schwarz. Einige starteten auch verzweifelte Gegenangriffe mit Schwertern oder Gewehren. Durch das Grün in ihren Adern waren sie jedem Verderbten ohne Weiteres gewachsen.

Kurzes Nachforschen ergab, dass an der Stelle, wo die erste Mine explodiert war, offenbar keine Blutgesegneten mehr vorhanden waren. Sirus schickte sofort vier weitere Bataillone in die Schlacht, um diese Stelle anzugreifen. Sie strömten über die Ebene und legten die Entfernung mit einer Geschwindigkeit zurück, zu der kein Mensch fähig war. Den varestianischen Kanonieren und ihrer Flotte entgingen sie dennoch nicht.

Die Kanonen der Schanze feuerten unablässig. Schlimmer war aber noch das Trommelfeuer der Schiffe vor der Küste. Unentwegt sausten Geschosse nieder, die geschickt so gezielt waren, dass sie über den vorrückenden Verderbten explodierten. Das erste Bataillon wurde auf diese Weise komplett zerschnitten, und nur etwa ein Fünftel der Verderbten erreichte sein Ziel. Den Bataillonen dahinter erging es kaum besser. Die plötzliche Ankunft zusätzlicher Angreifer brachte dennoch die Entscheidung, und bald strömten Verderbte auf die flache Ebene hinter dem ersten Graben.

Eine Vielzahl von Trompetenstößen und gerufenen Befehlen ertönte entlang des Grabens – offenbar das Signal für die Verteidiger, sich zurückzuziehen. In einem zweifellos vorher einstudierten Manöver hörten die Menschen auf zu kämpfen und rannten zum zweiten Graben, während die varestianischen Schiffe tiefer zielten und den eroberten Graben mit Geschossen eindeckten. Die Verderbten, die links durchgebrochen waren, stürmten auf die zweite Linie zu, nur um von einem Feuerhagel aus den gut positionierten Repetiergeschützen empfangen zu werden. Keiner von ihnen kam näher als zwanzig Meter an den Graben heran. Sirus befahl den Überlebenden, sich zur äußeren Linie zurückzuziehen.

Das Feuer von den Schiffen hielt weiter an, und Sirus spürte, wie mit jedem explodierenden Geschoss zahlreiche Verderbte getötet oder verwundet wurden. Erst als die Leuchtgeschosse erstarben, setzte auch das Kanonenfeuer aus, und das Schlachtfeld war nun, bis auf Nelphias Leuchten, in völlige Finsternis getaucht. Das Knallen der Handfeuerwaffen hielt dagegen weiter an. Scharfschützen im zweiten Graben und auf der Schanze schossen mit Langgewehren auf den äußeren Graben, auch wenn sie nur wenige Treffer erzielten.

Ein guter Anfang, findest du nicht auch?, sagte Catheline.

Ich hatte gehofft, schon beim ersten Angriff den zweiten Graben einnehmen zu können, erwiderte Sirus. *Wir müssen etwas gegen diese Schiffe unternehmen.*

♦ ♦ ♦

Ein seltsames Paradox seiner Nähe zum Weißen war, dass es ihn viel weniger Mühe kostete, seine Gedanken mit Furcht zu tarnen. Er war der Bestie nah genug, um ihren schwefeligen Atem zu riechen und in ihre schrecklich wissend funkelnden Augen zu blicken, was ihn ohnehin ständig mit Todesangst erfüllte. Wie zuvor spürte er den Austausch zwischen Catheline und dem Weißen, konnte ihre Gedanken aber nur erahnen. Der tiefe Rachedurst, der das Denken des Weißen seit dem Verlust seiner Jungen am Großen Einschnitt bestimmte, hatte sich nicht gelegt, aber seither war seine angeborene Gerissenheit zurückgekehrt.

Als Catheline ihm die wichtigsten Einzelheiten von Sirus' Plan übermittelte, antwortete er mit einem düsteren Grollen. Verluste unter den Verderbten kümmerten ihn im Allgemeinen nicht, das Leben so vieler Drachen aufs Spiel zu setzen war dagegen etwas anderes. Rauch strömte aus den Nüstern des Weißen, als er sich umdrehte und unruhig auf und ab ging. Er hatte sich auf dem Gipfel eines Hügels niedergelassen, dem einzigen Aussichtspunkt auf der Ebene. Von hier aus war die befestigte Landenge in einem Kilometer Entfernung, wo der Gegner wartete, gut zu sehen. In der Nähe beschäftigten sich die beiden überlebenden Jungtiere damit, einen ihrer Knochentürme zu errichten. Unter zufriedenem Krächzen verklebten sie die Knochen mit hochgewürgter Galle. Vermutlich hatten die anderen Drachen ihnen das Baumaterial gebracht – die Früchte ihres Einsatzes auf den Schwarzen Sanden.

Notwendigkeit, übermittelte Catheline dem Weißen und erhielt wütenden Widerwillen als Antwort. Der Weiße richtete seinen unheilvollen Blick auf sie, und in dem Rauch, der aus seinen Nüstern drang, sah Sirus winzige Funken glühen.

Er hatte noch nie versucht, sich in ein Gespräch zwischen Catheline und dem Weißen einzumischen, aber jetzt tat er es. Er beschwor sämtliche Erinnerungen, die er an Lizanne Lethridge besaß, und verband sie mit dem Bild der toten Jungtiere des Weißen. Das alles verdichtete er zu einer Kugel, die er an Catheline weitergab.

Rache, dachte sie und nahm Sirus' Geschenk entgegen. Sie brach die Kugel auf, damit sie sich im Geist des Weißen entfalten konnte. Kurzzeitig war Sirus Teil der Verbindung zwischen den beiden. Er sah ein düsteres, aufgepeitschtes Flammenmeer, das von Lichtadern durchzogen war. Wo immer das Licht das Feuer berührte, beruhigten sich die Flammen und flackerten sanft und stetig.

Dafür braucht er sie also, erkannte Sirus. *Sie beruhigt den Sturm seines Geistes, damit er vernünftig denken kann.*

Der Weiße knurrte verärgert wegen seines Eindringens, und im nächsten Moment war Sirus ausgesperrt. Der plötzliche Abbruch der Verbindung wurde von einem heftigen Schmerz begleitet, der ihn mit zusammengebissenen Zähnen auf die Knie sinken ließ. Der Schmerz hielt eine ganze Weile an, sodass er den Rest des Austauschs nicht mehr mitbekam. Als die Qualen schließlich nachließen, spürte er Cathelines Hände auf seinem Gesicht. Sie wischte die Tränen, die ihm der Schmerz in die Augen getrieben hatte, von seiner schuppigen Haut. Lächelnd drückte sie ihm einen Kuss auf die Stirn und flüsterte: »Er hat Ja gesagt.«

KAPITEL 48

Hilemore

Land in Sicht, Sir. Direkt voraus.«

»Danke, Mr. Talmant. Sagen Sie dem Chief, dass er den Blutbrenner ausschalten soll, und signalisieren Sie der *Abenteuer*, dasselbe zu tun.«

»Jawohl, Sir.«

Hilemore ging nach draußen und richtete sein Fernrohr nach Westen. Am Horizont ragten die in Dunst gehüllten Anhöhen einer Insel auf. Wenn seine Berechnungen stimmten, war dies die östlichste Insel der Sabiras-Kette. Den Kanal zwischen den Inseln zu den Roten Gezeiten konnte man nur langsam durchfahren, was eine weitere Verzögerung bedeutete. Der Sturm, der vor drei Tagen ihren Weg gekreuzt hatte, war, an den Maßstäben des Orethischen Ozeans gemessen, mild gewesen, dennoch hatte er die Wellen so stark aufgepeitscht, dass sie ihre Geschwindigkeit hatten verringern müssen. Seither schwankte Hilemores Stimmung zwischen Frustration über ihr schleppendes Vorankommen und einem winzigen Funken Erleichterung, die von der Schlacht vor dem Grünen Kap herrührte und die er sich nur ungern eingestand.

Steelfine hatte darauf bestanden, das Gefecht im Schiffstagebuch als siegreich zu bezeichnen. Und die restliche Mannschaft war der Ansicht, dass es den Siegen von Hilemores Großvater in nichts nachstand.

Hilemore selbst wusste es besser. *Ein Admiral, der seine Flotte verliert, kann nicht als siegreich gelten.* Wenn die *Überlegenheit* Gadaras Schanze nicht mehr rechtzeitig erreichen sollte, damit Clay seinen Plan in die Tat umsetzen konnte – einen Plan, den Hilemore immer noch nicht ganz verstand –, dann wäre es für ihn wohl eine Gnadenfrist. Er hatte sich die Karten des nördlichen Orethischen Ozeans bereits angesehen, als Vorbereitung auf eine mögliche Reise nach Sanorah, wo Freifrau Tythencroft der tapferen Mannschaft der *Überlegenheit* gewiss Zuflucht gewähren würde.

Und was dann? Dann sitzt du da und wartest, bis irgendwann die Armee des Weißen auftaucht, und weißt die ganze Zeit, dass du ein schrecklicher Feigling bist.

Resolut schob er sein Fernrohr zusammen und kehrte zum Brückenhaus zurück. »Sind Sie schon einmal in den Roten Gezeiten gefahren, Mr. Scrimshine?«, fragte er den Steuermann.

»Ein paar Mal, Käpt'n.« Der ehemalige Schmuggler lächelte vorsichtig. »Ehrlich gesagt fand ich nicht, dass es ein angenehmer Ort war. Die Varestianer stehlen gerne, werden aber selbst nur ungern bestohlen. Ein bisschen scheinheilig, wenn Sie mich fragen.«

»In der Tat. Ich vertraue darauf, dass Sie den besten Weg in den Kanal finden werden. Ich möchte schnell, aber sicher bei den Roten Gezeiten ankommen. Mr. Talmant, schicken Sie Chief Bozware zu mir in den Frachtraum. Übernehmen Sie die Brücke.«

◆ ◆ ◆

»Kommt mir etwas klein vor, um viel Schaden anzurichten«, sagte Clay und betrachtete das apfelgroße Objekt, das der Chief auf die Werkbank gelegt hatte.

»Die Sprengladung reicht aus, um Drachen jeder beliebigen Größe zu töten«, erwiderte Bozware und runzelte die ölverschmierte Stirn. »Mit Lampenöl getränkte Schießwolle, die einen Kern aus Schwarzpulver umschließt. Ich habe das Gehäuse absichtlich brüchig gemacht, damit es bei der Explosion in möglichst viele spitze Splitter zerbricht. Gezacktes Eisen durchdringt alles, wenn es schnell genug fliegt.«

»Was ist das hier?«, fragte Kriz und deutete auf die stumpfen Dornen, die das Gehäuse des Objekts überzogen.

»Kontaktpunkte«, sagte Bozware. »Die Idee stammt von den Minen, die der Kapitän uns hat herstellen lassen. Sobald die Dornen berührt werden, geht das Ding hoch. Keine Sorge, Mädchen«, fügte er hinzu, als Kriz rasch den Finger zurückzog. »Es ist noch nicht scharf gemacht.« Er deutete auf einen Metallring an der Oberseite des Objekts. »Den muss man rausziehen, bevor man die Granate wirft. Aber achtet darauf, dass der Gegner mindestens zwanzig Meter entfernt ist.«

»Hervorragend«, sagte Leutnant Sigoral und nickte dem Chief anerkennend zu. »Das ist sicherlich besser, als mitten im Kampf einen Drachen in den Kopf treffen zu müssen.«

»Solange man Schwarz in den Adern hat«, sagte Clay. »Von Hand würde ich die Dinger nicht werfen wollen.«

»Unser vorhandenes Material reichte nur für insgesamt vierzig«, sagte Hilemore und wandte sich an Clay. »Wie viele werden Sie brauchen?«

»Schwer zu sagen. Ich nehme zehn mit. Den Rest können Sie unter den anderen verteilen.«

»Gut. Wenn wir die Sabiras-Inseln hinter uns gelassen haben, werden wir den Blutbrenner wieder einschalten. Wir sollten unseren Zielort also morgen früh erreichen. Ich würde vorschlagen, Sie ruhen sich bis dahin möglichst gut aus.« Hilemore sah den anderen hinterher, als sie den Raum verließen. Lediglich Jillett blieb noch stehen und betrachtete die Granate. Ihre Miene wirkte bleicher als sonst.

»Sie bleiben bitte im Maschinenraum«, sagte Hilemore. »Ich brauche Sie am Blutbrenner.«

»Meine Kampffähigkeiten haben Sie wohl nicht so beeindruckt, was?«, sagte sie mit schwachem Grinsen. »Ich kann es Ihnen nicht verübeln.«

»Sie haben mutig gekämpft. Was in Stockcombe passiert ist, war nicht Ihre Schuld.«

Sie zuckte mit den schmalen Schultern. »Die Jungs waren ziemliche Mistkerle, wissen Sie. Vor der Revolte hießen sie die Tyrannen der Wäscherstraße. Als ich noch klein war, gab mir meine Mutter jeden Tag frisches Obst in die Schule mit. Meistens einen Apfel, manchmal sogar eine Orange, obwohl die teuer waren. Und jeden Tag haben mich diese Drecksäcke angehalten und es mir geklaut. Bis ich erkannte, was ich war. Dann habe ich so lange Interimsscheine gespart, bis es für eine kleine Menge Schwarz reichte.« Ihr Grinsen wurde breiter. »Danach haben sie mich nicht mehr beklaut.«

Sie griff nach der Granate und strich mit den Fingern vorsichtig über die Kontaktpunkte, bevor sie sie hochhob. »Wenn es Ihnen nichts ausmacht, würde ich die hier mitnehmen«, sagte sie. »Nur für alle Fälle.«

◆ ◆ ◆

Kurz nachdem Scrimshine die *Überlegenheit* durch die Inseln in die Roten Gezeiten hineingesteuert hatte, begegneten sie dem ersten Schiff. Etwa eine Meile steuerbordseits vom Bug dampfte ein alter Klipper mit nur einem Schornstein vorbei. Zur Unterstützung der Schaufelräder hatte er die Segel hochgezogen. Er lag tief im Wasser, und auf dem Vorder- und Achterdeck drängten sich zahllose Menschen. Aus dem Ausguck kam eine Botschaft: *Kehren Sie um. Kein sicherer Hafen voraus.*

Hilemore befahl, mit Hilfe der Lampe zu antworten und dem Klipper zu raten, es mit der ost-corvantinischen Küste zu versuchen. Die *Überlegenheit* fuhr zu schnell, um noch eine Erwiderung zu erhalten. Vor Nachteinbruch sichteten sie vier weitere Schiffe – alle schwer mit Flüchtlingen beladen –, die in unterschiedliche Richtungen fuhren. Ein aus breiten Balken gezimmerter Frachter änderte seinen Kurs, um sich der *Überlegenheit* zu nähern. Mit Hilfe der Signalflaggen bat die Besatzung um medizinische Hilfe. Hilemore ließ die Kriegsflagge hochziehen, um den Frachter zu warnen, und behielt Geschwindigkeit und Richtung bei, bis das Schiff weit hinter ihnen zurückgeblieben war.

Bei Nachteinbruch ließ Hilemore den Blutbrenner kurz ausschalten, damit die *Abenteuer* aufholen konnte. Dann schickte er die Mannschaft auf Gefechtsstation. Steelfine rief die Schützen zusammen und ließ neben den Kanonen Kartätschen aufstapeln. Braddon Torcreek und Prediger kletterten mit auf den Rücken geschnallten Gewehren den Mast zum Ausguck hoch. Kriz bezog mit Clay und Lutharon auf dem Vorderdeck Stellung, während Sigoral und die wenigen verbliebenen Corvantiner von der ursprünglichen Besatzung nach achtern gingen. Hilemore ließ Oberst Kulvetch mit ihren Soldaten auf die oberen Aufbauten klettern. Die einzelnen Trupps waren mit gefüllten Wassereimern und Sandsäcken ausgestattet, um die unvermeidlichen Feuer zu bekämpfen.

»Gibt's hier noch Platz für zwei Leute?«, fragte Loriabeth, die mit Skaggerhill in der Luke zur Brücke auftauchte. Steelfine hatte bereits einen Trupp Schützen als Wache für den Kapitän auf die Brücke geschickt, aber ein paar mehr konnten nicht schaden.

»Natürlich, Miss«, sagte Hilemore. »Sie sind uns sehr willkommen.«

Er ging nach draußen, um nach der *Abenteuer* zu sehen. An ihrer Reling hatten die Freiwilligen der Wählerrechtsallianz Aufstellung genommen, und auch an den Kanonen, einem halben Dutzend Vierpfünder und zwei sechspfündigen Drehgeschützen, standen Mannschaften bereit. Für das, was sie erwartete, war es eine armselige Bewaffnung, aber Zenida zu befehlen, dass sie zurückbleiben sollte, wäre zwecklos gewesen. Hilemore stieg auf das Dach des Brückenhauses und sendete mit der Signallampe eine kurze Nachricht: *Volle Kraft voraus. Folgt uns, so gut es geht.*

Zenida tauchte in der Tür des Steuerhauses der *Abenteuer* auf. Ihre Silhouette zeichnete sich vor dem Lichtschein im Inneren ab. Sie antwortete mit ihrer eigenen Signallampe: *Versuch nur, mich abzuschütteln, Seebruder.*

Hilemore gestattete sich ein kleines Lächeln, bevor er die Signallampe zurückgab und zur Brücke hinunterstieg. »Mr. Talmant!«

»Sir?«

»Nachricht an den Maschinenraum: Drei Phiolen in den Blutbrenner.«

»Jawohl, Sir.«

»Mr. Scrimshine …«

»Ich kenne den Weg, Käpt'n.« Scrimshines Hände zitterten leicht, als er nach dem Ruder griff. Er richtete den Blick auf das dunkle Meer vor dem Bug. »Kurs nach Westen.«

◆ ◆ ◆

Sie hörten es, bevor sie es sahen. Das leise Donnern von Kanonen, das durch den Morgendunst am Horizont herüberhallte. Das Meer war ruhig, und die *Überlegenheit* fuhr weiter nach Westen. Die Nadel der Geschwindigkeitsanzeige stand weit über dem Höchstwert. Bei Sonnenaufgang war die *Abenteuer* mindestens eine Meile zurückgefallen, was in Hilemore die schwache Hoffnung weckte, das Ganze könnte vorbei sein, bevor sie sich der Schlacht anschließen konnte.

»Noch fünf Meilen bis zur Küste, Sir«, meldete Talmant, der mit einem Lineal in der Hand am Kartentisch stand.

Hilemore musste einen Fluch auf den anhaltenden Nebel unterdrücken. Bei ihrer gegenwärtigen Geschwindigkeit würde die *Überlegenheit* auf Grund laufen, bevor sie genug abbremsen konnte, um zu wenden. Und bisher war noch nicht einmal das Ziel in Sicht. »Umschalten auf den Hilfsmotor«, sagte er, und Talmant lief zum Sprechrohr. »Sagen Sie dem Chief, er soll das Schiff eine Minute lang treiben lassen, bevor er den Motor einschaltet. Ein Drittel Geschwindigkeit.«

»Jawohl, Sir.«

Als sie näher kamen, sah Hilemore Blitze im Nebel auftauchen, dann waren die ersten Umrisse von Schiffen zu erkennen. Er entdeckte die Gestalt einer corvantinischen Schaluppe und eines bewaffneten varestianischen Frachters. Beide fuhren parallel zu der noch immer unsichtbaren Küste und feuerten nacheinander die Backbord-Geschütze ab. Je näher die *Überlegenheit* herankam, desto mehr Schiffe waren zu sehen, und das Donnern des Kanonenfeuers wurde ohrenbetäubend. Vor ihnen kreuzte eine derart große Flotte, dass Hilemore anfangs Schwierigkeiten hatte, die Küste auszumachen, dann aber enthüllte sich ihm die imposante Silhouette der Schanze über dem schmalen Strand.

»Wir werden von mehreren Schiffen gerufen, Sir«, sagte Talmant. An den Masten in ihrer Nähe wurde eine Vielzahl von Fahnen hochgezogen, begleitet vom Flackern zahlloser Signallampen.

»Halten Sie die Antwort kurz«, sagte Hilemore. »Hier, um zu helfen. Blutgesegnete an Bord.«

Hilemore hielt gerade Ausschau nach den Antworten der Schiffe, als er Scrimshine hinter sich in einem Ton, den er seit ihrer ersten Begegnung mit Jack Letzter Anblick nicht mehr benutzt hatte, murmeln hörte: »Verehrte Vorväter. Nehmt die Seele dieses elenden Halunken in Empfang.«

Mit geweiteten, feuchten Augen starrte der Steuermann durch das vordere Fenster, und seine Hände zitterten wieder. Hilemore folgte seinem Blick. Rechts von der Schanze entdeckte er etwas, das er zunächst für eine große, dunkle Wolke hielt. Scrimshine besaß jedoch offenbar schärfere Augen, denn bald schon breitete sich die Wolke über den gesamten Himmel aus, und Hilemore erkannte die Umrisse geflügelter Kreaturen.

»Das ...«, hörte er Loriabeth in einem Tonfall stammeln, der Scrimshines merkwürdig ähnlich war, »das sind eine Menge Rote.«

Hilemore sah zum Vorderdeck hin, wo Clay kurz Kriz umarmte und dann auf Lutharons Rücken stieg. »Nein!«, rief Hilemore und rannte nach draußen. Er beugte sich über das Geländer des Laufstegs und formte die Hände an seinem Mund zum Trichter. »Es sind zu viele!«

Clay drehte sich zu ihm um, während Lutharon auf die Bugreling kletterte. Grinsend hob der Blutgesegnete eine Hand, trank die drei Phiolen darin mit wenigen Schlucken leer und warf sie fort. Hilemores Protest erstarb, als der Drache vom Schiff abhob. Seine mächtigen Schwingen verwirbelten den Dunst, während er mit peitschendem Schwanz in die Höhe stieg.

KAPITEL 49

Lizanne

Alle Luftschiffe starten!«, schrie Lizanne, während sie auf die *Taifun* zulief. Die anderen Mannschaften eilten ebenfalls über den Hof der Schanze zu den wartenden Fluggeräten. Tekela schnallte sich bereits im Pilotensitz fest, als Lizanne in die Gondel stieg. Morva und die drei Kanoniere folgten dicht hinter ihr. Die erste Kanonierin kletterte die Leiter hinauf zu ihrer Station in der Kuppel, während die anderen ihre Geschütze bereit machten. Tekela drehte die Motoren in Richtung Boden und gab Gas zum Abheben.

Lizanne legte eine ihrer drei letzten Rotkugeln in die Kammer des Rauchers ein und nahm an der Heckluke backbordseits Aufstellung. Während des Starts schaute sie zur Mauer der Schanze hinauf, wo jeden Moment die Roten auftauchen konnten. Stattdessen stiegen sie jedoch in einen leeren Himmel auf, und der Grund dafür wurde offensichtlich, als die Mauern unter ihnen zurückblieben. Der Schwarm der Roten flog in etwa einem halben Kilometer Entfernung an der Schanze vorbei, außer Reichweite der Repetiergeschütze. Über der Küste wechselten sie die Richtung und steuerten in einer dichten, blutroten Menge auf die varestianische Flotte zu.

»Sie haben es auf die Schiffe abgesehen!«, rief Lizanne Tekela zu und lief zum Zündrohr des Blutbrenners. »Bring uns nach Osten. Maximalgeschwindigkeit. Morva, setz dich über Trance mit der *Hurrikan* und der *Wirbelsturm* in Verbindung. Sag ihnen, sie sollen uns begleiten.«

Sie wartete, bis die beiden Luftschiffe im Backbord- und Steuerbordfenster auftauchten, dann spritzte sie sich Rot und konzentrierte sich auf das Zündrohr, um den thermoplasmischen Motor zu starten. Sie schaffte es gerade noch, sich an der Mittelstrebe festzuhalten, bevor die Beschleunigung einsetzte. Danach zog sie sich nach vorn zu Tekela.

Die Schiffe feuerten bereits auf die heranrückenden Roten. Der rasch schrumpfende Raum zwischen ihnen war von kreuz und quer fliegenden Leuchtgeschossen und explodierenden Raketen angefüllt. Unter dem Schwarm spritzte das Meer unablässig weiß auf, während ein Drache nach dem anderen dem Beschuss zum Opfer fiel, aber es war klar, dass die Feuerkraft nicht ausreichen würde, um den Angriff ganz aufzuhalten – es waren einfach zu viele. Die Schiffe, die der Küste am nächsten waren, verschwanden unter der Menge der Roten. Einige Rote tauchten zu den Schiffen nieder und setzten Grüne auf ihren Decks ab. Innerhalb weniger Augenblicke war die gesamte Flotte in den Kampf mit den Drachen verstrickt. Überall blühten Explosionen auf.

»Dort«, sagte Lizanne und deutete auf die dichteste Stelle des Schwarms. »Bring uns mitten durch.«

»Schwärmer?«, fragte Tekela und legte die Hand auf den Abschussmechanismus der Raketen. Es gab vier Knöpfe, mit denen jeweils eine Reihe aus zehn Schwärmern an der Unterseite der Gondel abgefeuert wurde.

»Noch nicht«, sagte Lizanne. »Vielleicht können wir ja ein paar dazu bringen, uns zu folgen. Wir müssen den Druck von der Flotte nehmen.«

In diesem Moment entdeckten drei Rote die sich nähernden Luftschiffe, lösten sich vom Schwarm und flogen direkt auf sie zu. Tekela drückte den Knopf oben am Steuerhebel, mit dem die Vordergeschütze betätigt wurden, und schoss den ersten Roten vom Himmel. Der Kugelstrom zerfetzte dem zweiten einen Flügel, sodass er zum Meer hinabtrudelte. Der dritte jedoch wich aus und zog herum, um sie von der Seite anzugreifen, wurde aber von einer Salve des Steuerbordkanoniers in Stücke gerissen.

Als sie in den Schwarm hineinflogen, eröffneten alle Bordgeschütze das Feuer. Der Rumpf der Gondel hallte vom Aufprall kollidierender

Drachen wider, und die Vorderscheibe war bald so stark mit Blut bespritzt, dass Tekela den Scheibenwischer einschalten musste. Lizanne eilte zur Heckluke und feuerte mit dem Raucher auf die Drachen, die an der Öffnung vorbeiflogen. Dann hatten sie den Schwarm hinter sich gelassen, und durch die Fenster war wieder klarer Himmel zu sehen.

Lizanne wandte sich dem Heckfenster zu und seufzte erleichtert, als sie dicht hinter ihnen die *Hurrikan* und die *Wirbelsturm* entdeckte. Die *Hurrikan* schien unbeschädigt, vom Backbordmotor der *Wirbelsturm* sah sie jedoch Rauch aufsteigen. Dahinter bemerkte sie zu ihrer Befriedigung eine große Menge Roter, die eilig die Verfolgung aufgenommen hatten.

»Blutbrenner ausschalten«, sagte sie zu Tekela. »Wenden und die Schwärmer bereit machen.«

Die *Taifun* verlangsamte und neigte sich zur Seite, als Tekela den Propeller des Steuerbordmotors umdrehte und eine Kehrtwende vollzog. Lizanne sah die *Hurrikan* und die *Wirbelsturm* ihrem Beispiel folgen. Sie positionierten sich links und rechts von ihnen, während Tekela die *Taifun* auf der Stelle schweben ließ. Lizanne ging nach vorn und betrachtete durch das blutverschmierte Fenster den rasch näherrückenden Schwarm Roter. Die Entfernung war schwer abzuschätzen, aber sie war sich ziemlich sicher, dass sie in Reichweite waren.

»Feuer erst mal nur die Hälfte ab«, sagte sie zu Tekela, die keine Zeit verlor und zwei Knöpfe des Abschussmechanismus drückte. Es war keinerlei Rückstoß zu merken, die *Taifun* stieg lediglich wegen des Gewichtsverlusts ein Stück in die Höhe, als die Schwärmer unter der Gondel hervorschossen. Die Rauchfahnen, die sie hinter sich herzogen, kreuzten einander und bildeten ein kompliziertes Muster am Himmel. Als die sie verfolgenden Roten die Gefahr erkannten, brach ihre Formation auseinander, den unvorhersehbaren Flugbahnen der Schwärmer konnten sie dennoch nicht entkommen. Mehrere Explosionen waren zu hören, und Dutzende Drachen stürzten zu Boden. Die Überlebenden wichen nach links und rechts aus, nur um in die Raketen der *Hurrikan* und der *Wirbelsturm* hineinzufliegen. Binnen weniger Sekunden war der Himmel vor der *Taifun* frei von Drachen.

»Also«, sagte Tekela. »Es hat funktioniert.«

Lizanne richtete den Blick auf die Schlacht, die unter ihnen tobte.

Sie zählte fünf Schiffe, die in Flammen standen und steuerlos auf den Wellen trieben, während auf zahlreichen anderen die Mannschaften gegen die Grünen kämpften, die auf ihren Decks abgeladen worden waren. Bisher wirkten die meisten Schiffe allerdings unbeschädigt und feuerten weiter mit Beißern und Knallfröschen auf die Roten. Das Wasser im Umkreis war mit unzähligen toten oder sterbenden Drachen übersät – ein befriedigender Anblick. Dann fiel Lizanne auf, dass während des Kampfes keines der Schiffe mehr zur Küste feuerte.

»Bring uns höher«, befahl sie.

Tekela stellte die Motoren auf einen Winkel von neunzig Grad ein und ließ die *Taifun* rasch nach oben steigen. Als die Schanze auftauchte, sah Lizanne zu ihrem Entsetzen, dass sämtliche Geschütze entlang der befestigten Anhöhe feuerten. Rauchfahnen hinter sich herziehend schlugen Geschosse in die Menge der Grünen und Verderbten ein, die den zweiten Graben angriffen. Die Armee des Weißen erinnerte an eine dunkle Flut, die in einer stürmischen Zwei-Monde-Nacht gegen eine Hafenmauer schlug. Mit jedem Anbranden stieg die Gefahr, dass die Wellen die Barriere überspülten.

»Blutbrenner wieder einschalten«, sagte sie zu Tekela. »Flieg zur Schanze.«

Sie drehte sich um und wollte Morva befehlen, mit den Blutgesegneten in den anderen Luftschiffen Kontakt aufzunehmen. Diese hatte jedoch offenbar gerade etwas entdeckt. Mit gerunzelter Stirn schaute sie nach Osten.

»Das ist ein ziemlich großes Biest«, sagte sie und hob ihren Mini-Beißer. »Den könnte ich bestimmt von hier aus erwischen.«

Lizanne trat zu ihr und sah in die Richtung, in die der Lauf des Beißers zeigte. Ein riesiger Drache flog über das Meer auf die Flotte zu. Im Dunst dahinter konnte sie die Umrisse eines Schiffes von ungewöhnlicher Bauart erkennen. Es besaß keine Schaufelräder und zog eine breite Kielwelle hinter sich her, während es auf die Küste zuhielt.

»Halt!«, sagte Lizanne und schob Morvas Mini-Beißer beiseite, sodass der Kugelstrom, der aus den Läufen drang, aufs Meer traf. Auf dem Rücken des Drachen, dessen Schuppen nicht rot, sondern schwarz waren, erkannte sie nun eine kleine Gestalt.

»Tekela!«, rief sie. »Kurswechsel!«

KAPITEL 50

Clay

Keine Möglichkeit auszuweichen, grübelte Clay, während er den Himmel voller Roter vor sich betrachtete. Je näher Lutharon der bedrängten Flotte kam, desto mehr verirrte Kugeln und Schrapnelle von explodierenden Geschossen pfiffen um sie her durch die Luft. Die Drachen schienen voll und ganz mit den Schiffen beschäftigt zu sein, aber wenn sie den Schwarzen erblickten, würde sich das bestimmt ändern. *Da werden wir uns wohl durchkämpfen müssen, Großer.*

Lutharon ließ ein tiefes Grollen hören und breitete die Schwingen weiter aus, um höher zu steigen. Wie erwartet löste sich gleich darauf ein halbes Dutzend Roter vom Schwarm und nahm die Verfolgung auf. Ihre Angriffsschreie waren selbst über die Kakophonie des Kanonenfeuers hinweg deutlich zu hören. Lutharon antwortete mit einem tiefen, hungrigen Brüllen und legte die Flügel schräg, um direkt auf den nächsten Roten zuzufliegen. Clay konzentrierte sich auf den linken Flügel der Bestie, und als diese etwa auf zwanzig Meter heran war, entfesselte er einen konzentrierten Schwall Schwarz. Der Flügelknochen des Roten brach am oberen Gelenk, worauf der Drache flatternd nach unten trudelte. Lutharon packte ihn im Vorbeifliegen mit den Klauen, durchbohrte mit einem kräftigen Hieb seine Brust und schleuderte ihn von sich.

Dann faltete der Schwarze die Schwingen und ging spiralförmig nach unten. Clay spürte einen Hitzestoß von den anderen Roten über sich. Er reckte den Hals und sah die Angreifer blitzschnell herumziehen und erneut die Verfolgung aufnehmen. Er spürte, dass Lutharon seinem Instinkt gehorchen und den Kampf mit den Roten aufnehmen wollte, drängte ihn jedoch, den Instinkt zu ignorieren und stattdessen schneller zu fliegen. *Wir haben heute Wichtigeres zu tun.*

Wie sich erwies, konnten die Roten mit Lutharons Geschwindigkeit mühelos mithalten. Da sie leichter waren als er, gelang es ihnen innerhalb kürzester Zeit, die Entfernung zwischen ihnen zu halbieren. Clay griff in den Beutel, der über seiner Schulter hing, und holte eine von Chief Bozwares Granaten hervor. Er zog den Stift heraus und drehte sich um. Mit seiner durch Grün geschärften Sicht gelang es ihm, dem vordersten Roten einen Schwall Schwarz direkt gegen den Kopf zu schicken. Die unsichtbare Kraftwelle trug die Granate mit sich. Der Drache versuchte, dem Sprengkörper auszuweichen, aber dieser flog zu schnell und traf ihn an der Schulter. In einer hässlichen Explosion aus schwarzem Rauch und rotem Blut wurde der Bestie ein Großteil ihres Oberkörpers weggerissen. Die überlebenden Roten stießen laute Wutschreie aus, als der Kadaver zu Boden fiel. Sie begannen, schnell auf und ab zu fliegen, um schlechtere Ziele abzugeben. Für die Granaten waren sie inzwischen aber ohnehin zu nah. Sie öffneten schon die Mäuler, um Flammen zu spucken, da wurden mit einem Mal die beiden vordersten von Geschossen zerrissen, die von oben kamen.

Ein Schatten fiel auf die verbliebenen Roten, die sofort auseinanderstoben – jedoch zu langsam, um dem Kugelhagel zu entgehen. Einer nach dem anderen wurde abgeschossen und stürzte in die Wellen hinab. Clay schaute zu den Luftschiffen hoch, die mit dröhnenden Motoren über ihnen vorbeiflogen. Es waren insgesamt drei. Ihre Größe und Geschwindigkeit war in der Realität noch viel beeindruckender als in der Trance. Sie kamen herab und setzten sich vor Lutharon. In der Heckluke des mittleren entdeckte Clay eine schlanke Gestalt. Sie trug eine Schutzbrille, und es war schon lange her, seit er sie das letzte Mal gesehen hatte, trotzdem erkannte er sie sofort.

Lizanne winkte ihm zu, drehte sich dann abrupt um und hob ihren Karabiner an die Schulter, als von der Seite ein kreischender Roter angeflogen kam. Es war eindeutig keine gewöhnliche Kugel, die sie in dem Karabiner hatte – einen Flammenschweif hinter sich her ziehend kollidierte das Geschoss mit dem Rumpf des Roten. Ein greller Blitz war zu sehen, und der Rote löste sich in Luft auf, bis auf ein paar Fleischbrocken, die vom Sog des Luftschiffs mitgezogen wurden.

Da färbte sich mit einem Mal der Himmel um sie herum dunkel, und Clay wurde klar, dass sie von Roten umzingelt waren. Ein Blick nach unten zeigte, dass die Schiffe nicht mehr länger angegriffen wurden. *Anscheinend hat man uns erkannt.*

Die Geschütze der drei Luftschiffe begannen gleichzeitig zu feuern und schickten Geschossströme in alle Richtungen. Clay ließ Lutharon den Kurs halten und hielt Ausschau nach Bedrohungen. Einen Roten stieß er mit einem Schwall Schwarz weg und versengte einem anderen mit Rot die Augen. Das laute, durch Mark und Bein gehende Donnern einer Stoßwelle ließ ihn zu den Luftschiffen zurückschauen. Das rechte von ihnen hatte gerade einen Motor verloren. Clay sah den verkohlten Kadaver eines Roten in einer Wolke aus zerschmetterten, rauchenden Bauteilen nach unten stürzen. Das Luftschiff geriet außer Kontrolle, drehte sich im Kreis und verlor an Höhe. Sofort stürzten sich die Roten in geballter Masse auf das angeschlagene Fluggerät. Ohne jede Rücksicht warfen sie sich von allen Seiten gegen den Ballon, wobei zahlreiche Drachen von den unablässig feuernden Geschützen des Luftschiffs erledigt wurden. Immer mehr Rote landeten jedoch auf dem Ballon und rissen mit Zähnen und Klauen daran. Andere spuckten Feuer auf die Gondel, bis diese komplett in Flammen stand. Das Luftschiff sank noch schneller nach unten. Die Spitze der Gondel neigte sich nach vorn, und das Fluggerät explodierte, bevor es auf dem Meer aufkam.

Clay riss den Blick noch rechtzeitig von dem grausigen Schauspiel los, um einen großen Roten zu bemerken, der durch eine Lücke zwischen den beiden verbliebenen Luftschiffen schlüpfte. Er breitete die Schwingen aus und streckte die Klauen nach vorn. Lutharon spuckte einen kurzen, aber intensiven Feuerstrahl aus. Die Hitze reichte, um den angreifenden Roten beiseitezuschleudern. Rauchend blieb er hinter ihnen zurück.

Lizanne tauchte erneut in der Heckluke des Luftschiffs auf und deutete drängend mit dem Finger auf ihren Kopf. Clay verstand, was sie ihm sagen wollte, und schloss die Augen. Er mühte sich, das Kreischen der Drachen auszublenden, und glitt in die blaulose Trance. Einen Moment später tauchte Lizanne in seinem Geist auf. Ihre Wirbelwinde wirkten so ungeordnet wie nie zuvor, und zu seinem Entsetzen entdeckte er einen Hauch von Panik in ihrem Blick.

Danke, dass Sie gekommen sind, sagte sie und lächelte angespannt.

Ich habe es versprochen.

Sie nickte. Die dunstigen Wirbelstürme brachen auseinander, und ihre Gedankenlandschaft verdüsterte sich. Clay wurde klar, dass er mit einer Frau sprach, die ihren baldigen Tod erwartete. *Sie formieren sich über der Küste,* sagte sie. *Bleiben Sie dicht hinter uns. Wir machen Ihnen den Weg frei. Einen Kilometer westlich von hier gibt es einen Hügel. Dort finden Sie sie.*

Clay wollte etwas erwidern, aber sie war schon fort und ließ ihn auf Nelphias Oberfläche allein zurück. Er beendete die Trance und musste im kühlen Luftstrom Tränen wegblinzeln. Als er wieder klar sehen konnte, entdeckte er mehrere Rauchspuren, die von der Unterseite der Luftschiffgondeln wegführten. *Raketen.* Eine Vielzahl kleiner, zylindrischer Objekte löste sich von den Gondeln und raste davon. Auf spiralförmigen Flugbahnen von unterschiedlicher Breite jagten die Raketen in einem konzentrierten Schwarm auf die Barriere der kreisenden Drachen zu. Ihr Aufprall erzeugte ein kurzes, aber beeindruckendes Feuerwerk, wobei jedes Aufblitzen und jedes Krachen den Tod von mindestens drei Drachen bedeutete. Als sich der Rauch lichtete, befand sich im Schwarm der Roten eine große Lücke, durch die Clay eine breite Ebene unter einem wolkenlosen blauen Himmel sehen konnte.

Die beiden Luftschiffe steuerten sofort in die Lücke hinein und kämpften mit feuernden Geschützen darum, sie offen zu halten. Clay drängte Lutharon mit aller Macht vorwärts, aber der Drache brauchte keine Ermunterung. Knurrend flog er auf die Lücke zu. Seine schiffssegelgroßen Schwingen bewegten sich schneller, als Clay je für möglich gehalten hätte. Der große Schwarze hielt den Blick auf die Ebene jenseits der Lücke gerichtet, ohne sich von dem knatternden Geschützfeuer und den kreischenden Roten um sie herum ablenken zu lassen.

Sie rechnet damit, hier zu sterben. Clay hasste dieses Wissen und sich selbst dafür, dass er nicht umkehrte und sie rettete. *Ihr Tod soll nicht umsonst sein.*

Als sie durch die Lücke hindurch waren, tauchte Lutharon steil nach unten ab und flog noch schneller. Den Hügel hatte Clay rasch entdeckt – der Weiße darauf war nicht zu übersehen. Er hatte die Schwingen ausgebreitet, den Kopf nach hinten geneigt und das Maul weit geöffnet. Selbst über das Tosen des Windes hinweg hörte Clay sein herausforderndes Brüllen.

Du erinnerst dich an mich, was? Zu seiner eigenen Überraschung umspielte ein grimmiges Lächeln seine Lippen. Er riss sich vom Anblick des Weißen los und suchte mit seinen durch Grün geschärften Augen den Hügel ab, bis er sie entdeckte: eine schlanke Gestalt neben einem Verderbten in Uniform. Als sie näher herankamen, wurden ihre Gesichtszüge klar erkennbar. Ihre rot-schwarzen Augen waren auf ihn gerichtet. Ihr Gesicht war eine Porzellanmaske von beunruhigender Schönheit.

Catheline, dachte er und glitt in die blaulose Trance. Im Geist rief er all die Bilder auf, die er sich eingeprägt hatte, all die Geschichten aus den Zeitschriften und Skandalblättern, und versuchte, Kontakt zu ihr aufzunehmen. Es kam keine Antwort. Die Trance weckte ein Gefühl in ihm, als würde er seine Hände in lauwarmes Wasser tauchen. *Hass,* fiel es ihm wieder ein. *Du weißt, was Hass ist, ebenso wie sie.*

Er beschwor seine eigenen Erinnerungen – alles, was er so lange in den dunklen Winkeln seines Geistes verborgen gehalten hatte. *Das erste Mal, als er seinen Vater seine Mutter schlagen sah … Der Kopf seines Vaters, der von der Kugel nach hinten gerissen wurde, Blut und Hirnmasse auf den Karten … Dutzende brutale Kämpfe in den Seitengassen des Blinden Viertels … Keyvines Klinge an seinem Hals … Silbernadel, die roten Schwingen, die sich auf dem Glasboden ausbreiteten … Und der Weiße. Er hasste ihn. Für alles, was die Bestie der Welt angetan hatte. Aber mehr noch für das, was er wegen ihr hatte tun müssen. Silbernadel, die von einer Kugel aus seinem Langgewehr getroffen wurde … All die braven Leute, die seither auf dem Eis und in den Schlachten ihr Leben verloren hatten … Lizanne, die ihren eigenen Tod in Kauf nahm, damit er hierhergelangen konnte.*

Der Hass brannte in seinem Inneren, erfüllte die Trance mit seiner reinen Hitze und fand sein Gegenstück in der Seele von Catheline Dewsmine.

◆ ◆ ◆

Ein Moment völliger Leere. Er spürte nichts. Nicht das Schlagen seines Herzens. Nicht die Luft auf seiner Haut. Seine Augen sahen nichts. Nur seine Gedanken überschlugen sich, während er sich voller Panik fragte, ob es so war, wenn man starb. Dann entdeckte er einen einzelnen Lichtpunkt, winzig wie ein Regentropfen, jedoch stetig größer werdend. Bald war das Licht zu einer Kugel angewachsen, die sein Blickfeld ausfüllte und ihn schließlich ganz einhüllte.

Er stand in einem Garten mit gepflegten Hecken und Blumenbeeten, die eine große Rasenfläche umgaben, in deren Mitte sich eine dreistöckige Villa erhob. Der Himmel war von düsteren Regenwolken verhangen, die Luft beinahe so kühl wie auf dem südlichen Eis. Der Garten war mit Bäumen übersät, von deren Ästen makabere Früchte herabhingen.

Leichen, erkannte Clay und schaute von einem Baum zum nächsten. Männer und Frauen, Jungen und Mädchen, Alte und Junge. Mit aufgedunsenen grauen Gesichtern und hohlen, leeren Augen hingen sie von den Bäumen herab und schaukelten in der steifen Brise.

Ich kann mich nicht erinnern, dich eingeladen zu haben.

Er drehte sich um und sah Catheline am Ufer eines Ziersees stehen. Sie war jetzt wieder menschlich, ihre Augen besaßen eine blassblaue Farbe, ihre Schönheit hingegen wirkte nahezu überirdisch. Keine menschliche Haut war jemals so strahlend, kein Haar so golden gewesen. Ihre Eitelkeit schien tief in ihr Bewusstsein hinabzureichen. Die künstliche Fassade reichte jedoch nicht, um ihre Gefühle zu verbergen. Er spürte ihre Wut über sein Eindringen wie ein elektrisches Summen in der Luft, das ihn an die Stimmung vor einem Gewitter erinnerte.

Hast du auch nicht, erwiderte er. *Und trotzdem bin ich hier.*

Du bist der eine. Ihr Mund verzog sich zu einem selbstzufriedenen, wissenden Grinsen. *Er erinnert sich an dich.*

Und ich mich an ihn.

Du hast sie umgebracht. Ihr Lächeln wurde breiter, als sie sein Unbehagen spürte. *Die, die vor mir kam. Ich sollte dir wohl dankbar sein.*

Ja, das solltest du, stimmte er ihr zu. *Ich bin hier, um dich zu befreien.*

Wirklich? Sie hob eine elegante Augenbraue in spöttischer Zerknirschtheit. *Du bist hier, um mich zu retten? Ich bitte um Entschuldigung, Sir. Ich hatte geglaubt, du seist hier, um mich zu töten. Wie dumm von mir, unsere*

Rollen in diesem Drama missverstanden zu haben. Offenbar bist du der mutige Held, der das Ungeheuer bezwingen will, und ich bin die hilflose Prinzessin. Sag mir, wie genau willst du diese große Tat vollbringen?

Clay schaute sich in dem albtraumhaften Garten mit den herabhängenden Leichen und dem sturmfinsteren Himmel um. Er bemerkte, dass die Villa ständig ihr Aussehen wechselte. Mal besaß sie schöne, weißgetünchte Mauern – ein Beispiel des klassischen Stils, wie er von der Führungsschicht bevorzugt wurde –, dann wieder war sie eine rußschwarze Ruine mit leeren Fenstern und verkohlten Dachbalken.

Nun, ich werde ganz sicher nicht an dein freundliches Wesen appellieren, antwortete er und wandte sich ihr wieder zu. *Was ist das hier für ein Ort? Dein Zuhause? Das Haus, in dem du aufgewachsen bist vielleicht?*

Das geht dich gar nichts an, du Gossenratte. Der Gedanke wurde von einem süffisanten Lächeln begleitet.

Clay beachtete sie nicht, sondern ging zu einem Baum in der Nähe. Von einem Ast hing die Leiche einer kräftig gebauten Frau in einem schmucklosen schwarzen Kleid herab. Ihr augenloses Gesicht mit den blauen Lippen wirkte selbst im Tod noch streng.

Wer ist das?, fragte Clay.

Catheline verschränkte die Arme, legte den Kopf schief und sah ihn nur schweigend an. Nachdem sie einander eine Weile lang mit Blicken gemessen hatten, zuckte sie mit den Achseln. *Miss Pendlecost*, sagte sie. *Meine Gouvernante. Sie hat mir die Finger umgedreht, wenn ich bei den Rechenaufgaben etwas falsch gemacht habe. Natürlich nur, wenn meine Eltern gerade nicht in der Nähe waren.*

Clay nickte in Richtung der Leiche. *Hast du ihr das wirklich angetan, oder wolltest du es bloß?*

Was macht das für einen Unterschied? Tot bleibt tot.

Clay ging zur nächsten Leiche, einem Mann in mittleren Jahren mit Schnauzbart, dessen Schmerbauch über seiner herabgelassenen Hose hervorragte. *Und er?*

Der Großcousin meiner Mutter, Erdwin. Er hat versucht, mich zu vögeln, als ich dreizehn war. Mit liebevollem Lächeln schaute sie zu dem Toten hoch. *Ihn habe ich tatsächlich getötet. Habe seinem Haus in Sanorah einen kurzen Besuch abgestattet, bevor ich mit dem Schiff nach Feros gefahren bin. Seltsamerweise hat er mir fast leid getan. Ein trauriger kleiner Mann, der ein trauriges kleines Leben führte und nur seine Katzen und seine sehr spezielle Bibliothek als Gesellschaft hatte. Als ich beides verbrannte, heulte er so laut, dass ich ihm das Genick gebrochen habe. Nur falls du dachtest, ich sei zu Mitleid nicht fähig.*

Clay schaute zu dem Haus am anderen Ende des großen Rasens, das ständig seine Gestalt wechselte. *Seltsam*, sagte er. *Kannst du dich nicht entscheiden, wie es aussehen soll?*

Wovon sprichst du?, fragte sie. *Das ist das Landhaus meiner Eltern ein paar Kilometer östlich von Sanorah. Ich habe einen Großteil meiner Kindheit dort verbracht.*

Du siehst es nicht, oder?, fragte er. Ihre Gedanken wirkten aufrichtig verwirrt.

Sie runzelte die Stirn, und ihre Lippen zuckten, als sie antwortete: *Was soll ich sehen?*

Du hast doch nicht etwa Angst davor?, bohrte er nach, als er ihr wachsendes Unbehagen spürte. *Gibt es da drin vielleicht etwas, an das du dich nicht erinnern willst?*

Es ist nur ein Haus. Sie zog sich das Tuch fester um die Schultern und wandte sich ab.

Dann macht es dir doch sicher nichts aus, wenn ich mich darin ein wenig umschaue.

Er kam nur ein paar Schritte weit, bevor ein Geysir aus dunkler Erde vor ihm aufspritzte. Ein Grüner mit glühenden Augen kletterte aus dem Loch. In seinem Maul loderten Flammen. *Das hier ist mein Geist*, erklärte Catheline, während sich noch mehr Grüne aus dem Rasen gruben. *Und ich will dich hier nicht haben.*

Clay zog seinen Revolver aus dem Gürtel und beschwor einige frische Erinnerungen. Der Revolver wuchs zu doppelter Größe an und bildete mehrere Läufe und eine riesige Trommel aus. Es war eine brauchbare Nachbildung eines Repetiergewehrs, nicht ganz korrekt, aber für seine Zwecke ausreichend. Er richtete das Gewehr auf einen der Grünen und drückte den Abzug. Der Drache wurde von dem Kugelstrom in blutige Fetzen gerissen. Clay ging über den Rasen und setzte das Repetiergewehr dabei wie eine Sense ein. Er schwenkte die ratternden Läufe von rechts nach links und ließ zahlreiche zerfetzte Grüne hinter sich zurück.

Tut mir leid, rief er Catheline über die Schulter zu, als er das Haus erreichte. *So schnell wirst du mich nicht los.*

Er richtete das Repetiergewehr auf die große Doppeltür des Hauses und zerschoss sie. Dann trat er ein und ließ den Revolver wieder auf seine ursprüngliche Größe schrumpfen. Wie das Äußere des Hauses wandelte sich auch das Innere ständig. Die Eingangshalle mit dem Marmorfußboden, der schönen geschwungenen Treppe und dem Kronleuchter wurde zu einer verkohlten, rußschwarzen Ruine. Auf den schachbrettartigen Fliesen im Inneren des Hauses lagen noch mehr Leichen verstreut. Der Kleidung nach zu urteilen handelte es sich um Bedienstete – Dienstmädchen und Hausdiener. Sie waren entweder den Flammen zum Opfer gefallen oder wiesen Knochenbrüche auf, die nur vom Einsatz von Schwarz herrühren konnten.

Ich war schon seit Jahren nicht mehr hier. Catheline stand in der kaputten Eingangstür und hatte die Arme fest vor der Brust verschränkt. Clay spürte ihren Widerwillen, das Haus zu betreten. Der Blick ihrer blassblauen Augen wanderte wachsam durch die Eingangshalle mit den vielen Leichen. *Meine Kindheit interessiert mich nicht mehr*, beharrte sie. *Das ist alles längst vorbei.*

Clay bemerkte, dass sie es vermied, den Flur zur Linken anzuschauen. *Was ist dort?*, fragte er und deutete mit dem Revolver darauf.

Nichts. Das Wort war nur ein Flüstern. Catheline blickte starr geradeaus. *Dort ist nichts. Dieser Flügel des Hauses wurde schon in meiner Kindheit nicht mehr bewohnt.*

Für jemand, der so viel Schlimmes angerichtet hat, bist du eine erstaunlich schlechte Lügnerin, stellte Clay fest und ging zu dem Flur.

Dort ist wirklich nichts!, rief sie und eilte ihm hinterher. *Du verschwendest deine Zeit.*

Am Ende des Flurs entdeckte er eine Tür. Er drückte die Klinke hinunter, sie war verschlossen. Rasch verwandelte er den Revolver in ein Abbild von Skaggerhills Schrotflinte und schoss das Schloss in Stücke. Dann trat er die Tür auf. Das dahinterliegende Zimmer unterschied sich vom Rest des Hauses darin, dass es sein Aussehen nicht veränderte. Hier verharrte alles dauerhaft in einem Zustand der Unordnung. Früher mochte es sich bei dem Zimmer um eine Bibliothek gehandelt haben – in einer Ecke standen die verkohlten Überreste eines Schreibtischs und in einigen Regalen befanden sich halb verbrannte Bücher. Die Zimmerecke neben dem Kamin war als Einzige unversehrt geblieben.

Dort stand auf einem schönen dalzianischen Teppich ein Sofa, und darauf befanden sich ein Mann und eine Frau. Sie waren eindeutig tot. Ihre Haut war bleich, und die Augen waren offen, aber blicklos. Sie saßen aufrecht da und hatten die Hände in den Schoß gelegt. Der Mann war um die fünfzig und trug einen maßgeschneiderten Anzug, wie ihn sich nur Führungskräfte leisten konnten. Die Frau wirkte etwas jünger und hatte ein einfaches, aber elegantes Kleid an, das zu Lebzeiten ihrer Figur geschmeichelt hätte. Ihr Haar war ein wenig dunkler als Cathelines, aber Clay bemerkte die Ähnlichkeit ihrer Gesichtszüge.

Genauso …, setzte Catheline an und betrat unsicher das Zimmer. *Genauso habe ich sie in Erinnerung …*

Sie sind tot, stellte Clay fest. *Du erinnerst dich an deine Eltern als Tote?*

Sie waren langweilige Leute. Sie lachte schrill. Ihr geweiteter Blick ruhte auf dem Gesicht ihrer Mutter. *Unfassbar langweilig.*

Clay trat näher an die Leichen heran und schaute in ihre Augen, deren Weiß von geplatzten Äderchen durchzogen war. So etwas hatte er schon einmal gesehen. *Wie hast du diesen Trick gelernt?*, fragte er und schüttelte den Kopf. *Bisher kannte ich nur einen Blutgesegneten, der dazu imstande war.*

Ich habe nichts getan, flüsterte sie. Dann nahm ihre Stimme einen anklagenden Ton an: *Du warst das. Du hast diese ganze Szenerie erschaffen.*

Nein. Clay trat von den Leichen zurück und drehte sich zu ihr um. *Das habe ich nicht. Du bist aus dem Irrenhaus ausgebrochen und hierher zurückgekehrt.*

Nein. Nein, ich …

Du hast alle Diener getötet, und dann hast du deine Eltern hierhergesetzt …

Nein …

Und hast mit Schwarz die Blutgefäße in ihrem Gehirn zugedrückt, sodass sie unter Qualen gestorben sind, aber nicht schreien konnten. Sie konnten nur da sitzen, während ihre eigene Tochter sie gefoltert hat …

NEIN!

Draußen war ein Donnerschlag zu hören, und Catheline fiel auf die Knie. Tränen strömten aus ihren fest geschlossenen Augen. *Meine Eltern haben mich geliebt*, schluchzte sie. *Sie wollten mich beschützen. Ich würde ihnen niemals weh tun, niemals …*

Clay sah, wie die Trauer sie übermannte. Ihr Gesicht war hinter ihrem Haar verborgen, während sie zitternd am Boden lag. *Das stimmt sicherlich*, sagte er und wandte sich wieder den Leichen von Mr. und Mrs. Dewsmine zu. *Sie wollten dich beschützen. Aber es gab etwas, wogegen sie machtlos waren.* Er ging neben ihr in die Hocke und sprach leise weiter: *Es ist noch nicht zu spät. Noch hast du die Chance, das Richtige zu tun. Beende diesen Krieg.*

Wieder ertönte ein Donnern. Im Zimmer wurde es dunkel, während sich draußen am Himmel die Wolken zusammenballten.

Ja, hörte er sie mit leiser, ängstlicher Stimme sagen. *Wir werden ihn beenden.*

Ein lautes Klirren ließ Clay zur Tür hinschauen. Statt aus Eichenholz bestand sie nun aus Eisen und war fest verschlossen. Eine Klinke war nicht zu sehen. Erneut ertönte ein Klirren. Er drehte sich noch gerade rechtzeitig, um mit anzuschauen, wie vor den Fenstern eiserne Läden zuschlugen. Im Zimmer herrschte nun völlige Finsternis bis auf das Feuer, das plötzlich im Kamin aufflammte. Clay wich vor dem Kamin zurück, aus dem eine Stichflamme hervorloderte und den Ärmel seines Mantels versengte. Während er die Flammen ausklopfte, fiel ihm auf, dass der Kamin jetzt wie das Maul eines riesigen Drachen aussah.

Wieder war das Donnern zu hören, diesmal viel lauter. Es dauerte an und verwandelte sich langsam in ein Knurren. Eines, das Clay schon einmal gehört hatte. Das Geräusch brachte das ganze Zimmer zum Erzittern und ließ die Bilder vom Kaminsims fallen. Catheline weinte immer noch hinter dem Schleier ihrer Haare, nur dass das Schluchzen jetzt höher klang. Als sich ihr Haar teilte, fiel der Feuerschein auf ihr lächelndes Gesicht, und ihm wurde klar, dass sie gar nicht geweint hatte.

Dachtest du etwa, ich bin hier drinnen allein?, fragte sie und erhob sich. *Dass ich das alleine getan hab?* Verächtlich deutete sie auf ihre toten Eltern. *Er war die ganze Zeit über bei mir, und es war eine wunderbare Reise.*

Seine erschrockene Miene schien sie zu freuen, und sie blinzelte mit den blassblauen Augen, die sich langsam rot-schwarz verfärbten. *Da hast du dir solch eine Mühe gemacht.* Catheline deutete auf das Zimmer, das sich in einen Würfel mit kahlen Eisenwänden verwandelt hatte. *Bist kilometerweit gereist und hast viele Kämpfe ausgefochten, nur um in einem Gefängnis zu landen.*

Clay hob rasch den Revolver und zielte auf ihre Stirn. Als er abdrückte, wich sie blitzschnell aus. Ein harter Schubser gegen seine Brust, und er prallte gegen die Eisenwand. Schmerz war in der Trance oft nur gedämpft zu spüren. Die Schilde des Geistes schützten vor dieser vorwiegend körperlichen Empfindung. Hier jedoch war es anders. Clay schrie auf, als seine Wirbelsäule an der Wand zerschmetterte. Der Revolver flog ihm aus der Hand, und er glitt zu Boden.

Es ist noch nicht zu spät, sagte Catheline und hob mitleidig die Augenbrauen, während sie neben ihm in die Hocke ging. *Noch hast du die Chance, das Richtige zu tun.* Sie hob einen Finger. *Du kannst hier hineingelangen, aber ich nicht dort hinein.* Sie drückte den Finger gegen seine Schläfe. *Lass mich rein, und du musst nicht zugucken, wie ich deine Freunde massakriere.*

Ddd … Clay hustete, zuckend vor Schmerzen. *Ddd …*

Wie bitte? Catheline rückte näher heran und legte den Kopf schief. *Ich habe dich nicht ganz verstanden.*

Clay holte tief Luft und sprach dann langsam und deutlich: *Du … kannst … mich mal.*

Catheline verdrehte die Augen. *Wie charmant.* Über die Schulter sah sie zum Kamin hinüber, der sich nun in das riesige Maul des Weißen verwandelt hatte. *Er will dich einfach nur fressen, mit Haut und Haaren. Besonders einfallsreich ist er nicht, weißt du?* Sie streckte die Hand aus, und ihre Finger wurden zu Klauen, die sie Clay tief in die Brust rammte. Er schrie erneut vor Schmerzen auf. *Aber dafür hat er ja mich …*

In diesem Moment verstummte sie, und ihr Gesicht nahm einen erschrockenen Ausdruck an. *Nein*, hauchte sie mit aufrichtiger Furcht in der Stimme. Sie zog ihre Klauen aus Clays Brust, wirbelte herum und verschwand. Allein und schwer verletzt blieb er in dem Gefängnis zurück.

KAPITEL 51

Sirus

Er ist hier! Sirus spürte Cathelines hungrigen Jubel, als sie ihm das Bild eines Mannes übermittelte, der auf dem Rücken eines schwarzen Drachen ritt. Ihre Aufregung wurde vom Weißen geteilt. Die Bestie ließ ein langgezogenes, tiefes Knurren hören, das den Erdboden erzittern ließ. Zu Sirus' Entsetzen brach gleich darauf der große Schwarm der Roten den Angriff auf die gegnerische Flotte ab, um sich stattdessen auf den Drachen mit dem Reiter zu stürzen.

»Ihre Mission ist noch nicht vollendet …«, begann er, verstummte jedoch abrupt, als sich auf einen Blick von Catheline hin sein Mund schloss.

»Ihre Mission bestimme ich, mein lieber General«, sagte sie. »Der zweite Graben steht kurz davor, überrannt zu werden. Konzentrier dich darauf.«

Sirus zog sich so weit wie möglich aus ihrem Geist zurück. Er fürchtete, seine plötzlich aufflammende Wut könnte sie gefährliche Schlussfolgerungen ziehen lassen. Stattdessen wandte er sich wieder dem Angriff auf die Gräben zu und stellte zu seiner Befriedigung fest, dass die Kämpfe sich inzwischen hinter den zweiten Graben verlagert hatten. Wieder hatten sich die menschlichen Verteidiger um die Blutgesegneten versammelt und schossen mit Gewehren auf die näher rückenden Grünen und Verderbten, die sich durch die unsichtbaren Wände aus Schwarz und die sengenden Wellen Rot hindurchzukämpfen versuchten. Er fahndete nach einer Schwachstelle, zu der er seine Reservebataillone schicken konnte, aber diesmal schienen die Verteidiger überall entlang des Grabens gleich gut aufgestellt zu sein. Dank der Blutgesegneten gelang es ihnen an manchen Stellen sogar, die Streitkräfte des Weißen zurückzudrängen.

Alles hängt von ihnen ab. Rasch suchte Sirus nach den besten Schützen seiner Armee. Er wählte etwa hundert aus und befahl den anderen Verderbten in ihrem Umkreis, sie auf ihre Schultern zu heben. Ihr Befehl war einfach: *Tötet die Blutgesegneten.*

Die erste Blutgesegnete fiel innerhalb weniger Sekunden. Ihr Kopf wurde von fünf gut gezielten Schüssen zerschmettert. Zwei weitere starben kurz danach. Sirus verlor keine Zeit, sondern schickte seine vordersten Bataillone gegen diese Stellen. Außerdem befahl er der Reserve auszurücken. Die Verteidiger bemerkten die Gefahr sofort und versammelten sich dicht um die verbliebenen Blutgesegneten, um sie mit ihren Körpern abzuschirmen, während sie sich eilig in den dritten Graben zurückzogen. Kurze Zeit später brach die Verteidigung des Gegners ganz zusammen. Die Menschen rannten zur einzigen verbliebenen Zuflucht.

Sirus ordnete eine schnelle Verfolgung an. Er hoffte, der Schwung würde ausreichen, um den dritten Graben zu überrennen. Allerdings widersetzten sich die Grünen seinen Befehlen. Der Kampf und der überwältigende Blutgeruch hatten ihren Hunger zu stark angeheizt. Gierig stürzten sie sich auf die überall herumliegenden Leichen von Menschen und Verderbten und bildeten dadurch Hindernisse. Bald schon entstand eine Lücke zwischen den fliehenden Verteidigern und den Angreifern.

Arberus, der offenbar eine günstige Gelegenheit witterte, ließ die Kanonen der Schanze tiefer zielen, und ein Sperrfeuer setzte ein. Die Angreifer befanden sich inzwischen nah genug an der Mauer, dass sie in Reichweite der Kartätschen waren. Der Regen aus den mit Metallsplittern gefüllten Eisenkugeln riss Lücken in die Bataillone der Verderbten, die durch die fressenden Grünen aufgehalten wurden. Außerdem waren sie jetzt auch in Reichweite der Repetiergeschütze auf der Schanze. Sirus spürte, wie innerhalb von zehn Sekunden mehr als zweihundert Verderbte von dem Hagel aus Geschossen und Gewehrkugeln ausgelöscht wurden.

Zum zweiten Graben zurückziehen, befahl er resigniert. *Artillerie heranholen.* Es würde schwierig und verlustreich werden, aber er konnte mit seinen eigenen Kanonen das Feuer auf den Mauern unterdrücken und den Truppen damit Deckung für den letzten Angriff geben.

Er wandte sich Catheline zu und wollte sie bitten, die Grünen zur Ordnung zu rufen. Ihr Blick war jedoch starr auf den östlichen Horizont gerichtet. Die Roten hatten über der Küste eine breite, wirbelnde Barriere geschaffen, in deren Mitte soeben ein Loch gerissen worden war. Er entdeckte zwei Luftschiffe, die mit Strömen von Gewehrkugeln darum kämpften, das Loch offen zu halten. In der Mitte zwischen ihnen befand sich ein einzelner Drache.

Der Weiße ließ ein ohrenbetäubendes Brüllen ertönen und richtete sich auf. Mit ausgebreiteten Schwingen und erhobenem Kopf stieß er einen herausfordernden Ruf aus. Sirus sah wieder zu Catheline hin, in der Hoffnung, dass sie ihm eine Erklärung für das Geschehen geben könnte. Sie wandte sich ihm zu und erstarrte dann. Das Licht in ihren Augen erlosch, und sie brach zusammen.

Schmerz schoss durch Sirus' Kopf, so heftig, dass er ins Wanken geriet. Seine Sicht verschwamm, und Verwirrung breitete sich in seinem Verstand aus. Rasend schnell zogen vor seinem geistigen Auge Erinnerungen vorbei: *Katrya … Morradin … Grüne, die die Leichen von Kindern fraßen … das brennende Feros …*

Als er wieder zu sich kam, fand er sich auf den Knien. Die Hände hielt er gegen die Schläfen gedrückt. Der Schmerz ließ langsam nach, und als er ganz verschwunden war, stellte Sirus fest, dass sich etwas verändert hatte. *Sie ist weg.* Er betrachtete Catheline, die mit leerem Blick und schlaffem Körper neben ihm lag, und konnte ihre Gedanken nicht mehr spüren. Cathelines Geist war verschwunden.

Und seine Verbindung zum Weißen war ebenfalls deutlich geschwächt. Die Verderbten spürte er noch genauso stark wie früher, die Gedanken des Weißen aber vernahm er lediglich als leisen, fernen Donnerhall. Und diese Ferne ließ einen einzelnen Gedanken in ihm aufsteigen.

Ich habe Tausende getötet.

Er betrachtete seine geschuppten Klauenhände, die genug Kraft besaßen, um einen Menschen auseinanderzureißen, was er in der Hitze der Schlacht auch getan hatte. Sein Plan war Selbsttäuschung, das begriff er jetzt. Eine hoffnungslose Lüge, an die er sich klammerte, um überhaupt bei Verstand zu bleiben. Den Krieg gewinnen und dann die Loyalität der Verderbten ihm gegenüber nutzen, um sich aus der Versklavung durch den Weißen zu befreien. *Wir sind seine Geschöpfe. Und daran wird sich auch nichts ändern.* Ihm kam der Gedanke, dass Catheline womöglich die ganze Zeit über Bescheid gewusst, ihm aber seine Illusionen gelassen hatte. Schließlich machten sie ihn äußerst nützlich. Der Bund mit Morradin, ihre Verschwörung, durch den Sieg die Freiheit zu erringen – auch das nur ein Glied seiner unsichtbaren Sklavenkette.

»Du wusstest es«, sagte er und betrachtete Cathelines vollkommenes, regloses Gesicht. »Nicht wahr? Die ganze Zeit über. Die Zuneigung, mit der du mich überschüttet hast. Das Spiel hat dir sicher Spaß gemacht.«

Wut. Eine weitere Lektion, die er von Morradin gelernt hatte. Mit Wut ließen sich Gedanken genauso gut tarnen wie mit Furcht. Er ließ die Wut zur Raserei werden und fütterte sie mit den zahllosen grausigen Bildern in seinem Kopf. In der Hitze dieser Wut schrumpfte die Verbindung zum Weißen immer mehr zusammen. Zwar brach sie nicht ganz ab, aber für einen kurzen Augenblick war sie kaum mehr als ein dünner Faden. Die Macht des Weißen wurde so weit von ihm genommen, dass sein eigener Wille sich wieder durchsetzen konnte.

Er beeilte sich, auf die Beine zu kommen. Womöglich gewann der Weiße jeden Moment die Kontrolle über ihn zurück. Rasch zog er seinen Revolver, entsicherte ihn und richtete ihn auf Cathelines Stirn. Gerade wollte er den Abzug drücken, als vor ihm etwas auftauchte. Es sah aus wie eine im Licht glänzende Speerspitze, von der Blut tropfte.

Über ihm ertönte ein leises Zischen, und er schaute hoch in die Augen des Weißen. Sirus wollte etwas sagen, wenngleich kein menschliches Ohr es jemals hören würde. Doch dann setzte der Schmerz ein, und er schrie stattdessen. Blinzelnd zog der Weiße seinen Schwanzdorn aus Sirus' Körper. Immer noch schreiend stürzte Sirus zu Boden. Blut strömte warm aus ihm heraus, und eine Kälte senkte sich auf ihn herab, die den Schmerz betäubte.

»Nein.«

Er schaute hoch und sah Catheline, die sich über ihn beugte. Sie war jetzt wieder hellwach, und Tränen glänzten in ihren nichtmenschlichen Augen. »Mein lieber General«, sagte sie, nahm sein Gesicht in die Hände und küsste ihn. »Wir hatten noch so viel vor. Wenn dieser Mistkerl mich nicht in die Trance gelockt hätte …«

»Du …« Beim Sprechen spritzte Blut aus seinem Mund in ihr Gesicht, aber sie schien es kaum zu merken. »Du … wusstest es.«

»Dein Geist war einzigartig«, sagte sie, und Tränen liefen über ihre Lippen, die zu einem liebevollen Lächeln verzogen waren. »Viel zu aufgeweckt und interessant, um ihn zu verschwenden. Ganz gleich, was du dir in den nächsten Jahren für Intrigen ausgedacht hättest. Ich habe mich darauf gefreut.«

Sie unterdrückte ein Schluchzen und sah zum Weißen hoch. Zum ersten Mal lagen weder Ehrfurcht noch Anbetung in ihrem Blick, sondern nur bitterer Vorwurf. »Das war nicht nötig«, flüsterte sie. »Ich habe den Geist der verfluchten Gossenratte eingesperrt. Die ist erledigt. Du hättest das nicht tun müssen …«

Der Weiße schlug mit dem Schwanz und bespritzte sie mit Sirus' Blut. Er stieß ein ungeduldiges Knurren aus. Cathelines Augen schlossen sich, und sie zitterte vor Schmerz. Offenbar bestrafte der Weiße sie. Als es vorbei war, keuchte sie auf und musste sich kurz sammeln, ehe sie wieder Sirus ansah. Die rote Glut ihrer Augen war von Trauer getrübt.

»Ich werde dich vermissen, verehrter General«, sagte sie, drückte ihm noch einen Kuss auf die Lippen und erhob sich. Staub wurde aufgewirbelt, und Sirus spürte einen starken Luftzug. Dann sah er den Weißen in den Himmel aufsteigen, mit Catheline auf dem Rücken. Als sie außer Sicht waren, starrte Sirus zum leeren blauen Himmel hoch. Er nahm wahr, wie die Schlacht weitertobte. Die Verderbten wurden vom Weißen zu einem neuen Angriff gezwungen. Und mit einem Auflodern von Schuldgefühl wurde Sirus bewusst, dass er es vermissen würde, General zu sein.

Ein neugieriges Krächzen ließ ihn mühsam den Kopf drehen. Er schaute direkt in die Augen eines jungen Weißen, der sich mit der Zunge über die gefletschten Zähne leckte. Das Jungtier krächzte erneut und hüpfte näher heran.

KAPITEL 52

Lizanne

Die *Hurrikan* explodierte ohne Vorwarnung auf dem Rückweg zur Schanze. Die Roten waren schon minutenlang nicht mehr in die Nähe des Luftschiffs gekommen. Unvermutet loderten an der Rückseite des Ballons Flammen auf, und mit lautem Donnern flog das ganze Fluggerät auseinander. Brennende Bruchstücke regneten ins Meer hinab.

»Wahrscheinlich hat ein Roter einen kleinen Brand verursacht«, vermutete Morva, die mit grimmiger Miene die untergehenden Trümmer betrachtete. »Und es hat eine Weile gedauert, bis er sich ausgebreitet hat.«

Lizanne riss sich von dem Anblick los und ging zur Heckluke. Soeben kam die Schanze in Sicht. Ein prüfender Blick auf das Schlachtfeld brachte unliebsame Erkenntnisse. Der zweite Graben war gefallen, und Grüne und Verderbte formierten sich gerade zu einem neuen Angriff auf den dritten. Ein Hagel aus Beißer- und Knallfroschfeuer schlug ihnen entgegen, und auf der Fläche zwischen zweitem und drittem Graben stapelten sich die Toten. Lizanne fiel auf, dass sich die Streitkräfte des Weißen weniger koordiniert bewegten. Von der Disziplin und dem taktischen Geschick der früheren Angriffe war nichts mehr zu sehen. Stattdessen stürmten die Angreifer nun direkt auf die menschlichen

Verteidiger zu, ganz gleich, welchem Beschuss sie ausgesetzt waren. Die wachsende Zahl der gegnerischen Verluste stimmte Lizanne dennoch nur kurz optimistisch – ein Blick nach Westen zeigte, dass sich auf der Ebene bereits beträchtliche Verstärkung sammelte.

Inzwischen haben wir sicher gut die Hälfte von ihnen getötet. Aber sie haben noch jede Menge Kanonenfutter übrig. Wir dagegen nicht.

Auf ihren Befehl hin verschossen die Kanoniere der *Taifun* bei ihrem Flug über das Schlachtfeld die verbliebene Munition und zielten dabei vor allem auf die in den Kampf eilende Verstärkung. Vielleicht konnten sie den Verteidigern damit eine kleine Atempause verschaffen. Als sie die Mauern der Schanze hinter sich gelassen hatten, bremste Tekela ab und drehte das Luftschiff zur Landung.

»Er fliegt«, sagte sie und deutete auf das Vorderfenster.

Lizanne trat zu ihr und sah den Weißen von dem Hügel aufsteigen, wo er während des Kampfes die meiste Zeit über gehockt hatte. Am Himmel beschrieb der große Schwarze einen Kreis über der Ebene. Lizanne spritzte sich rasch etwas Blau und glitt in die Trance. Sie erhielt jedoch keinen Kontakt zu Clay und brach die Trance gleich wieder ab. *Was hast du vor?*, dachte sie. Der Schwarze zog beinahe träge herum – offenbar hatte er den Weißen, der sich mit kräftigen Flügelschlägen in die Luft erhob, noch nicht bemerkt.

»Bring uns runter«, sagte sie zu Tekela. »Wir müssen Munition nachladen.«

Nachdem sie aufgesetzt hatten, befahl sie, das Luftschiff mit frischen Schwärmern zu bestücken, und machte sich auf die Suche nach Arberus. Er dirigierte gerade das Kanonenfeuer am Westende der Mauern, um das Vorrücken der Verderbten an der äußeren Grabenlinie aufzuhalten. Die Kanonen erzielten mit jedem Schuss zahlreiche Treffer, die Menge der Verderbten war kaum zu verfehlen. Dennoch stürmten die Gegner unbeirrt weiter. Wieder fiel Lizanne auf, wie unkoordiniert der Angriff wirkte. Die Verderbten schienen nur noch von dem Gedanken besessen, sich auf die menschlichen Verteidiger zu stürzen.

»Kannst du sie aufhalten?«, fragte sie und trat zu Arberus.

Die grimmige Resignation in seinem Gesicht genügte als Antwort. »Als die Schiffe ihr Bombardement wiederaufgenommen haben, dachte ich, wir hätten eine Chance«, sagte er und nickte zum Meer hin. »Aber jetzt …«

Lizanne drehte sich um und sah, dass die Roten erneut die Flotte angriffen. Sie waren nicht mehr so zahlreich wie beim ersten Angriff, aber die vielen brennenden Schiffe bewiesen, dass sie immer noch genügend Schäden anrichten konnten.

»Kannst du irgendetwas tun?«, fragte sie. Sie wussten beide, dass eine Evakuierung ausgeschlossen war. Sie saßen an diesem Ort fest.

»Ich kann unsere restlichen Streitkräfte in die Schanze holen«, sagte er. »Der Gegner scheint jede vernünftige Taktik aufgegeben zu haben. Vielleicht können wir dadurch etwas Zeit schinden.«

Lizanne schaute zum Himmel über der Ebene hoch, wo der Weiße auf den langsam kreisenden Schwarzen zuflog. *Zumindest weiß ich, wohin er unterwegs ist.* »Dann mach das«, sagte sie und rannte zurück zum Hof. Beim Anblick der abhebenden *Glühwurm* blieb sie jedoch abrupt stehen. Das kleine Luftschiff trieb auf die Mauern zu, beschleunigte und flog davon. Verblüfft schaute sie ihm hinterher und stellte schnell fest, dass es auf den Hügel zuhielt, wo der Weiße gesessen hatte. Als sie den Blick senkte, sah sie Morva im Hof stehen und hilflos die Schultern zucken.

»Sie ist abgeflogen, bevor ich sie aufhalten konnte!«, rief sie Lizanne zu.

Tekela! Lizanne schaute der *Glühwurm* hinterher, die unbeirrt auf den Hügel zusteuerte. *Sie ist losgeflogen, um ihr Versprechen einzulösen.*

»Geh an Bord!«, schrie sie, rannte zur *Taifun* und kletterte in die Gondel. Sie schwang sich in den Pilotensitz, startete die Motoren und zog die Hebel zurück, um sie zu Boden zu richten.

»Wir haben erst die Hälfte der Schwärmer eingeladen«, protestierte Morva, während sie abhoben. »Und die Kanoniere sind noch nicht an Bord.«

»Keine Zeit«, sagte Lizanne. »Halt dich am Zündrohr bereit.«

Sie brachte die *Taifun* bis auf hundert Meter Höhe und richtete den Bug auf die inzwischen ferne Silhouette der *Glühwurm* aus. Dann befahl sie Morva, den Blutbrenner zu zünden. Die *Taifun* machte einen Satz nach vorn, und Lizanne gab Vollgas. Rasend schnell glitt der Boden unter ihnen vorbei. Sie hatten etwa die Hälfte der Strecke bis zu dem anderen Luftschiff zurückgelegt, als sie drei Rote darauf zusteuern sahen. Lizanne schaute aus dem Backbordfenster: Der Weiße flog in die entgegengesetzte Richtung. Etwas weiter entfernt entdeckte sie auch den Schwarzen, der endlich auf die Gefahr reagierte und auf den Weißen zuhielt.

Du hast deine Entscheidung getroffen, sagte sie sich und wandte sich wieder der *Glühwurm* zu. Claydon Torcreek konnte sie nicht mehr helfen, aber Tekela war noch zu retten.

Inzwischen waren die drei Roten nur noch knapp fünfzig Meter von der *Glühwurm* entfernt. Tekela hatte sie offenbar bemerkt und vollzog eine scharfe Wende mit dem Luftschiff. Die Drachen folgten ihr und flogen dabei direkt vor der *Taifun* vorbei. Dank ihrer Geschwindigkeit kamen sie schnell näher, sodass Lizanne ihr Glück mit den Vordergeschützen versuchen konnte. Die beiden ersten Drachen durchquerten den Kugelstrom unverletzt, aber zu ihrer Befriedigung trudelte der dritte blutend nach unten.

»Festhalten!«, rief sie und drückte den Knopf, der den Blutbrenner ausschaltete. Dann kehrte sie den Winkel des Backbordmotors um. Für solch scharfe Manöver war die *Taifun* eindeutig nicht ausgelegt. Die Motoren heulten protestierend auf, und das Luftschiff erzitterte, als es herumschwenkte. Gleich darauf tauchten die Roten jedoch wieder in Lizannes Blickfeld auf. Sie blies den zweiten mit einer konzentrierten Salve vom Himmel. Dann passte sie den Winkel des Fluggeräts an, um den dritten unter Beschuss zu nehmen. Er war deutlich größer als ein durchschnittlicher Roter und bildete daher ein einfaches Ziel. Als die *Taifun* wieder ruhig flog, drückte Lizanne den Feuerknopf. Nichts passierte.

»Wir haben es nicht mehr geschafft, die Geschütze nachzuladen«, rief Morva zur Erklärung.

Lizanne stieß einige erlesene Schimpfwörter aus, stellte den Backbordmotor wieder senkrecht und gab Gas. Sie zog den Hauptsteuerknüppel nach hinten, und die *Taifun* beschleunigte. Dann lenkte sie das Luftschiff nach links, damit Morva mit ihrem Mini-Beißer auf den Roten feuern konnte. Dieser erwies sich jedoch als weitaus schlauer als die meisten anderen Drachen. Er faltete die Schwingen und tauchte unter der *Taifun* ab. Der Kugelstrom verfehlte ihn um wenige Zentimeter.

Morva feuerte weiter und verfolgte ihn, während er unter ihnen hindurchflog. Mit einem Mal drehte sich die Bestie jedoch auf den Rücken und stieß ihre Klauen in den Rumpf des Luftschiffs. Morva schrie überrascht auf. Durch den Aufprall fiel ihr der Mini-Beißer aus der Hand und rutschte durch die Luke nach draußen. Beinahe wäre auch Morva selbst ihm gefolgt. Sie konnte sich noch gerade so an den Griffen festhalten. Ihre Beine hingen in der Luft, und sie stieß erneut einen Schrei aus, als das Äußere der Gondel in Flammen gehüllt wurde.

Lizanne spritzte sich etwas Schwarz und zog Morva damit in die Gondel hinein. Sie stellte die Steuerung auf Autopilot und sprang aus dem Pilotensessel. Mit einem weiteren Schwall Schwarz erstickte sie die Flammen, die an Morvas Beinen emporleckten. Es gelang ihr noch gerade rechtzeitig, das Mädchen vom Gondelboden hochzuheben, bevor die Klauen des Roten durch das dünne Gehäuse stachen. Metall kreischte, und der Rote riss einen Schlitz in den Rumpf. Lizanne schaute nach unten, direkt in die Augen der Bestie. Zu ihrem Entsetzen erkannte sie, dass sie ihr schon einmal begegnet war. An einem Auge waren die Schuppen von einer großen Narbe verunziert, wo sie den Drachen einst mit einem Explosivgeschoss getroffen hatte. Die Augen des Roten verengten sich – offenbar hatte er sie ebenfalls erkannt. Dann verdoppelte er seine Anstrengungen, den Rumpf aufzureißen. Schließlich schaffte er es, seine Schnauze durch den Riss zu stecken. Weit sperrte er das Maul auf. Lizanne warf Morva zum hinteren Ende der Gondel und schaute sich nach ihrem Raucher um. Mit Hilfe von Schwarz zog sie die Waffe zu sich heran.

Sie entfesselte ihr letztes verbliebenes Rot und versengte dem Drachen damit die Augen. Gleichzeitig stieß sie ihm den Lauf der Waffe tief ins Maul und zündete die Rotkugel. Bei der Detonation traf die Kugel offenbar auf die brennbaren Gase aus den Eingeweiden der Bestie. Die Explosion schleuderte Lizanne nach oben gegen die Decke der Gondel. Roter Dunst breitete sich im Gondelinneren aus. Lizanne kam neben dem Riss hart auf dem Boden auf. Die Klauen des Roten rutschten ab, und er taumelte ohne Kopf nach unten zur Erde.

Lizanne rang nach Luft. Sie spürte, wie sie bewusstlos wurde, und drückte rasch den zweiten Knopf der Spinne, um ihre Adern mit dem restlichen Grün zu fluten. Immer noch leicht benommen kam sie auf die Beine und sprang ungeschickt über das gähnende Loch im Boden der Gondel, um nach Morva zu sehen. Sie war ohnmächtig, atmete aber noch. Die Brandverletzungen, die durch die verkohlten Löcher in Morvas Overall zu sehen waren, wirkten schlimm, waren aber nicht lebensbedrohlich. *Vielleicht wird sie sogar wieder laufen können.* Verbittert tadelte Lizanne sich selbst. Tekela zu folgen, ohne genügend Munition nachzuladen, war ein Fehler gewesen. Sie hatte sich von ihren Gefühlen leiten lassen. Und das durfte sie sich in ihrer gegenwärtigen Situation keinesfalls erlauben. Sie drehte Morva auf die Seite und benutzte die Spinne am Handgelenk des Mädchens, um ihr eine volle Dosis Grün zu spritzen.

Dann kämpfte sie sich zum Pilotensitz vor, übernahm wieder die Steuerung und schaltete die Motoren ab. Beide rauchten, waren aber funktionsfähig, wenngleich sich nicht absehen ließ, wie lange noch. Die *Glühwurm* war nun einige hundert Meter entfernt und hatte den Hügel fast erreicht. Im Süden sah Lizanne den Schwarzen und den Weißen feuerspeiend aufeinandertreffen. Ein gewaltiger Flammenball hüllte die beiden ein.

Lizanne steuerte die *Taifun* darauf zu und gab erneut Gas.

KAPITEL 53

Hilemore

Der Revolver ruckte in seiner Faust und schickte eine Kugel in den Kopf des angreifenden Grünen. Die Bestie starb jedoch nicht, sondern stürzte nur zur Seite und kroch weiter auf ihn zu. Ihre Klauen kratzten über die Deckplanken, bis Steelfine vortrat und eine Feueraxt auf den Hals des Grünen niedersausen ließ. Der Schlag war so kraftvoll, dass der Kopf des Drachen vom Körper getrennt wurde. Der Insulaner sprang vor der Blutfontäne zurück, die aus dem Halsstumpf spritzte, und wischte sich mit schmerzverzerrtem Gesicht Hände und Nacken ab.

Ein herausforderndes Zischen ertönte, und Hilemore entdeckte links von sich einen weiteren Grünen, der vom Achterdeck herangestürmt kam. Hilemore hob den Revolver und drückte mehrmals den Abzug, doch der Hahn klickte nur trocken. Die Trommel war leer. In diesem Moment peitschte von rechts eine Kugelsalve herüber, die den Drachen an Vorderbeinen und Schultern traf und ihn zu Boden gehen ließ. Loriabeth schob sich an Hilemore vorbei, drückte den Grünen mit dem Stiefel zu Boden und schoss ihm die letzte Kugel in den Kopf.

Vom Heck war ein Jubelruf zu hören. Leutnant Sigoral warf mit Hilfe von Schwarz die Kadaver zweier weiterer Grüner ins Meer, und seine corvantinischen Schiffsgenossen reckten freudig die Waffen.

»Das waren dann wohl die Letzten, Kapitän«, sagte Loriabeth und lud ihre Revolver nach. Die Decks und oberen Aufbauten der *Überlegenheit* waren rot von Blut. Das meiste stammte von den Drachen, aber auch die Mannschaft hatte Verluste einstecken müssen. Drei von Oberst Kulvetchs Soldaten waren beim ersten Angriff der Roten von Feuer verbrannt worden, und die auf dem Deck landenden Grünen hatten einen Kanonier getötet. Die zahllosen Roten, die am Himmel kreisten, ließen zudem vermuten, dass der Kampf noch nicht vorbei war.

»Mr. Steelfine«, sagte Hilemore.

Steelfine, der gerade seine Blutverbrennungen mit Wasser aus einer Feldflasche abwusch, hielt inne und nahm Haltung an. »Sir?«

»Bringen Sie alle Verwundeten unter Deck und sammeln Sie die Schützen. Lassen Sie zusätzliche Munition für die Kanonen nach oben bringen. Ich bin auf der Brücke.«

»Jawohl, Sir.«

Loriabeth folgte Hilemore zum Brückenhaus. Unterwegs trafen sie auf Skaggerhill, der zusammen mit zwei anderen Schützen vorsichtig einen toten Grünen über die Reling des Laufstegs bugsierte. »Egal, wie das hier enden mag, Kapitän«, knurrte der Erntemeister angestrengt, »mit dem vielen Produkt auf dem Schiff sind Sie auf jeden Fall ein reicher Mann.«

»Sämtliche Gewinne werden gerecht unter allen aufgeteilt, Mr. Skaggerhill«, versicherte ihm Hilemore, zog sein Fernrohr aus und richtete es auf die Küste. Sie waren nur zwei Meilen davon entfernt, aber der Rauch der vielen brennenden Schiffe machte es schwierig, den Fortgang der Schlacht zu verfolgen. Zahlreiche Blitze deuteten auf ein Artillerie-Sperrfeuer hin. Und selbst aus dieser Entfernung waren die Schreie Tausender Kämpfer zu hören. Wer jedoch in der Schlacht die Oberhand hatte, ließ sich unmöglich sagen.

»Drachen voraus, Sir!«, rief in diesem Moment Talmant. Hilemore entdeckte sie gleich – eine Gruppe aus einem Dutzend oder mehr Roten, die aus einer Rauchwolke hervorkamen und tief über den Wellen auf den Bug der *Überlegenheit* zuflogen.

»Hart Steuerbord!«, bellte er, und Scrimshine drehte gehorsam am Steuerrad. Das vordere Drehgeschütz feuerte, während das Schiff wendete, und holte den ersten Roten mit einer gut gezielten Kartätsche vom Himmel. Die verbliebenen Drachen teilten sich in zwei Gruppen und schwärmten aus, um die *Überlegenheit* von zwei Seiten anzugreifen. Hilemore sah, wie einem Drachen, der sich dem Bug backbordseits näherte, der Kopf nach hinten gerissen wurde. Eine gewaltige Wasserfontäne spritzte auf, als die Bestie ins Meer stürzte.

»Ein weiterer Treffer für Prediger, würde ich sagen«, brummte Skaggerhill. Er legte Kugeln in seine Schrotflinte ein und ließ den Verschluss zuschnappen. Dann trat er an die Luke. Loriabeth bezog an der gegenüberliegenden Luke Stellung, gerade als die Schützen auf den oberen Aufbauten zu feuern begannen. Die Taktik, auf die Flügel zu zielen, machte sich bezahlt. Zwei Drachen stürzten mit zerfetzten Schwingen ab, bevor sie nahe genug ans Schiff herankommen konnten, um Feuer zu spucken. Die Kanonen auf beiden Seiten holten drei weitere vom Himmel, sodass nur noch vier die *Überlegenheit* erreichten.

Hilemore sah die Mannschaft des Drehgeschützes in Deckung rennen, als ein Roter mit schlagenden Flügeln über dem Vorderdeck zum Stehen kam und Feuer spuckte. Ein Matrose ging brennend über Bord. Dann schoss etwas Dunkles auf die Brust des Drachen zu und explodierte. Hilemore sah Kriz inmitten der rauchenden Trümmer an Deck kauern. Sie hielt eine zweite Granate wurfbereit in der Hand. Der Drache war jedoch eindeutig tot. Er lag quer über dem Bug, und aus seiner aufgerissenen Brust strömte Blut. Kriz schob den Kadaver von Bord, schaute dann nach oben und sprang zur Seite. In diesem Moment ging vor den Brückenhausfenstern eine Feuerwand nieder. Glas zerbrach, und Flammen loderten herein. Hustend vom Rauch warf sich Hilemore zu Boden. Er hörte den doppelten Knall von Skaggerhills Schrotflinte, gefolgt von lautem, schmerzerfülltem Fluchen.

Hilemore wedelte den Rauch beiseite und kam auf die Beine. Er sah Scrimshine die Flammen an Talmants brennendem Waffenrock ausklopfen. »Machen Sie Platz«, befahl Hilemore, griff sich einen vollen Wassereimer und überschüttete den Leutnant damit. »Gehen Sie zurück ans Steuerrad!«

Hilemore drehte sich um. Loriabeth warf gerade ihren Ledermantel über Skaggerhills breiten Oberkörper und drückte ihn nach unten. Rauch stieg darunter auf. Der Geruch von verbranntem Fleisch verursachte Hilemore Übelkeit. Das Gesicht des Erntemeisters war weitgehend unversehrt, aber als Loriabeth den Mantel hochhob, wurde sichtbar, dass seine Brust an den Stellen, die nicht von grünem Leder bedeckt waren, bis auf die Knochen verbrannt war. Die Brandwunde zog sich in einer hässlichen Linie vom Hals bis zum Bauch. Von dem verkohlten Fleisch stieg Rauch auf, und Blut sickerte daraus hervor.

»Hab ... das Mistvieh ... erwischt«, krächzte Skaggerhill mit schmerzverzerrter Stimme. Er wedelte ruckartig mit der Schrotflinte, die er noch in der Hand hielt. Hilemore betrachtete den Kopf des Roten, der durch die Luke hereinhing und jede Menge Blut aufs Deck verströmte. Der Körper der Bestie lag auf dem Dach des Brückenhauses.

»Schaffen Sie das Ding von Bord«, rief Hilemore den Schützen zu, die sofort loseilten, um seinen Befehl auszuführen. Dann gab er zwei Soldaten der Südmeerflotte Anweisungen, Skaggerhill unter Deck zu bringen und ihm eine Dosis Grün zu verabreichen. Er wollte Loriabeth schon vorschlagen, Skaggerhill zu begleiten und sich um ihn zu kümmern, ihr trauriger, wütender Gesichtsausdruck ließ ihn jedoch verstummen.

Er ging auf den Laufsteg hinaus und blieb abrupt stehen, als er über der Reling eine Leiche hängen sah. Predigers großgewachsene Gestalt war wie ein Bogen gekrümmt. Sein Hilemore zugewandtes Gesicht wirkte im Tod genauso ausdruckslos wie zu Lebzeiten. Am Körper des Schützen waren keinerlei Brandverletzungen zu erkennen. Das Blut, das in einem dicken Strom aus einer Wunde an seinem Oberkörper lief, deutete jedoch darauf hin, dass er einem Schwanzhieb zum Opfer gefallen war.

»Prediger.«

Hilemore drehte sich um und sah Braddon Torcreek vom Hauptmast heruntersteigen. Gemeinsam hoben sie die Leiche des Scharfschützen von der Reling und legten sie auf den Laufsteg. »Die Bestie hatte es eigentlich auf mich abgesehen«, sagte Torcreek, ging neben Prediger in die Hocke und schaute in seine leeren Augen. »Er hat sich vor mich gestellt ...« Er schüttelte den Kopf und legte eine Hand auf die blutige Brust des Schützen. »Der verrückte alte Mistkerl. Er wollte wohl wirklich, dass sie wahr wird.«

»Dass was wahr wird?«, fragte Hilemore.

»Die Geschichte von den Sieben Büßern«, sagte Braddon. »Der Seher hat geschrieben, dass bei Anbruch der Mühsal die Gläubigsten als Erste sterben werden.« Sein Blick ging zu Predigers Langgewehr, das in der Nähe auf dem Laufsteg lag. »Wenn Sie mich entschuldigen würden, Kapitän«, sagte er, griff sich die Waffe und zog den Hebel zurück, um eine Kugel einzulegen. Er hing sich das Gewehr über die Schulter und schickte sich dann an, die Leiter am Hauptmast hochzuklettern. »Ich habe da oben zu tun.«

Hilemore musterte noch einmal Predigers Leiche und stieg dann zum Hauptdeck hinunter, um sich einen Lagebericht geben zu lassen. Die Roten waren allesamt tot und die von ihnen verursachten Feuer gelöscht. Allerdings hatte der Angriff neben Prediger noch fünf weitere Mannschaftsmitglieder das Leben gekostet. Sechs Tote und zwei Verwundete, Skaggerhill mit eingerechnet. Immerhin befand sich die *Überlegenheit* nun nah genug an der Küste, dass Hilemore sich einen Überblick über den Verlauf der Schlacht verschaffen konnte. Entlang der Schanze feuerten Kanonen und Repetiergeschütze und gaben einer großen Zahl Verteidiger Deckung, die sich durch das Haupttor nahe am Strand zurückzogen. Die Gräben schienen inzwischen gänzlich in der Hand der gegnerischen Armee zu sein. Trotz des heftigen Feuers von den Mauern rückten Grüne und Verderbte weiter vor. An manchen Stellen waren sie nur noch wenige Meter von den sich zurückziehenden Menschen entfernt. Hier und da leistete die Nachhut tapfer Gegenwehr. *Blutgesegnete.* Hilemore sah, wie Grüne und Verderbte durch die Luft geschleudert oder von Hitzewellen verbrannt wurden, wenn sie die letzten Bastionen des Widerstands angriffen. Es war jedoch offensichtlich, dass diese trotz ihres mutigen Kampfes bald überrannt werden würden. Gegen die zahlenmäßige Überlegenheit des Gegners konnten sie nicht bestehen.

»Ein Schiff nähert sich von Steuerbord, Sir«, meldete Talmant.

Hilemore schaute nach Norden und sah im Rauch einen vertrauten Umriss auftauchen. Die *Gute Gelegenheit* kam mit schnell drehenden Schaufelrädern angefahren. Ihre Signallampe übermittelte im Standard-Protektoratscode eine Nachricht. »Achtern folgen«, las Hilemore. Der Urheber der Botschaft war unschwer erkennbar. »Küste unter Beschuss nehmen. Am Ende der Kampfhandlungen vor dem Kriegsgericht antreten.«

»Seine Laune hat sich also in der Zwischenzeit nicht gebessert«, murmelte Hilemore und kehrte auf die Brücke zurück. »Meldung an den Maschinenraum: Hilfsmotor volle Kraft voraus. Mr. Scrimshine, folgen Sie diesem Schiff.«

Unter Scrimshines geschickter Steuerung bezog die *Überlegenheit* etwa zwanzig Meter achtern von der *Gelegenheit* Position. Hilemore stieg zum Deck hinunter und befahl, alle Kanonen von der Backbordreling nach Steuerbord zu bringen. Er schob gerade mit Steelfine eine der Kanonen in Stellung, als auf der *Gelegenheit* die Repetiergeschütze feuerten. Die Roten hatten ihr Näherkommen offenbar bemerkt und wollten es verhindern. In einem dichten Schwarm flogen sie auf die *Gelegenheit* zu. Die Repetiergeschütze des Schiffes entfesselten einen konzentrierten Kugelhagel und bliesen einen Drachen nach dem anderen vom Himmel.

»Sprenggeschosse laden!«, befahl Hilemore den Kanonieren und riss sich vom Anblick des Schauspiels am Himmel los. Ihre Mission war es, die Armee an Land zu retten, und die *Gelegenheit* erkaufte ihnen die dafür nötige Zeit. »Zünder auf Luftexplosion stellen.«

Er sah zur Schanze hinüber. Die Nachhut brach soeben unter der Überzahl der Gegner zusammen. Die Verteidiger strömten auf das Tor zu, das sich bereits schloss. »Auf den Fuß der Anhöhe zielen«, sagte er zu den Kanonieren. Er schaute sich um, alle Kanonen waren geladen und schussbereit. »Feuer frei!«

Die Geschütze feuerten nahezu gleichzeitig – alle acht Kanonen an der Steuerbordreling und das vordere Drehgeschütz. Sie waren nah genug an der Küste, dass Hilemore auch ohne Fernrohr erkennen konnte, wo die Geschosse niedergingen. Die meisten waren gut gezielt und explodierten in einer Kette entlang des steilen unteren Abhangs. Der tödliche Regen prasselte auf die Verderbten und Grünen nieder, die jetzt auf das Tor der Schanze zustürmten. Die Wirkung zeigte sich sofort. Die Armee des Weißen war so dicht gedrängt, dass der ersten Breitseite mindestens hundert Gegner zum Opfer fielen.

»Weiterfeuern!«, rief Hilemore. »Legt euch ins Zeug, Jungs!«

Ein lautes Kreischen auf dem Vorderdeck zog seinen Blick an. Er sah Kriz eine Granate zwischen drei angreifende Rote werfen. Zwei wurden sofort getötet, der Dritte landete im Bug und schaffte es noch, ein paar Flammen zu spucken, bevor Kriz ihm mit Schwarz das Genick brach. Hilemore sah zur *Gelegenheit* hinüber. Zu seiner Bestürzung war das Schiff komplett von Drachen belagert. Sie hielten sich an der Reling und den oberen Aufbauten fest, schnappten nach der Mannschaft und spuckten Feuer in die Luken. Ein Großteil des Schiffes stand bereits in Flammen, und nun ertönte im Inneren des Rumpfes ein lauter Knall. Eine hohe schwarze Rauchsäule schoss aus einem der Schornsteine, und das Schiff begann abzutreiben.

Hilemores erster Gedanke war es, dem Vordergeschütz zu befehlen, die *Gelegenheit* mit Kartätschen einzudecken, aber er hielt sich zurück. *Das ist nicht meine Mission,* sagte er sich. Mit zusammengebissenen Zähnen wandte er den Blick ab und sah wieder zur Küste hin. Im Vorbeifahren an der Schanze feuerte die *Überlegenheit* noch drei weitere Breitseiten ab, von denen jede mehr Drachen und Verderbte niederzumähen schien als die vorhergehende. Sie stapelten sich vor den Mauern und dem Tor, das zu Hilemores Erleichterung nun fest verschlossen war. Erst als er sich vergewissert hatte, dass der Angriff eingedämmt war, wandte er sich wieder der *Gelegenheit* zu.

Das Schiff lag jetzt gefährlich schräg. Ein Schaufelrad drehte sich kaum noch, während das andere das Wasser aufwühlte. Überall an Deck tobten Feuer, und Hilemore musste mitansehen, wie ein Matrose von Roten zerfetzt wurde. Drei der Bestien rissen den schreienden Mann in Stücke, die sie unter triumphierendem Krächzen ins Meer warfen. Über dem Kreischen der Drachen und dem Tosen der Flammen hörte Hilemore Gewehrfeuer krachen und das Donnern von mindestens einem Repetiergeschütz. *Sie kämpfen noch.*

Seine Mission war klar. Er sollte die *Überlegenheit* wenden und eine weitere Breitseite auf die Küste abfeuern, um zu verhindern, dass sich der Gegner vor dem Tor der Schanze sammelte. *Aber sie kämpfen noch!*

Hilemore war unschlüssig – ein höchst unwillkommenes Gefühl, das er in seinem Leben noch nicht oft verspürt hatte. Die *Gute Gelegenheit*, ein Schiff, das er in der Schlacht um die Wasserstraße und danach während der vielen Ereignisse, die sie schließlich bis nach Lossermark geführt hatten, befehligt hatte, starb vor seinen Augen, und er konnte es einfach nicht zulassen.

»Mr. Steelfine!«, rief er. »Holen Sie Leutnant Sigoral zu uns aufs Vorderdeck. Er soll seine Granaten mitbringen. Lassen Sie außerdem Kartätschen laden und bereiten Sie ein Enterkommando vor.«

»Jawohl, Sir!«

Der Insulaner drehte sich um und begann, die entsprechenden Befehle zu rufen, verstummte jedoch, als Hilemore, der im Rauch eine Viertelmeile vor dem Bug einen neuen Umriss auftauchen sah, sagte: »Einen Moment, Nummer eins.«

»Sir?«

Die *Abenteuer* kam mit voller Geschwindigkeit auf die *Gelegenheit* zugefahren. Ihr Bug zerteilte das Wasser, und die beiden Buggeschütze feuerten Kartätschen. Der Metallregen prasselte auf das angeschlagene Schiff nieder, und Hilemore sah mehrere Rote abgleiten und ins Meer fallen. In etwa hundert Metern Entfernung hielt die *Abenteuer* ihre Schaufelräder an und kehrte die Drehrichtung um. Das Wasser brodelte am Rumpf hoch, während das Schiff verlangsamte. Normalerweise würde kein vernünftiger Kapitän ein derartiges Manöver in Erwägung ziehen, allerdings war heute auch kein normaler Tag. Holzsplitter flogen aus dem Schaufelradgehäuse der *Abenteuer* – die Kraft des Wassers rang mit der des Blutbrenners. Binnen weniger Sekunden waren die Schaufelräder größtenteils zerbrochen und lieferten höchstens noch ein Drittel ihrer üblichen Leistung. Das reichte der Kapitänin jedoch aus, um eine schnelle Wende zu vollziehen und die Backbordkanonen auf die *Gelegenheit* abzufeuern. Sie deckten die oberen Aufbauten des anderen Schiffes mit Kartätschen ein und rissen mindestens die Hälfte der Roten weg, die sich daran festgeklammert hatten. Die überlebenden Drachen erhoben sich alle gleichzeitig in die Luft, um sich der neuen Bedrohung zu stellen. Mit schnellem Flügelschlag stiegen sie in den Himmel auf.

Hilemore bellte der Mannschaft des Drehgeschützes ein paar Befehle zu. Eilig luden die Kanoniere Kartätschen nach und richteten das Geschütz auf eine Stelle zwischen der *Gelegenheit* und der *Abenteuer*. »Feuern!«, rief Hilemore, als sich die ersten Roten dem kleinen Schiff näherten. Gleich mehrere wurden von den Geschossen aus der Luft geblasen. Zu diesem Zeitpunkt hatte die *Abenteuer* eine weitere Kehrtwende vollzogen und brachte die noch nicht abgeschossenen Kanonen auf der Steuerbordseite in Stellung. Hohe Wasserfontänen spritzten auf, als die Drachen, niedergemäht von der Breitseite, ins Meer stürzten. Ein Dutzend oder mehr blieben aber dennoch übrig und setzten ihren Angriff auf die *Abenteuer* fort.

»Zwanzig Grad nach Backbord!«, schrie Hilemore zur Brücke und deutete auf die *Abenteuer.* So schnell, wie die *Überlegenheit* den Kurs änderte, hatte Scrimshine den Befehl bereits erwartet. Die *Abenteuer* war von einem Rauchschleier eingehüllt, aber Hilemore hörte eine Kakophonie aus Gewehrschüssen und Drachenschreien. Kriz rannte zum Bug. Über der Schulter trug sie ihre Tasche mit den Granaten. Auf Hilemores Ruf hin schloss sich ihr auch Sigoral an, und die beiden Blutgesegneten nahmen mit Granaten in den Händen an der Reling Aufstellung.

Der Rauch lichtete sich, als die *Überlegenheit* die *Abenteuer* erreicht hatte. Das kleine Schiff brannte vom Heck bis zum Bug lichterloh. Über ihm schwebten immer noch einige Rote und spuckten weiter Feuer aufs Deck. Kriz und Sigoral warfen ihre Granaten und beschleunigten sie mit Hilfe von Schwarz. In kürzester Zeit wurden die Roten aus der Luft gefegt. Die *Abenteuer* war jedoch nur noch ein brennendes Wrack.

»Wasserschläuche zur Backbordreling!«, befahl Hilemore, obwohl er sah, dass es aussichtslos war. Die einzelnen Brände waren inzwischen zu einer gewaltigen Feuersbrunst verschmolzen, die die *Abenteuer* über der Wasserlinie komplett einhüllte. Innerhalb von Sekunden geschah das Unvermeidliche: die Munition explodierte und zerriss das Schiff. Dampf stieg auf, als der entzweigebrochene Rumpf kenterte. Die beiden Teile des Schiffes versanken in den Wellen, bevor die *Überlegenheit* überhaupt nah genug herankommen konnte.

Seeschwester … Hilemore starrte auf die Trümmer, die am Rumpf der *Überlegenheit* vorbeischwammen, manche davon brannten noch. Von fern hörte er eine Stimme, war jedoch zu erschöpft, um zu reagieren.

»Kapitän!« Steelfines große Hand packte ihn an der Schulter. Der Insulaner deutete nach Backbord. In Erwartung eines neuen Angriffs der Roten straffte sich Hilemore und hob den Blick. Doch stattdessen sah er etwa zwanzig Meter entfernt ein paar menschliche Gestalten im Wasser schwimmen. Zenida in ihrer Mitte war unschwer an ihrer

Stimme zu erkennen. Lautstark rief sie ihnen zu: »Wollt ihr uns etwa ertrinken lassen?«

◆ ◆ ◆

Hilemore, der das Schiff nur ungern anhalten wollte, ließ Kriz und Sigoral die Überlebenden an Bord holen. Mit Hilfe von Schwarz hoben sie sie aus dem Wasser und setzten sie auf dem Vorderdeck ab.

»Gute Idee«, sagte Hilemore, während Zenida sich das Salzwasser aus den Haaren schüttelte, »das Schiff im Moment des Angriffs zu verlassen. Damit hast du zwar dein Schiff verloren, aber deine Mannschaft gerettet.«

»Nicht alle«, erwiderte sie grimmig. »Zehn sind auf dem Schiff verbrannt.«

»Jeder Sieg wird mit Blut bezahlt«, sagte Hilemore auf Varestianisch. Es war ein altes Sprichwort, das unter Piraten beliebt war, und zu seiner Freude brachte es sie zum Lächeln.

»Es gibt da etwas, das ich schon länger tun wollte«, sagte sie.

»Ach ja? Was denn?«

Sie trat zu ihm und drückte ihm einen Kuss auf die Lippen, kurz, aber alles andere als keusch. »Ich brauche Produkt«, sagte sie, nachdem sie sich von ihm gelöst hatte. »Du hast doch bestimmt noch welches übrig, oder?«

Hilemore schaute sich rasch an Deck um, aber die Mannschaft war damit beschäftigt, Drachenblut von den Planken zu waschen. Anscheinend hatte keiner etwas bemerkt. Er ging schnell zur Brücke und befahl dem Maschinenraum Kleine Fahrt. Scrimshine gab er Anweisung, das Schiff zu wenden. Er ließ die Matrosen im Vorbeifahren die Schläuche auf die *Gelegenheit* richten, auch wenn ein Großteil der Feuer an Bord bereits gelöscht waren. Dennoch war das Schiff ganz offensichtlich nicht mehr einsatzfähig. Aus den Schornsteinen stiegen schwarze Rauchwolken auf, und die Schaufelräder drehten sich nur noch langsam. Auf der Brücke blinkte eine Signallampe, und Hilemore entdeckte die steife Gestalt von Kapitän Trumane, der mit einer Hand die Lampe bediente und mit der anderen zur Küste zeigte. »Erfüllen Sie Ihre Pflicht«, lautete die Nachricht.

»Schicken Sie eine Bestätigung, Mr. Talmant«, sagte Hilemore. »Und geben Sie dem Maschinenraum Befehl, die Geschwindigkeit auf ein Drittel zu erhöhen.«

Seine kurzzeitig gehobene Stimmung sank auf einen weiteren Tiefpunkt, als sie den im Wasser treibenden Rumpf der *Gelegenheit* hinter sich gelassen hatten und die Lage an Land erkennbar wurde. Hilemore hatte Mühe, sich sein Entsetzen nicht anmerken zu lassen. Die Armee des Weißen schwärmte bereits die Hänge der Anhöhe hoch. Ameisen gleich kletterten die Verderbten übereinander und bildeten eine lebendige Leiter. Zu Hunderten fielen sie den Verteidigern auf der Mauer zum Opfer – Gewehr- und Geschützfeuer forderten einen schrecklichen Tribut. Die Flut aus Drachen und Verderbten stieg dennoch unaufhörlich weiter an.

Hilemore rief Steelfine zu, die Zünder der Geschosse so einzustellen, dass sie beim Aufprall explodierten, und auf den unteren Bereich des Körperhaufens zu zielen. Ihre erste Salve verringerte die Höhe des Haufens um ein paar Meter. Die Geschosse rissen grausige rote Löcher in die Masse, die jedoch beinahe sofort wieder verheilten. Die *Überlegenheit* wendete, um ein weiteres Mal zu feuern. Diesmal waren die Resultate weniger beeindruckend. Zwar töteten die Geschosse eine große Menge Verderbter und Grüner, der Berg wuchs aber weiter. Als Hilemore durch das Fernrohr schaute, sah er auch, warum. Die Verderbten hoben die Leichen und Körperteile der Toten auf und drückten sie wieder in die Masse hinein. Sie benutzten die Körper der Gefallenen als Baumaterial. Hilemore hob das Fernrohr und stellte fest, dass der Berg schon fast so hoch war wie die Mauern der Schanze. Verzweifelt ließ er die *Überlegenheit* ein weiteres Mal wenden und langsam fahren, damit sie so viele Breitseiten wie möglich abfeuern konnten. Diesmal befahl er den Kanonieren, auf die Spitze des Berges zu zielen. Seine Höhe verringerte sich dadurch an manchen Stellen, aber längst nicht überall. Hilemore kam ein unangenehmer Gedanke: *Wir sind nur* ein *Schiff, und die Munition wird nicht ewig reichen.*

Ihre Vorräte an Sprenggeschossen hatten sich bereits auf sechs pro Kanone verringert. Kartätschen besaßen sie zwar noch reichlich, aber auf diese Reichweite würden sie kaum Wirkung zeigen. Ihm blieb nur noch ein Manöver, mit offensichtlichen Konsequenzen.

»Mr. Scrimshine«, sagte er, »auf mein Kommando hart Steuerbord. Mr. Talmant, sagen Sie der Mannschaft, sie sollen Kartätschen laden und sich bereit machen, auf Grund zu laufen.«

Zu seiner Verärgerung hörte Talmant ihm nicht zu. Er hatte ein Ohr ans Sprechrohr des Ausgucks gedrückt, und seine Augen waren schreckgeweitet. »Mr. Talmant!«, fauchte Hilemore, worauf der junge Offizier Haltung annahm.

»Entschuldigung, Sir«, sagte Talmant. »Es ist nur … Der Ausguck meldet, dass sich von Norden her Schiffe nähern.«

»In diesem Gebiet sind sehr viele Schiffe unterwegs, Leutnant«, erwiderte Hilemore. »Leider scheint keines davon gegenwärtig in der Lage, uns zu unterstützen.«

»Verzeihung, Sir, aber es sind keine varestianischen Schiffe …«

Talmants Stimme wurde von einem lauten Zischen übertönt, als etwas sehr Großes mit beachtlicher Geschwindigkeit über das Brückenhaus hinwegflog. Hilemore sah den Aufprall des Geschosses an Land. Die Explosion stellte die Bemühungen der *Überlegenheit* weit in den Schatten. Die Sprengkraft des Geschosses war um ein Vielfaches stärker als die ihrer Munition. Ein blendend heller Blitz flammte auf, und das Schiff wurde förmlich von der Küste weggeschleudert. Hilemore spürte etwas hart gegen seinen Hinterkopf schlagen, dann wurde es dunkel um ihn.

KAPITEL 54

Clay

D*as ist nicht mein Körper …* Er wiederholte den Gedanken wieder und wieder und kämpfte zuckend gegen den Schmerz an. *Mein Körper ist unverletzt. Es gibt keinen Schmerz. Das ist nicht mein Körper, mein Körper ist unverletzt, es gibt keinen Schmerz. Das ist nicht mein Körper mein Körper ist unverletzt es gibt keinen Schmerz!*

Er stieß einen Schrei aus, als der Schmerz verschwand. Seine zerschmetterte Wirbelsäule verheilte, durch die Kraft seines Willens wieder zusammengefügt. Allerdings konnte er nur seine eigenen mentalen Bilder beeinflussen. Das Gefängnis, in dem er eingesperrt war, befand sich in Catheline Dewsmines Geist, die vermutlich so bald nicht zurückkehren würde.

Clay kam auf die Beine und betrachtete die glatten Eisenwände der Zelle. *Egal, wie schlau sie ist, sie ist verrückt. Irgendwo muss es eine Schwachstelle geben.*

Mit den Händen tastete er die Metallwände ab und suchte nach einem Riss, irgendetwas, womit sie sich auseinanderreißen ließen. Trotz gründlichster Suche konnte er jedoch nichts entdecken. Als er mit verärgertem Knurren von den Wänden zurücktrat, knirschte etwas unter seinem Stiefel. Er schaute nach unten. Es war eines der Bilder, die vom Kaminsims gefallen waren. Der Kamin selbst war zwar verschwunden, aber dieses Bild war im Raum geblieben. Clay ging in die Hocke und hob es auf. Er rechnete mit einem Bild von Catheline in jüngeren Jahren oder mit einem Photostat ihrer bedauernswerten Eltern. Stattdessen zeigte es einen Verderbten in Militäruniform. *Derselbe, der auf dem Hügel gestanden hat.* Clay erinnerte sich an die Bilder, die Lizanne ihm in der Trance übermittelt hatte. *Sirus. Sie muss dich ja sehr mögen, dass dein Bild zu ihren liebsten Erinnerungen gehört.*

Während er das dachte und sich dabei erneut Vorwürfe machte, dass er sich hatte einsperren lassen, verwandelte sich das Bild in dem Rahmen. Sirus' missgestaltetes Gesicht drehte sich ihm zu, und in seinen Augen leuchtete Erkennen. Clay sah, dass sich Sirus' Lippen bewegten. Er hielt sich das Bild nah vors Gesicht, damit er die Worte besser verstehen konnte.

Ich liege im Sterben, sagte Sirus in seltsam beiläufigem Tonfall. Es klang wie die Stimme eines Mannes, der sich mit seinem Schicksal abgefunden hatte und weder Furcht noch Verzweiflung empfand. Beinahe beneidete Clay ihn. *Sie hat etwas von mir behalten*, fuhr Sirus fort. *Wahrscheinlich um hin und wieder mit mir reden zu können. Sie fühlt sich wohl manchmal einsam.*

Ja, sagte Clay. *Wie traurig. Kannst du mir irgendetwas Nützliches mitteilen?*

Ich glaube nicht. Ich hatte einen Plan, weißt du? Ich wollte uns alle befreien, die Verderbten zur Rebellion anstiften und den Weißen stürzen. Aber es war kindisch. Sie wusste Bescheid. Die Verderbten können nicht befreit werden. Wenn der Weiße uns erst in seiner Gewalt hat, sind wir für immer an ihn gebunden.

Nein, sagte Clay. *Das stimmt nicht. Es hat einmal freie Verderbte gegeben. Damals haben sie geholfen, den Weißen zu vernichten.*

Plötzlich erhitzte sich der Bilderrahmen in Clays Hand, von Sirus' Bild ging ein sanftes Glühen aus. *Wie war das möglich?*

Das kann man nicht erklären, nur spüren. Es ist ein Geschenk der schwarzen Drachen, sie haben es mir gezeigt. Und ich kann es dir zeigen.

Der Rahmen wurde noch heißer, und das Bild leuchtete heller. Sirus' Gedanken wirkten nun nicht mehr teilnahmslos und dumpf, sondern wütend und begierig. *Zeig es mir!*, verlangte er.

Clay fand die Erinnerung schnell, aber da er sich nicht in seinem eigenen Geist befand, hatte er nur wenig Möglichkeiten, sie zu übermitteln. In seiner eigenen Gedankenlandschaft hätte er einfach Nelphias Oberfläche verwandelt, hier besaß er nur das, was er mitgebracht hatte. Er holte seinen Revolver hervor und formte daraus eine etwa faustgroße Metallkugel. Er dachte an die Kristalle, die er in der Enklave gesehen hatte, und an den schwarzen Kristall aus dem Krystalinsee. Die Kugel aus grauem Metall begann sich zu verändern, Stacheln wuchsen daraus hervor, und die harte, stumpfe Oberfläche wurde zu Glas. Als der Kristall vollendet war, beschwor Clay die Erinnerung von Lutharons Vorfahren. Er füllte sie in den Kristall, der daraufhin sanft aufleuchtete.

Hier, sagte Clay und hielt Sirus' Bild vor den schwebenden Kristall. Unvermittelt wurde der Bilderrahmen glühend heiß. Mit einem Schmerzensschrei ließ er ihn fallen. Er konzentrierte sich auf seine versengten Finger, ließ den Schmerz verschwinden und heilte die verbrannten Fingerspitzen. Als er wieder nach unten schaute, leuchtete Sirus' Bild blendend hell. Mit zusammengekniffenen Augen sah Clay, wie das Bild den Eisenboden der Zelle zum Schmelzen brachte. Das Metall glühte erst rot, dann weiß und tropfte schließlich nach unten, wodurch ein breites Loch entstand. Das Bild verschwand im Loch, rasch gefolgt vom Kristall. Unschlüssig stand Clay da.

Nun gut, dachte er und machte sich sprungbereit. *Einen anderen Weg nach draußen gibt es wohl nicht.*

◆ ◆ ◆

Mit einem Ruck kehrte er in die Wirklichkeit zurück und keuchte erschrocken auf, als ihn ein heftiger Windstoß traf, der ihn beinahe von Lutharons Rücken warf. Er packte einen Rückendorn und klammerte sich daran fest. Das herausfordernde Brüllen eines Drachen hallte in seinen Ohren wider, aber diesmal war es kein Roter.

Der Weiße kam auf sie zugeschossen. Sein Brüllen wurde von den Flammen verschluckt, die aus seinem Maul loderten. Lutharon drehte abrupt ab, und Clay musste sich mit beiden Händen festhalten, während der Schwarze sich schräg legte, um den Flammen auszuweichen. Dann breitete Lutharon die Schwingen aus und drehte sich um. Der Weiße tat es ihm nach und schwebte etwa zwanzig Meter entfernt auf der Stelle. Clay sah, dass der Weiße nicht allein war. Catheline saß auf seinem Rücken und starrte Clay offensichtlich verwirrt an. *Sie dachte wohl, sie hätte mich für immer eingesperrt.* Er langte in seine Tasche und holte eine Granate heraus, doch der Weiße griff an, bevor er sie scharf machen konnte.

Lutharon faltete die Schwingen und tauchte nach unten ab, während der Weiße nach vorn schoss. Clay hörte den Kiefer des Weißen über seinem Kopf zuschnappen. Lutharon breitete wieder die Schwingen aus und drehte sich. Er öffnete das Maul und spuckte Feuer auf den Weißen, den er mitten in einer Wende erwischte. Der Weiße stieß einen Wutschrei aus und schlug mit dem Schwanz nach Lutharon. Die Schwanzspitze hinterließ eine hässliche rote Wunde am Hals des Schwarzen. Lutharon spuckte dem Weißen Feuer direkt ins Gesicht und blendete ihn damit. Dann hieb er seine Klauen in die schuppenbedeckte Haut seines Gegners. Clay konnte sich lediglich festhalten, während Lutharon seinen Vorteil ausnutzte und mit den Zähnen den Hals des Weißen packte. Blut quoll hervor, als er fest zubiss.

Der Weiße kreischte vor Schmerz und Wut. Er schlug mit seinen Klauen nach dem Schwarzen, und ihr Blut vermischte sich, während sie über den Himmel taumelten. Trotz seiner vielen Verletzungen hielt Lutharon den Weißen weiter fest im Griff. Da war plötzlich ein leiser Donnerschlag zu hören, und Lutharon wurde vom Hals des Weißen losgerissen und nach hinten geschleudert. Clay erhaschte einen Blick auf Catheline, die mit konzentrierter Miene eine gewaltige Welle Schwarz entfesselte. Lutharon wurde nach unten, zur Erde, gedrückt. Clay schaute über die Schulter und sah die Ebene rasend schnell näher kommen. In diesem Moment fiel ihm die Granate ein, die er noch in der Hand hielt. Er zog den Stift heraus und benutzte die letzten Überreste von Schwarz in seinen Adern, um die Granate auf Catheline zu werfen.

Der Weiße schlug blitzschnell mit dem Schwanz, um die Granate abzufangen, bevor sie ihr Ziel treffen konnte. Die Explosion ließ jedoch Cathelines Konzentration zusammenbrechen, und der Strom ihres Schwarz riss ab. Dem Weißen hingegen riss die Granate die Schwanzspitze weg. Aus dem Schwanzende floss Blut, während der Weiße herumwirbelte und steil nach unten tauchte. Lutharon drehte sich um und breitete seine Flügel aus, um einen Absturz zu verhindern. Dann schwang er sich wieder in den Himmel auf. Unten auf der

Ebene sah Clay Flammen aufblühen, die der Weiße in ihre Richtung gespuckt hatte.

Clay machte erneut eine Granate scharf und warf sie über die Schulter, rasch gefolgt von zwei weiteren. Die Schwerkraft würde schon für die nötige Distanz sorgen. Er wurde mit dem Geräusch von drei kurz aufeinanderfolgenden Explosionen belohnt. Als er jedoch nach hinten schaute, folgte der Weiße ihnen zu seinem Ärger immer noch. Allerdings war eine Seite seines Kopfes rußgeschwärzt, und Blut lief daran hinab. Clay spürte, wie Lutharons Kraft nachließ. Aus den vielen Wunden auf seiner Haut strömte Blut.

Dennoch faltete der Schwarze die Schwingen, drehte sich um und schoss nach unten, dem Weißen entgegen. Clay sah Catheline in die Augen, während die Drachen aufeinander zuflogen. Ihr Blick war voller Hass, aber es lag auch noch etwas anderes darin. *Sie hat Angst,* erkannte er, als sich ihre Augen beim Anblick des herannahenden Schwarzen weiteten. *Selbst eine Verrückte kann das Fürchten lernen.*

Rasch zog er seinen Revolver und feuerte. Er schaffte es, vier Schüsse abzugeben, bevor ihm die Waffe von einer Welle Schwarz aus der Hand geschlagen wurde. Er hörte Knochen brechen, als der Revolver davonwirbelte. Ohne auf den aufflammenden Schmerz in seiner Hand zu achten, entfesselte er sein verbliebenes Rot in einem konzentrierten Strom. Zu seiner Befriedigung fingen Cathelines Haare Feuer, bevor die beiden Drachen aufeinandertrafen.

Der Aufprall schleuderte ihn von Lutharons Rücken. Einen Moment lang war er von einer Feuerwolke eingehüllt, dann stürzte er, eine Rauchfahne hinter sich her ziehend, zu Boden. Die Landung kam schneller als erwartet. Clay rutschte über die Erde und furchte Gras auf, bevor er benommen und atemlos liegen blieb. Verzweifelt versuchte er, Luft zu holen und seine Glieder wiederzubeleben. Über sich vernahm er das Rauschen großer Schwingen, die rasch näher kamen.

KAPITEL 55

Sirus

Als er in seinen Körper zurückkehrte, stellte er fest, dass seine linke Hand zwischen den Zähnen eines jungen Weißen steckte. Er spürte es kaum. Er hatte so viel Blut verloren, dass sämtliche Empfindungen stark gedämpft waren. Seine Hand zuckte unwillkürlich, als der Weiße zubiss, worauf dieser das Maul wieder öffnete und mit verärgertem Zischen rückwärts sprang. Auf ein Krächzen von rechts hin drehte Sirus den Kopf und sah dort das andere Jungtier, das ihn mit schiefgelegtem Kopf ansah. Seine gelben Augen blinzelten neugierig.

»Ich fragt euch, warum ich noch am Leben bin«, flüsterte er rauh. »Das frage ich mich auch.«

Das Jungtier zur Rechten schien das als Herausforderung zu verstehen. Es breitete die Schwingen aus, duckte sich und riss das Maul auf. In diesem Moment ertönte ein lautes Krachen, und der junge Weiße wurde entzweigerissen. Sein Oberkörper wirbelte sich überschlagend davon, wie ein blutendes Karrenrad. Er landete ein paar Meter vom zuckenden Unterkörper entfernt, und sein Maul schnappte reflexartig zu.

Das Jungtier zu Sirus' Linker schwang sich in die Luft und spuckte Flammen aus, wurde aber ebenfalls von einem Geschoss zerfetzt. Als Sirus sah, wer ihn gerettet hatte, überraschte ihn das erstaunlicherweise kaum. In Tekelas Gesicht spiegelten sich Hass und Mordlust.

»Ich …«, setzte Sirus an, doch das Blut in seiner Kehle erstickte seine Stimme. Er hustete, um den Hals frei zu bekommen. Tekela schien sich aber ohnehin nicht anhören zu wollen, was er zu sagen hatte.

»Sei still«, sagte sie, schulterte den Karabiner, den sie bei sich trug, und holte ein Messer mit beinernem Griff aus einer Scheide an ihrer Wade.

»Ich muss …«, versuchte er es noch einmal. Blut spritzte aus seinem Mund.

»Sei still, Sirus!« Sie kam zu ihm, ging in die Hocke und drückte ihm die Messerklinge an den Hals. Er sah, dass sie weinte, und es tat ihm leid, ihr solche Trauer bereitet zu haben.

»Ich muss noch etwas tun«, sagte er, als seine Kehle endlich frei von Blut war. Er spürte jedoch, wie gleich wieder neues nachfloss. Er schaute in ihre feuchten Augen und hoffte, dass sie in dem monströsen Gesicht vor sich noch etwas von dem jungen Mann entdeckte, der er einst gewesen war. Es gelang ihm, die rechte Hand zu heben. »Bitte … es ist sehr wichtig.«

Tekela stieß einen Schluchzer aus, während ihr Blick von seinem Gesicht zu der blutenden Wunde auf seiner Brust wanderte. »Du hast Jermayah umgebracht«, sagte sie und holte zitternd Luft. »Und so viele andere Menschen.«

»Ja«, erwiderte er keuchend. Er wusste, dass ihn jeder Atemzug dem Tod näher brachte. »Und … ich habe … noch weitaus Schlimmeres getan. Bald … werde ich für meine Taten … sterben. Du kannst mich umbringen … wenn du willst. Aber vorher … muss ich … noch etwas tun. Für dich … für alle Menschen.«

Tekela schloss fest die Augen. Sie schluchzte erneut und nahm die Klinge von seinem Hals. »Was?«, fragte sie mit hängendem Kopf. »Was musst du tun, Sirus?«

»Ich muss mich … erinnern.« Er hielt ihr wieder die Hand hin. »Wirst du … mir helfen?«

Verwundert und bestürzt schaute sie seine Hand an. »Wie?«

»Ich muss mich … daran erinnern … wie es ist … frei zu sein.«

Plötzlich wurde es dunkler um ihn. Tekelas Gesicht war nur noch ein vager Schatten, als wäre es in einen schwarzen Schleier gehüllt. Er spürte, wie sie seine Hand nahm. Es war das erste Mal, dass sie das tat. Ihre Haut fühlte sich an seiner schwieligen, schuppigen Handfläche glatt an, ihre Hand war klein, aber auch stark, kaum wie die eines Mädchens. Er konzentrierte sich auf ihr Gesicht, um den Schleier zu durchdringen, was ihm auch kurz gelang. Aber es reichte nicht aus. Einst hatte er sie für eine Puppe von überirdischer Schönheit gehalten. Jetzt hatte sie einen kleinen blutenden Schnitt am Kinn und eine Narbe, die quer über ihre Stirn zum Ansatz ihres wirren, ungekämmten Haars verlief. Ihre Augen waren vom Weinen gerötet und von dunklen Ringen umgeben. Ihre Lippen waren blass und ihr Mund war qualvoll verzogen. Sie wirkte so real, und er wusste, dass sie nie eine Puppe gewesen war. In dem Gesicht, das er nun vor sich sah, lag bloß noch ein Nachhall des Mädchens, das sie einmal gewesen war. Es verwandelte sich bereits in das der Frau, die sie sein würde.

Sirus schloss die Augen und zog sich wieder in sich selbst zurück. Der leuchtende Kristall wartete auf ihn – ein Geschenk des Freien, den Catheline in ihrem Geist eingesperrt hatte. Das Leuchten wurde heller, als er einen Zugang zu den Erinnerungen fand, die darin enthalten waren. Der Kristall wuchs an und erfüllte Sirus mit seinem Geschenk. Es war eine seltsame Erinnerung, aber der Archäologe in ihm begriff anhand einiger Hinweise, dass er eine Szene aus der Vergangenheit sah. Eine Szene, die wichtige Informationen enthielt. Er betrachtete die Erinnerung und rief sich dann wieder Tekelas Gesicht vor Augen. Er ließ sich zu dem Moment zurückführen, als er sie zum ersten Mal gesehen hatte. Es war auf einem langweiligen Ball gewesen, den er auf Drängen seines Vaters hin besucht hatte. Er hatte einen schlecht sitzenden Anzug getragen, mit kratzigem Kragen, und sich in der ruhigsten Ecke des Saals versteckt.

Als er sie erblickte, schien alles um sie herum zu verblassen, und er sah nur noch sie, hell strahlend und unglaublich hinreißend. Mit einzigartiger Eleganz bewegte sie sich durch den Ballsaal und machte einen vollendeten Knicks, als Burggraf Artonin sie dem Generalgouverneur vorstellte. Ihr Lächeln war eine Offenbarung, und ihre Halskette glitzerte im Schein des Kronleuchters, während sie über einen Scherz des Gouverneurs lachte.

Aber ganz so war es gar nicht gewesen. In Wahrheit hatte ihr Lächeln nervös und gezwungen ausgesehen, und sie hatte die anderen anwesenden Damen mit finsterer Miene und kaum verhohlener Geringschätzung betrachtet. Beim Tanzen hatte sie tollpatschig und unelegant gewirkt, was für Gekicher unter den anderen Gästen gesorgt hatte. Und ihre Halskette hatte gar nicht so sehr geglitzert, wie Sirus jetzt erkannte. Die Edelsteine waren in Messing eingelassenes Glas gewesen. Später fand Sirus heraus, dass ihr Vater einen Großteil des Schmucks ihrer Mutter verkauft hatte, um damit seine Expeditionen ins Inland zu finanzieren.

Die vielen Erniedrigungen der nächsten Monate hatte er damals für unvermeidlich gehalten. Er konnte einfach nicht anders, als hilflos um sie zu werben, so voll und ganz hatte sie in jener Nacht sein Herz erobert. Er war ihr Sklave. Nur stimmte das gar nicht. Er war ein dummer Junge, der sich eingeredet hatte, dass er sich in ein schönes, aber mitunter unfreundliches Mädchen verliebt hatte. Er hatte eine Wahl getroffen, wozu ein freier Geist in der Lage war. Später erst hatte er erfahren, was es hieß, an Körper und Geist unfrei zu sein.

Bis jetzt hatte Sirus die anderen Verderbten noch ausgesperrt. Das Brabbeln ihrer Gedanken im Kampf war nur ein leises, hässliches Murmeln am Rand seines Bewusstseins gewesen. Jetzt ließ er sie alle herein und teilte mit ihnen das Geschenk der lange verstorbenen Drachen.

Anfangs war es so, als würde man kaltes Wasser auf weißglühende Kohlen schütten. Die Gedanken tausender Verderbter, aus dem Chaos des Kampfes herausgerissen, drehten sich verwirrt im Kreis, während das Geschenk sich unter ihnen ausbreitete. Manche wurden auf der Stelle verrückt. Ihr Geist zerbrach unter der plötzlich auf sie einstürmenden Empfindung, die sie schon verloren geglaubt hatten. Andere kämpften dagegen an. Sie wollten vom allmächtigen Bewusstsein ihres weißen Gottes nicht getrennt sein. Die meisten aber nahmen das Geschenk an und freuten sich, als die unsichtbaren Fesseln von ihnen abfielen. Während das Geschenk wie ein Waldbrand von einem Geist zum nächsten übersprang, spürte Sirus immer mehr Seelen verschwinden.

Sie sterben. Durch die Augen eines Verderbten sah er, wie dessen Kameraden um ihn herum mit verwundertem oder erschrockenem Ausdruck stehen blieben und von Kugeln getroffen wurden. *Ich bringe sie um*. Der Gedanke war von Panik begleitet. Ihm wurde bewusst, wie wenig Zeit ihm blieb.

Sirus glitt von einem Geist zum nächsten und suchte in der jetzt schweigenden, reglosen Armee nach jemandem, der sie retten konnte. Er fand Waldspeer, der in der Nähe des Schanzentors im Sterben lag. Aus den vielen Schusswunden in seiner Brust sickerte das Leben, und er hing Erinnerungen an die Zeit nach, als er noch mit den Kriegern seines Stammes im Wald gejagt hatte. Sirus berührte seinen Geist und spürte eine tiefe Dankbarkeit, bevor die Dunkelheit sich herabsenkte. Sirus glitt weiter und entdeckte Nebelschleier unter einem Berg aus toten und sterbenden Verderbten. Es waren Hunderte, die offenbar alle gleichzeitig getötet worden waren, auch wenn Sirus nicht feststellen konnte, wie. Nebelschleier hatte überlebt, das Gewicht der vielen Leichen würde ihr aber bald die Luft aus den Lungen pressen.

Helft ihr!, befahl Sirus. Es dauerte eine Weile, bis die Verderbten reagierten. Manche stolperten nur verwirrt umher. Andere nutzten ihre gerade wiedererlangte Freiheit, um seinen Befehl zu verweigern – etwas, das sie lange nicht vermocht hatten. *Bitte*, fügte er hinzu. *Ihr kennt mich. Ich möchte, dass ihr überlebt. Ihr alle!*

Er spürte Erkennen und ein Gefühl von Vertrauen und Mitleid. Wie sie war er ein Sklave gewesen, und jetzt nahmen sie seinen verzweifelten Wunsch wahr, ihr Leben zu retten. Mehrere hundert Verderbte stürmten trotz des anhaltenden Sperrfeuers von den Mauern auf das Tor zu und zogen Nebelschleier unter dem Leichenhaufen hervor.

Bring die anderen von der Mauer weg, sagte Sirus zu Nebelschleier. Der Geist der Insulanerin war voller Freude und Dankbarkeit.

Wo bist du?, fragte sie. *Wir kommen zu dir.*

Das spielt keine Rolle mehr. Nur ... Sirus spürte eine wachsende Kälte am Rand seines Bewusstseins. Die Bilder, die er durch die Augen der anderen Verderbten sah, verschwanden und machten dem dringenden Bedürfnis Platz, sich an sein Leben zu klammern.

Der Weiße!

Er sah ihn, wie er mit ausgebreiteten Schwingen auf der Ebene landete. Cathelines schlanke Gestalt glitt von seinem Rücken. In der Nähe lag ein großer schwarzer Drache am Boden.

Er ist hier!, sagte er zu den anderen Verderbten und legte alle noch verbliebene Willenskraft in den Gedanken. Es war der letzte Befehl, den er seiner Armee geben würde. *Tötet ihn!*

Danach verschwanden die Verderbten aus seinem Geist. Der Tumult aus Zorn und Blutdurst verhallte. Er blinzelte und schaute wieder hoch in Tekelas Augen. Er hob eine Hand und legte sie an ihre Wange. Die Zuneigung in ihrem Gesicht erfüllte ihn mit Freude. Er war zufrieden, diesen Anblick in die Dunkelheit mitzunehmen.

KAPITEL 56

Clay

Eine Weile lang lag er benommen da. Sein Blick trübte sich, während er mühsam Luft in seine Lungen sog. Der bedrohlich näher kommende Flügelschlag hallte laut in seinen Ohren, bis er von Motorendröhnen übertönt wurde. Er blinzelte, und sein Blick schärfte sich. In der Luke des Luftschiffs, das mit zu Boden gerichteten Motoren über ihm schwebte, entdeckte er Lizanne. Er hob eine Hand und winkte zur Begrüßung. Dann jedoch vernahm er ein lautes, rasselndes Ausatmen und sah Lutharon etwa zwanzig Meter entfernt am Boden liegen. Seine Flügel und der Schwanz zuckten nur noch schwach. Clay wollte sich aufrichten, schaffte es aber nicht. Fluchend griff er nach dem Produkt in seiner Manteltasche und trank eine ganze Phiole Grün. Er kam hoch und stolperte zu Lutharon. Angesichts seiner Verletzungen stöhnte er bestürzt auf.

In Lutharons Flanke befanden sich tiefe, gezackte Scharten, Brust und Bauch waren völlig zerfetzt. Als der Schwarze versuchte, den Kopf zu heben und Clay anzuschauen, quoll aus einer Bisswunde an seinem Hals Blut.

»Bleib liegen, Großer«, sagte Clay und strich mit der Hand über die Stirn des Schwarzen. Er spürte seine Schmerzen und seine Furcht. Lutharons Herzschlag wurde immer langsamer. »Schon gut«, sagte Clay.

»Wir haben getan, was wir konnten.« Er sprach so ruhig wie möglich. »Wegen mir musst du nicht hierbleiben. Sie warten auf dich.«

Das Licht in Lutharons Augen erlosch, und Clay wusste, dass Ethelynne mit ihm sterben würde. Die Erinnerung an die beiden aber würde so lange weiterleben, wie es schwarze Drachen gab.

Das Motorengeräusch des Luftschiffs veränderte sich, und Clay drehte sich um. Soeben landete das Fluggerät in einiger Entfernung auf dem Boden. Lizanne kletterte aus der Gondel, und sie standen da und schauten einander an – keiner von ihnen wusste so recht, was er sagen sollte. Schließlich brach Lizanne das Schweigen: »Haben Sie noch Grün? Meins ist fast alle.«

»Ja, ich habe noch eine Phiole.«

Er griff in seinen Mantel und hörte im selben Moment das Tosen von Flammen. Er schaute zum Luftschiff. Dahinter richtete sich der Weiße auf und spuckte Feuer auf den Ballon. Erschrocken sah Clay, wie Lizanne, anstatt sich in Sicherheit zu bringen, rasch wieder in die Gondel einstieg. Er zerrte eine Granate aus seiner Umhängetasche und trank etwas Schwarz. Dann konzentrierte er sich auf den Weißen, der sich im Rauch des brennenden Luftschiffs abgeduckt hatte. Clay hob die Granate, sammelte sein Schwarz … und fand sich unvermittelt in der Luft wieder. Die Granate flog davon und explodierte harmlos weit vom Ziel entfernt. Clay kam in der Nähe von Lutharons Kadaver auf dem Boden auf. Das Grün in seinen Adern schützte ihn vor ernsthaften Verletzungen, aber ein paar Sekunden lang war er vom Aufprall betäubt. Schließlich kam er wieder auf die Beine.

»Verfluchte Gossenratte!«

Catheline kam durch das Gras auf ihn zugewankt, als wäre sie betrunken. Sie hatte eine Hand auf eine Wunde an ihrem Bauch gedrückt, Blut sickerte durch ihre Finger. *Ich bin wohl doch kein so schlechter Schütze,* dachte Clay. Cathelines goldenes Haar war größtenteils verbrannt, und von ihrer versengten Kopfhaut stieg Rauch auf. Ihre Haut war vom Blutverlust weiß wie Marmor, aber ihre Augen leuchteten immer noch rot-schwarz. Tiefer Hass lag darin.

Mit einem Aufschrei schickte sie erneut eine Welle Schwarz in seine Richtung. Dank des Grüns konnte Clay jedoch schnell ausweichen. Er antwortete ebenfalls mit Schwarz. Der Schwall traf Catheline gegen die

Brust und warf sie rücklings zu Boden. Clay sprang hoch in die Luft, um Catheline mit seinem restlichen Schwarz zu zerschmettern.

In diesem Moment traf ihn jedoch der Schwanz des Weißen in die Magengrube und schleuderte ihn nach hinten. Hätte der Schwanz noch die Spitze besessen, wäre der Hieb sicher tödlich gewesen. So kam Clay nur schmerzhaft auf dem Boden auf und rollte benommen herum. Er hörte die Klauen des Weißen über den Boden kratzen, als dieser gemächlich auf ihn zukam. Clay sah den Kopf der Bestie über sich, angesengt und blutend von der Granate. Der Blick des Weißen war jedoch so wissend und bösartig wie eh und je.

»Du hasst mich genauso wie ich dich, was?«, knurrte Clay schmerzerfüllt. »Ist wohl nur fair. So sind wir nun mal, wir Menschen. Der Hass ist unsere schlimmste Eigenschaft, und er wächst mit der Zeit. Du kannst hassen, weil wir dich geschaffen haben.«

Der Weiße stieß ein Rauchwölkchen aus und legte den Kopf schief, als würde er über Clays Worte nachdenken. Clay hatte keine Ahnung, ob er ihn verstanden hatte oder ob ihn außer seiner eigenen Bösartigkeit überhaupt irgendetwas interessierte. Zumindest aber blieb der Weiße einen Moment lang stehen, und das reichte ihm aus.

»Ich hab was für dich«, sagte er, »wofür du mich noch mehr hassen wirst.«

Er konzentrierte sich auf Catheline, die wieder auf die Beine gekommen war und auf ihn zustolperte. Ihre Augen leuchteten so hell wie zuvor. Clay entfesselte all sein Schwarz auf einmal, so schnell, dass sie nicht ausweichen konnte. Mit unsichtbarer Hand packte er ihren Hals und brach ihr das Genick.

Der Weiße brüllte laut und wich vor Clay zurück. Verwirrt schüttelte er den Kopf. Clay tastete nach seiner Tasche und versuchte mit steifen Fingern, eine Granate zu fassen zu bekommen. Als er endlich eine herauszerrte, hatte sich der Weiße wieder gefasst. Die Bestie drehte sich zu ihm um, und vor ihrem Maul sammelte sich ein Dunst aus erhitzter Luft. Dann hielt der Weiße jedoch mit einem Mal inne und stand wie erstarrt. Flammen loderten aus seinem Maul, die Clay aber nicht erreichten. Der Blick des Weißen ging zum Luftschiff, das jetzt bloß noch ein rauchendes Wrack war. Davor stand Lizanne und hielt den Weißen mit Schwarz fest. Neben ihr kauerte eine junge Frau, die Clay nicht kannte. Offenbar war sie ebenfalls eine Blutgesegnete, wie er an dem konzentrierten Blick erkannte, mit dem sie den Weißen fixierte.

Die Bestie zitterte unter den unsichtbaren Fesseln. Sie kämpfte dagegen an, und ihr Hals beugte sich langsam in Richtung ihres Opfers. Clay zog am Ring der Granate und schrie schmerzerfüllt auf, als sein gebrochener Finger abrutschte. Fluchend wechselte er die Hand. Schweiß trat ihm auf die Stirn, während die heißen Flammen immer näher kamen … und plötzlich verschwanden.

Er schaute hoch und sah, wie der Weiße unter einer dunklen Welle begraben wurde. Lizannes Schwarz war zur Neige gegangen, und die Bestie warf sich herum, schnappte um sich und spuckte Feuer, während die Welle über sie hinwegbrandete – eine Welle nicht aus Wasser, sondern aus Fleisch und Blut. Mit Klauen und Schwanzhieben zerfetzte der Weiße Dutzende Verderbte. Andere verbrannte er mit seinem Feuer oder riss sie mit den Zähnen in Stücke. Der Überzahl der Gegner war er dennoch nicht gewachsen. Die Verderbten zerrten an ihm, stachen mit Bajonetten auf ihn ein oder prügelten ihn mit Keulen. Blut und Fleischbrocken spritzten auf, als sie die Bestie zu Boden warfen. Tausende von ihnen stürzten sich auf den Drachen. Die Wut in ihren Gesichtern erstaunte Clay. Sie wirkten nicht mehr so ausdruckslos wie in den Trance-Bildern, die Lizanne ihm übermittelt hatte. Nach dem Weißen hatten nun wohl auch die Verderbten das Hassen gelernt. Die Vernichtung des Weißen geschah in völliger Stille. Kein Rachegeschrei war zu hören, nur das feuchte Reißen und die letzten röchelnden Atemzüge des Drachen.

Als es vorbei war, fand Clay sich von Verderbten umringt, die ihn schweigend ansahen. Er hatte Schwierigkeiten aufzustehen und zuckte unwillkürlich zurück, als die Verderbten ihm hochhelfen wollten. Die meisten musterten ihn mit neugierigen, geradezu erwartungsvollen Mienen, wie ein Publikum, das auf eine Rede wartet. Nach einer Weile kam eine kleine Frau mit blonden Haaren, wie sie für die Insulaner typisch waren, durch die Menge zu ihm. Sie sprach hervorragendes Mandinorianisch mit dem Akzent der Führungsschicht.

»Im Namen der Anwesenden erkläre ich unsere Kapitulation«, sagte sie in förmlichem Ton. »Allerdings unter ein paar Bedingungen.«

KAPITEL 57

Lizanne

Sie errichteten Sirus' Scheiterhaufen auf dem Hügel, wo er gestorben war. Da es auf der Ebene kaum Bäume gab, legten die Verderbten seine Leiche auf einen Stapel toter Grüner. Die Knochen und das zerfetzte Fleisch des Weißen wurden ebenfalls mit aufgehäuft, und auch die Kadaver der beiden Jungtiere. Catheline Dewsmines Leiche hingegen lag noch dort, wie sie gestorben war. Die Verderbten hatten sie nicht anrühren wollen. Als der Scheiterhaufen fertig war, spritzte Lizanne sich etwas Rot und Clay trank eine Phiole. Gemeinsam steckten sie den Haufen in Brand. Die Flammen verschlangen schon bald ihr grausiges Brennmaterial, und dicker, stinkender Rauch stieg in den dunkler werdenden Himmel auf.

Lizanne trat von der starken Hitze zurück, Clay jedoch blieb noch stehen. Er hielt etwas in der Hand und starrte in die Flammen. Sein Rücken war leicht gebeugt, und in seiner Miene zeichnete sich ein Schmerz ab, den selbst großzügige Mengen Grün nicht hatten lindern können. Lizanne fürchtete, dass er von seelischen Verletzungen herrührte. *Er sieht aus wie ein alter Mann.* Sie fuhr sich mit der Hand durch das verschwitzte, schmutzige Haar. Ihre eigene Erscheinung war vermutlich kaum erbaulicher. »Was ist das?«, fragte sie und nickte in Richtung des Gegenstandes, den Clay umklammert hielt.

Er sah zu ihr hin und hob die Hand. Es handelte sich um eine Phiole, deren Inhalt im Feuerschein jedoch schwer zu erkennen war. »Nur ein bisschen altes Produkt«, sagte er und warf es in die Flammen. »Wahrscheinlich ist es längst schlecht geworden.«

Sie verließen das Feuer. Lizanne ging zu Tekela, die verweint aussah, und zog sie in die Arme. »Es tut mir leid«, sagte das Mädchen schluchzend an ihrer Schulter. »Dass ich weggeflogen bin …«

»Das sollte es auch.« Lizanne trat zurück und strich Tekela das Haar aus dem Gesicht. »Ich werde etwas Grün auf deine Wunden tun«, sagte sie und wollte eine Phiole aus ihrer Spinne nehmen.

»Lass nur«, sagte Tekela, drehte sich wieder dem Feuer zu und legte ihren Kopf auf Lizannes Schulter. »So schlimm ist es nicht.«

Die Verderbten, mehrere Tausend, standen schweigend um den Hügel herum und schauten zu, wie das Feuer ihren General verschlang. Lizanne sah ihre Brauen zucken. Auch wenn sie nicht laut sprachen, waren sie dennoch in Trauer vereint.

Lizanne hatte mit dem wenigen verbliebenen Blau Trance-Kontakt zu Sofiya Griffan hergestellt und ihr die Bedingungen der Kapitulation der Verderbten übermittelt, damit diese sie an Kapitän Trumane und den Varestianischen Verteidigungsbund weitergab. Sofiyas Gedankenlandschaft hatte sich verändert – in den dunklen Wald war etwas Farbe zurückgekehrt, und eine gespannte Erwartung lag in der Luft.

Haben Sie mir etwas zu berichten?, fragte Lizanne.

Sofiyas Zögern war deutlich zu spüren. Aus ihren Gedanken las Lizanne sehr viel mehr heraus als aus ihren Worten. *Die Flotte des Freien Protektorats ist eingetroffen*, sagte Sofiya. *Kapitän Trumane hat einen Posten als Flottillenadmiral übernommen.*

Was für ein Glücksfall für ihn, sagte Lizanne.

Ihre Ankunft war für uns alle ein Glücksfall, gab Sofiya zurück. *Sonst wäre die Schlacht wohl ganz anders …*

Wie lange stehen Sie schon mit der Abteilung Außerordentliche Maßnahmen in Kontakt?

Der Himmel über dem Wald rötete sich etwas. Lizanne nahm Schamgefühl und Trotz wahr.

Ich erinnere mich, Ihnen aufgetragen zu haben, die Baupläne der Waffen an das Protektorat weiterzuleiten, fuhr Lizanne fort. *Von der Abteilung Außerordentliche Maßnahmen habe ich nichts gesagt. Ich vermute, die Baupläne sind beim Protektorat nie angekommen? Was haben Sie ihnen sonst noch erzählt, Sofiya?*

Ich habe ein Kind, an das ich denken muss, erwiderte Sofiya. Ihre Gedankenlandschaft verdüsterte sich, wurde windgepeitscht und feindselig. *Ich möchte, dass es behütet und sicher aufwachsen kann.*

War es Kapitän Trumanes Idee oder Ihre eigene, sich mit der Abteilung in Verbindung zu setzen?

Der Wind wurde stärker und bog die Äste der umstehenden Bäume, so dass sie an Schlangen erinnerten, die gleich zubeißen wollten. *Der Kapitän ist mir in diesen schweren Zeiten ein guter und treuer Freund gewesen,* erwiderte Sofiya, und Lizanne spürte in ihren Gedanken einen gefährlichen Ton.

Ich bin froh, dass Sie sich von Ihrer Trauer erholt haben, sagte Lizanne und beendete die Trance.

»Komm«, sagte sie, ergriff Tekelas Hand und ging mit ihr zu Clay. »Die *Überlegenheit*«, sagte sie. »Hatten Sie mit jemandem an Bord Trance-Kontakt?«

Er nickte. »Mit Leutnant Sigoral. Er sagte, sie mussten einiges einstecken, aber das Schiff ist noch seetüchtig.«

»Gut. Wir müssen los.« Sie drehte sich um und ging auf die *Glühwurm* zu. »Sofort.«

♦ ♦ ♦

Während des Flugs zur Schanze verlor Morva das Bewusstsein. Lizanne und Clay trugen sie zu der unterirdischen Kammer, wo der Bund ein notdürftiges Lazarett eingerichtet hatte. Es war mit Verwundeten überfüllt, und die Luft roch dumpf nach getrocknetem Blut. Das Murmeln von hunderten Schmerzleidenden erfüllte die Kammer.

»Zum Glück mangelt es uns nicht an Grün«, sagte ein Arzt mit fahler Gesichtsfarbe zu Lizanne, während er Morva untersuchte. Lizanne hatte mit Clay erst einen kürzlich gestorbenen varestianischen Piraten hinaustragen müssen, um ein Bett frei zu machen. »Draußen liegen noch jede Menge tote Drachen. Die Erntemeister arbeiten mit

Hochdruck.« Der Arzt hob das Lid von Morvas rechtem Auge an und knurrte zufrieden. »Sie lebt«, sagte er. »Ihr Puls ist stark.« Sein Ausdruck wurde ernster, als er Morvas verbrannte Beine sah. »Was das angeht …«

»Seien Sie nicht sparsam mit Grün«, wies Lizanne ihn an.

Als er das entschlossene Funkeln in ihren Augen sah, nickte er. »Es wird das Gewebe wiederherstellen, aber die Narben …«

»Die Lokaras sind stets stolz auf ihre Narben.«

Lizanne drehte sich um und sah Alzar Lokaras auf sie zukommen. Mit finsterem Blick musterte er seine Adoptivnichte. »Besonders wenn sie aus einer Schlacht stammen«, fügte er leiser hinzu. Er nickte dem Arzt zu, worauf dieser loseilte, um Produkt zu holen. »Also«, sagte Alzar, und Lizanne bemerkte, wie seine Hand über Morvas in der Luft verharrte. »Sie haben gewonnen, Miss Blut.«

»Mit Morvas Unterstützung«, sagte Lizanne. »Ihre Nichte hat mitgeholfen, den Weißen zu vernichten. Hat sie sich damit endlich Ihre Anerkennung verdient, Kapitän?«

Sie erwartete Zorn, aber Alzar zuckte lediglich mit den Achseln. »Ich habe sie nicht adoptiert, wissen Sie«, sagte er ruhig. »Jedenfalls nicht richtig. Damals habe ich mit dalzianischen Schmugglern verhandelt. Morva ist aus dem Käfig ausgebrochen, in dem die Dalzianer sie gefangen hielten, und hat sich auf meinem Schiff versteckt. Die Dalzianer haben mich verfolgt. Sie dachten, ich hätte sie gestohlen. Schmuggler lassen sich nicht leicht vom Kämpfen abbringen, also kämpften wir. Ich habe an dem Tag mehrere Mannschaftsmitglieder verloren, darunter auch meinen Sohn.« Er tippte mit dem Finger auf Morvas Handrücken. »Als es vorbei war, wollte ich sie dem König der Tiefe überantworten, aber ich konnte es nicht. Sie war nur ein kleines Mädchen, das eine Chance gesehen hatte, ihre Freiheit zurückzugewinnen. Deshalb nahm ich sie zur Hohen Mauer mit. Aber ich erlaubte ihr nicht, mich Vater zu nennen. Höchstens Onkel.«

Lizanne ging zu Morva und strich ihr das Haar aus der Stirn. »Sie ist meine beste Schülerin«, murmelte sie. Aus irgendeinem Grund kam ihr das Gesicht Madame Bondersils in den Sinn. *Zumindest habe ich nicht versucht, sie umzubringen.* Sie schob das Bild beiseite.

»Ich muss los«, sagte sie zu Alzar. »Bleiben Sie bei ihr?«

»Mein Schiff ist verbrannt und untergegangen«, erwiderte er. »Im Moment muss ich also nirgendwo anders hin.«

◆ ◆ ◆

Arberus trug einen Arm in der Schlinge. Einer der wenigen Grünen, die auf dem Höhepunkt der Schlacht über die Mauer gelangt waren, hatte ihm mit einem Schwanzschlag die Schulter gebrochen. Er wirkte noch stärker gealtert als Clay. Mit vor Erschöpfung schlaffen Gesichtszügen betrachtete er die Leichenberge vor der Schanze. Am höchsten waren sie direkt vor dem Tor, im Umkreis des Kraters, den die Rakete des Freien Protektorats geschaffen hatte. Der Kreuzer, von dem sie stammte, lag nun mit einer Flottille aus sechs Fregatten vor der Küste vor Anker. Nachdem so viele varestianische Schiffe zerstört wurden, stellte diese winzige Flotte nun die größte Seestreitmacht der Welt dar.

Die Leichenberge bestanden aus Verderbten und Grünen, wenngleich nicht alle Drachen umgekommen waren. Die Grünen, die den Kampf überlebt hatten, waren in die westlichen Hügel geflohen, gefolgt von den wenigen verbliebenen Roten. Eine Population aus Drachen würde auf varestianischem Gebiet aber vermutlich nicht lange Bestand haben. Als Lizanne mit der *Glühwurm* zur Schanze geflogen war, hatte sie unterwegs viele Rote und Grüne gesehen, die geschwächt über die Ebene gewankt waren. Manche waren kraftlos zu Boden gesunken, und Clay hatte vermutet, dass vielleicht nur der Wille des Weißen sie so weit von ihrer Heimat entfernt am Leben erhalten hatte.

»Wir zählen noch«, sagte Arberus und musterte die Leichen. »Gut möglich, dass hier mehr als einhunderttausend Menschen gestorben sind, auf ihrer und auf unserer Seite.«

Lizanne schaute zur *Glühwurm*, die mit Clay und Tekela an Bord im Hof wartete. Sie wollte so schnell wie möglich abfliegen, brauchte aber vorher noch ein paar Versicherungen. Für Arberus' morbide Gedanken hatte sie keine Zeit.

»General Arberus«, sagte sie knapp und förmlich. Er blinzelte und wandte sich ihr mit wachsamem Stirnrunzeln zu.

»Wir gehen also wieder zur Tagesordnung über, ja?«, fragte er.

»Die Verderbten«, sagte sie. »Ich muss wissen, dass ihre Bedingungen eingehalten werden.«

Bislang hatten sich die Varestianer dem Hügel, auf dem die Verderbten versammelt waren, höchstens auf einen Kilometer genähert. Dass die Verderbten ihre Waffen behalten und eine Kette aus Kanonen um ihr Lager herum aufgestellt hatten, mochte dabei eine Rolle spielen.

»In meiner Armee steht kaum jemandem noch der Sinn nach kämpfen«, erwiderte Arberus. »Aber in ein paar Tagen könnte das anders aussehen. Dem Drang nach Rache können nur wenige widerstehen, und diese Armee hat einiges zu rächen.«

»Evakuiere die Schanze«, sagte Lizanne. »Überlass sie den Verderbten. Dann könnten sie sich wenigstens verteidigen, falls die Varestianer sie angreifen. In der Zwischenzeit kümmere ich mich darum, dass ihre restlichen Bedingungen eingehalten werden.«

»Glaubst du wirklich, das ist möglich? Nach allem, was hier passiert ist?«

»Die Unternehmenswelt ist zwar untergegangen, aber auch in der neuen Welt wird man Abmachungen schließen können.«

◆ ◆ ◆

Einen Tag später traf die *Glühwurm* bei der *Überlegenheit* ein, die etwa fünfzig Meilen südöstlich des Blaska-Fjords vor Anker lag. Tekela landete das Luftschiff trotz starkem Seitenwind geschickt auf dem Achterdeck. Clay, der zwar noch etwas gebeugt war, sonst aber erholter aussah, wurde beim Aussteigen von seiner Kusine und seinem Onkel empfangen.

»Wie geht es Skaggs?«, fragte er.

»Er ist am Leben«, beruhigte ihn Braddon Torcreek. »Er hat sich eine Narbe geholt, mit der er jetzt jahrelang prahlen kann.«

»Tut mir leid wegen Prediger, Onkel«, sagte Clay. »Er war zwar verrückt wie eine Ratte auf Blau, aber ich werde ihn trotzdem vermissen.«

»Zumindest musste er nicht mehr erleben, dass er sich geirrt hat«, erwiderte Braddon mit traurigem Schulterzucken. »Eigentlich sollten die Sieben Büßer ja alle während der Mühsal draufgehen.«

»Beeindruckende Maschine, Miss.« Lizanne drehte sich um und sah einen großgewachsenen Mann vor sich, den sie sofort erkannte, obwohl sie ihm noch nie begegnet war. Hilemore musterte die *Glühwurm* offensichtlich fasziniert. Zweifellos malte sich der Soldat in ihm alle möglichen praktischen Anwendungsmöglichkeiten für ein solches Fluggerät aus.

»Wir hatten andere, die noch beeindruckender waren«, sagte sie und streckte eine Hand aus. »Kapitän Hilemore, nehme ich an?«

»Miss Lethridge.«

Er nickte förmlich, während sie sich die Hand gaben. »Freut mich, dass es Ihnen wieder besser geht«, sagte Lizanne. »Ich hörte, Sie wurden verwundet.«

»Nur ein Schlag gegen den Kopf. Die Explosion dieser neuartigen Rakete hat uns ziemlich durchgeschüttelt. Im Gegensatz zu meinem Steuermann habe ich aber noch Glück gehabt. Er hat sich den Kiefer gebrochen. Nun ja, zumindest hält er jetzt mal eine Zeitlang den Mund.«

»Danke, dass Sie sich für diese Mission bereit erklärt haben«, sagte Lizanne. »Es wird sicher nicht ganz ungefährlich.«

Hilemore lächelte dünn, bevor er antwortete. »Gestern habe ich ein Signal von Kapitän Trumane erhalten. Ich sollte mich heute Morgen an Bord des Flaggschiffs des Freien Protektorats melden. Ich bezweifle stark, dass er mir gratulieren und mir eine Stelle als Kapitän in seiner neuen Flotte anbieten wollte.«

»Aber macht Sie das nicht zum Meuterer? Zum Gesetzlosen?«

»Dann hat sich ja wenig verändert. Soweit ich feststellen kann, haben die früheren Gesetze keine Gültigkeit mehr. Und damit bin ich ein freier Mann, der hinfahren kann, wo er will. Zum Glück scheint ein Großteil meiner Mannschaft diese Ansicht zu teilen, zumindest im Augenblick.«

»Wohin werden Sie gehen, wenn diese Mission vorbei ist?«

»Meine … Co-Kapitänin und ich werden ihre Tochter aus Stockcombe abholen. Danach …« Hilemores Lächeln wurde breiter. »Mir ist danach, auf Erkundungsfahrt zu gehen. Mein Großvater wirft einen langen Schatten. Mein ganzes Leben lang habe ich versucht, ihm nachzueifern. Dabei war er eher Forscher als Kämpfer. Vielleicht ist das ja das Andenken, das ich von nun an ehren sollte. Außerdem«, Hilemores Blick verfinsterte sich, »ist in einer Welt, in der es jetzt Waffen wie diese Rakete und Ihr wundersames Luftschiff gibt, die militärische Laufbahn nicht mehr länger nach meinem Geschmack.«

»Wie wollen Sie ohne das Protektorat über die Runden kommen? Ein Schiff braucht Vorräte und gelegentliche Reparaturen.«

»Auf dieser Welt gibt es viele Häfen, in denen zur Zeit Unmengen von Waren lagern. Für einen ehrlichen Kapitän gibt es immer Möglichkeiten, Geld zu verdienen.«

Lizanne drehte sich um, als Bastlers schlaksige Gestalt aus der *Glühwurm* kam. Er betrachtete das Schiff mit den verkohlten Decks und den beschädigten Aufbauten, und sein sonst so ausdrucksloses Gesicht spiegelte eine gewisse Beklommenheit.

»Ich bin noch nie auf einem Boot gewesen«, erklärte er, als er Lizannes Blick bemerkte.

»Das ist ein *Schiff*, Sir«, erklärte Hilemore höflich, aber mit Nachdruck.

»Ich fürchte, Sie werden sich an die Manieren Ihres neuen Passagiers gewöhnen müssen, Kapitän«, sagte Lizanne. »Geben Sie ihm eine Einzelkajüte und statten Sie ihn mit Feder, Tinte und Papier aus, und Sie werden ihn meistens erträglich finden.«

Sie ging zu Bastler und umarmte ihn nach kurzem Zögern. Sein dünner Körper blieb steif und reglos. Er klopfte ihr lediglich leicht auf die Schulter. »Bist du sicher, dass du das willst?«, fragte sie und trat einen Schritt zurück. »Vielleicht ist das Leben in der neuen Mandinorianischen Republik ja gar nicht so schlimm.«

»Ein Gefängnis bleibt ein Gefängnis, egal, wie angenehm es ist«, sagte er. »Außerdem sind die Erinnerungen des Tüftlers viel interessanter. Es gibt noch eine Menge zu entdecken und zu studieren. Und Waffen sind langweilig. Sie haben nur einen Zweck.«

◆ ◆ ◆

Lizanne ging zum Vorderdeck, wo sie Clay mit einer jungen Frau antraf, an die sie sich aus der Trance erinnerte. »Haben Sie sie?«, fragte Lizanne, nachdem Clay sie einander vorgestellt hatte. Kriz sah zu Clay hin, bevor sie antwortete. Als er nickte, nahm sie eine kleine Phiole von einer Kette an ihrem Hals und reichte sie Lizanne.

»Die Formel«, fügte Kriz hinzu und gab Lizanne ein Blatt Papier mit einigen Symbolen darauf. »Ich habe mich bemüht, sie in die chemische Zeichensprache dieses Zeitalters zu übersetzen«, fuhr sie fort. »Die Plasmologen sollten allerdings eine gründliche Analyse durchführen, bevor sie versuchen, die Substanz nachzubilden. Wie steht es mit den Kristallen?«

Lizanne steckte Phiole und Papier in die Tasche und nickte dann zum Heck. »Ausgeladen und inspektionsbereit. Ein fairer Tausch, finden Sie nicht auch?«

»Eigentlich«, sagte Kriz und ging in Richtung Heck davon, »tue ich Ihrer Welt einen großen Gefallen, indem ich die Kristalle an einen Ort bringe, wo sie nicht gefunden werden können.«

Lizanne sah ihr noch kurz hinterher und wandte sich dann Clay zu. »Melden Sie sich nach der Ankunft per Trance«, sagte sie. »Wenn es Ihnen nichts ausmacht, hätte ich gern Berichte über Ihre Fortschritte.«

»Gern. Miss Ethelynnes Notizbücher zu finden, könnte aber eine Weile dauern. Ich glaube, sie hatte eine Menge Verstecke überall im Inland. Als Erstes werden wir uns die Enklave anschauen. Um sicherzugehen, dass da keine jungen Weißen mehr lauern.«

Er sah sie an, und sein Blick wurde ernster. »Glauben Sie wirklich, dass die diesem Abkommen zustimmen werden? Ich weiß, alles hat sich verändert, aber Sie verlangen von ihnen, genau das aufzugeben, was die alte Welt ausgemacht hat.«

»Hiermit«, sagte Lizanne und klopfte auf die Tasche, in der sich Kriz' Phiole und die Formel befanden, »könnte ich sämtlichen Tee in Dalzia verlangen, und es gäbe eine lange Liste von Leuten, die sich darum prügeln würden, ihn mir zu beschaffen.«

Sie hielt inne, unsicher, was sie noch sagen sollte. Sie hatten einander in der Trance so vieles mitgeteilt, dass ihr Worte jetzt unzureichend, ja geradezu unbeholfen vorkamen. »Auf Wiedersehen, Mr. Torcreek«, sagte sie schließlich. »Es war mir … eine große Ehre.«

»Das bezweifle ich«, erwiderte er. »Aber trotzdem danke. Und natürlich auch dafür, dass Sie mein Leben gerettet haben. Das hatte ich noch gar nicht gesagt.«

Sie umarmten einander nicht zum Abschied und gaben sich auch nicht die Hand. Das erschien ihnen zu förmlich, bedeutungslos sogar. Im Geiste würden sie bis ans Ende ihres Lebens in Verbindung stehen. Einen echten Abschied würde es zwischen ihnen nicht geben.

Als der Motor der *Glühwurm* anfing zu brummen, wandte sich Lizanne dem Heck zu. Sie schenkte Clay ein letztes Lächeln und ging dann nach achtern. Unterwegs winkte sie Braddon Torcreek. »Wenn Sie dann so weit wären, Mr. Torcreek?«

Er nickte und zog seine Tochter noch einmal fest in die Arme. Loriabeth musste ein paar Tränen fortblinzeln. »Sag Mama, dass ich bald wieder da bin«, flüsterte sie.

»Komm mit, und es wird nicht nötig sein, ihr das zu sagen«, erwiderte Braddon.

Loriabeth schaute zu dem corvantinischen Marineleutnant hin, der in der Nähe stand, und senkte den Kopf. »Tut mir leid, Papa. Es wird Zeit für mich, mir meine eigenen Aufträge zu suchen.«

Als Lizanne zur *Glühwurm* ging, bellte Hilemores hünenhafter Stellvertreter einen Befehl, und die Matrosen auf dem Achterdeck nahmen Haltung an. Der Kapitän salutierte, und Lizanne stieg, gefolgt von Braddon Torcreek, in die Gondel. Sie schloss die Luke, während Tekela den Motor abflugbereit machte.

»Zurück zum Bergwerk«, sagte Lizanne. »Kapitän Trumane wird sicher schon dort eingetroffen sein.«

Sie wandte sich der Steuerbordluke zu und beobachtete, wie die *Überlegenheit* unter ihnen schrumpfte. Hilemore blieb im Salut, bis sie seine Gestalt nicht mehr erkennen konnte. Bald war das Schiff bloß noch ein winziger Fleck auf einem gewaltigen Ozean und kurz darauf ganz verschwunden.

EPILOG

AN: MADAME LEWELLA TYTHENCROFT
PREMIERMINISTERIN DER REPUBLIK
NORD-MANDINORIEN
SANORAH

VON: LIZANNE LETHRIDGE
CO-DIREKTORIN DER BERGWERK MANUFAKTUR-
GESELLSCHAFT
BLASKA-FJORD
VARESTIA

Datum: 5. *Lebellum 1601*

Betreff: *Einige Vorschläge hinsichtlich der zukünftigen Zusammenarbeit zwischen der Bergwerk Manufakturgesellschaft und der Republik Nordmandinorien*

Sehr geehrte Madame Premierministerin,

darf ich so kühn sein und dieses Schreiben mit einem aufrichtigen Glückwunsch zu Ihrem kürzlichen Wahlsieg beginnen?

Ihnen ist sicher bekannt, dass sich in diesen spannenden Zeiten Neuigkeiten weit weniger schnell verbreiten als früher. Verzeihen Sie mir deshalb, dass ich nicht schon eher geschrieben habe. Die Kunde von Ihrem Amtsantritt hat uns erst vor wenigen Tagen erreicht.

Flottillenadmiral Trumane wird Ihnen inzwischen sicher bereits ausführlich über seinen Besuch in unserer Fabrik am Ende der jüngsten Kampfhandlungen berichtet haben. Ich schreibe Ihnen, um die Diskussion fortzuführen, die während dieses Treffens in Gang gebracht wurde. Es ist meine Hoffnung, dass wir ihr unschönes Ende vergessen und eine gute Grundlage für eine zukünftige Kooperation schaffen können.

Bevor ich Ihnen darlege, wie derartige Verhandlungen meiner Ansicht nach aussehen könnten, möchte ich zunächst auf die Situation jener Gruppe von Individuen zu sprechen kommen, die derzeit auf der varestianischen Halbinsel leben und gemeinhin als Verderbte bezeichnet werden. Ich muss sagen, dass mir dieser Begriff ungemein missfällt, mangels Alternative werde ich ihn aber der Kürze halber weiter verwenden. Wie Sie sicher wissen, bewohnen die Verderbten gegenwärtig eine Festung auf der Halbinsel. Von ihren varestianischen Nachbarn sind sie bislang unbehelligt geblieben, in jüngster Zeit mehren sich aber die Stimmen, die an ihrer Anwesenheit Anstoß nehmen. Es ist wohl nur noch eine Frage der Zeit, bis es zu einer gewaltsamen Konfrontation kommt. Zudem wollen die Verderbten auch gar nicht an ihrem derzeitigen Wohnort bleiben. Wie es in den ursprünglich formulierten Bedingungen für ihre Kapitulation heißt, hegen sie den Wunsch, auf den arradsianischen Kontinent transportiert zu werden. Die Situation wird aber dadurch erschwert, dass sich die meisten varestianischen Kapitäne weigern, Verderbte an Bord zu nehmen. Außerdem wagt sich, trotz aller Beteuerungen, dass die Gefahr durch angreifende Blaue inzwischen gebannt ist, kaum einer in arradsianische Gewässer vor.

Ein weiteres wichtiges Thema, das ich ansprechen möchte, betrifft eine bestimmte, in meinem Besitz befindliche Substanz. Flottillenadmiral Trumane hat sicher nicht versäumt, Ihnen in seinem Bericht davon Meldung zu machen. Jemandem von Ihrer Weitsicht, Madame Premierministerin, muss ich die Bedeutung dieser Substanz gewiss nicht erklären. Ebenso wenig wird die kürzlich ins Amt berufene Erste Bürgerin der Corvantinischen Republik eine Erklärung benötigen, sollte ich ihr von dieser Substanz berichten. Das wäre nicht weiter schwierig, zähle ich doch General Arberus, den Oberbefehlshaber der corvantinischen Befreiungsarmee des Volkes, zu meinen engsten Freunden.

Was die Natur der Substanz betrifft, so haben unsere Plasmologen ihre Wirksamkeit als synthetischen Ersatz für die blaue Variante von Drachenplasma bestätigt – anbei schicke ich Ihnen einen detaillierten Bericht über ihre Erkenntnisse, aus dem einige Abschnitte aus Gründen der Unternehmenssicherheit herausgenommen wurden. In der Zusammenfassung vertreten unsere Plasmologen die Ansicht, dass – vorausgesetzt, die nötigen Ressourcen sind verfügbar – ihre Analyse die Herstellung synthetischer Nachbildungen auch aller anderen Produktvarianten möglich macht (außer von Weiß natürlich, dessen chemische Zusammensetzung unseren Plasmologen nach wie vor unbekannt ist).

Um auf den Punkt zu kommen: Ich bin bereit, sowohl die Substanz als auch die für ihre Herstellung nötige Formel der Republik Nordmandinorien auszuhändigen, unter folgenden Bedingungen:

1. Der arradsianische Kontinent wird für alle Zeit unbesiedelt bleiben, und es werden keine weiteren Versuche mehr unternommen, Drachen zu ernten oder sie zu Erntezwecken zu züchten.

2. Die Republik Nordmandinorien stellt ausreichend Schiffe zur Verfügung, um die Verderbten so bald wie möglich nach Arradsia zu transportieren.

Bitte beachten Sie, dass diese Bedingungen nicht verhandelbar sind und mein Angebot binnen drei Monaten nach dem Datum dieses Briefes ausläuft.

Um schließlich noch einmal auf den Besuch von Flottillenadmiral Trumane zurückzukommen – leider konnte ich ihm bei seinem Hauptanliegen nicht behilflich sein. Ich sehe mich außerstande, die Aufenthaltsorte all meiner ehemaligen Angestellten im Blick zu behalten. Zudem ist mir die wahre Identität des Individuums, das Flotttillenadmiral Trumane so dringend suchte, unbekannt. Wir kannten den Mann lediglich unter dem Namen Bastler. Ich hoffe sehr, ihm eines Tages wiederzubegegnen, wo oder wann das geschehen mag, lässt sich jedoch zu diesem Zeitpunkt nicht voraussagen.

Den seltsam hartnäckigen Behauptungen des Flottillenadmirals zum Trotz besitze ich außerdem keinerlei Kenntnis über den Verbleib des ehemals kaiserlich-corvantinischen Marineschiffes *Überlegenheit* und ebenso wenig über dessen Kapitän oder seine Mannschaft.
Was die bizarren Kristalle anbelangt, die sich im Besitz des Weißen befunden haben, muss ich bekennen, dass mir ihr Schicksal gleichfalls unbekannt ist. Die auf dem Höhepunkt der Schlacht an der Schanze vom Freien Protektorat abgefeuerte Rakete entfesselte eine derartige Sprengkraft, dass die Kristalle dabei vermutlich zerstört wurden. Im Interesse einer freundschaftlichen Arbeitsbeziehung möchte ich Sie bitten, dieses Thema nicht weiter zu verfolgen. Für mich jedenfalls ist die Sache abgeschlossen.

Ich erwarte Ihre Antwort mit größtem Interesse und freue mich auf viele Jahre der ergiebigen und für beide Seiten vorteilhaften Kooperation.

Mit freundlichen Grüßen

Lizanne Lethridge
Co-Direktorin der Bergwerk Manufakturgesellschaft
Blaska-Fjord
Varestia

DRAMATIS PERSONAE

EPS ÜBERLEGENHEIT

Corrick Hilemore – Kapitän der EPS *Überlegenheit.*

Steelfine – Einheimischer der Barriere-Inseln und erster Offizier der EPS *Überlegenheit.*

Dravin Talmant – Oberleutnant der EPS *Überlegenheit.*

Naytanil Bozware – Erster Maschinist der EPS *Überlegenheit.*

Myratis Lek Sigoral – Oberleutnant der corvantinischen Seesoldaten, ehemaliger stellvertretender Kapitän der KNS *Überlegenheit.*

Scrimshine – Verurteilter Schmuggler und Gefängnisinsasse in Lossermark, Steuermann der EPS *Überlegenheit.*

Claydon Torcreek – Unregistrierter Blutgesegneter und Mitglied der Freien Dienstleistergesellschaft der Langgewehre.

Krizelle »Kriz« – Uraltes Mitglied der Philos-Kaste.

Braddon Torcreek – Onkel von Claydon Torcreek. Anführer und oberster Aktionär der Freien Dienstleistergesellschaft der Langgewehre.

Loriabeth Torcreek – Tochter von Fredabel und Braddon, Lehrling bei der Freien Dienstleistergesellschaft der Langgewehre.

Cwentun Skaggerhill – Erntemeister der Freien Dienstleistergesellschaft der Langgewehre.

Prediger – Ehemaliger Geistlicher der Kirche des Sehers und Scharfschütze bei der Freien Dienstleistergesellschaft der Langgewehre.
Zenida Okanas – Blutgesegnete und ehemalige Kapitänin des Piratenschiffs *Windkönigin*. Navigatorin der EPS *Überlegenheit*.
Akina Okanas – Tochter von Zenida.

VARESTIA

Lizanne Lethridge – Blutgesegnete. Ehemalige Geheimagentin der Abteilung Außerordentliche Maßnahmen des Eisenboot-Handelssyndikats. Co-Direktorin der Bergwerk Manufakturgesellschaft.
Jermayah Tollermine – Technologe und Angestellter der Bergwerk Manufakturgesellschaft.
Professor Graysen Lethridge – Freischaffender Technologe. Sohn von Darus Lethridge, dem Erfinder des Mikroskops und Mitentwickler des thermoplasmischen Lokomotivenantriebs. Vater von Lizanne Lethridge.
Tekela Akiv Artonin – Waisentochter des corvantinischen Adligen Burggraf Artonin. Lizannes Mündel. Oberste Luftschiffpilotin der Bergwerk Manufakturgesellschaft.
Madame Hakugen – Ehemalige Auditorin des Ostinsel-Konglomeratshafens Lossermark. Später Co-Direktorin der Bergwerk Manufakturgesellschaft.
Makario Bovosan – Komponist, Pianolaspieler und ehemaliger Insasse der kaiserlichen Gefängnisstadt Scorazin. Mit Lizanne befreundet.
Garrit Verricks – Kapitän der EPS *Gewinnträchtige Unternehmung*.
Benric Thriftmor – Vorstandsmitglied des Eisenboot-Syndikats und Direktor der Abteilung Unternehmensexterne Angelegenheiten.
Zakaeus Griffan – Blutgesegneter der EPS *Gewinnträchtige Unternehmung*, Ehemann von Sofiya.
Sofiya Griffan – Blutgesegnete der EPS *Gewinnträchtige Unternehmung*, Ehefrau von Zakaeus.
Wulfcot Trumane – Kapitän der EPS *Gute Gelegenheit*.
Fähnrich Tollver – Oberleutnant der EPS *Gute Gelegenheit*.
Dr. Weygrand – Schiffsarzt der EPS *Gute Gelegenheit*.

Alzar Lokaras – Anwärter für die Führung des Okanas-Klans und Verwalter der Hohen Mauer.
Morva Lokaras – Blutgesegnete. Adoptivnichte von Alzar.
Arshav Okanas – Co-Vorsitzender des varestianischen Regierungsrats, Anwärter für die Führung des Okanas-Klans und Halbbruder von Zenida Okanas.
Ethilda Okanas – Co-Vorsitzende des varestianischen Regierungsrats, Mutter von Arshav.

SANORAH

Lewella Tythencroft – Stellvertretende Redakteurin der *Wählergazette*. Bedeutendes Mitglied der Wählerrechtsallianz.
Fredabel Torcreek – Ehefrau von Braddon Torcreek und Mitinhaberin der Freien Dienstleistergesellschaft der Langgewehre. Anführerin der Kerberhafener Flüchtlinge in Sanorah.
Sigmend Talwick – Chefredakteur des *Sanoraher Aufklärers.*
Molly Pins – Ehemalige Bewohnerin von Kerberhafen.

STOCKCOMBE

Jillett – Blutgesegnete. Mitglied der Wählerrechtsallianz und des Regierungskomitees Freies Stockcombe.
Coll – Mitglied des Regierungskomitees Freies Stockcombe.
Oberst Ethany Kulvetch – Kommandantin der Unternehmensstreitkräfte in Stockcombe.

DIE ARMEE DES WEISSEN DRACHEN

Catheline Dewsmine – Blutgesegnete. Ehemaliges Mitglied der feinen Gesellschaft Mandinoriens. Erwählte Dienerin des weißen Drachen.
Sirus Akiv Kapazin – General, einstiger Kurator des Kaiserlichen Antiquitätenmuseums in Morstal.

Henris Lek Morradin – Früherer Großmarschall der kaiserlich-corvantinischen Legionen. Co-General und Rivale von Sirus.
Nebelschleier – Ehemalige Bewohnerin der Barriere-Inseln. Oberste Statistikerin der Armee des Weißen.
Waldspeer – Arradsianischer Stammeskrieger.

ANDERE

Arberus Lek Hakimas – General der corvantinischen Befreiungsarmee des Volkes.
Hyran – Blutgesegneter. Arberus' Adjutant.
Jelna – Blutgesegnete. Ehemalige Revolutionärin und Assistentin der Ersten Bürgerin.
Varkash – Einstiger Pirat und Insasse der kaiserlichen Gefängnisstadt Scorazin. Admiral der corvantinischen Freien Volksmarine.
Attcus Tidelow – Kapitän der SMF *Fernlicht*.

DANKSAGUNG

Einmal mehr gilt mein Dank meiner US-Lektorin Jessica Wade, meinem Lektor im Vereinigten Königreich, James Long, sowie meinem Agenten Paul Lucas für die Unterstützung und Hilfe bei drei langen, komplexen Büchern. Außerdem danke ich meinem Korrekturleser Paul Field, der noch immer kein Geld von mir nimmt, und allen voran den Lesern, die mich auf dieser Reise begleitet haben. Es ist immer traurig, Abschied zu nehmen, aber jede Geschichte muss irgendwann enden.